CINEMA 4D 9

InformIT™
CHECK IT

Arndt von Koenigsmarck

CINEMA 4D 9

Grundlagen und Workshops für Profis

An imprint of Pearson Education

München • Boston • San Francisco • Harlow, England
Don Mills, Ontario • Sydney • Mexico City
Madrid • Amsterdam

Bibliografische Information der Deutschen Bibliothek
Die Deutsche Bibliothek verzeichnet diese Publikation in der
Deutschen Nationalbibliografie; detaillierte bibliografische Daten
sind im Internet über http://dnb.ddb.de abrufbar.

Umwelthinweis:
Dieses Buch wurde auf chlorfrei gebleichtem Papier gedruckt.

10 9 8 7 6 5 4 3 2 1
07 06 05 04

ISBN 3-8273-2188-3

Einbandgestaltung: Marco Lindenbeck, webwo GmbH, mlindenbeck@webwo.de
Lektorat: Cornelia Karl, ckarl@pearson.de
Herstellung: Claudia Bäurle, cbaeurle@pearson.de
Satz: mediaService, Siegen (www.media-service.tv)
Druck und Verarbeitung: Kösel, Krugzell (www.KoeselBuch.de)
Printed in Germany

Inhaltsverzeichnis

Vorwort ...9

Der schnelle Einstieg ...11

Was ist Cinema 4D? ...11
Das Interface ...11
Die Editor-Ansichten ...13
  Die Navigations-Icons ...13
Der Objekt-Manager ...14
Der Struktur-Manager ...14
Der Browser ...15
Der Attribute-Manager ...15
  Den Attribute-Manager frei konfigurieren ...16
Der Koordinaten-Manager ...16
Der Material-Manager ...17
Die Editor-Ansichten benutzen ...17
  Die Editor-Ansichten einrichten ...18
  Darstellung-Optionen ...21
  Bezugssysteme im dreidimensionalen Raum ...22
Struktur-Informationen zu Objekten einholen ...26
Die Betriebsmodi von Cinema 4D ...27
Die Selektion-Werkzeuge ...30
Selektionen und Objekte manipulieren ...31
Parametrische Grundobjekte ...32
  Der Würfel ...33
Spline-Objekte ...36
Spline-Tangenten ...38
Punkte nachträglich hinzufügen ...40
NURBS-Objekte, die mit Splines arbeiten ...42
Das Extrude-NURBS-Objekt ...43
  Deckflächen und Rundung ...45
Ein praktisches Beispiel ...45
  Strukturen mit dem Phong-Winkel glätten ...49
Löcher extrudieren ...50
Das Lathe-NURBS ...53
  Rotationssymmetrische Objekte ...56
Das Sweep-NURBS ...57
  Die Sweep-NURBS-Parameter ...59
Das Loft-NURBS-Objekt ...64
  UV-Koordinaten und UVW-Tags ...66
  Loft-NURBS-Objekte optimieren ...67
Polygon-Werkzeuge ...71
  Das Bevel-Werkzeug ...72
  Das Brücke-Werkzeug ...77
  Polygone erzeugen ...78
  Polygone extrudieren ...81
  Die Modellierachse ...83
  Innen extrudieren ...85
  Das Messer-Werkzeug ...86
  Normalen-Werkzeuge ...88
  Das Magnet-Werkzeug ...88
  Polygon-Objekte optimieren ...89
Selektion-Werkzeuge ...90
Modeling-Objekte ...92
  Das Null-Objekt ...92
  Das Array-Objekt ...93
  Das Boole-Objekt ...93
  Das Instanz-Objekt ...97
  Das Metaball-Objekt ...100
  Das Symmetrie-Objekt ...102

Deformatoren ...104
Der Biege-Deformator ...104
Das Bone-Objekt ...107
Deformatoren beschränken ...109
Reduzieren der Polygon-Anzahl ...112
Weitere Funktionen in kompakter Form ...114
Neue Editor-Elemente ...114
Neue Betriebsmodi ...114
Neue Voreinstellungen ...115
Navigation und Interaktion ...116
Das globale Popup-Menü ...121
Zusätzliche Befehle ...123
Neue Werkzeug-Optionen ...128
Messen und Konstruieren ...128

Einen DVD-Player samt Fernbedienung modellieren ...131

Vorbereitungen ...131
Die Frontblende ...133
Die Bedienelemente ...138
Das Display ...142
Details ergänzen ...146
Das Gehäuse des DVD-Players ...150
Versenkungen für die Schrauben ...150
Die Standfüße ...151
Die Schrauben ...153
Vorbereitungen für die Modellierung mit Fotovorlagen ...155
Mehrere Attribute-Manager verwenden ...160
Zuweisen eines Materials ...161
Die Bedientafel ...164
Das HyperNURBS-Objekt ...168
HyperNURBS wichten ...170
Das HyperNURBS-Wichtung-Tag ...174
Die Tasten ...176
Das Gehäuse der Fernbedienung ...191
Eine weitere Bildvorlage zu Hilfe nehmen ...192
Box-Modeling des Gehäuses ...193

Objekte texturieren und in Szene setzen ...201

Das Korpusmaterial des DVD-Players ...201
Die Render-Voreinstellungen ...207
Ausgabe-Parameter ...209
Die Speichern-Einstellungen ...210
Die Antialiasing-Einstellungen ...211
Radiosity und Caustics ...211
Die Effekte-Seite ...212
Die Optionen-Einstellungen ...213
Die Multi-Pass-Einstellungen ...215
Ein Bild rendern ...216
Lichtquellen benutzen ...218
Allgemeine Lichteinstellungen ...218
Lichtquellen-Details ...220
Schatten-Einstellungen ...222
Das Material für die Frontblende ...227
Logos aufbringen ...229
Das Tasten-Material ...233
Die Materialien der DVD-Schublade ...234
Das Display des DVD-Players ...235
Die Display-Anzeige ...239
Die Standfüße des DVD-Players ...242
Die Materialien der Fernbedienung ...248
Symbole und Beschriftungen der Bedientafel ...253
Die Berechnung freigestellter Objekte ...257
Rendern mit Radiosity ...266
Der Stochastische Modus ...270
Bildbasierte Beleuchtung ...271
Kombinierte Radiosity-Beleuchtung ...277

Grundlegende Techniken der Animation ...295

Der Zeit-Manager und dessen Funktionen ...296
Ein einfaches Beispiel ...298
Die Zeitleiste und F-Kurven ...300
Auto-Keyframe-Aufnahme und Parameteranimation ...306
Zeitverhalten mit Zeit-Kurven steuern ...308
Eine komplette Animation erstellen ...310
Animieren mit Expressions ...318
Animieren mit Ausrichten-Expressions ...320
XPresso-Expressions ...323
Definition der Aufgabe ...323
Der XPresso-Editor ...324
Nodes erzeugen ...325
Objektachsen manipulieren ...328
Splines auslesen mit XPresso ...333
Eine realistische Stahlfeder einbauen ...337
Animieren mit MOCCA ...344
Die Figur modellieren ...344
Die Figur mit Bones versehen ...354
Wichtungen erzeugen mit Claude Bonet ...375
Bone-Hierarchien spiegeln ...379
Funktionen der Bones überprüfen und erweitern ...381
PoseMixer zum Morphen der Figur benutzen ...385
Materialien und Beleuchtung hinzufügen ...387
Keyframes setzen ...392
Kleidungsstücke und Stoff mit Clothilde simulieren ...398
Die Umgebung der Szene ...410
Bewegungsunschärfe hinzufügen ...414

Index ...417

Auf der Buch CD

A Partikelanimation mit Thinking Particles und PyroCluster
B Kurzworkshops

Vorwort

Mit laut Hersteller über 100 neuen Funktionen und Verbesserungen hat Cinema 4D 9 einen weiteren großen Schritt getan.

Besonders die Veränderungen im Layout, wie z.B. das HEAD UP DISPLAY für die Einblendung und Bedienung beliebiger Daten in den Editor-Ansichten, das globale POP-UP-MENÜ für den Schnellzugriff auf Menüpunkte, die Vorschau von Selektionen und Werkzeugaktionen sowie die Integration von Werkzeug-Manager und Snap-Einstellungen im Attribute-Manager fallen bereits bei oberflächlicher Betrachtung der neuen Arbeitsoberfläche ins Auge.

Fast alle Werkzeuge wurden überarbeitet und durch neue Funktionen, wie z.B. die Unterstützung von N-GONS, also Flächen mit mehr als vier Eckpunkten, ergänzt. Es gilt bei diesem Update also nicht nur neue Funktionen zu erlernen, sondern auch die Bedienung mit altbekannten Werkzeugen neu zu entdecken.

Das erste Kapitel bietet einen kompletten Überblick über alle wichtigen Objekte, Werkzeuge und Optionen von Cinema 4D 9, um diese dem Anfänger wie auch dem fortgeschrittenen Benutzer näher zu bringen. Haben Sie bereits mit Cinema 4D gearbeitet, wird Ihnen einges bekannt vorkommen, vieles wird dagegen neu sein.

Als Neueinsteiger erhalten Sie im ersten Kapitel einen schnellen Einstieg in Cinema 4D und – unabhängig von Ihrer Vorbildung in Sachen Cinema 4D – das notwendige Grundwissen, um die anspruchsvolleren Beispiele der nachfolgenden Kapitel durchzuarbeiten.

Im zweiten Kapitel geht es am Beispiel einer Modellierungsaufgabe darum, den Umgang mit den Polygonwerkzeugen und den diversen Objekten zu üben. Wir werden dort einen DVD-Player samt passender Fernbedienung modellieren.

Das darauf folgende Kapitel beschäftigt sich vorwiegend mit der Texturierung, Beleuchtung und Berechnung von Objekten. Die im zweiten Kapitel erstellten Objekte werden mit Materialien versehen und mit verschiedenen Techniken in Szene gesetzt. Hierbei lernen Sie unter anderem auch den Umgang mit den Einstellungen des ADVANCED RENDERER-Moduls.

Das vierte Kapitel dreht sich komplett um die Animation. Modelliert und texturiert wird dazu eine Figur, die mit Hilfe des MOCCA-Moduls zum Leben erweckt wird. Auch die Kleidungssimulation CLOTHILDE kommt hier zum Einsatz. Wir nutzen zudem die Hilfe von XPRESSO-EXPRESSIONS, um komplexe Bewegungen zu automatisieren.

Dies wird in den Bonuskapiteln auf der CD-ROM noch intensiviert. So lernen Sie dort z.B., wie ein Autoreifen samt eingeschlossenem Kugellager ganz ohne Keyframes zum realistischen Abrollen gebracht werden kann. Zudem wird die Arbeit mit BODYPAINT 3D angesprochen und wie damit UV-Koordinaten bearbeitet und erstellt werden. Ein weiteres Kapitel beschäftigt sich ausführlich mit dem THINKING PARTICLES-Modul.

Zusätzlich finden Sie auf der CD-ROM die aktuellen Demoversionen von Cinema 4D 9 und Produktmuster von SACHFORM TECHNOLOGY und VREEL 3D ENTERTAINMENT.

Für Fragen, Anregungen oder Kritik stehe ich Ihnen wie gewohnt über meine Internetseite *www.vonkoenigsmarck.de* zur Verfügung.

Nun aber viel Spaß beim Lesen und Ausprobieren wünscht Ihnen Ihr

Arndt von Koenigsmarck
Menden, im September 2004

Der schnelle Einstieg

1

Der Umgang mit 3D-Programmen gehört sicher zu den kompliziertesten Anwendungsgebieten und verlangt daher gerade Anfängern viel Übung und Geduld ab. Aber auch der Umstieg von anderen 3D-Lösungen kann seine Tücken haben, denn jedes Programm setzt andere Schwerpunkte und verfolgt eine andere Produktphilosophie.

Wir werden daher dieses Kapitel nutzen, um Ihnen die Grundlagen der Bedienung von Cinema 4D näher zu bringen und Sie mit den gängigsten Funktionen, Werkzeugen und Objekten vertraut zu machen.

Auch wenn Sie bereits mit anderen 3D-Programmen Erfahrungen gesammelt haben, kann dies für Sie von Nutzen sein, denn Cinema 4D benutzt z.B. Begriffe wie NURBS in einem anderen Kontext, als Sie dies vielleicht aus Maya oder Rhino gewohnt sind.

1.1 Was ist Cinema 4D?

Cinema 4D ist ein polygonbasiertes Modeling- und Animationspaket. Dies bedeutet, dass alle Objekte letztendlich aus Einzelflächen – den so genannten Polygonen – aufgebaut werden müssen. Es gibt daher keine mathematisch definierten Oberflächen, wie sie in einigen anderen 3D-Programmen, z.B. bei NURBS-Flächen, zwischen Stützpunkten gebildet werden.

Cinema 4D vermag zwar mit Hilfe von Splines einige NURBS-Eigenschaften nachzubilden, letztlich endet man jedoch immer mit einem aus Flächen aufgebauten Objekt.

Dies führt dazu, dass man sich schon recht frühzeitig während der Modellierung mit der Struktur des Objekts auseinander setzen sollte.

Sie können sich also viel Zeit und Kopfzerbrechen sparen, wenn Sie bereits frühzeitig den Verlauf der Polygone an die gewünschte Struktur des Objekts anpassen. Öffnungen, Verzweigungen oder Abrundungen lassen sich später sehr viel einfacher hinzufügen, wenn z.B. Kanten bereits um den Rand einer gewünschten Öffnung angelegt wurden.

Es soll hier jedoch keinesfalls der Eindruck entstehen, dass das Modellieren mit Cinema 4D umständlich oder kompliziert ist. Das Gegenteil ist der Fall. Es gibt kaum andere Programme, in denen mit derart geringem Aufwand hochwertige Objekte modelliert werden können. Das Modellieren mit Polygonen hat durchaus auch den Vorteil, dass sowohl technische Strukturen mit harten Kanten und exakten Radien als auch organische Oberflächen mit den gleichen Werkzeugen generiert werden können.

1.2 Das Interface

Cinema 4D erlaubt jede nur erdenkliche Veränderung der Fenster- und Werkzeuganordnung. Wenn Sie sich also etwas später mit allen Funktionen vertraut gemacht haben, können Sie sich das Erscheinungsbild problemlos an Ihre Arbeitsgewohnheiten und auch passend zu der Anzahl angeschlossener Bildschirme und deren Größen einrichten.

Diese Flexibilität macht es wiederum auch etwas schwerer, Ihnen hier im Buch Interface-Schnappschüsse zu zeigen, die mit Ihrem Erscheinungsbild übereinstimmen.

Um dabei Verwirrungen zu vermeiden, benutzen wir vorwiegend das STANDARD-LAYOUT, das als Voreinstellung jeder Cinema 4D-Version beiliegt. Sofern Sie selbst bei sich bereits Veränderungen am Interface vorgenommen haben, können Sie über das Menü FENSTER › LAYOUT › STANDARD zu diesem Standard-Layout zurückkehren.

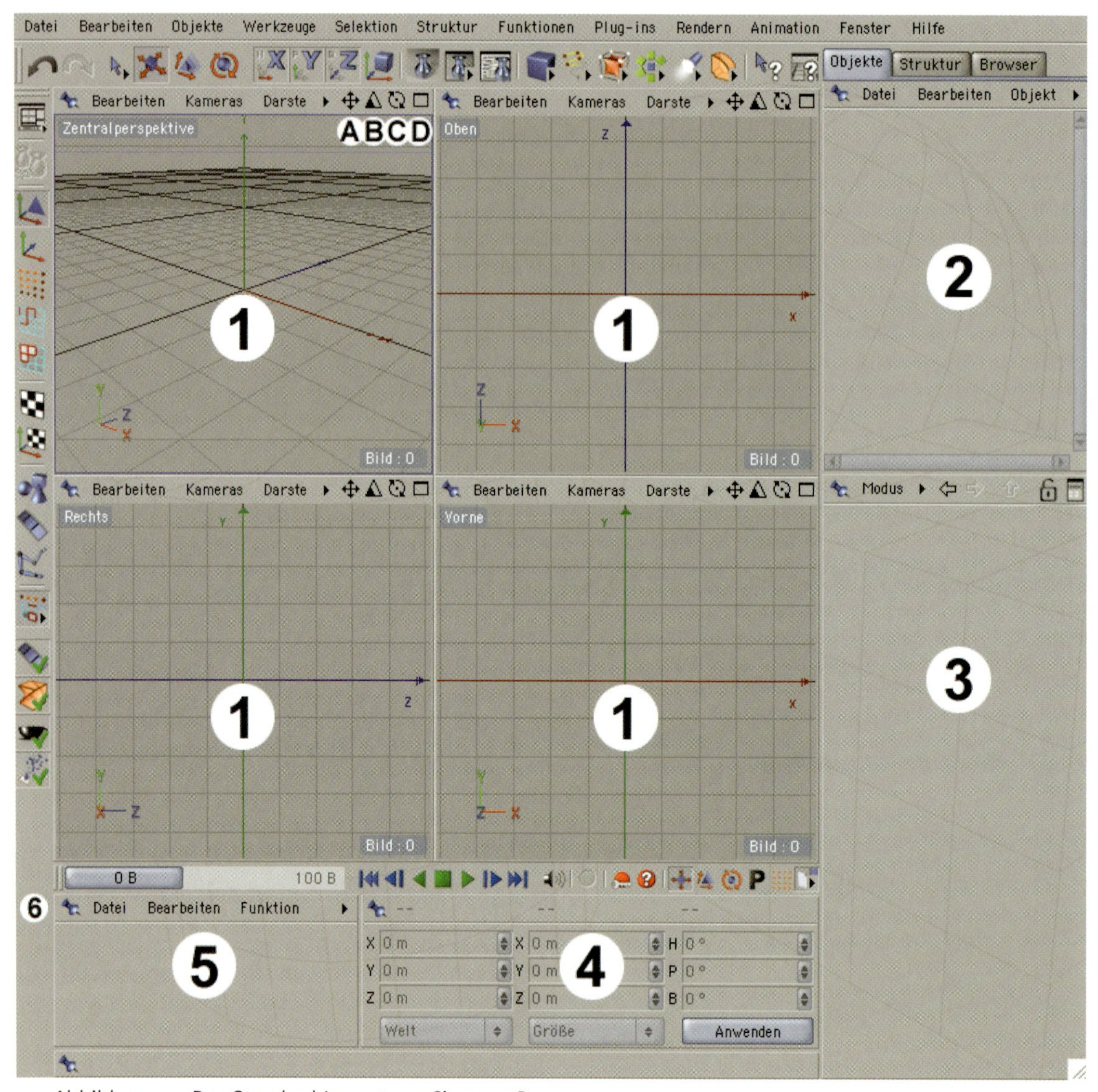

Abbildung 1.1: Das Standard-Layout von Cinema 4D

Wie in Abbildung 1.1 zu sehen ist, besteht das Layout aus Fenstern, Menüeinträgen und Symbolen. Nicht alle Elemente sind für die tägliche Arbeit gleich wichtig, aber Sie sollten dennoch ihre Bedeutung kennen.

Falls Sie später bemerken, dass ein bestimmtes Fenster kaum benutzt wird, können Sie dies leicht mit einem Klick auf das entsprechende „Pin"-Symbol entfernen.

In Abbildung 1.1 sehen Sie dieses Symbol z.B. direkt rechts neben Ziffer 6. In dem dann aufklappenden Menü kann z.B. der SCHLIESSEN-Befehl zum Entfernen des Fensters benutzt werden. Es stehen dort auch noch andere Funktionen zur Verfügung, um z.B. Fenster mit einem Tab-Reiter zu versehen und so die Unterbringung mehrerer Fenster auf engstem Raum zu erlauben.

Bei Ziffer ❷ sehen Sie diese Fensteranordnung am Beispiel der Objekt-, Struktur- und Browser-Manager.

Um Fenster einer solchen Tab-Gruppe hinzuzufügen, genügt es, das blaue Pin-Symbol auf einen vorhandenen Tab eines anderen Fensters zu ziehen. Je nachdem ob man dann die Maustaste eher am linken oder am rechten Rand des Tabs löst, wird das Fenster links oder rechts von dem Tab-Fenster eingeordnet.

Geschlossene Fenster lassen sich jederzeit wieder aus dem Fenster-Menü abrufen. Sollte das Layout einmal vollkommen durcheinander kommen, genügt es, im Fenster › Layout-Menü das geeignete Layout auszuwählen. Alle Paletten und Manager werden dann wieder an die ursprüngliche Stelle geladen.

Lassen Sie uns jedoch nun etwas konkreter auf die Bedeutung der Fenster und Manager eingehen. Zur leichteren Orientierung sind diese in Abbildung 1.1 mit Buchstaben und Ziffern markiert.

1.3 Die Editor-Ansichten

Das Kernstück des Cinema-Interfaces bilden die Editor-Ansichten (Ziffer ❶). Diese Ansichten erlauben einen Blick auf die von Ihnen zusammengestellte Szene und deren Objekte. Anzahl, Typ und Inhalt der Ansichten kann von Ihnen frei bestimmt werden. Die zwei wichtigsten Typen sind bereits in Abbildung 1.1 zu erkennen. Die Ansicht oben links benutzt die Zentralperspektive, die sich mit einem Blick durch eine Foto- oder Filmkamera vergleichen lässt. Die drei übrigen Ansichten benutzen standardisierte Blickrichtungen, ohne die von normalen Sehgewohnheiten her bekannte perspektivische Verzerrung zu beachten.

Dieser Typ Ansicht wird hauptsächlich für die Modellierung und Platzierung von Objekten benutzt, wogegen die Ansicht mit Perspektive – auch Kamera-Ansicht genannt – für die Wahl einer geeigneten Kameraperspektive und Blickrichtung zu bevorzugen ist.

Die Navigations-Icons

In jeder Ansicht kann mehr oder weniger frei navigiert werden. Dafür sind oben rechts in jedem Ansicht-Fenster vier Navigations-Icons vorhanden, die in der Kamera-Ansicht exemplarisch mit dem Buchstaben Ⓐ bis Ⓓ beziffert wurden. Das Symbol Ⓐ erlaubt das Verschieben der Ansicht. Sie können sich dies so vorstellen, als ob Sie mit Ihrer Kamera den Standort wechseln. Die Blickrichtung bleibt dabei jedoch gleich.

Dieses und auch die folgenden Symbole bis einschließlich Ⓒ werden so bedient, dass Sie auf das Symbol klicken und dann die Maus mit gehaltener linker Maustaste bewegen. Teilweise sind auch Variationen dieser Benutzung möglich, indem statt der linken die rechte Maustaste verwendet wird. So verschiebt Symbol Ⓐ die Ansicht bei Verwendung der linken Maustaste nur horizontal und vertikal. Verwenden Sie stattdessen die rechte Maustaste, können Sie die virtuelle Kamera auch vor- und zurückbewegen, also z.B. näher an ein Objekt heranfahren oder sich von diesem entfernen.

Das Zoom-Icon bei Symbol Ⓑ wirkt in Verbindung mit der linken Maustaste wie das Ⓐ-Symbol mit der rechten Maustaste. Wird jedoch die rechte Maustaste benutzt, verändert dieses Zoom-Symbol die Brennweite und simuliert so das Zoomen an einer Kamera. Die Position der Kamera bleibt in diesem Modus konstant.

Da es sich bei den anderen drei Ansichten um Standard-Ansichten handelt, existieren dort keine Zoom-Faktoren. Dort wirkt das Zoom-Symbol wie das Verschieben-Symbol in Verbindung mit der rechten Maustaste.

Das Rotieren-Icon Ⓒ kann nur in Ansichten mit Perspektive benutzt werden. Die Kamera lässt sich damit schwenken und neigen. Die Benutzung der rechten Maustaste führt zu einer Rotation um die Achse der Blickrichtung herum. Das Bild wird dann also gekippt.

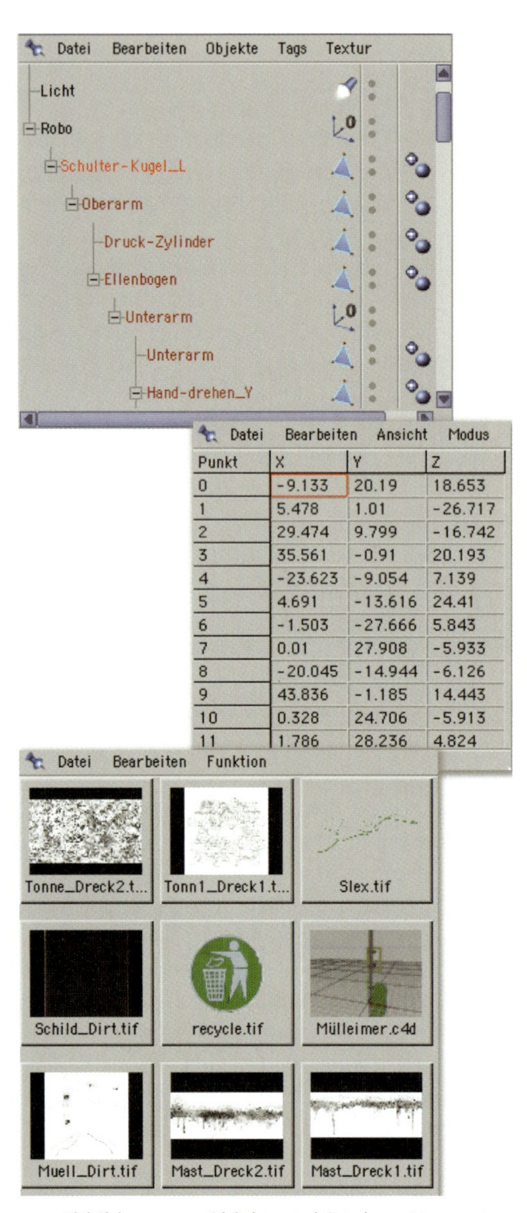

Abbildung 1.2: Objekt- und Struktur-Manager sowie Browser-Fenster

Bleibt noch das Fenster-Icon bei Symbol **D**. Ein Klick darauf blendet die übrigen Ansichten kurzfristig aus und vergrößert die Ansicht auf die maximale Größe. Dies ist z.B. immer dann sinnvoll, wenn Elemente zu klein dargestellt werden, um feine Arbeiten daran durchzuführen.

Alternativ dazu kann auch eine zusätzliche Ansicht über das Fenster-Menü aufgerufen und z.B. auf einem zweiten Monitor platziert werden. Ein erneuter Klick auf das Fenster-Icon der Ansicht blendet die übrigen Ansichten wieder ein. Einem unkomplizierten Wechsel zwischen verschiedenen Ansichten bei maximaler Platzausbeute steht also nichts mehr im Wege.

1.4 Der Objekt-Manager

Nicht minder wichtig beim Umgang mit Objekten ist der Objekt-Manager (siehe Abbildung 1.1, Ziffer **2**). Dort finden Sie alle Objekte der Szene mit Namen und Symbol für dessen Typ wieder. Hier werden u. a. auch hierarchische Beziehungen zwischen Objekten geknüpft und Eigenschaften wie z.B. die Beschaffenheit einer Oberfläche zugewiesen.

Wie so etwas aussehen kann zeigt die oberste Einblendung in der nebenstehenden Abbildung 1.2. Gegenüber den Editor-Ansichten hat der Objekt-Manager zudem den Vorteil, dass Sie dort immer auf alle vorhandenen Objekte zugreifen können und nicht nur auf die, die gerade in einer Ansicht sichtbar sind.

1.5 Der Struktur-Manager

Mittels eines Tab-Reiters an den Objekt-Manager geknüpft, finden Sie im Standard-Layout auch den Struktur-Manager. Dieser stellt tabellarisch z.B. die Punktkoordinaten eines Objekts oder die Tangenten einer Spline-Kurve dar. Sie erhalten hier also einen Überblick über die komplette Struktur eines Objekts. Zudem erlaubt ein Doppelklick auf einen Zahlenwert auch das Editieren. Dies ist sehr hilfreich, wenn es z.B. um das maßgenaue Platzieren von Punkten geht. Die nebenstehende Abbildung gibt in der Mitte das typische Erscheinungsbild des Struktur-Managers wieder.

Abbildung 1.3: Der Attribute-Manager

1.6 Der Browser

Das hinter dem STRUKTUR-MANAGER liegende BROWSER-Fenster kann Vorschaubilder von Bilddateien oder auch von Cinema-Szene-Dateien laden. Da man dabei nicht nach Dateinamen, sondern optisch nach den Vorschaubildern suchen kann, wird es oftmals einfacher, umfangreiche Verzeichnisse z.B. nach einer passenden Textur oder einem bereits gesicherten Objekt zu durchsuchen.

1.7 Der Attribute-Manager

Cinema 4D kennt viele Objekttypen, die mittels Zahlenwerten gesteuert werden. So kann z.B. die Anzahl an Unterteilungen an einem Kugel-Objekt jederzeit verändert werden, um die Oberfläche noch runder zu gestalten.

Aber auch profanere Einstellungen wie z.B. der Name eines Objekts oder dessen aktuelle Position lassen sich im ATTRIBUTE-MANAGER (siehe Abbildung 1.1, Ziffer ❸ und Abbildung 1.3) einsehen und verändern. Wurden mehrere Objekte selektiert, können hier auch die Eigenschaften mehrerer Objekte auf einmal verändert werden.

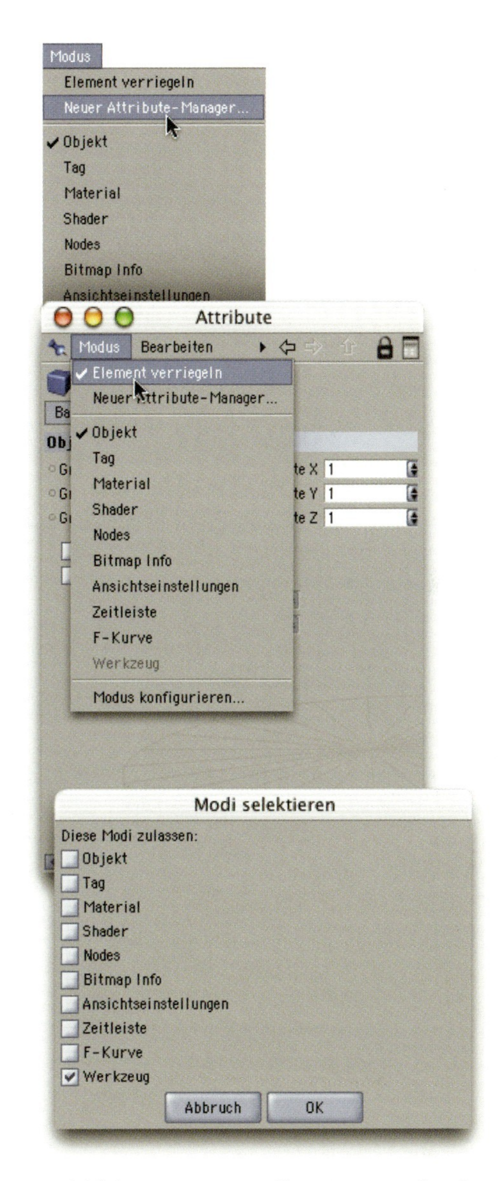

Abbildung 1.4: Den Attribute-Manager konfigurieren

Um Objekte zu manipulieren oder zu erstellen, steht Ihnen eine Reihe von Werkzeugen zur Verfügung. Viele davon können durch Zahlenwerte oder Optionen gesteuert werden.

Ist so ein Werkzeug aktiv, können Sie dessen Parameter ebenfalls im ATTRIBUTE-MANAGER einsehen und editieren.

Den Attribute-Manager frei konfigurieren

In dieser Hinsicht unterscheidet sich Cinema 4D V9 bereits von älteren Versionen, denn dort gab es noch ein separates Fenster nur für Werkzeugparameter.

Ob nun die Zusammenfassung in einem einzigen Manager so glücklich ist, bleibt dahingestellt. Glücklicherweise sorgt Cinemas Flexibilität bei der Layout-Gestaltung dafür, dass wir einen zweiten ATTRIBUTE-MANAGER nur für die Darstellung der Werkzeug-Einstellungen anlegen können. Die dazu notwendigen Arbeitsschritte sind in Abbildung 1.4 dokumentiert.

Benutzen Sie im ATTRIBUTE-MANAGER das MODUS-Menü und dort den Eintrag NEUER ATTRIBUTE-MANAGER. Ein separates Fenster mit einem neuen ATTRIBUTE-MANAGER erscheint.

In diesem neuen ATTRIBUTE-MANAGER wählen Sie wieder im MODUS-Menü den ELEMENT VERRIEGELN-Punkt an, um diesen zu deaktivieren. Der neue ATTRIBUTE-MANAGER wird dadurch in die Lage versetzt, selektierte Objekte oder Werkzeuge anzuzeigen.

Ebenfalls im MODUS-Menü finden Sie dann ganz unten den Punkt MODUS KONFIGURIEREN. Dieser öffnet einen kleinen Dialog, in dem Sie alle Parameter und Objekte ankreuzen können, die von dem ATTRIBUTE-MANAGER erkannt und angezeigt werden sollen. Deselektieren Sie dort alle Optionen bis auf WERKZEUG. Dieser ATTRIBUTE-MANAGER wird von nun an nur noch WERKZEUG-Einstellungen anzeigen. Damit der alte ATTRIBUTE-MANAGER alle übrigen Objekte und Werte anzeigt, selektieren Sie auch dort den MODUS KONFIGURIEREN-Menüpunkt und dort alle Optionen außer WERKZEUG.

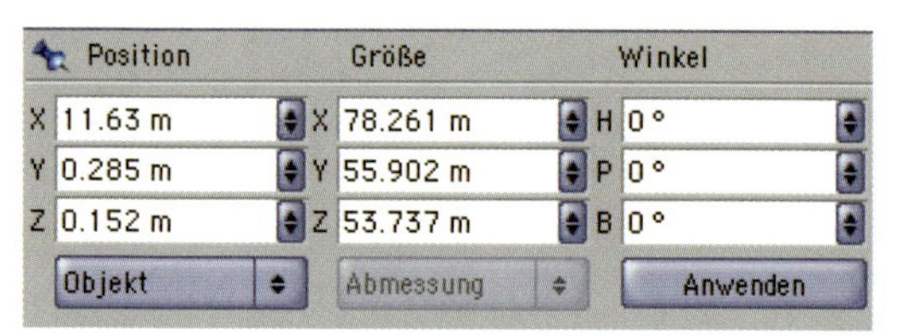

Abbildung 1.5: Der Koordinaten-Manager

Den neuen ATTRIBUTE-MANAGER können Sie dann an beliebiger Stelle in Ihr Layout integrieren. Damit diese Veränderung nicht beim Schließen von Cinema 4D verloren geht, benutzen Sie das FENSTER-Menü von Cinema 4D und wählen dort im LAYOUT-Unterpunkt z.B. LAYOUT SPEICHERN ALS aus. Nach dem Sichern werden Sie dann dieses Layout im LAYOUT-Menü abrufen können.

Soll das neue Layout gleich beim Start von Cinema 4D automatisch geladen werden, benutzen Sie FENSTER > LAYOUT > ALS STARTLAYOUT SPEICHERN.

1.8 Der Koordinaten-Manager

Über den KOORDINATEN-MANAGER können aktuelle Positions-, Rotations- und Größewerte eines Objekts eingesehen werden (siehe Abbildung 1.1, Ziffer ❹ und Abbildung 1.5).

Diese Werte können – mit einigen Ausnahmen bei Grundobjekten – auch verändert werden, indem direkt neue Zahlenwerte in die entsprechenden Felder eingetragen und danach mit der ANWENDEN-Schaltfläche bestätigt werden.

Es besteht also eine Ähnlichkeit zum STRUKTUR-MANAGER, wobei dieser auf die Darstellung von Wertelisten spezialisiert ist. Für die tägliche Arbeit ist der KOORDINATEN-MANAGER weitaus praktischer zu handhaben, wie spätere Beispiele zeigen werden.

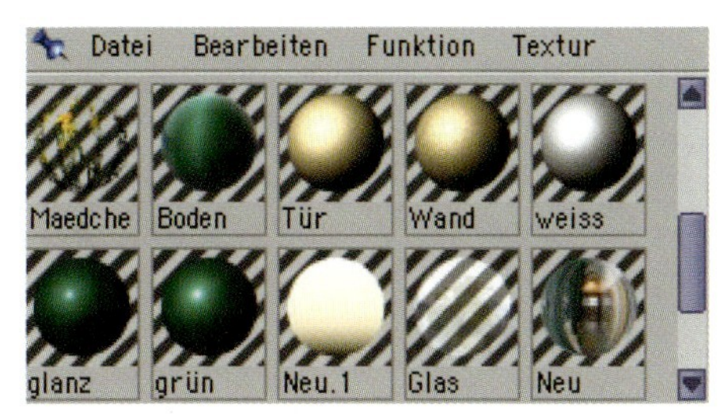

Abbildung 1.6: Der Material-Manager

1.9 Der Material-Manager

Cinema 4D enthält auch ein mächtiges Materialsystem, mit dem nahezu jede Oberfläche nachgebildet werden kann. Um jederzeit einen Überblick über die bereits in der Szene vorhandenen Materialien zu haben, stellt der MATERIAL-MANAGER kleine Vorschaubilder der Materialien zur Verfügung (siehe Abbildung 1.1, Ziffer ❺ und Abbildung 1.6).

Ein Doppelklick auf diese Vorschaubilder öffnet einen MATERIAL-EDITOR, über den alle Eigenschaften des Materials gesteuert werden können.

Über das DATEI-Menü des MATERIAL-MANAGERS können neue Materialien erstellt oder auch aus bereits gesicherten Szenen hinzugeladen werden.

Größere Mengen an Materialien lassen sich in Gruppen organisieren und sortieren. Insofern ähnelt der MATERIAL-MANAGER dem OBJEKT-MANAGER. Beide Manager lassen sich daher auch über Drag&Drop-Aktionen verbinden, indem Sie eine Vorschaukugel anklicken, die Maustaste halten und den Mauszeiger auf ein Objekt im OBJEKT-MANAGER ziehen. Das „gezogene" Material wird dadurch dem Objekt im OBJEKT-MANAGER zugewiesen. Wie das neu zugewiesene Material auf dem Objekt angeordnet werden soll, kann dann im ATTRIBUTE-MANAGER vorgegeben werden. Daran erkennen Sie, wie eng die Manager und Fenster untereinander verknüpft sind und miteinander kommunizieren.

1.10 Die Editor-Ansichten benutzen

Lassen Sie uns nach diesen grundsätzlichen Erläuterungen zu den Editor-Ansichten zurückkehren. Falls Sie noch nicht so viele Erfahrungen mit der Navigation im dreidimensionalen Raum gemacht haben, sollten Sie diesen Abschnitt besonders gewissenhaft lesen.

Die Editor-Ansichten weichen teilweise sehr stark von den uns gewohnten Sehgewohnheiten ab. Dies hat schon damit zu tun, dass wir Objekte mit zwei Augen betrachten und daher immer ein räumliches Bild erhalten. Die Editor-Ansichten sind hingegen eher mit einem Blick durch eine Kamera zu vergleichen. Hinzu kommt, dass die uns vertraute perspektivische Verzerrung von Objekten – denken Sie an die Straße, die am Horizont schmaler zu werden scheint – für die Modellierung nicht sonderlich geeignet ist.

Die Standard-Ansichten benutzen daher keine Fluchtpunktperspektive. Die Objekte erscheinen dadurch niemals perspektivisch verzerrt. Werfen Sie zur Verdeutlichung einen Blick auf die mit den Buchstaben Ⓐ, Ⓑ und Ⓒ gekennzeichneten Ansichten in Abbildung 1.7.

Die Ansicht mit dem Buchstaben Ⓐ zeigt die Objekte frontal. Sie stehen also praktisch vor dem Würfel und blicken in Richtung Kugel. Die Kamera-Ansicht oben links im Bild verdeutlicht diese Blickrichtung durch einen Pfeil mit dem Buchstaben Ⓐ. Da die Kugel die gleiche Größe hat wie der Würfel, würde sie normalerweise von dem Würfel verdeckt werden und in dieser Ansicht unsichtbar bleiben.

Es ist daher zum exakten Arbeiten im dreidimensionalen Raum grundsätzlich notwendig, zumindest mit zwei unterschiedlichen Ansichten zu arbeiten.

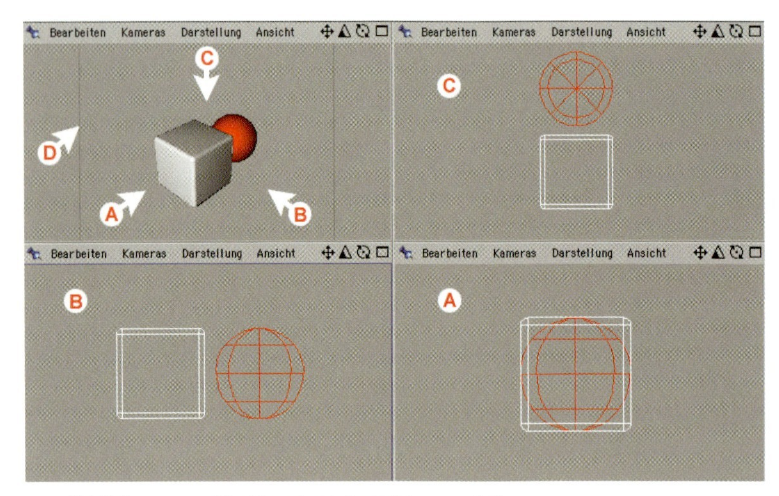

Abbildung 1.7: Die Standard-Ansichten und die Kamera-Ansicht

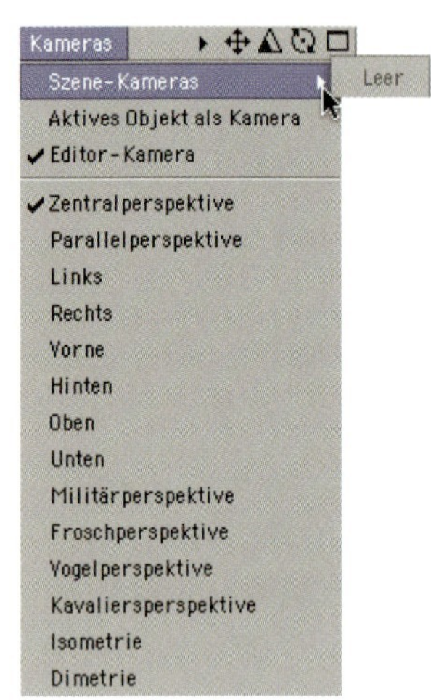

Abbildung 1.8: Die Einstellungen im Kamera-Menü der Editor-Ansichten

Uns stehen daher noch eine Ansicht von oben (C) und von der Seite (B) zur Verfügung. Diese drei Standard-Ansichten stehen mathematisch gesehen exakt rechtwinklig aufeinander, wie die Achsen in einem rechtwinkligen Koordinatensystem.

Da die Rotieren-Icons in den Kopfzeilen der Standard-Ansichten nicht funktionieren, kann daran auch nichts geändert werden.

Als Hilfestellung für Sie können zudem im Kamera-Fenster graue Hilfslinien eingezeichnet werden (siehe Abbildung 1.7, Buchstabe D), die den später bei der Bildberechnung sichtbaren Bereich begrenzen. Wie groß dieser Bereich ist, hängt von den RENDER-VOREINSTELLUNGEN ab, die wir etwas später noch besprechen werden.

Die Einblendung dieser und noch anderer Elemente regeln Sie in den ANSICHTS-VOREINSTELLUNGEN, die Sie über das BEARBEITEN-Menü der Ansichten erreichen.

Die Editor-Ansichten einrichten

Je nach Form eines Modells kann es vorkommen, dass zum Modellieren z.B. ein Blick von unten sinnvoller wäre als die Standard-Blickrichtung von oben. Sie können daher jede Ansicht – auch die Kamera-Ansicht – in eine andere Ansicht-Richtung umschalten. Benutzen Sie dazu das KAMERAS-Menü der Ansicht und wählen Sie dort die gewünschte Blickrichtung aus (siehe Abbildung 1.8).

Sind Kamera-Objekte in Ihrer Szene vorhanden, können Sie diese ebenfalls dort auswählen und zu einer Kamera für eine Editor-Ansicht machen. Dies wird immer dann der Fall sein, wenn es um die Erstellung einer Animation mit Kamerafahrt geht, denn die Kamera-Ansicht kann nicht animiert werden.

Sie rufen in diesen Fällen ein Kamera-Objekt ab, aktivieren dieses über den Szene-Kameras-Eintrag des Kameras-Menüs und animieren dann dessen Blickrichtung und Position, um eine Kamerafahrt zu erzeugen. Mehr dazu erfahren Sie in einem späteren Kapitel, wenn wir uns mit der Animation von Objekten beschäftigen.

Neben den Standard-Ansichten Links, Rechts, Vorne, Hinten, Oben und Unten stehen Ihnen auch noch andere Perspektiven zur Verfügung, wie sie z.B. aus technischen Illustrationen bekannt sind. Zum Modellieren und Animieren sind diese jedoch oft weniger geeignet. Sie sollten vorwiegend mit der Zentralperspektive für die Kamera-Ansicht und den genannten Standard-Ansichten für die übrigen Editor-Ansichten arbeiten.

Wie Sie ebenfalls Abbildung 1.8 entnehmen können, ist dort auch ein Menüpunkt Aktives Objekt als Kamera zu finden. Damit kann ein beliebiges selektiertes Objekt zu einer Kamera umfunktioniert werden. Es behält dadurch zwar seine Form, wird jedoch gleichzeitig als Kamera benutzt.

Dies kann in Einzelfällen sinnvoll sein, wenn z.B. überprüft werden soll, ob eine Lichtquelle „freie Sicht" auf ein Objekt hat. Die Lichtquelle wird dann kurzfristig zu einer Kamera gemacht und Sie können direkt in der Ansicht sehen, welche Objekte die Lichtquelle beleuchtet bzw., ob ein anderes Objekt in das Sichtfeld hineinragt und somit einen Schatten werfen wird.

Solange die Lichtquelle als Kamera aktiv ist, kann sie übrigens – wie von Kameras gewohnt – mit den Navigations-Icons verschoben und gedreht werden.

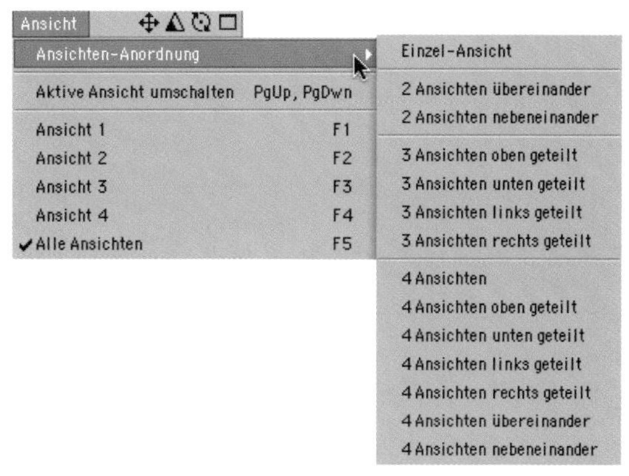

Abbildung 1.9: Anordnungen der Ansichten abrufen

▶ Das Ansicht-Menü

Über das Ansicht-Menü können eine Reihe von Standard-Anordnungen abgerufen werden. Für die tägliche Arbeit hat sich zwar die 4-Ansichten-Einstellung bewährt, aber vielleicht gibt es einzelne Projekte, bei denen Sie mit nur zwei Ansichten auskommen können (z.B. beim Animieren).

Wie Sie Abbildung 1.9 entnehmen können, sind die Ansichten auch bereits mit Funktionstasten gekoppelt. Sie können also über die Funktionstasten [F1] bis [F5] schnell zwischen den Ansichten wechseln. Die Wirkung ist dabei die gleiche wie bei der Verwendung des Fenster-Icons einer Ansicht.

Da nicht immer alle Ansichten gleich wichtig sind, kann es auch sinnvoll sein, die Größenverhältnisse der Ansichten zueinander zu verändern. Dies führen Sie direkt in den Editor-Ansichten mit dem Mauszeiger durch.

Bewegen Sie den Mauszeiger über eine Grenzlinie zwischen zwei Ansichten, verändert der Mauszeiger seine Form und gibt damit an, in welche Richtung die Grenzen verschoben werden können.

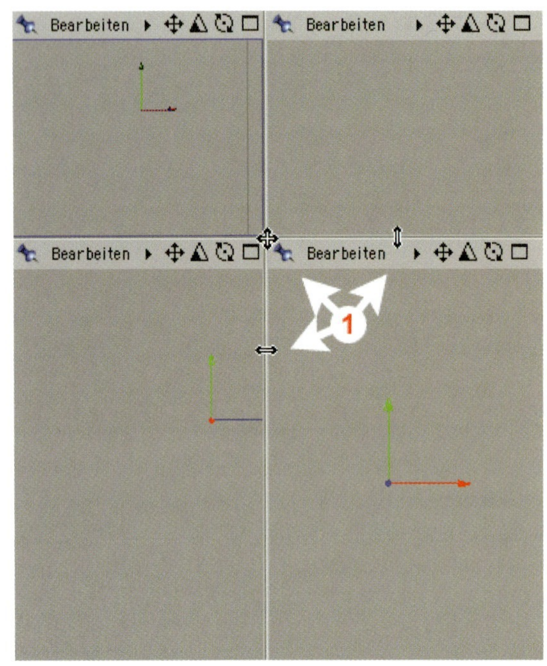

Abbildung 1.10: Die Größenverhältnisse verändern

▶ **Größenverhältnisse der Ansichten verändern**

Abbildung 1.10 gibt diese Veränderung des Mauszeigers bei Ziffer ❶ wieder. Je nach Verlauf der Trennlinie ist nur eine horizontale oder nur eine vertikale Verschiebung möglich. Wenn Sie den Mauszeiger direkt über den Schnittpunkt der Trennungslinien zwischen den Ansichten platzieren, verändert sich der Mauszeiger zu einem Vierfach-Pfeil und Sie können die Größe aller vier Ansichten gleichzeitig beeinflussen.

Dieses Konzept der Skalierung von Fenstern funktioniert übrigens nicht nur bei den Editor-Ansichten, sondern auch bei allen anderen Managern und Fenstern. Sie können auf diese Weise also auch den OBJEKT-MANAGER verbreitern oder dem STRUKTUR-MANAGER zu mehr Höhe verhelfen. Da im Layout jedoch alle Fenster fest eingebunden sind, wirkt sich die Veränderung eines Managers auch auf die umliegenden Fenster aus.

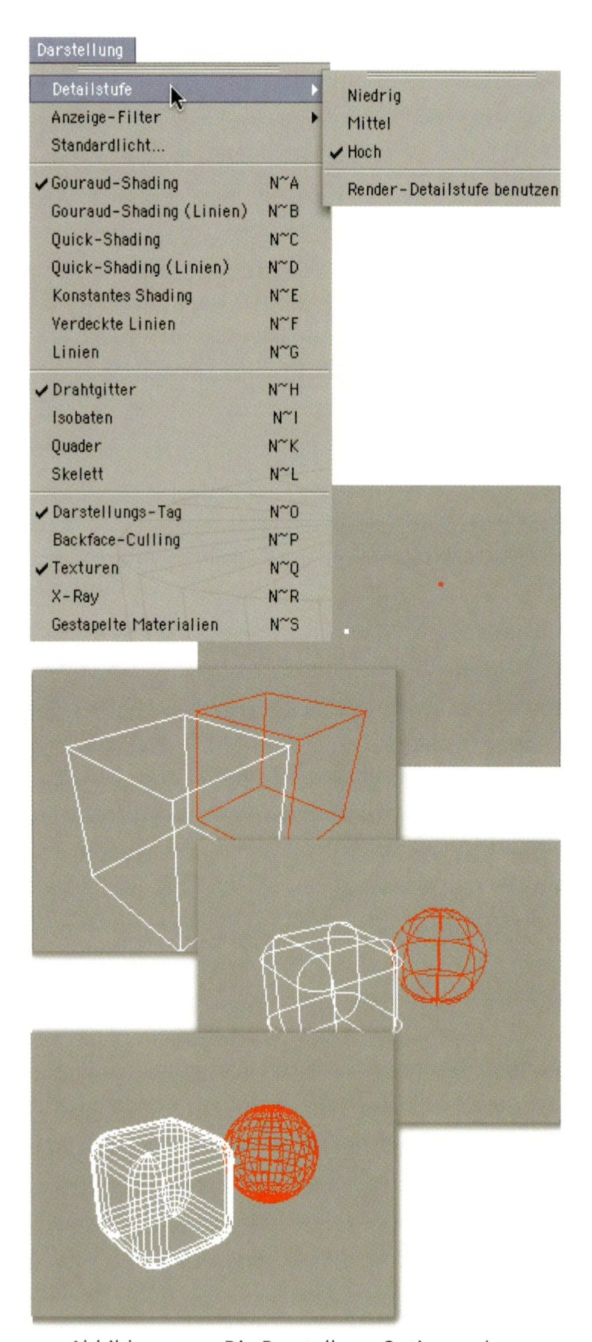

Abbildung 1.11: Die Darstellung-Optionen der Editor-Ansichten

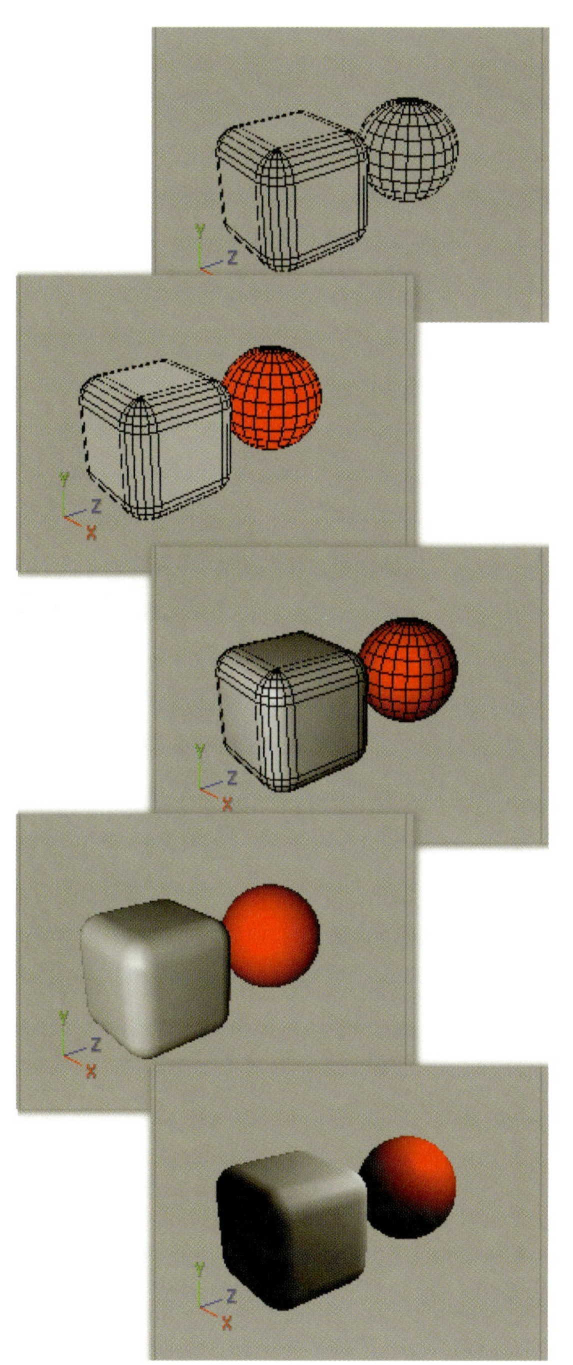

Abbildung 1.12: Von oben nach unten die Darstellungen verdeckte Linien, konstantes Shading, Quick Shading (Linien), Quick-Shading und Gouraud-Shading

Darstellung-Optionen

Das Darstellung-Menü jeder Ansicht steuert die Darstellung der angezeigten Objekte (siehe Abbildung 1.11).

Da die Struktur von Objekten oftmals recht komplexe Züge annehmen kann, vermag die Reduzierung der Darstellungsqualität das Arbeiten in den Editor-Ansichten zu beschleunigen. So reduzieren und abstrahieren die niedrigeren Qualitäten von Skelett bis Drahtgitter die dargestellten Objekte teilweise derart, dass nur noch Platzhalterobjekte angezeigt werden. Dies ist immer dann sinnvoll, wenn die Objekte bereits fertig ausmodelliert sind und es z.B. nur noch um das Anlegen einer Kamerafahrt geht.

Abbildung 1.11 zeigt Ihnen im unteren Teil die unterschiedlichen Darstellungen eines Würfels und einer Kugel. Von oben nach unten gesehen wurden die Modi Skelett, Quader, Isobaten und Drahtgitter verwendet.

Um diese puristische Darstellungsart zu aktivieren, muss Linien zusätzlich zu Drahtgitter, Isobaten, Quader oder Skelett im Darstellung-Menü selektiert sein.

Während der Modellierung hat sich die Drahtgitter- oder Quick-Shading-Darstellung bewährt. Dabei werden entweder nur die Flächenumrandungen eines Objekts oder eine vereinfachte Darstellung der Oberfläche unter Lichteinfall angezeigt.

Die eine Darstellung ist also eher transparent und erlaubt auch den Blick durch Objekte hindurch, während die andere bereits eine gute Vorschau des Objekts bietet. Es sind jedoch auch Kombinationen möglich. Diese sind jeweils in Klammern hinter der Darstellungsart angegeben.

Abbildung 1.12 gibt einen Großteil der vorhandenen Darstellung-Modi wieder.

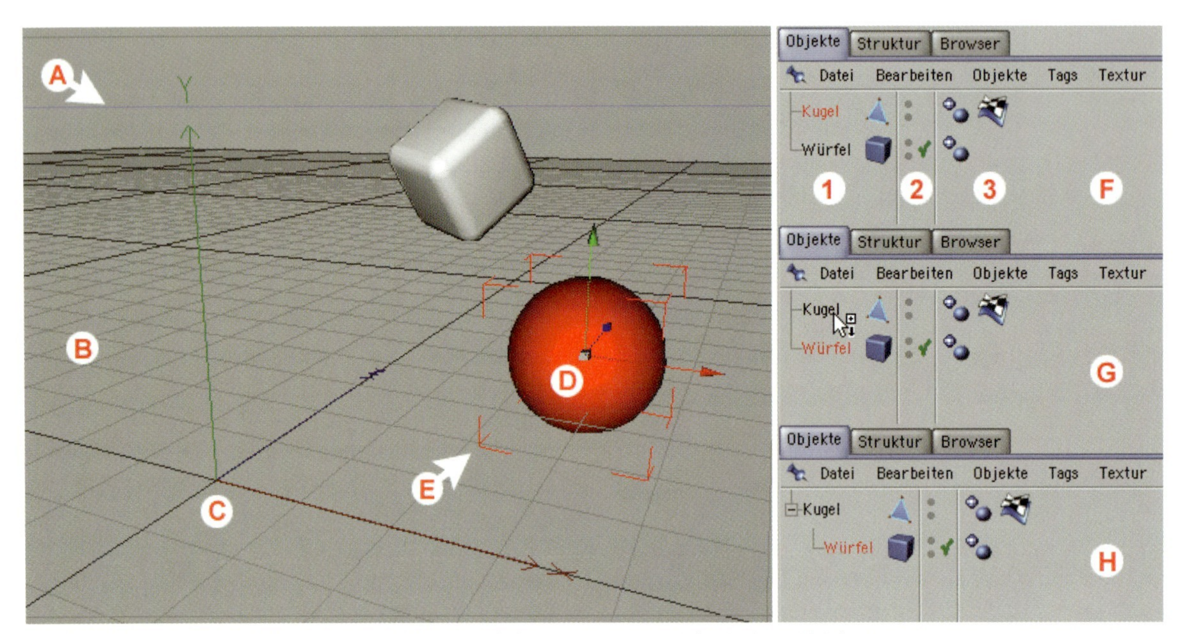

Abbildung 1.13: Die Elemente des Editors und das Zusammenspiel mit dem Objekt-Manager

Das Gouraud-Shading schließlich berechnet einfallendes Licht schon derart exakt, dass sich die Objekte kaum noch von dem später berechneten Bild unterscheiden. Diese Darstellungsart ist jedoch auch am aufwändigsten zu berechnen und kann daher die Darstellungsgeschwindigkeit fühlbar abbremsen.

Dieser Modus lohnt sich daher nur z.B. während der Platzierung von Lichtquellen und weniger bereits bei der Modellierung oder der Animation.

Bezugssysteme im dreidimensionalen Raum

Neben den Objekten selbst finden sich in den Ansichten noch weitere Elemente, auf die wir kurz näher eingehen. Werfen Sie dazu einen Blick in Abbildung 1.13. In der Kamera-Ansicht fällt dabei zuerst das mit dem Buchstaben B gekennzeichnete Raster auf.

Dieses so genannte Welt-Raster soll Ihnen bei Rotationen und Verschiebungen der Ansicht die Orientierung erleichtern. Stellen Sie sich darunter einfach eine Art Fußboden vor. Zugleich markiert dieses Raster die XZ-Ebene eines rechtwinkligen Koordinatensystems. Die drei Achsen dieses Systems werden in allen drei Ansichten eingezeichnet (Buchstabe C) und markieren den absoluten Ursprung aller Koordinaten. Dieses System ist ortsfest und bildet damit das Bezugssystem für alle Objektmanipulationen in unserer Szene. Cinema 4D spricht daher auch vom Welt-System.

Um sich an diesem System auch dann orientieren zu können, wenn es gerade nicht in der Ansicht zu sehen ist, rufen Sie Bearbeiten › Ansichts-Voreinstellungen in der Editor-Ansicht auf und stellen dort im Attribute-Manager auf der Ansicht-Seite des Dialogs eine Position für Editor Achsenposition ein. Wenn Sie als Editor Achsentyp dann das Welt-System auswählen, erscheint an der gewünschten Position eine verkleinerte Ausführung des Welt-Systems in der Editor-Ansicht.

Da die Kamera-Ansicht über eine Perspektive verfügt, ergibt sich dadurch auch ein Horizont, auf dem die Fluchtpunkte liegen. Dieser Horizont wird in der Ansicht durch eine bläuliche Linie angedeutet (siehe Abbildung 1.13, Buchstabe Ⓐ).

All diese Elemente sind später im berechneten Bild unsichtbar und dienen nur der Orientierung in den Ansichten.

Wenn wir uns nun mehr der Editor-Darstellung von Objekten zuwenden, erkennen wir, dass ein aktives Objekt ebenfalls über ein kleines Koordinatensystem verfügt (siehe Abbildung 1.13, Buchstabe Ⓓ).

Dieses System wird Objekt-System genannt und markiert den Schwerpunkt des Objekts. Es wird z.B. bei Rotationen des Objekts als Drehzentrum benutzt und für die Berechnung von Abständen vom Welt-System herangezogen.

Neben dem Objekt-System deuten rote Linien (Buchstabe Ⓔ) auf selektierte Objekte hin und markieren die maximalen Ausdehnungen des Objekts. Auch diese Darstellung selektierter Objekte kann wieder über die Ansichts-Voreinstellungen verändert werden. In der Anzeige-Rubrik finden Sie dort Optionen, mit denen der beschriebene Umquader um selektierte Objekte aktiviert wird. Zusätzlich oder alternativ hierzu kann das Objekt auch in Drahtgitter-Darstellung angezeigt werden.

Wohl aber die präziseste Rückmeldung über den Zustand eines Objekts gibt uns der Objekt-Manager (Buchstabe Ⓕ). In der vorderen Spalte (siehe Abbildung 1.13, Ziffer ❶) werden alle vorhandenen Objekte aufgelistet. Selektierte Objekte werden in roter Schrift dargestellt. In dieser Spalte können Sie auch Objekte dadurch selektieren, dass Sie mit dem Mauszeiger auf das entsprechende Symbol hinter dem Objekt oder direkt auf den Namen des Objekts klicken. Mehrere Objekte lassen sich so durch zusätzliches Halten der [⇧]-Taste auswählen.

Zur Selektion größerer Gruppen von Objekten kann mit gehaltener Maustaste auch ein Rahmen im Objekt-Manager aufgezogen werden.

Derart selektierte Objekte können dann z.B. in den Editor-Ansichten verschoben oder über den Attribute-Manager manipuliert werden.

Rechts neben den Objekten findet sich eine schmale Spalte mit grauen Punkten oder auch grünen Häkchen (siehe Abbildung 1.13, Ziffer ❷). Durch Anklicken des oberen Punktes wird ein Objekt in den Editor-Ansichten zuerst auf immer sichtbar (grüner Punkt), dann auf immer unsichtbar (roter Punkt) und schließlich wieder auf neutral (grauer Punkt) geschaltet. Hierüber können Objekte also kurzfristig unsichtbar gemacht werden, um z.B. einen besseren Blick auf andere Objekte zu erhalten.

Der untere Punkt funktioniert identisch, steuert jedoch die Sichtbarkeiten beim Rendern, also bei der Bildberechnung.

Ein Objekt kann also durchaus im Editor sichtbar sein, beim Rendern dann aber fehlen, wenn der untere Punkt auf Rot geschaltet wurde.

Der bereits erwähnte grüne Haken ist nur bei parametrischen Objekten zu finden. Dies sind Objekte, die von Cinema berechnet werden müssen. Ein Klick auf den grünen Haken verwandelt diesen zu einem roten Kreuzchen und stoppt damit die Berechnung dieses Objekts. Das Objekt verschwindet dadurch, kann jedoch durch einen erneuten Klick auf das rote Kreuzchen wieder errechnet werden. Die Parameter für die Berechnung solcher Objekte sind grundsätzlich im Attribute-Manager zu finden.

Die letzte Spalte des Objekt-Managers (siehe Abbildung 1.13, Ziffer ❸) zeigt schließlich die Eigenschaften des Objekts. Dort finden sich die so genannten Tags, die für Eigenschaften oder Optionen stehen, die mit dem Objekt eine enge Verbindung unterhalten.

Dort tauchen dann z.B. zugewiesenen Materialien oder *Expressions* auf. Darunter versteht man mathematische Routinen oder kurze Programme, die z.B. das Verhalten von Objekten während der Animation beeinflussen können.

Über den Objekt-Manager können aber auch hierarchische Strukturen erzeugt werden, wie die Einblendungen G und H in Abbildung 1.13 andeuten.

Dabei selektieren Sie ein Objekt durch Anklicken mit der Maus. Dieses wird daraufhin in roter Schrift dargestellt. Halten Sie die Maustaste weiter gedrückt und ziehen Sie den Mauszeiger auf den Namen des Objekts, dem Sie das „gezogene" Objekt unterordnen möchten. Der Mauszeiger verändert sich zu einem Pluszeichen samt nach unten weisenden Pfeil – dies soll das Hinzufügen eines untergeordneten Objekts andeuten.

Wenn Sie den Mauszeiger lösen, erscheint das „gezogene" Objekt eingerückt unter dem angefahrenen Objekt. Dadurch ist eine hierarchische „Parent-Child"-Beziehung der Objekte entstanden. Man spricht dann auch von dem *Oberobjekt* und dem *Unterobjekt*, um die hierarchische Beziehung auszudrücken.

Auf diese Weise können beliebig viele Objekte unter einem einzigen Objekt gesammelt werden.

Da jedes Objekt sein eigenes Objekt-System besitzt, ergeben sich nun nach derartigen hierarchischen Neuordnungen der Objekte neue Möglichkeiten, z.B. die Lage eines Objekts im Raum zu definieren. Es kann einmal die Lage relativ zum übergeordneten Objekt oder absolut zum Welt-System abgefragt werden. Zu diesem Zweck ist im Koordinaten-Manager das in Abbildung 1.14 mit dem Mauszeiger angesteuerte Menü vorhanden.

Dort kann das Bezugssystem für die Berechnung von Positionen und Rotationswinkeln zwischen Welt- und Objekt-System umgeschaltet werden. Wie in der Abbildung zu erkennen ist, werden nach dem Wechsel des Bezugssystems sofort alle Felder aktualisiert und auf das ausgewählte System umgerechnet.

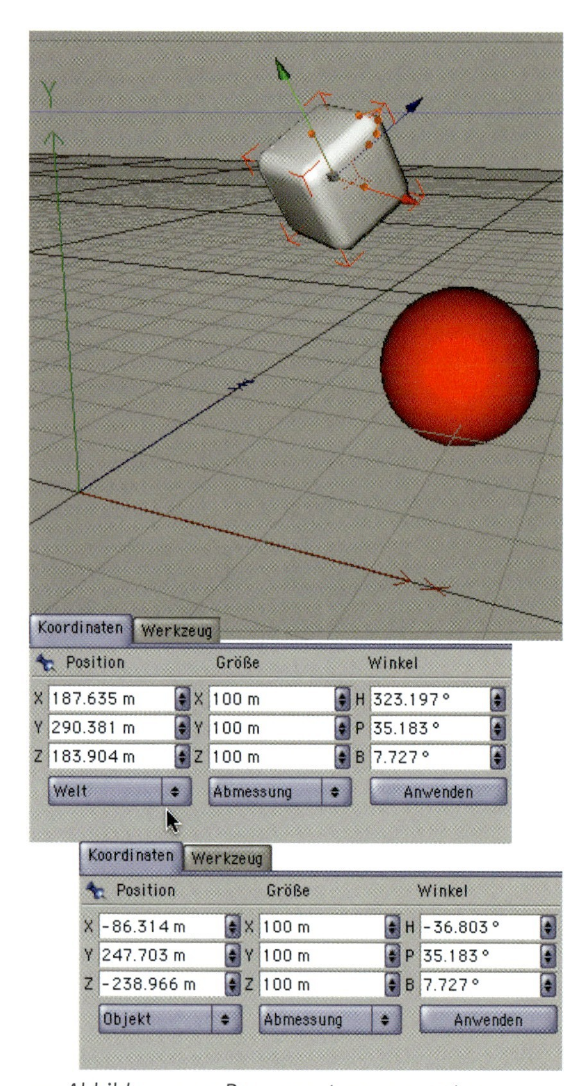

Abbildung 1.14: Bezugssysteme auswerten

Diese Funktionalität unterscheidet den Koordinaten-Manager auch von den anderen Orten, an denen Positionen und Rotationen abgelesen werden können, wie z.B. dem Attribute-Manager oder dem Struktur-Manager. Dort werden jeweils nur lokale Werte – also bezogen auf das übergeordnete Objekt-System – angezeigt.

Wozu nun aber die Mühe mit der Unterordnung von Objekten und der hierarchischen Gliederung?

Stellen Sie sich eine Maschine vor, die aus mehreren hundert Teilen besteht. Alles ist perfekt ausmodelliert. Sie bekommen von Ihrem Auftraggeber eine zweite Maschine bereits fertig geliefert, die vielleicht in einer ganz anderen Software erstellt wurde. Weder die Größenverhältnisse noch die Lage der Maschinen passen zueinander. Wäre es nun nicht ziemlich zeitaufwändig alle Einzelteile der Maschinen in die richtige Position zu bringen und zu skalieren?

Wenn Sie jedoch ein Objekt der Maschine als Überobjekt definieren und alle übrigen Teile darunter einordnen, haben Sie es nur noch mit einem einzigen Objekt zu tun.

Bewegen Sie das Überobjekt, werden alle Unterobjekte automatisch mit verschoben. Gleiches gilt bei Drehungen und sogar auch bei Skalierungen. Verkleinern Sie das Überobjekt, werden automatisch alle Unterobjekte passend mitskaliert. Die Maschine behält so in jeder Phase der Manipulation ihre Form, obwohl sie aus so vielen individuellen Objekten besteht.

Neben dem Wechsel des Bezugssystems kann der Koordinaten-Manager noch weitere Daten anzeigen. So zeigt Abbildung 1.15, wie in der mittleren Spalte des Managers verschiedene Abmessungen und Größen angezeigt werden können.

Während im Abmessung-Modus nur die Abmessung des selektierten Objekts getrennt für dessen Achse angezeigt wird, umfasst der Abmessung+-Modus auch eventuell untergeordnete Objekte. Dabei wird auch der leere Raum zwischen den Objekten mit eingerechnet. Die angezeigten Werte können also recht groß werden, ohne dass die Objekte selbst sonderlich ausgefallene Abmessungen haben.

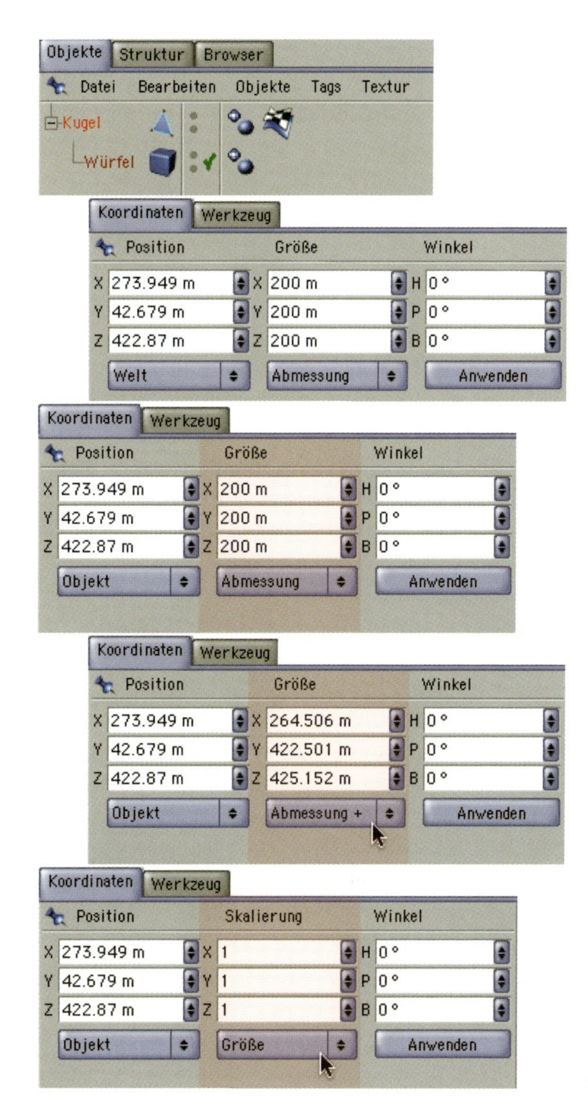

Abbildung 1.15: Darstellungsoptionen des Koordinaten-Managers

Im dritten Modus Grösse werden die Längen der Achsen des lokalen Systems angezeigt. Dazu muss man wissen, dass alle Achsen grundsätzlich die Länge 1 haben, also einem Einheitsvektor entsprechen. Daran ändert auch das Skalieren eines Objekts in der Regel nichts, da hierbei nur die Bestandteile des Objektes – also dessen Punkte und Flächen – weiter von dem lokalen System entfernt werden und das Objekt dadurch an Größe gewinnt oder verkleinert erscheint.

Es gibt jedoch auch einen Skalierungsmodus, bei dem nicht die Elemente des Objekts verschoben, sondern die Achsen des Objekts skaliert werden. Das Ergebnis entspricht hierbei oberflächlich dem „normalen" Skalieren, aber die Verzerrung von Achsenlängen wirkt sich auch auf die untergeordneten Achsensysteme aus. Es kann also zu unerwünschten Deformationen von Objekten kommen, wenn z.B. ein Unterobjekt um ein achsenskaliertes Überobjekt kreist.

Der einzige Vorteil des Skalierens von Achsen ist der, dass dieser Vorgang auch animiert werden kann. Es ist also immer dann nützlich, wenn sich z.B. ein Objekt während einer Animation vergrößern oder verkleinern soll. Aber selbst hierbei gibt es Ausnahmen, denn parametrische Objekte lassen sich häufig auch über die Werte im Attribute-Manager animieren, wie spätere Beispiele zeigen werden.

Gewöhnen Sie sich also besser nicht das Skalieren der Achsen an.

Um jederzeit über den Zustand der Achslängen informiert zu sein, beobachten Sie also die Skalierungswerte im Koordinaten-Manager. Versehentlich durchgeführte Achsskalierungen können dann im Grösse-Modus durch das Eintragen einer 1-Länge und ein nachfolgendes Anklicken der Anwenden-Schaltfläche wieder korrigiert werden.

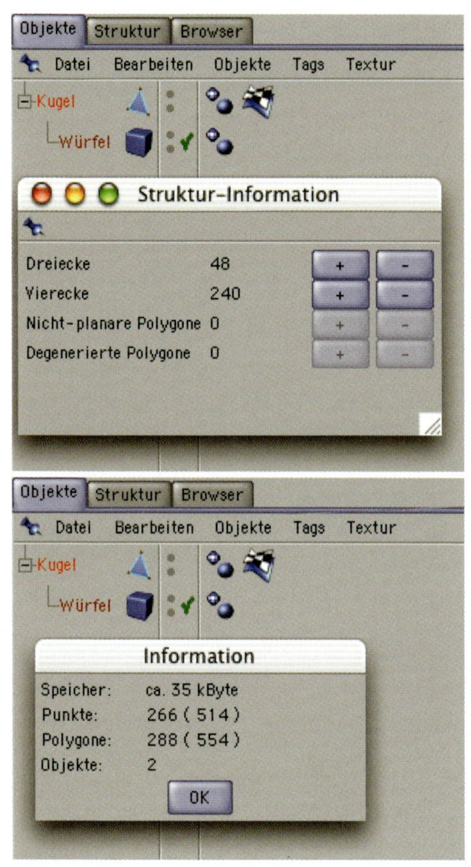

Abbildung 1.16: Weitere Informationsfenster für Objekte

1.11 Struktur-Informationen zu Objekten einholen

Wer weitere Informationen benötigt, kann im Objekte-Menü des Objekt-Managers Objekt Information oder Szene Information auswählen (siehe Abbildung 1.16 unten). Das Informationsfenster gibt dann Auskunft über den Speicherverbrauch der aktiven Objekte sowie über die Anzahl der darin enthaltenen Punkte und Flächen. Wer über die Art und Zusammensetzung der Oberfläche Bescheid wissen möchte, kann im Fenster-Menü von Cinema 4D die Struktur-Information aufrufen.

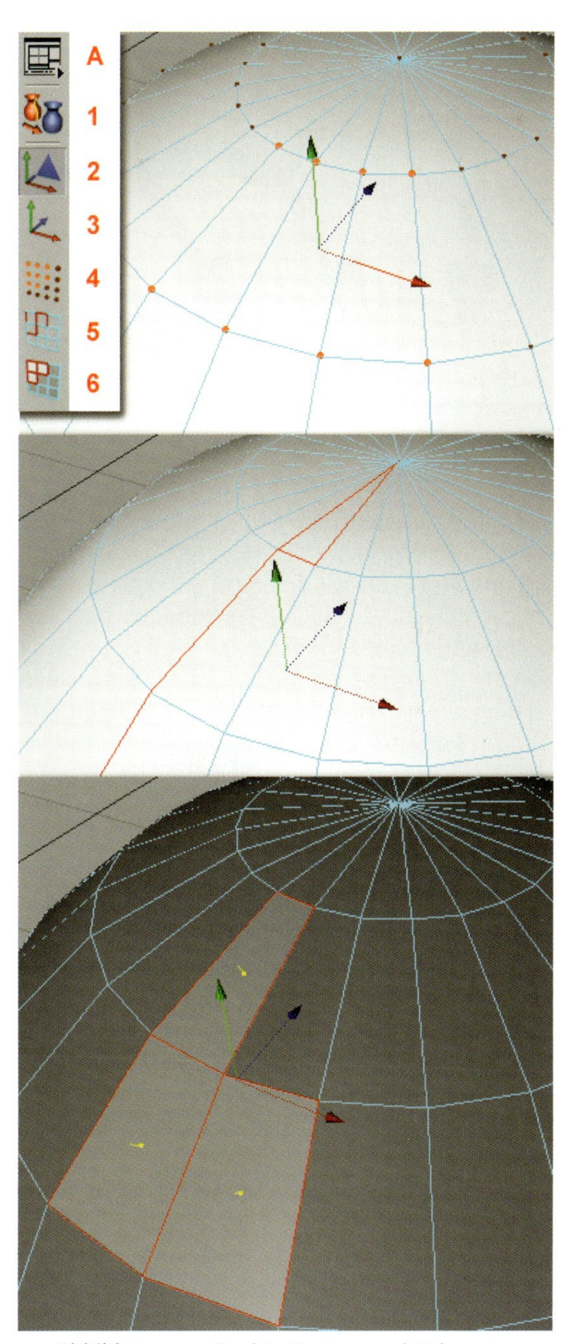

Abbildung 1.17: Punkt-, Kanten- und Polygon-Modus

1.12 Die Betriebsmodi von Cinema 4D

Es wurde bereits mehrfach darauf hingewiesen, dass die Objekte in Cinema 4D aus Flächen bestehen, den so genannten *Polygonen*.

Polygone wiederum lassen sich darüber hinaus in zwei kleinere Einheiten unterteilen – in Punkte und Kanten. Jede Kante besteht immer aus zwei Punkten, zwischen denen die Kante als Verbindungslinie in Erscheinung tritt. Mehrere dieser Kanten begrenzen dann wiederum ein Polygon, das schließlich bei der Bildberechnung sichtbar ist. Punkte und Kanten allein sind nur in den Editor-Ansichten sichtbar und werden bei der Bildberechnung ignoriert.

Alle Objekte innerhalb von Cinema 4D sind zwar aus Polygonen, Kanten und Punkten aufgebaut, nicht alle Objekttypen erlauben jedoch den direkten Zugriff auf diese Elemente. Dies ist z.B. bei den bereits erwähnten parametrischen Objekten der Fall, da diese aufgrund von numerischen Vorgaben von Cinema 4D errechnet werden. Eine Veränderung dieser Zahlenwerte aktualisiert augenblicklich das Objekt und ggf. auch die Anzahl der Punkte und Flächen an dem Objekt.

Möchten Sie dennoch einzelne Punkte eines parametrischen Objekts verschieben, muss dieses zuerst zu einem Polygon-Objekt konvertiert werden. Es verliert dadurch sämtliche parametrische Eigenschaften. Dieser Arbeitsschritt will also gut überlegt sein.

Während bei einem parametrischen Würfel jederzeit durch Verändern eines Zahlenwerts eine Rundung der Kanten durchgeführt werden kann, ist diese Eigenschaft dem konvertierten Objekt genommen. An diesem muss dann bei Bedarf manuell – und mit teilweise sehr mühseligen Arbeitsschritten – die gewünschte Abrundung hinzugefügt werden.

Dafür erhalten Sie als Gegenleistung die volle Kontrolle über jeden einzelnen Punkt des konvertierten Objekts.

Um ein parametrisches Objekt zu konvertieren, benutzen Sie entweder das Symbol mit der Ziffer ❶ aus Abbildung 1.17 oder Sie betätigen die Taste [C] auf Ihrer Tastatur. Voraussetzung dafür ist, dass das Objekt im Objekt-Manager selektiert ist.

Um nun weitere Veränderungen an dem Objekt oder dessen Oberfläche durchführen zu können, müssen Sie Cinema 4D mitteilen, welchen Aspekt des Objekts Sie manipulieren möchten. Man spricht hier auch von den Betriebsmodi, die in Abbildung 1.17 mit den Ziffern ❷ bis ❻ gekennzeichnet sind.

Beginnen wir mit dem Modell-bearbeiten-Modus (Ziffer ❷), der grundsätzlich mit jedem Objekttyp funktioniert. Es ist dafür also z.B. nicht nötig, ein parametrisches Objekt zu konvertieren. Dieser Modus muss immer dann benutzt werden, wenn ein Objekt verschoben, gedreht oder skaliert werden soll. Hat das selektierte Objekt Unterobjekte, werden diese automatisch ebenfalls verschoben, gedreht oder skaliert, als wären alle Einzelobjekte fest zu einem einzigen Objekt verbunden.

Der Objekt-Achse-bearbeiten-Modus (Ziffer ❸) funktioniert sehr ähnlich, belässt jedoch Punkte, Kanten und Polygone an Ort und Stelle und lässt nur eine Manipulation des lokalen Koordinatensystems zu. Sie können damit also das Objekt-System z.B. an eine Stelle im Objekt bewegen, die später als Drehpunkt dienen soll.

Wird dieser Modus mit einem parametrischen Objekt benutzt, wird das Objekt wie im Modell-bearbeiten-Modus behandelt. Dies liegt daran, dass das lokale System als Ausgangspunkt für die Generierung des Objekts benutzt wird.

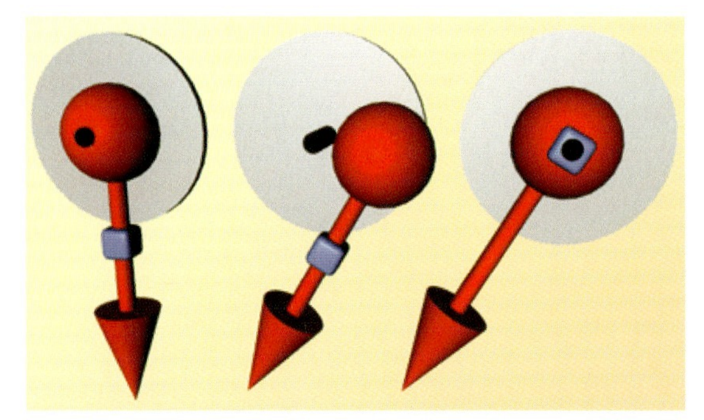

Abbildung 1.18: Auswirkungen einer Rotation um verschiedene Drehzentren

Trotzdem kann es sinnvoll sein, diesen Modus auch mit parametrischen Objekten zu benutzen, denn untergeordnete Objekte bleiben dann an Ort und Stelle und werden nicht mit dem parametrischen Objekt zusammen verschoben oder gedreht. Abbildung 1.18 gibt Ihnen eine Vorstellung von dem Zusammenwirken zwischen dem lokalen System eines Objekts oder einer Objektgruppe und der Rotation dieser Gruppe. Beispielhaft wird dafür ein einfacher Zeiger benutzt, der sich um das Zentrum einer Scheibe drehen soll (hier weiß dargestellt).

Der bläuliche Würfel deutet die Lage des lokalen Objekt-Systems am Zeiger an. Liegt dieses an einer beliebigen Stelle im Objekt, kann eine Rotation um dieses System nicht den erwünschten Effekt bringen. Der Zeiger springt aus der Drehachse der Scheibe heraus. Erst nachdem das lokale System im Objekt-Achse-bearbeiten-Modus an das gewünschte Drehzentrum verschoben wurde, ist ein sich technisch korrekt verhaltenes Bauteil entstanden.

Die nachfolgend beschriebenen Modi funktionieren ausschließlich mit Polygon-Objekten. Parametrische Objekte müssen vor der Benutzung dieser Modi also konvertiert werden.

Im Punkte-bearbeiten-Modus (siehe Abbildung 1.17, Ziffer ❹) werden automatisch alle Punkte des Objekts mit in die Editor-Ansichten eingeblendet.

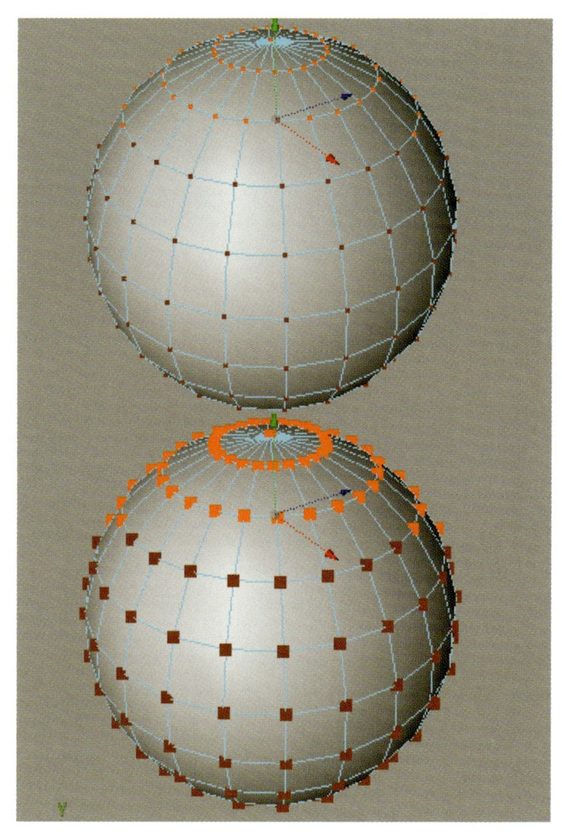

Abbildung 1.19: Unterschiedliche Punktgrößen

Punkte oder Punktgruppen lassen sich mit diversen Selektion-Werkzeugen auswählen. Wir werden diese im Anschluss besprechen. Wie bei Objekten gilt auch auf Punktebene, dass nur selektierte Punkte z.B. verschoben, rotiert oder skaliert werden können.

Selektierte Punkte sind generell an einer helleren und intensiveren Einfärbung zu erkennen. Insbesondere bei komplexen Objekten kann es aber dennoch schwierig sein, die Übersicht zu behalten.

Sie können daher über die bekannten Ansichts-Voreinstellungen im Dialogbereich Ansicht die Punktgrösse individuell einstellen. Abbildung 1.19 demonstriert dies am Beispiel eines konvertierten Kugel-Objekts, an dem im oberen Bereich Punkte selektiert wurden.

Die beiden übrigen Modi Kanten bearbeiten und Polygone bearbeiten funktionieren wie der Punkte-bearbeiten-Modus. Je nach gewähltem Modus ist immer nur ein Element-Typ auswählbar. Dies ist aber auch nicht weiter hinderlich, da z.B. das Verschieben eines Punktes gleichzeitig die damit verbundenen Kanten und somit auch die Form der in Verbindung stehenden Polygone beeinflusst. Der Zusammenhang dieser drei Strukturen bleibt also in jedem Fall erhalten.

Was bei selektierten Polygonen als zusätzliches Element noch an Bedeutung gewinnen wird, sind die kurzen gelben Linien, die senkrecht auf den Zentren der Flächen stehen. Im unteren Teil der Abbildung 1.17 sind diese Normalen zu erkennen. Fehlen diese bei Ihnen, überprüfen Sie in den Ansichts-Voreinstellungen auf deren Anzeige-Dialogseite, ob dort die Normalen-Option aktiviert ist.

Diese Normalen geben die Richtung der Polygone an und definieren damit, welche Seite der Fläche außen und welche innen liegt. Da alle Objekte innerhalb von Cinema 4D praktisch nur aus einer dünnen Polygonhülle bestehen und innen hohl sind, kann diese Unterscheidung nach innen und außen für die Berechnung der Oberflächenschattierung von Bedeutung sein. Grundsätzlich sollte darauf geachtet werden, dass immer alle Normalen eines Objekts nach außen zeigen.

Normalerweise kümmert sich Cinema 4D selbst darum, aber beim manuellen Erstellen von Objekten kann es in Einzelfällen zu um 180° verdrehten Normalen kommen. Diese lassen sich dann durch Selektieren der betreffenden Fläche und Auswahl des Normalen umdrehen-Befehls im Funktionen-Menü korrigieren.

Rein optisch fallen solche Flächen mit verdrehten Normalen im berechneten Bild oft durch Sprünge in der Helligkeit auf. Auch beim Export – z.B. in das Shockwave 3D-Format – ist die Richtung der Normalen von Bedeutung.

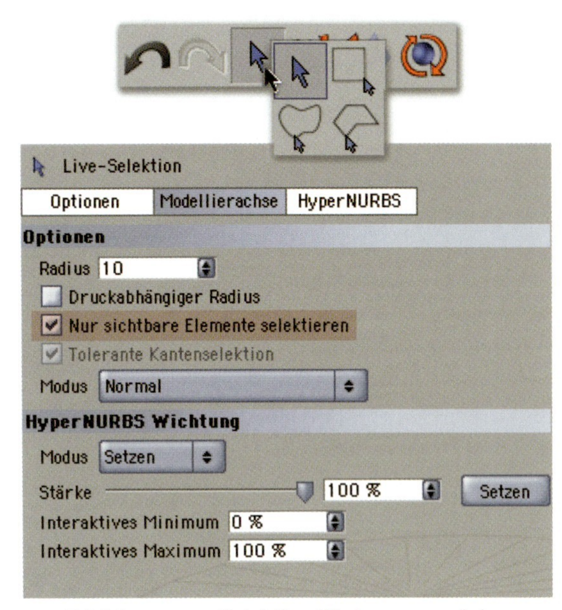

Abbildung 1.20: Selektion-Werkzeuge und deren Optionen

Nur um die Beschreibung der Symbole aus Abbildung 1.17 zu komplettieren, sei hier noch das Menü mit der Beschriftung Ⓐ genannt. Dort finden Sie eine Sammlung von Cinema 4D-Layouts, die vom Hersteller auf verschiedene Tätigkeiten wie das Modellieren, Texturieren oder Animieren zugeschnitten wurde.

Wenn Sie sich der vorangegangenen Beschreibung folgend ein eigenes Layout mit einem zweiten Attribute-Manager erstellt und dieses gesichert haben, taucht dies ebenfalls in dieser Liste auf.

Natürlich können Sie mit den bereits beschriebenen Funktionen jederzeit im aktuellen Layout verborgene Manager und Fenster auch über das Fenster-Menü abrufen und sich so eigene Layouts zusammenstellen, die Ihren individuellen Gewohnheiten näher kommen.

Wie bereits beschrieben, lassen sich eigene Layouts im Fenster-Menü über Layout › Layout speichern als sichern und so immer wieder aufrufen. Mit dem Eintrag Fenster › Layout › Als Start-Layout sichern gesicherte Layouts werden beim nächsten Programmstart automatisch geöffnet.

1.13 Die Selektion-Werkzeuge

Wie ganze Objekte selektiert werden, haben wir bereits angesprochen: durch Anklicken des Objektnamens im Objekt-Manager. Punkte, Kanten oder Polygone lassen sich auf diese Weise nicht auswählen. Dafür sind spezielle Werkzeuge vorhanden, die in einer kleinen Icon-Gruppe in der oberen Icon-Leiste zu finden sind (siehe Abbildung 1.20).

Prinzipiell ähneln diese Werkzeuge den Auswahlwerkzeugen aus Grafikprogrammen wie z.B. Adobe Photoshop. Auch hier finden sich Rechteck-, Freihand-, und Mehreckauswahl. Wohl am häufigsten wird aber die so genannte Live-Selektion benutzt. Deren Symbol gleicht einem blau eingefärbten Mauszeiger. Damit können Elemente durch einfaches Überstreichen oder Anklicken selektiert werden.

Wie bei einigen anderen Werkzeugen auch, lässt sich das Verhalten der Selektion-Werkzeuge im Attribute-Manager präzisieren. Neben einer Radius-Angabe für die Live-Selektion, die den für die Selektion aktiven Bereich um den Mauszeiger herum festlegt, findet sich hier auch eine Option mit dem Namen Nur sichtbare Elemente selektieren.

Dies mag zuerst verwundern, da wir schließlich nur sichtbare Elemente in den Ansichten mit den Selektion-Werkzeugen anfahren können. Der Sinn ist hier jedoch etwas anders, denn die Sichtbarkeit bezieht sich auf die dritte Dimension.

Ist diese Option aktiv, können nur Elemente selektiert werden, die nicht von Flächen verdeckt werden. Die Auswahl an Punkten auf der Rückseite einer Kugel ist in diesem Modus also unmöglich. Dies verhindert die womöglich ungewollte Selektion an der Rückseite von Objekten. Ein Beispiel macht dies deutlicher.

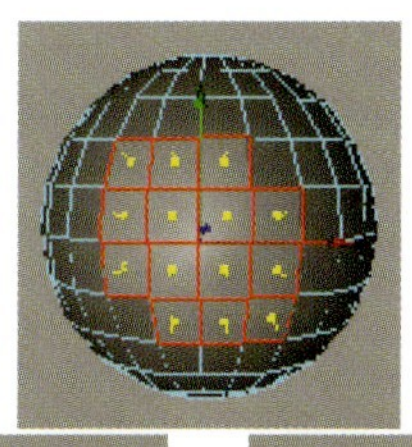

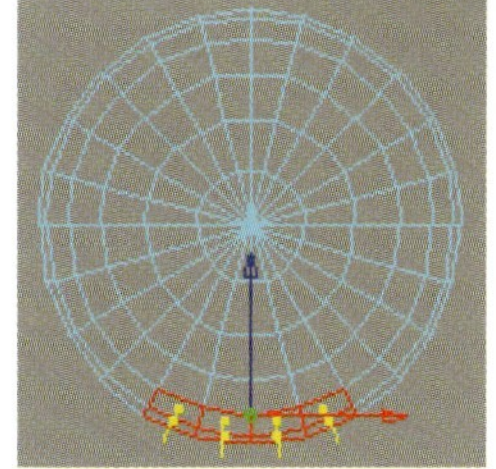

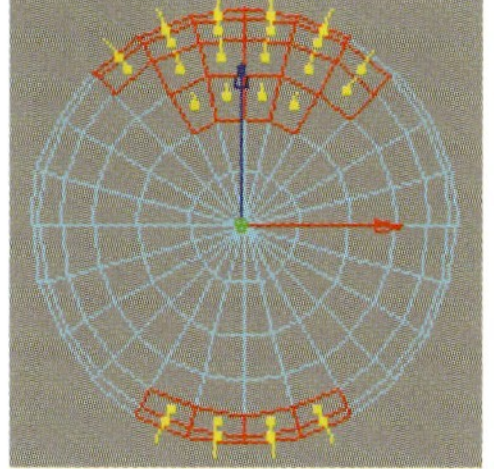

Abbildung 1.21: Eine Polygon-Selektion mit und ohne die Beschränkung auf sichtbare Elemente

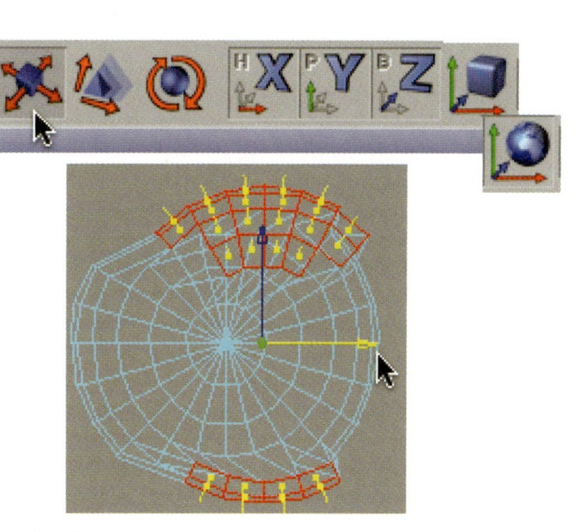

Abbildung 1.22: Werkzeuge, Beschränkungen und Bezugssysteme

In Abbildung 1.21 erkennen Sie oben ein konvertiertes Kugel-Objekt im Polygone-bearbeiten-Modus. Mit Hilfe der Live-Selektion wurden an der Vorderseite einige Flächen selektiert, die dadurch automatisch rot umrandet dargestellt werden.

Betrachten wir die Kugel in einer geringeren Darstellungsqualität – wie z.B. dem Drahtgittermodus – und zudem aus einer anderen Richtung – wie z.B. von oben – erkennen wir, dass tatsächlich nur an der Vorderseite der Kugel Flächen selektiert wurden (siehe Abbildung 1.21 unten links).

In diesem Fall war die Option Nur sichtbare Elemente selektieren aktiv. Schalten wir diese Option aus und selektieren die Flächen in der frontalen Ansicht erneut, ergibt sich nun in der Ansicht von oben auf die Kugel ein anderes Bild. Die Selektion betrifft jetzt zusätzlich auch die eigentlich von den vorderen Flächen verdeckten Polygone. Diese lagen zwar während der Selektion ebenfalls unter dem Mauszeiger, waren für uns jedoch durch die schattierte Darstellung der Kugel während der Selektion nicht sichtbar.

Um ungewollte Selektionen dieser Art zu verhindern, sollten Sie immer an diese Selektion-Option im Attribute-Manager-Fenster denken.

1.14 Selektionen und Objekte manipulieren

Die Arbeitsschritte zum Verschieben, Drehen oder Skalieren von ganzen Objekten oder z.B. von Punkten oder Flächen sind identisch. Zuerst muss immer das Objekt selektiert werden, an dem Veränderungen durchgeführt werden sollen. Dann aktiviert man den Betriebsmodus für den Bestandteil des Objekts, der manipuliert werden soll. Dies kann der Modell-bearbeiten-Modus sein, wenn ein Objekt als Ganzes z.B. gedreht werden soll oder der Punkte-bearbeiten-Modus, wenn nur einzelne Punkte verschoben werden sollen.

Wurde der Punkte-, Kanten- oder Polygone-bearbeiten-Modus gewählt, ist eine Selektion der relevanten Elemente mit den zuvor beschriebenen Selektion-Werkzeugen nötig.

Im nächsten Schritt wird ein Werkzeug ausgewählt (siehe Abbildung 1.22). Diese befinden sich rechts von den Selektion-Werkzeugen in der oberen Icon-Leiste. Zur Auswahl stehen der Reihe nach das Verschieben-, das Skalieren- und das Rotieren-Werkzeug.

Oftmals ist es bei deren Benutzung sinnvoll, die Bewegungsfreiheit einzuschränken. So kann z.B. nur eine Drehung um die X-Achse des Objekts oder eine Verschiebung entlang der Z-Achse des Welt-Systems gewünscht sein.

In diesen Fällen können Sie über die rechts neben den Werkzeug-Icons angeordneten X-, Y- und Z-Icons Achsen freigeben und sperren. Die Icons funktionieren dabei wie Schalter, wobei der Zustand nach jedem Anklicken z.B. von „Gesperrt" zu „Frei" wechselt. Es sind zudem diverse Kombinationen der drei Achsen möglich, da sich diese unabhängig voneinander bedienen lassen. Um den zwei unterschiedlichen Bezugssystemen Rechnung zu tragen, befindet sich neben den Achsen noch ein Icon, mit dem entweder das Objekt- oder das Welt-System als Bezugssystem ausgewählt wird (siehe Abbildung 1.22).

Wenn man von der Möglichkeit der Achsenbeschränkung bei der Benutzung von Werkzeugen häufiger Gebrauch macht, kann jedoch eine weitere Methode noch praktikabler sein.

Es genügt, mit aktivem Werkzeug auf das Ende einer Achse des gewünschten Bezugssystems zu klicken, die Maustaste zu halten und die Maus nach rechts oder links zu bewegen. Praktisch sieht das dann so aus, dass Sie z.B. an einem Objekt Polygone selektieren und diese ausschließlich entlang der X-Achse des Objekts verschieben möchten. Wählen Sie dazu das Verschieben-Werkzeug aus und klicken Sie auf die kleine Pfeilspitze an der roten X-Achse des Objekts. Die Achse verfärbt sich daraufhin gelb und Sie können, solange Sie die Maustaste gedrückt halten, die Polygone nur noch entlang dieser Achse verschieben (siehe Abbildung 1.22).

Alternativ hierzu können Sie auch doppelt auf eine der Achsen klicken und diese damit dauerhaft aktiv halten. Das Halten der Maustaste ist dann nicht mehr nötig, um die Beschränkung aktiviert zu halten.

So lassen sich dann auch direkt in den Editor-Ansichten Beschränkungen nur mit Mausklicks aktivieren, ohne nach jeder Aktion die X-, Y-, Z-Schaltflächen neu konfigurieren zu müssen.

1.15 Parametrische Grundobjekte

Wir haben nun bereits eine ganze Weile über Manager, Werkzeuge und Bezugssysteme gesprochen und noch nicht ein einziges Objekt selbst erzeugt. Dies wird sich nun ändern, denn wir werfen nun einen Blick auf Cinemas parametrische Grundobjekte.

Mit *Grundobjekten* sind großteils einfache geometrische Formen gemeint, die sich leicht durch mathematische Formeln konstruieren lassen. So kann z.B. eine Kugel allein durch Vorgabe ihres Mittelpunktes und eines Radius-Werts berechnet werden. Bei einem Würfel genügt uns ebenfalls eine Position für dessen Mittelpunkt und die drei Längen für seine Breite, Höhe und Tiefe.

Die Beschreibung *parametrisch* greift diese Eigenschaft der Objekte auf, denn diesen Objekten ist gemein, dass sie sich durch Zahlenwerte (Parameter) steuern lassen.

Der große Vorteil daran ist, dass sich so z.B. auch die Unterteilung mit Polygonen steuern lässt. Sie können also z.B. eine Kugel durch das Hinzufügen von Polygonen jederzeit noch runder erscheinen lassen, wenn dies eine Nahaufnahme verlangt. Wäre die Kugel manuell aus Polygonen modelliert worden, müsste man diese Flächen löschen und von Hand neue Punkte und Flächen anlegen. Ein kurzfristiges Ausprobieren und Vergleichen verschiedener Einstellungen wäre dann nicht möglich.

Der Nachteil soll jedoch auch nicht verschwiegen werden, denn parametrische Objekte lassen sich nicht unmittelbar – z.B. auf Punktebene – editieren. Sie müssen dazu, wie bereits besprochen, zuerst konvertiert werden.

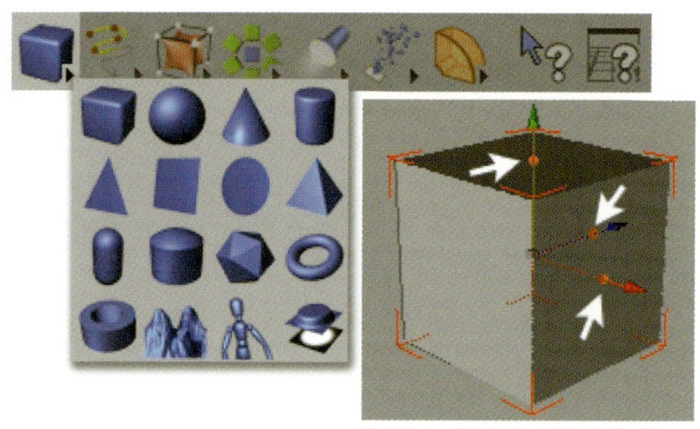

Abbildung 1.23: *Die vorhandenen parametrischen Grundobjekte und deren Anfasser am Beispiel eines Würfels*

Der Würfel

Um Ihnen die Arbeit mit parametrischen Grundobjekten etwas näher zu bringen, werden wir hier einige der häufiger benutzten Formen detaillierter besprechen. Dazu gehört z.B. der Würfel, der sich auch als Ausgangsobjekt für die Modellierung sehr viel komplexerer Formen eignet.

Alle Grundobjekte werden symbolhaft in einem Icon-Menü angezeigt, das sich bei einem gehaltenen Klick auf den Würfel in der oberen Icon-Palette öffnet (siehe Abbildung 1.23). Wählen Sie dort das Symbol für den Würfel aus. Augenblicklich sollten Sie ein Würfel-Objekt in den Editor-Ansichten erkennen können. Standardmäßig werden neue Objekte immer im Ursprung des Welt-Systems erzeugt.

Auf den Achsen des Würfels finden Sie je einen orangefarbenen Punkt, den so genannten *Anfasser*. Sollten diese bei Ihnen nicht sichtbar sein, haben Sie vermutlich noch den Punkte-, Kanten- oder Polygone-bearbeiten-Modus aktiviert. Schalten Sie dann in den Modell-bearbeiten-Modus um.

Aktivieren Sie das Verschieben-Werkzeug und klicken und ziehen Sie an einem der Anfasserpunkte. Die jeweilige Achse muss dazu natürlich freigeschaltet sein.

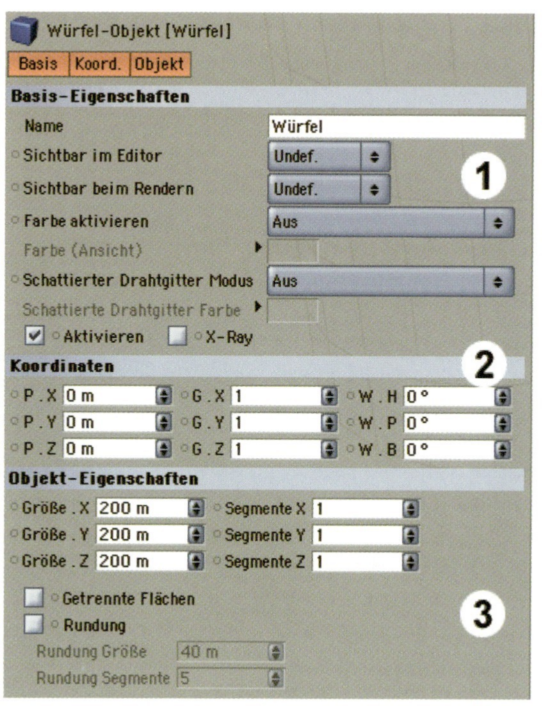

Abbildung 1.24: *Die Parameter des Würfel-Grundobjekts*

Sie werden beobachten können, wie sich die Größe des Würfels an die Position des Anfassers anpasst. Dies ist also eine schnelle Methode, um die Dimensionen von Grundobjekten zu verändern, wenn es einmal nicht so sehr auf die Einhaltung von Maßen ankommt.

Wer es genauer benötigt, muss sich mit dem Attribute-Manager beschäftigen. Dort werden alle verfügbaren Parameter eines selektierten Objekts angezeigt. Die Daten werden dort in mehrere Gruppen eingeteilt, die durch das Anklicken der jeweiligen Reiter – in Abbildung 1.24 wurden diese rot hervorgehoben – angezeigt werden. Werden mehrere dieser Reiter mit ⇧-Klicks angeklickt, lassen sich auch mehrere Rubriken gleichzeitig öffnen.

Lassen Sie uns der Reihe nach auf diese Datengruppen eingehen. Der Einfachheit halber wurden diese in der Abbildung mit den Ziffern ❶ bis ❸ markiert.

Unter den Basis-Eigenschaften (Ziffer 1) finden Sie allgemeine Informationen zu dem Objekt, wie z.B. dessen Namen oder auch die Zustände der Sichtbarkeitspunkte hinter dem Objekt im Objekt-Manager.

Darunter befindet sich mit der Beschriftung Farbe aktivieren ein kleines Menü, über das die farbliche Darstellung eines Objekts im Editor gesteuert werden kann. Wie Sie sicherlich bemerkt haben, ist der Würfel bislang in einem schlichten Grauton gehalten.

Wenn Sie für Farbe aktivieren die Option Automatisch wählen, wird immer dann die im Farbfeld darunter selektierte Farbe für die Oberfläche des Objekts verwendet, wenn kein anderes Material auf dem Objekt liegt. Bei der Einstellung Immer wird selbst dies ignoriert und in jedem Fall nur die hier eingestellte Farbe verwendet. Die Standardeinstellung Aus führt zu dem bekannten Grauton, der automatisch verschwindet, sobald ein Material zugewiesen wird.

Das Menü Schattierter Drahtgitter Modus funktioniert nach dem gleichen Prinzip, färbt jedoch die Kanten des Objekts ein, sofern dieses nicht selektiert ist und eine Darstellungsart im Editor aktiv ist, die Linien mit anzeigt.

Die Aktivieren-Option ist mit dem bereits angesprochenen kleinen grünen Häkchen im Objekt-Manager identisch und gibt an, ob eine Berechnung des Objekts erfolgt oder nicht. Neu hingegen ist die X-Ray-Option. Damit lässt sich ein Objekt im Editor leicht transparent darstellen, um z.B. einen besseren Blick auf verdeckte Objekte werfen zu können, ohne auf die Benutzung einer schattierenden Darstellung in den Editor-Ansichten verzichten zu müssen. Dies hat jedoch keine Auswirkung auf das Aussehen des Objekts bei der späteren Bildberechnung.

Alle bis jetzt genannten Optionen und Einstellungen sind für jeden Objekttyp vorhanden und nicht nur bei parametrischen Objekten zu finden.

Die zweite Rubrik mit dem Titel Koordinaten (siehe Abbildung 1.24, Ziffer 2) ähnelt nicht nur optisch dem Koordinaten-Manager. Auch hier finden Sie die Koordinaten der aktuellen Objektposition, die Länge der drei Objekt-Achsen und die Rotationswerte des Objekts, allerdings sind diese Werte immer nur auf das Objekt-System bezogen. Dies entspricht also der Objekt-Einstellung im Koordinaten-Manager. Da es hier keine Umstellmöglichkeit gibt, sollte eher mit dem Koordinaten-Manager gearbeitet werden, um Irritationen zu vermeiden.

Die mit der Ziffer 3 markierte Gruppe enthält schließlich die eigentlichen Parameter unseres Würfel-Grundobjekts. Dort haben Sie z.B. die Möglichkeit, präzise numerische Werte für die Größe des Würfels einzugeben, was vorher über die Anfasser in den Editor-Ansichten nur ungenau möglich war.

Unmittelbar daneben finden Sie drei Eingabefelder für die Anzahl an Segmenten in X-, Y- und Z-Richtung. Damit sind die Unterteilungen der Oberfläche mit Polygonen gemeint. Der Standardwert 1 führt dazu, dass jede Würfelseite aus nur einem einzigen Polygon gebildet wird. Der Würfel besteht dann nur aus sechs Flächen – vorne, hinten, links, rechts, oben und unten –, was sich leicht in den Editor-Ansichten bei Benutzung des Drahtgitter-Modus bestätigen lässt.

Als Nächstes finden Sie eine Option für Getrennte Flächen. Diese bewirkt, dass jede Seite des Würfels eigene Punkte erhält und sich diese nicht mit den benachbarten Würfelseiten teilen muss. Eine in der Praxis nur sehr selten gebrauchte Option.

Interessanter hingegen ist die Runden-Option, mit der die Kanten des Würfels beliebig abgerundet werden können. Dies ist sicher eine der Optionen, die man nach der Konvertierung eines Grundobjekts schmerzlich vermissen wird. Manuell auf Polygon-Ebene sind derartige Abrundungen nur sehr aufwändig hinzuzufügen.

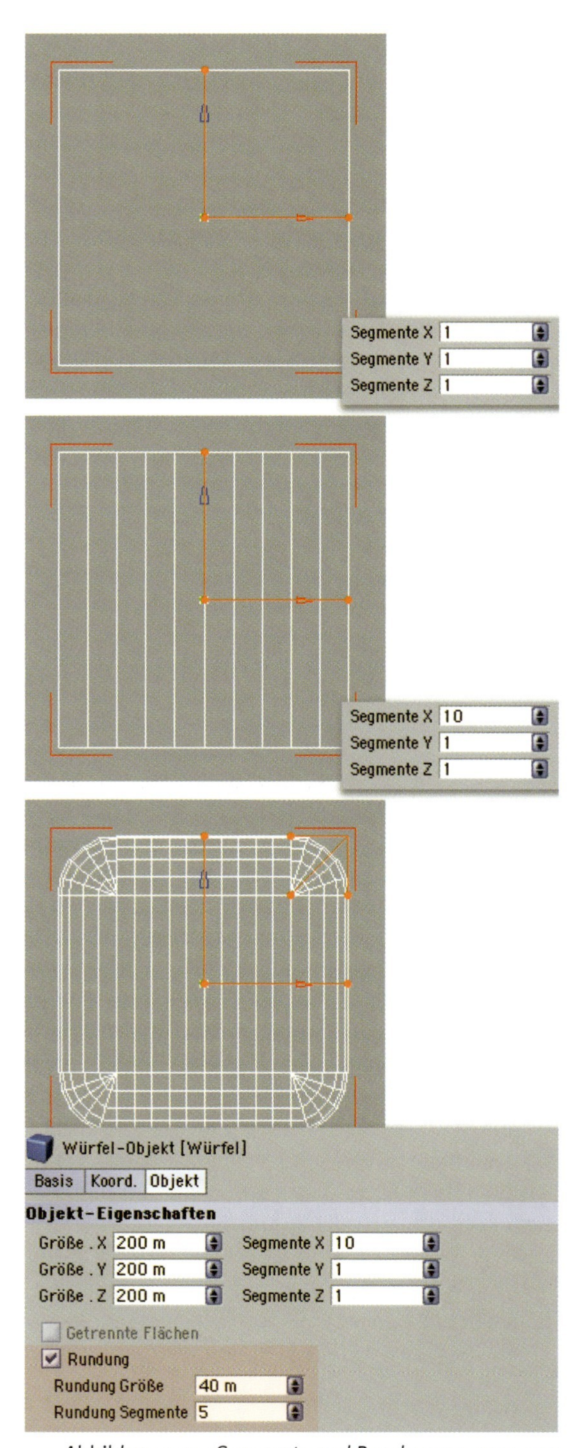

Abbildung 1.25: Segmente und Rundungen anpassen

Abbildung 1.25 gibt Ihnen einen direkten Vergleich zwischen den Parametern und deren Auswirkungen auf das Objekt.

Zuoberst sehen Sie den Würfel, so wie er ohne weitere Einstellungen direkt von Cinema erzeugt wird. Der Würfel ist in der Ansicht von oben zu sehen. Dies ist auch daran zu erkennen, dass nur die rote X- und die blaue Z-Achse des Objekts zu sehen sind. Aus diesem Grund erkennen Sie auch nur zwei der drei Anfasser. Der dritte Anfasser, der die Höhe steuert, liegt aus dieser Perspektive direkt in der Mitte des Würfels.

Die Segmente sind auf jeweils 1 eingestellt. Somit lässt sich in dieser Ansicht nur eine Deckfläche erkennen. Eigentlich handelt es sich jedoch um zwei Deckflächen, da der Boden des Würfels exakt unter dieser oberen Deckfläche liegt.

Verändern Sie die Anzahl der Segmente z.B. in X-Richtung, erkennen Sie in der Mitte der Abbildung unmittelbar das Resultat. Statt nur einer Fläche, befinden sich dort jetzt zehn Flächen. Da sich diese Unterteilung um den gesamten Würfel herum vollzieht, müssen Sie sich den Würfel so vorstellen, als hätte man ihn senkrecht in zehn Stücke oder Scheiben zerschnitten.

Wird nun noch die Runden-Option aktiviert, wie im unteren Abschnitt der Abbildung zu sehen, werden die Ecken und Kanten des Würfels entsprechend der Rundung Grösse- und Rundung Segmente-Werte abgerundet. Rundung Grösse ist mit einem Radius-Wert gleichzusetzen, während Rundung Segmente die Anzahl der Flächen bestimmt, die innerhalb dieser Rundung neu erzeugt werden.

Zusätzlich können Sie in den Editor-Ansichten drei neue Anfasser an einer Würfelecke erkennen. Mit diesen lässt sich interaktiv der Radius der Rundung steuern. Sie sehen daran, dass Optionen teilweise auch neue Anfasser generieren können.

Abbildung 1.26: Spline-Objekte und parametrische Splines

Prinzipiell funktionieren alle anderen parametrischen Objekte ähnlich, weshalb hier nicht detaillierter auf jedes einzelne eingegangen wird. Einzig die Anzahl der Parameter ändert sich von Objekt zu Objekt. Allen parametrischen Objekten gemein, ist die Notwendigkeit sie konvertieren zu müssen, um Zugang zu deren Punkten, Kanten und Polygonen zu bekommen.

1.16 Spline-Objekte

Währen die Grundobjekte bereits komplette Objekte darstellen, handelt es sich bei Splines um Hilfsobjekte, die erst im Zusammenspiel mit NURBS-Objekten zu echten Objekten werden.

Splines haben jedoch neben der Generierung von Objekten auch andere Eigenschaften, denn sie können z.B. als Bewegungspfad benutzt werden.

Splines lassen sich grob in zwei Gruppen aufteilen: in SPLINE-OBJEKTE (siehe rot unterlegter Bereich in Abbildung 1.26) und in parametrische Splines (alle übrigen Icons in der Spline-Gruppe). Letztere haben große Ähnlichkeit mit den parametrischen Grundobjekten, denn auch hier lassen sich einige Standardformen wie z.B. ein Kreis, ein Viereck oder eine Helix direkt fertig abrufen und über Parameter im ATTRIBUTE-MANAGER steuern.

Auch hier gilt, dass ein Zugriff auf die Punkte – und Spline bestehen nur aus Punkten – eine Konvertierung des Objekts erfordert.

Geht es um das Anlegen individueller Formen, die nichts mit den eher gleichförmigen Verläufen der parametrischen Splines zu tun haben, müssen Sie selbst aktiv werden. In diesen Fällen kommen die SPLINE-OBJEKTE ins Spiel.

Eigentlich gibt es nur ein einziges SPLINE-OBJEKT, dieses kann jedoch unterschiedlich ausgewertet werden. Man spricht hier von der INTERPOLATION des Splines.

Da Splines im Prinzip nur aus Verbindungen zwischen gesetzten Punkten bestehen, trägt die Form der Verbindungen maßgeblich zum Erscheinungsbild des Splines bei.

Als Interpolationstypen stehen uns zur Verfügung:

- Linear
- Kubisch
- Akima
- B-Spline
- Bezier

Diese Typen stehen durch direkte Auswahl im rot unterlegten Bereich der Abbildung 1.26 zur Verfügung. Sie müssen uns jedoch nicht sofort für einen dieser Typen entscheiden, denn jeder Interpolationstyp lässt sich auch nachträglich noch in einen anderen überführen.

Da uns Splines an mehreren Stellen während der Modellierung und auch der Animation begegnen werden, werden wir hier noch etwas näher auf den Umgang damit eingehen.

Bringen Sie dazu die frontale Editor-Ansicht auf maximale Größe und wählen Sie das erste Symbol oben links aus dem Spline-Menü aus. Dieses steht für den FREIHAND-SPLINE.

Klicken Sie in die frontale Ansicht und halten Sie den Mauszeiger, während Sie eine beliebige Form zeichnen. Wenn Sie damit fertig sind, lösen Sie die Maustaste und der Spline wird sichtbar.

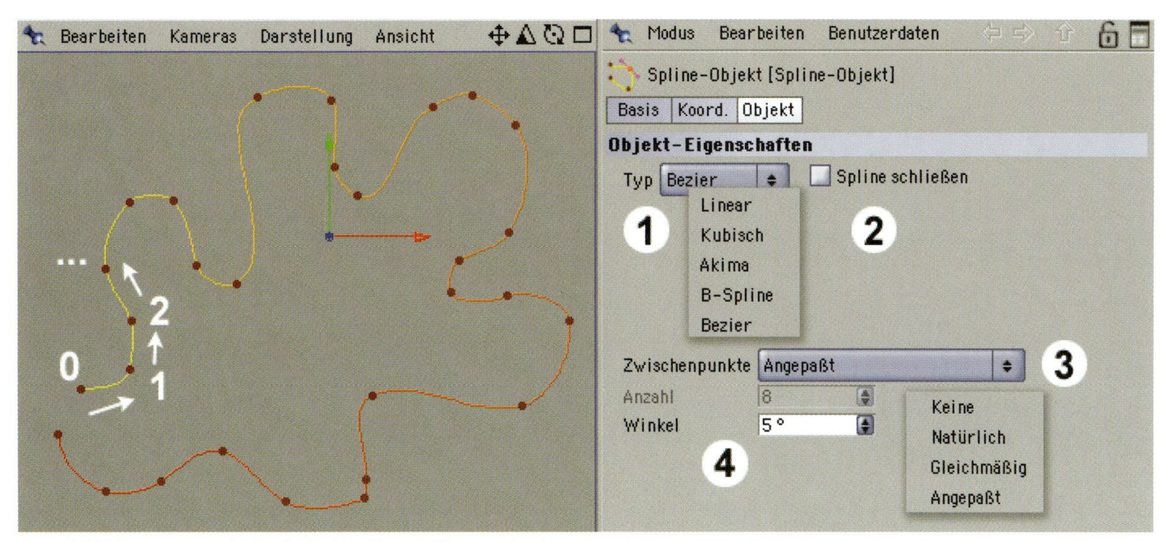

Abbildung 1.27: Ein Freihand-Bezier-Spline und seine Parameter im Attribute-Manager

Die Abbildung 1.27 gibt eine mögliche Form des Freihand-Splines und dessen Parameter im Attribute-Manager wieder. Nach bekanntem Muster wurden dort wieder einige Markierungen vorgenommen, auf die nachfolgend Bezug genommen wird.

Zuerst einmal fällt an dem Spline die Farbgebung ins Auge. Sie erkennen dort einen Verlauf von Gelb zu Rot. Diese Farben orientieren sich immer an dem Verlauf des Splines vom ersten bis hin zum letzten Punkt. Der erste Punkt – dieser hat im Struktur-Manager die Index-Nummer 0 – ist gelb eingefärbt. Diesem folgen der Reihe nach die Punkte 1, 2, usw., bis schließlich der letzte Punkt des Splines erreicht ist. Dieser wird in dunklem Rot gefärbt. Allein an diesem Farbverlauf können Sie also jederzeit den Startpunkt des Splines erkennen, ohne dazu in den Struktur-Manager sehen zu müssen.

Dies mag hier noch unwichtig erscheinen, es gibt jedoch eine ganze Reihe von Funktionen, die sich an der Richtung und an dem Anfangspunkt eines Splines orientieren.

Des Weiteren fällt an dem Spline auf, dass sein lokales Objekt-System im Welt-Ursprung liegt.

Wir erwähnen dies nur deshalb explizit, da ein Spline zwar an einer beliebigen Stelle im 3D-Raum gezeichnet werden kann, sein System jedoch immer im Welt-Ursprung liegt. Sie müssen daher das Objekt-System ggf. im Objekt-Achsen-bearbeiten-Modus näher an den Spline bewegen, wenn dieser z.B. rotiert oder skaliert werden soll. Ansonsten würde sich der Spline nur um den womöglich sehr weit entfernten Welt-Ursprung drehen lassen.

Werfen wir nun einen Blick auf die Objekt-Parameter im Attribute-Manager. In Abbildung 1.27 mit der Ziffer ❶ markiert ist der Typ-Umschalter für die bereits erwähnte Interpolation des Splines. Wie Sie dort erkennen können, wurde der Freihand-Spline automatisch im Bezier-Modus erzeugt. Was diesen von den übrigen Modi unterscheidet, werden wir im Anschluss näher betrachten.

Bei Ziffer ❷ finden Sie die Option Spline schliessen. Wie Ihnen an dem Spline sicher aufgefallen ist, klafft dort eine Lücke zwischen dem ersten und dem letzten Punkt des Splines. Diese lässt sich über diese Option automatisch verschließen.

Die mit den Ziffern ❸ und ❹ beschrifteten Parameter steuern die Unterteilung des Splines zwischen den sichtbaren Punkten.

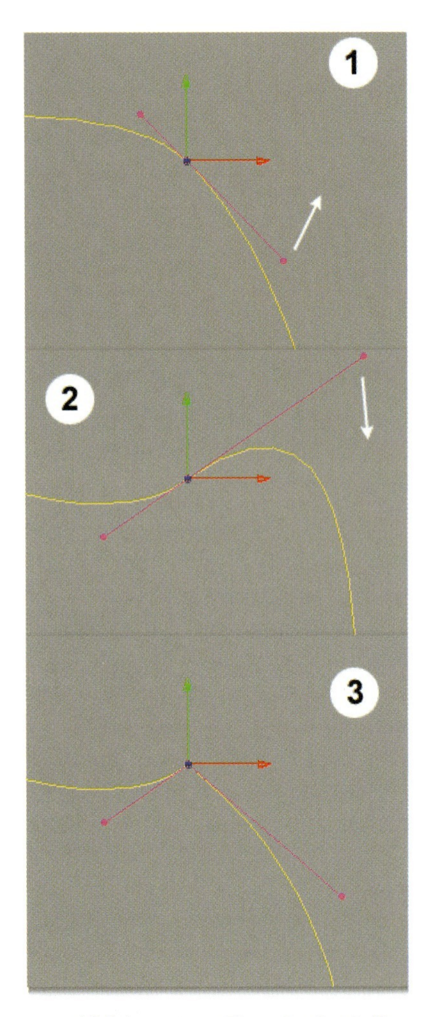

Abbildung 1.28: *Einen Bezier-Spline mit Tangenten steuern*

Diese Werte werden dann wichtig, wenn aus dem Spline ein Objekt werden soll. Dann werden diese Einstellungen herangezogen, um auf den Abschnitten zwischen den Punkten zusätzliche Punkte zu erzeugen. Da bei Polygonen nur gerade Verbindungen zwischen den Eckpunkten erlaubt sind, muss der Spline in gerade Abschnitte unterteilt werden. Je mehr dieser Abschnitte und somit auch je mehr Punkte auf dem Spline zur Verfügung stehen, desto exakter kann dessen Krümmung nachgebildet werden.

Die Standardeinstellungen bewirken (siehe Abbildung 1.27, Ziffer ③ und ④), dass ANGEPASST an den Verlauf der Kurve immer bei einer Richtungsänderung (WINKEL) von mehr als 5° ein zusätzlicher Punkt eingesetzt wird. Wir werden an geeigneter Stelle genauer auf die übrigen Einstellungen in diesem Bereich eingehen.

1.17 Spline-Tangenten

Für die Formgebung eines Splines stehen uns nicht nur Punkte zur Verfügung, sondern auch Tangenten. Dies trifft zumindest für den Interpolationstyp BEZIER zu. Die übrigen Spline-Arten müssen ohne diese auskommen.

Um die Arbeit mit Tangenten praktisch zu beobachten, zoomen Sie in der Editor-Ansicht näher an einen beliebigen Punkt auf Ihrem Spline heran und selektieren dann diesen Punkt, z.B. mit der LIVE-SELEKTION.

Sie erkennen nun eine violette Linie an diesem Punkt. An den Enden dieser Linie finden Sie Verdickungen, die wie die Anfasser bei den Grundobjekten funktionieren (siehe Abbildung 1.28, Ziffer ①). Sie können damit die Länge der Tangente und auch deren Richtung verändern.

Dabei fällt auf, dass die Länge der Tangente links und rechts des Spline-Punktes in der Regel nicht gleich ist. Tatsächlich haben wir es mit zwei Tangenten zu tun. Eine weist vom Spline-Punkt zurück in Richtung der vorhergehenden Spline-Punktes. Die andere Tangente beginnt im Spline-Punkt und verläuft in Richtung des nächsten Spline-Punktes.

Die beiden Tangenten lassen sich durch einen der beiden Anfasser zusammen steuern. Hält man während des Bewegens eines Anfassers zusätzlich die [⇧]-Taste gedrückt, lassen sich die Tangenten aber auch getrennt voneinander bewegen (siehe Abbildung 1.28, Ziffern ② und ③). Man spricht dann vom *Brechen* der Tangenten.

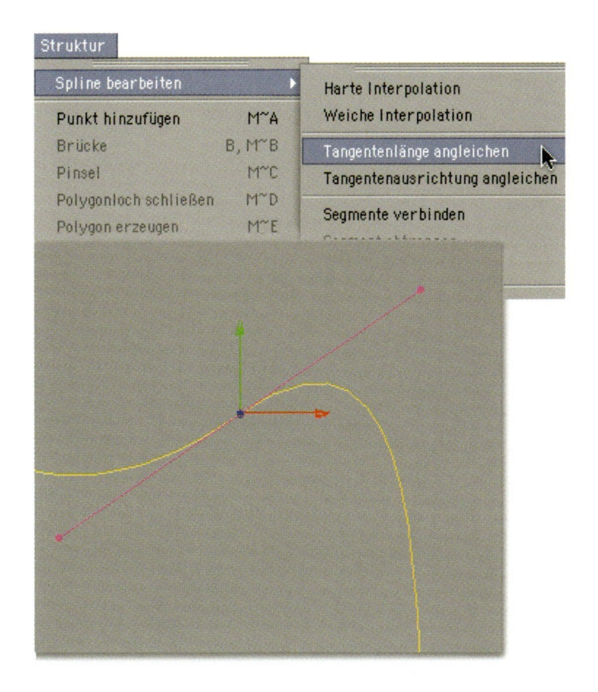

Abbildung 1.29: Gebrochene Tangenten ausrichten

Dies ist immer dann hilfreich, wenn sich der Verlauf eines Splines schlagartig verändern soll. Es können so auch harte Ecken innerhalb eines glatten Kurvenverlaufs integriert werden.

Benutzt man nach dem Brechen der Tangenten die Anfasser ohne die ⇧-Taste, bewegen sich beide Tangenten wieder zusammen, behalten jedoch den Winkel zwischen sich bei.

Soll dieser „Bruch" repariert werden, um wieder einen gradlinigen Tangentenverlauf zu erhalten, stehen dazu Funktionen im Struktur-Menü zur Verfügung (siehe Abbildung 1.29).

Die Funktion Tangentenausrichtung angleichen korrigiert die Ausrichtung der Tangenten so, dass wieder eine gerade Tangente entsteht. Die Funktion Tangentenlänge angleichen bringt beide Tangenten auf die gleiche Länge.

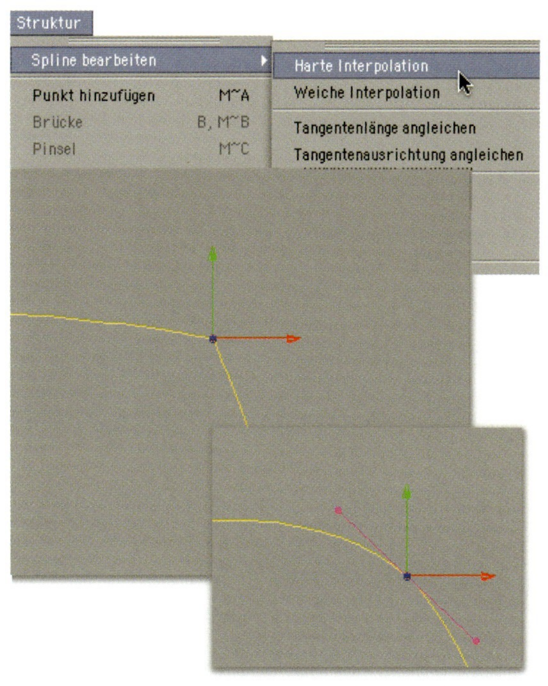

Abbildung 1.30: Harte und weiche Interpolation eines Bezier-Splines

Sie haben bereits die Möglichkeit des Brechens von Tangenten kennen gelernt, um z.B. eine harte Ecke in einem Kurvenverlauf zu erzeugen.

Dazu eignet sich aber auch das Zurückführen der Tangentenlänge auf null Einheiten. Dies lässt sich ebenfalls im Struktur-Menü über den Befehl Harte Interpolation bewirken (siehe Abbildung 1.30).

Für den umgekehrten Fall, also wenn bei einem Bezier-Spline keine sichtbare Tangente an einem Punkt vorhanden ist, benutzen Sie den Befehl Weiche Interpolation. Cinema 4D erzeugt dann in dem selektierten Punkt Tangenten, die einen weichen Verlauf der Spline-Kurve sicherstellen. Auf diese Weise lässt sich z.B. sehr schnell aus einem linearen Spline ein gerundeter Pfad ableiten, dessen Tangenten dann für weitere Manipulationen zur Verfügung stehen.

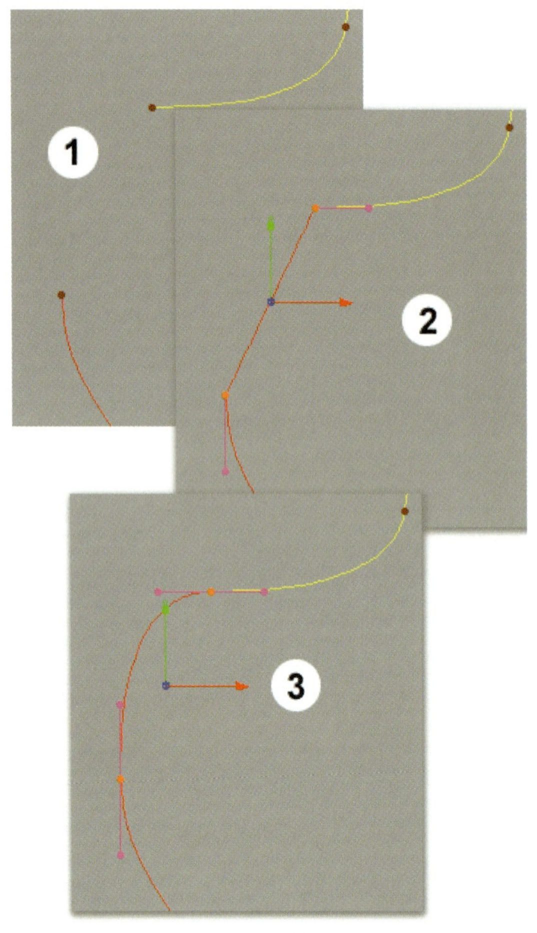

Abbildung 1.31: Bezier-Splines schließen und abrunden

Wenden wir uns kurz der offenen Lücke zwischen dem ersten und dem letzten Spline-Punkt zu (siehe Abbildung 1.31, Ziffer 1). Diese Lücke lässt sich zwar automatisch mit der Option SPLINE SCHLIESSEN im ATTRIBUTE-MANAGER schließen, die Verbindung fügt sich jedoch nicht so recht in den Spline-Verlauf ein (Ziffer 2).

Wenn Sie die beiden beteiligten Spline-Punkte selektieren, erkennen Sie auch den Grund. Die Tangenten sind an den ehemals offenen Enden auf die Länge 0 skaliert. Die Verbindung erfolgt also rein linear.

Auch hier hilft uns wieder die Funktion WEICHE INTERPOLATION weiter (Ziffer 3).

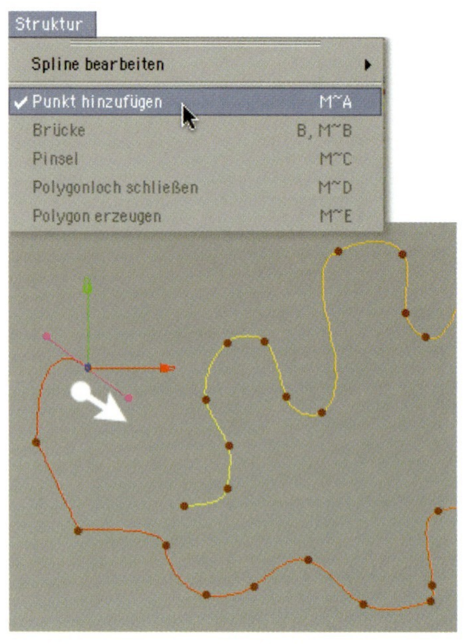

Abbildung 1.32: Punkte hinzufügen

1.18 Punkte nachträglich hinzufügen

Dass sich überflüssige Punkte durch Selektieren und Betätigen der [Entf]- oder [←]-Taste entfernen lassen, mag sich fast von selbst erschließen, wie aber fügen Sie einem bereits vorhandenen Spline Punkte hinzu?

Dazu wählen Sie im STRUKTUR-Menü PUNKT HINZUFÜGEN aus und klicken an die Stelle des Splines, an der ein neuer Punkt hinzugefügt werden soll. Halten Sie die Maustaste gedrückt anstatt zu klicken, erhalten Sie eine Vorschau des Punkts, die sich frei auf dem Spline verschieben lässt. Erst beim Lösen der Maustaste wird dann der Punkt erzeugt. Handelt es sich bei dem Spline um einen Bezier-Spline, erhält der neue Punkt automatisch Tangenten, die dem bisherigen Kurvenverlauf angepasst sind.

Zum Verlängern eines Splines muss gleichzeitig die [Strg]- bzw. [Ctrl]-Taste gehalten werden. Beachten Sie, dass neue Punkte immer am Ende des Splines angefügt werden.

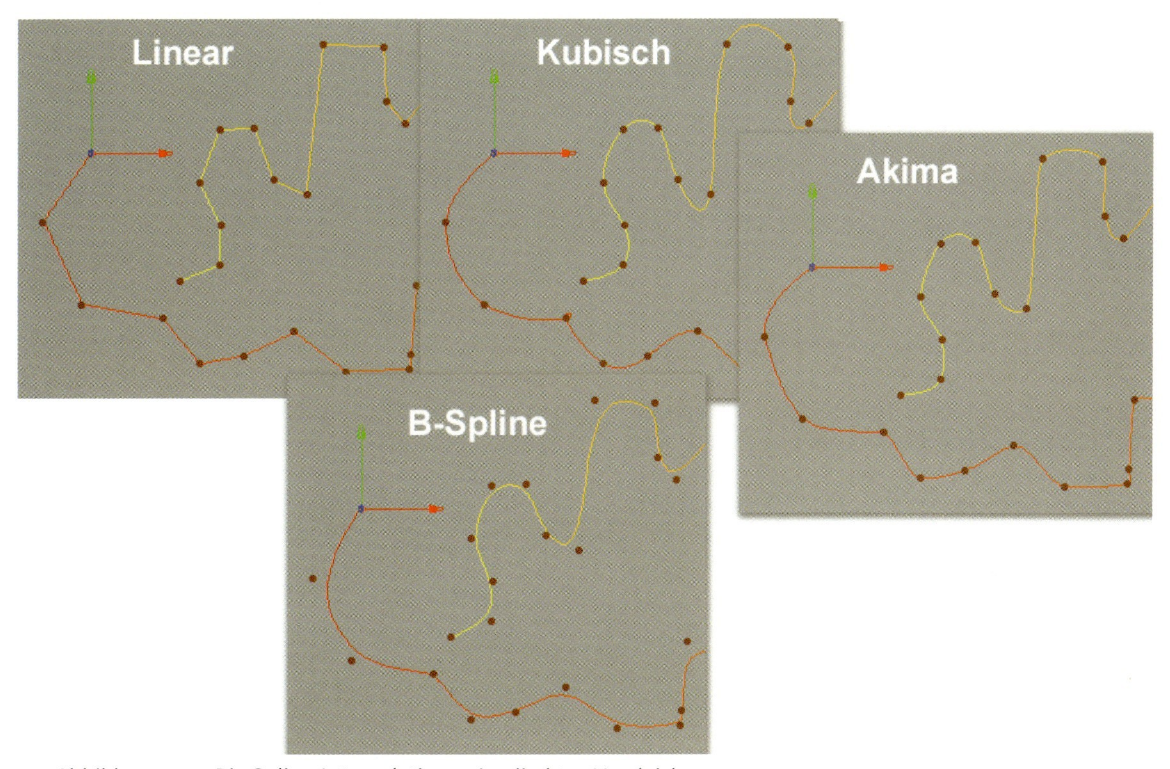

Abbildung 1.33: Die Spline-Interpolationen im direkten Vergleich

Dies ist also wieder eine der Gelegenheiten, bei denen die Farbgebung des Splines und somit die Reihenfolge seiner Punkte eine Rolle spielt. Neue Punkte werden immer am Ende, also an der roten Seite des Splines angefügt. Möchten Sie Punkte vor dem Startpunkt hinzufügen, müssen Sie die Reihenfolge des Splines zuerst umkehren. Dies erledigt der Befehl REIHENFOLGE UMKEHREN im Menü STRUKTUR › SPLINE BEARBEITEN.

Es ist daher sinnvoller, sich bereits vor der Erstellung eines Splines Gedanken über die Form zu machen. Dies erspart Ihnen ggf. das Hantieren beim nachträglichen Hinzufügen von Punkten oder die Beachtung der Spline-Richtung.

Wie bereits mehrfach erläutert, stehen Tangenten nur an einem Bezier-Spline zur Verfügung. Dieser Spline-Typ eignet sich daher auch am besten für exaktes Arbeiten.

Sie können den Typ des Splines jedoch jederzeit im ATTRIBUTE-MANAGER in einen anderen umwechseln. Abbildung 1.33 stellt Ihnen die Unterschiede zwischen den Interpolationen bei ansonsten gleichen Spline-Punktpositionen dar.

Hier fällt vor allem der B-Spline auf, da dies die einzige Interpolation ist, bei der die Spline-Kurve nicht zwingend durch die gesetzten Punkte laufen muss. Dieser Spline-Typ hat dadurch den Vorteil, immer eine organische weiche Kurve zu erzeugen, ohne sich mit den Tangenten beschäftigen zu müssen.

Ansonsten lassen sich die Verläufe aller anderen Interpolationen auch mit dem Bezier-Spline simulieren.

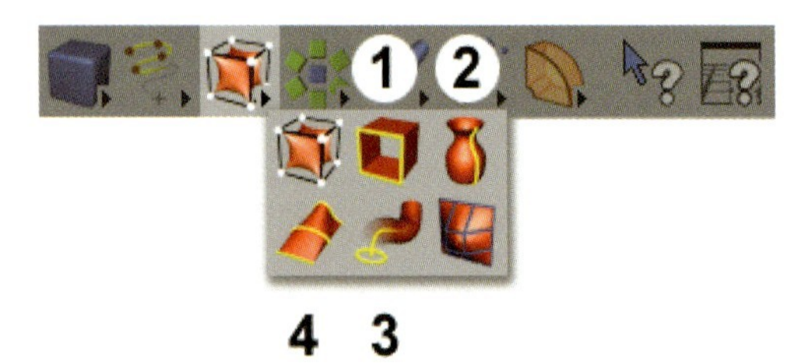

Abbildung 1.34: NURBS-Objekte

Wenn Sie einen neuen Spline nicht mit der Freihand-Methode erstellen möchten, sondern eine etwas präzisere Technik bevorzugen, wählen Sie gleich zu Beginn den gewünschten Interpolationstyp aus dem Spline-Icons-Menü aus (siehe Abbildung 1.26) und erzeugen die Punkte durch aufeinander folgendes Klicken.

Sie zeichnen den Spline dann nicht in einem Zug, sondern müssen Punkt für Punkt gezielt setzen. Natürlich können Sie auch bei dieser Technik den Bezier-Spline – zu erkennen an den Tangenten im Icon – benutzen. Dabei können dann durch Halten der Maustaste nicht nur Punkte gesetzt, sondern auch Tangenten erzeugt und gedreht werden.

1.19 NURBS-Objekte, die mit Splines arbeiten

Wie bereits eingangs erwähnt, sind Splines nur Hilfsmittel zur Generierung von Polygon-Objekten. Wir kommen daher in diesem Abschnitt zu den NURBS-Objekten, die ebenfalls in der oberen Icon-Palette in einem kleinen Menü zur Verfügung stehen (siehe Abbildung 1.34).

In dieser Gruppe sind vorerst nur die Objekte mit der Bezifferung ❶ bis ❹ für uns interessant, denn dies sind die Objekte, die unmittelbar mit Splines zusammenarbeiten.

Die Form der Icons gibt bereits einen ersten Hinweis auf die Art von Objekt, die mit dem jeweiligen NURBS erzeugt werden kann.

Das Symbol bei Ziffer ❶ steht für das Extrude-NURBS-Objekt, mit dem Splines in die Tiefe gezogen werden können. Dies eignet sich z.B. für die Erzeugung eines 3D-Schriftzugs, aber auch für alle Strukturen, bei denen sich der Querschnitt eines Objekts nicht verändert, wie z.B. bei einem Stahlträger oder einem Rohr.

Das vasenförmige Objekt bei Ziffer ❷ steht für das Lathe-NURBS-Objekt. Damit kann ein Spline so um eine Achse rotiert werden, dass ein rotationssymmetrisches Objekt entsteht. Beispiele dafür sind ein Glas, eine Flasche, aber auch ein Luftballon oder ein Autoreifen.

Über die gleichzeitige Verschiebung des rotierten Splines lassen sich aber auch z.B. Spiralen erzeugen.

Das schlauchförmige Objekt bei Ziffer ❸ ist ein Sweep-NURBS-Objekt. Es benötigt mindestens zwei Splines, wobei einer als Profil und einer als Pfad benutzt wird. Typische Anwendungen sind Kabel und Schläuche.

Prinzipiell lassen sich hiermit aber auch alle Objekte erzeugen, die mit dem ExtrudeNURBS umgesetzt wurden.

Das Loft-NURBS-Objekt bei Ziffer ❹ schließlich ist das wohl universellste dieser NURBS-Objekte, denn mit ihm lassen sich alle vorherigen Objektarten simulieren. Es vermag beliebig viele Splines untereinander zu verbinden. Dabei kann sowohl die Anzahl der Spline-Punkte als auch die Form der Splines von Spline zu Spline variieren.

Dies kann immer dann eingesetzt werden, wenn Querschnitte eines Objekts bekannt sind. Das Loft-NURBS vermag dann eine Polygon-Haut über dieses Grundgerüst zu ziehen.

Schauen wir uns an einem konkreten Beispiel an, wie die Arbeit mit diesen NURBS-Objekten funktioniert. Wir beginnen dabei mit dem Extrude-NURBS.

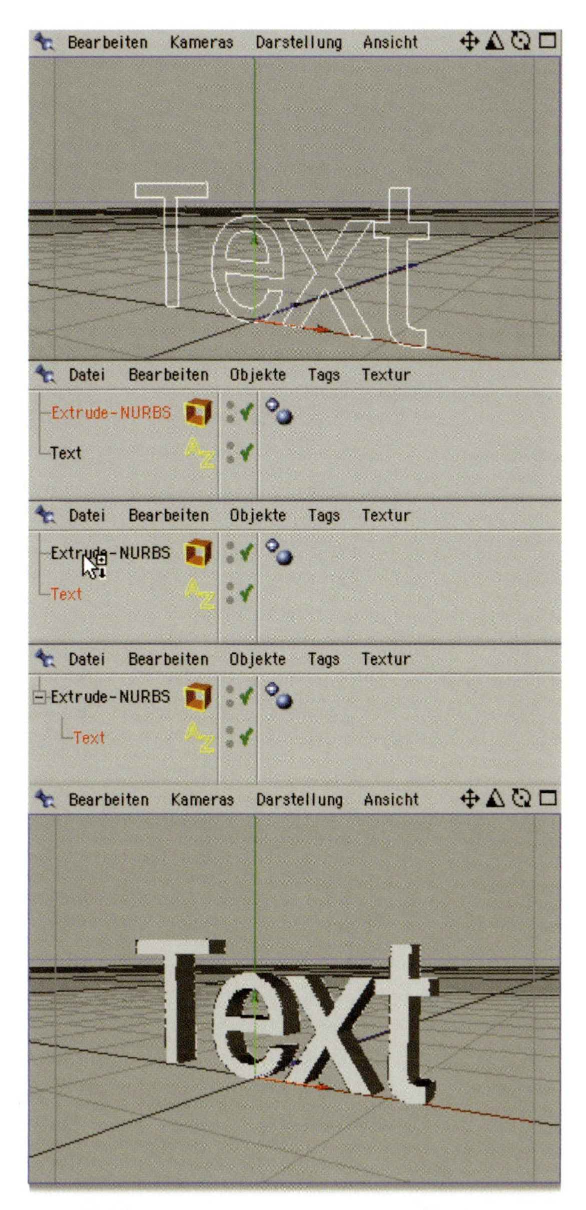

Abbildung 1.35: Einen 3D-Text mit Hilfe eines Extrude-NURBS-Objekts visualisieren

1.20 Das Extrude-NURBS-Objekt

Beginnen Sie damit, einen Text-Spline aus den Spline-Grundobjekten abzurufen. Sie erkennen das Icon des Text-Splines an den Buchstaben „AZ".

Sie können dieses Icon auch in der Objekt-Manager-Darstellung des Text-Splines in Abbildung 1.35 erkennen.

Der Text-Spline erzeugt standardmäßig das sinnige Wort „Text" als Spline. Im Attribute-Manager können Sie diese Vorgabe im Text-Feld beliebig abändern sowie andere Fonts oder Größen wählen. Dies ist jedoch für dieses Beispiel nicht weiter wichtig. Belassen Sie den Text-Spline einfach so, wie er ist.

Rufen Sie nun ein Extrude-NURBS-Objekt auf und gruppieren Sie den Text-Spline im Objekt-Manager unter diesem ein (siehe mittlere Bildfolge in Abbildung 1.35). Sie sollten augenblicklich in den Editor-Ansichten erkennen können, wie dort der Spline zu einem dreidimensionalen, massiven Schriftzug geworden ist.

Sollte dies bei Ihnen nicht der Fall sein, überprüfen Sie die Ausrichtung des Text-Splines. Der Text muss in der frontalen Editor-Ansicht zu sehen sein, also in der XY-Ebene liegen. Sie können die Ausrichtung des Textes dann entweder durch Rotieren des Text-Splines oder durch Auswahl der XY-Ebene in den Parametern des Text-Splines korrigieren.

Dies ist zu beachten, da das Extrude-NURBS-Objekt standardmäßig entlang seiner Z-Achse „extrudiert". Darunter versteht man das Verlängern einer Struktur entlang einer Richtung.

Der 3D-Text mag zwar massiv erscheinen, aber tatsächlich besteht er aus mindestens drei Einzelteilen: den Mantelflächen, die durch das Extrudieren des Splines entstehen und aus den Deckflächen, die das Objekt vorne und hinten verschließen. Jedes dieser Elemente lässt sich im Dialog des Extrude-NURBS einzeln steuern. Werfen wir dazu einen Blick auf die Parameter im Attribute-Manager.

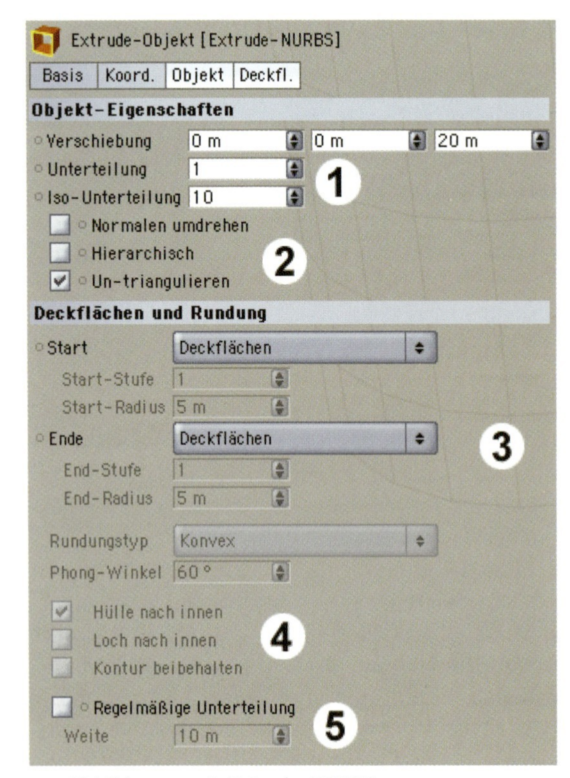

Abbildung 1.36: Extrude-NURBS

Die Parameter eines Extrude-NURBS werden in zwei Gruppen eingeteilt – in Objekt-Eigenschaften und in Deckflächen und Rundung (siehe Abbildung 1.36). Bei den Objekt-Eigenschaften wird hauptsächlich die Tiefe und Richtung der Verschiebung gesteuert.

Die Zahlenwerte bei Ziffer ❶ in Abbildung 1.36 steuern die Verschiebung der Spline-Form. Die drei Eingabefelder stehen dabei für den X- Y- und den Z-Anteil der Verschiebungsrichtung bezogen auf das Objekt-System des Extrude-NURBS-Objekts. Benutzen Sie dort also beispielsweise die Werte –50; 0; 50, dann wird der Spline 50 Einheiten entlang der negativen X-Achse und gleichzeitig 50 Einheiten entlang der Z-Achse des Extrude-NURBS verschoben.

Standardmäßig findet nur eine Verschiebung um 20 Einheiten entlang der Objekt-Z-Achse statt. Der Text wird hier also 20 Einheiten dick.

Abbildung 1.37: Drei Unterteilungen entlang der Verschiebung

Der Unterteilung-Wert kontrolliert die Anzahl an Zwischenschritten bei der Extrudierung. Es werden dadurch zusätzliche Punkte und Flächen auf der Mantelfläche entlang der Verschiebungsrichtung angelegt (siehe Abbildung 1.37). Diese wirken sich nur dann auf das Erscheinungsbild des Extrude-NURBS-Objekts aus, wenn das Objekt z.B. zusätzlich verformt wird und die zusätzliche Unterteilung dann zu einem runderen Ergebnis führt. Soll das Extrude-NURBS allein für sich stehen, sollte hier nur der Wert 1 verwendet werden, um nicht mehr Punkte und Flächen zu erzeugen als nötig.

Die Iso-Unterteilung steuert die Anzahl an Isobaten, die für das Objekt in der Darstellungsart Isobaten im Editor angezeigt wird. Dies hat also nichts mit der Struktur des Objekts zu tun und ist nur dann relevant, wenn Sie viel in der Isobaten-Darstellung arbeiten.

Interessanter werden dagegen die Optionen bei Ziffer ❷. Den Begriff der *Normalen* hatten wir bereits bei den Polygon-Objekten angesprochen. Darunter versteht man ein Hilfsmittel für 3D-Programme, um Vorder- und Rückseite von Flächen voneinander unterscheiden zu können. Zudem kann mit Hilfe der Normalen der Winkel zwischen Polygonen ermittelt werden, was für die Schattierung der Oberfläche wichtig ist.

Sollte das Extrude-NURBS einmal eine Oberfläche mit falsch ausgerichteten Normalen erzeugen, können mit der Option Normalen umdrehen die Normalen um 180° gedreht werden. In der Praxis kann dies immer dann nötig werden, wenn Sie einen offenen Spline mit einem Extrude-NURBS verwenden.

Wichtiger hingegen ist die Option Hierarchisch, denn diese erlaubt das gleichzeitige Extrudieren mehrerer Spline-Objekte mit nur einem Exrude-NURBS-Objekt. Was darunter zu verstehen ist, wird ein kleines Beispiel im Anschluss an diese Erläuterungen demonstrieren.

Die Un-triangulieren-Option sorgt dafür, dass ausschließlich Flächen mit mehr als drei Eckpunkten erzeugt werden. Dies kann Vorteile bei der Verformung des Objekts haben.

Deckflächen und Rundung

Hier fallen als Erstes die beiden Menüs für Start und Ende auf (siehe Abbildung 1.36, Ziffer ③). Diese Begriffe beziehen sich auf den Start und das Ende der Verschiebung. Der Start ist immer dort, wo das Spline-Objekt ist.

Getrennt für beide Enden lassen sich hier also Deckflächen, Deckflächen mit einer Rundung, nur eine Rundung oder gar kein Abschluss der Verschiebung aktivieren.

Sobald eine Rundung berechnet werden soll, werden eine ganze Reihe zusätzliche Optionen und Zahlenwerte zur Eingabe freigeschaltet. So kann über Start-Stufe bzw. End-Stufe die Anzahl an Unterteilungen für die Rundung vorgegeben werden. Hier gilt, je mehr, desto exakter wird die Rundung dargestellt.

Start-Radius und End-Radius steuern den Radius der Rundung an dem jeweiligen Ende der Verschiebung.

Unter Rundungstyp steht eine Reihe von Querschnitten für die Abrundung zur Verfügung.

Der Phong-Winkel definiert, bis zu welchem Winkel zwischen zwei angrenzenden Flächen noch eine weiche Schattierung ohne sichtbare Kante zwischen den Flächen erzeugt wird. Ein kleines Beispiel wird dies später demonstrieren.

Abbildung 1.38: Hierarchisch extrudieren

Die Optionen bei Ziffer ④ in Abbildung 1.36 steuern das Verhalten der Rundungen, wenn Einschlüsse innerhalb des Splines vorhanden sind. Hülle nach innen bestimmt, ob die Rundung vorne auf der Deckfläche des Extrude-NURBS oder an der angrenzenden Seite bei der Mantelfläche platziert wird. Loch nach innen arbeitet ebenso, bezieht sich aber nur auf eventuell vorhandene Einschlüsse.

Die Option Regelmässige Unterteilung sorgt dafür, dass die Deckflächen mit einem regelmäßigen Gitter aus Polygonen gebildet werden. Der Wert für die Weite gibt dabei die Kantenlänge dieser Polygone vor.

1.21 Ein praktisches Beispiel

Lassen Sie uns die Arbeit mit einem Extrude-NURBS an einem kleinen Beispiel durchexerzieren. Erzeugen Sie dafür einen zusätzlichen Freihand-Spline in der frontalen Editor-Ansicht (siehe Abbildung 1.38).

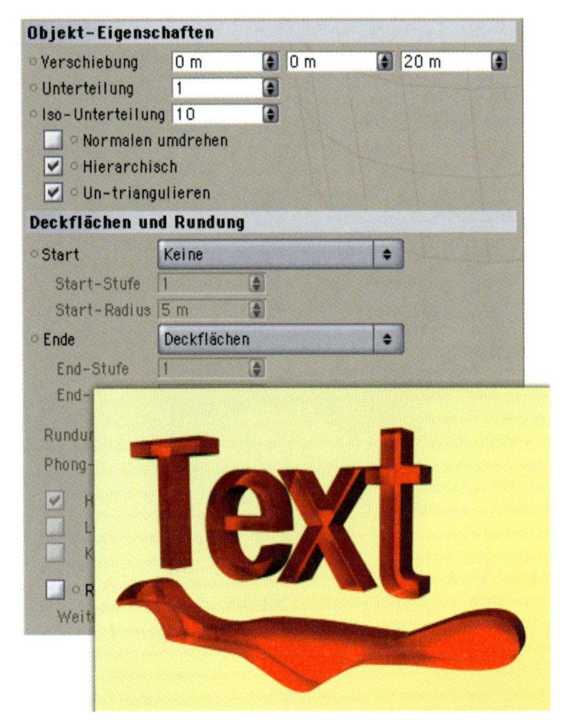

Abbildung 1.39: Asymmetrische Optionen für die Deckflächen

Aktivieren Sie die Spline schliessen-Option für diesen Spline, damit eine geschlossene Struktur entsteht. Nur geschlossene Splines können auch Deckflächen haben.

Ordnen Sie den Freihand-Spline ebenfalls unter dem bereits vorhandenen Extrude-NURBS-Objekt ein und aktivieren Sie dann dessen Hierarchisch-Option. Diese bewirkt, dass auch mehrere Splines gleichzeitig extrudiert werden können. Ansonsten wird immer nur der erste unter dem Extrude-NURBS liegende Spline dafür benutzt.

Im nächsten Schritt können Sie die Option Keine für die Start-Deckfläche auswählen. Das Extrude-NURBS öffnet sich dadurch an der Vorderseite. Wie Sie an der entstehenden Form in Abbildung 1.39 erkennen können, eignet sich dies z.B. für die Modellierung von einfachen Schalen oder Dosen.

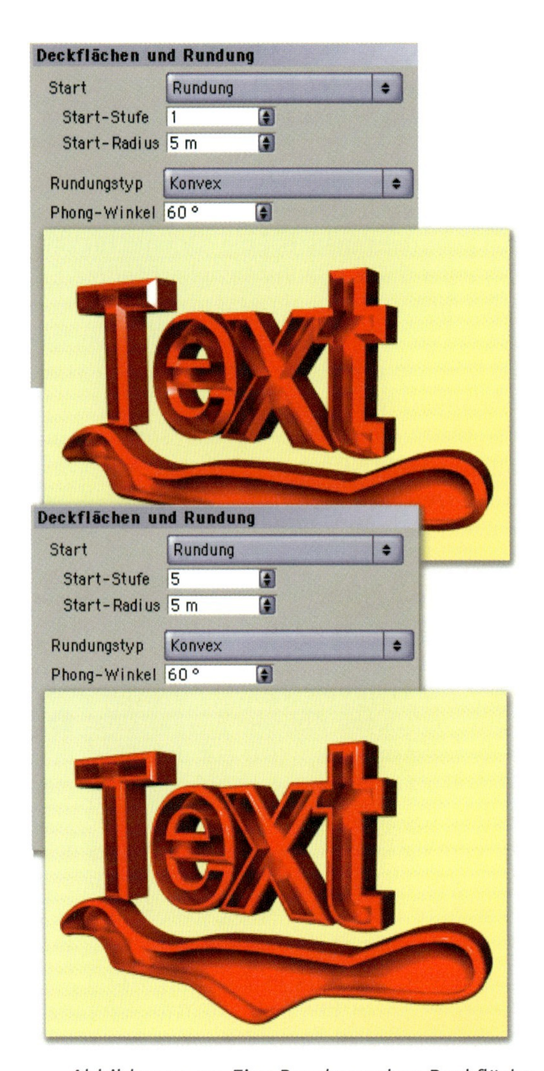

Abbildung 1.40: Eine Rundung ohne Deckfläche

Schalten Sie jetzt von der Start-Option Keine auf den Menüpunkt Rundung (siehe Abbildung 1.40 oben). Die Standardwerte erzeugen eine Abfasung mit einer Tiefe von 5 Einheiten.

Da die Start-Stufe nur den Wert 1 benutzt, erfolgt eine gradlinige Verbindung zwischen der Mantelfläche und dem Ende der Rundung. Sie können dies in der Abbildung an dem großen Glanzlicht am oberen „T“-Strich erkennen.

Abbildung 1.41: Kontur beibehalten-Option benutzen und Rundungsradien anpassen

Wenn Sie nun die Werte für Start-Stufe schrittweise bis z.B. auf 5 erhöhen, erkennen Sie in den Editor-Ansichten, wie immer mehr zusätzliche Flächen in die Rundung eingebaut werden.

Die Rundung erscheint schließlich nicht mehr gradlinig und flach, sondern abgerundet.

Wie Ihnen vielleicht gleich beim ersten Hinzuschalten der Rundung aufgefallen ist, hat sich nicht nur die vordere Kante des Extrude-NURBS verändert, sondern auch die Größe des gesamten Objekts. Sie können dies leicht überprüfen, wenn Sie für Start mehrfach zwischen Keine und Rundung wechseln. Dies liegt daran, dass der Rundungsradius zu dem Profil des Splines hinzugerechnet wird.

Sie können dies durch Benutzung der Kontur beibehalten-Option verhindern (siehe auch Abbildung 1.36, Ziffer ④). Die Mantelflächen des Extrude-NURBS stimmen nun wieder exakt mit dem Pfad der untergeordneten Spline-Objekte überein.

Je nach Größe Ihres Start-Radius-Werts kann es jetzt jedoch zu Überschneidungen der Rundungen an Spline-Ecken kommen (siehe Abbildung 1.41).

Die Abbildung zeigt dies deutlich an einer Nahaufnahme des Buchstabens „e“, wo die Rundungen sich nicht nur überlappen, sondern sogar an einigen Stellen über die Mantelflächen hinausragen.

Dies lässt sich nur durch eine Reduzierung des Rundungsradius beheben. Führen Sie diesen so weit zurück, bis die Überlappungen verschwinden und überall wieder genügend Freiraum für die noch fehlenden Deckflächen vorhanden ist (siehe unterste Einblendung in Abbildung 1.41).

Wechseln Sie danach die Start-Einstellung auf Deckflächen und Rundung, damit die bislang vorne offenen Strukturen wieder massiv wirken. Unsere Einstellungen für die Rundung bleiben dabei weiterhin aktiv.

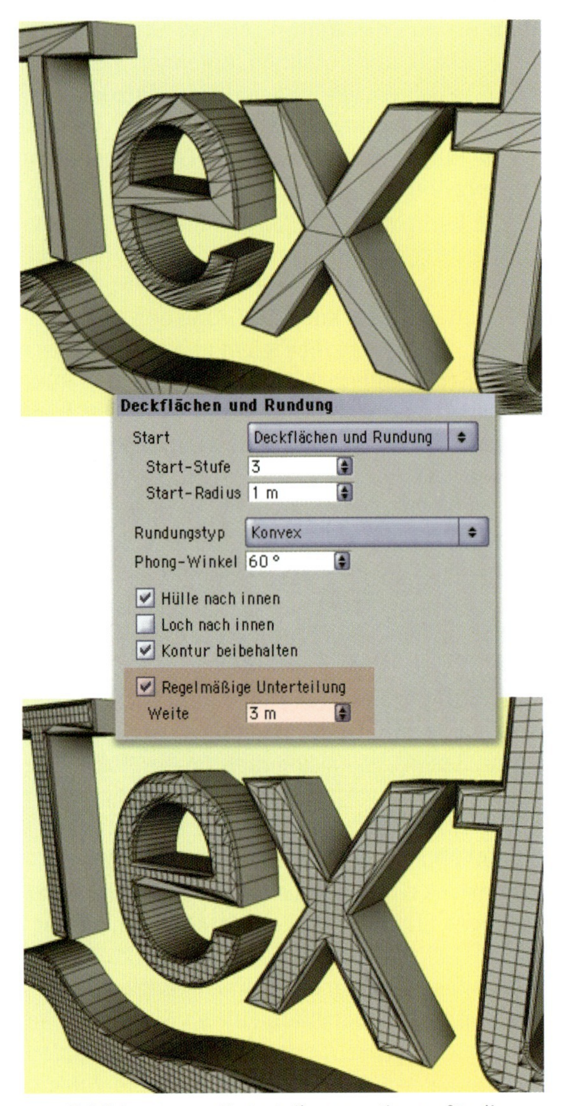

Abbildung 1.42: Unterteilungsoptionen für die Deckflächen

In Abbildung 1.42 erkennen Sie, wie die Anordnung der Polygone auf unserem Extrude-NURBS nun aussieht. Sie erkennen dort unterschiedliche große Dreiecke, die kreuz und quer Verbindungen zu den Rundungen und den Mantelflächen herstellen, um die Illusion eines massiven Objekts zu erzeugen.

Diese Dreiecke verschwinden fast vollständig, sobald die Un-triangulieren-Option angeschaltet wird.

In den meisten Fällen ist diese Flächenanordnung auch völlig problemlos, da die Deckflächen exakt in einer Ebene liegen. Soll das Extrude-NURBS jedoch später noch verformt werden, kommt es mit dieser willkürlichen Polygon-Anordnung in den Deckflächen zwangsläufig zu Problemen. Es kann schließlich nur dort verformt werden, wo auch Punkte vorhanden sind, denn Polygone haben, wie Sie bereits gelernt haben, immer gradlinige Kanten. Ansonsten käme eine Kugel ja auch mit nur wenigen gebogenen Polygonen aus. Tatsächlich muss deren Krümmung jedoch durch viele kleine Polygone erzeugt werden, wobei jedes für sich nur flach in einer Ebene liegt.

Daher gibt es die Option Regelmässige Unterteilung, die eine gleichmäßige Aufteilung der Deckflächen in ein Polygon-Raster aktiviert. An den Rändern dieses Rasters verbleiben zwar weiterhin schräg verlaufende Polygone, die eine Verbindung zwischen den Rasterpunkten und der Rundung bzw. den Mantelflächen herstellen müssen, der Großteil der Deckfläche ist jedoch gleichförmig unterteilt und eignet sich damit sehr viel besser für Verformungen.

Die Weite dieses Polygon-Rasters wird durch den gleichnamigen Wert unter der Option Regelmässige Unterteilung eingestellt (siehe Abbildung 1.42). Hierbei gilt es, eine Abwägung zwischen dem zur Verfügung stehenden Arbeitsspeicher und der benötigten Auflösung der Deckflächen für die gewünschte Deformation zu treffen.

Jeder Punkt und jedes Polygon mehr in Ihrer Szene bremst schließlich nicht nur die Darstellungsgeschwindigkeit in den Editor-Ansichten, sondern belastet auch den Arbeitsspeicher. Dies ist sicherlich bei nur wenigen dieser Objekte in der Szene nicht von Belang, sollte jedoch für die Lösung eventueller Arbeitsspeicherprobleme bei der späteren Bildberechnung im Auge behalten werden.

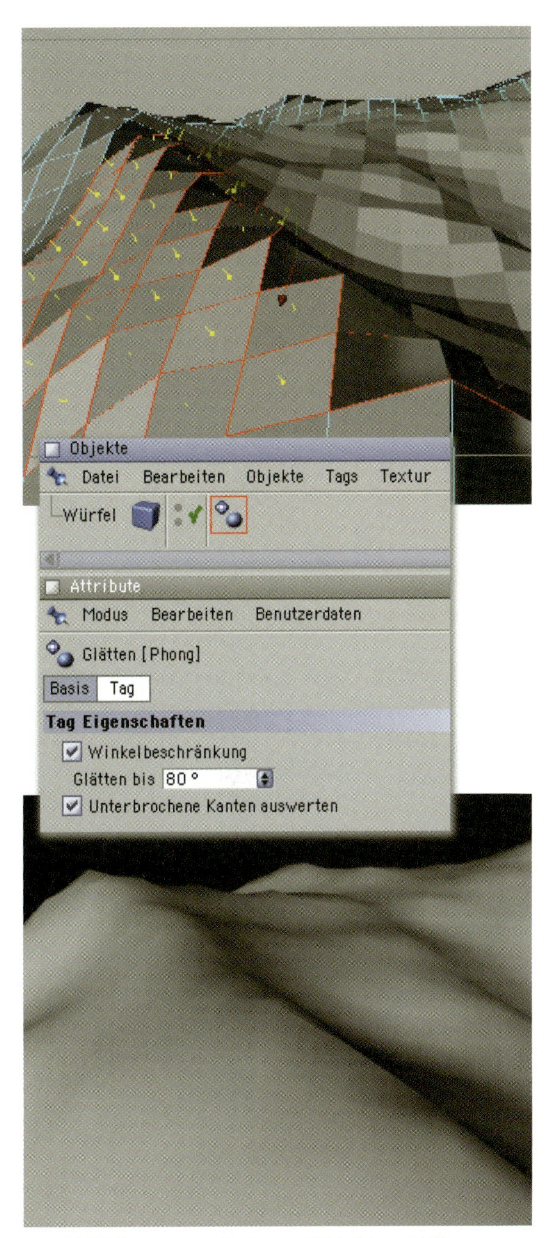

Abbildung 1.43: Polygon-Objekte mit Phong-Winkeln optisch glätten

Strukturen mit dem Phong-Winkel glätten

Dieser Einschub bringt Ihnen die Bedeutung und Arbeitsweise des Phong-Winkels näher. Sie verlassen dazu kurz das ExtrudeNURBS-Objekt.

Stellen Sie sich ein Polygon-Objekt wie in Abbildung 1.43 vor. Wie Sie dort an den selektierten Polygonen erkennen können, steht die Normale immer senkrecht auf den Flächen.

Cinema 4D analysiert die Richtung dieser Normalen und errechnet in Kombination mit vorhandenen Lichtquellen einen Einfallswinkel und schließlich die Helligkeit der jeweiligen Fläche bei der herrschenden Lichtsituation. Das Ergebnis sieht so aus, dass jedes Polygon eine eigene Helligkeit bekommt. Die einzelnen Flächen sind dadurch leicht auszumachen, da an den Kanten in der Regel starke Sprünge in der Helligkeit auftreten (siehe obere Einblendung in Abbildung 1.43).

Um eher den Eindruck einer glatten Oberfläche entstehen zu lassen, müssten die Helligkeiten benachbarter Flächen ausgewertet werden und dann Schattierungsverläufe erzeugt werden. Da es aber durchaus sinnvoll sein kann, dass sichtbare Kanten zwischen den Polygonen bestehen bleiben – denken Sie z.B. an einen geschliffenen Diamanten – hat man den so genannten *Phong-Winkel* eingeführt. Dieser Winkel gibt den größten Winkel zwischen benachbarten Flächen an, bei dem noch eine Schattierung über die angrenzenden Kanten der Flächen erfolgt. Stehen die Flächen jedoch in einem steileren Winkel zueinander, entsteht eine sichtbare Kante zwischen den Flächen.

Die Angabe dieses Winkels wird bei Polygon-Objekten im Dialog des Glätten-Tags vorgenommen. Dabei handelt es sich um das im Objekt-Manager der Abbildung 1.43 rot umrandete Symbol hinter dem Würfel-Objekt. Ein Klick auf dieses Symbol öffnet den dazugehörenden Dialog im Attribute-Manager, wo dann der Phong-Winkel unter der Bezeichnung Glätten bis eingetragen werden kann. Deaktiviert man dort die Option Winkelbeschränkung, wird automatisch über alle Kanten geglättet, egal in welchem Winkel diese zueinander stehen.

Abbildung 1.44: Die Darstellung der Rundung bei unterschiedlich großen Phong-Winkeln

Dies kann oft zu unnatürlichen Schattierungen auf der Oberfläche führen und sollte daher nur in Ausnahmefällen eingesetzt werden. In der Regel benutzt man Phong-Winkel knapp unter 90°, damit rechtwinklig zueinander stehende Flächen, wie sie z.B. an einem Würfel vorkommen, abgegrenzt voneinander wahrgenommen werden können.

Bei Polygon-Objekten können zusätzliche Unterbrechungen der Schattierung mit der Option Unterbrochene Kanten auswerten aktiviert werden. Dafür müssen zuvor an dem Objekt die Kanten selektiert werden, über die hinweg keine Schattierung berechnet werden soll. Dies ist also nur für die Kanten notwendig, deren Flächen in einem flacheren Winkel zueinander stehen, als dies der Phong-Winkel vorgibt. Sie rufen dann im Menü Funktionen Phong-Shading unterbrechen auf.

Im gleichen Menü finden Sie auch den Befehl Phong-Shading wiederherstellen, der z.B. eine fälschlich unterbrochene Kantenschattierung wieder rückgängig macht.

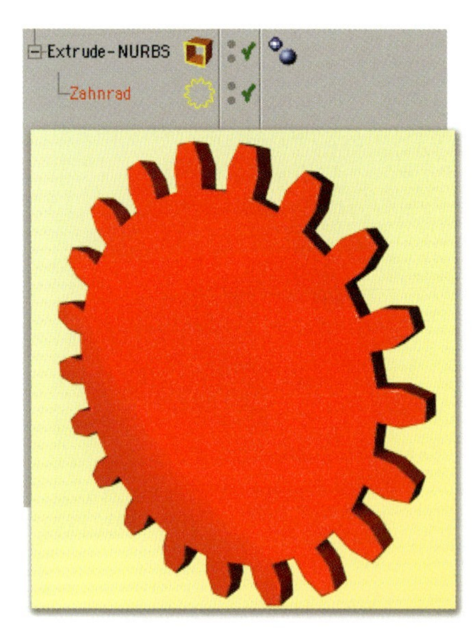

Abbildung 1.45: Ein extrudiertes Zahnrad

Um nun wieder auf unser Extrude-NURBS-Objekt zu kommen, werfen wir kurz einen Blick auf dessen Phong-Winkel-Wert. Dieser arbeitet nach dem gleichen Prinzip wie soeben am Beispiel eines Polygon-Objekts erläutert. Hier wirkt sich dieser Wert jedoch ausschließlich auf die Rundung aus. Abbildung 1.44 stellt Ihnen hierzu beispielhaft die Auswirkung eines kleinen und eines großen Phong-Winkel-Werts gegenüber. Sie erkennen deutlich, wie sich bei einem kleinen Wert – in der Abbildung oben zu sehen – die einzelnen Flächen der Rundung facettenartig abheben.

1.22 Löcher extrudieren

Es gibt viele Formen, die sich sehr einfach und schnell mit einem Extrude-NURBS-Objekt realisieren ließen, aber wie bekommen Sie z.B. eine Öffnung in ein extrudiertes Objekt?

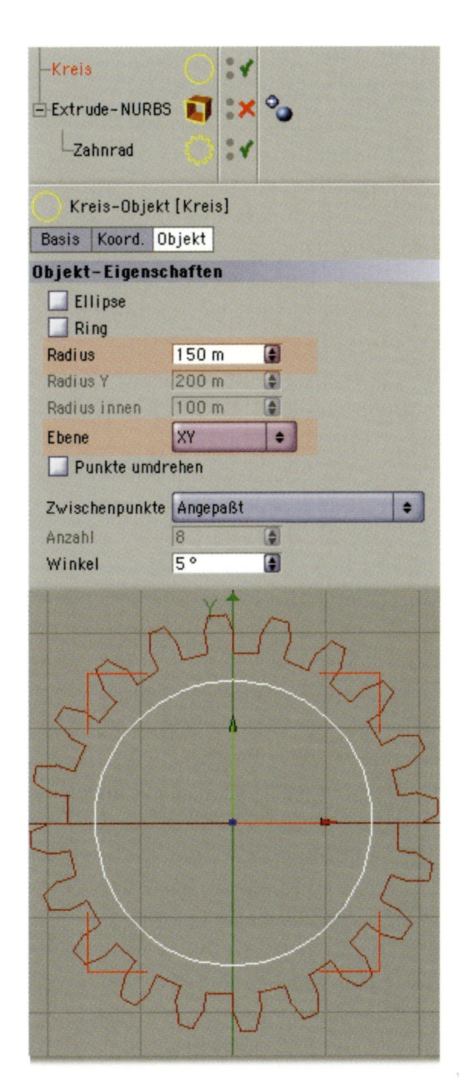

Abbildung 1.46: Einen Kreis-Spline als Loch verwenden

Löschen Sie dazu alle bislang vorhandenen Spline-Objekte unter dem EXTRUDE-NURBS-Objekt im OBJEKT-MANAGER durch Anklicken und Betätigen der Entf- oder ←-Taste. Rufen Sie dann den ZAHNRAD-Spline aus den Spline-Grundobjekten auf und ordnen Sie diesen dem EXTRUDE-NURBS unter (siehe Abbildung 1.45).

Passen Sie die Deckflächen und die Rundungen sowie die Dicke des Zahnrads Ihren Wünschen an.

Abbildung 1.47: Objekte verbinden

Die äußere Form entspricht damit unseren Wünschen, aber in der Mitte hätten wir gerne eine Öffnung, um z.B. eine Achse hindurchstecken zu können. Dazu benötigen wir einen zweiten Spline, der die Form der Öffnung hat. In diesem Beispiel reicht dazu ein KREIS-Spline aus, den Sie praktischerweise ebenfalls fertig bei den Spline-Grundobjekten finden.

Benutzen Sie die frontale Editor-Ansicht, um den RADIUS des KREIS-Splines an die Größe der gewünschten Öffnung anzupassen. Sie können dazu den KREIS-Spline entweder mit dem SKALIEREN-Werkzeug im MODELL-BEARBEITEN-MODUS verkleinern oder – wenn Sie die numerische Eingabe bevorzugen – direkt den RADIUS-Wert des KREIS-Splines im ATTRIBUTE-MANAGER benutzen. Wichtig ist in jedem Fall, dass sowohl die Ebene als auch die Position von KREIS-Spline und ZAHNRAD-Spline übereinstimmen (siehe Abbildung 1.46).

Um bei derartigen Aktionen einen besseren Blick auf die Splines zu haben, sollten Sie das EXTUDE-NURBS kurzfristig deaktivieren. Klicken Sie dazu auf den grünen Haken hinter dem EXTRUDE-NURBS im OBJEKT-MANAGER. Ein erneuter Klick auf den jetzt roten Haken wird das Objekt später wieder aktivieren.

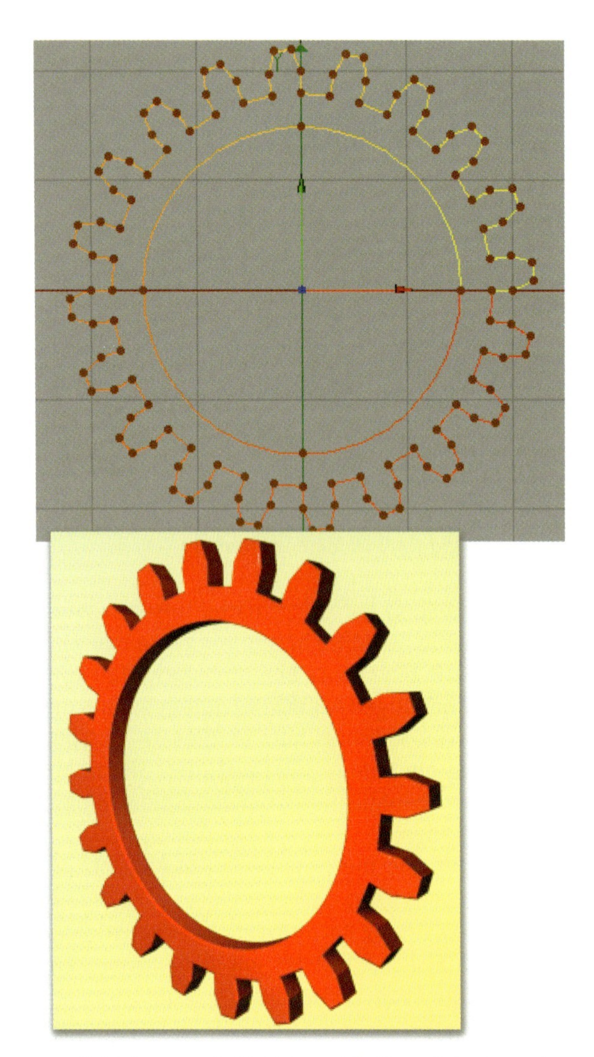

Abbildung 1.48: Ein Zahnrad-Spline mit kreisrunder Öffnung

Sind alle Größenverhältnisse Ihren Wünschen angepasst, müssen beide Splines konvertiert werden. Klicken Sie dazu eines der beiden Spline-Objekte an und benutzen Sie das Icon der Grundobjekte konvertieren-Funktion. Alternativ dazu können Sie auch die Taste [C] auf Ihrer Tastatur benutzen. Verfahren Sie nach dem gleichen Prinzip mit dem verbleibenden Spline-Objekt.

An der Form der Splines ändert sich dadurch nichts, außer dass Sie nun zusätzlich im Punkte-bearbeiten-Modus auf die Spline-Punkte zugreifen könnten.

Wie bereits besprochen, verlieren Sie dadurch jedoch auch alle parametrischen Einstellmöglichkeiten im Attribute-Manager.

Dieser Schritt ist dennoch notwendig, da die nun benötigte Verbinden-Funktion nur mit konvertierten Objekten zusammenarbeitet.

Selektieren Sie dafür beide Spline-Objekte durch Anklicken im Objekt-Manager mit gehaltener [⇧]-Taste – dies erlaubt die Selektion mehrerer Objekte auf einmal – und wählen Sie dann im Funktionen-Menü Verbinden.

Dieser Befehl arbeitet sowohl mit Polygon- als auch mit Spline-Objekten zusammen und fügt mehrere Objekte zu einem neuen Objekt zusammen. Sie erkennen dies daran, dass nun ein neues Objekt ganz oben im Objekt-Manager hinzugekommen ist. Dieses enthält beide Spline-Objekte. Sie können die alten Spline-Objekte daher löschen und das neue, verbundene Objekt unter dem Extrude-NURBS einordnen. Sie sollten nach der Aktivierung des Extrude-NURBS erkennen können, dass das Zahnrad jetzt eine kreisrunde Öffnung in der Mitte hat (siehe Abbildung 1.48).

Möglich wird dies durch eine Eigenschaft von Splines, die mehrere voneinander getrennte Segmente erlaubt. Ohne es bemerkt zu haben, wurde diese Eigenschaft bereits bei dem Text-Spline benutzt, denn dort gibt es auch mehrere voneinander getrennte Buchstaben innerhalb eines einzigen Splines, die zudem teilweise noch Einschlüsse haben (z.B. beim Buchstaben „e“).

Um diese Segmente zu sehen, schalten Sie in den Punkte-bearbeiten-Modus und deaktivieren erneut das Extrude-NURBS-Objekt. Selektieren Sie das neue, verbundene Spline-Objekt. Sie können erkennen, wie der Spline aus den zuvor eigenständigen Splines aufgebaut ist. Die Reihenfolge der Punkte ist zwar nun fortlaufend, die Gelb/Rot-Färbung der ursprünglich separaten Splines verrät jedoch den Aufbau aus zwei Segmenten.

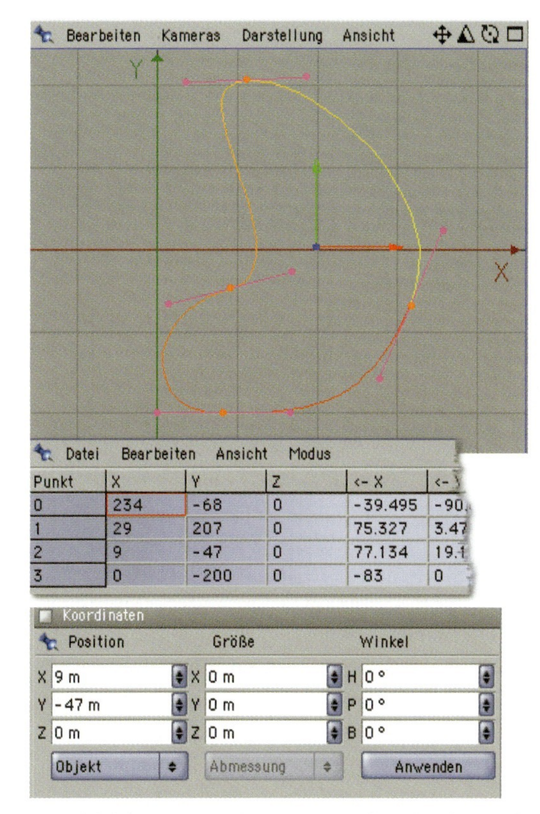

Abbildung 1.49: Einen Kreis-Spline für das Lathe-NURBS vorbereiten

1.23 Das Lathe-NURBS

Als Nächstes werden wir uns das Lathe-NURBS genauer ansehen. Sie können daher das Extrude-NURBS samt allen Spline-Objekten löschen, um mit einer leeren Szene fortzufahren.

Rufen Sie einen neuen Kreis-Spline auf, konvertieren Sie ihn und aktivieren Sie dann den Punkte-bearbeiten-Modus. Da ein Kreis nur aus 4 Punkten besteht, ist eine Verformung wie in Abbildung 1.49 schnell durch das Verschieben einiger Punkte und Verdrehen von Tangenten nachvollzogen. Wer es ganz genau haben möchte, findet die Punktpositionen ebenfalls in der Abbildung eingeblendet.

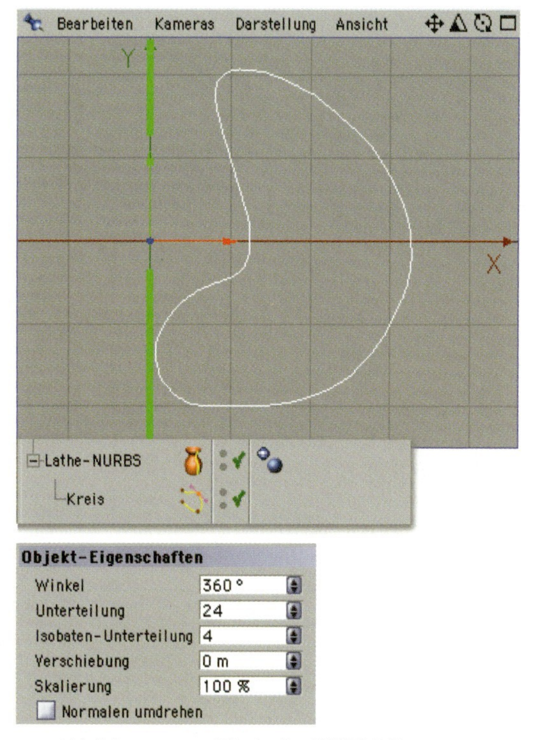

Abbildung 1.50: Die Lathe-NURBS-Parameter

Selektieren Sie dazu einen Punkt – z.B. mit der Live-Selektion – und übertragen Sie die dazu passende Position in den Koordinaten-Manager. Betätigen Sie dann dessen Anwenden-Schaltfläche, um die Eingaben zu übertragen. Alternativ dazu können Sie auch doppelt auf die Felder im Struktur-Manager klicken, um die Eingabe direkt dort vorzunehmen.

Letztlich ist die exakte Positionierung der Punkte und der Tangenten jedoch nicht zwingend wichtig, um die nachfolgenden Arbeitsschritte nachvollziehen zu können.

Wechseln Sie in den Modell-bearbeiten-Modus, um das Spline-Objekt ggf. etwas seitlich auf der X-Achse zu verschieben, bis kein Teil der Kurve in der frontalen Ansicht mehr über die Y-Achse hinausreicht (siehe grüne Markierung in Abbildung 1.50).

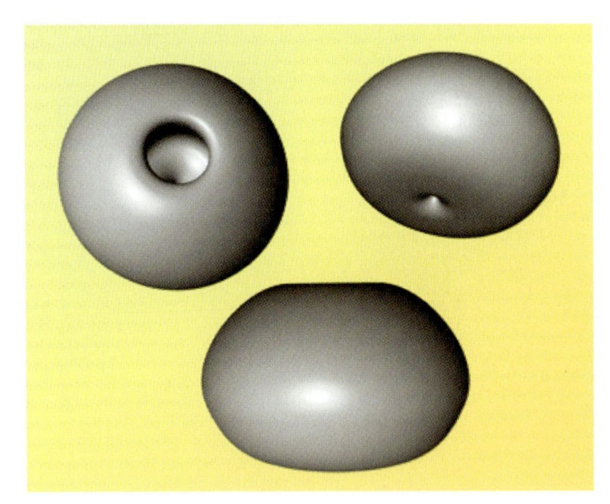

Abbildung 1.51: Resultat des Lathe-NURBS

Rufen Sie dann ein Lathe-NURBS-Objekt aus der bekannten Icon-Gruppe ab und ordnen Sie diesem den verformten Kreis-Spline unter (siehe Abbildung 1.50). Es zeigt sich ein Objekt wie in Abbildung 1.51. Falls dies bei Ihnen nicht erscheint, überprüfen Sie die Lage des Kreis-Splines. Dieser sollte in der frontalen Ansicht liegen (XY-Ebene).

Das Lathe-NURBS rotiert den untergeordneten Spline um die Y-Achse des Lathe-NURBS-Objekts und definiert dadurch eine Oberfläche. Welche Parameter dafür eine Rolle spielen, stellt der unterste Abschnitt in Abbildung 1.50 dar. Lassen sich mich kurz auf diese Werte eingehen.

Der Winkel-Wert steuert die Rotation des Splines um die Y-Achse des Lathe-NURBS. Werte unter 360° erzeugen nur „Kuchenstücke" einer vollen Rotation. Werte über 360° sind dann sinnvoll, wenn sie in Kombination mit einer Verschiebung oder Skalierung benutzt werden, wie ein späteres Beispiel zeigen wird.

Die Zahl für den Parameter Unterteilungen legt fest, aus wie vielen Polygonen die Lathe-NURBS-Oberfläche gebildet wird.

Der Wert kann dabei so interpretiert werden, dass er die Anzahl an Spline-Profilen angibt, über die dann die „Polygon-Haut" gespannt wird. Je mehr Unterteilungen verwendet werden, desto exakter kann die Rundung des Rotationskörpers dargestellt werden. Eine etwas später folgende Abbildung wird dies an einem Beispiel verdeutlichen.

Der Wert für die Isobaten-Unterteilung entspricht dem gleichnamigen Parameter des Extrude-NURBS und ist nur für die Editor-Darstellung im Darstellungsmodus Isobaten relevant.

Der Parameter Verschiebung erlaubt die Verschiebung des Spline-Profils entlang der Y-Achse des Lathe-NURBS. Diese Verschiebung ist überlagert von der Rotation durch den Winkel-Wert. Verschiebung-Werte ungleich 0 führen dazu, dass Anfang und Ende der Rotation nicht an der gleichen Stelle enden. Es kommt dann zu schrauben- oder korkenzieherförmigen Strukturen.

Die Skalierung überlagert ebenfalls die Rotation des Profil-Splines und führt dazu, dass die Lathe-Struktur zum Ende des Zyklus hin kleiner oder größer wird, je nachdem ob Werte über oder unter 100% verwendet werden.

Eine Skalierung von 100% lässt die Größe des Lathe-Endes unverändert gegenüber dem Original-Profil-Spline.

Die Option Normalen umdrehen kennen Sie bereits vom Extrude-NURBS-Objekt. Sie wird nur dann benötigt, wenn die Normalen der generierten Flächen in die falsche Richtung zeigen sollten. Dies kann bei der Verwendung von offenen Profil-Splines vorkommen.

Machen wir in einer kleinen Abwandlung unserer bisherigen Szene doch einmal Gebrauch von diesen Parametern.

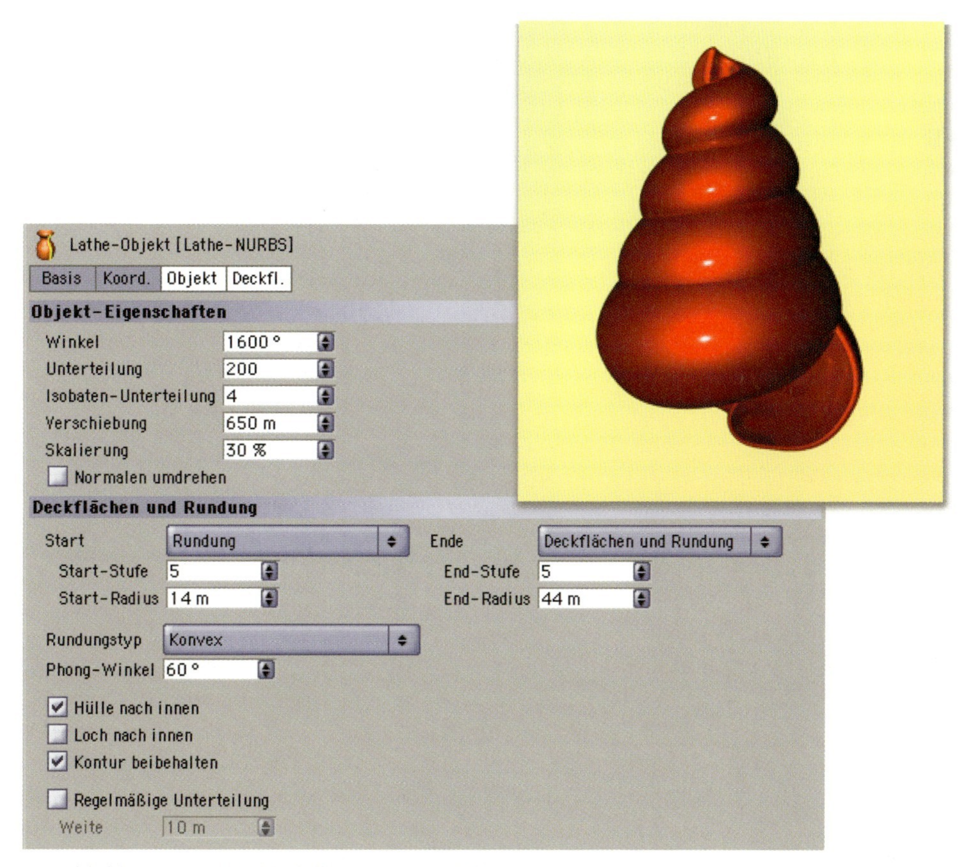

Abbildung 1.52: Die Modellierung eines Schneckenhauses mit nur einem Spline- und einem Lathe-NURBS-Objekt

Ohne eine Änderung an dem Spline vorzunehmen, klicken Sie das Lathe-NURBS-Objekt im Objekt-Manager an und tragen dort die Angaben aus Abbildung 1.52 ein. Diese bewirken, dass der Spline um 1600° rotiert wird. Dies sind also knapp 4,5 volle Rotationen um die Y-Achse des Lathe-NURBS.

Dies kann nur sinnvoll sein, wenn Sie gleichzeitig mit einer Verschiebung arbeiten. Dort können Sie z.B. 650 Einheiten eintragen. Dies hängt jedoch von den Abmessungen Ihres Spline-Objekts ab. Sinn der Verschiebung ist es, eine Art Schneckenhaus zu formen. Dabei sollen die einzelnen Windungen des Gehäuses keine Lücken aufweisen.

Damit das Gehäuse am Ende auch etwas spitz zuläuft, benutzen wir zusätzlich einen Skalierung-Wert unter 100%. Wir haben dort 30% eingetragen, was bedeutet, dass unser Profil am Ende der Rotation nur noch knapp ein Drittel der ursprünglichen Größe hat.

Die Optionen und Einstellungen für die Deckflächen und Rundungen sollten Ihnen bereits von ExtrudeNURBS her bekannt vorkommen. Wir werden daher hier nicht nochmals detailliert auf alle Parameter eingehen.

Ziel dieser Einstellungen ist es, das obere Ende des Lathe-NURBS zu verschließen und den unteren Anfang mit einer kleinen Rundung etwas dickwandiger erscheinen zu lassen.

Dann müssen die Unterteilungen nur noch so angepasst werden, dass eine schön gerundete Oberfläche entsteht.

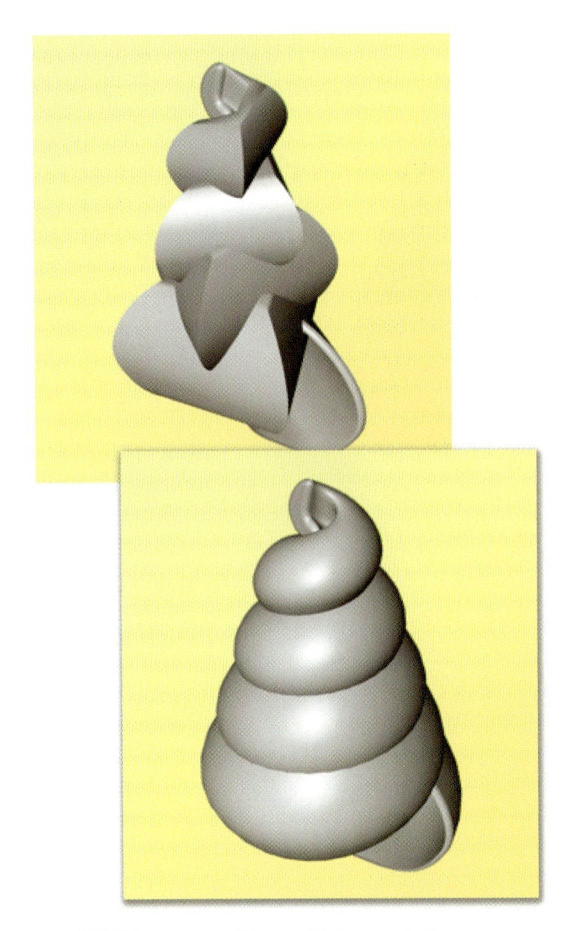

Abbildung 1.53: *Eine zu kleine und eine angepasste Anzahl an Unterteilungen*

Dass der Unterteilung-Wert eines Lathe-NURBS-Objekts zu klein eingestellt ist, wird in den Editor-Ansichten recht schnell deutlich. Die Struktur wirkt eckig und folgt nicht der kreisförmigen Rotation um die Y-Achse des Lathe-NURBS.

Sie können in solchen Fällen also rein nach der Darstellung in den Editor-Ansichten gehen und den Unterteilung-Wert so lange erhöhen, bis die Darstellung Ihren Ansprüchen genügt (siehe Abbildung 1.53). Sie können sich aber auch an der Winkel-Vorgabe orientieren. Wenn diese z.B. auf 360° eingestellt ist, führt ein Unterteilung-Wert von 36 dazu, dass die Krümmung bis auf 10° genau abgebildet werden kann.

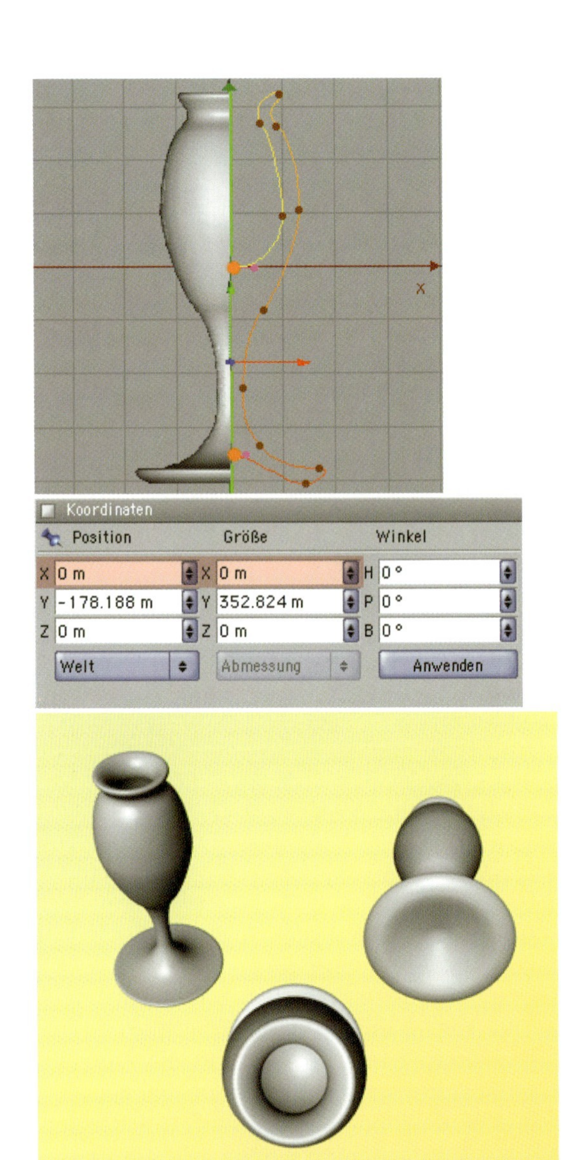

Abbildung 1.54: *Rotationssymmetrische Objekte erstellen*

Rotationssymmetrische Objekte

Hauptsächlich wird das Lathe-NURBS jedoch für rotationssymmetrische Objekte eingesetzt. Soll dabei der Eindruck eines geschlossenen Körpers entstehen, müssen Start- und Endpunkt des Splines exakt auf der Rotationsachse liegen.

Löschen Sie dazu den bestehenden Spline unter dem LATHE-NURBS und erzeugen Sie z.B. mit einem neuen Bezier-Spline den halben Umriss, z.B. eines Glases oder einer Vase (siehe Abbildung 1.54). Am besten arbeiten Sie hierbei in der frontalen Ansicht und orientieren sich an der Welt-Y-Achse als Rotationsachse. Wenn Sie das LATHE-NURBS nicht verschoben haben ist diese identisch mit der Y-Achse des LATHE-NURBS-Objekts.

Nachdem Sie mit der Formung des Splines fertig sind, selektieren Sie den ersten und den letzten Punkt des Splines und beachten die angezeigten Werte im KOORDINATEN-MANAGER (siehe Abbildung 1.54). Dort sollte sowohl für die X-Abmessung als auch für die X-Position jeweils 0.0 zu lesen sein. Ansonsten sind die beiden Punkte nicht exakt auf der Y-Achse platziert.

Sie können Abweichungen der Positionen ggf. direkt im KOORDINATEN-MANAGER beheben. Tragen Sie dazu zuerst den Wert 0.0 für die X-Abmessung ein und bestätigen Sie über die ANWENDEN-Schaltfläche. Die X-Position der selektierten Punkte wird dadurch auf eine einheitliche X-Position zentriert. Dann tragen Sie schließlich noch 0.0 für die X-Position ein und bestätigen wieder mit ANWENDEN.

Alternativ hierzu können Sie aber auch einen Abstand von der Rotationsachse belassen und über die bekannten Funktionen eine Deckfläche mit Rundung erzeugen lassen, um das Objekt zu schließen.

Das Praktische an allen NURBS-Objekten ist, dass die verwendeten Spline-Objekte jederzeit editierbar bleiben. Sie können daher hier noch nachträglich Punkte verschieben und Tangenten drehen und sofort das veränderte Rotationsobjekt sehen. Dies erlaubt Arbeiten wie an einer Töpferscheibe. Sogar das nachträgliche Hinzufügen von Punkten zum Spline ist kein Problem.

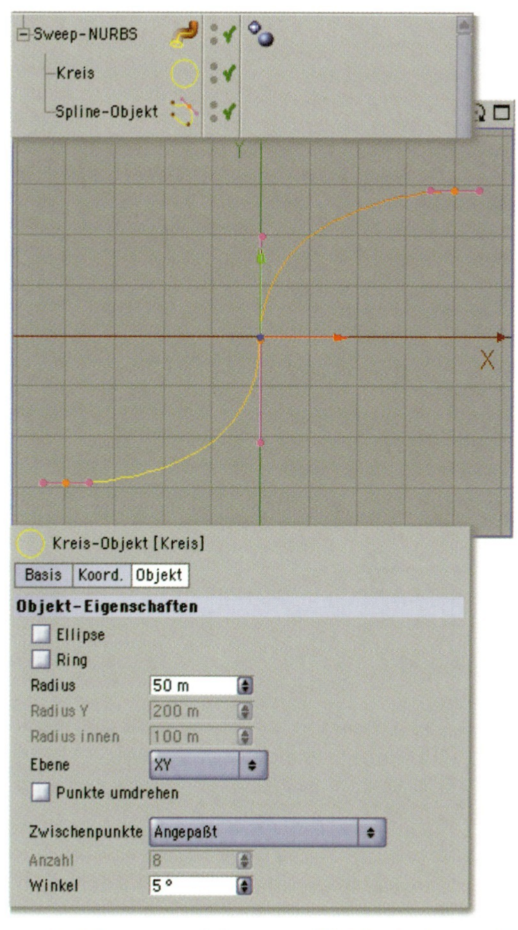

Abbildung 1.55: Ein Sweep-NURBS-Objekt erstellen

1.24 Das Sweep-NURBS

Im Gegensatz zu den bisher besprochenen NURBS-Objekten benötigt des SWEEP-NURBS mindestens zwei Spline-Objekte. Ein Spline dient dabei als Pfad, auf dem der zweite Spline als Profil benutzt wird.

Um dies an einem Beispiel zu demonstrieren, löschen Sie alle alten Objekte in Ihrer Szene und erzeugen in der frontalen Ansicht einen neuen Spline, dem Sie z.B. die Form des Buchstaben „S" geben (siehe Abbildung 1.55).

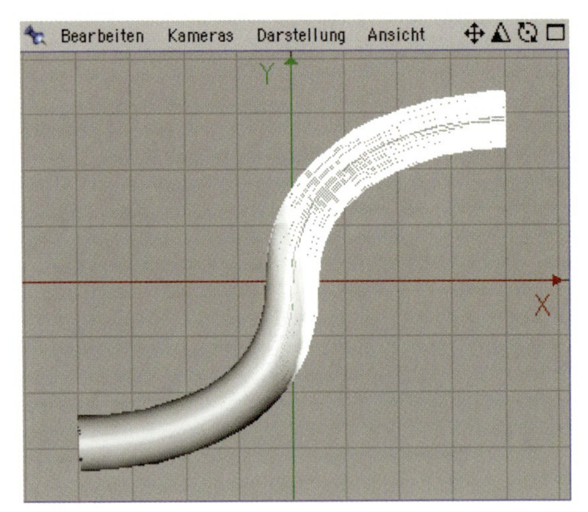

Abbildung 1.56: Der Polygon-Aufbau eines Sweep-NURBS-Objekts

Fügen Sie Ihrer Szene jetzt einen zweiten Spline hinzu. Dafür können Sie z.B. einen Kreis-Spline abrufen und diesen auf die gewünschte Größe bringen.

Achten Sie hier wieder darauf, dass der Profil-Spline – in diesem Fall der Kreis-Spline – in der frontalen Ansicht liegt und somit in der XY-Ebene angelegt wurde.

Rufen Sie ein Sweep-NURBS-Objekt auf und ordnen Sie beide Splines diesem unter. Sehr wichtig ist dabei die Reihenfolge der Splines unter dem Sweep-NURBS (siehe Abbildung 1.55). Zuerst kommt der Profil-Spline, dann der Pfad-Spline. Eine verdrehte Reihenfolge korrigieren Sie im Objekt-Manager leicht per Drag&Drop.

Sobald die Reihenfolge der Splines stimmt und das Profil auch tatsächlich in der XY-Ebene liegt, sollten Sie ein Ergebnis wie in Abbildung 1.56 erkennen können. Dies ist also eine recht einfache Möglichkeit, um Kabel oder Rohre zu erzeugen. Durch die Freiheit bei der Wahl des Profils können aber auch Walzen oder Stahlträger umgesetzt werden, die dann sogar mühelos mit dem Pfad-Spline deformiert werden können.

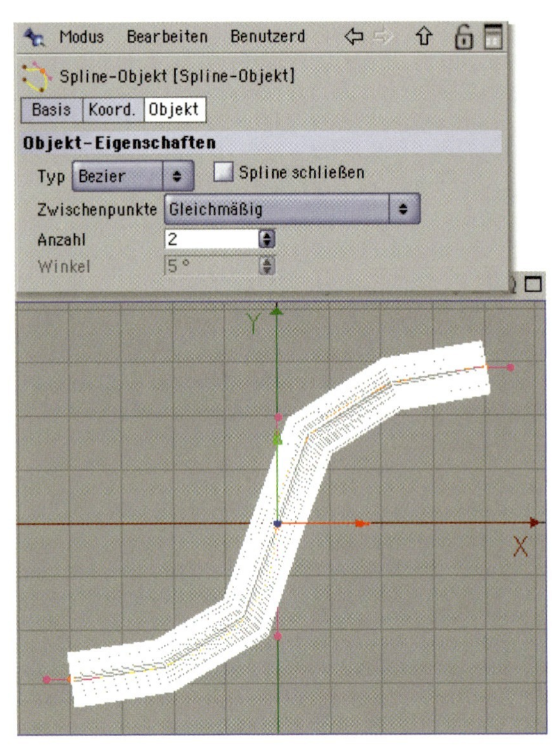

Abbildung 1.57: Die Zwischenpunkte steuern die Unterteilung des Sweep-NURBS.

Wie Sie an der Überlagerung des Drahtgitters in Abbildung 1.56 aber auch erkennen können, geizt das Sweep-NURBS nicht gerade mit Polygonen. Hier ließen sich sicher einige Flächen einsparen, ohne die Qualität reduzieren zu müssen.

Dafür sind die bereits angesprochenen Zwischenpunkte der verwendeten Splines zuständig (siehe Abbildung 1.57) Im Modus Gleichmässig werden z.B. zwischen den bereits vorhandenen Spline-Punkten nur so viele zusätzliche Punkte eingesetzt, wie im Anzahl-Feld vorgegeben sind.

Wie der Name schon andeutet, werden diese Punkte gleichmässig angeordnet und nehmen daher keine Rücksicht auf die tatsächliche Krümmung eines Splines. Gerade Abschnitte werden in ebensolchen Abständen unterteilt wie Kurven, denen eine stärkere Unterteilung oft mehr nützen würde.

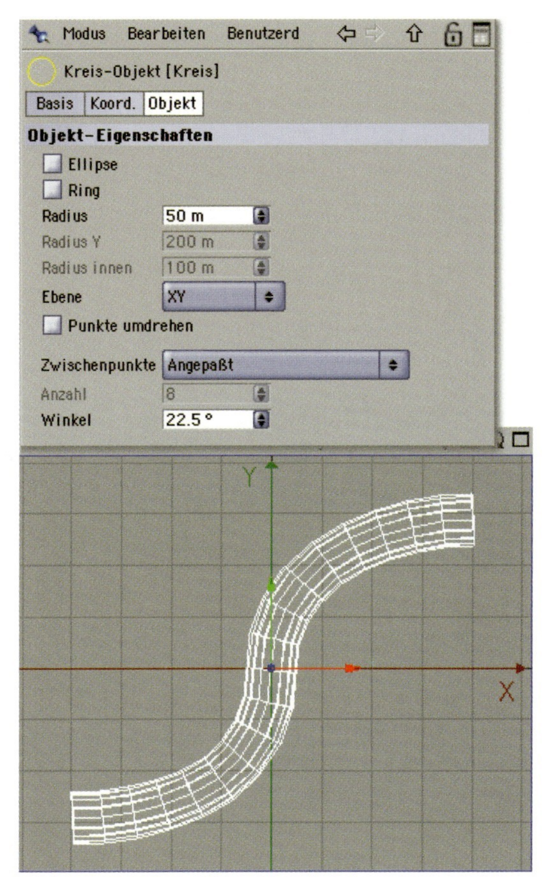

Abbildung 1.58: Das Sweep-NURBS nach der Anpassung der Zwischenpunkte

Da unsere Spline-Form jedoch recht gleichförmig gekrümmt verläuft, ist die GLEICHMÄSSIGE Aufteilung der Zwischenpunkte gut anwendbar. Erhöhen Sie den ANZAHL-Wert so weit, bis keine störenden Knicke mehr entlang des Spline-Pfads zu erkennen sind.

Mit dem KREIS-Spline können wir ähnlich verfahren. Dort können wir uns für die angepasste Platzierung der Zwischenpunkte entscheiden, aber eine gleichmäßige Aufteilung liefert ein ähnliches Ergebnis.

Im Modus ANGEPASST wird der WINKEL-Wert aktiviert, der in Abbildung 1.58 auf 22,5° erhöht wurde. Dies führt bei einem 360°-Kreis dazu, dass insgesamt 16 Punkte verwendet werden.

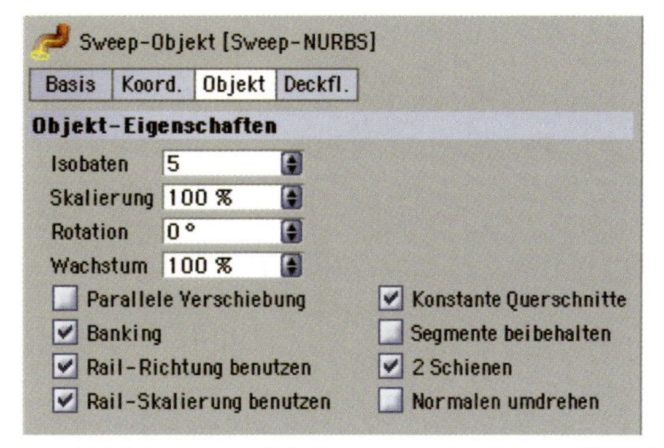

Abbildung 1.59: Die Parameter des Sweep-NURBS-Objekts

Wie Abbildung 1.58 zeigt, ist diese Anzahl mehr als ausreichend. Die Unterteilung mit Polygonen ist jetzt sehr viel effizienter.

Dieser Umgang mit den Zwischenpunkten ist übrigens auch beim EXTRUDE-NURBS und beim LATHE-NURBS möglich, wenn Sie Wert auf eine effizientere Unterteilung des NURBS-Objekts legen.

Die Sweep-NURBS-Parameter

Vieles wird Ihnen bereits von den vorherigen Beschreibungen der NURBS-Objekte bekannt vorkommen, so z.B. die Anzahl der ISOBATEN und die SKALIERUNG (siehe Abbildung 1.59).

Mit dem ROTATION-Wert können Sie das Profil zwischen Anfang und Ende des Pfad-Splines rotieren lassen. Dies ist eigentlich nur dann sinnvoll, wenn das Profil markante Strukturen oder Ecken aufweist, an denen man eine Verdrehung erkennen kann. Bei einem Kreis-Spline wie in unserem Beispiel ist diese Funktion daher weniger sinnvoll.

Die Rotation startet mit 0° und wird dann in jedem Zwischenpunkt erhöht, bis am Ende des Pfads die Vorgabe aus dem ROTATION-Feld erreicht wird.

Da die Rotation schrittweise pro Zwischenpunkt des Pfad-Splines ausgeführt wird, sollten Sie für eine GLEICHMÄSSIGE Unterteilung des Pfad-Splines mit Zwischenpunkten sorgen.

Der WACHSTUM-Wert gibt an, welche Länge des Pfad-Splines benutzt werden soll. Standardmäßig sind hier 100% eingetragen. Der Pfad-Spline wird dann komplett genutzt. Bei der Verwendung kleinerer Werte endet der SWEEP-NURBS entsprechend früher auf dem Pfad.

Dieser Wert kann für interessante Effekte sorgen, wenn er animiert wird. Überhaupt lassen sich fast alle Parameter von Grundobjekten und NURBS über die Zeit animieren, wie Sie später noch lernen werden.

Im SWEEP-NURBS-Dialog folgt nun eine Reihe von Optionen, bei denen Sie jedoch nur sehr selten Änderungen vornehmen werden.

PARALLELE VERSCHIEBUNG sorgt dafür, dass der Profil-Spline in seiner ursprünglichen Ausrichtung verwendet und nicht automatisch an dem Pfad-Spline ausgerichtet wird.

BANKING bewirkt, dass sich das Profil besser an die Krümmung des Pfad-Splines anpasst. Das Profil legt sich praktisch in die Kurven. Besteht der Pfad eher aus geraden Abschnitten, sollte das BANKING deaktiviert werden. Es kann sonst zu willkürlichen Profil-Rotationen kommen.

KONSTANTE QUERSCHNITTE skaliert den Profil-Spline automatisch, wenn es gilt, scharfe Kurven oder Ecken des Pfads zu überwinden. Es werden dadurch Überschneidungen an diesen Stellen verhindert.

SEGMENTE BEIBEHALTEN ist eher im Zusammenspiel mit animierten WACHSTUM-Werten interessant. Die Profile werden dann nicht nur auf den Zwischenpunkten des Pfad-Splines platziert, sondern an die zur Verfügung stehende Länge des Pfads angepasst. Es kommt dann zu einer fließenderen Animation des Effekts.

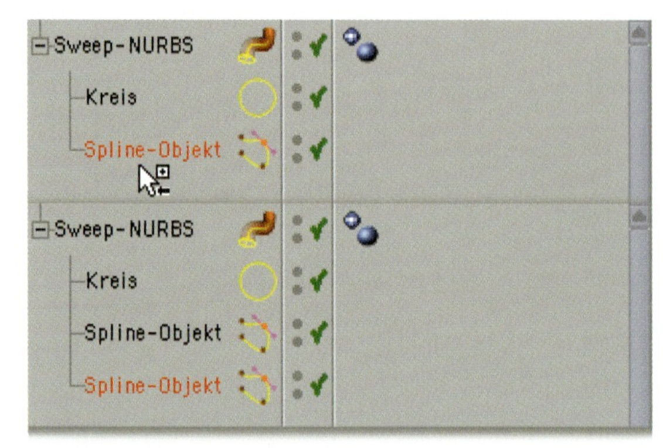

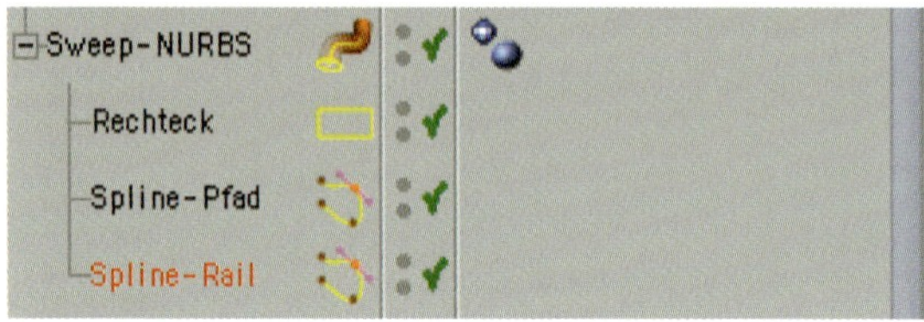

Abbildung 1.60: Einen Rail-Spline hinzufügen und den Profil-Spline austauschen

Die Option NORMALEN UMDREHEN kennen Sie bereits von den anderen NURBS-Objekten her. Sie ist in der Regel nur bei Verwendung von offenen Profil-Splines relevant.

Die drei bislang noch nicht beschriebenen Funktionen gehören thematisch zusammen und werden daher nun anhand kleiner Beispiele näher erläutert.

Um diese Optionen nutzen zu können, müssen Sie der SWEEP-NURBS-Gruppe einen weiteren Spline hinzufügen, der eine dem Pfad-Spline ähnliche Form hat. Sie könnten dafür einen neuen Spline anlegen und diesen erneut dem SWEEP-NURBS unterordnen, aber es gibt zum Vervielfältigen von Objekten eine bessere Lösung (siehe Abbildung 1.60).

Klicken Sie den Pfad-Spline im OBJEKT-MANAGER an und halten Sie die Maustaste gedrückt. Betätigen und halten Sie dann zusätzlich die [Strg]- bzw. [Ctrl]-Taste Ihrer Tastatur. Die Tastenbenennung ist davon abhängig, ob Sie an einem Apple Macintosh- oder einem Windows-PC arbeiten.

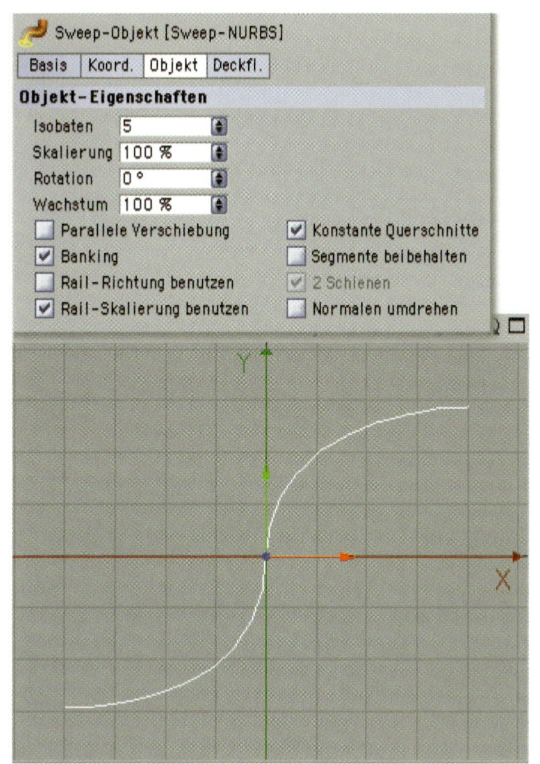

Abbildung 1.61: Resultat einer Rail-Skalierung bei deckungsgleichen Pfad- und Rail-Splines

Ziehen Sie den Mauszeiger so weit im Objekt-Manager nach unten, bis am Mauszeiger ein kleiner nach links weisender Pfeil angezeigt wird (siehe Abbildung 1.60). Sie lösen dann zuerst die Maustaste und schließlich auch die `Strg`-/`Ctrl`-Taste.

Sie sollten jetzt unter dem Pfad-Spline eine Kopie dieses Splines erkennen können. Sie können auf diese Weise auch mehrere Objekte auf einmal duplizieren, wenn Sie vorher z.B. mit ⇧-Klicks im Objekt-Manager eine Mehrfachselektion erzeugt haben.

Wie Sie Abbildung 1.60 entnehmen können, wurde der neue Spline dort bereits individuell benannt, um sie besser auseinander halten zu können. Zuerst kommt bekanntlich der Profil-Spline, dann der Pfad-Spline und dann – bei Bedarf – der Rail-Spline.

Der Rail-Spline kann sowohl für die individuelle Skalierung des Sweep-NURBS als auch für die Steuerung der Rotation des Pfad-Splines benutzt werden.

Damit später die Auswirkung auf die Rotation deutlicher wird, wurde der Kreis-Spline durch einen Rechteck-Spline als Profil ausgetauscht. Sie können aber auch ein anderes beliebiges Spline-Grundobjekt verwenden, das eine markante Oberfläche generiert.

Aktivieren Sie jetzt die Option Rail-Skalierung benutzen und deaktivieren Sie Rail-Richtung benutzen im Dialog des Sweep-NURBS-Objekts. Der Editor zeigt nun nur noch eine dünne Linie in Form unseres Pfad-Splines (siehe Abbildung 1.61).

Dies liegt daran, dass Pfad-Spline und Rail-Spline durch das Kopieren noch identische Formen haben. Der Abstand der beiden Splines voneinander ist also überall 0 Einheiten groß. Entsprechend fällt die Skalierung aus.

Wechseln Sie daher in den Punkte-bearbeiten-Modus und selektieren Sie z.B. den mittleren Punkt des Rail-Splines. Benutzen Sie das Verschieben-Werkzeug in der frontalen Ansicht, um diesen Punkt etwas nach oben und nach links zu ziehen.

Sie werden erkennen können, wie sich an dieser Stelle das Sweep-NURBS ausbeult und an Volumen gewinnt. Die Enden des Sweep-NURBS-Objekts laufen weiterhin spitz zu, da dort die Punkte von Pfad- und Rail-Spline noch immer deckungsgleich sind.

Wenn Sie für den Rail-Spline einen Bezier-Typ verwendet haben, können Sie auch die Tangenten benutzen, um die Skalierung zwischen den Spline-Punkten zu steuern. Abbildung 1.62 gibt Ihnen von dieser Aktion zwei Impressionen wieder. Sie stellt das Sweep-NURBS leicht transparent dar und markiert den Pfad-Spline mit einer weißen Linie.

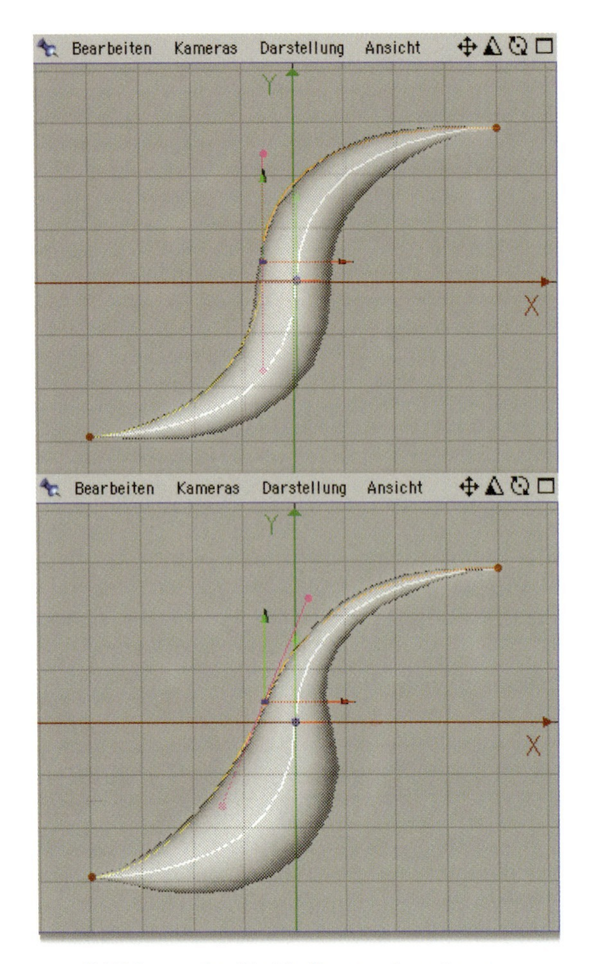

Abbildung 1.62: Die Skalierung eines Sweep-NURBS-Objekts mit einem Rail-Spline

Dies soll Ihnen die Wirkungsweise des Rail-Splines verdeutlichen. Sie können so besser erkennen, wie der jeweilige Abstand zwischen Rail- und Pfad-Spline in die Skalierung des Profils einfließt.

Lassen Sie uns jetzt die zweite Option für Rail-Splines ausprobieren. Deaktivieren Sie dazu zuerst die Rail-Skalierung benutzen-Option und aktivieren Sie dann die Rail-Rotation benutzen-Option im Dialog des Sweep-NURBS-Objekts.

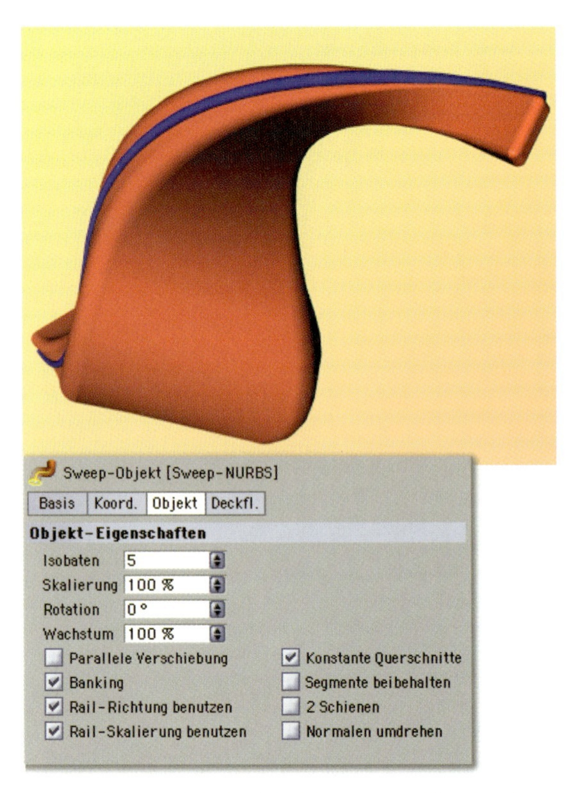

Abbildung 1.63: Rail-Skalierung und Rail-Rotation kombiniert

Entfernen Sie die Rail-Punkte etwas weiter vom Pfad-Spline, um den Effekt besser erkennen zu können. Der Rail-Spline wird nun benutzt, um die Lage der Profile auf dem Pfad-Spline zu steuern. Bewegen Sie die Rail-Punkte ruhig auch in der Kamera-Ansicht oder der seitlichen Ansicht um den Pfad-Spline herum, um die Rotation beobachten zu können. Die Größe der Profile bleibt dabei konstant (siehe Abbildung 1.64 oben).

Schalten Sie die zuvor benutzte Option Rail-Skalierung benutzen wieder hinzu (siehe Abbildung 1.63). Der Rail-Spline steuert jetzt sowohl die Ausrichtung als auch die Größe der Profile.

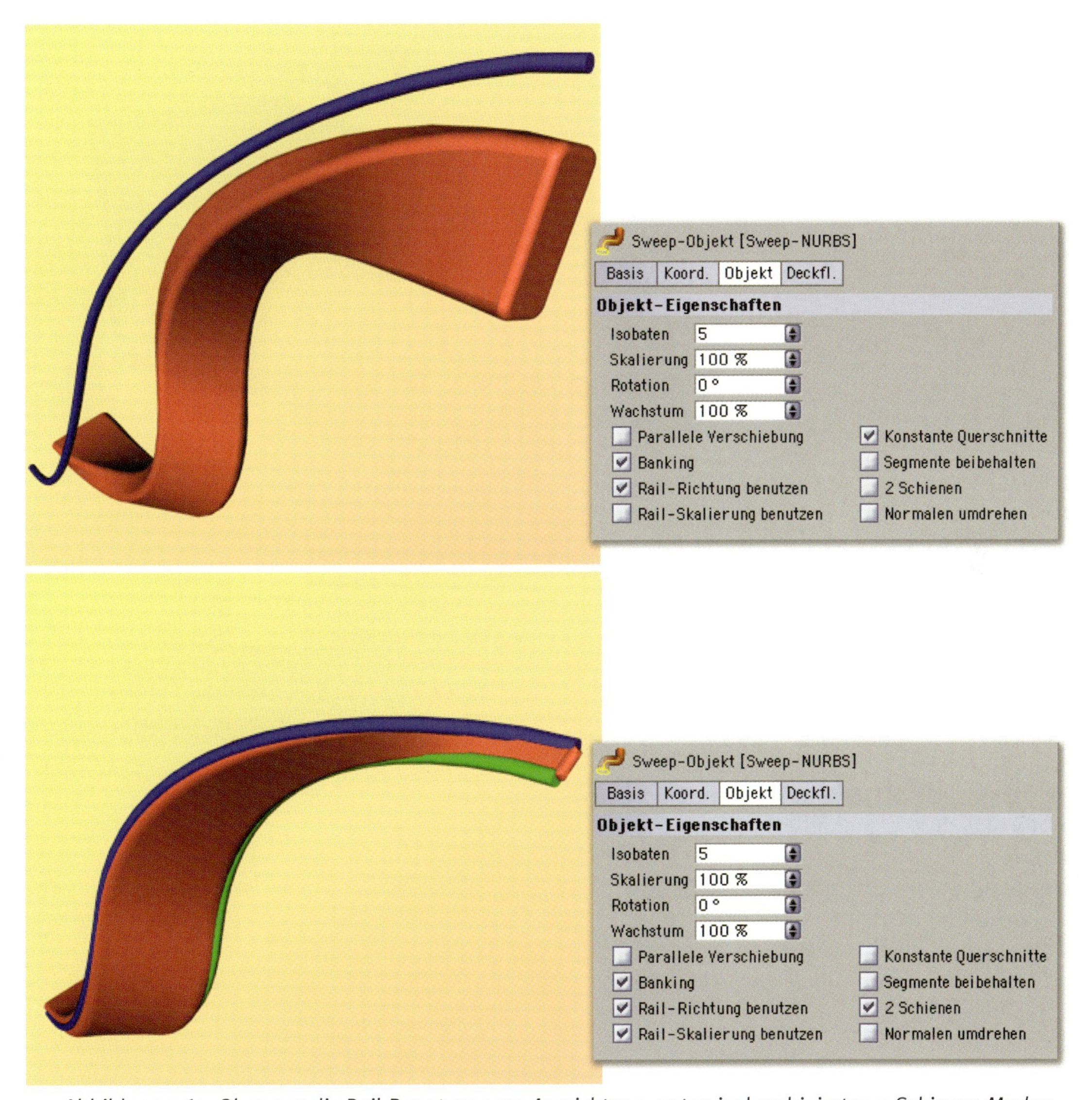

Abbildung 1.64: Oben nur die Rail-Benutzung zur Ausrichtung, unten im kombinierten 2-Schienen-Modus

Um Ihnen den Verlauf des verwendeten Rail-Splines besser darstellen zu können, wurde dieser in der Abbildung als blaue Linie hervorgehoben.

Bei dieser Verformung bleibt der Pfad-Spline weiterhin als Mittellinie erhalten. Dies ändert sich, wenn Sie jetzt noch die Option 2 Schienen hinzuschalten (siehe Abbildung 1.64 unten).

Zur leichteren Zuordnung wurde dort der Pfad-Spline als grüne Linie dargestellt. Sie können so besser erkennen, wie in diesem Modus die Sweep-NURBS-Struktur zwischen Pfad- und Rail-Spline angeordnet wird.

Die Abstände und Lagen beider Splines zueinander steuern die Größe und Ausrichtung der Form.

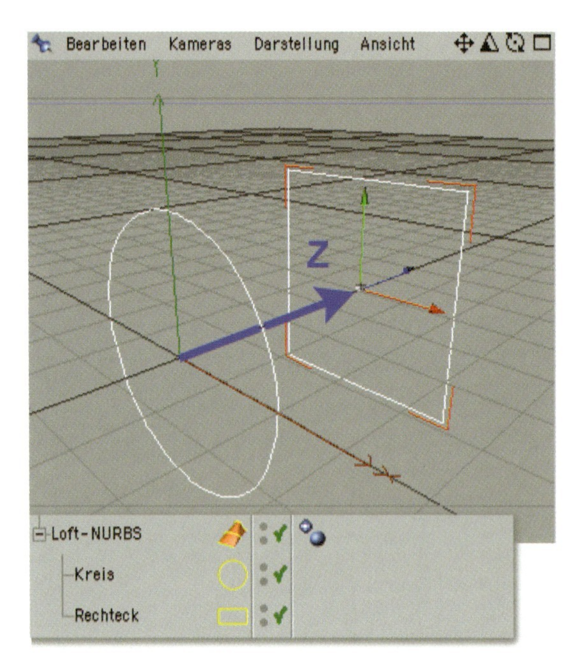

Abbildung 1.65: Ein Loft-NURBS-Objekt zwischen zwei Splines erzeugen

1.25 Das Loft-NURBS-Objekt

Das LOFT-NURBS-Objekt benötigt ebenfalls mindestens zwei untergeordnete Spline-Objekte, verbindet diese jedoch direkt. Es entsteht quasi eine Polygon-Haut über den Splines. Dies lässt sich immer dann verwenden, wenn uns Querschnitte eines Objekts bekannt sind.

Zur praktischen Demonstration löschen Sie alle bislang in Ihrer Szene vorhandenen Objekte und erzeugen einen neuen KREIS-Spline und einen RECHTECK-Spline. Beide Objekte sollten jeweils in der XY-Ebene stehen, damit Sie zu gleichen Ergebnissen kommen. Ansonsten kann das LOFT-NURBS auch Splines in davon abweichender Ausrichtung verwenden.

Entfernen Sie den Rechteck-Spline entlang der Welt-Z-Achse vom Kreis-Spline (siehe Abbildung 1.65), damit zwischen den Splines genügend Platz für das LOFT-NURBS entsteht.

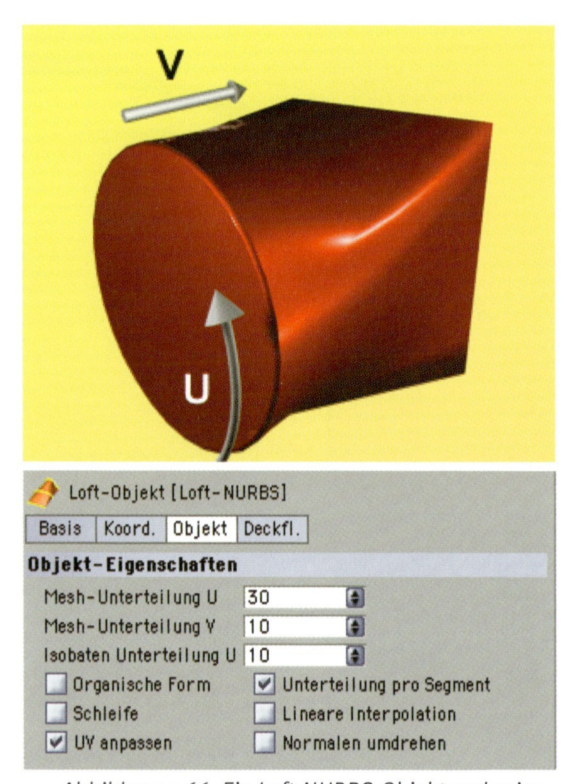

Abbildung 1.66: Ein Loft-NURBS-Objekt und seine Parameter

Ordnen Sie beide Splines unter einem LOFT-NURBS-Objekt ein. Dabei ist interessant zu wissen, dass die Splines in der Reihenfolge miteinander verbunden werden, in der diese unter dem LOFT-NURBS auftauchen. In unserem Beispiel aus Abbildung 1.65 stellt der KREIS also den Anfang und der RECHTECK-Spline das Ende des LOFT-NURBS dar. Dies ist nicht zuletzt auch für die Verwendung von Deckflächen relevant.

Sie sollten nun das LOFT-NURBS in den Editor-Ansichten erkennen können (siehe Abbildung 1.66). In die Abbildung wurden bereits zwei Benennungen eingefügt, die auf zwei der LOFT-NURBS-Parameter Bezug nehmen. Betrachten wir den LOFT-NURBS-Dialog also etwas genauer.

Die Werte für MESH-UNTERTEILUNG U und MESH-UNTERTEILUNG V geben die Anzahl der Segmente einmal für die **u**mlaufende Richtung und einmal für die **V**erschiebungsrichtung an.

Die Buchstaben Ⓤ und Ⓥ in der Abbildung deuten diese Richtungen an.

Der Wert für die Isobaten-Unterteilung sollte Ihnen bereits bekannt vorkommen. Damit sind bereits alle Werteingaben des Loft-NURBS besprochen. Es folgen noch die Optionen.

Ist die Option Organische Form aktiviert, verlaufen die Verbindungen des Loft-NURBS nicht unbedingt exakt durch die Spline-Punkte hindurch. Die Querschnitte werden also nicht ganz exakt eingehalten. Dafür werden die Abstände zwischen den Verbindungslinien gleichmäßiger eingeteilt, was zu einer ebenmäßigeren Oberfläche führen kann.

Ist Schleife aktiviert, wird das letzte Spline-Objekt unter dem Loft-NURBS automatisch wieder mit dem ersten Spline-Objekt verbunden. Dabei wird keine Rücksicht auf eventuell im Weg liegende andere Splines genommen. Hier muss also selbst dafür gesorgt werden, dass der Weg für eine solche Verbindung frei ist.

Die Option UV anpassen hat nichts mit den gleichnamigen Unterteilungsrichtungen zu tun. Hier sind die UV-Koordinaten auf der Oberfläche von Objekten gemeint. Man kann sich diese wie ein zweites Netz von Polygonen auf der Oberfläche vorstellen. Auch die Eckpunkte dieser UV-Polygone sind mit den Punkten der „echten" Polygone identisch. Der Unterschied ist nur, dass die Punkte innerhalb eines anderen Systems beschrieben werden.

Es wird dabei also nicht das dreidimensionale Koordinatensystem des Objekts benutzt, sondern ein flaches System, das später für die „Befestigung", z.B. von Bilddaten, auf der Oberfläche herangezogen werden kann. Diese UV-Systeme werden in 3D-Programmen immer dann benutzt, wenn sich eine Oberflächenstruktur mit dem Objekt mitverformen soll.

Eigentlich müssten wir diese UV-Koordinaten für alle Punkte des Objekts selbst erzeugen – dies funktioniert z.B. mit dem separaten BODYPAINT 3D-Modul –, bei Grundobjekten und NURBS nimmt uns diese Arbeit jedoch Cinema 4D ab.

Ist die Option aktiv, werden die UV-Koordinaten gleichmäßig entlang der Verbindungsrichtung des Loft-NURBS angelegt. Bei deaktivierter Option orientieren sich die Abstände der UV-Koordinaten an den Abständen zwischen den verwendeten Splines, was bei der späteren Zuweisung von Materialien zu Verzerrungen führen kann.

Diese Zusammenhänge zwischen den Bezugssystemen werden in Abbildung 1.67 noch etwas deutlicher. Lassen Sie uns zuvor jedoch mit der Beschreibung der Optionen fortfahren.

Unterteilung pro Segment führt dazu, dass die unter Mesh-Unterteilung V angegebene Anzahl an Unterteilungen zwischen jedem Spline-Paar angelegt und nicht insgesamt über den gesamten Loft-NURBS verteilt wird.

Ist die Lineare Interpolation aktiv, werden die Splines geradlinig untereinander verbunden. Dies kann zu sichtbaren Kanten im Loft-NURBS führen, wenn z.B. die Abstände zwischen zwei Splines sehr klein oder deren Größenunterschied groß ist. Der Vorteil hierbei ist jedoch, dass das Loft-NURBS einen vorhersehbaren Verlauf zwischen den Splines nimmt.

Es folgt schließlich noch die bekannte Normalen umdrehen-Option.

Wie versprochen, soll diese Gelegenheit genutzt werden, um Ihnen in einem kurzen Einschub die Bedeutung und Funktion von UV-Koordinaten noch etwas näher zu bringen.

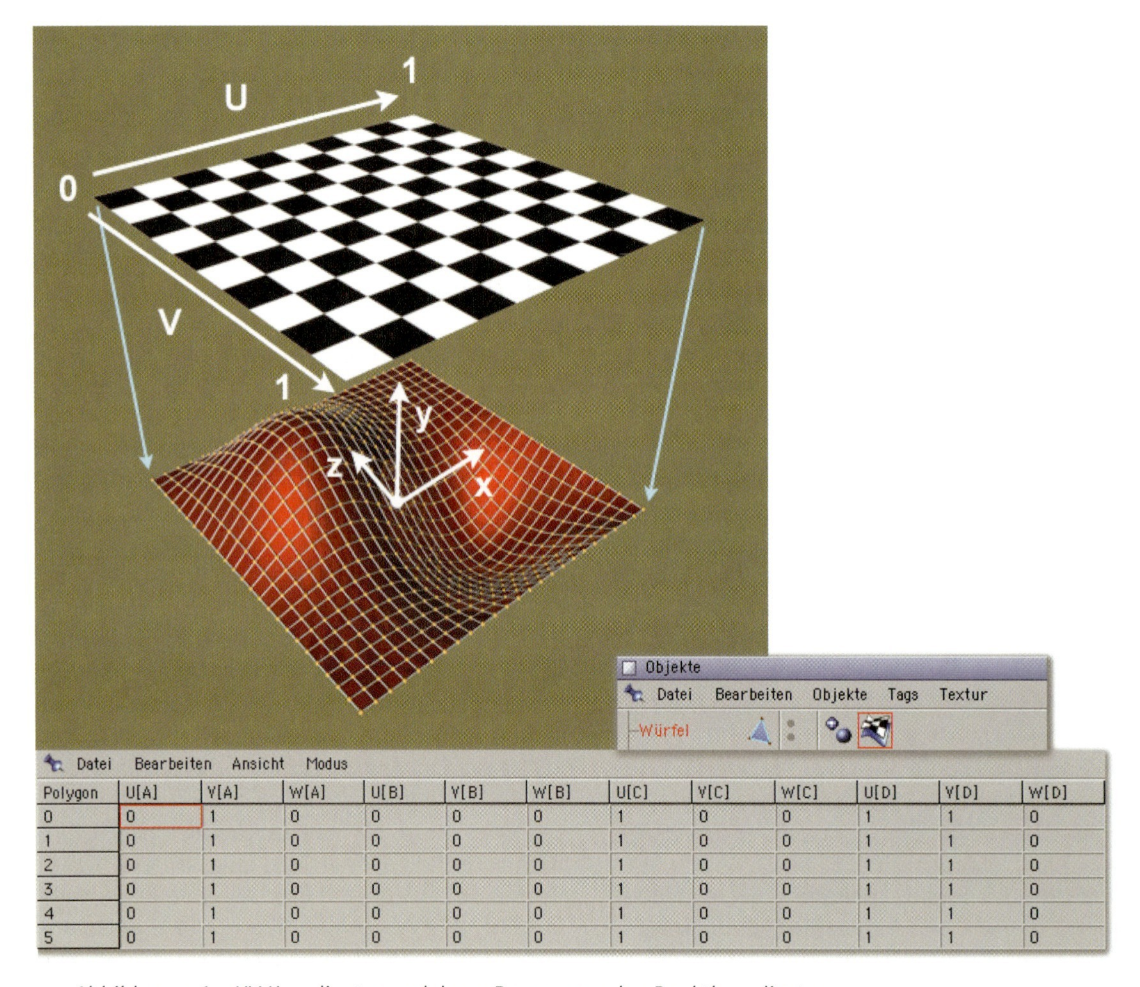

Polygon	U[A]	V[A]	W[A]	U[B]	V[B]	W[B]	U[C]	V[C]	W[C]	U[D]	V[D]	W[D]
0	0	1	0	0	0	0	1	0	0	1	1	0
1	0	1	0	0	0	0	1	0	0	1	1	0
2	0	1	0	0	0	0	1	0	0	1	1	0
3	0	1	0	0	0	0	1	0	0	1	1	0
4	0	1	0	0	0	0	1	0	0	1	1	0
5	0	1	0	0	0	0	1	0	0	1	1	0

Abbildung 1.67: UV-Koordinaten und deren Bezug zu realen Punktkoordinaten

UV-Koordinaten und UVW-Tags

Wie bereits beschrieben, handelt es sich bei den UV-Koordinaten um ein eigenständiges System. Man kann sich dies vielleicht wie das flache Schachbrettmuster aus der obigen Abbildung vorstellen.

Anstatt des räumlich nahezu unbegrenzten X, Y-, Z-Systems eines Objekts, bewegen sich die Werte für die U- und die V-Richtung der UV-Koordinaten nur zwischen den Werten 0 und 1.

Sofern ein Objekt UV-Koordinaten hat, besitzt jeder Punkt des Objekts also nicht nur die dreidimensionalen Positionskoordinaten, sondern auch die zweidimensionalen UV-Koordinaten.

Gespeichert werden diese zusätzlichen Koordinaten in den so genannten UVW-TAGS. Das „W“ steht dabei für eine dritte Koordinate des UV-Systems, die den Abstand von der Oberfläche des Objekts beschreibt. Diese Koordinate kann von uns nicht verändert oder beeinflusst werden und wird automatisch bei volumetrischen Materialien erzeugt. Dies soll uns hier aber noch nicht kümmern. Für uns sind nur die UV-Koordinaten interessant .

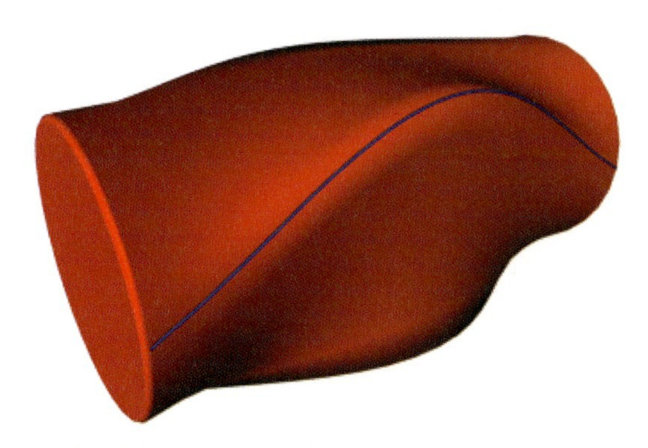

Abbildung 1.68: Verbindungsschema von Loft-NURBS

UVW-Tags sind Ihnen vielleicht unbewusst bereits hinter konvertierten Grundobjekten aufgefallen. Diese Symbole ähneln einem verbogenen Karomuster und befinden sich hinter dem Objekt im Objekt-Manager (siehe Einblendung in Abbildung 1.67). Wir haben sogar die Möglichkeit, einen Blick in diese Sorte Tags zu werfen. Deren Daten werden zwar nicht wie z.B. beim Phong-Tag im Attribute-Manager angezeigt – dafür reicht dort der Platz nicht aus –, aber wir können den Struktur-Manager dafür benutzen.

Klicken Sie dazu zuerst das UVW-Tag im Objekt-Manager an und wählen Sie dann im Modus-Menü des Struktur-Managers den Punkt UVW aus (siehe Abbildung 1.67 unten). Die Liste zeigt Ihnen dann nacheinander alle UVW-Koordinaten an. In jeder Zeile finden Sie nacheinander die U-, V-, und W-Werte für die Eckpunkte des jeweiligen Polygons.

Wie Sie der Abbildung entnehmen können, haben alle W-Koordinaten den Wert 0, da nur Positionen auf der Oberfläche des Objekts gespeichert wurden. Diese UVW-Tags sind bei Grundobjekten und NURBS-Objekten praktisch schon eingebaut, deshalb treten Sie auch erst nach der Konvertierung dieser Objekttypen im Objekt-Manager zutage.

Wir werden in einem späteren Kapitel nochmals kurz auf UV-Koordinaten zurückkommen und dann auch deren manuelle Erstellung kennen lernen.

Loft-NURBS-Objekte optimieren

Wenn Sie Abbildung 1.68 betrachten oder noch einmal zu Abbildung 1.66 zurückblättern, fällt Ihnen vielleicht die unschöne Wölbung an der Seite des Loft-NURBS auf, die sich von der rechten Seite des Kreis-Splines bis zur rechten oberen Ecke des Rechteck-Splines zieht.

In Abbildung 1.68 wurde der Verlauf dieser Wölbung zusätzlich durch eine blaue Linie und durch das erneute Zurückführen der LoftNURBS-Form zu einem Kreis hervorgehoben.

Sicherlich sind bei dem Übergang zwischen runden und eckigen Formen immer irgendwo Übergänge zu beobachten, in unserem Fall würde sich der Effekt jedoch besser verbergen lassen, wenn diese Kante nicht so schräg, sondern eher auf Höhe der Rechteckecke verlaufen würde.

Um derartige Optimierungen an einem Loft-NURBS-Objekt durchführen zu können, müssen Sie zuerst erfahren, wie die Verbindungen zwischen den verwendeten Splines konstruiert werden. Dabei spielt wieder einmal die Richtung eines Splines – also der Gelb/Rot-Verlauf – und die Lage des jeweils ersten Punktes eines Rolle.

Die Splines werden nicht willkürlich untereinander verbunden, sondern immer beginnend am ersten Punkt jeden Splines. So wird in unserem Fall der erste Punkt des Kreis-Splines mit dem ersten Punkt des Rechteck-Splines verbunden. Die übrigen Verbindungen folgen dann dem Verlauf der Splines, bis schließlich das Ende der Splines erreicht ist.

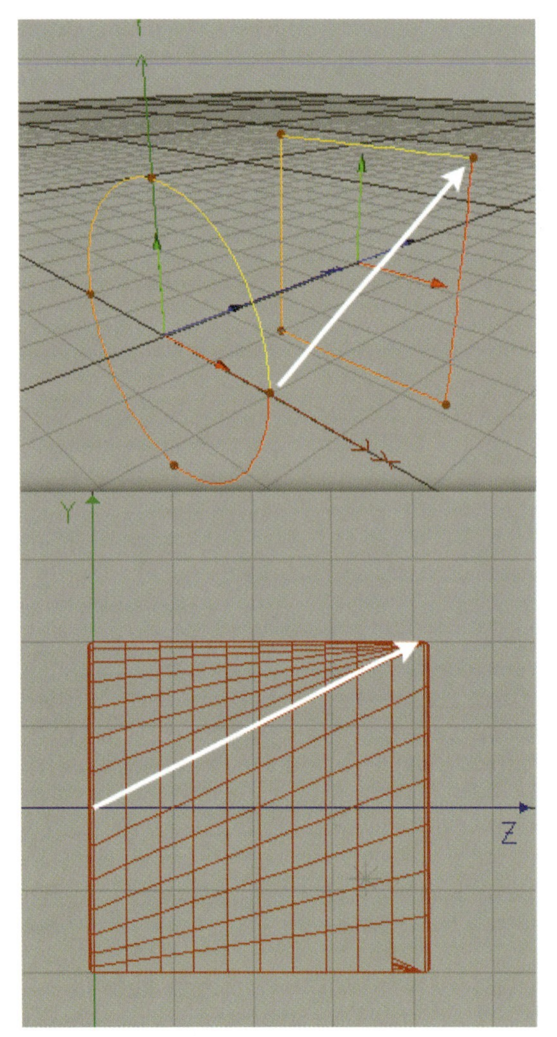

Abbildung 1.69: Prinzip des Aufbaus eines Loft-NURBS-Objekts

Es gilt also bei der Benutzung von Splines mit einem Loft-NURBS zwei Dinge zu beachten: Die Laufrichtung der Splines muss identisch sein und die Anfangspunkte aller Splines sollten in einer leicht zu verbindenden Linie liegen.

Da wir in diesem Fall Spline-Grundobjekte benutzt haben, können wir nicht unmittelbar beurteilen, wo deren Anfangspunkte liegen. Konvertieren Sie daher beide Splines und wechseln Sie ggf. in den Punkte-bearbeiten-Modus. Die Splines sollten sich jetzt wie in Abbildung 1.69 darstellen.

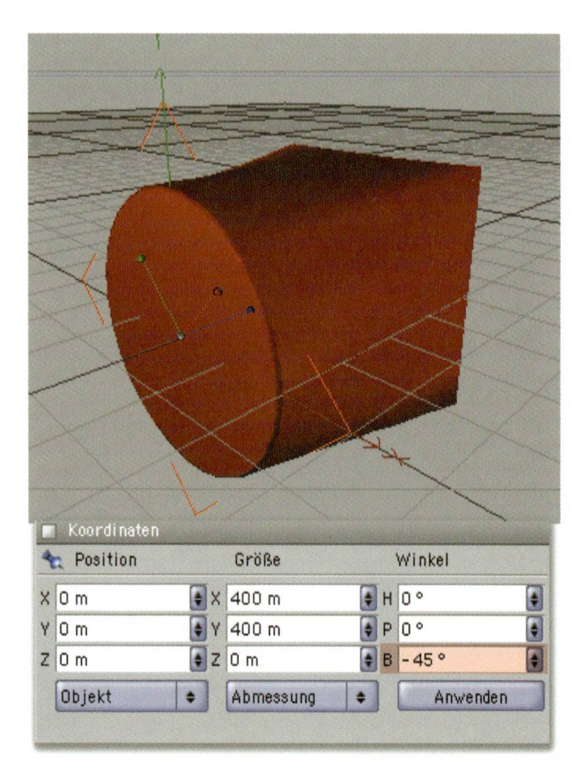

Abbildung 1.70: Korrektur der Verbindungen im Loft-NURBS durch Drehung des Kreis-Splines

Dort wurden die beiden Splines mit ihren Farbverläufen dargestellt. Sie werden bei sich immer nur den selektierten Spline in dieser Darstellung sehen können.

Sie können dort leicht erkennen, dass zwar die Spline-Richtungen übereinstimmen, die jeweils ersten Punkte aber leicht gegeneinander verdreht zu liegen kommen. Dies führt zu der schrägen Verbindung der Splines, wie im unteren Teil der Abbildung gut an der Drahtgitter-Darstellung der seitlichen Editor-Ansicht zu erkennen ist.

In unserem Fall lässt sich dies einfach durch eine Rotation des Kreis-Splines um dessen Z-Achse beheben (siehe Abbildung 1.70). Nach einer Drehung um 45° sieht die Verbindung zwischen den Splines schon sehr viel natürlicher aus.

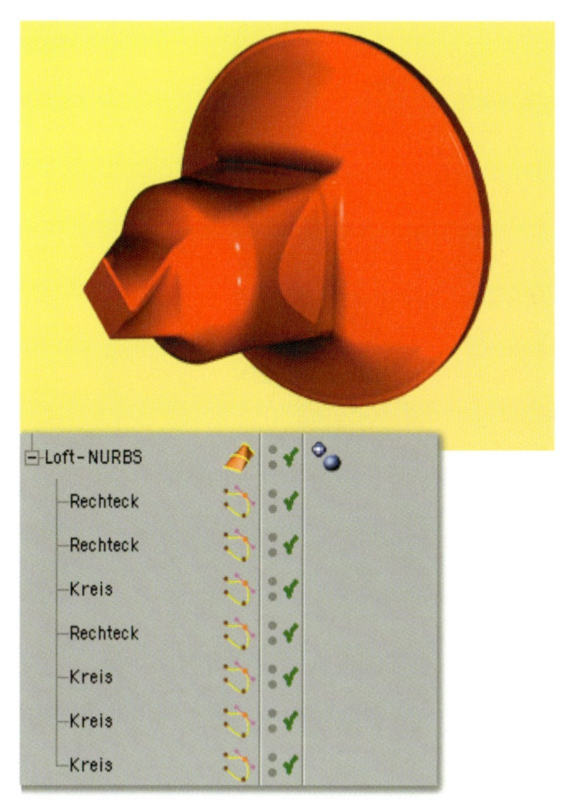

Abbildung 1.71: Ein Loft-NURBS-Objekt kann beliebig viele Splines miteinander verbinden.

In Fällen, bei denen die Lage der Startpunkte zueinander nicht so einfach durch Spline-Rotation zu korrigieren ist, könnten die Befehle Reihenfolge vorwärts und Reihenfolge rückwärts aus dem Menü Struktur › Spline bearbeiten weiterhelfen. Damit kann der Startpunkt eines Splines um eine Punktposition in Richtung des vorherigen oder des folgenden Punktes verschoben werden. Dabei bleibt die Form des Splines erhalten.

Liegt die gewünschte Startposition sehr weit von der augenblicklichen Position des ersten Spline-Punktes entfernt, können Sie den gewünschten Spline-Punkt auch selektieren und dann den Befehl Struktur › Spline bearbeiten › Anfangspunkt neu setzen benutzen.

Falls der Farbverlauf eines Splines umgekehrt werden muss, selektieren Sie den Spline im Objekt-Manager und wählen dann Struktur › Spline bearbeiten › Reihenfolge umkehren.

Da die Anzahl der Unterteilungen von Anfang bis Ende des Loft-NURBS-Objekts konstant bleiben muss, sollten Sie besonderes Augenmerk auf die Unterteilungen in U-Richtung legen. Diese sollte immer so eingestellt werden, dass auch das komplexeste Spline-Objekt unter dem Loft-NURBS noch exakt abgebildet werden kann.

Wie Sie in Abbildung 1.71 erkennen, können schon mit einfachen Profilen – hier wurden nur unterschiedlich skalierte Vierecke und Kreise verwendet – sehr komplexe Objekte erzeugt werden. Der einzige Nachteil eines Loft-NURBS-Objekts ist der, dass keine Verzweigungen möglich sind.

Wir können also nur durchgehende Strukturen erzeugen und keine Aufspaltungen integrieren, wie sie z.B. für das Modellieren einer menschlichen Hand notwendig sind. Dafür können jedoch offene und geschlossene Splines beliebig gemischt werden. Bei den offenen Splines entstehen dann Öffnungen im Loft-NURBS, die sich bei einem darauf folgenden geschlossenen Spline wieder verschließen.

Die Optionen für die Deckflächen und die Rundungen eines Loft-NURBS sind mit denen der übrigen NURBS-Objekte identisch und werden daher nicht erneut besprochen. Wie dort so gilt auch hier, dass nur geschlossene Splines mit Deckflächen verschlossen werden können.

Abschließend zu diesem Thema finden Sie in Abbildung 1.72 noch einmal einige markante Loft-NURBS-Strukturen wieder, die Ihnen das Verständnis der Arbeitsweise des Loft-NURBS erleichtern sollen.

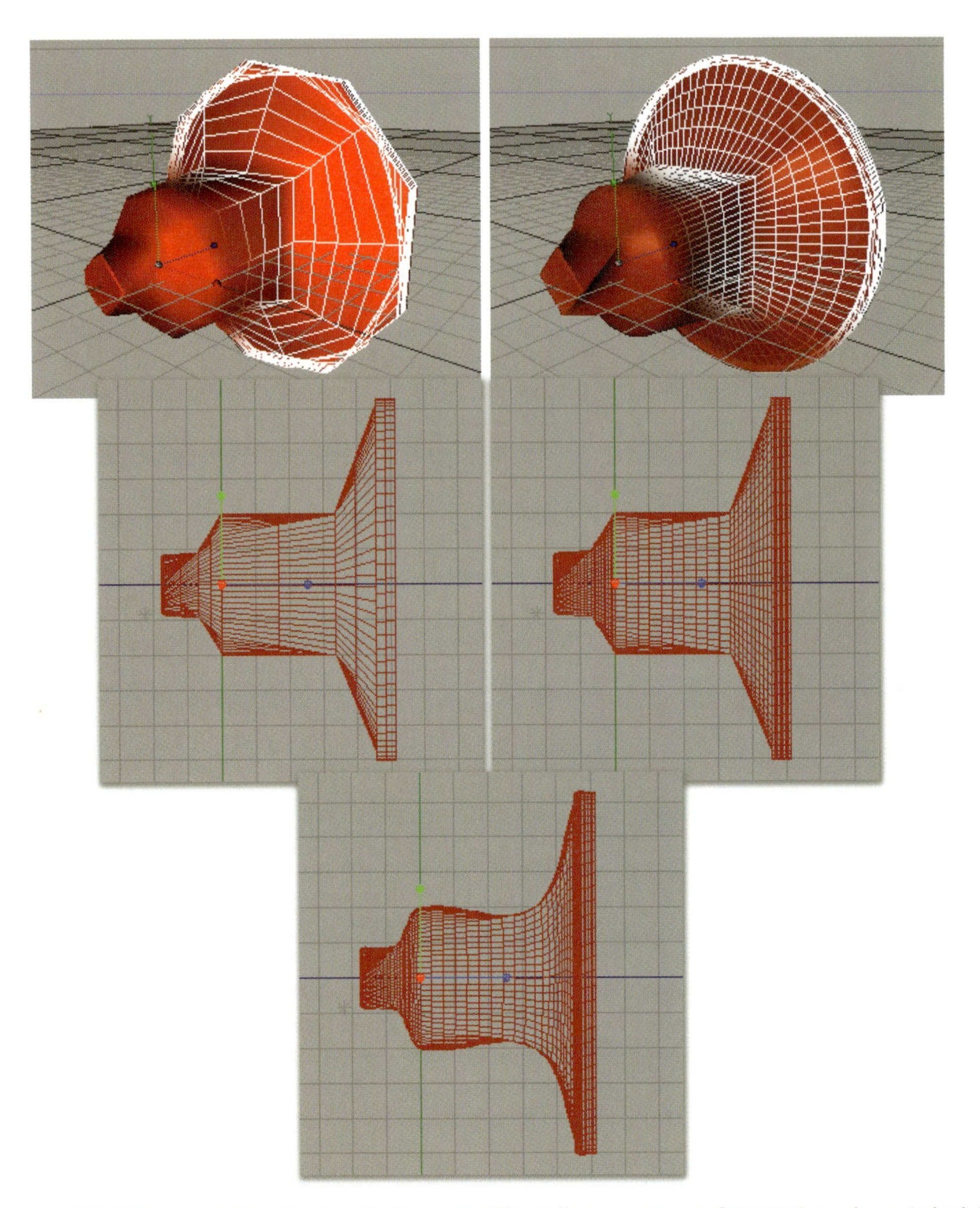

Abbildung 1.72: Verschiedene Optionen und Einstellungen eines Loft-NURBS an einem Beispiel dargestellt

Die oberste Reihe der Abbildung 1.72 zeigt links einen zu kleinen Wert für die U-Unterteilung – besonders an den sichtbaren Kanten am hinteren Ende zu erkennen – und daneben einen angepassten Wert.

In der Zeile darunter ist ein kleiner Wert für die V-Unterteilung (links) einem großen Wert gegenübergestellt. Die Option Lineare Interpolation ist aktiv, wie man an den geraden Verbindungen zwischen den Splines erkennen kann. Ganz unten ist diese Option deaktiviert. Die Loft-Oberfläche verhält sich nun sehr viel organischer und liefert weiche Übergänge.

1.26 Polygon-Werkzeuge

Wie Sie an den Beschreibungen der Spline-NURBS-Objekte erkennen konnten, lassen sich damit schon beachtlich komplexe Objekte erzeugen. In der Praxis werden Sie jedoch häufiger mit Polygon-Objekten zu tun haben. Diese sind zwar in ihrer Struktur sehr viel simpler, aber gerade dadurch auch leichter zu modifizieren.

Wir werden daher in diesem Abschnitt einige der Basis-Werkzeuge für Polygon-Objekte vorstellen. Alle diese Werkzeuge finden Sie in Cinema 4Ds STRUKTUR- oder FUNKTIONEN-Menü. Wir beginnen mit der BEVEL-Funktion im STRUKTUR-Menü.

Um deren Funktionsweise zu demonstrieren, starten wir mit einer leeren Szene – löschen Sie also alle eventuell vorhandenen Objekte oder benutzen Sie den NEU-Befehl aus dem DATEI-Menü, um eine neue Szene zu erzeugen.

Rufen Sie ein WÜRFEL-Grundobjekt ab und KONVERTIEREN Sie dieses zu einem Polygon-Objekt. Um nun ein Werkzeug verwenden zu können, sind in der Regel zwei vorbereitende Arbeitsschritte nötig. Zuerst muss der Betriebsmodus gewählt werden, in dem das gewünschte Werkzeug arbeiten soll. Dies ist entweder der PUNKTE BEARBEITEN-, der KANTEN BEARBEITEN- oder der POLYGONE BEARBEITEN-MODUS. Danach müssen die Elemente selektiert werden, die mit einem Werkzeug bearbeitet werden sollen. Alternativ hierzu kann aber auch der AUTO-SELEKTIERUNGS-MODUS verwendet werden.

Man kann hierbei eigentlich nicht von einem eigenen Modus sondern mehr von einem Umschalter sprechen. Da es z.B. zur Verschiebung von Elementen oder Benutzung von Werkzeugen nötig ist, unterschiedliche Elemente an einem Objekt auszuwählen, muss oft zwischen den unterschiedlichen Betriebsmodi gewechselt werden.

Der AUTO-SELEKTIERUNGS-MODUS (siehe Abbildung 1.73) kann uns dabei viele Mausklicks abnehmen.

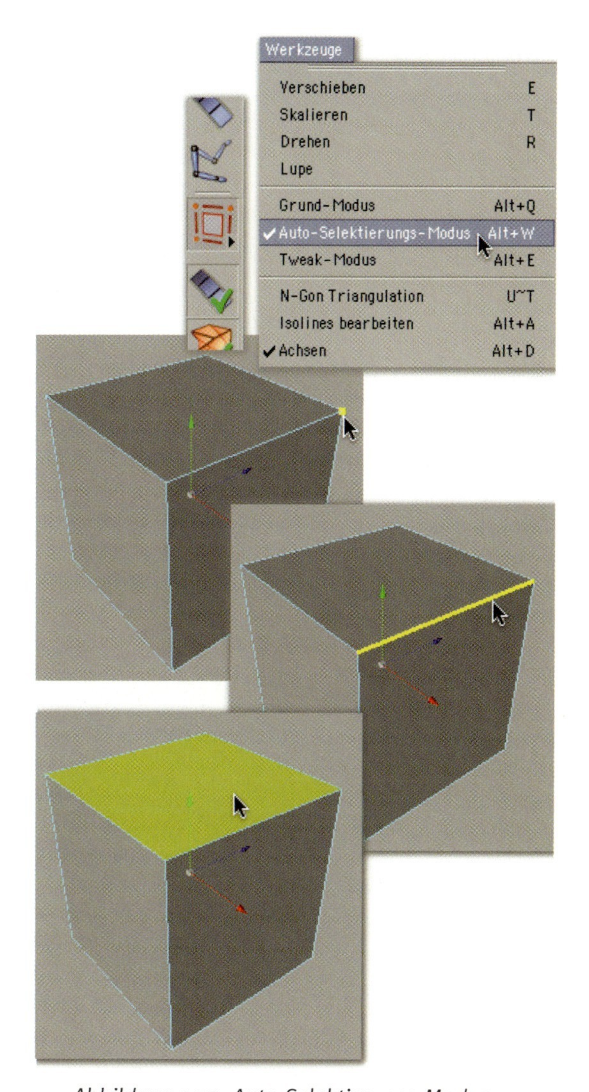

Abbildung 1.73: Auto-Selektierungs-Modus

Ist dieser Modus über das WERKZEUGE-Menü oder über das Icon in der linken Icon-Leiste aktiviert worden, werden Punkte, Kanten und Polygone allein durch das Überstreichen mit dem Mauszeiger gelb hervorgehoben.

Ein Mausklick auf ein derart markiertes Element schaltet automatisch in den entsprechenden Betriebsmodus um.

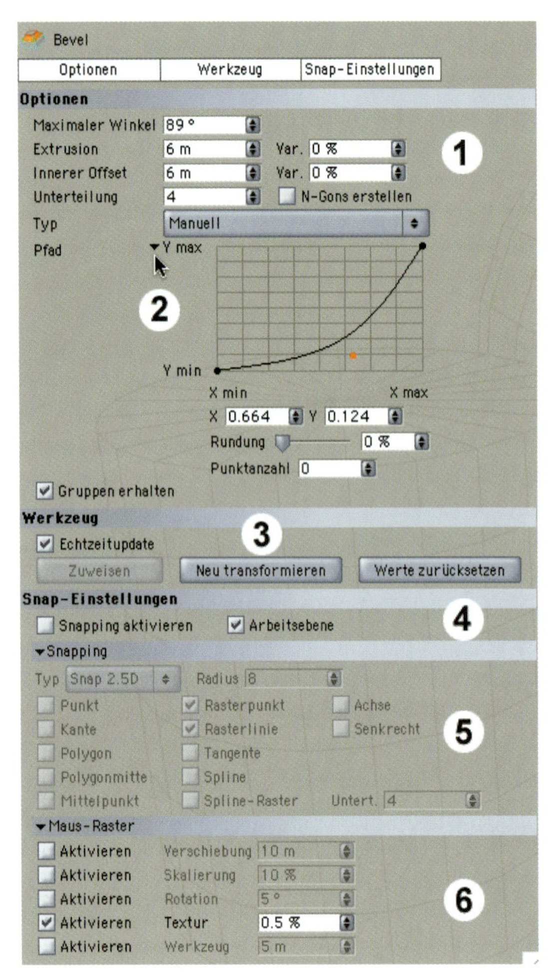

Abbildung 1.74: Die Bevel-Einstellungen samt globalen Werkzeug- und Snap-Einstellungen

Das Bevel-Werkzeug

Selektieren Sie also im Auto-Selektierungs-Modus die obere Deckfläche des Würfels oder beschreiten Sie den herkömmlichen Weg, indem Sie zuerst in den Polygone-bearbeiten-Modus schalten und dann, z.B. mit der Live-Selektion, die entsprechende Fläche am Würfel selektieren.

Wählen Sie dann den Bevel-Befehl aus dem Struktur-Menü. Klicken Sie an eine beliebige Stelle, z.B. der Kamera-Editor-Ansicht, halten Sie die Maustaste gedrückt und bewegen Sie den Mauszeiger dabei langsam nach rechts oder links. Sie können hierbei beobachten, wie sich die selektierte Fläche von dem Objekt entfernt und dabei kleiner wird.

Gesteuert wird dieser Effekt durch Bevel-Einstellungen im Attribute-Manager (siehe Abbildung 1.74). Da dort viele Einstellungen auftauchen, die auch bei anderen Werkzeugen zum Zuge kommen, gehen wir an dieser Stelle etwas detaillierter auf alle Parameter ein.

Die eigentlichen Einstellungen, die z.B. die Unterteilung, die Form oder die Entfernung der Abfasung kontrollieren, finden Sie in der Optionen-Gruppe im Attribute-Manager. Wir benutzen die eingeblendeten Zahlenwerte in Abbildung 1.74, um einfacher auf die Parameter Bezug nehmen zu können.

Bei der Ziffer ❶ finden Sie den Wert für die Extrusion, die den senkrechten Abstand der neuen von der ursprünglich selektierten Fläche steuert. Der Innere Offset ist für die Verkleinerung der verschobenen Fläche zuständig. Der Zahlenwert gibt dabei den seitlichen Abstand von den Kanten der ursprünglich selektierten Fläche an.

Wurden mehrere Flächen selektiert, kann über die Var.-Werte eine Variation erzeugt werden.

Die Unterteilung steuert die Anzahl neu generierter Flächen an der Abfasung und somit die Genauigkeit und Rundung dort.

Der mit der Ziffer ❷ markierte Bereich wird aktiv, wenn das Typ-Menü auf Manuell geschaltet wird. Es kann dann mit dem Spline eine beliebige Rundung an den Seiten der Abfasung erzeugt werden. Die Bedienung dieses Splines ist denkbar einfach.

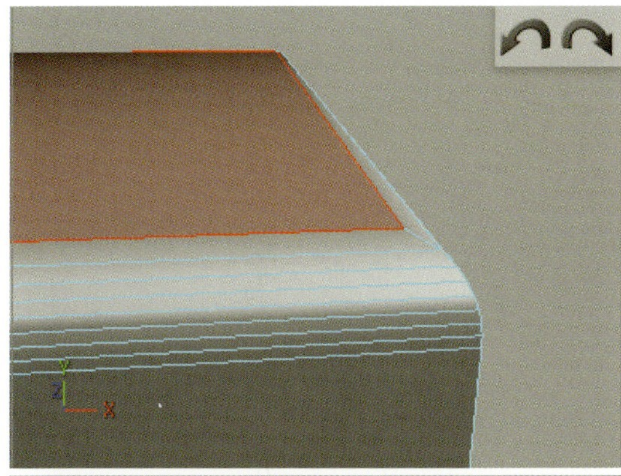

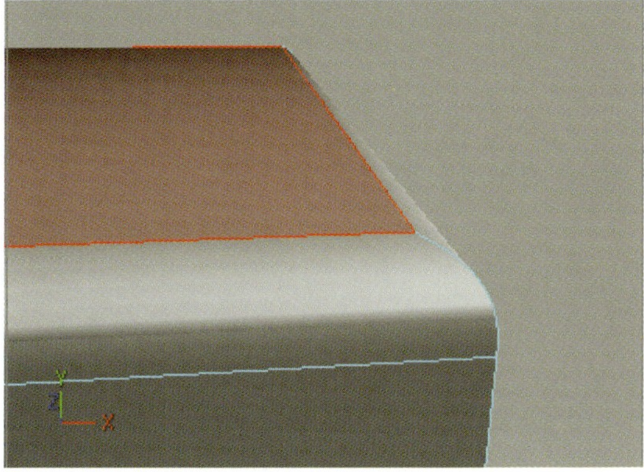

Abbildung 1.75: Oben ohne, unten mit aktiver N-Gons erstellen-Option

Ein Mausklick auf den Spline erzeugt einen neuen Punkt, das Ziehen eines Punktes nach oben oder unten aus dem Spline-Feld heraus entfernt den Punkt.

Es lassen sich auch bereits fertige Formen durch einen Rechtsklick auf das Spline-Feld auswählen. Soll dabei eine bestimmte Anzahl an Punkten verwendet werden, tragen Sie diese zuerst in das Punktanzahl-Feld unter dem Spline-Feld ein. Ist dieses bei Ihnen nicht zu sehen, klicken Sie auf den kleinen schwarzen Pfeil links neben dem Spline-Feld, um diese zusätzlichen Werte anzeigen zu lassen.

Danach führen Sie einen Rechtsklick auf den Spline aus und wählen in dem Kontextmenü den Punkt Zurücksetzen aus.

Über den Regler Rundung unter dem Spline können Sie die Interpolation des Splines beeinflussen. Bei 0% entspricht diese der eines B-Splines. Höhere Werte lassen den Spline exakter durch die gesetzten Punkte verlaufen.

Vermutlich werden Sie dies nicht benötigen, aber Sie können über die X- und Y-Felder unter dem Spline auch numerische Positionsangaben für den selektierten Spline-Punkt machen und diesen damit exakt setzen.

Wurde die gewünschte Form für die Abrundung gefunden, können Sie über die N-Gons erstellen-Option festlegen, ob viereckige Flächen an den gekrümmten Seiten erzeugt werden sollen oder Flächen, die mehr als vier Eckpunkte besitzen. Der Unterschied ist deutlich in Abbildung 1.75 zu erkennen. Dort sehen Sie oben eine Abfasung, die aus viereckigen Flächen zusammengesetzt wurde und darunter die gleiche Abfasung mit N-Gon-Flächen.

Nahezu alle Werkzeuge sind in der Lage, Veränderungen an den Werten sofort anzuzeigen. Sie können also nach dem Beveln einer Fläche, das Sie interaktiv mit der Maus in einer Editor-Ansicht vorgenommen haben, jederzeit in den Einstellungen des Werkzeugs Veränderungen vornehmen. Diese werden sofort am Objekt sichtbar. Dies funktioniert solange Sie kein anderes Werkzeug auswählen.

Wir verdanken diese Flexibilität der standardmäßig aktiven Echtzeitupdate-Option, die Sie bei aktiviertem Werkzeug in dessen Werkzeug-Gruppe im Attribute-Manager finden (siehe Abbildung 1.74, Ziffer ❸).

Wollen Sie von vornherein mit exakten Zahlenwerten arbeiten, rufen Sie ein Werkzeug auf, nehmen dort die gewünschten Einstellungen vor und klicken dann auf die Schaltfläche Zuweisen, die gleich unter der Echtzeitupdate-Option zu finden ist.

Erst dann wird das Werkzeug ausgeführt. Sofern die Echtzeitupdate-Option aktiv ist, können Sie nun wie im Fall zuvor weiter Veränderungen an den Werten vornehmen und deren Einfluss direkt am Objekt beobachten.

Leider ist diese Freiheit beim Ausprobieren von Werten und Einstellungen nicht überall gegeben. Denken Sie z.B. an das Verschieben von Punkten. Im Falle eines Fehlers bleibt Ihnen dort nur das Zurücknehmen der Aktion mit den beiden Pfeil-Symbolen in der oberen Icon-Palette (siehe auch Einblendung in Abbildung 1.75).

Der nach links gekrümmte Pfeil nimmt die letzte Aktion zurück. Der rechte Pfeil wiederholt zurückgenommene Aktionen. Die Funktionen dieser Icons sind also mit den aus anderen Programmen bekannten „Undo"- und „Redo"-Funktionen identisch. Durch mehrmalige Benutzung hintereinander lassen sich auch mehrere Arbeitsschritte zurücknehmen oder wiederherstellen.

Die maximale Anzahl der gespeicherten Arbeitsschritte kann in den Programm-Voreinstellungen verändert werden. Sie finden diese im Bearbeiten-Menü von Cinema 4D. Der entsprechende Wert für die Anzahl der Undo-Schritte ist in den Programmvoreinstellungen auf der Dokument-Seite zu finden.

Um mehrere Arbeitsschritte mit dem selektierten Werkzeug ausführen zu können, betätigen Sie die Neu transformieren-Schaltfläche (siehe Abbildung 1.74, Ziffer 3). Ein Werkzeug kann auf diese Weise mehrfach hintereinander ausgeführt werden. Dadurch verlieren Sie jedoch auch den Einfluss auf die jeweils letzte Werkzeugausführung. Alle Wertveränderungen im Werkzeug beziehen sich immer nur auf die zuletzt ausgeführte Aktion.

Die Werte zurücksetzen-Schaltfläche setzt alle Wertfelder und Optionen auf die Standardwerte zurück und führt danach das Werkzeug aus.

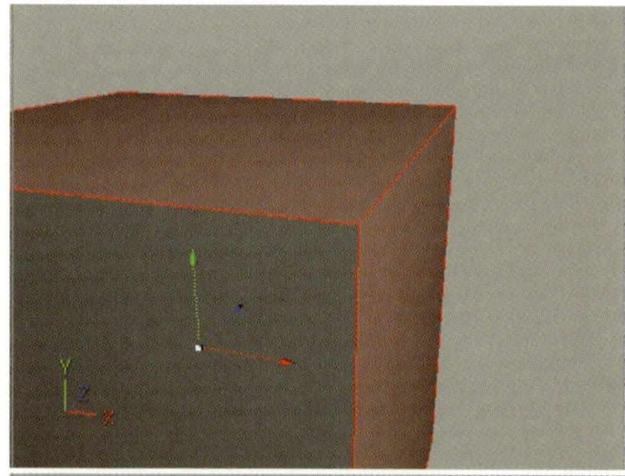

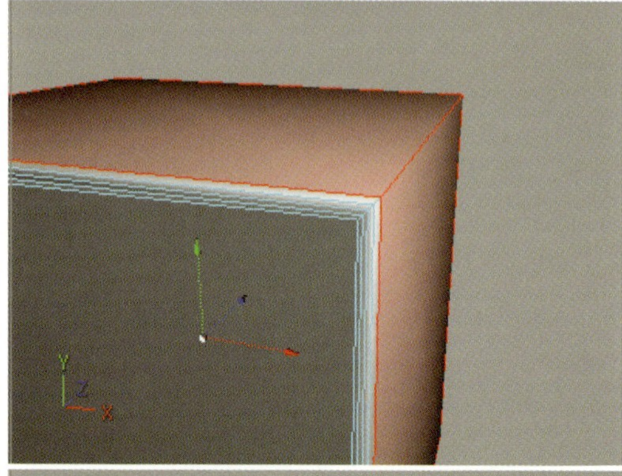

Abbildung 1.76: Mit und ohne Gruppen erhalten-Option

▸ Gruppen erhalten

Oft wird ein Werkzeug mit mehreren selektierten Elementen gleichzeitig ausgeführt. Der Zustand der Option Gruppen erhalten bestimmt in Zusammenarbeit mit dem Maximaler Winkel-Wert, wie dabei verfahren wird (siehe Abbildung 1.76).

Ist die Gruppen erhalten-Option aktiv, wird Maximaler Winkel relevant. Dieser bezieht sich auf den Winkel zwischen benachbarten und selektierten Flächen. Stehen die Flächen in einem Winkel kleiner oder gleich dem maximalen Winkel zueinander, werden Sie zusammen beeinflusst. In einem größeren Winkel zueinander stehende Flächen werden getrennt abgearbeitet.

Wie Sie in Abbildung 1.76 erkennen können, wurden dort zwei benachbarte Flächen selektiert und der Wert für Maximaler Winkel so weit erhöht, dass beide Flächen zusammen behandelt werden. Im Fall des Würfels ist eine Erhöhung über 90° nötig. Wie Sie sehen können, bleibt dadurch die gemeinsame Kante zwischen den Flächen erhalten.

Wird die Option Gruppen erhalten ausgeschaltet, wird jede selektierte Fläche für sich behandelt.

▶ **Snap-Einstellungen**

Viele Werkzeuge zeigen zusätzlich zu den Werkzeug-Einstellungen und Optionen auch Snap-Einstellungen im Attribute-Manager an (siehe Abbildung 1.74, Ziffer ④). Nicht immer sind diese sinnvoll mit dem jeweiligen Werkzeug zu gebrauchen, aber sie können z.B. auch bei aktivem Verschieben-Werkzeug ausgewählt werden.

Um diese Funktionalität zu aktivieren, muss zuerst die Snapping aktivieren-Option angeschaltet werden.

Generell versteht man unter „Snapping" das automatische Einrasten von Objekten oder auch Teilen eines Objekts, wie z.B. Punkten an anderen Elementen. Dies vereinfacht das exakte Zusammenfügen von Baugruppen.

In dem in Abbildung 1.74 mit der Ziffer ⑤ markierten Bereich legen Sie dann fest auf welche Elemente eingerastet werden soll.

Die Snapping aktivieren-Option sollte jedoch nur bei Bedarf hinzugeschaltet und nach der Benutzung auch gleich wieder ausgeschaltet werden, da ansonsten keine freie Bewegung der Objekte mehr möglich ist.

In der Snapping-Gruppe können Sie die Elemente auswählen, an denen eingerastet werden soll. Ebenso kann ein Radius vorgegeben werden innerhalb dessen nach dem nächsten passenden Einrastpunkt gesucht wird. Das Typ-Menü gibt an, ob ein echtes 3D-Snapping oder nur ein auf die Sichtebene beschränktes Snapping erfolgen soll.

Sie haben dort die Wahl zwischen 2D, 2.5D und 3D-Snapping.

Beim 2D-Snapping wird nur dann eingerastet, wenn das bewegte Element und die in den Snapping-Optionen ausgewählten Elemente auf exakt einer Ebene liegen.

Beim Typ Snap 2.5D wird die aktuelle Editor-Ansicht als Bezugsebene verwendet. Es wird also nur auf die Projektion auf die Ansicht eingerastet und nicht im dreidimensionalen Raum.

Dies ist nur mit dem 3D-Snapping möglich, bei dem z.B. ein bewegter Punkt tatsächlich auf allen drei Achsen verschoben wird, um an einem Element einzurasten.

In jedem Fall können Sie mehrere Snapping-Optionen auswählen, so dass z.B. gleichzeitig sowohl auf Punkte als auch auf Kanten und Splines eingerastet wird.

Ebenfalls in den Snap-Einstellungen untergebracht sind die Einstellungen für das Maus-Raster (siehe Abbildung 1.74, Ziffer ⑥). Dort kann z.B. die Schrittgröße von Verschiebungen oder Rotationen eingestellt werden, wenn z.B. bei Rotationen nur glatte Winkel ohne Nachkomma-Anteil gewünscht werden.

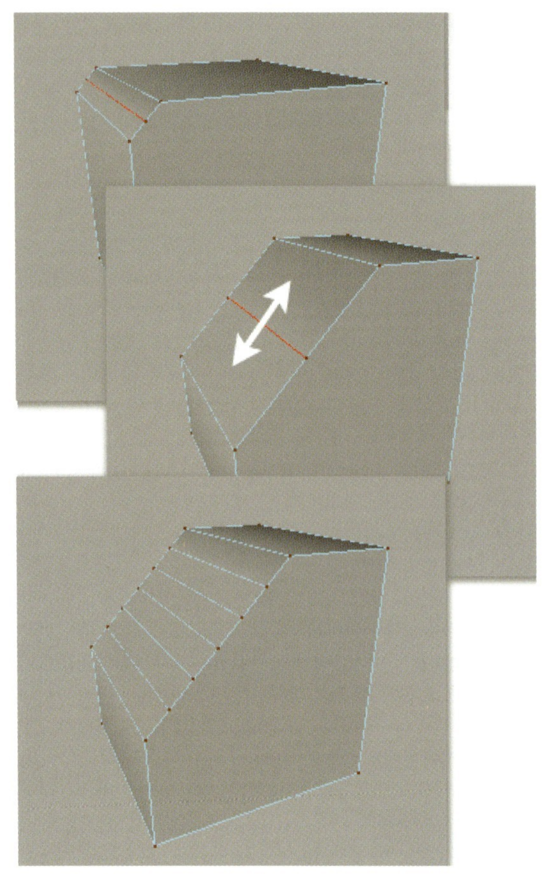

Abbildung 1.77: Selektierte Kanten beveln

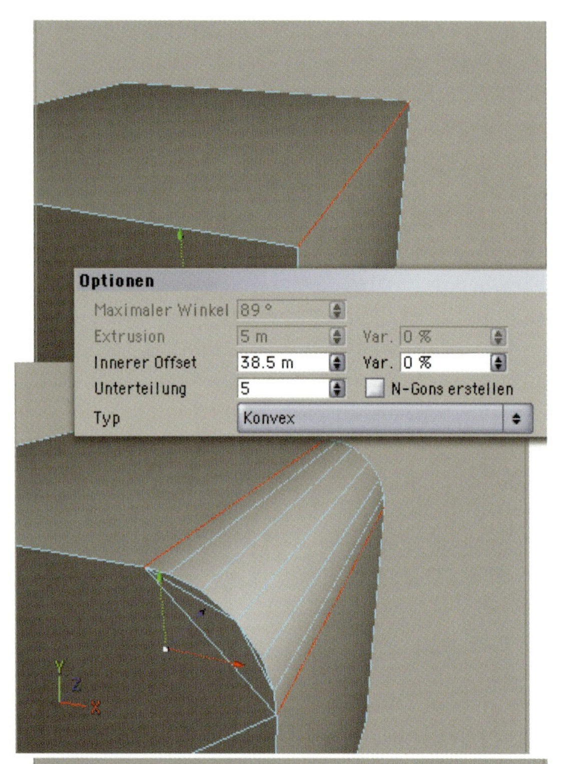

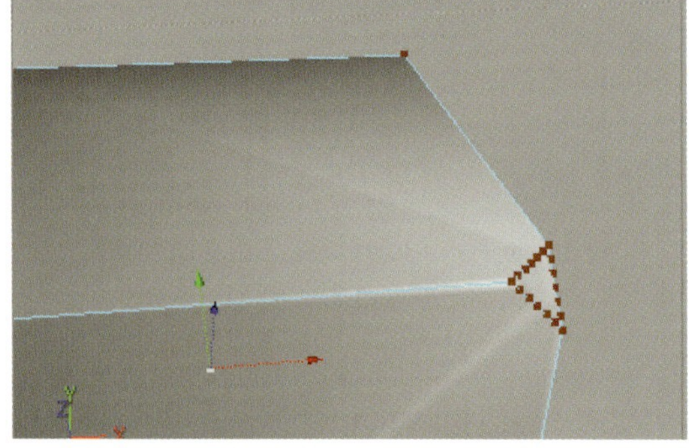

Abbildung 1.78: Eine Kante und einen Punkt runden

▶ Kanten und Punkte beveln

Neben der zuvor beschriebenen Arbeitsweise wird der BEVEL-Befehl auch häufig im KANTEN BEARBEITEN-Modus eingesetzt. Der große Nachteil beim Beveln von Polygonen ist die Vergrößerung der bestehenden Objektstruktur. Das Beveln von Kanten ist daher für uns oftmals günstiger.

Sie gehen dort nach dem gleichen Muster vor, selektieren jedoch nun eine oder mehrere Kanten am Objekt, die mit dem BEVEL-Befehl bearbeitet werden sollen (siehe Abbildung 1.77).

Der Wert INNERER OFFSET definiert den seitlichen Abstand paralleler, neuer Kanten und der Wert UNTERTEILUNG stellt die Anzahl der zu erstellenden Kanten im Bereich des INNEREN OFFSETS ein.

Auf diese Weise lassen sich sehr präzise Kanten an Objekten abfasen oder neue, parallele Kanten erstellen. Abbildung 1.77 gibt Ihnen einen Überblick über mögliche Ergebnisse bei unterschiedlichen INNERER OFFSET- und UNTERTEILUNG-Werten.

Interessant wird es aber auch hier erst, wenn über das TYP-Menü eine der Rundungsformen abgerufen wird. Abbildung 1.78 demonstriert dies mit einer Konvexen-Rundung.

Alternativ hierzu können Sie auch wieder einen manuellen Spline angeben und über diesen die Rundung selbst definieren.

Die Anzahl zusätzlicher Flächen kann auch beim Beveln von Kanten mit der N-GONS ERSTELLEN-Option auf ein Minimum reduziert werden. Sofern Sie nicht für weitere Modellierungsschritte auf einzelne Flächen an den Rundungen zurückgreifen müssen, sollte diese Option aktiviert werden, um das Objekt übersichtlicher zu halten.

Wie an der untersten Einblendung der Abbildung 1.78 zu sehen, macht das BEVEL-Werkzeug selbst vor einem einzelnen Punkt nicht Halt. Sie können daher auch im PUNKTE BEARBEITEN-Modus mit Punktselektionen arbeiten.

Einzig auf eine Rundung an dem abgeflachten Punkt muss verzichtet werden. Um Eckpunkte abzurunden, müssen daher immer alle Kanten gebevelt werden, die sich in dem Punkt treffen.

Das Brücke-Werkzeug

Das nächste Werkzeug ist in der Lage, Flächen, Kanten oder Punkte miteinander zu verbinden. Um dies zu testen und am Beispiel einer Polygon-Brücke zu demonstrieren, benutzen wir zwei konvertierte Würfel-Objekte.

Wenn Sie den vorherigen Ausführungen gefolgt sind und bereits ein Würfel-Objekt in der Szene haben, genügt es natürlich, nur ein weiteres WÜRFEL-Grundobjekt zu erzeugen.

Um zwei separate Objekte miteinander zu verbinden, bietet das BRÜCKE-Werkzeug zwei gangbare Wege an. Sie können die beiden beteiligten Objekte zuerst – z.B. mit ⇧-Klicks – im OBJEKT-MANAGER selektieren und dann im FUNKTIONEN-Menü den VERBINDEN-Befehl aufrufen. Es entsteht ein neues Objekt, das die Punkte und Flächen aller zuvor selektierten Objekte enthält.

Die alten Würfel-Objekte können Sie nun löschen.

Zum VERBINDEN mehrerer Objekte ist es günstiger, mit der Maus einen Rahmen im OBJEKT-MANAGER über die zu selektierenden Objekte aufzuziehen. Halten Sie dazu einfach die Maustaste gedrückt und überstreichen Sie im OBJEKT-MANAGER die Objekte, die Sie selektieren möchten.

An dem verbundenen Objekt selektieren Sie die beiden Flächen, die miteinander über eine BRÜCKE verbunden werden sollen. Diese Flächen sollten möglichst in einem günstigen Winkel zueinander stehen, so dass die BRÜCKE-Verbindung nicht durch vorhandene Flächen gelegt werden muss (siehe Abbildung 1.79).

Wählen Sie jetzt das BRÜCKE-Werkzeug aus dem STRUKTUR-Menü aus und klicken Sie mit der Maus den Eckpunkt einer der selektierten Flächen an.

Halten Sie die Maustaste gedrückt und bewegen Sie den Mauszeiger dabei zu einem Eckpunkt der anderen selektierten Fläche. Sie können dabei beobachten, wie die Mausbewegung eine dünne Linie in der Editor-Ansicht erzeugt. Wählen Sie den zweiten Eckpunkt so aus, dass dieser möglichst geradlinig und direkt mit dem zuerst angeklickten Eckpunkt verbunden werden kann. Lösen Sie dann die Maustaste. Die BRÜCKE-Verbindung wird automatisch zwischen den Flächen erzeugt (siehe Abbildung 1.79).

Die bereits erwähnte zweite Möglichkeit der BRÜCKE-Benutzung benötigt keine verbundenen Objekte. Sie selektieren also nur die beiden Würfel mit ⇧-Klicks und schalten dann direkt in den POLYGONE-BEARBEITEN-Modus um. Dort können nun an beiden Objekten gleichzeitig Flächen selektiert werden.

Verfahren Sie jetzt so, wie in der Beschreibung zuvor. Selektieren Sie also zwei passende Flächen und rufen Sie das BRÜCKE-Werkzeug auf.

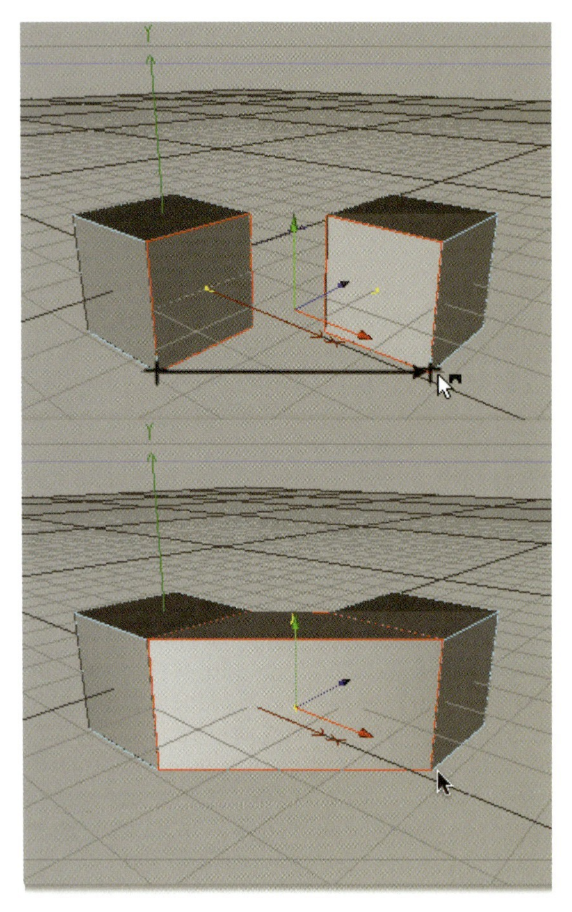

Abbildung 1.79: Interaktive Erstellung einer Brücke-Verbindung

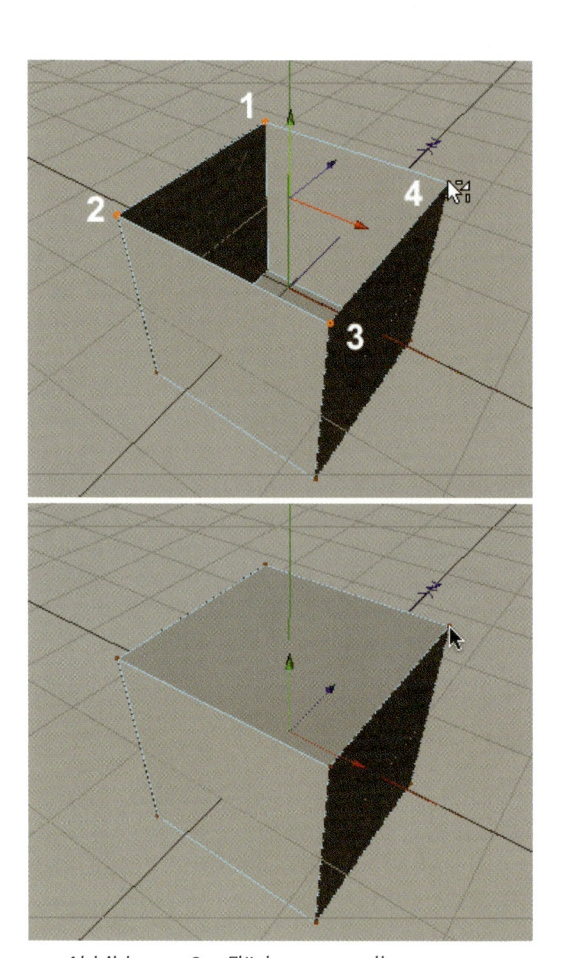

Abbildung 1.80: Flächen manuell erzeugen

Was nach der Erzeugung der Polygon-Brücke mit den ursprünglich selektierten Flächen geschehen soll, steuern Sie über die Option ORIGINALPOLYGONE LÖSCHEN im ATTRIBUTE-MANAGER. Ist diese aktiv, werden die selektierten Flächen gelöscht.

Dies ist der normale Modus, da nur so die spätere Glättung mit einem HyperNURBS-Objekt zu dem gewünschten Ergebnis führt.

Mit dem BRÜCKE-Werkzeug können aber Einzelflächen erzeugt werden. Dazu werden zwei Kanten definiert, die dann mit einem Polygon verschlossen werden. Um den offenen Würfel aus Abbildung 1.80 aufzugreifen, aktivieren Sie das BRÜCKE-Werkzeug, klicken auf Punkt 1 und ziehen den Mauszeiger bis zu Punkt 2.

Nach dem Lösen der Maustaste klicken Sie auf Punkt 4 und ziehen die zweite BRÜCKE-Linie bis zu Punkt 3. Danach wird zwischen diesen Kanten eine neue Fläche erzeugt (siehe Abbildung 1.80 unten).

Polygone erzeugen

Ähnlich funktioniert das POLYGON ERZEUGEN-Werkzeug. Zur Demonstration benutzen wir wieder einen konvertierten Würfel, bei dem im POLYGONE-BEARBEITEN-Modus die obere Deckfläche zuerst selektiert und dann mit der [Entf]- bzw. [←]-Taste gelöscht wurde. Der Würfel ist dadurch oben offen (siehe Abbildung 1.80).

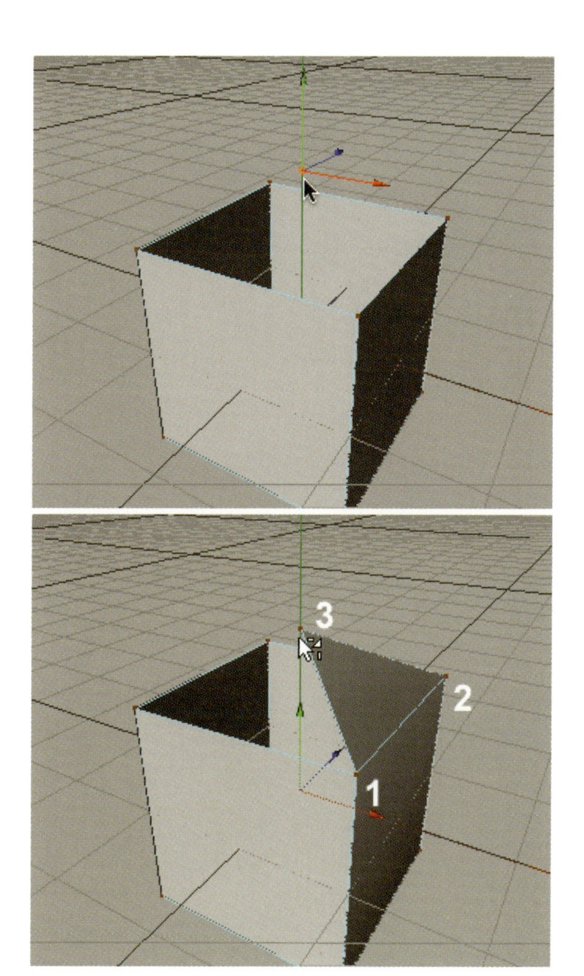

Abbildung 1.81: Punkte und Flächen manuell erzeugen

Wechseln Sie in den Punkte-bearbeiten-Modus und aktivieren Sie das Polygon erzeugen-Werkzeug im Struktur-Menü. Klicken Sie nun der Reihe nach die Punkte am offenen Rand des Würfels an, die mit einer Fläche verschlossen werden sollen. In Abbildung 1.80 wurde eine mögliche Reihenfolge beim Anklicken durch Zahlen dargestellt. Auf den letzten Punkt klicken Sie dann doppelt, um die Erstellung des Polygons auszulösen.

Noch variabler wird diese Technik, wenn Sie auch die Eckpunkte selbst setzen. Bei den Splines haben wir bereits das Hinzufügen neuer Punkte besprochen.

Bei Polygon-Objekten funktioniert das nach dem gleichen Prinzip. Im Punkte-bearbeiten-Modus selektieren Sie zuerst das Polygon-Objekt, dem neue Punkte hinzugefügt werden sollen, und wählen dann Punkt hinzufügen im Struktur-Menü aus.

Mit `Strg`- bzw. `Ctrl`-Klicks können Sie jetzt neue Punkte erzeugen. Dabei gilt es nur zu beachten, dass Sie sich im dreidimensionalen Raum bewegen und daher die exakte Position eines Punktes nicht allein durch das Klicken in **ein** Editor-Fenster festgelegt werden kann.

Benutzen Sie daher z.B. zuerst die frontale Editor-Ansicht, um dort die Punkte an der gewünschten Stelle zu erzeugen, und korrigieren Sie danach die Lage aller neuen Punkte in der seitlichen Ansicht durch Verschieben.

Wie sie der nebenstehenden Abbildung 1.81 entnehmen können, wurde dort wieder ein oben geöffneter Würfel benutzt und diesem ein Punkt oberhalb der ursprünglichen Deckfläche hinzugefügt.

Mit dem Polygon erzeugen-Werkzeug kann jetzt dieser neue Punkt an den übrigen Eckpunkten verbunden werden. Die Abbildung 1.81 gibt durch die Zahlenwerte wieder die Reihenfolge des Punkte-Anklickens wieder. Da sich mit diesem Werkzeug auch Dreiecke erzeugen lassen, erzeugt bereits ein Doppelklick auf den dritten Punkt eine Fläche.

Die Reihenfolge des Anklickens wird deshalb so explizit erwähnt, da diese Reihenfolge auch für die Verbindung der Punkte mit Kanten herangezogen wird. Eine willkürliche Reihenfolge beim Anklicken könnte also zu sich überschneidenden Kanten und verdrehten Flächen führen. Am besten gewöhnen Sie sich an, die Punkte immer im oder gegen den Uhrzeigersinn anzuklicken.

Theoretisch können Sie also bereits mit diesen beiden Werkzeugen, dem Punkt hinzufügen- und dem Polygon erzeugen-Werkzeug, jedes beliebige Objekt erzeugen.

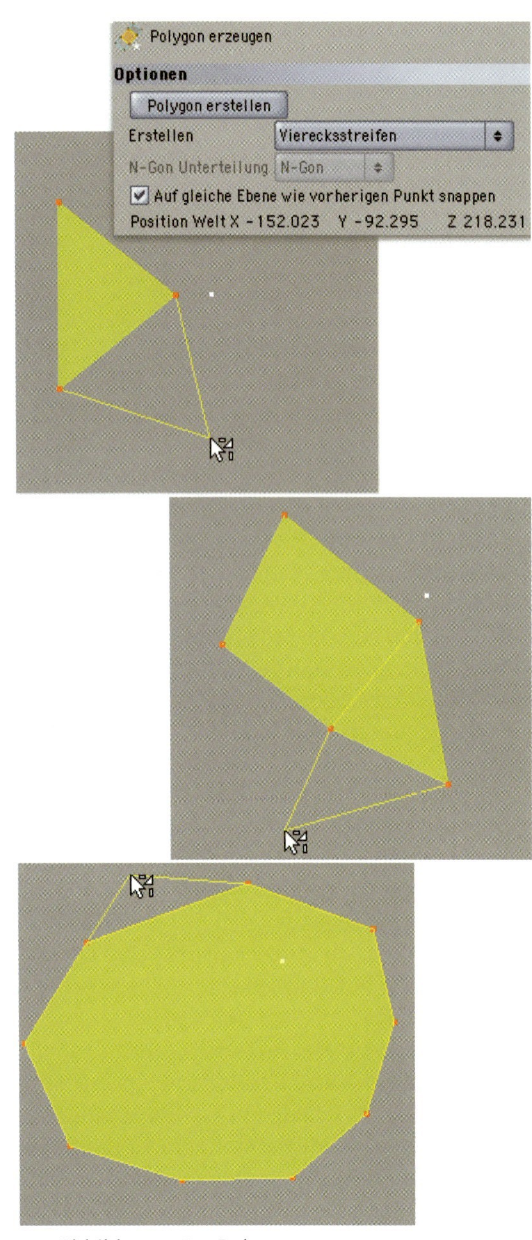

Abbildung 1.82: Polygone erzeugen

Das POLYGON ERZEUGEN-Werkzeug kann noch mehr. Selbst das manuelle Erzeugen von Punkten vor dem Erstellen der Polygone kann damit entfallen.

Um dies zu probieren, rufen Sie ein leeres POLYGON-OBJEKT aus dem OBJEKTE-Menü ab.

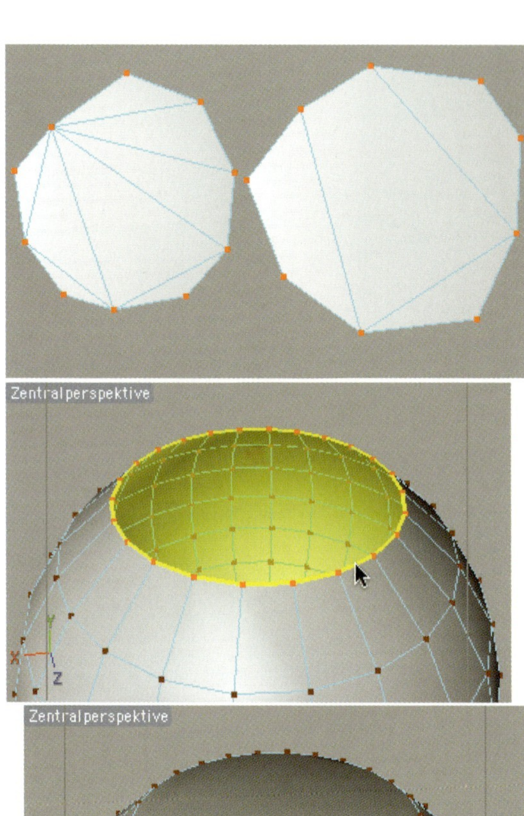

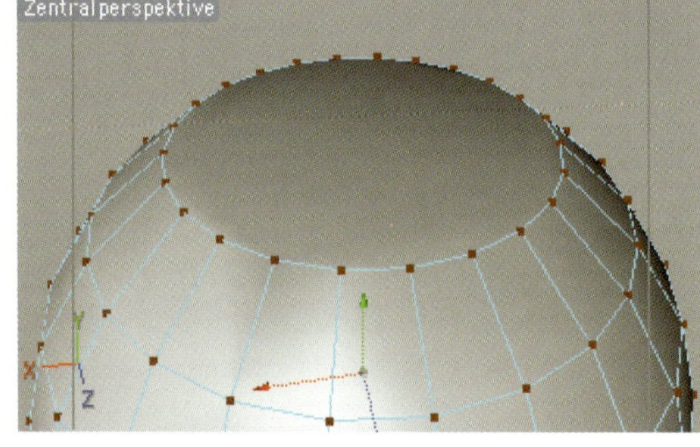

Abbildung 1.83: Polygonloch schließen

Aktivieren Sie das POLYGON ERZEUGEN-Werkzeug und klicken Sie mehrfach in eine Editor-Ansicht. Es entstehen automatisch Punkte und dazwischen gespannte Flächen. Je nach Zustand der ERSTELLEN-Option im ATTRIBUTE-MANAGER sind dies nur Dreiecke, nur Vierecke oder N-Gons (siehe Abbildung 1.82).

Haben Sie ein N-Gon erzeugt, bestimmt das Menü N-GON UNTERTEILUNG, wie nach einem Doppelklick auf den letzten Punkt oder nach der Betätigung der Schaltfläche POLYGON ERSTELLEN weiterverfahren wird.

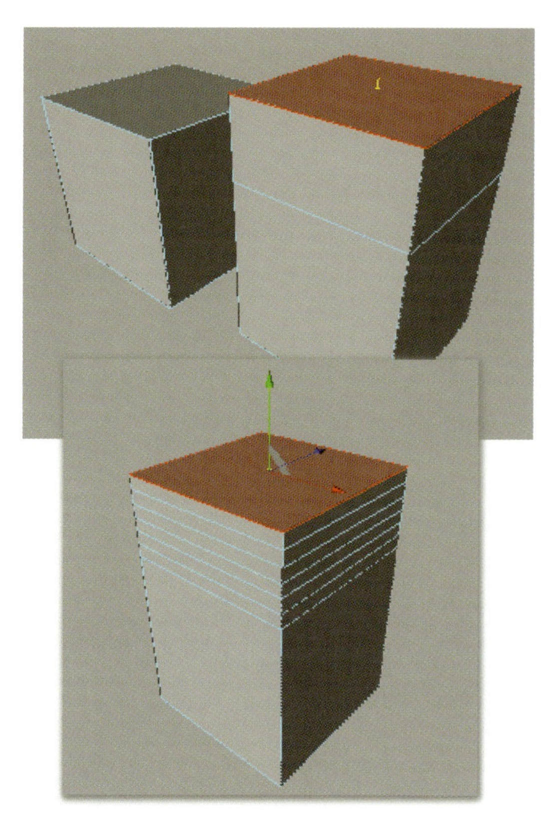

Abbildung 1.84: Polygone extrudieren

Entweder bleibt das N-Gon unverändert oder es wird mit Drei- oder Vierecken gefüllt (siehe Abbildung 1.83 oben). Alternativ kann häufig auch der Befehl Polygonloch schliessen im Struktur-Menü verwendet werden (siehe Abbildung 1.83). Dabei bewegen Sie den Mauszeiger auf einen offenen Kanten- oder Punktring – dieser wird gelb markiert dargestellt – und klicken einmal darauf. Ein neues N-Gon verschließt das Loch.

Polygone extrudieren

Das nächste Werkzeug arbeitet ähnlich wie das Bevel-Werkzeug, verschiebt die selektierten Flächen jedoch ohne gleichzeitige Skalierung. Sie arbeiten dabei im Polygone-bearbeiten- Modus, selektieren die Flächen, die extrudiert (verlängert) werden sollen, und rufen das Extrudieren-Werkzeug im Struktur-Menü auf.

Wenn Sie jetzt den Mauszeiger mit gehaltener linker Maustaste in einer Editor-Ansicht nach links und rechts bewegen, können Sie die Verschiebung der selektierten Flächen beobachten. Die Eckpunkte der ursprünglich selektierten Flächen bleiben erhalten. Es entstehen also neue Flächen zwischen der verschobenen und der ursprünglichen Fläche (siehe Abbildung 1.84 oben).

Wer es genauer haben möchte, findet im Attribute-Manager den Offset-Wert, der – sofern die Echtzeitupdate-Option deaktiviert ist – mit einem Klick auf die Schaltfläche Zuweisen auf die selektierten Flächen übertragen werden kann. Auch die bereits bekannten Optionen Maximaler Winkel und Gruppen erhalten tauchen dort wieder auf. Diese Einstellungen können dazu verwendet werden, um benachbarte Flächen mit Innenwinkel kleiner der Winkelbeschränkung zusammenhängend zu extrudieren.

Sollen auf einen Schlag gleich mehrere Extrusionen durchgeführt werden, kann der Wert Unterteilung benutzt werden, um die Offset-Distanz mit entsprechend vielen Unterteilungen zu versehen (siehe Abbildung 1.84). Bei aktiver N-Gons erstellen-Option werden diese Unterteilungen in einer Fläche zusammengefasst.

Um die ursprünglich selektierte Fläche am Objekt zu behalten, aktivieren Sie die Deckfläche-Option.

Das Extrudieren-Werkzeug eignet sich immer dann, wenn eine Struktur erweitert oder verzweigt werden soll. Es kann aber auch mit Kanten umgehen. Um dies zu überprüfen, schalten Sie in den Kanten-bearbeiten-Modus um und selektieren eine beliebige Kante an Ihrem Objekt. Rufen Sie das Extrudieren-Werkzeug auf und verschieben Sie den Mauszeiger mit gehaltener Taste im Editor-Fenster. Sie sollten beobachten können, wie sich eine neue Kante bildet, die sich vom Objekt entfernt.

Abbildung 1.85: *Extrudieren und Drehen einer Kante*

Wenn Sie zusätzlich die [Strg]- bzw. [Ctrl]-Taste halten, kann diese extrudierte neue Kante um die ursprüngliche Kante rotiert werden, als wäre sie dort in einem Gelenk gelagert.

Der Betrag dieser Winkelveränderung kann im Attribute-Manager neben Kante Winkel abgelesen oder auch exakt vorgegeben werden. Zudem finden Sie dort einen Snapping-Wert für diese Winkeldrehung. Ist die dazugehörende Kante einrasten-Option aktiv, lässt sich eine extrudierte Kante nur in den dort angegebenen Winkelschritten rotieren.

Dies kann hilfreich sein, wenn man z.B. nur rechte Winkel benutzen möchte. Abbildung 1.85 zeigt an zwei Phasen, wie eine extrudierte Kante um deren Ursprung rotiert wird. In der Praxis hat sich aber oft auch ein weniger technischer Ansatz bewährt.

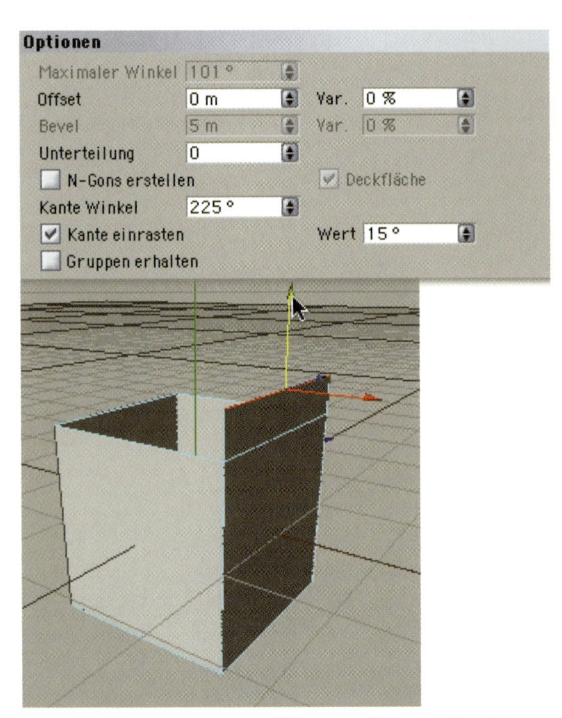

Abbildung 1.86: Extrudieren und manuelles Platzieren der neuen Kante

Dabei belässt man den Offset im Dialog auf 0 Einheiten und verschiebt die extrudierte Kante von Hand mit dem Verschieben-Werkzeug. Abbildung 1.86 gibt diesen Arbeitsablauf wieder. Nach dem Ausführen des Werkzeugs bleibt die Kante zwar äußerlich unverändert an der ursprünglichen Position, es ist jedoch eine neue Fläche zwischen alter und extrudierter Kante entstanden.

Diese wird in dem Moment sichtbar, in dem man mit dem Verschieben-Werkzeug die selektierte Kante bewegt. In Abbildung 1.86 wurde die neue Kante nach oben gezogen und dabei durch den Klick auf das Ende der Y-Achse die automatische Begrenzung auf diese Achsrichtung benutzt.

Da man in Cinema 4D oft eher nach künstlerischen Gesichtspunkten und weniger maßgenau arbeitet, kommt diese flexible Technik uns daher in vielen Fällen entgegen.

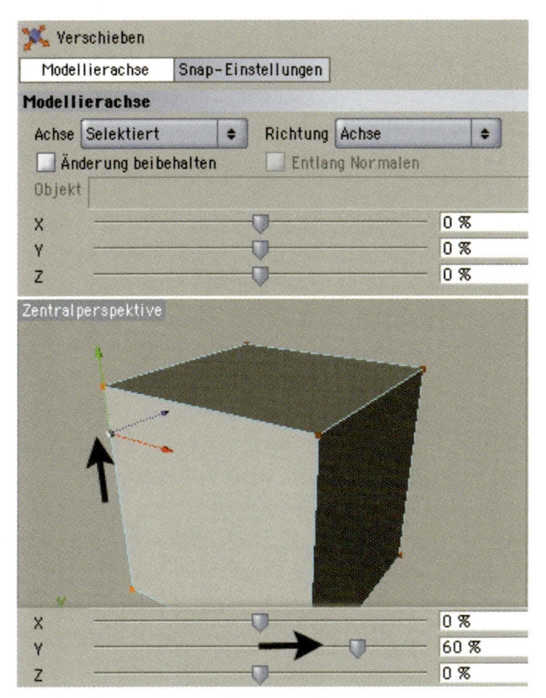

Abbildung 1.87: Die Modellierachse verschieben

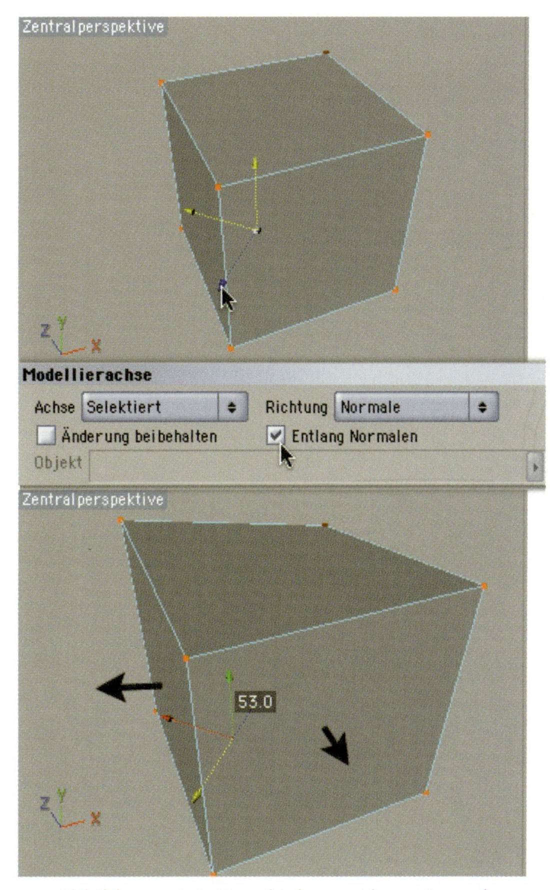

Abbildung 1.88: Verschieben entlang Normalen

Die Modellierachse

Diese Möglichkeit der Beschränkung von Bewegungsrichtungen lässt sich mit Hilfe der Modellierachse noch ausweiten (siehe Abbildung 1.87).

Deren Einstellungen lassen sich bei einem aktiven Selektion-Werkzeug und bei aktivem Bewegen-, Skalieren- oder Rotieren-Werkzeug im Attribute-Manager einsehen. Aktiv werden deren Eingabefelder aber erst, wenn ein Objekt selektiert wurde und Sie sich zusätzlich im Punkte-, Kanten- oder Polygone bearbeiten-Modus befinden.

Mit dem Achse-Menü legen Sie fest, wo das lokale Achssystem des Objekts platziert werden soll. Selektiert bedeutet dabei z.B., dass von den selektierten Punkten, Kanten oder Flächen ein Mittelpunkt errechnet wird.

Bei Objekt wird das lokale Koordinatensystem, bei Kamera die Mitte der aktiven Editor-Ansicht benutzt.

In den Modi Selektiert und Umquader werden zusätzliche Regler freigeschaltet, über die die Position des Systems relativ verschoben werden kann (siehe Abbildung 1.87).

Wie in der Abbildung zu sehen, wurden dort an einem Würfel zwei Punkte einer Kante selektiert. Da in den Einstellungen der Modellierachse Selektiert ausgewählt ist, wird das Achsensystem zwischen beiden Punkten zentriert. Mit dem Y-Regler kann dann eine Verschiebung nach oben oder unten gesteuert werden.

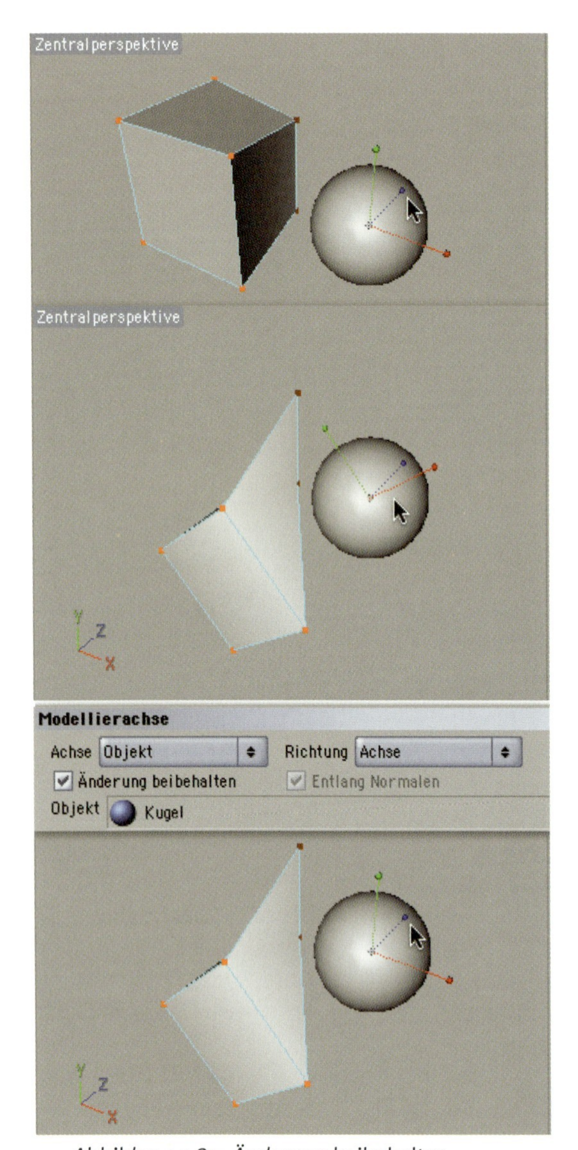

Abbildung 1.89: Änderung beibehalten

Die übrigen Regler haben hier keine Auswirkung auf die Positionierung, da die selektierten Punkte nur eine exakt senkrechte Kante begrenzen.

Wie die Modellierachse ausgerichtet wird, definiert das RICHTUNG-Menü. Auch hier lassen sich zahlreiche Bezugssysteme auswählen. Bei ACHSE werden z.B. die Kanten zwischen selektierten Punkten für die Ausrichtung herangezogen.

Ebenso kann z.B. auch das System des OBJEKTS, das WELT-System oder gar das KAMERA-Koordinatensystem benutzt werden.

Wurden die NORMALEN für die RICHTUNG ausgewählt, werden alle betroffenen Flächen-Normalen ausgewertet. Die Z-Achse der Modellierachse zeigt dann die gemittelte Normale an.

Wird zusätzlich die ENTLANG NORMALEN-Option aktiviert, lassen sich die betroffenen Flächen am Objekt nur noch entlang ihrer Normalen bewegen. Dies führt je nach Verschiebungsrichtung zu einer Vergrößerung oder Verkleinerung der Flächen (siehe Abbildung 1.88).

Richtig interessant wird es jedoch, wenn ein zweites Objekt aus dem OBJEKT-MANAGER in das OBJEKT-Feld der Modellierachse-Einstellungen gezogen wird. Dieses ist nur in der Einstellung ACHSE OBJEKT aktiviert.

Die Modellierachse wird dann im Zentrum des angegebenen Objekts platziert und kann dort z.B. für die exakte Rotation eines Objekts um ein anderes Objekt benutzt werden. Dabei muss zwischen diesen Objekten keine hierarchische Beziehung im OBJEKT-MANAGER bestehen.

Abbildung 1.89 demonstriert diesen Effekt am Beispiel einiger selektierter Würfelpunkte, die um das Zentrum der Kugel rotiert werden. Ist die Option ÄNDERUNG BEIBEHALTEN aktiv, bleibt die Modellierachse auch nach der Rotation in der gedrehten Lage (siehe zweite Einblendung von oben in Abbildung 1.89). Ohne diese Option springt die Modellierachse nach der Rotation wieder in die ursprüngliche Lage zurück.

Jede dieser Veränderungen der Modellierachse ist nur von vorübergehender Natur. Sobald Sie z.B. in den MODELL BEARBEITEN-Modus schalten, nimmt das lokale System des Objekts wieder den ursprünglichen Platz ein.

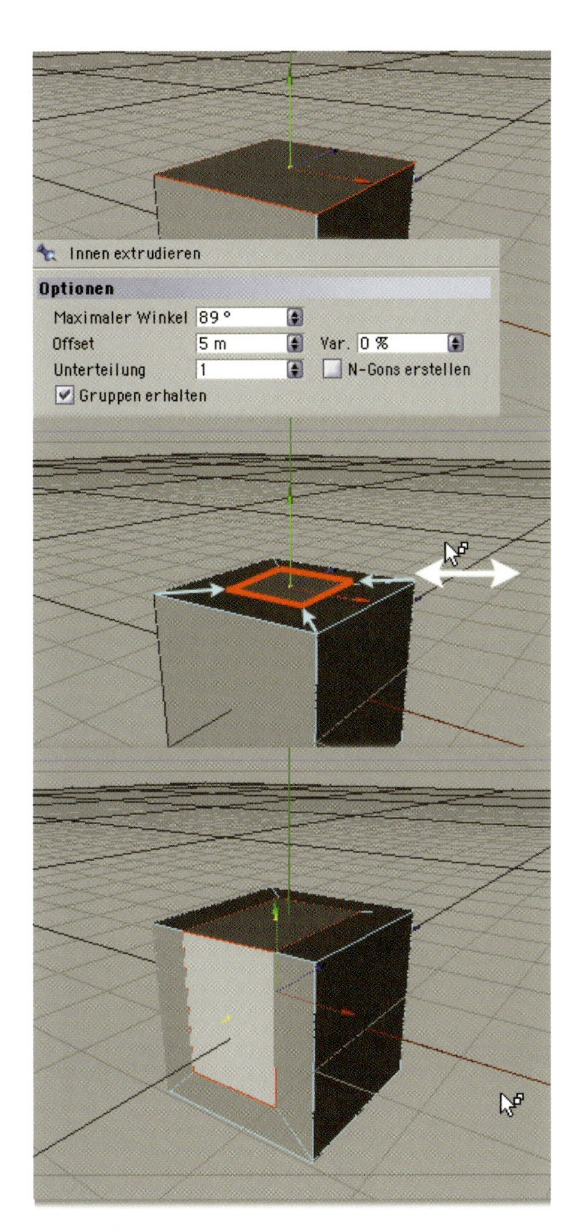

Abbildung 1.90: Innen extrudieren von Flächen

Innen extrudieren

Das INNEN EXTUDIEREN-Werkzeug ist eng mit der EXTRUDIEREN-Funktion verwandt. Auch hier entstehen neue Flächen, diesmal jedoch nur innerhalb der selektierten Fläche (siehe Abbildung 1.90).

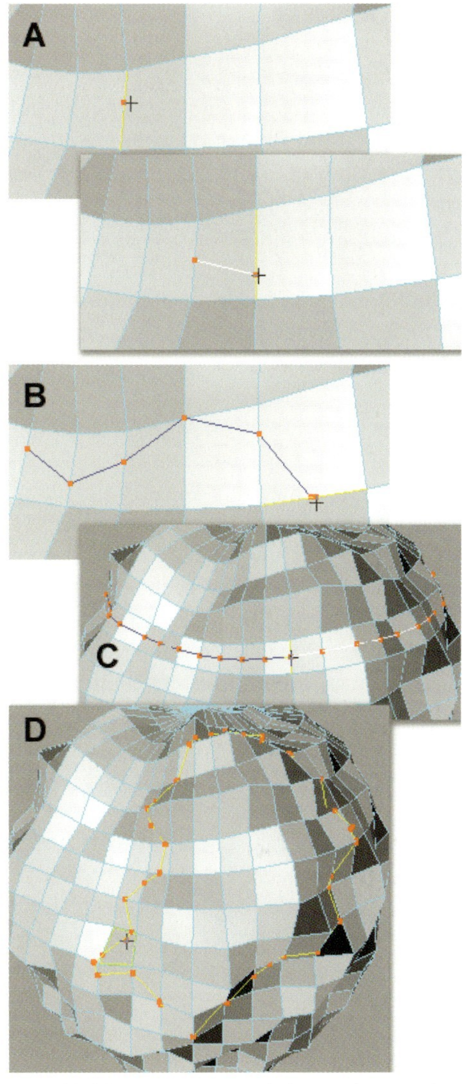

Abbildung 1.91: Zusätzliche Punkte mit dem Messer-Werkzeug hinzufügen

INNEN EXTRUDIEREN eignet sich immer dann, wenn eine Fläche feiner unterteilt werden soll. Auch hier gibt es wieder die GRUPPEN ERHALTEN-Option im ATTRIBUTE-MANAGER, um zusammenhängende Flächen gemeinsam zu extrudieren.

Das Messer-Werkzeug

Während der Modellierung ist es die Regel, dass man mit einem niedrig aufgelösten Objekt beginnt – also mit einem Objekt, das nur aus wenigen Polygonen besteht – und dann im Laufe der Detailarbeit mehr und mehr Unterteilungen und Flächen hinzufügt, um die gewünschte Komplexität zu erzielen.

Nicht immer lassen sich Flächen mit dem Extrudieren- oder Bevel-Werkzeug an der gewünschten Stelle hinzufügen. Das Messer-Werkzeug ist hierbei sehr viel individueller zu handhaben.

Das Messer bietet dabei im Attribute-Manager diverse Modi an, von denen einige in Abbildung 1.91 dargestellt werden. Unter dem Buchstaben Ⓐ finden Sie dort zuerst die Arbeitsweise des Linie-Modus. Dort wird eine Schnittkante durch Klicken eines Anfangs- und eines Endpunkts erzeugt. Die zwischen diesen Punkten liegenden Kanten und Polygone werden geteilt und erhalten zusätzliche Punkte auf der Schnittlinie. Die Linie kann – sofern die Einfach-Option ausgeschaltet ist – beliebig durch weitere Mausklicks verlängert werden (siehe Abbildung 1.91, Ⓑ). Über die Esc-Taste beenden Sie diesen Modus.

Geht es darum, durch Schnitte zusätzliche Unterteilungen hinzuzufügen, ist der Loop-Modus interessant (siehe Abbildung 1.91, Ⓒ). Hier folgt der Schnitt automatisch der angrenzenden Kantenrichtung. Es kann jedoch auch zu unvorhersehbaren Schnittführungen kommen, wenn sich die ausgewählte Polygonreihe, z.B. an einem Dreieck, aufspaltet.

Schnitte können auch in einer Ebene durch das gesamte Objekt laufen. Im Ebene-Modus (Buchstabe Ⓓ) kann so z.B. ein Schnitt parallel zur XY-Ebene des Objekts oder zur ZY-Ebene der Kamera angelegt werden.

Welches Bezugssystem hierbei benutzt wird – entweder das lokale Objekt-System, das Welt-System oder das Kamera-System –, legen Sie in den Messer-Parametern im Attribute-Manager fest. Dort treffen Sie auch die Wahl, welche Ebene – die XY-, XZ- oder ZY-Ebene – als Schnittebene in Frage kommt.

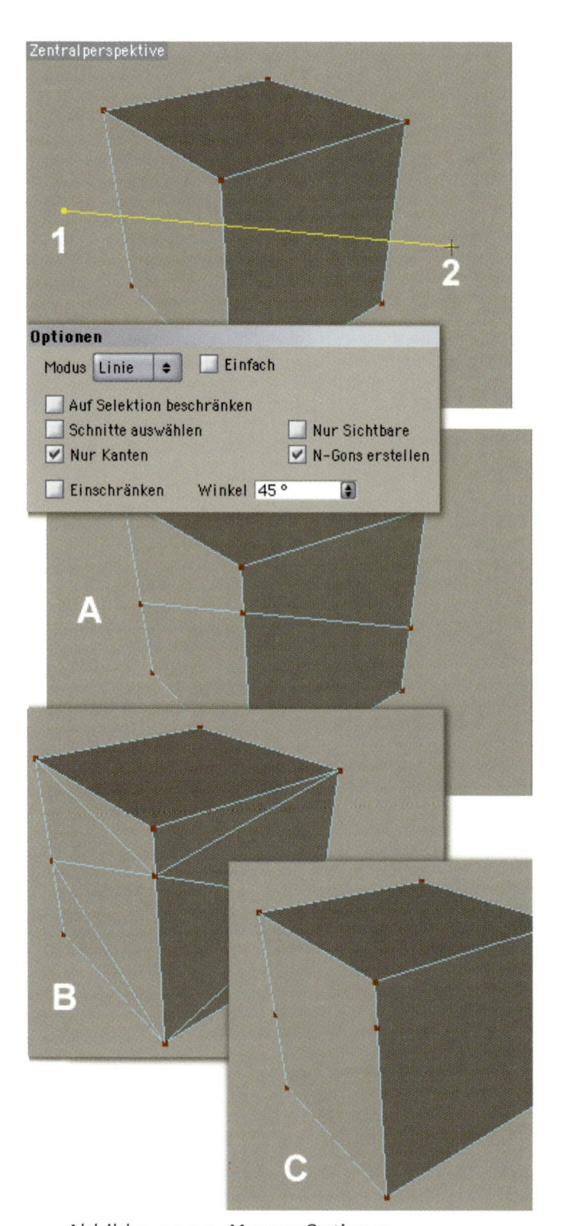

Abbildung 1.92: Messer-Optionen

In jedem Fall erhalten Sie bereits vor dem Erzeugen des Schnitts eine gelb eingefärbte Vorschau, die sich allein durch die Bewegung der Maus steuern lässt.

Wie die Anordnung und Anzahl der neuen, durch die Schnitte entstandenen Kanten und Polygone durch die Messer-Optionen beeinflusst werden kann, demonstriert Abbildung 1.92.

Benutzt wird ein konvertierter Würfel, der in der Kamera-Ansicht durch einen einfachen Linie-Schnitt geteilt wird. Die beiden mit den Ziffern ❶ und ❷ in der Abbildung markierten Punkte geben den Start- und den Endpunkt des Messer-Schnitts wieder. Wie Sie daran erkennen können, sind auch durchaus Endpunkte außerhalb der Geometrie erlaubt. Dies stellt sicher, dass tatsächlich das gesamte Objekt vom Schnitt erfasst wird.

Voraussetzung hierfür ist allerdings, dass die Option Nur Sichtbare deaktiviert ist, damit auch die verdeckten Flächen zerschnitten werden. Zudem muss auf die Auf Selektion beschränken-Option geachtet werden, da damit Schnitte nur auf selektierte Elemente begrenzt werden.

Der Winkel der Schnittführung kann mit der Einschränken-Option auf festgelegte Werte eingerastet werden. Schalten Sie diese Option aus, wenn Sie individuelle Schnittführungen wünschen.

Beim Buchstaben Ⓐ sehen Sie in Abbildung 1.92 das Ergebnis des Schnitts. Da der Schnitt durch das gesamte Objekt angelegt wurde, spielt es keine Rolle, ob die N-Gons erstellen-Option an- oder ausgeschaltet war. Nur wenn Schnitte innerhalb eines Objekts gemacht werden können mit den N-Gons saubere Übergänge zu den nicht durchschnittenen Bereichen erzeugt werden.

Die Nur Kanten-Option (Buchstabe Ⓑ) führt dazu, das nur die Kanten geschnitten werden und somit dort neue Punkte entstehen.

Ist N-Gons erstellen ausgeschaltet, entstehen dadurch chaotische Dreiecke. Nur bei Aktivierung von N-Gons erstellen bleiben die Flächen unverändert erhalten (Buchstabe Ⓒ).

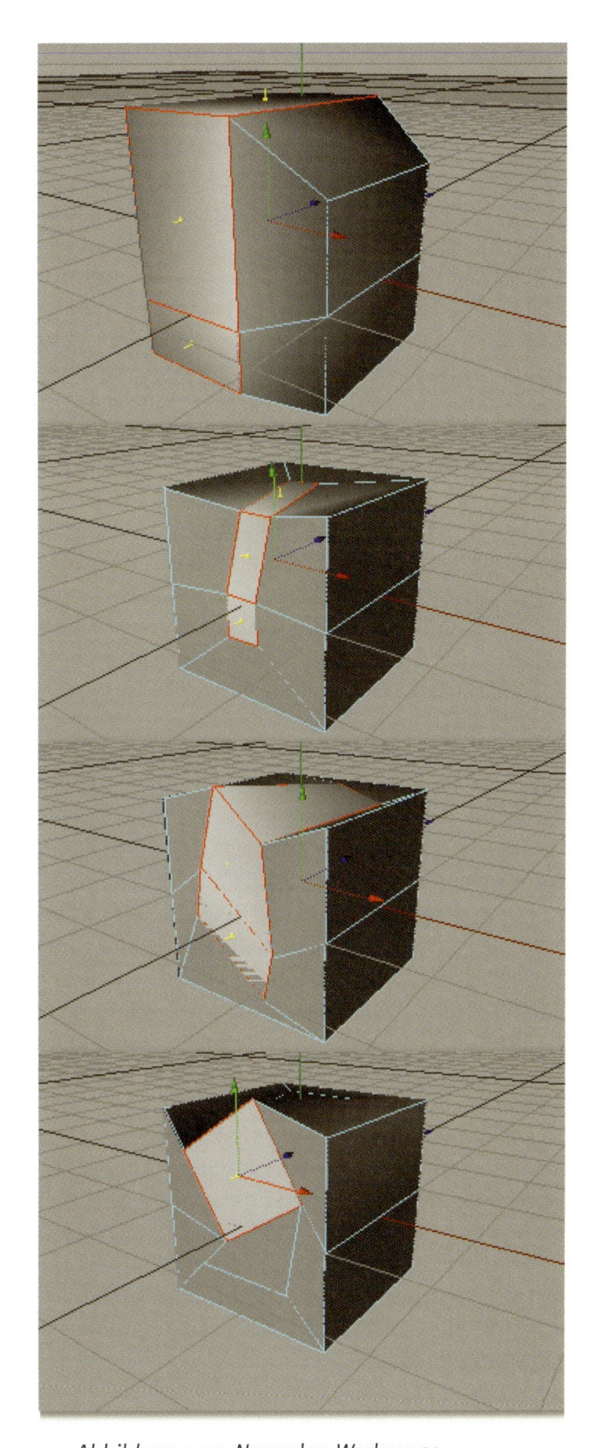

Abbildung 1.93: Normalen-Werkzeuge

Normalen-Werkzeuge

Eigentlich handelt es sich hier um drei separate Werkzeuge, aber da diese allesamt ähnlich arbeiten, handeln wir sie hier zusammen ab. Einige der Funktionen lassen sich zudem auch mit der Modellierachse simulieren.

Beginnen wir mit der Verschieben (entlang Normalen)-Funktion im Struktur-Menü. Dieses Werkzeug funktioniert wie die bekannte Verschieben-Funktion, ist jedoch auf selektierte Polygone beschränkt. Diese können zudem nicht frei verschoben, sondern eben nur entlang ihrer Normalen bewegt werden. Die oberste Einblendung in Abbildung 1.93 demonstriert dies an einem geschnittenen Würfel. Wie Sie dort erkennen können, bleiben die Flächen automatisch zusammen. Im Dialog des Werkzeugs im Attribute-Manager ist daher auch nur ein Zahlenwert für die Entfernung zu finden, falls Sie eine exakte Vorgabe der Arbeit mit der Maus vorziehen.

Das Skalieren (entlang Normalen) bezieht sich ebenfalls auf selektierte Flächen und verkleinert oder vergrößert diese bei einer Mausbewegung nach links oder rechts mit gehaltener Maustaste. Der Unterschied zu dem Skalieren-Werkzeug besteht darin, dass jede Fläche relativ zu ihrem eigenen Mittelpunkt skaliert wird. Beim normalen Skalieren-Befehl wird zuerst der Schwerpunkt aller selektierten Flächen ermittelt und dann von dieser Position aus skaliert.

Die unteren beiden Einblendungen in Abbildung 1.93 zeigen das Drehen (um Normalen)-Werkzeug in Aktion. Es kann zwar auch mit mehreren Flächen gleichzeitig benutzt werden, aber das Ergebnis ist dann weniger vorhersehbar. Angenehmer ist hier die Arbeit mit einzelnen Flächen, wie ganz unten in Abbildung 1.93 zu sehen ist. Die Fläche benutzt ihre Normale als Drehachse. Die Bedienung erfolgt auch hier wieder interaktiv mit der Maus oder per Werteingabe im Attribute-Manager.

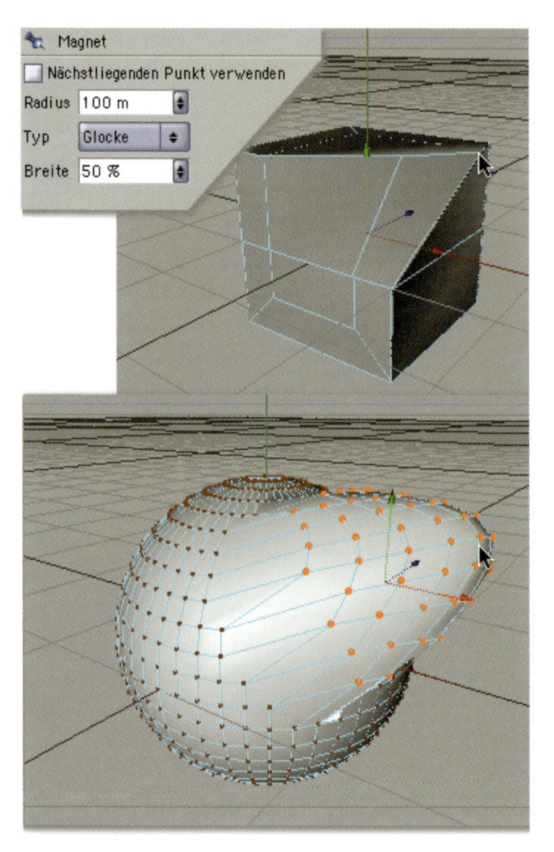

Abbildung 1.94: Punkte mit dem Magnet-Werkzeug verzerren

Das Magnet-Werkzeug

Immer wenn es darum geht, größere Punktmengen zu bewegen, ohne den Übergang zu den statischen Punkten zu stören, könnte das Magnet-Werkzeug von Nutzen sein.

Es funktioniert entweder bei einem Objekt ohne selektierte Punkte in einem Aktionsradius um den Mauszeiger herum oder bei selektierten Punkten nur auf diese Elemente beschränkt.

Die untere Einblendung in Abbildung 1.94 zeigt exakt diesen Fall. Dort wurden Punkte zuvor selektiert und dann der Magnet mit einem dieser Punkte benutzt. Nur die selektierten Punkte werden verschoben, obwohl unselektierte Punkte auch im Aktionsradius lagen.

Abbildung 1.95: Polygon-Objekte optimieren

In den Magnet-Einstellungen kann dessen Aktionsradius eingegeben und eine Modus-Funktion für die Abnahme der Stärke des Magneten definiert werden. Der Breite-Wert regelt den Bereich innerhalb des Radius, in dem die Magnetstärke konstant ist.

Ist Nächster Punkt aktiv, schnappt der Magnet auf den dem Mauszeiger am nächsten liegenden Punkt ein. Dies kann u. U. auch ein Punkt von der Rückseite des Objekts sein. Ist Nur Sichtbare angeschaltet, kann dies nicht passieren. Der Magnet rastet dann nur auf die vorderen Punkte ein.

Die Bedienung ist recht einfach. Sie wählen den gewünschten Aktionsradius aus und „ziehen" dann z.B. einen Punkt mit gehaltener Maustaste. Der Einfluss des Magneten auf die umliegenden Punkte nimmt hierbei mit dem Abstand zum Magneten ab. Die Oberfläche-Option bestimmt, ob die tatsächlichen 3D-Abstände zwischen den Punkten oder nur die projizierten Abstände benutzt werden, so wie sie in der Editor-Ansicht erscheinen. Eine deaktivierte Oberfläche-Option liefert oftmals die besseren Ergebnisse.

Wurden Elemente vorher selektiert, wird der Einfluss des Magneten automatisch auf diese begrenzt. Die Übergänge zu den nicht selektierten Punkten können dann aber nicht mehr so natürlich umgesetzt werden.

Schließlich steht auch bei diesem Werkzeug ein Echtzeitupdate zur Verfügung. Jede Verzerrung kann so auch nachträglich noch korrigiert werden.

Polygon-Objekte optimieren

Ohne dass wir es merken, können sich recht schnell doppelte Punkte in unser Objekt einschleichen. Dafür genügt im Prinzip schon das Konvertieren eines Zylinder-Grundobjekts.

Da dieses aus separaten Deckflächen und der zylindrischen Mantelfläche besteht, ergeben sich doppelte Punkte, wo die Mantelfläche und die Deckflächen aufeinander stoßen.

Um solche Objekte von den doppelten Punkten zu säubern, kann die Optimieren-Funktion im Funktionen-Menü benutzt werden.

Der Optimieren-Befehl kennt drei Funktionen, die auch gleichzeitig angewendet werden können (siehe Abbildung 1.95). Bei aktiver Flächen-Option, werden direkt übereinander liegende Flächen aufgespürt und zu einer zusammengefasst.

Unbenutzte Punkte löscht alle Punkte des Objekts, die keine Verbindung zu Flächen haben.

Die Punkte-Funktion schließlich arbeitet mit dem Toleranz-Wert zusammen und fasst doppelte Punkte zusammen. Der Toleranz-Wert gibt an, in welchem Radius um jeden Punkt herum nach anderen Punkten gesucht werden soll. Wird ein anderer Punkt innerhalb des Abstands gefunden, werden beide Punkte zu einem einzigen zusammengefasst.

Hier ist etwas Vorsicht geboten, besonders bei fein unterteilten Objekten oder Modellen mit kleinen Abmessungen, damit keine Punkte wegoptimiert werden, die wichtiger Bestandteil der Form sind.

Soll ein ganzes Objekt optimiert werden, dürfen dort keine Punkte oder Flächen selektiert sein. Ansonsten werden nur die selektierten Bereiche überprüft.

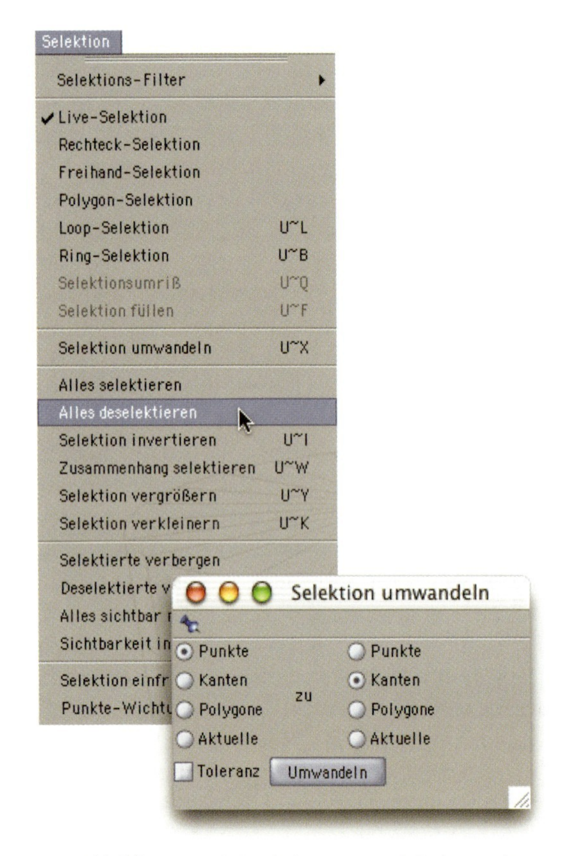

Abbildung 1.96: Funktionen zum Arbeiten mit Selektionen

1.27 Selektion-Werkzeuge

Wie nicht zuletzt bei der Beschreibung der Werkzeuge zu erfahren war, sind viele davon auf die vorherige Selektion von Punkten, Kanten oder Polygonen angewiesen. Gerade bei komplexeren Selektionen kann dies recht mühsam werden. Es stehen daher zusätzliche Selektion-Werkzeuge im Selektion-Menü zur Verfügung, die z.B. die Arbeit der Live-Selektion ergänzen (siehe Abbildung 1.96).

Viele der Werkzeuge sind einfach zu verstehen und vermitteln – wie wir meinen – bereits durch ihren Namen genügend Informationen zu ihrer Funktionsweise. Wir werden daher nur einen kurzen Blick darauf werfen.Im Selektions-Filter-Eintrag finden Sie im unteren Teil eine Reihe von Objekttypen. Sie können dort nur die Typen und Objekte aktivieren, an denen Sie eine Selektion zulassen möchten. Haben Sie dort z.B. Lichtquellen deaktiviert, werden Sie keine Lichtquellen mehr auswählen können. Dies soll die Arbeit in überfüllten Editor-Ansichten erleichtern und dort das versehentliche Selektieren von Objekten verhindern.

Im gleichen Eintrag findet sich der Punkt Selektions-Werkzeug. Dort können Sie Objekte oder Tags – dies sind die Symbole hinter den Objekten im Objekt-Manager – direkt auswählen. Das Abhaken – z.B. der Kategorie Polygon in der Objektliste – wird automatisch alle Polygon-Objekte der Szene selektieren.

Ähnlich arbeitet der Eintrag Anzeige-Filter im Menü Darstellung der Editor-Ansichten. Dort nicht angekreuzte Objekttypen werden fortan nicht mehr in den Editor-Ansichten angezeigt. Dies hat also den gleichen Effekt, als würden Sie bei allen Objekten dieses Typs den oberen grauen Punkt im Objekt-Manager auf Rot schalten. Bei der Bildberechnung sind also alle Objekte nach wie vor vorhanden.

Die Befehle Alles selektieren und Alles deselektieren sind jetzt wieder etwas leichter verständlich. Sie wirken immer auf den Element-Typ des aktiven Betriebsmodus ein. Sind Sie also im Punkte-bearbeiten-Modus, werden dadurch alle Punkte eines ausgewählten Polygon-Objekts oder Splines selektiert oder deselektiert.

Selektion invertieren kehrt die aktuelle Selektion um. Befinden Sie sich also z.B. im Kanten-bearbeiten-Modus, werden alle unselektierten Kanten des aktiven Objekts selektiert und alle selektierten Kanten deselektiert.

Der Befehl Zusammenhang selektieren ist dann interessant, wenn Ihr Objekt aus mehreren getrennten Abschnitten besteht.

Diese können dadurch entstanden sein, dass Sie einzelne Objekte zu einem Objekt verbunden haben.

Sie selektieren dann z.B. ein Polygon eines dieser Objekte und rufen Zusammenhang selektieren auf. Es werden nun alle Flächen des Objekts selektiert. Dies funktioniert jedoch nur, wenn wirklich keine verbindenden Flächen zwischen den ehemaligen Einzelobjekten vorhanden sind. Ansonsten wirkt der Befehl genau wie Alles selektieren

Selektion vergrössern und Selektion verkleinern weiten eine Selektion um einen Schritt aus oder verkleinern die Selektion am Rand um ein Element. Sie können damit einen selektierten Bereich also schrittweise ausdehnen oder schrumpfen lassen.

Die Funktion Selektion umwandeln ist oft sehr hilfreich (siehe Abbildung 1.96). Sie öffnet ein eigenes Dialogfenster, in dem Sie einstellen können, welcher Selektionstyp zu welcher anderen Selektion umgewandelt werden soll. So können Sie z.B. eine Polygon-Selektion leicht zu einer Punkt-Selektion umwandeln. Das Werkzeug schaltet danach automatisch in den passenden Betriebsmodus, so dass Sie direkt mit der neuen Selektion weiterarbeiten können.

Ring- und Loop-Selektion selektieren umlaufende oder vertikale Elemente beginnend an der Position des Mauszeigers. Um bereits vor Ausführung des Werkzeugs erkennen zu können, welche Punkte, Kanten oder Flächen selektiert werden, erscheinen gelbe Markierungen am Objekt. Die Loop-Selektion kann z.B. als Vorbereitung zum Beveln von Kanten benutzt werden. Die Ring-Selektion eignet sich vorbereitend zum Kanten schneiden-Werkzeug.

In einigen Fällen, wenn man z.B. im Inneren eines Objekts arbeiten muss, wäre es sinnvoll, wenn man störende Flächen kurzfristig ausblenden könnte. Auch dies ist mit den Selektion-Werkzeugen kein Problem.

Die Funktion Selektierte verbergen tut genau dies. So lassen sich z.B. störende Flächen selektieren und dann mit dieser Funktion unsichtbar schalten. Die Flächen lassen sich dann mit Alles sichtbar machen wieder einblenden.

Da beide Funktionen sowohl mit Punkten, Kanten und Polygonen funktionieren, muss immer darauf geachtet werden, in welchem Betriebsmodus man sich befindet. Wurden z.B. Flächen ausgeblendet und wechselt man dann für weitere Arbeitsschritte in den Punkte-bearbeiten-Modus, kann die Funktion Alles sichtbar machen die Flächen nicht wieder einblenden. Man muss zuerst in den Polygone-bearbeiten-Modus zurückschalten.

Die beiden übrigen Befehle in dieser Gruppe sollten selbsterklärend sein. Deselektierte verbergen arbeitet wie Selektierte verbergen, bezieht sich jedoch auf die nicht selektierten Elemente des Objekts. Sichtbarkeit invertieren blendet ausgeblendete Elemente ein und sichtbare Elemente aus.

Wenn Sie selektierte Elemente mehrfach während der Modellierung benötigen, ist der Befehl Selektion einfrieren sehr hilfreich. Durch ihn wird die aktuelle Selektion – hier spielt wieder der aktive Betriebsmodus eine Rolle – in ein Selektion-Tag gespeichert, das hinter dem Objekt im Objekt-Manager auftaucht. Klickt man dieses Tag an, werden im Attribute-Manager mehrere Schaltflächen zur Verfügung gestellt, mit denen die Selektion z.B. wiederhergestellt oder zu einer aktuellen Selektion hinzugefügt werden kann.

Im Zusammenhang mit der Texturierung von Objekten gewinnt das Einfrieren von Polygon-Selektionen nochmals an Bedeutung. Mehr dazu erfahren Sie im Abschnitt über die Materialien.

Damit sind hier die wichtigsten Funktionen besprochen und wir können uns mit der nächsten Objektgruppe beschäftigen.

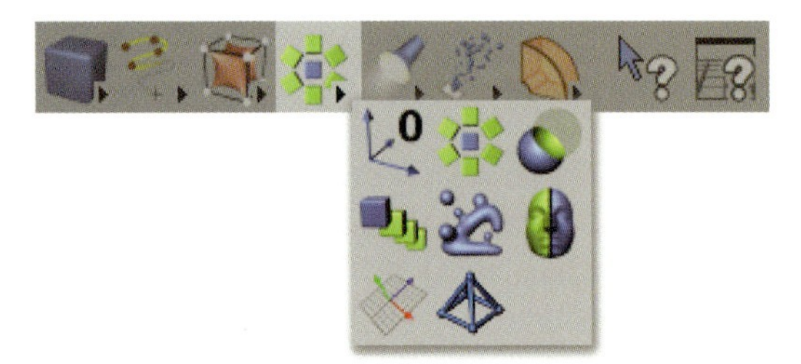

Abbildung 1.97: Auswahl an Modeling-Objekten

1.28 Modeling-Objekte

In dieser Objektgruppe finden sich einige Hilfsobjekte, die die Arbeit an Modellen vereinfachen oder der Erzeugung von Spezialeffekten dienen können (siehe Abbildung 1.97). Nicht jedes dieser Objekte wird für Sie bei der Arbeit von gleicher Relevanz sein. Wir werden dennoch kurz auf die wichtigeren dieser Objekte eingehen.

Das Null-Objekt

Das Null-Objekt besteht im Prinzip nur aus einem lokalen Koordinatensystem. Dieses kann beliebig im Raum verschoben oder gedreht werden. Ebenso können Sie dem Objekt einen anderen Namen geben oder z.B. dessen Sichtbarkeit in den Basis-Einstellungen des Attribute-Managers steuern. Das Null-Objekt kann jedoch nicht mit Punkten oder Flächen gefüllt werden.

Ein Nutzen des Null-Objekts liegt darin, andere Objekte in einer Gruppe zu sammeln. Dies funktioniert zwar mit beliebigen anderen Objekttypen auch, dort wird es dann jedoch z.B. schwierig, den Schwerpunkt dieser Gruppe zu verschieben. Man müsste das lokale System des obersten Objekts verschieben, was nicht immer gewünscht oder möglich ist.

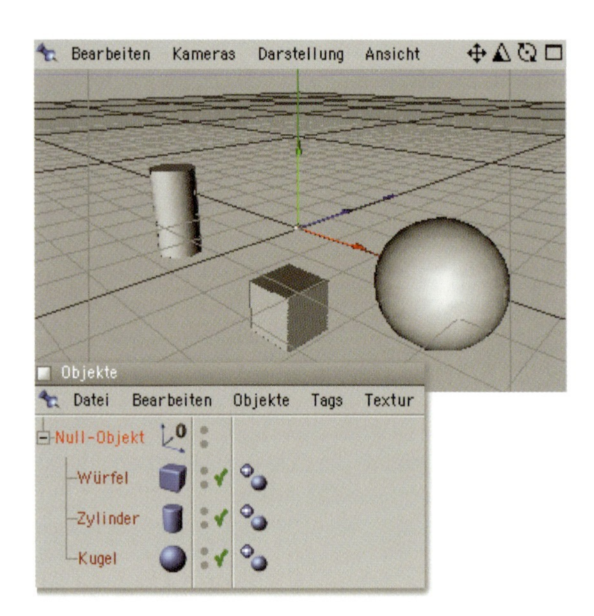

Abbildung 1.98: Verschiedene Objekte unter einem Null-Objekt gruppiert

Ein Null-Objekt hingegen kann beliebig manipuliert werden und bleibt dennoch bei der späteren Bildberechnung unsichtbar. Das einfache Beispiel aus Abbildung 1.98 belegt dies. Sie sehen dort drei Objekte unter einem Null-Objekt. Das Null-Objekt selbst tritt im Editor nur als kleines Koordinatensystem in Erscheinung.

Im Objekt-Achse-bearbeiten-Modus kann das Null-Objekt an eine beliebige Stelle verschoben werden, ohne die Positionen der untergeordneten Objekte zu verändern. So kann eine komplexe Objektgruppe z.B. um einen beliebigen Punkt im Raum gedreht oder skaliert werden. Null-Objekte werden immer dann eingesetzt, wenn ein System im Raum benötigt wird, dafür aber kein sichtbares Objekt erzeugt werden soll.

Nach dem Aufruf des Null-Objekts gehen Sie damit im Objekt-Manager wie mit jedem anderen Objekt um. Ziehen Sie einfach die gewünschten Objekte auf das Null-Objekt, um diese darunter einzuordnen.

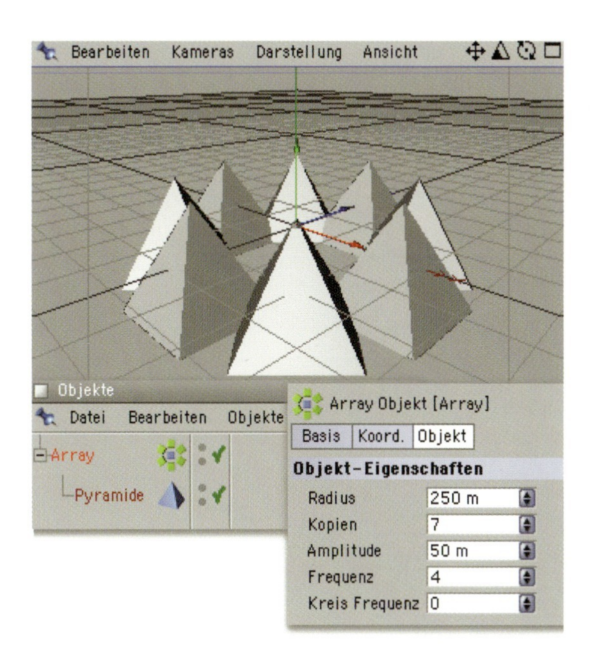

Abbildung 1.99: Array-Objekte platzieren Kopien eines Objekts auf einem Kreis.

Wenn Sie mehrere Objekte unter einem Null-Objekt einordnen möchten, ist es oftmals einfacher, diese Objekte z.B. mit einer Rahmenselektion im Objekt-Manager auszuwählen und die Tastenkombination Alt+g für „Gruppieren" zu benutzen. Die Objekte werden automatisch unter einem neu erstellten Null-Objekt gruppiert.

Das Array-Objekt

Das nächste Element der Gruppe ist das Array-Objekt. Dieses dupliziert ein untergeordnetes Objekt und platziert die Kopien auf einem Kreis.

Die Anzahl der gewünschten Kopien und der Radius des Kreises kann im Attribute-Manager eingegeben werden (siehe Abbildung 1.99). Dies kann sinnvoll sein, wenn z.B. Stühle um einen runden Tisch platziert werden sollen.

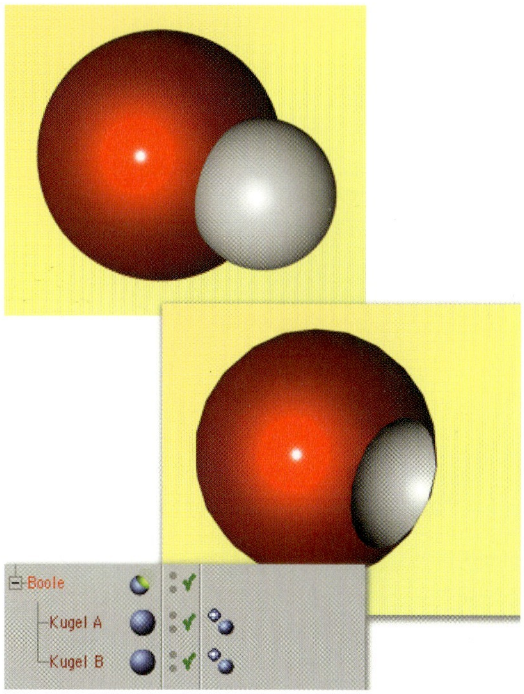

Abbildung 1.100: Objekte voneinander abziehen mit einem Boole-Objekt

Zusätzlich erlauben die Parameter Frequenz und Kreis Frequenz die automatische Animation der Objekte. Frequenz steuert die Geschwindigkeit einer Auf-/Ab-Bewegung, während die Kreis-Frequenz zusätzlich den zum Platzieren benutzten Kreis in eine Sinusschwingung versetzt. Der Effekt wirkt sich so aus, als würde fortlaufend eine Welle über den Kreis und die darauf liegenden Objekte laufen. Der Amplitude-Wert gibt die maximale Auslenkung der Objekte vor.

Das Boole-Objekt

Wir kommen nun zu einem der wichtigeren Objekte dieser Gruppe, dem Boole-Objekt. Dieses wird verwendet, um Polygon-Objekte miteinander zu kombinieren. So kann man z.B. eine Kugel von einer anderen abziehen lassen (siehe Abbildung 1.100).

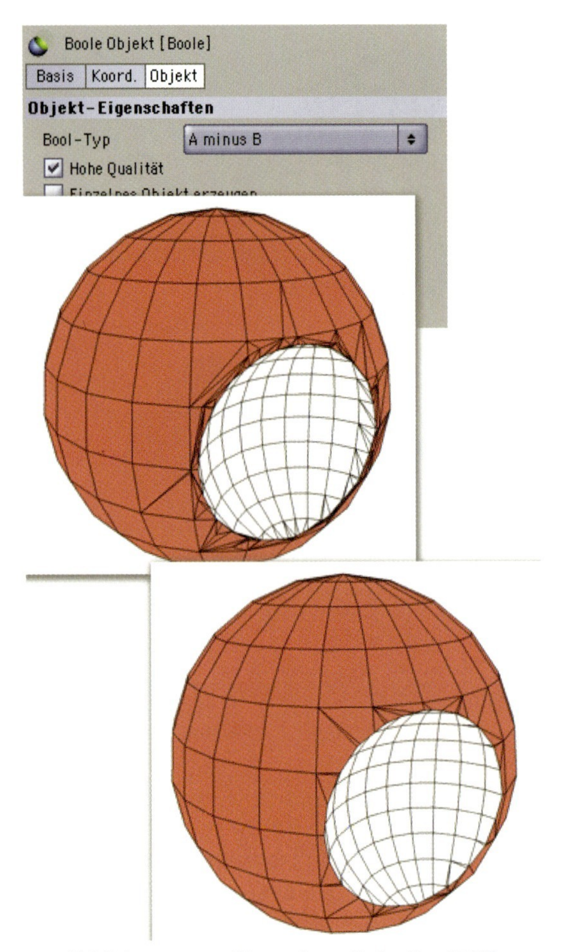

Abbildung 1.101: Oben ohne „Hohe Qualität", unten mit

Der Umgang mit dem BOOLE-OBJEKT ist recht einfach. Sie gruppieren zwei Objekte unter dem BOOLE-OBJEKT ein. Das obere der beiden Objekte wird intern als *Objekt A* behandelt, das untere als *Objekt B*.

Das BOOLE-OBJEKT kennt mehrere Modi, von denen A MINUS B als Standard BOOLE-TYP im ATTRIBUTE-MANAGER eingestellt ist. Dies bedeutet, dass das *Objekt B* von *Objekt A* abgezogen wird. Voraussetzung dafür ist, dass beide Objekte geschlossene Volumen darstellen und sich beide Objekte überschneiden. Im Fall der beiden Kugeln lässt sich damit sehr schnell eine Delle in eine Kugel schneiden (siehe Abbildung 1.100).

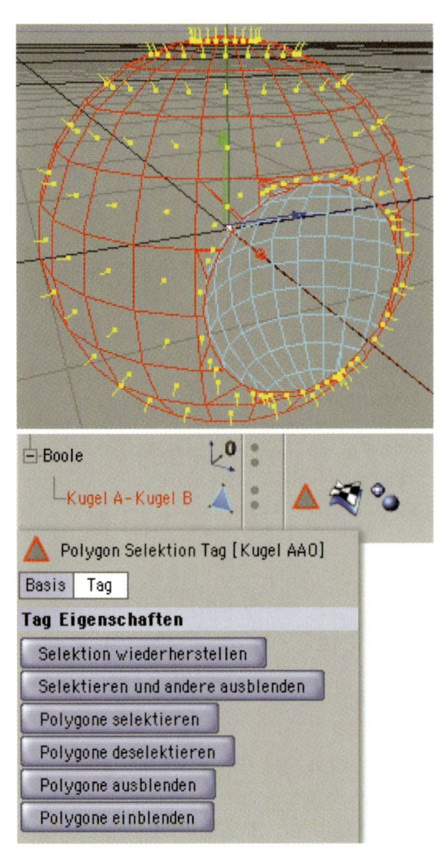

Abbildung 1.102: Erzeugte Polygon-Selektion nach dem Konvertieren eines Boole-Objekts

Mit welchem Rechen-Algorithmus das BOOLE-OBJEKT dabei zur Arbeit geht, bestimmt die HOHE QUALITÄT-Option im ATTRIBUTE-MANAGER. Im HOHE QUALITÄT-Modus liefert das BOOLE-OBJEKT ein optimiertes Ergebnis, was die Anzahl an zusätzlich generierten Polygonen betrifft (siehe Abbildung 1.101). Dies lässt sich mit den N-GONS-Optionen anderer Werkzeuge vergleichen.

Nicht immer führt dies zu einem besseren Ergebnis. Deshalb kann auch das Ausschalten dieser Option in einigen Fällen sinnvoll sein.

Wird EINZELNES OBJEKT ERZEUGEN benutzt, fügt das BOOLE-OBJEKT alle Flächen zu einem einzigen Objekt zusammen. Über den PUNKTE OPTIMIEREN-Wert kann ein Radius vorgegeben werden. In diesem Radius werden die Punkte daraufhin zusammengefasst.

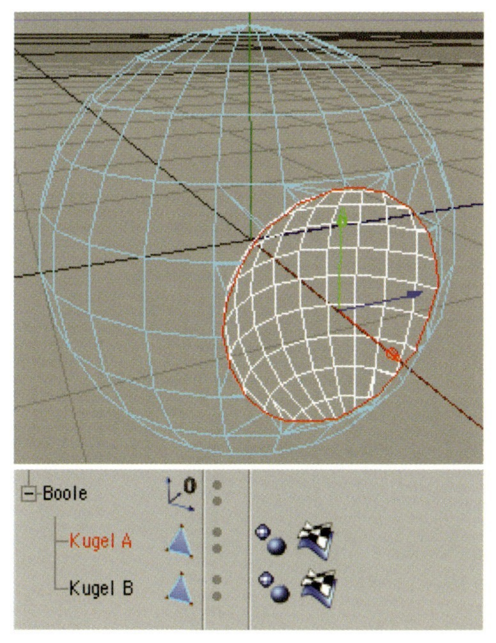

Abbildung 1.103: Selektierte Schnittkante zwischen den konvertierten Objekten

Offensichtlich wird dieses Zusammenfassen jedoch erst nach dem Konvertieren des Boole-Objekts. Es entsteht dann ein Polygon-Objekt mit einem Polygon-Selektion-Tag, über das Sie Zugriff auf die Polygone der ursprünglichen Einzelobjekte haben (siehe Abbildung 1.102).

Ist die Option Schnittkanten selektieren aktiv, werden nach dem Konvertieren des Boole-Objekts automatisch die Kanten an dem Übergang zwischen den sich überschneidenden Objekten selektiert (siehe Abbildung 1.103). Dies kann z.B. sinnvoll sein, um diese Kanten später in Splines umzuwandeln. Sie müssen mit dieser Selektion jedoch etwas vorsichtig umgehen, damit sie nicht versehentlich gelöscht oder verändert wird. Wenn Sie auf diese Kanten-Selektion für spätere Arbeitsschritte angewiesen sind, sollten Sie diese in ein Kanten Selektion Tag sichern. Benutzen Sie dazu die bereits bekannte Selektion einfrieren-Funktion im Selektion-Menü.

Die Schnittkanten selektieren-Option funktioniert übrigens auch zusammen mit der Einzelnes Objekt erzeugen-Option.

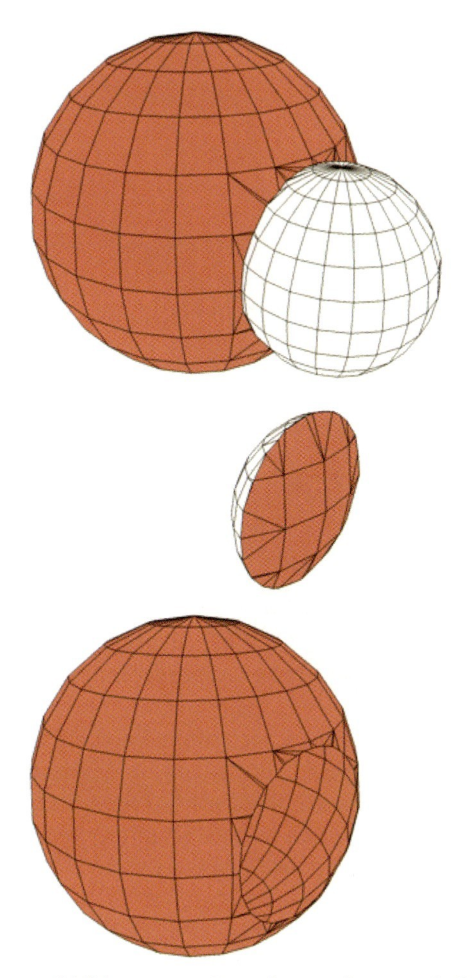

Abbildung 1.104: Von oben nach unten sind hier die Modi „Addieren“, „Schneiden“ und „Ohne“ dokumentiert.

Zwar ist A minus B der wohl am häufigsten benutzte Modus, die übrigen Modi können aber auch von Nutzen sein. Abbildung 1.104 gibt Ihnen anhand der ansonsten unveränderten Szene mit den beiden Kugeln eine Vorstellung von deren Wirkungsweise. Ganz oben sehen Sie den Addieren-Modus. Dabei werden alle sich durchdringenden Flächen und innen liegenden Teile gelöscht. Beim Schneiden der Objekte bleibt nur die Schnittmenge übrig und beim A ohne B-Modus hinterlässt das B-Objekt ein Loch in der Polygonhülle von Objekt A.

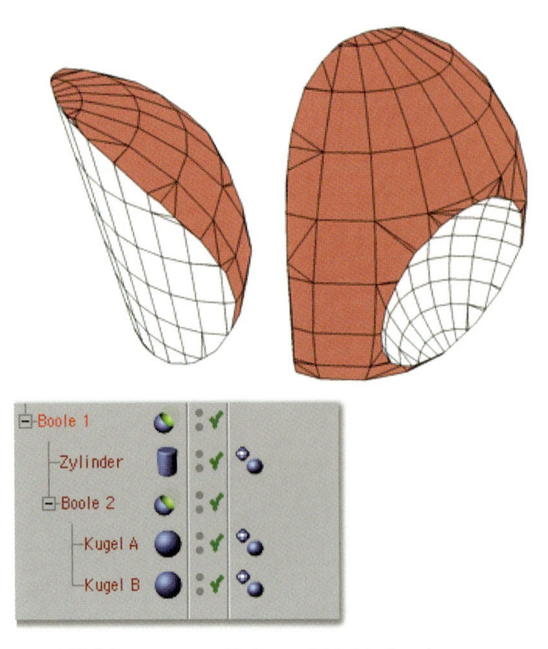

Abbildung 1.105: *Mehrere Objekte boolen*

Boole-Objekte können noch mehr, denn sie lassen sich auch beliebig verschalten. In Abbildung 1.105 wurde z.B. ein zusätzliches Zylinder-Grundobjekt benutzt, um eine weitere Schnittmenge mit unserer Kugel-Boole-Szene zu erzeugen.

Dabei wird hierarchisch gesehen immer von unten nach oben gerechnet. Zuerst wird also wie gehabt *Kugel B* von *Kugel A* abgezogen. Das Boole-Objekt mit dem von uns vergebenen Namen *Boole 2* stellt dann das Ergebnis dieser Operation dar und kann wie ein normales Objekt in weitere Boole-Operationen eingebunden werden.

Das *Boole 1*-Objekt arbeitet im A geschnitten B-Modus und nimmt *Boole 2* als normales Polygon-Objekt wahr. Auf diese Weise können beliebig viele Operationen verschachtelt werden, um noch komplexere Boole-Aktionen zu erzeugen. Der Vorteil hierbei ist, dass keine Boole-Objekte vorher konvertiert werden müssen. Sie haben also weiterhin Zugriff auf alle Originalobjekte und können diese jederzeit noch verändern oder sogar austauschen.

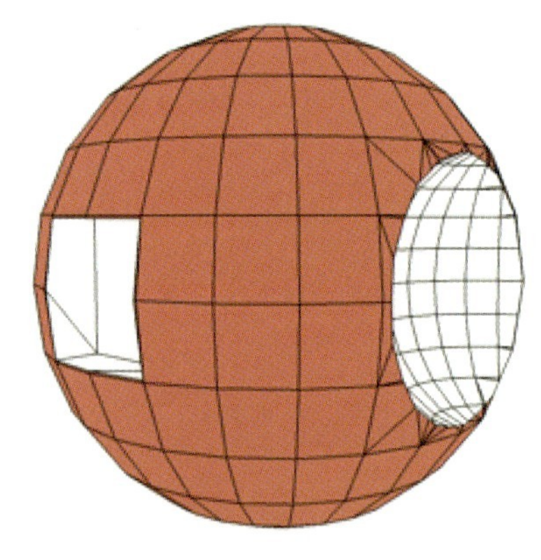

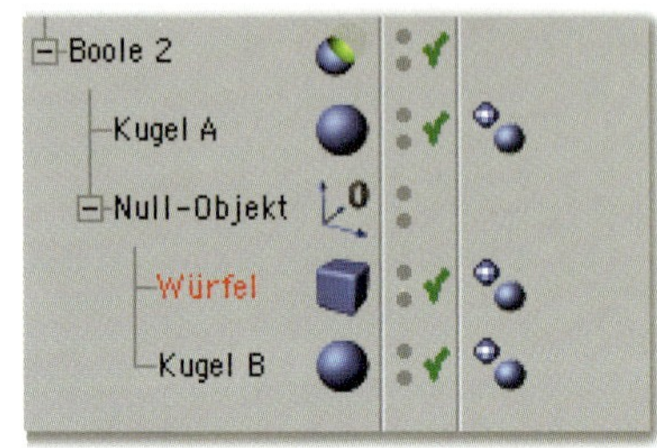

Abbildung 1.106: Mehrere Objekte gleichzeitig boolen

Eine weitere Möglichkeit, wenn mehrere Objekte im gleichen Boole-Modus miteinander agieren sollen, ist das Gruppieren, z.B. mit einem Null-Objekt (siehe Abbildung 1.106).

Dabei werden alle Objekte in der Null-Objekt-Gruppe wie ein einziges Objekt behandelt. Auf diese Weise wird in dem gezeigten Beispiel nicht nur ein Teil von *Kugel B*, sondern auch ein in *Kugel A* ragender Anteil des Würfels abgezogen. Vorausgesetzt wird auch hier, dass jedes Objekt ein geschlossenes Volumenobjekt ist und das A-Objekt tatsächlich überschneidet.

Die übrigen Optionen Neue Kanten verstecken und Phong-Shading an Schnittkanten unterbrechen beeinflussen das Ergebnis der Boole-Operation nicht. Bei Neue Kanten verstecken werden im Editor lediglich alle neuen Verbindungskanten zwischen den sich schneidenden Objekten ausgeblendet.

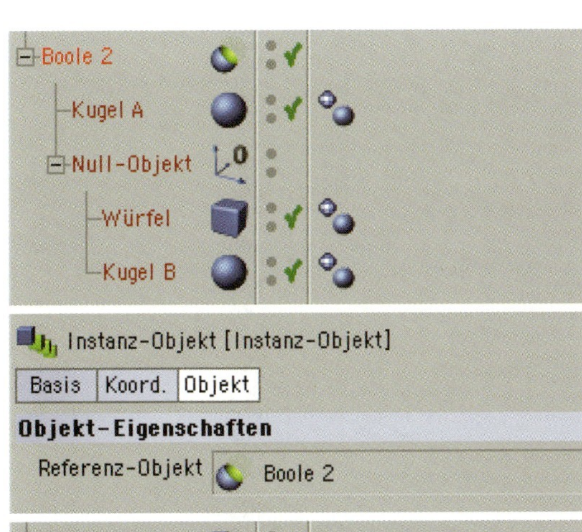

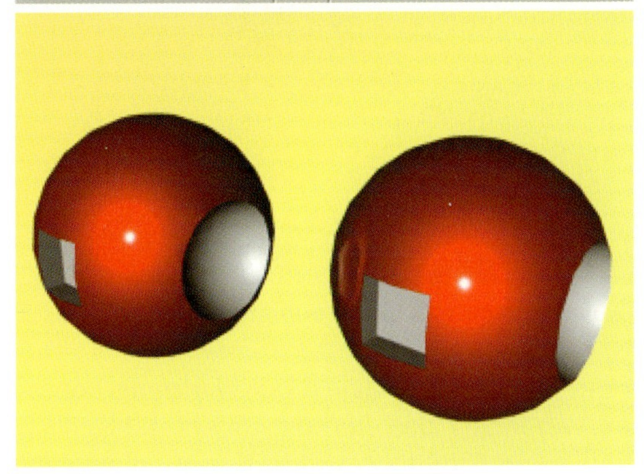

Abbildung 1.107: Instanz einer Objektgruppe erzeugen

Dies kann im Editor die Übersichtlichkeit erhöhen. Die Option Phong-Shading an Schnittkanten unterbrechen führt zu einer deutlicheren Darstellung der Kanten zwischen den sich schneidenden Objekten bei der Bildberechnung.

Letzteres könnte nach einer Konvertierung des Boole-Objekts auch manuell erwirkt werden. Dazu müssen Sie nur die Schnittkanten selektieren bzw. vorher die Option Schnittkanten selektieren im Boole-Objekt aktivieren. Die Funktion Phong-Shading unterbrechen im Menü Funktionen erzeugt dann den gleichen Effekt.

Das Instanz-Objekt

Sehr häufig kommt es vor, dass ein Objekt gleich mehrfach in einer Szene benötigt wird. Denken Sie z.B. an Beleuchtungsmasten an einem Weg oder an Bäume in einem Wald.

Natürlich könnte man diese Kopien auch durch Duplizieren des Originalobjekts erzeugen, es wird dann jedoch recht lästig, nach jedem Verändern des Originals erneut Kopien herstellen zu müssen. Zudem kann das „echte" Kopieren von komplexen Objekten sehr schnell den Arbeitsspeicher füllen.

In solchen Fällen sind die so genannten *Instanzen* besser geeignet. Sie verhalten sich wie das Original, sind aber eigentlich nur interne Verweise auf das Originalobjekt und keine vollständige Kopie. Instanzen lassen sich daher z.B. auch nicht individuell auf Punktebene modifizieren. Sie bleiben immer 100%ige Duplikate des Originals. Dabei kann es sich auch durchaus um eine umfangreiche Gruppe an Objekten handeln.

Wir benutzen hier zur Demonstration die Boole-Objekt-Gruppe aus dem letzten Beispiel. Selektieren Sie das oberste Objekt der Gruppe und klicken Sie dann das Instanz-Objekt-Icon in der Modeling-Objekte-Gruppe an.

Es erscheint ein Instanz-Objekt im Objekt-Manager. Ist dieses selektiert, kann im Attribute-Manager abgelesen werden, welches Objekt sich dahinter verbirgt. In unserem Fall ist dies das *Boole 2*-Objekt samt allen untergeordneten Objekten. Ansonsten scheint sich an unserer Szene noch nichts verändert zu haben.

Dies ändert sich, wenn Sie das Instanz-Objekt mit dem Verschieben-Werkzeug etwas zur Seite ziehen. Jetzt erkennen Sie, dass tatsächlich zwei gleiche Objekte in der Szene vorhanden sind (siehe Abbildung 1.107).

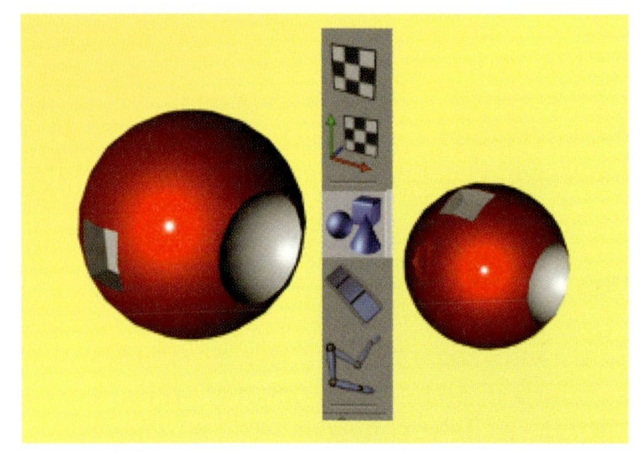

Abbildung 1.108: Instanzen können beliebig verschoben, rotiert und skaliert werden.

Sie können eine Instanz also unabhängig von dem Originalobjekt bewegen. Wenn Sie das ROTIEREN-Werkzeug im MODELL-BEARBEITEN-MODUS benutzen, stellen Sie fest, dass auch die Rotation völlig fei wählbar ist. Wie sieht es mit der Größe aus?

Benutzen Sie das SKALIEREN-Werkzeug und versuchen Sie, der Instanz eine andere Größe zu geben. Dies schlägt fehl.

Um zu ergründen, woran dies liegt, schalten Sie in den PUNKTE-BEARBEITEN-MODUS und KONVERTIEREN das *Boole 2*-Objekt zu einem POLYGON-OBJEKT. Wie Sie sehen, werden weiterhin keine Punkte für die Instanz angezeigt.

Da das SKALIEREN-Werkzeug zum Skalieren die Abstände der Punkte vom lokalen Objekt-System verändert, kann es bei dieser Objektart nicht wie gewohnt arbeiten. Das INSTANZ-OBJEKT besteht wie ein NULL-OBJEKT eigentlich nur aus einem lokalen Koordinatensystem.

Vielleicht erinnern Sie sich noch an die Erläuterungen zum KOORDINATEN-MANAGER und dessen GRÖSSE-Modus, wo die Achslängen angezeigt wurden. Hier liegt der Schlüssel zur Lösung, denn Sie können Objekte auch durch die Skalierung ihrer Achsen vergrößern oder verkleinern. Um dies interaktiv zu steuern, wechseln Sie in den OBJEKT-BEARBEITEN-MODUS (siehe Abbildung 1.108).

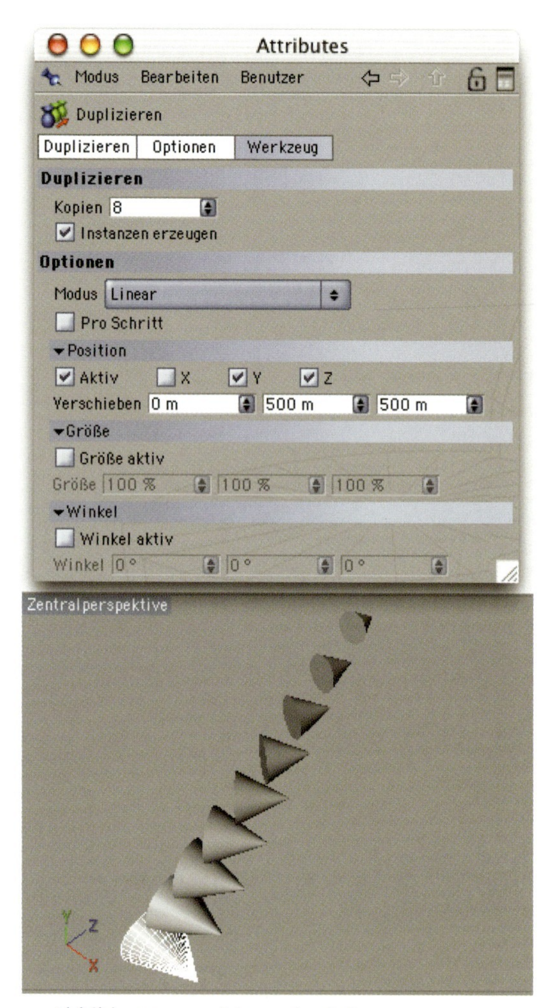

Abbildung 1.109: Linear duplizieren

Wenn Sie jetzt das SKALIEREN-Werkzeug benutzen, verändert das INSTANZ-OBJEKT tatsächlich auch seine Größe unabhängig vom Originalobjekt. Sie sollten diese Art der Skalierung jedoch nur in Ausnahmefällen wie diesem benutzen. Ansonsten kann es zu ungewollten Verzerrungen untergeordneter Objekte kommen.

In der Regel benötigen Sie mehr als nur eine Instanz-Kopie von einem Objekt. Natürlich könnte man sich auch mit Strg-/Ctrl-Drag-Aktionen im OBJEKT-MANAGER beliebig viele Kopien des INSTANZ-OBJEKTS erzeugen, es gibt dafür jedoch elegantere Lösungen.

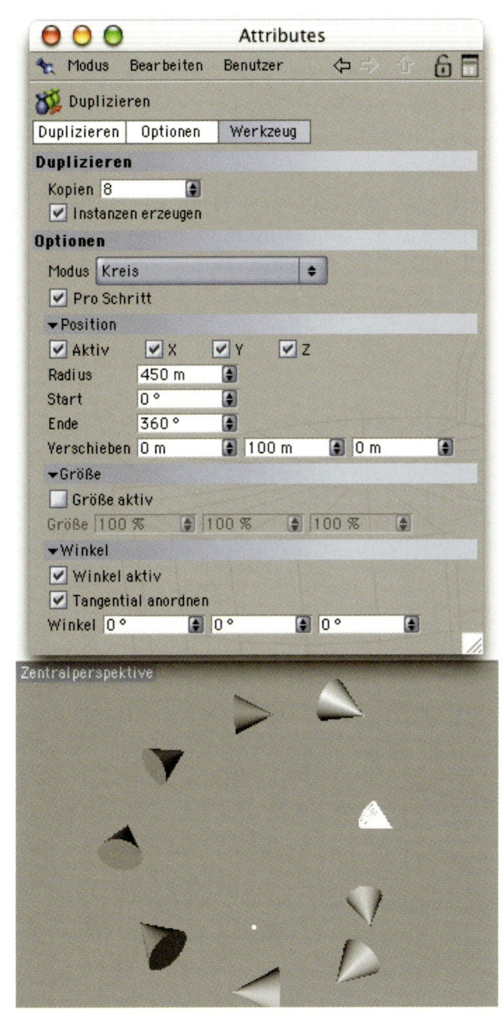

Abbildung 1.110: Kreis-Modus

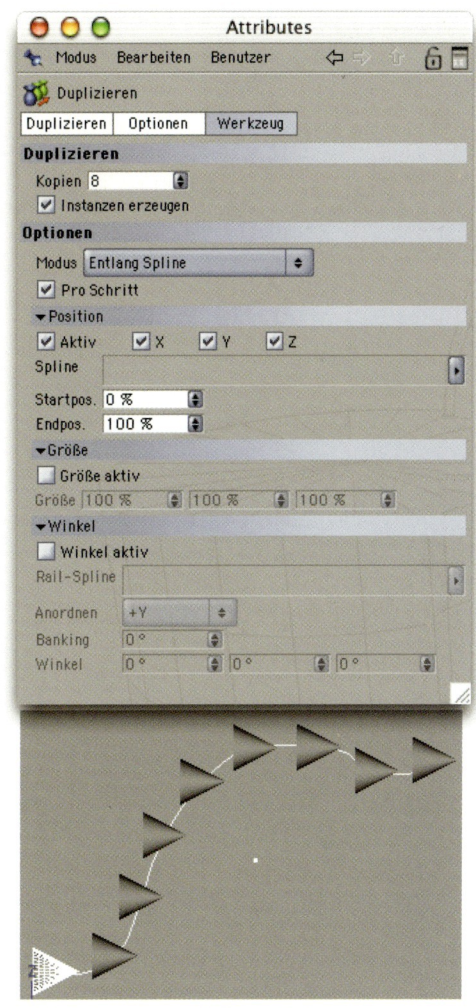

Abbildung 1.111: Spline-Modus

Dazu selektieren Sie das zu duplizierende Objekt und wählen Funktionen › Duplizieren aus (siehe Abbildung 1.109). Im Duplizieren-Bereich der Einstellungen im Attribute-Manager wählen Sie die gewünschte Anzahl der Kopien und ob echte oder Instanz-Kopien erzeugt werden sollen.

Der Modus im Optionen-Bereich regelt die Anordnung der Kopien. Im Linear-Modus können die Kopien entlang der Richtung im Position-Bereich verschoben werden.

Zusätzlich können die Kopien skaliert und rotiert werden. Ob die eingetragenen Werte absolut oder pro Kopie angewendet werden, bestimmt die Pro Schritt-Option.

Im Kreis-Modus (siehe Abbildung 1.110) werden die Kopien kreisförmig angeordnet. Die Benutzung einer zusätzlichen Verschiebung führt dann zu einer helixförmigen Gruppierung. Schließlich können im Entlang Spline-Modus beliebige Spline-Kurven für die Platzierung und Ausrichtung benutzt werden (siehe Abbildung 1.111).

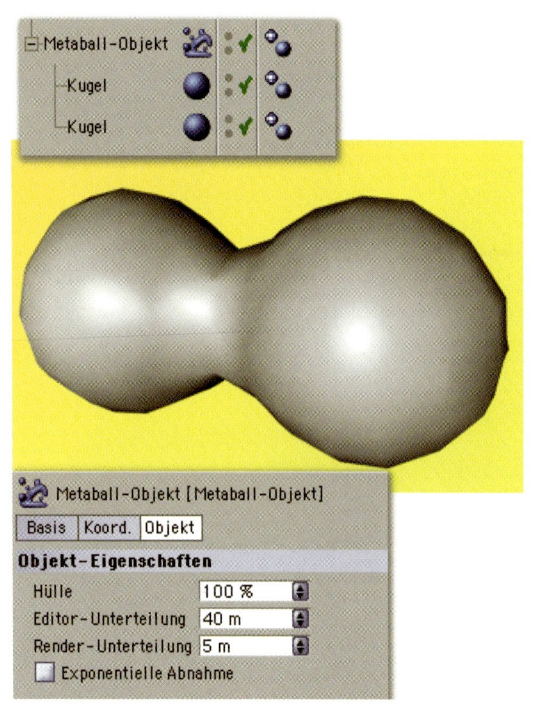

Abbildung 1.112: Zwei Metaball-Kugeln

Denken Sie bei der Benutzung des SPLINE-Modus daran, dass Sie es hier nur mit einem Werkzeug zu tun haben. Wenn Sie zu einem späteren Zeitpunkt Veränderungen an der Form der verwendeten Splines vornehmen, werden die Kopien nicht aktualisiert.

Ansonsten gehen Sie zum Zuweisen der Splines wie gewohnt so vor, dass Sie die entsprechenden Spline-Objekte aus dem OBJEKT-MANAGER in das SPLINE- bzw. RAIL-SPLINE-Feld ziehen. Die Einstellung im ANORDNEN-Menü regelt dann die Kopienachse, die auf den RAIL-SPLINE ausgerichtet werden soll. Gewisse Ähnlichkeiten zur Benutzung eines RAIL-SPLINES im SWEEP-NURBS sind unverkennbar.

Das Metaball-Objekt

Das Metaball-Objekt rechne ich zu den Spezialeffekten, obwohl damit sicher auch weniger ausgefallene Objekte wie z.B. Wassertropfen oder Schweißnähte umgesetzt werden können.

Die Bedienung ist recht einfach. Ordnen Sie z.B. zwei Kugeln unter einem METABALL-OBJEKT ein und nähern diese Kugeln in den Editor-Ansichten einander an. Ab einer gewissen Distanz voneinander werden sich die Kugeln verbinden (siehe Abbildung 1.112), als ob zwei Tropfen ineinander fließen.

Das Ergebnis wird bei Ihnen wahrscheinlich etwas eckig aussehen. Lassen Sie sich davon nicht täuschen. Das METABALL-OBJEKT benutzt absichtlich eine recht geringe Unterteilung mit Flächen, damit die Geschwindigkeit der Editor-Darstellung möglichst erhalten bleibt.

Wenn Sie das METABALL-OBJEKT anklicken, können Sie im ATTRIBUTE-MANAGER die Parameter einsehen, die dieses Verhalten kontrollieren.

Der Wert für die EDITOR-UNTERTEILUNG gibt die Länge der am METABALL-OBJEKT verwendeten Kanten an. Je länger die Kanten sind, desto weniger Flächen werden benötigt, um das Objekt zu erzeugen, desto ungenauer wird die Form aber auch dargestellt.

Der Wert für die RENDER-UNTERTEILUNG arbeitet nach dem gleichen Prinzip, steuert jedoch die Kantenlänge des Objekts während der Bildberechnung. Dieser Wert wird daher in den meisten Fällen sehr viel kleiner sein als der Wert für die EDITOR-UNTERTEILUNG. Dies gewährleistet ein zwar ungenaueres, dafür aber schnell zu erzeugendes Objekt im Editor und ein hoch aufgelöstes und daher organisch gerundetes Objekt bei der finalen Bildberechnung.

Der HÜLLE-Wert steuert hierbei die „Spannung" der Polygonhülle. Je größer der HÜLLE-Wert, desto enger liegt die Metaball-Oberfläche an den verwendeten Objekten an. Kleine Werte führen im Umkehrschluss zu weiter ausufernden Oberflächen, die die verwendeten Objekte nur noch erahnen lassen.

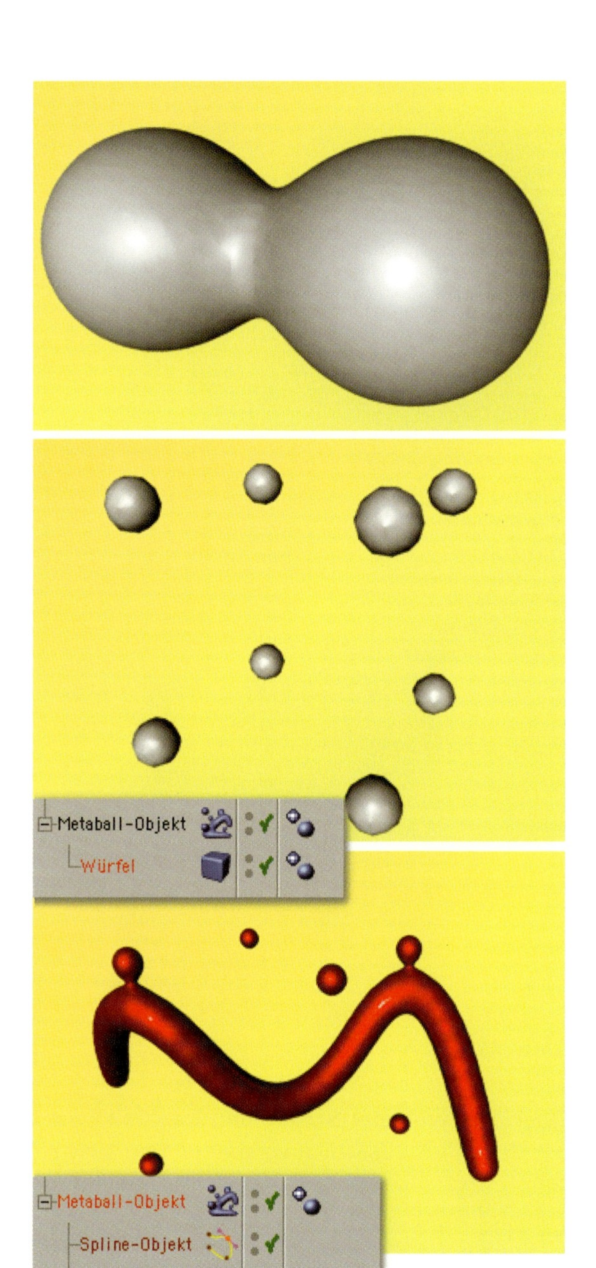

Abbildung 1.113: Die unterschiedliche Darstellung von Kugeln, Polygon-Objekten und Splines im Metaball-Objekt

Unter einem METABALL-OBJEKT können beliebig viele Objekte verwendet werden. Unterstützt werden dabei sowohl Spline- als auch Polygon-Objekte. Unter letzteren nehmen Kugel-Grundobjekte eine Sonderstellung ein, denn dort lässt sich über den RADIUS-Wert direkt die Größe eines Metaball-Tropfens einstellen (siehe Abbildung 1.113 oben).

Bei allen anderen Polygon-Objekten wird jeder Punkt als ein Metaball-Tropfen behandelt. Man kann dies gut an einem untergeordneten WÜRFEL-Grundobjekt beobachten. Es entstehen dort acht kleine Kugeln – je eine für jeden Punkt des Würfels (siehe mittlere Einblendung in Abbildung 1.113).

Splines können ebenfalls unter einem Metaball-Objekt benutzt werden. Sie bekommen dadurch eine schlauchähnliche Form, die sich bei Annäherung an andere Splines oder Polygon-Objekte ebenfalls wie eine zähe Flüssigkeit verhält.

Die unterste Einblendung in Abbildung 1.113 demonstriert dies an den Stellen, an denen der Spline in unmittelbarer Nähe der Würfeleckpunkte entlangführt. Die Tropfen an den Eckpunkten bilden dort eine Verbindung zu dem Spline.

Wo liegt nun der Sinn dieses Effekts? Denkbar sind z.B. Flüssigkeitssimulationen. Dabei greift man auf große Mengen sehr kleiner Metaball-Tropfen zurück, damit ein möglichst natürliches Verhalten der Oberfläche simuliert wird.

In vielen Fällen reicht selbst dies jedoch nicht aus und die Flüssigkeit wirkt eher zähflüssig. Zudem ist die Polygondichte für Flüssigkeiten mit Metaball-Objekten sehr hoch und daher nur in begrenzten Dimensionen sinnvoll. Ein Wasserglas z.B. mag damit noch realisierbar sein, ein Ozean sicher nicht mehr. Der Schlüssel liegt daher in der Kombination mit anderen Techniken, wie z.B. dem Einsatz geeigneter Materialien und animierter Objektdeformation.

Eine kleine Hilfestellung gibt uns das METABALL-OBJEKT aber dennoch, denn das Verhalten der untergeordneten Objekte kann über ein METABALL-TAG individuell gesteuert werden. Wählen Sie dazu ein Unterobjekt des METABALL-OBJEKTS aus und rufen Sie im DATEI-Menü des OBJEKT-MANAGERS CINEMA 4D TAGS › METABALL auf.

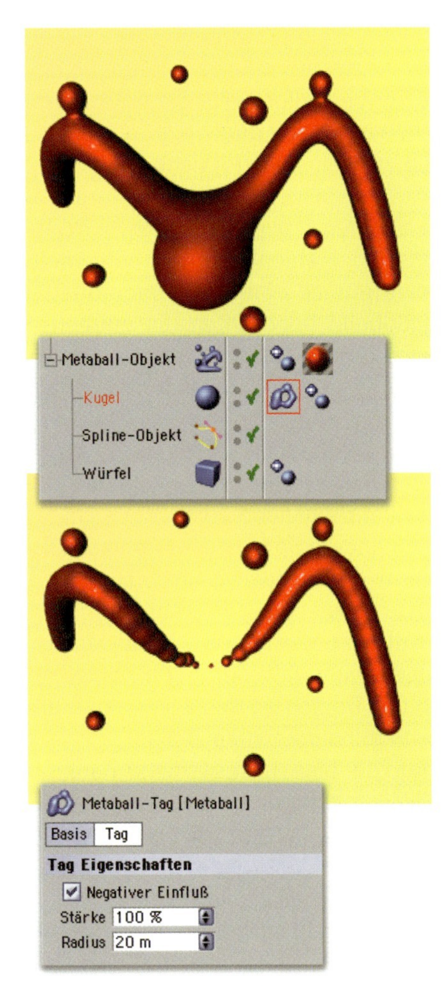

Abbildung 1.114: Individuelle Steuerung von Metaball-Eigenschaften

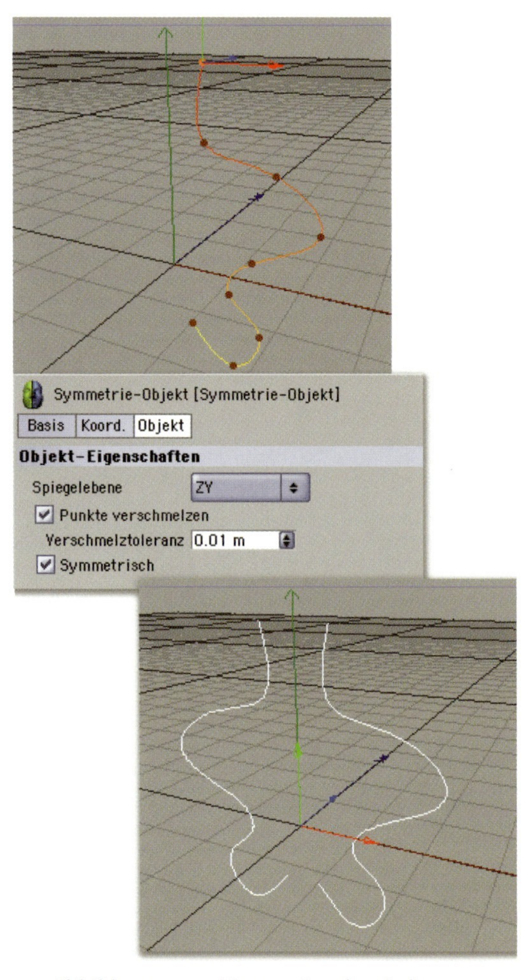

Abbildung 1.115: Ein gespiegelter Spline

Um den Effekt deutlicher zeigen zu können, wurde der Szene eine zusätzliche Kugel hinzugefügt, die ebenfalls unter dem METABALL-OBJEKT gruppiert wurde. Abbildung 1.114 zeigt im oberen Bereich, wie sich die Kugel und der Spline organisch umschließen.

Der Kugel wird dann aus dem beschriebenen Menü ein METABALL-TAG zugewiesen und dort die Option NEGATIVER EINFLUSS aktiviert. Das METABALL-OBJEKT wird von diesem Objekt ab jetzt abgestoßen. Das Ergebnis sehen Sie unten in der Abbildung.

Über die Parameter STÄRKE und RADIUS können Sie den Effekt zusätzlich verstärken und ausweiten.

Das Symmetrie-Objekt

Neben NULL-OBJEKT und BOOLE-OBJEKT verdient das SYMMETRIE-OBJEKT von uns besondere Aufmerksamkeit, denn es vermag uns sehr viel Zeit zu sparen. Praktisch kann das so aussehen, dass Sie z.B. nur einen halben Menschen zu modellieren brauchen. Das SYMMETRIE-OBJEKT ergänzt die fehlende Hälfte automatisch.

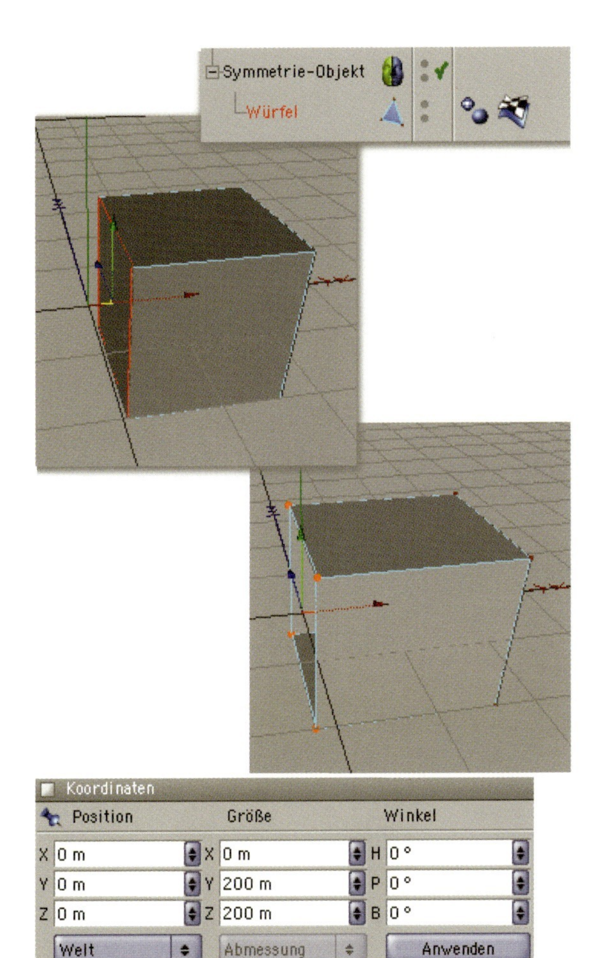

Abbildung 1.116: Vorbereitung zum nahtlosen Spiegeln eines Objekts

Um dies praktisch zu demonstrieren, zeichnen Sie einen beliebig geformten Spline in der frontalen Editor-Ansicht und rufen dann das Symmetrie-Objekt auf. Ordnen Sie diesem das Spline-Objekt unter. In den Editor-Ansichten erkennen Sie nun sofort, dass ein gespiegeltes Spline-Objekt hinzugekommen ist (siehe Abbildung 1.115).

Wenn Sie nun das Spline-Objekt verschieben oder dessen Punkte bewegen, werden Sie an dem gespiegelten Spline die gleichen Veränderungen beobachten können. Im Prinzip verhält es sich also wie mit einer Instanz-Kopie, die gespiegelt wurde.

Um tatsächlich zwei Splines zur Verfügung zu haben, müssen Sie das Symmetrie-Objekt konvertieren.

Häufiger wird das Symmetrie-Objekt jedoch mit Polygon-Objekten eingesetzt (siehe Abbildung 1.116). Hier kommt dann auch die Option zum Tragen, mit der Punkte an der Symmetrieachse verschmolzen werden können. Darunter ist nichts anderes als das Optimieren der doppelten Punkte dort gemeint. Der Wert der Verschmelztoleranz gibt den Radius vor. In diesem Radius werden die Punkte daraufhin zusammengefasst. Wir werden uns dies wie immer an einem kleinen Beispiel näher ansehen.

Löschen Sie dazu den Spline unter dem Symmetrie-Objekt und ordnen Sie stattdessen dort ein neues Würfel-Grundobjekt ein. Verschieben Sie den Würfel entlang der Welt-X-Achse, bis Sie zwei voneinander getrennte Würfel im Editor erkennen können.

Konvertieren Sie den Würfel und löschen Sie daran die Fläche, die dem Spiegelbild-Würfel zugewandt ist. Selektieren Sie die vier Eckpunkte an der Würfelöffnung und tragen Sie im Koordinaten-Manager „0 m" für die Welt-X-Position dieser Punkte ein (siehe Abbildung 1.116). Nach dem Betätigen der Anwenden-Schaltfläche liegen diese Punkte exakt in der Welt-ZY-Ebene, die mit der Spiegelebene des Symmetrie-Objekts übereinstimmt, sofern Sie dieses nicht vorher verschoben oder gedreht haben.

Ist im Dialog des Symmetrie-Objekts Punkte verschmelzen aktiviert, haben Sie es nun nur noch mit einem einzigen Objekt zu tun. Diese Technik wendet man z.B. bei der Modellierung eines Gesichts an, um nur eine Hälfte modellieren zu müssen. Da jede Veränderung auf der einen Seite sofort auch auf der gespiegelten Seite sichtbar ist, hat man immer den kompletten Kopf vor sich. Aber auch für technische Objekte wie z.B. eine Autokarosserie lässt sich diese Technik sehr gut nutzen.

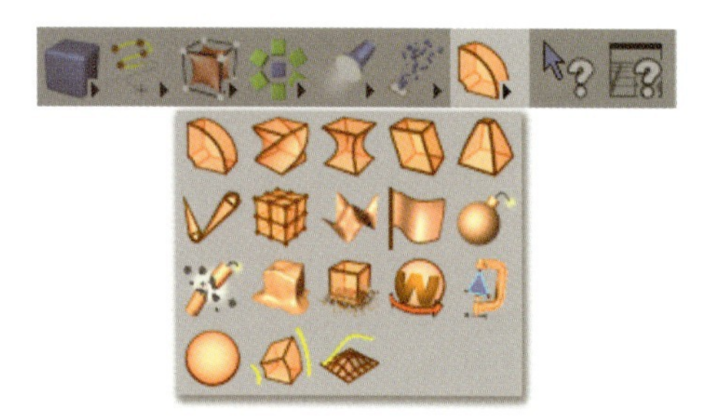

Abbildung 1.117: Zur Verfügung stehende Deformator-Objekte

1.29 Deformatoren

Kommen wir zum Abschluss dieses Kapitels zu den Deformatoren. Darunter versteht Cinema 4D Objekte, mit denen Polygon-Objekte verformt werden können. Einige Deformatoren erlauben auch Spezialeffekte, wie z.B. das Explodieren oder Schmelzen eines Objekts.

Da alle Deformatoren (siehe Abbildung 1.117) nach den gleichen Prinzipien funktionieren, werden wir nur drei davon näher vorstellen. Diese zählen zudem zu den wichtigeren Deformatoren, die häufiger als alle anderen benutzt werden.

Der Biege-Deformator

Die komplette obere Reihe der Deformator-Icons stellt Objekte dar, die auf eine bestimmte Deformation spezialisiert sind. Die Art der berechneten Verformung lässt sich dabei schon recht gut aus der Darstellung der Icons ableiten. So erzeugen die Deformatoren der Reihe nach eine Biegung, eine Verdrehung, eine Einschnürung, eine Scherung und eine Stauchung.

Es lassen sich mehrere Deformatoren mit einem Objekt benutzen, um so noch komplexere Verformungen zu erzielen. Dabei kann die Verformung jederzeit, z.B. durch das Löschen des Deformators, rückgängig gemacht werden.

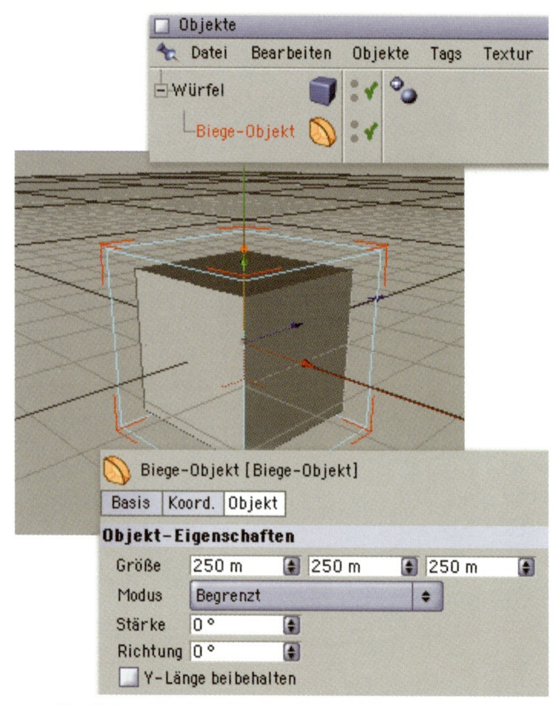

Abbildung 1.118: Anwendung eines Deformators auf ein Objekt

Schauen wir uns kurz an, wie ein Deformator-Objekt verwendet wird. Grundsätzlich ist es dabei so, dass Sie das gewünschte Objekt aus der Deformator-Liste auswählen (siehe Abbildung 1.117) und dann dem Objekt unterordnen, das deformiert werden soll (siehe Abbildung 1.118).

Besteht Ihr Modell aus mehreren Objekten, die zusammen verformt werden sollen, kann ein Deformator z.B. auch unter einem NULL-OBJEKT eingeordnet werden, unter dem alle Objekte des Modells gesammelt wurden.

Da ein Deformator-Objekt selbst keine Geometrie enthält, wird dessen Position und Form in den Editor-Ansichten nur als stilisierter Würfel angedeutet. Die Deformation findet in der Regel nur innerhalb des Volumens des Deformator-Objekts statt. Sie können daher die Größe des Deformators getrennt für die X-, die Y- und die Z-Länge im ATTRIBUTE-MANAGER vorgeben.

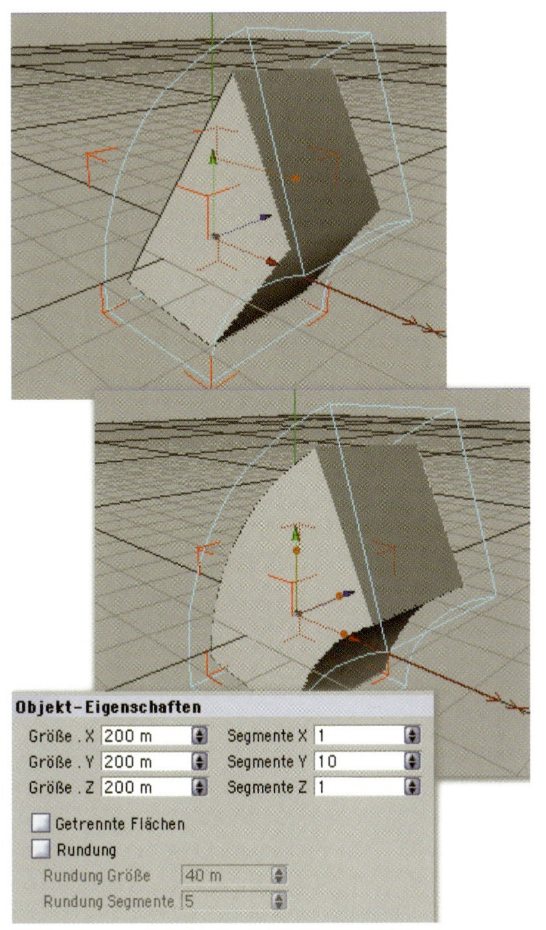

Abbildung 1.119: Die Unterteilung des Objekts bestimmt die Qualität der Verformung.

Wenn Sie zum Ausprobieren nur einen Würfel verformen möchten, muss an der Größe des Deformators nichts verändert zu werden.

Wie Sie Abbildung 1.118 entnehmen können, wurde dort der Biege-Deformator gewählt. Sie können aber auch jeden anderen Deformator aus dieser Reihe benutzen. Ordnen Sie den Deformator unter dem Würfel-Objekt ein. Schalten Sie in den Modell-bearbeiten-Modus und aktivieren Sie das Verschieben-Werkzeug. An der Oberseite des Deformators finden Sie dann einen Anfasserpunkt. Wenn Sie diesen Anfasser anklicken und verschieben, führt der Deformator seine Verformung durch.

Im Fall des Biege-Deformators kommt es zu einer Krümmung in die Richtung, in die Sie den Anfasser bewegen. Je weiter der Anfasser von seiner ursprünglichen Position entfernt wird, desto stärker wird die Verformung.

Wenn Sie das Ergebnis in den Editor-Ansichten betrachten, fällt dies zuerst etwas enttäuschend aus (siehe Abbildung 1.119 oben). Der Würfel wird zwar verformt, aber nicht so schön gerundet, wie es uns das Biege-Objekt anzeigt.

Dies liegt daran, dass Deformatoren nur auf Punkte einwirken können. Wenn ein Objekt also nur aus wenigen Punkten besteht oder diese nicht in den Bereichen liegen, in denen die Verformung berechnet werden soll, kann keine exakte Deformation angezeigt werden.

Unser Würfel-Beispiel zeigt dies sehr deutlich, denn dort sind standardmäßig nur die acht Eckpunkte vorhanden. Soll der Bereich entlang der Biegung besser abgebildet werden, müssen wir für mehr Punkte entlang der Y-Richtung des Würfels sorgen. Da unser Würfel noch nicht konvertiert wurde, lässt sich die Punktanzahl recht komfortabel über den Attribute-Manager erhöhen (siehe Abbildung 1.119 unten) bis uns die Biegung gerundet genug erscheint.

Sie brauchen dabei nur in der Richtung feiner zu unterteilen, in der die Deformation wirkt. Die Werte für die X- und die Z-Segmente des Würfels können also unverändert bleiben.

Werfen wir nun einen Blick auf die Einstellungen des Deformators. Sie finden dort neben den bereits beschriebenen Größenangaben die Eingaben für Stärke und Richtung. Im Prinzip sind dies nichts anderes als numerische Werte für die Verschiebung des Anfassers. Sie können damit also sowohl die Richtung als auch die Gradzahl der Biegung präzise einstellen. Wenn z.B. exakt eine 90°-Biegung gewünscht ist, tragen Sie diesen Wert für die Stärke ein.

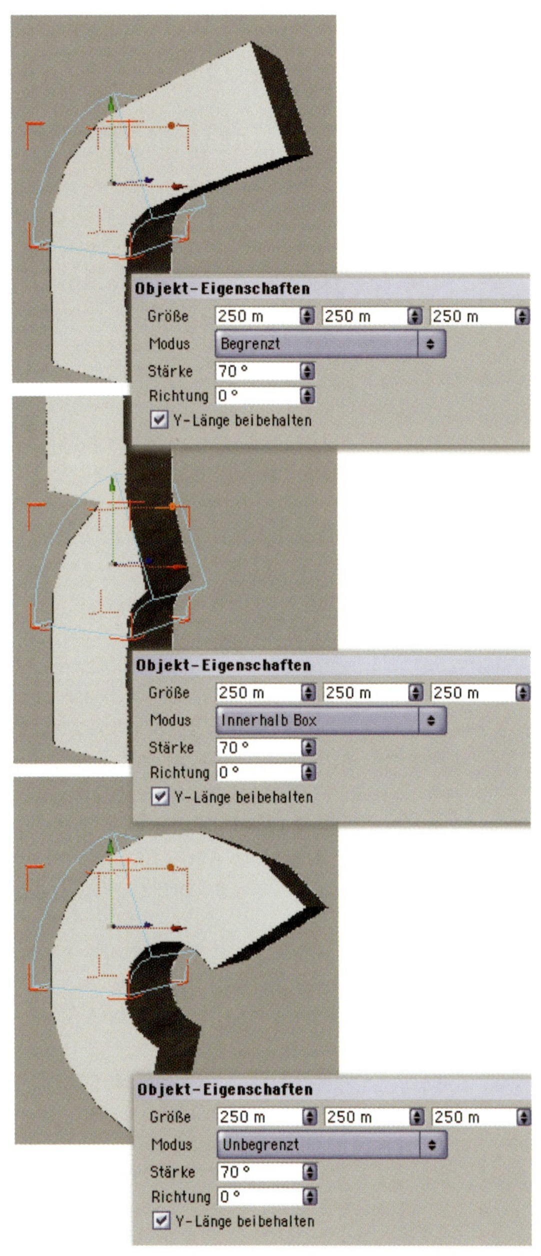

Abbildung 1.120: Die verschiedenen Modi eines Deformators

Der Richtung-Wert wird von der X-Achse des Deformators aus gemessen. Bei einer Richtung von z.B. 90° erfolgt die Biegung dann also entlang der Objekt-Z-Achse.

Die Option Y-Länge beibehalten führt zu einer Verkürzung des verformten Objekts, um die ursprüngliche Länge wieder herzustellen. Ist die Option ausgeschaltet, wird das Objekt gleichzeitig verformt und verlängert.

Um beobachten zu können, was die Modus-Einstellung bewirkt, sollte das zu deformierende Objekt größer als der Deformator sein. In unserem Beispiel wurde dazu einfach der Würfel über dessen Anfasser entlang der Höhe verlängert (siehe Abbildung 1.120), so dass er oben und unten aus dem Deformator herausragt.

Im Begrenzt-Modus – dies entspricht der Standardeinstellung – bleibt die Form des Würfels vor und nach der Deformation gleich. Die Positionen der Würfelenden werden jedoch so angepasst, dass sie der Verformung logisch richtig folgen. Die eigentliche Verformung bleibt dabei auf den Bereich des Deformators begrenzt.

Im Innerhalb Box-Modus wird ebenfalls nur im Bereich des Deformators verformt. Diesmal werden die Bereiche des Würfels, die außerhalb liegen, jedoch nicht verändert. Es kommt also nur zu einer Deformation der Objektteile, die exakt innerhalb des Deformator-Objekts liegen.

Der Unbegrenzt-Modus interpretiert den Deformator als Teilstück einer Deformation, die das gesamte Objekt erfasst. Die Verformung wirkt sich daher auf das gesamte Objekt aus, auch wenn nur ein kleiner Teil davon durch den Deformator läuft.

Die Unterschiede zwischen diesen Modi sind bildhaft noch einmal in Abbildung 1.120 dokumentiert. Diese Modus-Einstellungen finden Sie bei allen Deformatoren der oberen Reihe aus Abbildung 1.117 wieder.

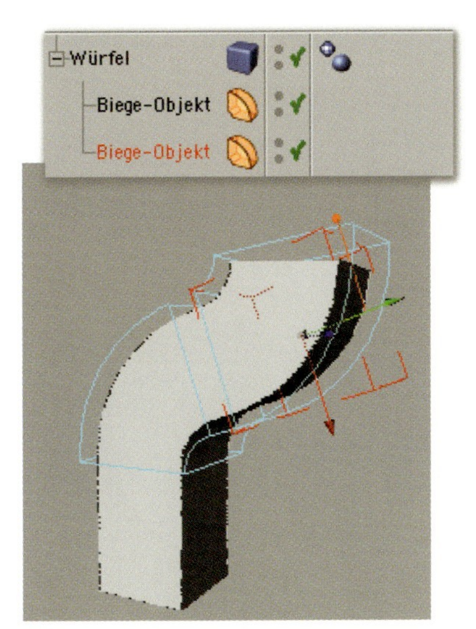

Abbildung 1.121: Kombination mehrerer Deformatoren an einem Objekt

In vielen Fällen lassen sich Objekte jedoch nicht allein mit nur einem dieser Deformatoren in die gewünschte Form bringen. Dies stellt jedoch kein Problem dar, denn Sie können beliebig viele Deformatoren mit einem Objekt oder einer Objektgruppe verwenden.

Die Anordnung muss dabei wie in Abbildung 1.121 erfolgen. Die Deformatoren stehen also alle auf der gleichen hierarchischen Ebene unter dem zu deformierenden Objekt.

Bei der Verwendung mehrerer Deformatoren ist zu beachten, dass diese nach einer festen Reihenfolge abgearbeitet werden, und zwar in der Reihenfolge Ihrer Einordnung im Objekt-Manager von oben nach unten.

In dem Beispiel in Abbildung 1.121 erkennen Sie zwei Biege-Objekte unter dem Würfel. Das obere der beiden biegt den Würfel von unten her betrachtet nach rechts. Das zweite Biege-Objekt korrigiert die Richtung des Würfelendes wieder so, dass dieses nach oben weist. Durch eine Änderung der Reihenfolge der Deformatoren, würde das Ergebnis ganz anders aussehen.

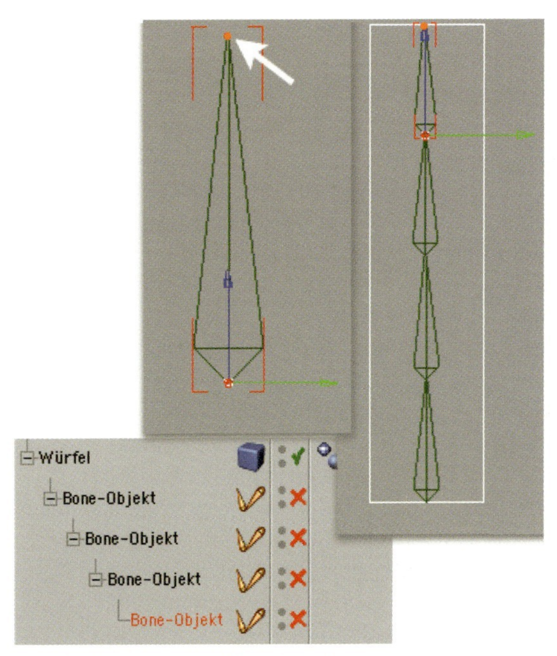

Abbildung 1.122: Bone-Objekte

Die Arbeit mit mehreren Deformatoren an einem Objekt kann dadurch recht schnell unübersichtlich werden. Für derart verkettete Verformungen gibt es daher bessere Lösungen, wie der folgende Deformator-Typ zeigt.

Das Bone-Objekt

Sie sollten sich immer dann für das Bone-Objekt entscheiden, wenn große Flexibilität bei der Verformung benötigt wird. Bones werden daher sehr häufig bei der Animation von Figuren und anderen komplexen Modellen eingesetzt.

Wie der Name *Bone* schon andeutet, kann man sich diese Objekte wie kleine Knochen in einem Organismus vorstellen. Dreht man einen Knochen in seinem Gelenk, wird automatisch das ihn umgebende Gewebe mitbewegt. Genau so funktioniert das auch in 3D-Programmen.

Um dies zu testen, löschen Sie die Deformatoren unter dem Würfel und rufen ein Bone-Objekt aus den Deformatoren auf. Wie Sie Abbildung 1.122 entnehmen können, ist die äußere Erscheinung eher schlicht.

Bone-Objekte ähnelt der Form eines Nagels oder Keils. Die Spitze am dickeren Ende eines Bones ist sein Gelenk. Dort sitzt daher auch sein lokales Objekt-System, das als Drehpunkt verwendet werden kann.

Am anderen spitzen Ende des Bones finden Sie wieder einen Anfasserpunkt. Das Verschieben dieses Anfassers kann den Bone drehen und gleichzeitig skalieren. Sie können damit also sowohl die Richtung als auch die Länge steuern.

Benutzen Sie das VERSCHIEBEN-Werkzeug im MODELL-BEARBEITEN-MODUS, um das Gelenk des Bone-Objekts in der Mitte des Würfelbodens zu platzieren und verschieben Sie dann den Anfasser so, dass der Bone senkrecht nach oben zeigt.

Ein *Bone* ist an sich starr, das heißt, er selbst kann allein keine gerundete Biegung erzeugen, wie es z.B. sehr einfach mit dem Biege-Deformator möglich war. Bone-Objekte werden daher fast immer in Ketten angelegt, um Deformationen zu erzeugen. Im menschlichen Körper ist dies ja auch nicht anders, wenn Sie sich z.B. das Knochenskelett eines Arms vorstellen. Die eigentliche Verformung findet dort zwischen den Knochen in den Gelenken statt, also z.B. im Ellenbogen oder am Handgelenk.

Um eine solche Bone-Kette zu erzeugen, könnte man jetzt immer neue Bone-Objekte aufrufen und diese unter dem Würfel platzieren. Dies macht jedoch später den Einsatz von Animationshilfsmitteln wie z.B. inverse Kinematik unmöglich. Stattdessen halten Sie die `Strg`-/`Ctrl`-Taste gedrückt und klicken auf den Anfasser des Bones. Es erscheint automatisch ein neues Bone-Objekt an der Spitze des alten Bones. Sie können die Taste dann lösen und über den Anfasser des neuen Bones wieder die Ausrichtung und Länge steuern. Fahren Sie nach dieser Beschreibung fort, bis die gesamte Länge des Würfels mit Bones ausgefüllt ist (siehe Abbildung 1.122).

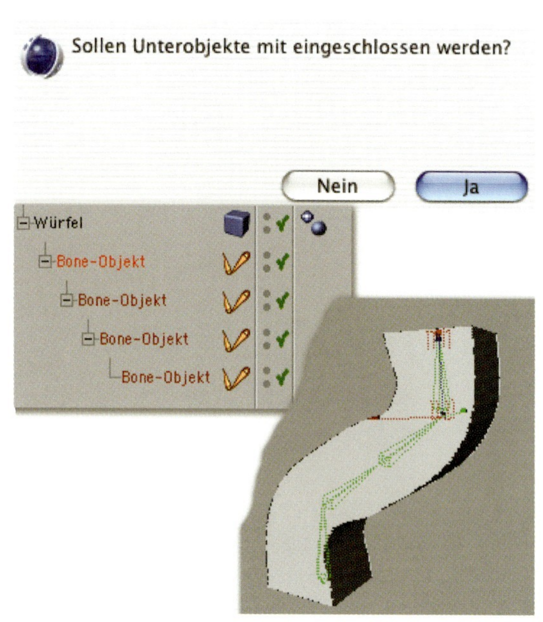

Abbildung 1.123: Deformieren mit fixierten Bone-Objekten

Je kürzer die verwendeten Bones sind, desto feiner kann später die Verformung gesteuert werden, desto aufwändiger kann aber auch die Steuerung der Bones werden. Es gilt also, ein Mittelmaß zu finden. Vier bis sechs Bones sollten in diesem Fall völlig ausreichen.

Anders als bei dem bislang benutzten Biege-Deformator müssen Bones zuerst aktiviert werden. Cinema 4D nennt dies *Fixieren*. Dabei werden die augenblicklichen Positionen und Ausrichtungen der Bones gespeichert. Nur aufgrund dieser gespeicherten Werte kann später bei der Bewegung der Bone-Objekte eine Abweichung von der gespeicherten Richtung ermittelt und dementsprechend auch eine Verformung der umliegenden Geometrie errechnet werden.

Um eine Bone-Kette wie unsere zu fixieren, klicken Sie im OBJEKT-MANAGER das oberste Bone-Objekt an und wählen im OBJEKTE-Menü des OBJEKT-MANAGERS den Punkt BONES FIXIEREN aus. Es erscheint ein Fenster wie in Abbildung 1.123.

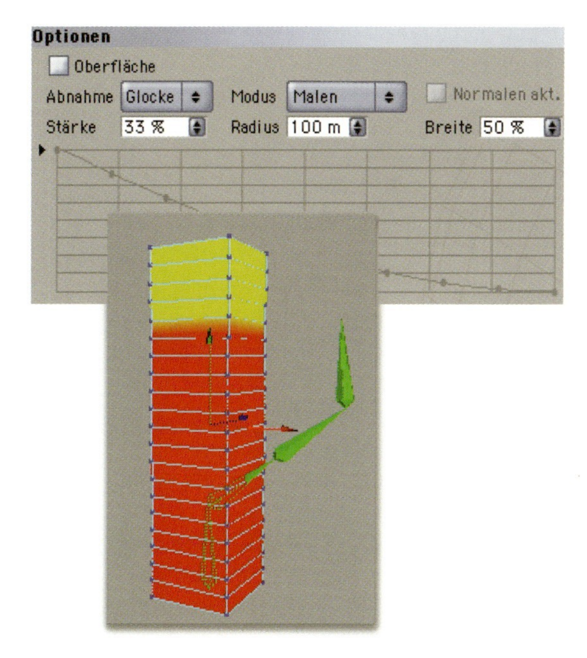

Abbildung 1.124: Deformatoren beschränken

Sie werden dort gefragt, ob auch die Unterobjekte in diese Aktion eingeschlossen werden sollen. Da Sie nicht nur den obersten Bone, sondern auch die untergeordneten Bones fixieren möchten, bejahen Sie den Dialog. Sie können dann feststellen, dass alle Bones nun ein grünes Häkchen im Objekt-Manager bekommen haben und somit aktiviert wurden.

Wenn Sie nun z.B. den letzten Bone der Hierarchie mit dem Rotieren-Werkzeug drehen, sollte sich der Würfel in diesem Bereich verformen. Sie beeinflussen ab jetzt die Ausrichtung der Bones also nicht mehr mit dem Anfasser, sondern ausschließlich durch die Rotation des gesamten Bones.

Um die Wirkung eines Bones auf das umliegende Objekt zu steuern, bietet sich der Funktion-Wert des obersten Bones der Hierarchie an. Selektieren Sie also den obersten Bone und werfen Sie einen Blick in den Attribute-Manager. Die dort eingestellte Funktion bestimmt die Abnahme der Bone-Kraft nach außen.

Bei der Funktion *1/r^2* – wobei *r* für den Radius steht – nimmt die Bone-Stärke sehr viel langsamer ab als z.B. bei Funktion *1/r^8*.

Dies bedeutet in der Praxis, dass ein Bone mit der Funktion *1/r^2* einen sehr viel größeren Teil des Objekts verzerren wird. Benutzt man nur wenige Bones, kann dies von Vorteil sein. Wenn Sie jedoch mit mehreren Bones auf engem Raum arbeiten, sollte jeder Bone möglichst nur die Bereiche des Objekts beeinflussen, die in unmittelbarer Nähe liegen. Schalten Sie die Funktion also in unserem Beispiel besser auf einen höheren Wert.

Sie haben jetzt zwar nur für den obersten Bone der Bone-Kette den Funktion-Wert verändert, dieser Wert wird jedoch automatisch auch mit den anderen Bones benutzt. Sie können dies zwar an den Funktion-Werten der übrigen Bones nicht erkennen, aber es reicht, wenn Sie nur den obersten Bone entsprechend einstellen.

Deformatoren beschränken

Der Funktion-Wert kann also Bone-Deformatoren in gewisser Weise räumlich beschränken. In der Praxis erweist sich diese Beschränkung allein jedoch häufig als zu ungenau. Wir haben es hier schließlich mit einer Art unsichtbarem Kraftfeld zu tun, dass nicht exakt auf die Form der umgebenden Geometrie angepasst werden kann. Und wie sieht es z.B. mit dem Biege-Deformator aus? Dort bekamen wir nur ein rechteckiges Würfel-Kraftfeld, das sich auch nicht sonderlich gut, z.B. auf eine geschwungene Objektform, anpassen lässt.

Für diese Fälle, in denen der Einflussbereich von Deformatoren exakt festgelegt werden muss, helfen uns entweder Selektion-Tags oder Vertex Map-Tags weiter. Selektion-Tags haben Sie bereits kennen gelernt. Immer wenn Sie z.B. eine Polygon-Selektion erstellt haben und dann den Befehl Selektion einfrieren benutzen, entsteht ein Polygon-Selektion-Tag hinter dem Objekt im Objekt-Manager.

Die darin gespeicherte Selektion kann jetzt z.B. auch dazu genutzt werden, um eine Deformation nur auf diese Flächen zu beschränken. Dazu selektieren Sie das Deformationsobjekt, das unter dem Objekt mit dem Selektion-Tag eingeordnet sein muss, und wählen dann aus dem Datei › Cinema 4D Tags-Menü des Objekt-Managers das Beschränkung-Tag.

Im Attribute-Manager erkennen Sie bei aktiviertem Beschränkung-Tag einige leere Textzeilen. Tragen Sie in die oberste Zeile den Namen des Polygon-Selektion-Tags ein. Von nun an wirkt der Deformator nur noch auf die in dem Selektion-Tag gespeicherten Flächen.

Dies ist eine gute und schnelle Methode, um Deformationen gezielt wirken zu lassen. Sie können auf diese Weise beliebig viele Deformatoren unter dem Objekt anordnen und jedem ein eigenes Beschränkung-Tag geben, wobei in jedem z.B. der Name einer anderen Polygon-Selektion eingetragen wurde.

Es gibt jedoch einen Nachteil, denn die Übergänge zu den benachbarten Flächen, die nicht deformiert werden, fallen oft recht hart aus. Die Deformation hört schließlich von einer zur anderen Fläche auf zu wirken.

Der Einfluss von Deformatoren kann daher auch prozentual für jeden Punkt auf der Oberfläche eines Objekts gesteuert werden. Man spricht dabei von *Vertex Maps*, die man vielleicht mit *Wichtungen für Punkte* umschreiben könnte.

Vertex Maps lassen sich für alle konvertierten Polygon-Objekte anlegen, also für alle Objekte, die Sie auf Punktebene verändern können. Lassen Sie uns dies am Beispiel unseres lang gestreckten Würfels kurz ausprobieren. Die untergeordneten Bones können dabei an Ort und Stelle bleiben.

Selektieren und konvertieren Sie den Würfel und wechseln Sie dann in den Punkte-bearbeiten-Modus.

Haben Sie bereits vorher die Bones rotiert und damit den Würfel deformiert, sehen Sie in den Editor-Ansichten plötzlich wieder die unverformten Punkte des Würfels vor sich (siehe Abbildung 1.124). Dies liegt daran, dass das ursprüngliche Objekt in jeder Phase der Deformation eigentlich unverändert bleibt. Sie können dies auch daran erkennen, dass sich auch bei der Deformation die Punktpositionen des Objekts im Struktur-Manager nicht verändern. Die Deformation ist also wie ein optischer Trick, der nur bei der Bildberechnung und in den Editor-Ansichten zu sehen ist.

Wenn Sie jetzt das Pinsel-Werkzeug im Struktur-Menü auswählen und einen Blick in den Attribute-Manager werfen, sehen Sie neben den Radius-Einstellungen einen Stärke-Wert.

Aktivieren Sie den Malen-Modus, damit Sie mit dem Pinsel-Werkzeug Wichtungen auf ein Objekt malen können. Der Stärke-Wert gibt die Intensität des aufgemalten Wichtungswerts an. Werden Punkte am Objekt mehrfach überpinselt, addieren sich die Stärke-Werte. Maximal sind jedoch nur 100% und minimal 0% möglich.

Überstreichen Sie mit dem Pinsel-Mauszeiger den oberen Bereich des Würfels, der vom letzten Bone beeinflusst werden soll.

Sie können in den Editor-Ansichten verfolgen, wie sich zuerst das gesamte Objekt rot verfärbt und dann die von Ihnen bemalten Punkte und die Flächen dazwischen gelb werden. Diese Farbgebung soll dabei helfen, direkt zu erkennen, welche Wichtung ein Punkt hat. Die verwendeten Farbwerte stellen einen Verlauf zwischen Rot (0% Wichtung) und Gelb (100% Wichtung) dar.

Wenn Sie mit dem Bemalen des oberen Bereichs fertig sind – vergessen Sie nicht die Punkte auf der Rückseite des Würfels –, selektieren Sie das dadurch erzeugten Vertex-Map-Tag und ändern dessen Namen im Attribute-Manager.

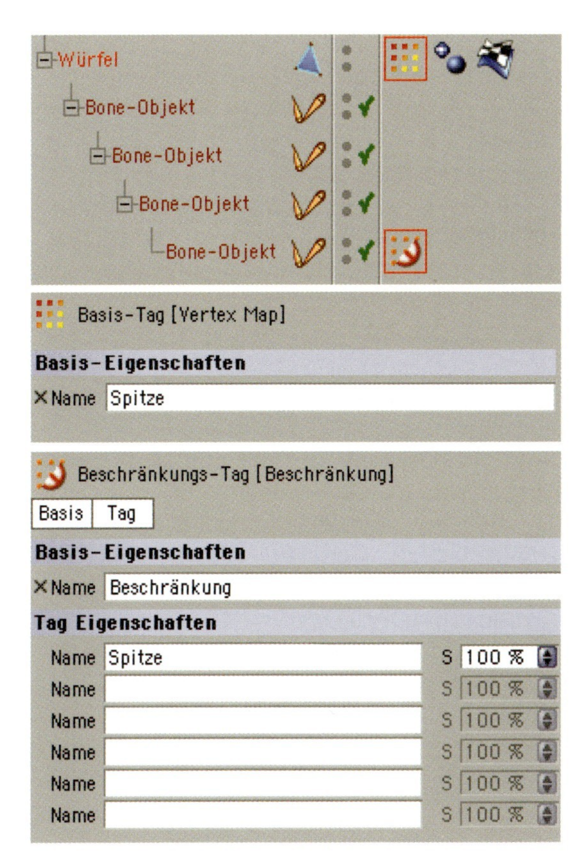

Abbildung 1.125: Einen Deformator auf eine Vertex Map beschränken

Wie Sie Abbildung 1.125 entnehmen können, wurde dort das Vertex Map-Tag *Spitze* genannt. Dies hat für die Funktion selbst aber keine Bedeutung.

Wie im Beispiel mit dem Polygon-Selektion-Tag zuvor, muss auch bei Vertex Maps eine Verbindung von Deformator und Beschränkung erfolgen. Klicken Sie dazu den letzten Bone der Kette an und wählen Sie Datei › Cinema 4D Tags › Beschränkung im Objekt-Manager aus.

Im Dialog des Beschränkung-Tags tragen Sie an der obersten Position den Namen der auszuwertenden Vertex Map ein, hier also wieder *Spitze* (siehe Abbildung 1.125). Alternativ können Sie auch das Vertex Map-Tag aus dem Objekt-Manager in das oberste Name-Feld im Beschränkung-Tag ziehen.

Der Bone ist jetzt gleich zweifach an das Objekt gebunden: einmal über den von uns eingestellten Funktion-Wert und zusätzlich über das Beschränkung-Tag. Um jegliche Einflussnahme des Bone-Kraftfelds ausschließen zu können, klicken Sie jetzt noch den Bone mit dem Beschränkung-Tag an und betrachten dessen Parameter im Attribute-Manager.

Sie finden dort die Option Smart Bone, die aktiviert sein sollte. Dies aktiviert einen neueren Berechnungsalgorithmus für die Deformation, der einerseits kompatibler zu anderen Programmen und zudem schneller zu berechnen ist. Ist diese Option nicht aktiviert, wird ein Algorithmus aus älteren Cinema 4D-Versionen verwendet, um die Kompatibilität mit alten Szenen zu gewährleisten.

Gleich unter dieser Option finden Sie die Option Absolute Vertex Map. Sie sollten diese aktivieren, damit tatsächlich nur noch die Vertex Map aus dem Beschränkung-Tag ausgewertet wird. Alle nun überflüssigen Parameter wie z.B. der besprochene Funktion-Wert werden automatisch aus dem Attribute-Manager ausgeblendet.

Nach diesem Schema verfahren Sie mit allen übrigen Bones. Sie selektieren also zuerst das zu verformende Objekt, schalten in den Punkte-bearbeiten-Modus und benutzen das Pinsel-Werkzeug mit aktiviertem Malen-Modus, um die gewünschten Wichtungen aufzutragen.

Es gilt hierbei einen Stolperstein zu beachten, denn wenn hinter dem bemalten Objekt bereits ein Vertex Map-Tag vorhanden und dies zudem selektiert ist – Sie erkennen dies an der roten Umrandung des Tags – werden dessen Werte zwar ergänzt, aber es entsteht kein neues Vertex Map-Tag. Sie müssen sich also immer vor dem Malen entscheiden, ob Sie die Wichtungen in einem schon bestehenden Tag ergänzen oder ein ganz neues Tag kreieren möchten. Im letzteren Fall klicken Sie einfach vor dem Bemalen ein anderes Tag an, z.B. das Phong- oder das UVW-Tag.

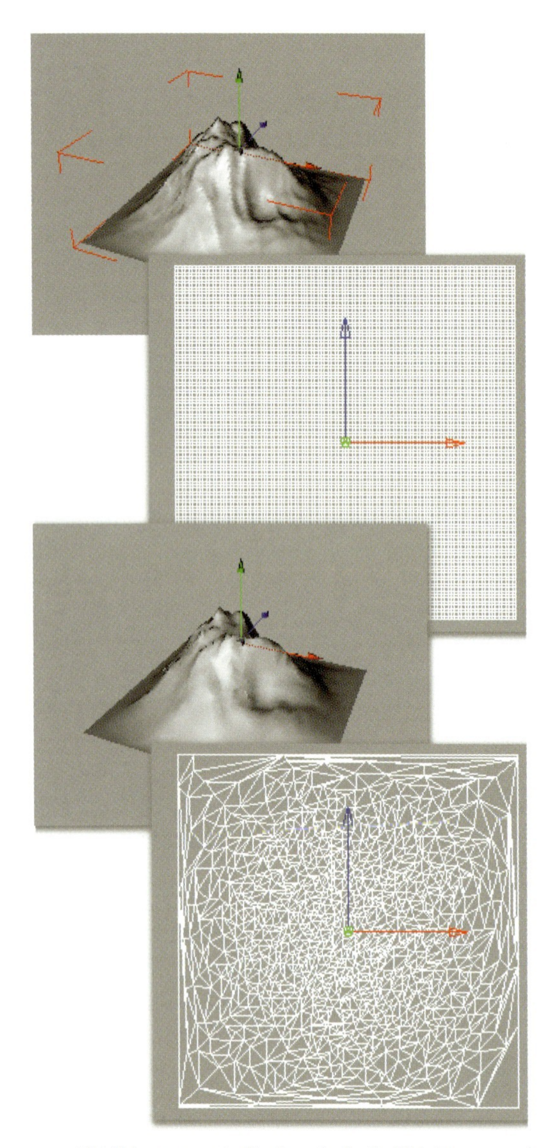

Abbildung 1.126: Ein Landschaft-Objekt vor und nach der Polygon-Reduzierung

Beim Einfrieren von Selektionen verhält es sich übrigens ebenso. Ist ein Selektion-Tag aktiv, überschreibt eine eingefrorene Selektion dessen Inhalt. Soll also ein neues Selektion-Tag entstehen, darf kein bereits vorhandenes hinter dem Objekt selektiert sein.

Nach dem Bemalen des Objekts benennen Sie dann das neue Vertex Map-Tag wieder mit einem eindeutigen Namen und erzeugen für das dazu passende Bone-Objekt ein Beschränkung-Tag, in dem Sie den neuen Vertex Map-Tag-Namen eintragen.

Auf diese Weise können Deformatoren ganz gezielt eingesetzt werden. Wenn Sie zudem noch mit Zwischenwerten beim Bemalen arbeiten, können die Ränder der deformierten Bereiche weich auslaufend gestaltet werden.

Reduzieren der Polygon-Anzahl

Gerade bei Objekten, die aus anderen Programmen importiert wurden – oder einfach, weil man eine niedriger aufgelöste Variante, z.B. für die Web-Darstellung, benötigt – kann es nötig werden, die Anzahl an Unterteilungen und Flächen nachträglich zu reduzieren.

Auch hier kann ein Deformator-Objekt helfen, wenngleich dessen Funktion nun wirklich nichts mit dem Verbiegen eines Objekts zu tun hat. Das Objekt nennt sich Polygonreduktion und ähnelt einem Schraubstock mit einem Objekt darin. Genau dies ist auch seine Aufgabe, denn es soll Objekte möglichst klein kriegen, ohne dabei deren Form zu sehr zu verändern.

Um die Arbeitsweise zu demonstrieren, wurde ein Landschaft-Grundobjekt abgerufen und dann konvertiert. Die Standardeinstellungen bezüglich der Unterteilung dieses Objekts sind bereits recht hoch, so dass Sie hier die Wirkung der Polygonreduktion gut beobachten können.

Rufen Sie also das Polygonreduktion-Objekt aus der Palette der Deformatoren ab und ordnen Sie dieses dem Landschaft-Objekt unter. Nach einer kurzen Berechnungszeit können Sie z.B. in der Drahtgitter-Darstellung von oben das Ergebnis beobachten (siehe Abbildung 1.126).

Werfen wir einen Blick auf die Einstellungen des Polygonreduktion-Objekts im Attribute-Manager. Dort fällt zuerst der Stärke-Wert auf. Über diesen Prozentwert steuern Sie den Anteil, der eingespart werden soll. Bei den standardmäßig eingetragenen 90% versucht der Polygonreduzierer also 90% der Flächen einzusparen.

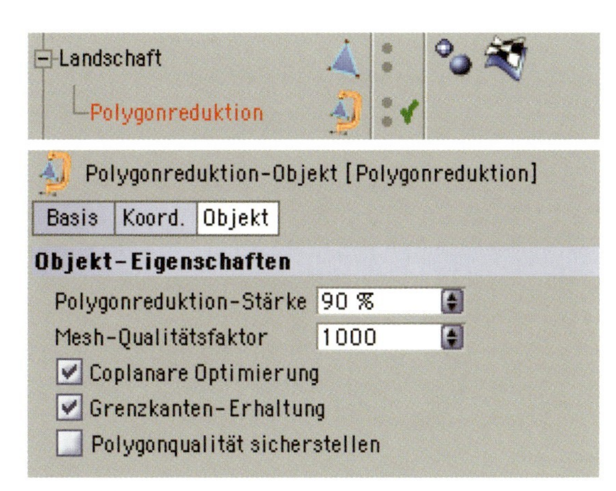

Abbildung 1.127: Die Parameter des Polygonreduktion-Objekts

Abbildung 1.128: Eine Deformation in ein Objekt umwandeln

Der MESH-QUALITÄTSFAKTOR ist weniger einfach zu beschreiben. Hier gilt, je größer der Wert, desto länger die Berechnung, desto vorteilhafter kann aber auch das Ergebnis ausfallen. Grundsätzlich gilt, dass Sie höhere Werte immer dann verwenden sollten, wenn Objekte mit sehr vielen Polygonen sehr stark komprimiert werden sollen oder wenn Sie Fehler an dem komprimierten Objekt erkennen.

Unter *coplanaren* Flächen versteht man Flächen, die in einer Ebene liegen. Denken Sie z.B. an einen Würfel mit einer hohen Segmentanzahl. Die Seitenflächen des Würfels sind dann zwar hoch unterteilt, die Flächen dort liegen aber alle in einer Ebene. Ist die Option COPLANARE OPTIMIERUNG aktiv, können solche Flächen besser aufgespürt und sinnvoller reduziert werden.

Ist GRENZKANTEN-ERHALTUNG aktiv, werden die Polygone an offenen Kanten beibehalten.

Denken Sie z.B. an eine Ebene, bei der die offenen Kanten am Rand die Form und Größe der Ebene begrenzen. Diese Kanten sollten dort nach Möglichkeit erhalten bleiben, damit auch die Größe und der Umriss erhalten bleiben.

Ist POLYGONQUALITÄT SICHERSTELLEN aktiviert, werden kleine Dreiecke mit geringen Innenwinkeln nach Möglichkeit vermieden.

Nachdem nun die nötigen Einstellungen vorgenommen wurden, möchte man in der Regel mit dem reduzierten Objekt weiterarbeiten. Da wir es aber mit einem Deformator zu tun haben, bleibt das Originalobjekt jederzeit noch erhalten. Wenn Sie also den Polygonreduzierer aus der Gruppierung mit dem Objekt entfernen oder ihn löschen, wird wieder das ursprüngliche, hoch aufgelöste Objekt erscheinen.

Um die Wirkung von Deformatoren – dies gilt ebenso z.B. für den Biege-Deformator und die Bone-Deformation – zu einem echten Objekt werden zu lassen, selektieren Sie das deformierte Objekt und wählen AKTUELLEN ZUSTAND IN OBJEKT WANDELN aus dem FUNKTIONEN-Menü aus (siehe Abbildung 1.128).

Im OBJEKT-MANAGER erscheint dann ein neues Objekt, dessen Punkte und Flächen denen des verformten Originalobjekts entsprechen.

Sie können das ursprüngliche Objekt dann löschen oder unsichtbar machen und mit dem neuen Objekt weiterarbeiten.

Wir haben nun die Beschreibung der wichtigsten Funktionen und Manager abgeschlossen und werden dieses theoretische Wissen im folgenden Kapitel vertiefen und praktisch in ein sinnvolles Projekt einfließen lassen.

Dort werden Sie dann auch mehr über die Texturierung, also die Gestaltung von Oberflächen, sowie über die Benutzung der Kamera und über die Beleuchtung lernen.

Falls Sie bereits mit älteren Cinema 4D-Versionen gearbeitet haben, kamen Ihnen sicherlich einige der bislang beschriebenen Funktionen und Werkzeuge bekannt vor, wenngleich nahezu an allen Funktionen Verbesserungen hinzugefügt wurden.

Auf den folgenden Seiten stellen wir einige weitere Funktionen vor, die jedoch im Vergleich zu den bereits beschriebenen Funktionen nicht immer von gleicher Wichtigkeit für unsere tägliche Arbeit sind.

1.30 Weitere Funktionen in kompakter Form

Viele der Neuerungen in V9 betreffen weniger die Funktionen oder Werkzeuge an sich, sondern mehr die Bedienung dieser Werkzeuge. So können nun Arbeitsschritte wie z.B. das Extrudieren einer Fläche auch nach dem Lösen der Maustaste – wenn das interaktive Extrudieren per Mausbewegung benutzt wurde – noch nachträglich korrigiert werden. Solange das Werkzeug aktiv ist, lassen sich die Werte im Attribute-Manager benutzen, um den letzten Arbeitsschritt zu beeinflussen.

Cinema unterstützt in der aktuellen Version zudem auch die so genannten N-Gons, also Flächen, die mehr als vier Eckpunkten haben.

Viele der Werkzeuge bieten daher zusätzliche Optionen an, die die Erzeugung von N-Gons aktivieren. Die derzeitige Implementierung dieser Vieleckflächen entspricht dem Verhalten des bereits besprochenen Boole-Objekts. Intern werden also weiterhin Dreiecke und Vierecke benutzt, um eine N-Gon-Fläche zu erzeugen. Im Editor stellt sich jedoch nur eine einzige Fläche dar, die über mehr als vier Eckpunkte verfügt.

Die Verwendung von N-Gons hat daher zwar optische Vorteile und macht auch das Verschließen von Löchern in Objekten einfacher, die Kombination mit HyperNURBS-Objekten ist jedoch mit Vorsicht zu genießen. Da HyperNURBS-Objekte wie bereits erläutert auf die Kanten- und Punktdichte in einem Objekt reagieren und sich dort stärker an das untergeordnete Polygon-Objekt anlehnen, kann es im Bereich von N-Gon-Flächen zu dem gleichen Effekt kommen. Sie sollten also bei der Modellierung von Objekten, die mit HyperNURBS geglättet werden sollen, möglichst auf N-Gons verzichten und wie bisher möglichst nur mit viereckigen Flächen arbeiten.

Neue Editor-Elemente

Ein Großteil der Neuerungen betrifft die Bedienung von Cinema 4D und die Darstellung in den Editor-Ansichten. So werden Sie bei der Wahl des Rotieren-Werkzeugs z.B. bemerken, dass kreisförmige Bänder um das lokale Objekt-System angezeigt werden. Durch Klicken und Ziehen auf diese Bänder kann nun die Rotation des Objekts auf bestimmte Achsen beschränkt werden. Die Benutzung des roten Bands führt also ausschließlich zu einer Rotation um die X-Achse. Die Farbkodierung der Bänder entspricht damit den Farben des Achsensystems. Zusätzlich wird ein Zahlenwert in die Editor-Ansicht eingeblendet, der den Betrag der Winkelrotation angibt. Sie müssen daher nicht mehr mit einem Auge auf den Koordinaten-Manager schielen, um eine exakte Rotation durchzuführen.

Neue Betriebsmodi

Wenn Sie bereits mit Cinema 4D gearbeitet haben, mag es Sie auch etwas gestört haben, dass während der Modellierung laufend zwischen Punkte bearbeiten-, Kanten bearbeiten- und Polygone bearbeiten-Modus gewechselt werden muss, um bestimmte Werkzeuge benutzen zu können. In der aktuellen Version wurden daher zwei neue Betriebsmodi ergänzt, in denen das Umschalten zwischen den Modi automatisch durch das Anklicken eines dieser Elemente aktiviert wird.

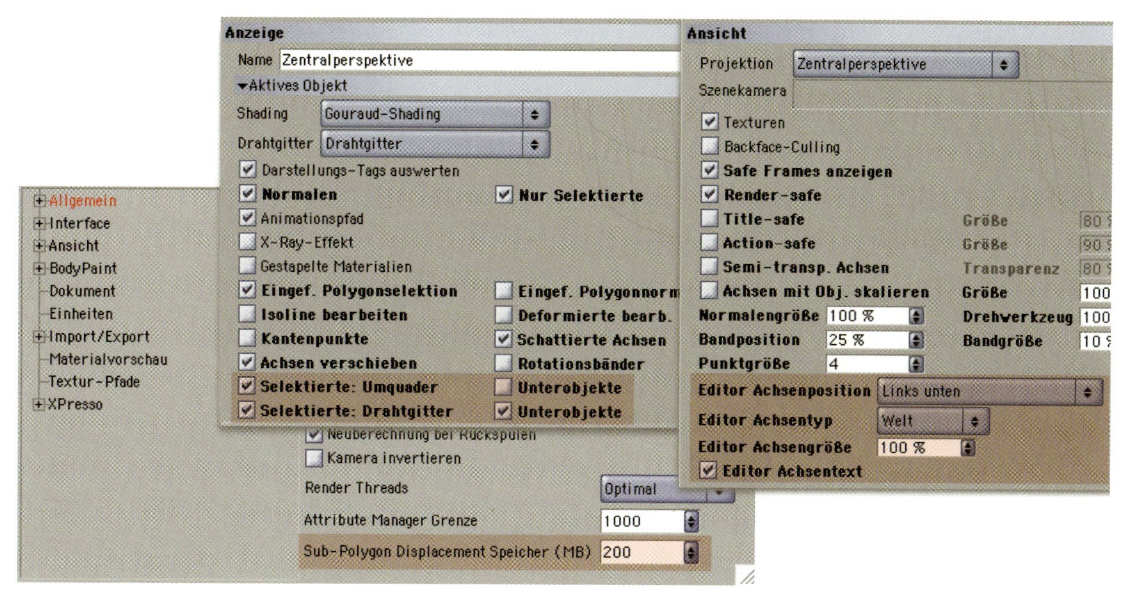

Abbildung 1.129: Neue Voreinstellungen

Sie finden diese Modi im Werkzeug-Menü von Cinema 4D. Der Grund-Modus ist voreingestellt und entspricht dem bisher bekannten und auf den vorherigen Seiten beschriebenen Verhalten. Sie müssen in diesem Modus also z.B. zuerst in den Kanten-Modus schalten, um Kanten selektieren oder bearbeiten zu können.

Wenn Sie jedoch in den Auto-Selektierungs-Modus schalten und z.B. die Live-Selektion benutzen, können Sie durch Überstreichen mit dem Mauszeiger ein beliebiges Element selektieren. Gelbe Markierungen zeigen Ihnen in der Editor-Ansicht an, welches Element – Punkt, Kante oder Polygon – selektiert würde, wenn Sie die Maustaste betätigten. Sie können nun also z.B. ein Polygon ansteuern und selektieren, obwohl Sie sich z.B. noch im Punkte-Modus befinden. Der Betriebsmodus wird nach der Selektion eines neuen Elementtyps automatisch umgeschaltet.

Für die Modellierung noch interessanter ist der Tweak-Modus, den Sie ebenfalls im Werkzeug-Menü finden. Dieser funktioniert nach dem gleichen Prinzip wie der Auto-Selektierungs-Modus, nur dass Sie in diesem Modus das angesteuerte Element sofort verschieben können. Es spielt dann keine Rolle mehr, in welchem Modus Sie sich befinden und welches Element Sie verschieben möchten.

Neue Voreinstellungen

Lassen Sie uns auch kurz auf die Editor- und Programmvoreinstellungen hinweisen, die Sie über Bearbeiten > Ansichts-Voreinstellungen in den Editor-Ansichten bzw. über das normale Bearbeiten-Menü abrufen können. Abbildung 1.129 zeigt einige der neuen Optionen rot markiert.

Eher kosmetischer Natur sind dort die Selektierte-Optionen auf der Anzeige-Seite der Ansichtsvoreinstellungen. Hierüber steuern Sie die Darstellung selektierter Objekte in den Editor-Ansichten. In älteren Cinema-Versionen wurde ein aktives Objekt nur durch einen angedeuteten roten Rahmen hervorgehoben, den so genannten Umquader. Zusätzlich kann jetzt gewählt werden, ob nur das aktive Objekt oder auch alle eventuell vorhandenen Unterobjekte mit einem Umquader dargestellt werden sollen. Dies gäbe Ihnen dann also bei jedem selektierten Objekt sofort ein optisches Feedback im Editor, welche Objekte noch mit dem selektierten Objekt in Verbindung stehen.

Abbildung 1.130: Normales und Sub-Polygon Displacement im Vergleich

Die Umquader der Unterobjekte werden dabei etwas dunkler dargestellt. Sie können dadurch leicht die Hierarchie nachvollziehen.

Ganz neu hinzugekommen sind die Modi, bei denen ein aktives Objekt keinen Umquader, sondern seine Drahtgitter-Struktur zeigt. Dieser Modus erlaubt ebenfalls zwei verschiedene Ausprägungen: nur die Drahtgitter-Darstellung des aktiven Objekts oder zusätzlich auch die entsprechende Anzeige aller Unterobjekte.

Unten in den Ansicht-Voreinstellungen finden Sie die nächste Neuerung, der wir die Möglichkeit zur Einblendung eines zusätzlichen Editor-Achsensystems verdanken. Der Achsentyp – also ob z.B. das Welt oder das Objekt-System angezeigt werden soll – kann ebenso frei gewählt werden wie die Position in der Ansicht.

Im Fall des Welt-Systems kann dies eine Hilfestellung sein, wenn Sie eine von den Abmessungen her sehr große Szene konstruieren und somit nicht immer das Welt-System in den Editor-Ansichten sehen können.

Auf der Allgemein-Seite der Programm-Voreinstellungen finden Sie ganz unten eine Speicherzuweisung, die in Verbindung mit dem neuen *Sub-Polygon Displacement* steht. Da bislang noch nicht auf die Materialien eingegangen wurde, wollen wir hier noch nicht zu sehr ins Detail gehen. Wir kommen darauf in einem späteren Kapitel zurück.

Es sei nur so viel gesagt, dass mit dem neuen Sub-Polygon Displacement nun auch dort Objekte verformt werden können, wo am Objekt selbst keine Unterteilungen bzw. Punkte vorhanden sind (siehe Abbildung 1.130).
Intern wird dies durch eine während des Render-Vorgangs eingerechnete zusätzliche Unterteilung des Objekts erreicht, die mit der Unterteilung durch ein HyperNURBS-Objekt vergleichbar ist. Es kommt dadurch zu einem gestiegenen Speicherbedarf während der Berechnung. Der Wert in den Voreinstellungen begrenzt den dafür zur Verfügung gestellten Speicher. Dies ist nur dann sinnvoll, wenn Ihr Rechner mit wenig Arbeitsspeicher arbeitet. Ansonsten verlängert sich die Berechnungszeit bei zu wenig zugewiesenem Speicher unnötig.

Navigation und Interaktion

Die Editor-Ansichten bieten neben den bekannten Verschieben-, Zoomen- und Drehen-Funktionen nun zusätzliche Werkzeuge zum Navigieren. Sie finden diese im Bearbeiten-Menü der Editor-Ansichten (siehe Abbildung 1.131).

So kann z.B. mit dem Film verschieben-Werkzeug direkt in die Ansicht geklickt und dort der Bildausschnitt verschoben werden. Der Effekt ist hierbei so, also würde man ein Foto verschieben. Die Perspektive auf die Objekte bleibt dabei unverändert.

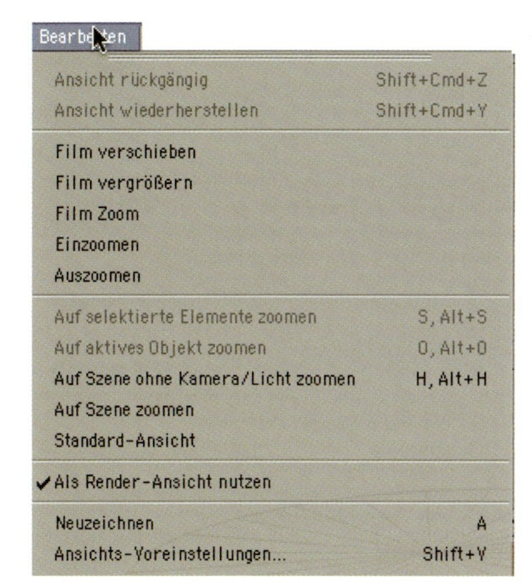

Abbildung 1.131: Neue Funktionen und Voreinstellungen

Dies ist z.B. sehr hilfreich, wenn nur die Position von Objekten im Bildausschnitt verändert werden soll, ohne deren Perspektive zu verändern.

Film vergrössern hat einen ähnlich interessanten Effekt. Ist dieses Werkzeug aktiv, können Sie mit der Maus einen Rahmen in der Editor-Ansicht aufziehen. Der Inhalt dieses Rahmens wird dann fensterfüllend vergrößert. Auch hier handelt es sich nicht um einen einfachen Zoom oder die Verschiebung der Kamera auf die Objekte zu, sondern nur um eine Vergrößerung des markierten Bereichs. Die Perspektive der Objekte bleibt somit auch hier unverändert.

Film Zoom arbeitet wie Film vergrössern, nur dass hierbei der gesamte Inhalt des Editor-Fensters vergrößert oder verkleinert wird. Sie steuern den Effekt, indem Sie den Mauszeiger im Editor-Fenster mit gehaltener Maustaste auf und ab bewegen.

Die Editor-Ansichten können jedoch noch viel mehr, wie ein Blick in die neuen Ansichts-Voreinstellungen im Bearbeiten-Menü der Editor-Ansichten zeigt. Dieser Menüpunkt öffnet nun nicht mehr ein eigenes Einstellungsfenster, sondern stellt seine Einstellungen im Attribute-Manager dar.

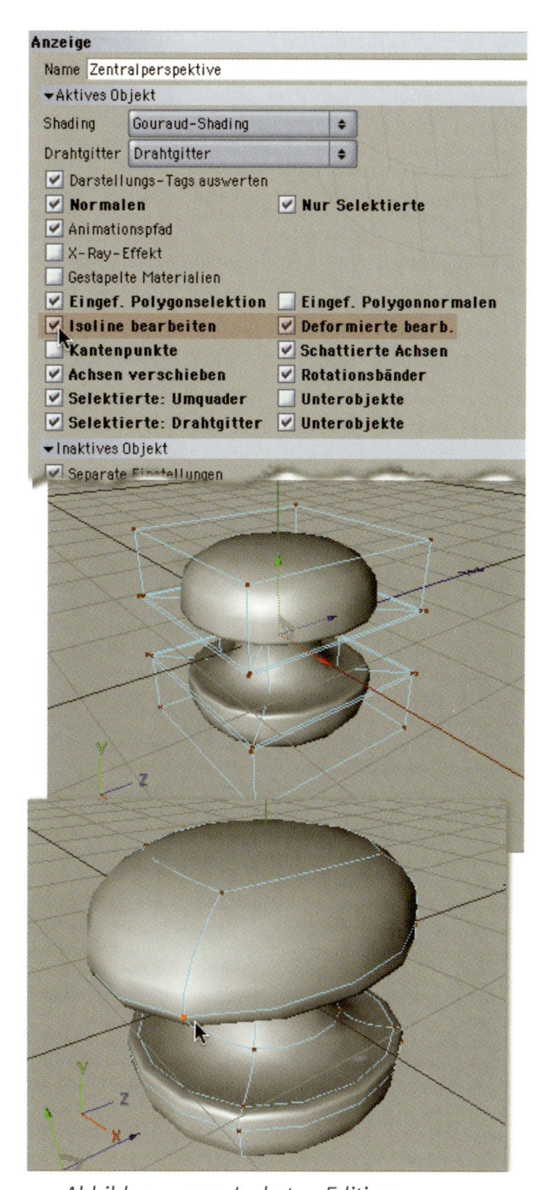

Abbildung 1.132: Isobaten-Editing

Viele der dort zu findenden Optionen und Einstellungen lassen sich auch über die Editor-Menüs abrufen, wie z.B. die Wahl der Kamera oder die Darstellungsart der Objekte in der Editor-Ansicht. Wir werden uns daher auf die Optionen beschränken, die nur in diesen Ansichts-Voreinstellungen zu finden sind.

Interessant ist dort auf der ANZEIGE-Seite des Dialogs insbesondere die Option ISOLINE BEARBEITEN (siehe Abbildung 1.132). Bislang wurde die geglättete HyperNURBS-Oberfläche eines Polygon-Objekts nur indirekt, d. h. über die Veränderung des Polygon-Objekts, beeinflusst.

Dies verlangte uns in älteren Cinema 4D-Versionen oft etwas Abstraktionsvermögen ab, da die HyperNURBS-Oberfläche in der Regel einen mehr oder weniger großen Abstand von dem untergeordneten Polygon-Objekt hat. Sie können dies beispielhaft an der mittleren Einblendung in Abbildung 1.132 nachvollziehen. Dort hat die kubische Form des Polygon-Objekts nur sehr wenig Ähnlichkeit mit dem pilzförmigen HyperNURBS im Inneren.

Ist nun die angesprochene ISOLINE BEARBEITEN-Option aktiv, verschwindet die Darstellung des eigentlichen Polygon-Objekts und weicht der Darstellung der Kanten und Punkte direkt auf der Oberfläche des HyperNURBS (unten in Abbildung 1.132 zu sehen). Sie können die Punkte direkt auf der HyperNURBS-Oberfläche selektieren und verschieben. Dies erleichtert den Umgang mit diesen Objekten erheblich und sollte somit immer aktiviert werden.

Die Option EINGEFÄRBTE POLYGONSELEKTION auf der gleichen Dialogseite ist ebenfalls neu und sei deshalb kurz erwähnt. Waren in früheren Cinema-Versionen selektierte Polygone nur an einer roten Umrandung und an eventuell angezeigten Normalen zu erkennen, kann bei aktiver Option nun das ganze selektierte Polygon rot eingefärbt angezeigt werden. Dies vereinfacht z.B. in größeren Gruppen selektierter Polygone das Auffinden von noch nicht selektierten Flächen.

BANDPOSITION und BANDGRÖSSE auf der ANSICHT-Seite der Voreinstellungen beeinflussen die Darstellung der Rotationsbänder, die angezeigt werden, wenn das ROTIEREN-Werkzeug aktiv ist. Wer sich mit dieser Darstellung des ROTIEREN-Werkzeugs nicht anfreunden kann, sollte die Option ROTATIONSBÄNDER auf der ANZEIGE-Seite deaktivieren. Es wird dann ein normales Achsensystem angezeigt.

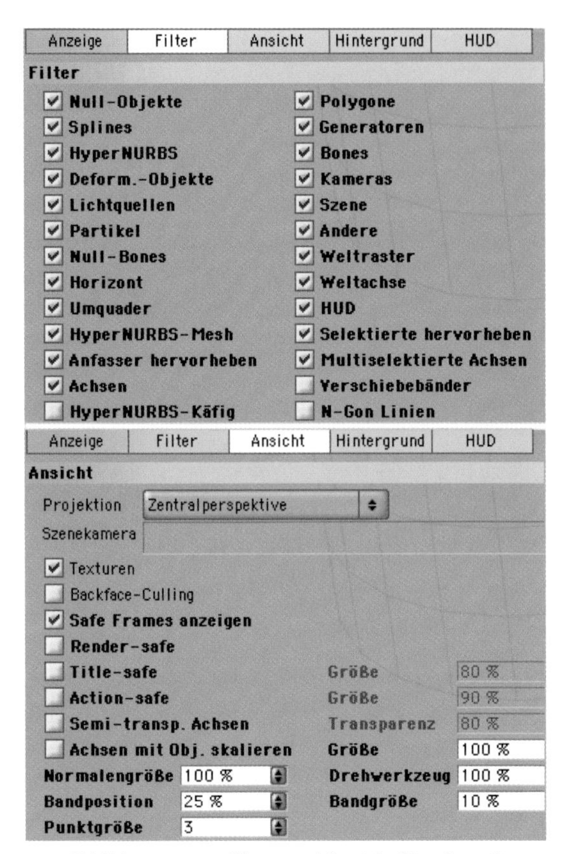

Abbildung 1.133: Filter- und Ansicht-Voreinstellungen

Auf der FILTER-Seite des Dialogs können Sie die Objekt- oder Elementtypen aktivieren, die in dieser Editor-Ansicht angezeigt werden sollen. In der Regel wird man natürlich möglichst alles sehen wollen, aber in Einzelfällen kann das Ausfiltern von einzelnen Elementen für mehr Übersichtlichkeit sorgen. Unter den neuen Einträgen ist hier neben den N-Gon-Elementen besonders der Punkt HUD hervorzuheben. Diese Abkürzung steht für *Head Up Display* und ist als Begriff aus der Luftfahrt entlehnt, wo z.B. wichtige Informationen für den Piloten in das Helmvisier oder die Cockpit-Scheibe eingespiegelt werden. Wir werden gleich noch ausführlicher auf diese Funktion eingehen. Sie hat in den ANSICHTS-VOREINSTELLUNGEN eine eigene Dialogseite.

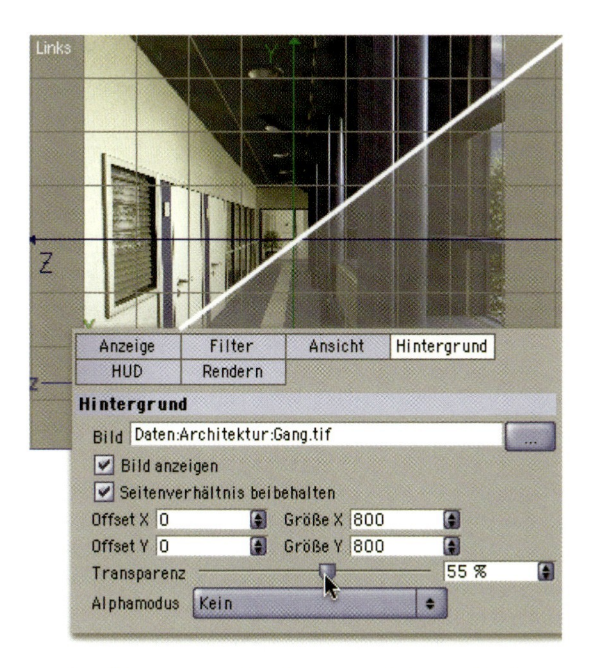

Abbildung 1.134: Ein Hintergrundbild einblenden

Die ANSICHT-Seite des Dialogs hält kaum Neues für uns bereit. Sie kennen viele Einstellungen bereits aus den übrigen Menüs der Editor-Ansichten. Interessant sind hier jedoch die Optionen RENDER-SAFE, TITLE-SAVE und ACTION-SAVE.

Diese Optionen blenden zusätzliche Hilfslinien in die Kamera-Ansicht ein. Bei der RENDER-SAVE-Option handelt es sich hierbei um die Begrenzung des Bereichs, der später im berechneten Bild zu sehen sein wird. Diese Option sollte immer aktiv sein, damit Sie sofort abschätzen können, welche Objekte im Bild voll zu sehen sein werden und welche bereits z.B. zu nahe am Bildrand stehen.

TITLE-SAVE kann einen Rahmen wählbarer Größe einblenden. Dies dient dazu, dort z.B. einen Vor- oder Abspann zu platzieren, der dann möglichst geringe Verzerrung aufweisen soll. Die perspektivische Verzerrung ist schließlich durch Krümmung der Kameralinse an den Bildrändern sehr viel stärker ausgeprägt als in der Bildmitte.

Beim ACTION-SAVE-Rahmen handelt es sich ebenfalls um einen eingeblendeten Rahmen frei wählbarer Größer. Dieser dient dazu, den Bereich zu begrenzen, innerhalb dessen das berechnete Bild oder der berechnete Film auf jeden Fall auf dem Ausgabemedium zu sehen sein wird. Bei der Produktion für das Kino oder das Fernsehen werden oft Teile des Bilds abgeschnitten, z.B. durch einen Vorhang vor der Leinwand oder durch die Krümmung der Bildröhre beim Fernseher. Kennt man diesen Bereich vor der Produktion, kann man sich diesen durch den ACTION-SAVE-Rahmen in der Kamera-Ansicht anzeigen lassen.

Alle aktiven Hilfslinien und -rahmen lassen sich zusätzlich über die Option SAFE-FRAMES ANZEIGEN ein- und ausblenden. In der Praxis werden Sie jedoch vermutlich mit der RENDER-SAVE-Option auskommen, die immer aktiv sein sollte.

Für alle diejenigen unter Ihnen, die bei der Modellierung mit Referenzbildern arbeiten möchten, ist die nächste Dialogseite interessant. Sie haben dort die Möglichkeit, Bilder in die Ansichten zu laden. Einzig die Kamera-Ansicht ist davon ausgenommen. Dies war zwar auch in älteren Versionen möglich, neu ist hier jedoch, dass das geladene Bild auch teiltransparent angezeigt werden kann. Der Transparenzregler erlaubt eine stufenlose Einstellung der Sichtbarkeit (siehe Abbildung 1.134).

Sofern die SEITENVERHÄLTNIS BEIBEHALTEN-Option aktiv ist, können Sie auch sicher sein, dass das Bild im korrekten Größenverhältnis angezeigt wird, selbst wenn die eingestellte Auflösung für das zu berechnende Bild ein anderes Seitenverhältnis benutzt.

Über die beiden OFFSET-Werte kann das eingeblendete Bild zusätzlich horizontal und vertikal in der Ansicht verschoben werden. Denken Sie nur daran, dass das Einblenden von Bildern nicht in der Zentralperspektive funktioniert.

Sie werden zudem noch eine weitere Möglichkeit der Benutzung von Bildvorlagen in den Editor-Ansichten im nächsten Kapitel kennen lernen.

Kommen wir zuvor aber zu den HUD-Einstellungen (siehe Abbildung 1.135). Diese erlauben Ihnen, eine Auswahl unterschiedlichster Daten zu treffen, die Sie zusätzlich in den Editor-Ansichten eingeblendet haben möchten. Die Palette reicht vom Namen des aktuell selektierten Objekts über dessen Punktanzahl bis hin zur aktuellen Bildnummer der Animation.

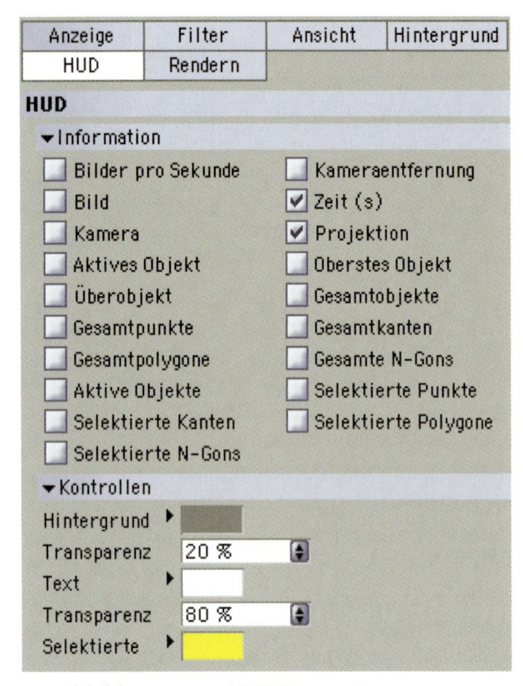

Abbildung 1.135: HUD-Parameter

TRANSPARENZ und FARBE dieser Daten und deren Hinterlegung können beliebig vorgegeben werden.

Dieses neue Informationssystem kann jedoch noch mehr, wie an dem folgenden kurzen Beispiel gezeigt werden soll.

Erstellen Sie dazu ein KUGEL-Grundobjekt und betrachten Sie dessen OBJEKT-Einstellungen im ATTRIBUTE-MANAGER. Nehmen wir an, Sie hätten eine Animation dieses Objekts vor und müssten dabei oft auf den RADIUS-Wert der Kugel zurückgreifen.

Sie müssten mit der Maus also oft den ATTRIBUTE-MANAGER anfahren, der innerhalb des Interfaces oft weit von dem Kugel-Objekt in den Editor-Ansichten entfernt liegt. Was liegt also näher, als den interessanten Parameter direkt in die Editor-Darstellung zu integrieren. Dank der HUD-Funktionalität ist das kein Problem.

Selektieren Sie dafür den RADIUS-Parameter im ATTRIBUTE-MANAGER durch einen Rechtsklick auf dessen Namen und wählen Sie aus dem aufspringenden Menü den Unterpunkt ZU HUD HINZUFÜGEN aus.

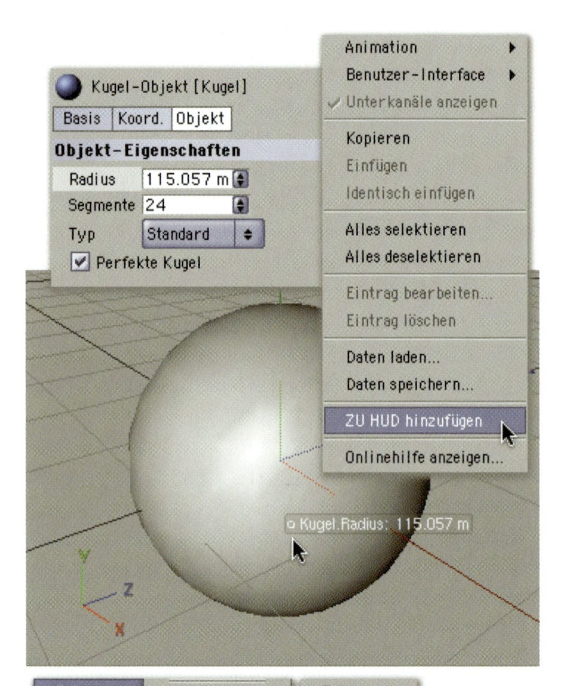

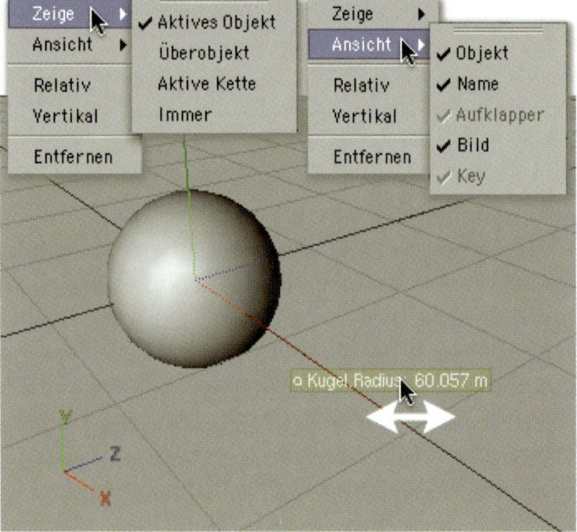

Abbildung 1.136: HUD-Bedienung

Sie werden jetzt in den Editor-Fenstern neben der Kugel eine Einblendung des ausgewählten Parameters finden. Links vor dem Namen des Objekts befindet sich dort ein kleiner Kreis. Ein Strg- bzw. Ctrl-Mausklick auf diesen Kreis erzeugt ein Keyframe für den angezeigten Parameter. In diesem Fall würde also der Radius der Kugel zum aktuellen Zeitpunkt als Keyframe gespeichert.

Die HUD-Darstellung des Parameters kann neben der reinen Information jedoch noch mehr, denn durch Klicken auf den angezeigten Wert und Bewegen des Mauszeigers nach links und rechts kann der Wert vergrößert oder verkleinert werden. Dies bedeutet eine erhebliche Vereinfachung, da Sie dazu nicht mehr den Attribute-Manager bemühen müssen.

Ein aktives HUD-Element wird beim Überstreifen mit dem Mauszeiger durch eine gelbliche Hinterlegung hervorgehoben. In diesem Zustand können Sie durch einen Rechtsklick ein weiteres Sub-Menü öffnen, in dem Sie unter dem Menüpunkt Zeige festlegen können, wann das HUD-Element angezeigt werden soll. Aktives Objekt bedeutet, dass das entsprechende Element nur dann angezeigt wird, wenn das dazugehörende Objekt auch selektiert ist. Dies verhindert bei vielen Objekten mit HUD-Anzeigen in der Szene, dass die Editor-Ansichten mit Informationen überflutet und somit unübersichtlich werden.

Bei der Option Überobjekt wird das HUD-Element auch dann angezeigt, wenn nur ein Überobjekt aktiv ist. Bei Aktive Kette erscheint die Darstellung auch dann, wenn ein beliebiges Objekt aus der gleichen Hierarchie selektiert ist.

Die Immer-Option führt zu einer permanenten Darstellung der Daten, auch wenn andere Objekte selektiert sind, die keinerlei Verbindung oder Bezug zu dem Objekt mit dem HUD-Element haben.

Über das Ansicht-Menü (siehe auch Abbildung 1.136) kann die Anzahl und der Typ der eingeblendeten Daten bestimmt werden. Es ist ja durchaus sinnvoll, nicht nur den gewünschten Zahlenwert, sondern auch dessen Bedeutung einzublenden. Der Aufklapper-Menüpunkt führt zur Einblendung eines zusätzlichen Symbols, mit dem größere Datenpakete dann Platz sparend auf eine Titelzeile reduziert werden können. So lassen sich kurzzeitig nicht benötigte Daten ausblenden.

Der Relativ-Menüpunkt führt dazu, dass die zu einem Objekt gehörenden Datensätze räumlich der Bewegung des Objekts folgen und so immer in der Nähe des Objekts bleiben.

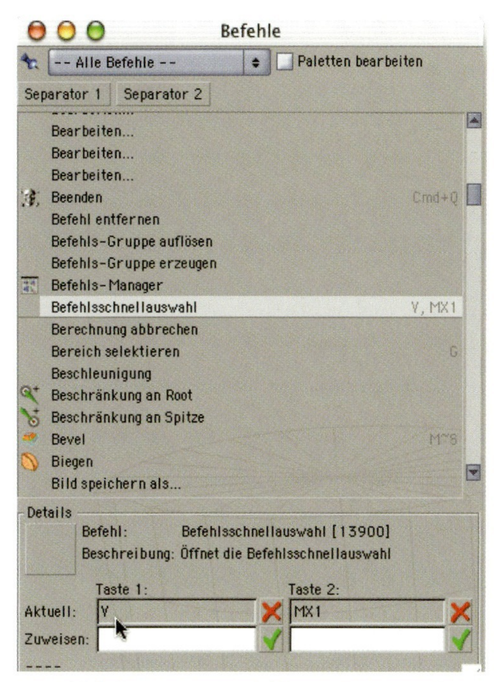

Abbildung 1.137: Befehle mit Tasten verknüpfen

Mit der Vertikal-Option können die HUD-Daten auch senkrecht ausgerichtet werden. Schließlich können die Parameter über die Entfernen-Option auch wieder von dem Objekt gelöst werden. Übrigens, mit gehaltener Strg-/Ctrl-Taste können alle HUD-Elemente in den Ansichten verschoben werden.

Das globale Popup-Menü

Dieser Schnellzugriff auf Menüpunkte, Funktionen und Werkzeuge gehört ebenfalls zu den neuen Funktionen, die erst auf den zweiten Blick ins Auge fallen.

Um diese Funktionalität praxisnah nutzen zu können, sollten Sie in Cinemas Fenster-Menü den Punkt Layout › Befehlsmanager aufrufen und dort in der Liste aller zur Verfügung stehenden Funktionen den Punkt Befehlsschnellauswahl auswählen. Klicken Sie einmal in das Zuweisen-Feld am unteren Rand des Befehle-Fensters und tragen Sie dort eine Tastenkombination ein, mit der Sie zukünftig dieses Menü aufrufen möchten.

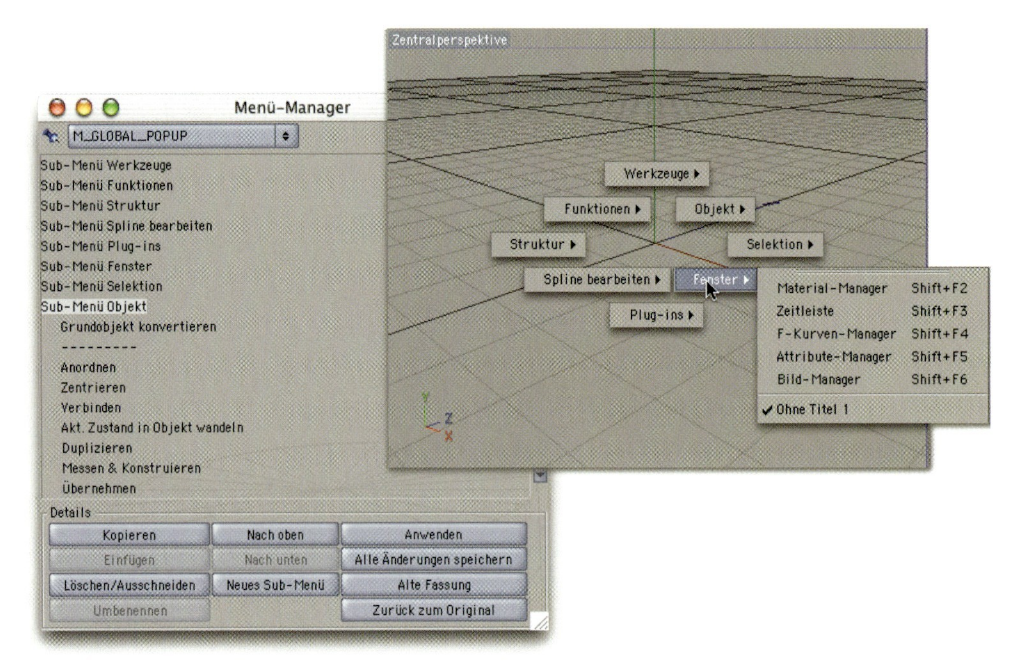

Abbildung 1.138: Das globale Popup-Menü individuell konfigurieren

Voreingestellt ist dort die Taste [V]. Sollten Sie eine bereits für eine andere Funktion bestehende Tastenkombination wählen, wird Ihnen ein Warnhinweis angezeigt.

Haben Sie eine passende Tastenkombination gefunden, bestätigen Sie Ihre Wahl mit einem Klick auf den grünen Pfeil gleich rechts daneben (siehe Abbildung 1.137). Sie können den Befehlsmanager dann wieder schließen. Fortan wird die Benutzung der eingestellten Taste oder Tastenkombination die Befehlsschnellauswahl öffnen.

Probieren Sie dies am besten gleich einmal aus, indem Sie den Mauszeiger in ein beliebiges Editor-Fenster bewegen und dann die eingestellte Tastenkombination betätigen (oder [V], wenn Sie keine Veränderung vorgenommen haben). Es sollten sich um den Mauszeiger herum kreisförmig angeordnete Menüpunkte zeigen, die durch Anklicken weitere Untermenüs anzeigen.

Diese Menüs entsprechen den Menüeinträgen von Cinema 4D und erlauben somit oftmals einen schnelleren Zugriff auf eine Funktion oder Werkzeug, als dies über die Kopfzeile von Cinema möglich wäre.

Noch interessanter wird es, wenn Sie dort nicht einfach alle vorhandenen Menüpunkte anzeigen lassen, sondern eine eigene Auswahl häufig benutzter Funktionen treffen. Auch dies ist über einen speziellen Manager möglich.

Rufen Sie dafür im Fenster-Menü den Eintrag Layout › Menü-Manager auf (siehe Abbildung 1.138). Wählen Sie über das obere Aufklappmenü den Eintrag M_GLOBAL_POPUP aus. Dieser zeigt uns alle Einträge der Befehlsschnellauswahl an. Ein Doppelklick auf einen der Einträge zeigt die dort enthaltenen Unterpunkte an.

Über die Schaltflächen im unteren Bereich des Menü-Managers können Sie einzelne Einträge oder ganze Gruppen z.B. löschen oder neu hinzufügen.

Zum Befüllen einer eigenen Menügruppe benötigen Sie zusätzlich wieder den Befehlsmanager. Sie können dann aus diesem heraus Einträge direkt in den Menü-Manager ziehen und sich so individuelle Menüs für die Befehlsschnellauswahl zusammenstellen.

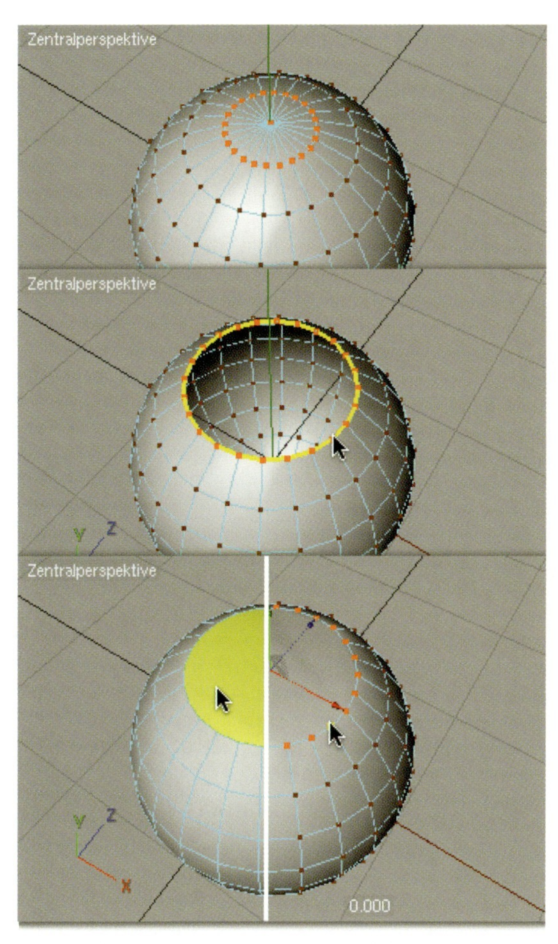

Abbildung 1.139: Loop-Punkt-Selektion und automatisches Verschließen

Wem dieses Menü nicht liegt, kann wie bisher die Menüeinträge benutzen oder jedes Menü mit einem Klick auf die beiden horizontalen Striche in der Kopfzeile in einem separaten Fenster öffnen.

Zusätzliche Befehle

Neben den bereits beschriebenen Befehlen sind in V9 noch einige neue hinzugekommen, die ebenfalls nützlich sein können.

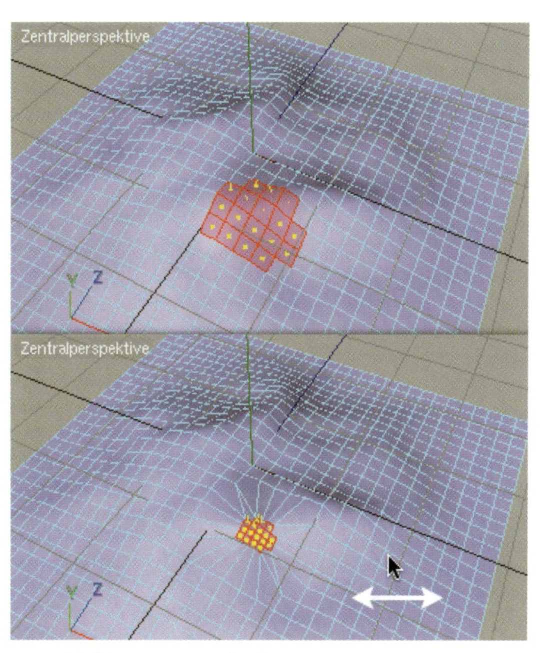

Abbildung 1.140: Flächen schrumpfen

▶ Polygonloch schließen

Mit dieser Funktion lassen sich von Kanten begrenzte Öffnungen mit einem N-Gon verschließen. Zur Demonstration löschen Sie an einem Pol eines konvertierten Kugel-Grundobjekts Punkte, um dort eine Öffnung entstehen zu lassen.

Nach Auswahl des Polygonloch schliessen-Befehls im Struktur-Menü löst ein Mausklick auf eine der am offenen Rand liegenden Kanten die Erzeugung einer Verschlussfläche aus (siehe Abbildung 1.139). Dies funktioniert auch ohne vorherige Selektion der Punkte oder Kanten an der Öffnung.

▶ Schrumpfen

Mit dieser Funktion aus dem Struktur-Menü können Sie selektierte Punkte, Kanten oder Flächen vergrößern oder auch auf ein gemeinsames Zentrum hin schrumpfen lassen.

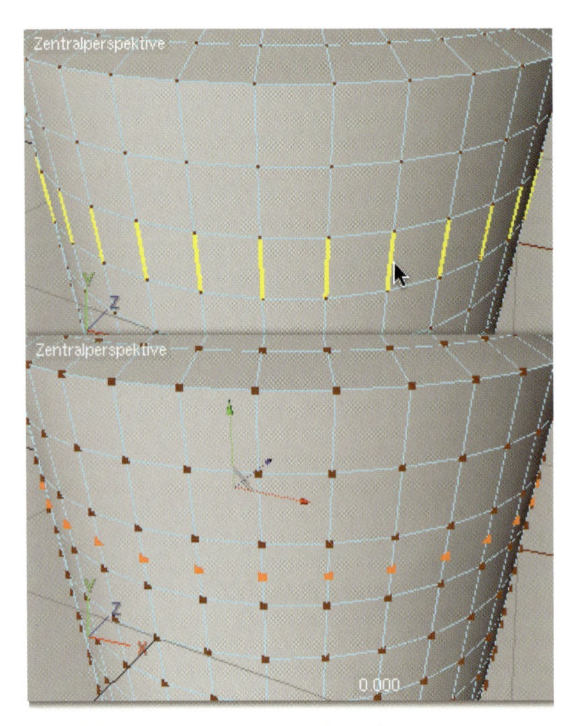

Abbildung 1.141: Kanten schneiden

Gesteuert wird die Funktion mit der Mausbewegung nach links oder rechts mit zusätzlich gehaltener Maustaste. Abbildung 1.140 demonstriert diesen Effekt am Beispiel einer Gruppe selektierter Polygone.

Oberflächlich gesehen gleicht der Befehl der bekannten SKALIEREN (ENTLANG NORMALEN)-Funktion. Dort werden die Flächen jedoch jede für sich relativ zum eigenen Mittelpunkt skaliert und nicht auf den Mittelpunkt aller selektierter Elemente zu.

Im Extremfall lassen sich mit dem SCHRUMPFEN-Befehl selektierte Elemente auf einen einzigen Punkt reduzieren. Beachten Sie in diesem Sonderfall, dass alle Punkte, Kanten und Flächen weiterhin vorhanden sind, auch wenn nur noch ein einziger Punkt sichtbar ist.

▸ Loop- und Ring-Selektionen

Verstehen Sie dies als Ergänzung zur bereits besprochenen Funktionsweise der LOOP- und RING-SELEKTION-Befehle aus dem SELEKTION-Menü. Hier

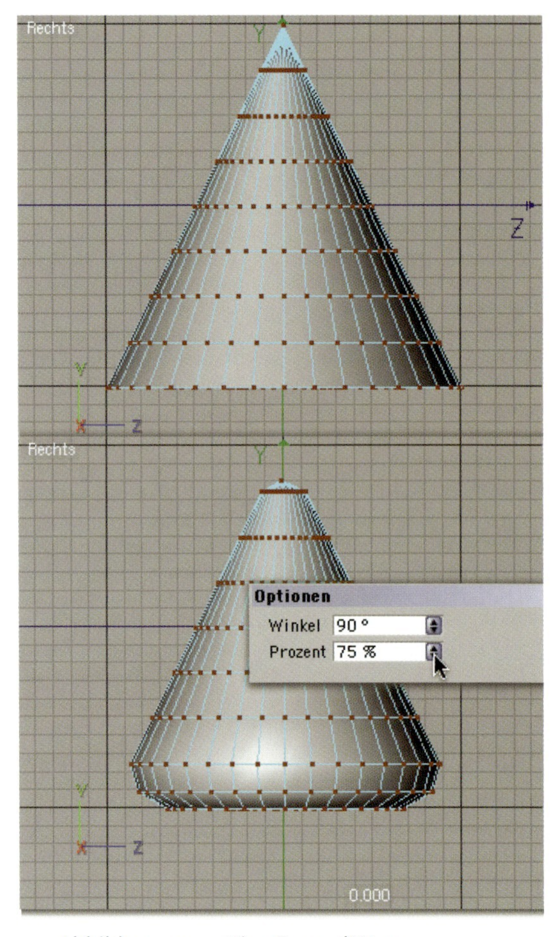

Abbildung 1.142: Eine Form glätten

wurde in V9 ein zusätzliches interaktives Element neben der neuen Selektionsvorschau in den Editor-Ansichten integriert. Sobald Sie eine LOOP- oder RING-SELEKTION erstellt haben, können Sie den Umfang dieser Selektion durch eine horizontale Mausbewegung mit gehaltener Maustaste einschränken oder erweitern.

Auf diese Weise kann z.B. die in der oberen Einblendung in Abbildung 1.141 dargestellte Kanten-Ring-Selektion so gesteuert werden, dass sie nicht automatisch das gesamte Objekt umläuft, sondern vielleicht nur fünf Kanten breit ist.

Um das nächste Werkzeug vorzustellen, belassen wir es hier jedoch bei einer komplett umlaufenden RING-SELEKTION.

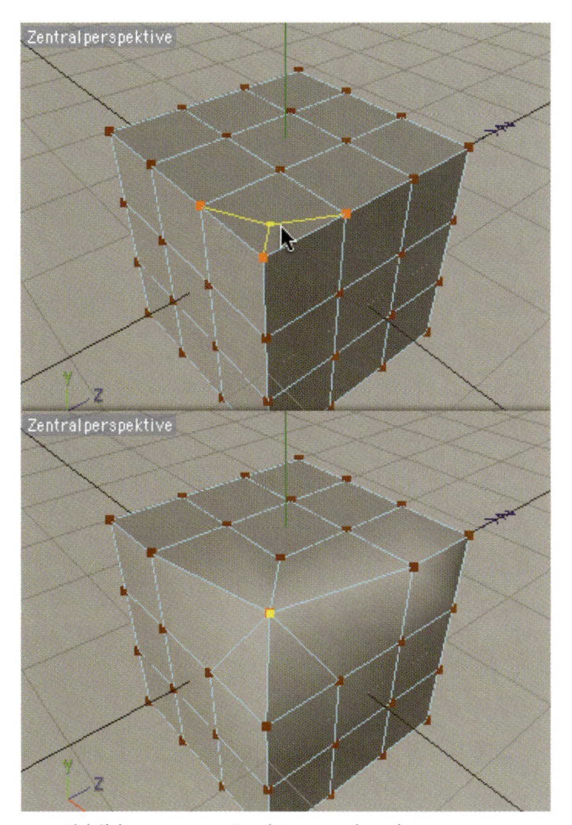

Abbildung 1.143: Punkte verschmelzen

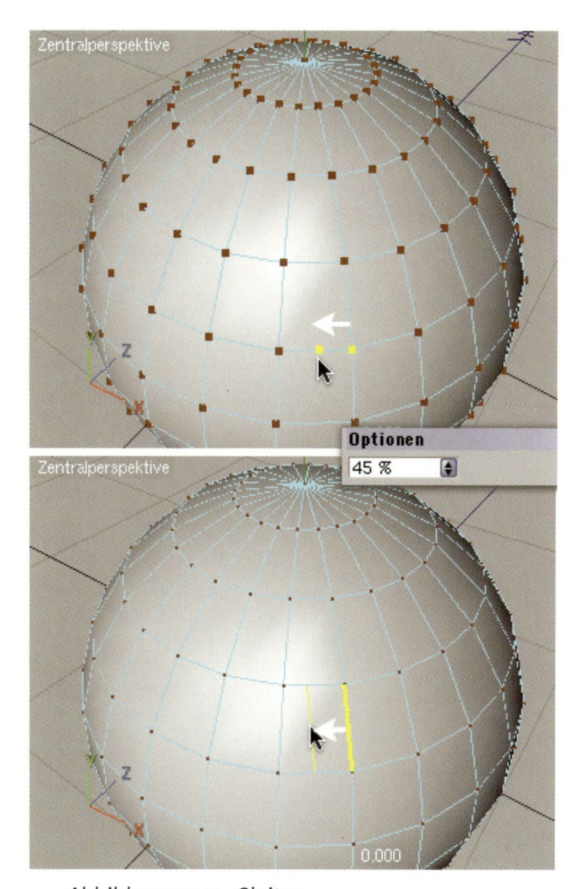

Abbildung 1.144: Gleiten

▶ Kanten schneiden

Wie der Name des Werkzeugs bereits aussagt, werden hiermit Kanten geschnitten. Die selektierten Kanten können auf einen Schlag mehrere neue Unterteilungen bekommen, wenn UNTERTEILUNG-Werte über 1 benutzt werden. Die untere Einblendung in Abbildung 1.141 zeigt ein mögliches Ergebnis mit aktivierter N-GONS ERSTELLEN-Option.

Über den OFFSET-Wert kann die Lage der neuen Kanten oder – wenn N-Gons erzeugt wurden – der neuen Punkte bestimmt werden. Der SKALIERUNG-Wert verändert den Abstand der neuen Kanten/Punkten untereinander.

▶ Glätten

Um harte Kanten abzuschwächen, kann das GLÄTTEN-Werkzeug verwendet werden. Mit ihm lassen sich alle Kanten abschrägen, die einen kleineren Oberflächenwinkel als die WINKEL-Vorgabe haben. Der PROZENT-Wert gibt die Stärke des Effekts an (siehe Abbildung 1.142). Alternativ kann auch der GLÄTTEN-MODUS des PINSEL-Werkzeugs benutzt werden.

▶ Verschmelzen

Mit dieser Funktion lassen sich selektierte Punkte, Kanten oder Flächen verschmelzen. Ein mögliches Ergebnis ist in Abbildung 1.143 dargestellt. Erst wurden dort drei Punkte selektiert, dann STRUKTUR › VERSCHMELZEN aufgerufen und schließlich die Stelle angeklickt, an der die selektierten Punkte einrasten sollten. Eine gelbe Markierung dient als Hilfestellung.

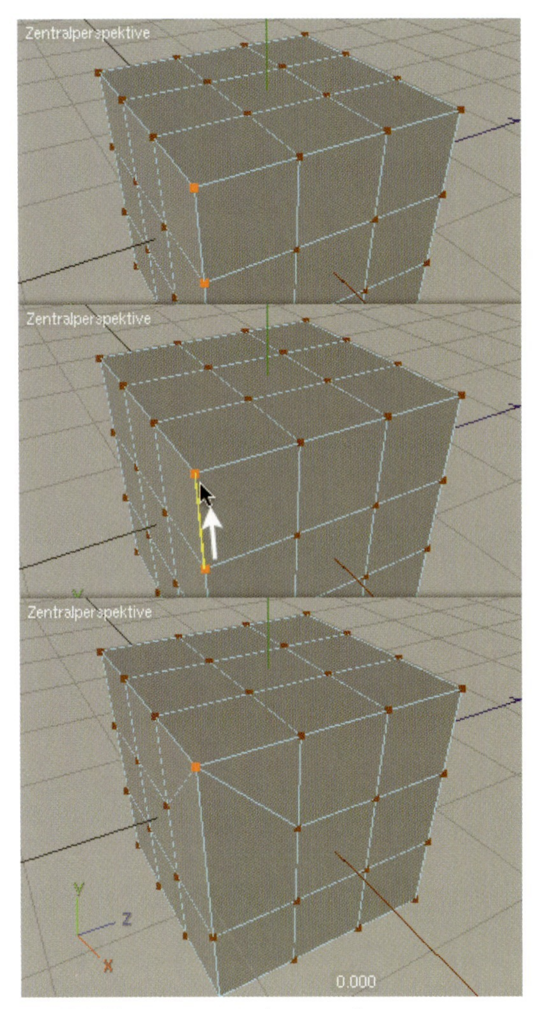

Abbildung 1.145: Punkte vernähen

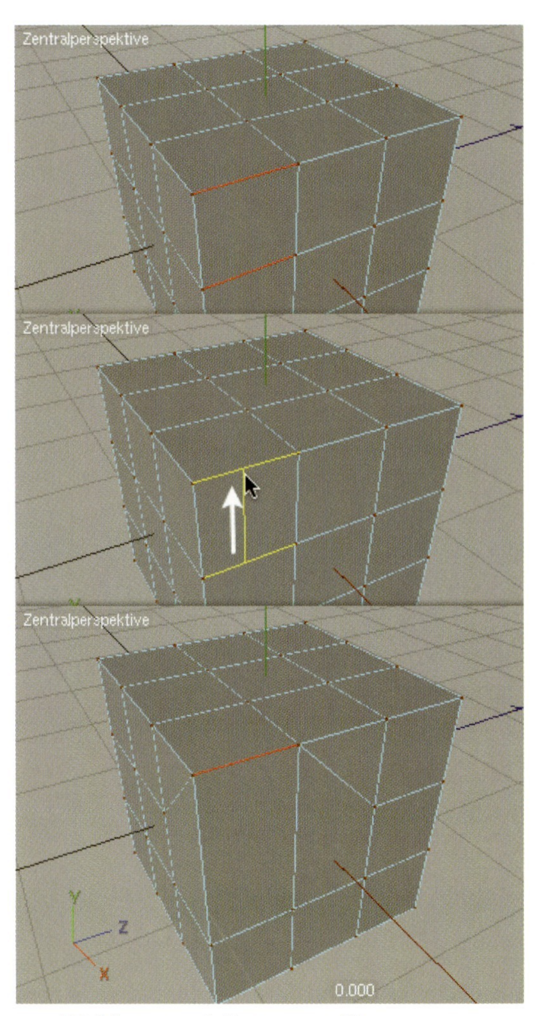

Abbildung 1.146: Kanten vernähen

▶ Gleiten

Dieses Werkzeug ist während der Modellierung sehr hilfreich. Anders als bei den meisten übrigen Funktionen geht es hier nicht um die Erzeugung neuer Strukturen, sondern um das Verschieben von Punkten oder Kanten.

Im Gegensatz zum VERSCHIEBEN-Werkzeug findet hier eine Führung statt. Ein selektierter Punkt lässt sich daher nur in Richtung der umliegenden Kanten bewegen. Dies kann helfen, die Positionen von Punkten zu verändern, ohne größere Veränderungen an der Form vornehmen zu müssen.

Das Werkzeug stellt neben der interaktiven Bedienung durch Klicken und Ziehen mit der Maus auch einen numerischen Wert im ATTRIBUTE-MANAGER zur Verfügung.

▶ Vernähen

Das VERNÄHEN-Werkzeug funktioniert mit Punkten, Kanten und Polygonen. Es kommt dabei zu einem Verschmelzen der Elemente. Das Werkzeug eignet sich also zum Vereinfachen eines Objekts und zum „Aufräumen" von unnötiger Geometrie.

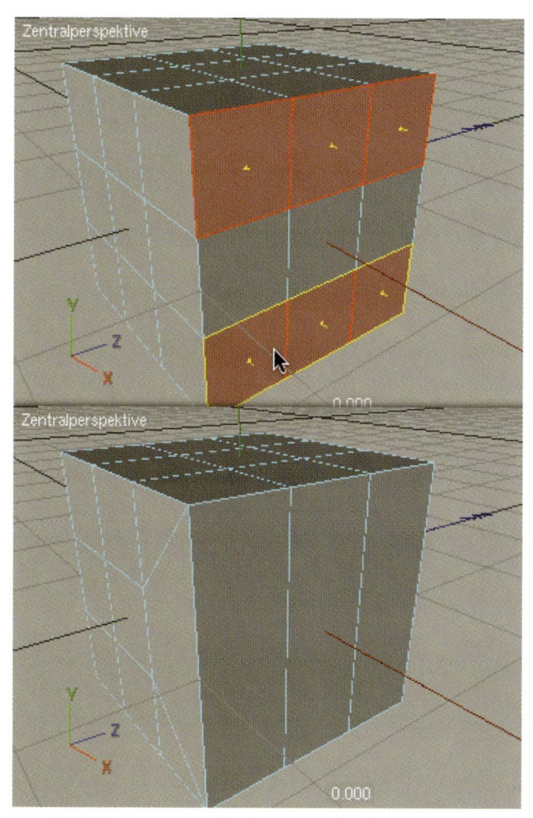

Abbildung 1.147: Polygone vernähen

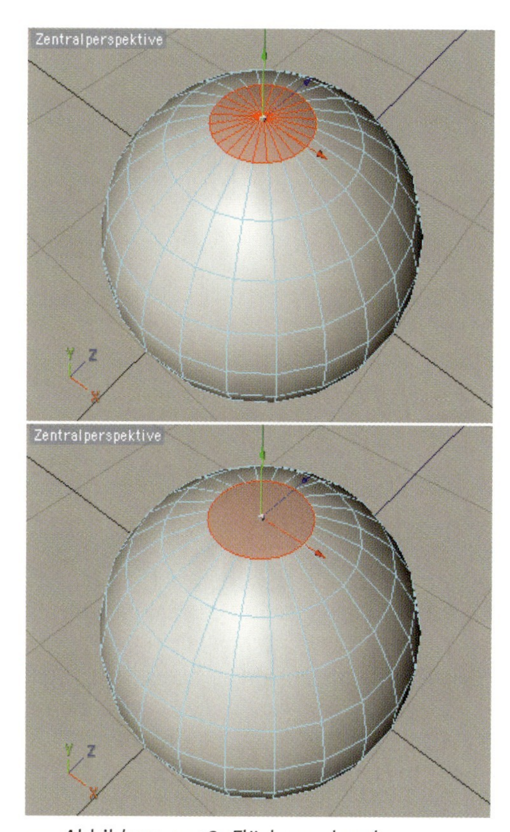

Abbildung 1.148: Flächen schmelzen

Abbildung 1.145 zeigt eine Möglichkeit der Benutzung am Beispiel einer Punkt-Selektion. Nach dem Selektieren der Punkte wurde STRUKTUR › VERNÄHEN aktiviert und mit gehaltener Maustaste eine Mausbewegung vom unteren zum oberen Punkt vollzogen.

Nach dem Lösen der Maustaste wird der untere Punkt mit dem oberen verbunden. Der Effekt entspricht in diesem Fall also dem des VERSCHMELZEN-Befehls.

Anders sieht es bei der Benutzung von selektierten Kanten aus (siehe Abbildung 1.146). Das Vorgehen ist mit dem zuvor beschriebenen Verfahren bei Punkten identisch. Diesmal wird jedoch eine komplette Kante verschoben und zusammengefasst.

Dies funktioniert im Übrigen nicht nur mit zwei sich gegenüberliegenden Kanten, sondern auch mit kompletten Kanten-Loops.

Selbst ganze Polygon-Reihen lassen sich so reduzieren, wie in Abbildung 1.147 gezeigt. Der Effekt entspricht dabei dem Vernähen paralleler Kanten. Einzige Voraussetzung in jedem Modus ist, dass nur selektierte Elemente vernäht werden können.

▶ Schmelzen

N-Gons lassen sich bereits mit vielen Werkzeugen automatisch generieren. Oftmals vermissen wir dort jedoch die Möglichkeit, individuell eingreifen zu können. So sind z.B. alle bereits modellierten Objekte außen vor, die entweder noch mit älteren Cinema 4D-Versionen oder mit anderen 3D-Programmen erstellt wurden.

Dank der SCHMELZEN-Funktion im FUNKTIONEN-Menü ist dies kein Problem mehr.

Abbildung 1.149: Zusätzliche Werkzeug-Optionen

Das Beispiel in Abbildung 1.148 verdeutlicht die Wirkung des Befehls. Wie Sie dort erkennen, wurden an einer konvertierten Kugel Flächen um den oberen Pol selektiert. Nach dem Aufruf der Schmelzen-Funktion werden diese Flächen durch eine einzelne N-Gon-Fläche ersetzt.

Neue Werkzeug-Optionen

Neben der bereits angesprochenen N-Gons erstellen-Option, die bei vielen Werkzeugen die alternative Erzeugung von Flächen mit mehr als vier Eckpunkten freischaltet, sind in einer separaten Werkzeug-Gruppe innerhalb des Werkzeug-Fensters zusätzliche Schaltflächen und eine Option zu finden (siehe Abbildung 1.149).

Wie bereits in vorangegangenen Beschreibungen erwähnt, sind die meisten Werkzeuge interaktiv angelegt. Das heißt, Sie können z.B. die Höhe der Extrusion oder den Umfang einer Loop-Selektion mit der Maus in den Editor-Ansichten steuern. Die gleiche Interaktionsmöglichkeit gilt aber auch für die Wertfelder in den Werkzeug-Einstellungen. Jede Veränderung dort kann sofort in den Ansichten begutachtet werden.

Diese Fähigkeit der Werkzeuge ist der Echtzeitupdate-Option zu verdanken (siehe Abbildung 1.149). Ist diese Option deaktiviert, muss zum Anwenden eingestellter Werte die Zuweisen-Schaltfläche benutzt werden.

Werden nach dem Zuweisen von Werten Veränderungen am Ergebnis nötig, kann man die Werte verändern und danach erneut die Zuweisen-Schaltfläche benutzen. Diese löst dann keine erneute Werkzeugausführung aus, sondern überträgt nur die veränderten Einstellungen auf die letzte Aktion des Werkzeugs. Die Neu transformieren-Schaltfläche löst schließlich eine neue Aktion des Werkzeugs aus und schließt somit die letzte Ausführung ab.

Die Werte zurücksetzen-Schaltfläche dient eher kosmetischen Zwecken, denn mit ihr können alle Wertfelder auf ihre Standardeinstellungen zurückgesetzt werden.

Messen und Konstruieren

Maßgenaues Konstruieren gehört nicht unbedingt zu den Stärken von Cinema 4D. Wer dennoch darauf angewiesen ist, wird sich über das neue Messen & Konstruieren-Werkzeug freuen, das im Funktionen-Menü abrufbar ist.

Diese Funktion kann sowohl zum Ausmessen von Winkeln und Entfernungen zwischen Objekten als auch interaktiv zur direkten Werteingabe benutzt werden.

Um dies zu überprüfen, rufen Sie zwei Würfel-Grundobjekte auf und konvertieren diese. Platzieren und drehen Sie beide Würfel beliebig.

Selektieren Sie beide Würfel mit ⇧-Klicks im Objekt-Manager und rufen Sie die Messen & Konstruieren-Funktion im Funktionen-Menü auf. Es werden sich daraufhin einige Einstellungen und Parameter im Attribute-Manager zeigen. Diese brauchen jedoch vorerst nicht beachtet zu werden, da sich viele Funktionen auch direkt in den Ansichten steuern lassen.

Bewegen Sie den Mauszeiger in einer beliebigen Editor-Ansicht. Es empfiehlt sich, hierfür die Kamera-Ansicht zu benutzen, um gleichzeitig alle drei Dimensionen im Blick zu haben. Sie werden einen gelben Punkt bemerken, der dem Mauszeiger folgt. Dieser Punkt rastet automatisch an allen Punkten der Objekte, sowie in der Mitte der Polygone und Kanten ein.

Sobald Sie eine geeignete Stelle für die Bemaßung an den Objekten mit dem gelben Punkt angefahren haben, betätigen Sie die Maustaste. Das Ende eines roten Maßbands rastet an der angeklickten Position ein. Haben Sie sich dabei vertan, korrigieren Sie diese Stelle durch einen erneuten Mausklick auf eine andere Stelle.

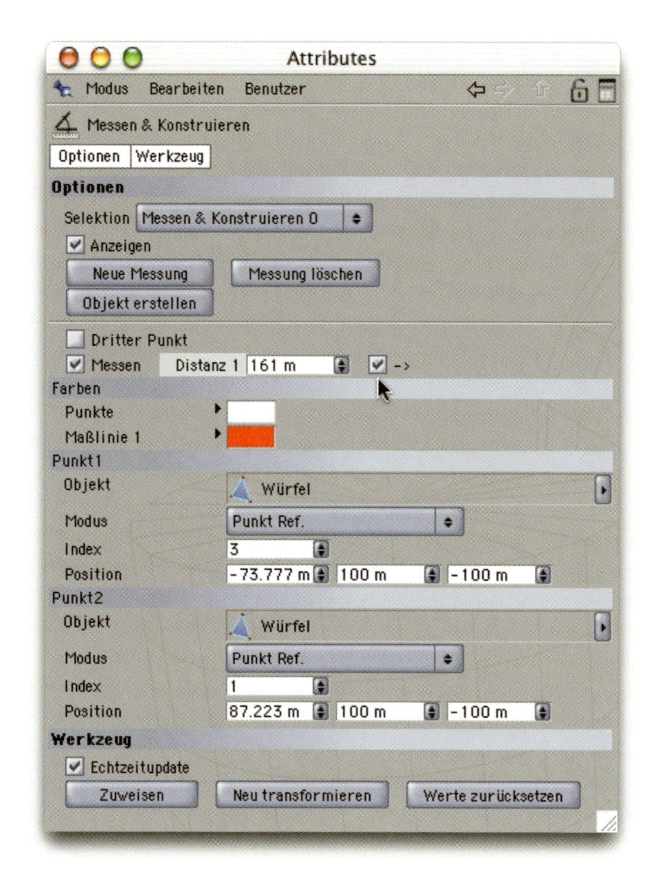

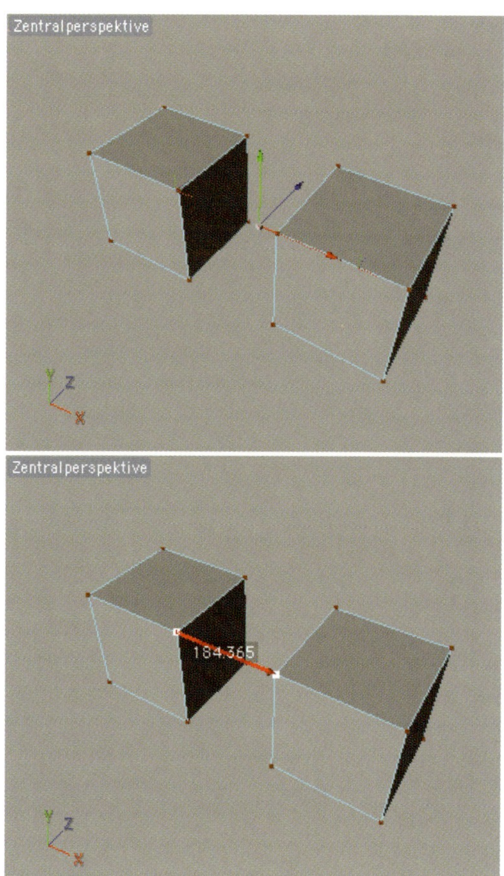

Abbildung 1.150: Messen & Konstruieren-Dialog

Das andere Ende dieses Maßbands kann mit dem Mauszeiger direkt angeklickt und verschoben werden. Auch dieser Punkt rastet automatisch an den Punkten, Kanten und Polygonen der selektierten Objekte ein.

Sie werden von nun an die Länge des Maßbands entweder direkt in den Editor-Ansichten oder im Dialog der MESSEN & KONSTRUIEREN-Funktion bei dem DISTANZ 1-Wert im ATTRIBUTE-MANAGER ablesen können (siehe Abbildung 1.150).

Neben dieser rein informativen Benutzung, können Sie durch Anklicken dieses Werts in den Editor-Ansichten, Halten der Maustaste und gleichzeitiges Bewegen des Mauszeigers nach links und rechts diesen Wert auch verändern und damit die markierte Distanz zwischen den Objekten verändern.

Direkte Werteingaben in das DISTANZ 1-Feld im ATTRIBUTE-MANAGER führen zum gleichen Ergebnis.

Welches der beiden Objekte sich dabei bewegen soll, kann über die ->-Option neben dem DISTANZ 1-Feld bestimmt werden. Standardmäßig verschiebt sich bei deaktivierter Option das Objekt, das im Dialog unter PUNKT 1 eingetragen wurde.

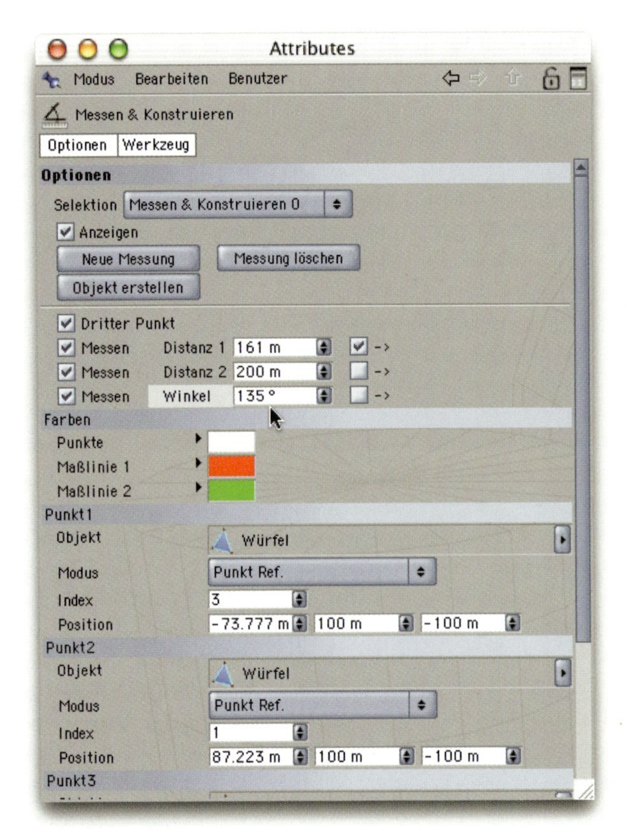

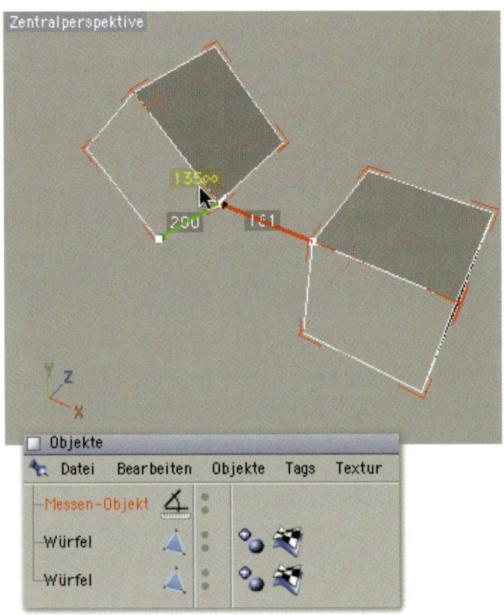

Abbildung 1.151: Drei-Punkt-Vermessung

Wird die DRITTER PUNKT-Option aktiviert, erscheint ein zweites, grün eingefärbtes Maßband in der Szene. Dessen Endpunkt kann ebenfalls durch Verschieben des neuen Endpunkts an den Objekten eingerastet werden (siehe Abbildung 1.151).

Neben der Bemaßung auch dieser Länge wird durch diese Anordnung auch die Berechnung eines eingeschlossenen Winkels möglich, der im WINKEL-Feld im ATTRIBUTE-MANAGER und auch in den Editor-Ansichten eingeblendet wird.

Wie zuvor bei der ersten Bemaßung, kann auch dieser Winkel interaktiv verändert werden, um die Lage der Objekte zueinander zu steuern.

Um auch zu einem späteren Zeitpunkt auf die Bemaßungen zugreifen zu können, kann ein eigenes Bemaßung-Objekt erstellt werden. Sie erzeugen dies mit einem Klick auf die OBJEKT ERSTELLEN-Schaltfläche im ATTRIBUTE-MANAGER.

Ohne weitere Vorkehrungen sorgt dieses Objekt dafür, dass weiterhin alle Maße und Winkel angezeigt und aktualisiert werden. Sie können darüber also keine Winkel oder Abmessungen verändern, sondern diese nur ablesen.

Sobald Sie aber die beiden Objekte wieder selektieren und das MESSEN & KONSTRUIEREN-Werkzeug aufrufen, werden die Maße wieder interaktiv benutzbar. Sind mehrere MESSEN & KONSTRUIEREN-Objekte für die Objekte vorhanden, kann über das SELEKTION-Menü im ATTRIBUTE-MANAGER eine Wahl getroffen werden.

Damit haben wir nun endlich einen Großteil der Funktionen und Neuerungen in diesem Bereich abgearbeitet und können uns im nächsten Kapitel mit der praktischen Anwendung beschäftigen.

Einen DVD-Player samt Fernbedienung modellieren

Nach so viel Theorie wird es nun Zeit für die Praxis. Wie so oft im Leben werden Sie dabei feststellen, dass Sie längst nicht alle Funktionen benötigen werden, die wir bislang besprochen haben. Dafür werden Sie aber auch neue Werkzeuge und Objekte benutzen und somit noch tiefer in Cinema 4D einsteigen.

Als Arbeitsaufgabe möchten wir mit Ihnen zuerst einen DVD-Player modellieren. Dabei werden Sie hauptsächlich mit den aus Kapitel 1 bekannten Polygon-Werkzeugen arbeiten.

Danach komplettieren wir das Modell mit der passenden Fernbedienung. Da diese sehr viele abgerundete Formen enthält, werden wir dieses Objekt mit Hilfe von HyperNURBS umsetzen, eine Objektart, die sich besser während der praktischen Arbeit damit demonstrieren lässt. Daher wurde darauf in Kapitel 1 noch nicht ausführlich eingegangen.

Schließlich werden alle Objekte mit passenden Oberflächen belegt und ausgeleuchtet. Verschiedene Techniken und Alternativen werden vorgestellt.

Zum Schluss haben wir dann eine komplette Szene vor uns, die z.B. zu Werbezwecken in einem Prospekt oder eine Print-Kampagne eingesetzt werden könnte.

2.1 Vorbereitungen

Im Prinzip spielt es keine Rolle, welche Objekte Sie modellieren. Grundsätzlich gibt es bereits im Vorfeld einiges zu erledigen, bevor die Arbeit in Cinema 4D beginnen kann.

Dazu gehört z.B. das Sammeln von Bildvorlagen oder Konstruktionsplänen. Dies wird Ihnen z.B. dabei helfen, Proportionen richtig zu beurteilen.

Stehen im Internet keine passenden Daten zur Verfügung bzw. kann oder will der Auftraggeber keine Pläne oder Skizzen liefern, kann auch der Griff zu einer Digitalkamera weiterhelfen.

Einige Schnappschüsse mit möglichst großer Brennweite (um Verzerrungen zu minimieren) reichen oftmals schon aus. Bei technischen Objekten ist es hilfreich, Abmessungen zu notieren.

Um Ihnen diese Arbeit abzunehmen, finden Sie einige Bilder vom Gehäuse des zu modellierenden DVD-Players und dessen Fernbedienung bereits auf der CD-ROM zu diesem Buch. Zudem haben wir eine Hand voll Abmessungen notiert. Sie können diese während der Modellierung nutzen, um die Proportionen und Baugruppen realistischer umzusetzen.

Zudem helfen die Bilder später bei der so genannten Texturierung, also dem Belegen der Baugruppen und Objekte mit Materialien, da Sie einen direkten Vergleich zwischen dem Bild und unseren Einstellungen am Objekt ziehen können.

Cinema 4D bietet zudem die Möglichkeit, Bilder oder Filme direkt in die Editor-Ansichten einzublenden. Sie können dadurch direkt auf dem Bild modellieren. Dies wird Ihnen bei der Verwendung von geeigneten Bildern oftmals das vorherige Ausmessen von Abständen ersparen.

Wir werden diese Technik vorwiegend bei der Modellierung der Fernbedienung einsetzen, um eine Vorlage bei der Platzierung der unterschiedlichen Tasten und Schaltfelder zu haben.

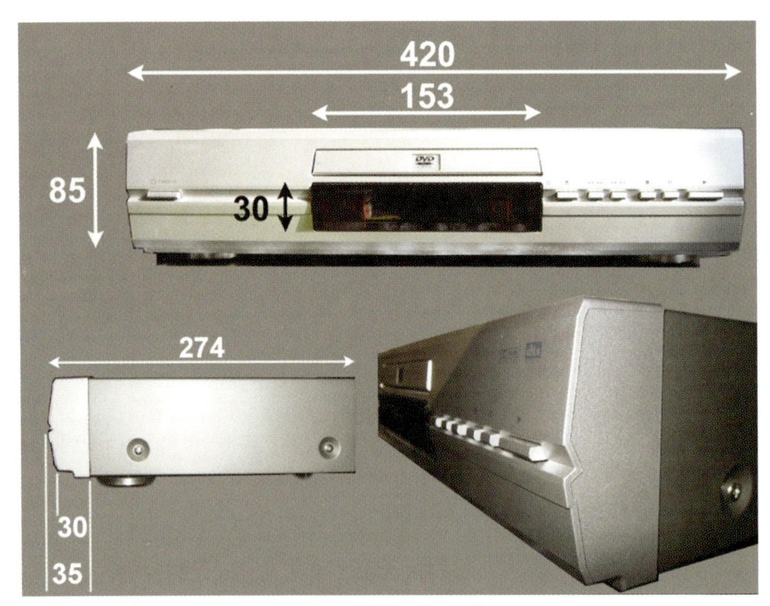

Abbildung 2.1: Schnappschüsse des DVD-Players samt Bemaßung

In Abbildung 2.1 können Sie einige der von uns angelegten Schnappschüsse erkennen. Sinnvoll ist generell das Einhalten der Standardrichtungen beim Fotografieren, so wie sie auch im Cinema 4D-Editor benutzt werden. Oftmals reicht dann ein frontales Bild und eine Aufnahme von der Seite aus.

Sind dort aufgrund von Lichtverhältnissen – oder einfach wegen der Größe der Objekte – nicht alle Details zu erkennen, können zusätzliche Aufnahmen sinnvoll sein. Wie Sie Abbildung 2.1 entnehmen können, wurde daher eine schräge Aufnahme der Frontblende samt den Tasten dort hinzugefügt. Nur so konnte die Form der Tasten und die Tiefe der Nut in der Frontblende ausreichend gut dokumentiert werden.

Zusätzlich sollten Sie zumindest die auffälligsten Maße notieren. Wir haben diese direkt in die Abbildung eingetragen.

So finden Sie dort z.B. die Länge, die Breite und die Höhe des Geräts. Ebenfalls notiert wurden die Abmessungen der auffälligsten Bedienelemente.

Solange das spätere Resultat nur für Werbezwecke eingesetzt werden soll, braucht man es nicht unbedingt millimetergenau mit allen Maßen zu nehmen. Vieles lässt sich auch sehr gut durch bloßes optisches Abschätzen oder durch Überlagerung mit den Fotos platzieren.

Solange die Außenabmessungen stimmen und die auffälligsten Elemente richtig proportioniert werden, fällt der Unterschied zum Original später nicht mehr auf.

Für die folgende Modellierung des DVD-Players werden wir nur die obigen Abmessungen benutzen und von Zeit zu Zeit einen vergleichenden Blick auf Fotos werfen. Wir weisen Sie an den entsprechenden Stellen jeweils auf die benutzten Referenzen hin.

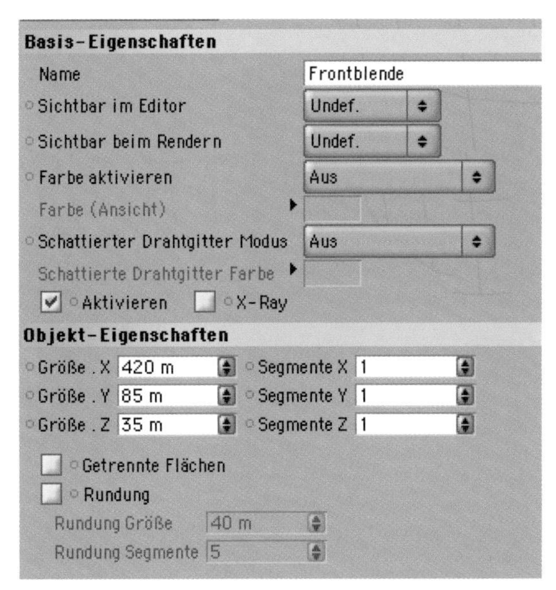

Abbildung 2.2: Einen Würfel als Frontblende benutzen

2.2 Die Frontblende

Das auffälligste Element an dem DVD-Player ist die Frontblende, in der sowohl die DVD-Schublade als auch das Display und die Bedienelemente eingelassen sind.

Der Grundform am nächsten kommt ein schlanker Quader. Wir wählen daher ein Würfel-Grundobjekt und übertragen diesem die zuvor notierten Abmessungen. Im 3D-Raum spielen die Maßeinheiten schließlich keine Rolle.

Der Würfel kommt somit auf eine Breite von 420 Einheiten, bei einer Höhe von 85 Einheiten. Die Tiefe geben wir mit 35 Einheiten vor (siehe Abbildung 2.2).

Belassen Sie die Position des Würfels im Welt-Ursprung. Dies wird es uns später einfacher machen, die Bedienelemente zu positionieren.

Im nächsten Arbeitsschritt müssen wir uns darum kümmern, dass für die Aussparungen und die Formung des Profils genügend Unterteilungen zur Verfügung stehen. Da diese Unterteilungen unregelmäßig über die Frontblende verteilt sind, können wir dafür die Segment-Anzahl des Würfels im Attribute-Manager nicht benutzen.

Schneller und präziser ist es in solchen Fällen, die benötigten Unterteilungen direkt mit dem Messer-Werkzeug zu erzeugen.

Wie Sie bereits aus Kapitel 1 wissen, kann das Messer nur an konvertierten Objekten benutzt werden. Da wir keine weiteren Einstellungen an dem Würfel vornehmen können, ist es nun also an der Zeit, den Würfel zu einem Polygon-Objekt zu konvertieren.

Bevor Sie anfangen, Schnitte durch das Objekt zu legen, sollte deren Lage präzise geplant werden. Ansonsten kann es schnell zu unnötiger Mehrarbeit kommen, wenn erst ein Schnitt angelegt wird und dieser dann z.B. im Punkte-bearbeiten-Modus an seine letztendliche Position verschoben werden muss.

In solchen Fällen, in denen uns z.B. über die Bemaßung die Lage von Unterteilungen vorgegeben ist, bietet sich die Benutzung der Snapping-Funktionen an. Damit lässt sich die Position des ersten und letzten Punktes einer Messer-Schnittführung sehr exakt z.B. auf Punkte einrasten. Wir werden daher vor dem Schneiden einfache Spline-Objekte benutzen, um den Verlauf der gewünschten Schnittführung zu markieren.

Rufen Sie also aus den Spline-Grundobjekten zuerst einen Rechteck-Spline auf. Dieser hat den Vorteil, dass die Senkrechten und Waagerechten automatisch parallel zueinander stehen und Sie deren Abstände präzise im Attribute-Manager einstellen können.

Mit Hilfe dieses Rechtecks soll die Lage des Displays und der DVD-Schublade markiert werden. Sie sollten das Rechteck also in der frontalen Ansicht sehen können. Oben und unten muss das Rechteck über den Würfel hinausragen. Die von uns benutzten Messer-Schnitte sollen schließlich immer außerhalb des Objekts beginnen und enden. Wir verwenden daher eine Höhe von 150 Einheiten. Die Breite von 153 Einheiten ergibt sich aus der vorliegenden Abmessung des Originals.

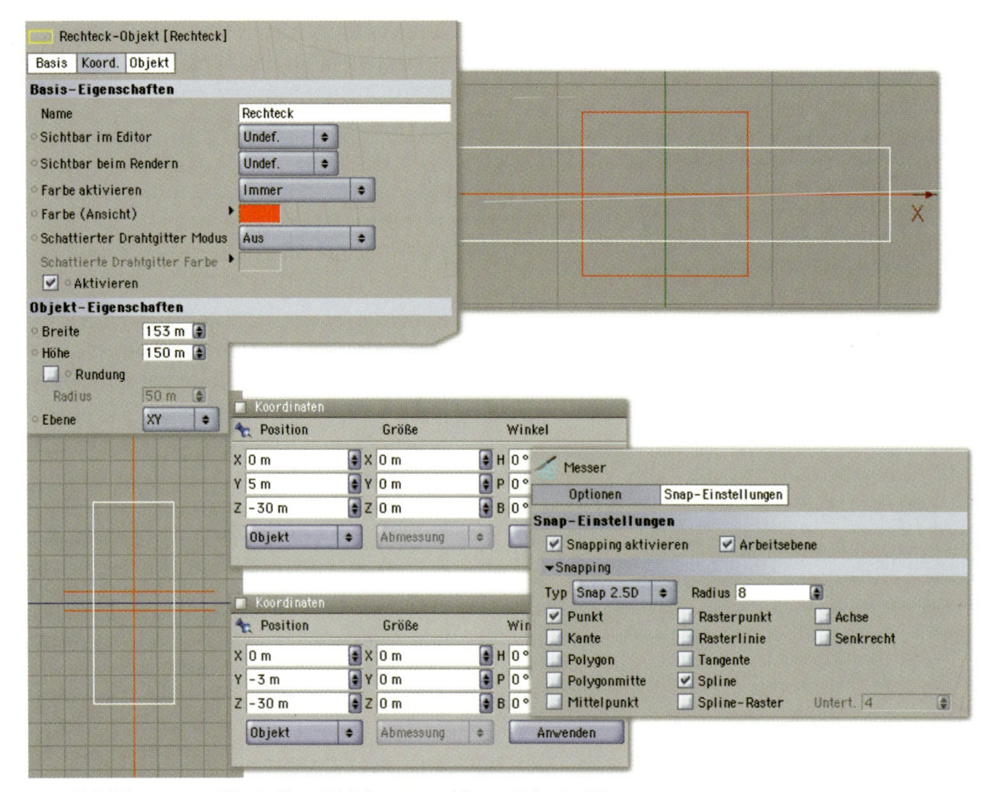

Abbildung 2.3: Mit Spline-Objekten markierte Schnittführungen

Um die Sichtbarkeit zu verbessern, schalten Sie zudem alle noch nachfolgend beschriebenen Spline-Objekte im ATTRIBUTE-MANAGER auf eine rote Farbe.

Abbildung 2.3 zeigt Ihnen im oberen Bereich die Lage und Größe des RECHTECK-SPLINES in der frontalen Ansicht. Wie Sie erkennen können, musste dessen Position nicht verändert werden, da das Display und die Schublade exakt in der Mitte der Blende sitzen.

Als Nächstes fügen Sie einen neuen linearen Spline hinzu, der mittig horizontal durch das gesamte Objekt verläuft. Sie benötigen also nur einen Spline mit zwei Punkten, wobei diese jeweils außerhalb des Würfels liegen. Die Y-Positionen beider Punkte beträgt exakt 0 Einheiten. Da dies beim Erstellen des Splines kaum auf Anhieb gelingen dürfte, korrigieren Sie die Y-Koordinaten der beiden Punkte entweder nacheinander im KOORDINATEN-MANAGER oder im STRUKTUR-MANAGER.

Dieser Spline ist im oberen Teil der Abbildung 2.3 als rote, horizontale Linie zu erkennen und markiert die tiefste Stelle der Nut, in der später auch die Tasten liegen werden.

Die Stellen, an denen die Nut in die senkrechte Front der Blende übergeht, sollten Sie ebenfalls mit Splines markieren. Sie können diese beiden Splines entweder neu aufrufen oder durch Kopieren des horizontalen Splines erzeugen.

Sie sehen diese beiden horizontalen Splines im unteren Bereich der Abbildung 2.3. Daneben finden Sie die Koordinaten des jeweils ersten Punktes der Splines. Wichtig ist dabei für Sie nur die Y-Koordinate. Die obere Linie kreuzt den Würfel in einer Höhe von +5 Einheiten, die untere bei der Höhe –3.

Diese Positionen wurden nur durch optischen Vergleich mit den Schnappschüssen ermittelt. Sie können also durchaus zu etwas anderen Werten kommen.

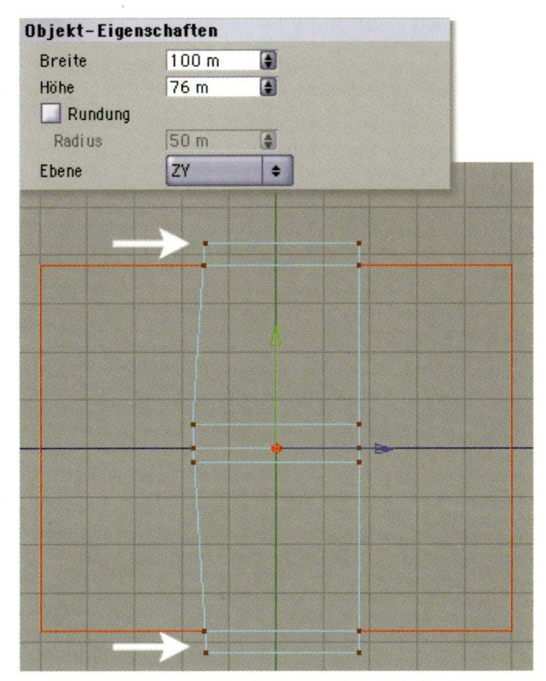

Abbildung 2.4: Die Neigung der Blende erzeugen

Ebenso spielt es hier keine Rolle, ob die Splines in der seitlichen oder der frontalen Ansicht angelegt werden, da die Schnitte später durch den gesamten Würfel gehen. Achten Sie nur darauf, dass die Splines exakt horizontal verlaufen und das gesamte Objekt durchkreuzen.

Aktivieren Sie nun das Messer-Werkzeug und selektieren Sie in dessen Snap-Einstellungen das Snapping auf Punkte und Splines. Alle anderen Elemente können ausgeschaltet bleiben (siehe Abbildung 2.3). Das Snapping kennt mehrere Modi, die über das Typ-Menü eingestellt werden können. Beim 2D-Snapping wird nur dann eingerastet, wenn die Elemente exakt in einer Ebene liegen. Dies funktioniert also wie das Snapping in einem Grafikprogramm, wo z.B. ein Auswahlrahmen an einer Hilfslinie einrastet.

Beim 2.5D-Snapping können Einrastelement und bewegtes Element entlang der Tiefe unterschiedlich platziert sein. Ausschlaggebend ist hier die Richtung, aus der die Szene betrachtet wird. Ein in der frontalen Ansicht verschobener Punkt rastet dann auch an Elementen ein, die nur aus dieser Sicht in unmittelbarer Nähe liegen.

Betrachtet man die Szene z.B. aus der seitlichen Ansicht, erkennt man, dass der ursprüngliche Abstand dort erhalten geblieben ist. Beim 3D-Snapping erhalten Sie schließlich ein echtes, dreidimensionales Snapping. Das heißt, ein verschobenes Element rastet tatsächlich auf die Raumkoordinate ein.

In unserem Fall macht dies keinen Unterschied, da ein projizierter Messer-Schnitt immer aus Sicht der aktiven Ansicht durch das gesamte Objekt geht. Sie legen somit immer nur die Richtung eines Schnitts relativ zur Ansicht fest und nicht seine Lage im Raum. Das 2.5D-Snapping reicht daher völlig aus.

Aktivieren Sie in den Optionen des Messers den Modus Linie und die Einfach-Option. Es wird schließlich immer nur ein einzelner Schnitt erzeugt. Auf Selektion beschränken und Nur Sichtbare müssen deaktiviert sein, damit die Schnitte in jedem Fall durch das gesamte Objekt laufen. Der Zustand der N-Gons erstellen-Option spielt in diesem Fall keine Rolle, da Sie durch die gewählte Schnittführung keine Dreiecke erzeugen werden.

Klicken Sie in der frontalen Ansicht auf den linken Punkt eines der horizontalen Splines. Bewegen Sie den Mauszeiger zum rechten Punkt des gleichen Splines und klicken Sie diesen ebenfalls an. Der Würfel zeigt nun an der mit dem Spline markierten Stelle eine zusätzliche Unterteilung.

Wiederholen Sie dies mit den übrigen horizontalen Splines in der seitlichen Ansicht. Achten Sie immer darauf, dass das Messer an den Endpunkten der Splines einrastet.

Jetzt fehlen in der frontalen Ansicht nur noch zwei senkrechte Schnitte entlang den senkrechten Kanten des Rechteck-Splines. Obwohl dieser Spline noch nicht konvertiert wurde, funktioniert auch dort das Einrasten auf die Eckpunkte. Ziehen Sie dort also je einen Schnitt beginnend am oberen Eckpunkt des Rechtecks senkrecht nach unten.

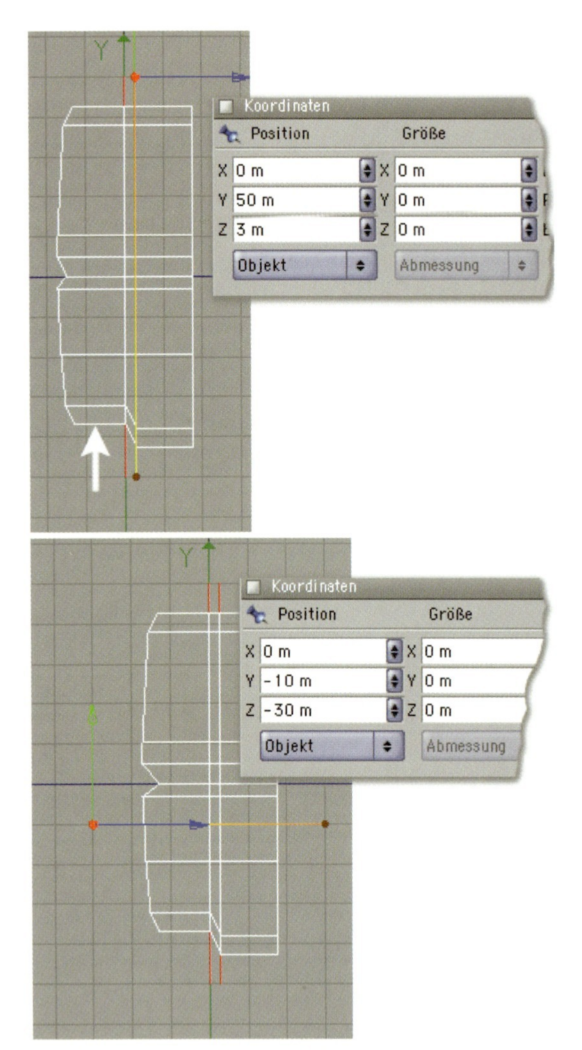

Abbildung 2.5: Weitere Schnitte und Formen der Frontblende hinzufügen

Drehen Sie den Rechteck-Spline um 90°, bis er in der seitlichen Ansicht zu sehen ist. Reduzieren Sie seine Abmessungen auf 100 Einheiten in der Breite sowie 76 Einheiten in der Höhe (siehe Abbildung 2.4) und benutzen Sie dessen horizontalen Kanten in der seitlichen Ansicht, um zwei weitere Schnitte dort einrasten zu lassen. Diese begrenzen die kleine Abfasung am oberen und unteren Rand der Frontblende. Auch hier haben Sie wieder die Freiheit, abweichende Abmessungen zu benutzen. Reduzieren oder erhöhen Sie dazu die Höhe des Rechtecks vor dem Schneiden.

Da die Frontblende oben und unten etwas in Richtung Gehäuse zurückweicht – um fünf Einheiten, wie an den Maßen in Abbildung 2.1 zu erkennen ist –, selektieren Sie in der seitlichen Ansicht die Punkte dort und verschieben diese etwas in Richtung der positiven Z-Achse (siehe Pfeile in Abbildung 2.4).

Achten Sie beim Selektieren darauf, dass die Option Nur sichtbare Elemente selektieren ausgeschaltet ist. Es sollen schließlich alle Punkte entlang der gesamten Front selektiert und verschoben werden.

Im zweiten Schritt selektieren Sie wieder in der seitlichen Ansicht nur die vorderen Punkte der obersten und untersten Kante an der Frontblende. Ziehen Sie diese Punkte noch etwas weiter in Richtung der positiven Z-Achse, um in diesen Bereichen die Abfasung umzusetzen. Abbildung 2.5 gibt diese Formveränderung bereits wieder.

Fügen Sie zwei weitere lineare Spline-Objekte hinzu, wobei ein Spline in der seitlichen Ansicht direkt durch die Mitte des Würfels entlang der Y-Achse verläuft. Der zweite Spline verläuft parallel dazu, aber etwas entlang der positiven Z-Achse verschoben.

Wie Sie Abbildung 2.5 entnehmen können, wurde der erste Spline-Punkt dieses zweiten Splines mit einer Z-Position von 3 Einheiten platziert. Auch hier beginnen und enden die Splines außerhalb des Würfel-Objekts.

Ein weiterer Spline verläuft horizontal unterhalb der Mitte des Würfels (siehe Abbildung 2.5 unten). An dieser Stelle befindet sich eine sichtbare Kante an der Frontblende, die Sie nicht weglassen sollten.

Wie gewohnt aktivieren Sie das Messer-Werkzeug im Linie-Modus – die besprochenen Snap-Einstellungen sollten bei dessen Benutzung immer aktiv sein – und selektieren den Würfel im Objekt-Manager. Lassen Sie das Messer nacheinander auf den Spline-Punkten einrasten, um exakte Schnitte entlang der Splines zu erzeugen.

Anschließend verschieben Sie den vorderen, unteren Bereich der Frontblende etwas nach oben, wie in Abbildung 2.5 durch den Pfeil angedeutet.

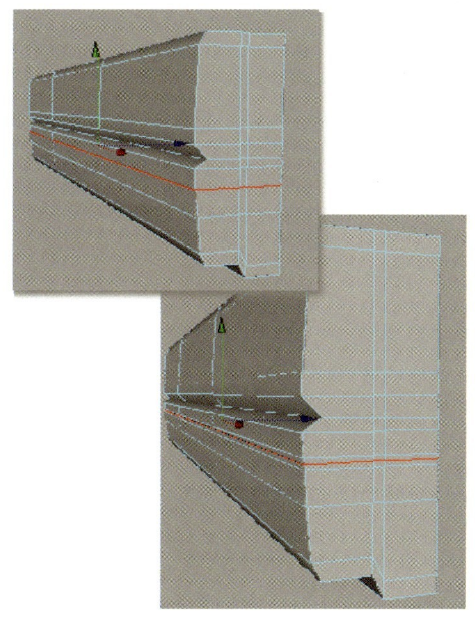

Abbildung 2.6: Kanten durch Unterteilung herausarbeiten

Wir haben in Kapitel 1 bereits über den Phong-Winkel und dessen Bedeutung für die Schattierung einer Oberfläche gesprochen. Um Kanten als sichtbares Gestaltungselement zu benutzen, kann der Phong-Winkel verkleinert werden, oder die entsprechende Kante kann durch zusätzliche Unterteilungen noch stärker herausgearbeitet werden.

Wir werden beide Methoden nutzen, um die Fasen und Riefen an der Frontblende des DVD-Players herauszuarbeiten.

Wir beginnen mit der Riefe, die unterhalb der Mitte der Frontblende verläuft. Diese ist recht klein und in Abbildung 2.1 am besten auf der schrägen Ansicht zu erkennen. Die Lage dieser Riefe haben wir bereits mit einem Schnitt festgelegt. Nun sollte dieser Schnitt verfeinert werden, damit die eigentliche Riefe entstehen kann. Dazu selektieren Sie entweder direkt die Kanten mit dem Loop-Selektion-Befehl oder zuerst nur die dazugehörenden Punkte und wandeln diese Selektion dann in eine Kanten-Selektion um (Selektion › Selektion umwandeln). Die Selektion muss ganz um den Würfel herumgehen (siehe Abbildung 2.6 oben).

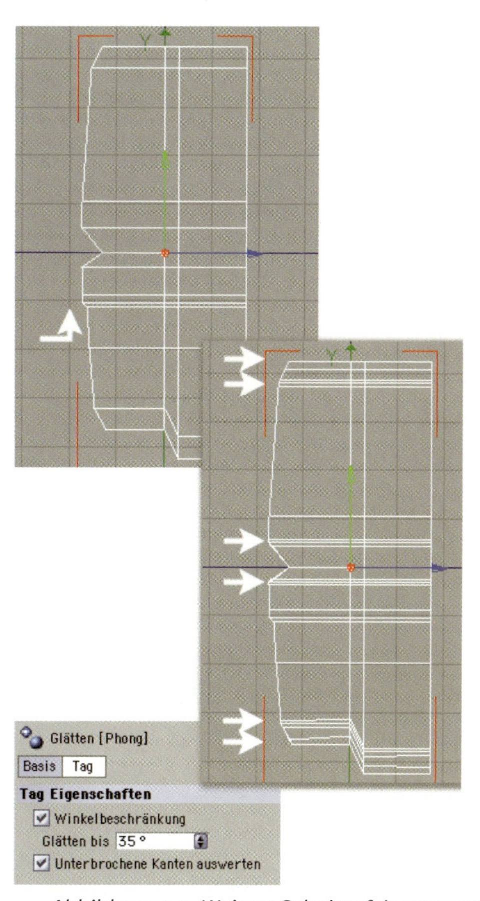

Abbildung 2.7: Weitere Schnitte feiner unterteilen

Wählen Sie den Bevel-Befehl aus dem Struktur-Menü, aktivieren Sie bei Bedarf dessen Echtzeitupdate-Option und benutzen Sie die Unterteilung 1 mit einem kleinen Betrag für Innerer Offset. Nach einem Klick auf die Zuweisen-Schaltfläche bilden sich zwei zusätzliche Kantenzüge, die sich mit dem Innerer Offset-Wert parallel verschieben lassen (siehe Abbildung 2.6 unten).

Selektieren Sie den unteren der neu hinzu gekommenen Kantenzüge und deselektieren Sie daran die Kanten, die an der Seite und an der Rückseite des Würfels liegen. Verschieben Sie die verbliebene Kanten-Selektion entlang der positiven Z-Achse und nach oben. Der abgeknickte Pfeil in Abbildung 2.7 deutet diese Verschiebung an der Front der Blende an. Es entsteht dadurch eine kleine Stufe an der Stelle.

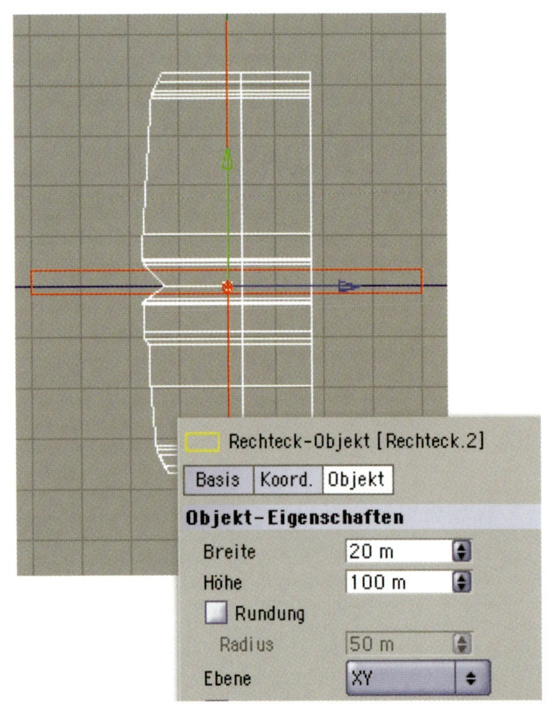

Abbildung 2.8: Horizontale Schnitte für die Tasten erzeugen

Selektieren Sie nacheinander die übrigen Kantenzüge an den in Abbildung 2.7 mit Pfeilen markierten Stellen und führen Sie auch dort BEVEL-Operationen (mit UNTERTEILUNG 1) durch, um zusätzliche Kanten zu schaffen. Diese brauchen nicht zusätzlich verschoben zu werden. Es geht nur darum, die markanten Kanten feiner zu unterteilen und damit die Schattierung auf der Oberfläche zu verbessern.

Um diesen Effekt zu unterstützen, selektieren Sie das GLÄTTEN-TAG des Würfel-Objekts im OBJEKT-MANAGER und reduzieren im ATTRIBUTE-MANAGER den Grenzwinkel für die Glättung, bis alle zusätzlich unterteilten Kanten deutlich hervortreten. Bei uns war dies bei einem Winkel von 35° der Fall.

Die Bedienelemente

Die Grundform der Frontblende ist damit vorhanden und wir können uns näher mit den Bedienelementen beschäftigen. Da diese in Öffnungen der Frontblende stecken, sollten wir diese Öffnungen auch modellieren. Ein einfacher Ansatz wäre gewesen, die Tasten separat zu modellieren und einfach auf oder knapp hinter der Blende zu platzieren. Der Mehraufwand hält sich jedoch in Grenzen.

Wenn Sie die Schnappschüsse des DVD-Players näher betrachten, fällt auf, dass die Tasten zwar in der mittleren Rille an der Front sitzen, diesen Raum jedoch nicht komplett ausfüllen. Oben und unten bleibt noch etwas Platz übrig. Wir müssen also zusätzliche Schnitte für die obere und untere Begrenzung der Tasten hinzufügen.

Gerade in solchen Situationen, wo der Platz zwischen bereits vorhandenen Schnitten immer enger wird, zahlt sich die Snapping-Methode mit den Splines aus. Sie können in aller Ruhe die Lage der Splines korrigieren und danach den Schnitt präzise durchführen.

Für die Tastenschnitte entscheiden wir uns wieder für einen RECHTECK-SPLINE, der in der seitlichen Ansicht platziert wird. Sie können entweder einen der bereits vorhandenen Splines dafür verwenden oder einen neuen RECHTECK-SPLINE erzeugen. Ansonsten gilt, dass Sie nach den beschriebenen Schnitten jeweils die benutzten Splines wieder löschen können, um Verwechslungen zu vermeiden und für etwas mehr Übersicht zu sorgen.

Wie Sie Abbildung 2.8 entnehmen können, hat unser RECHTECK-SPLINE eine Größe von 20 mal 100 Einheiten. Er ist zudem etwas oberhalb der Mitte platziert, um zentriert in der Nut der Frontblende zu liegen.

Korrigieren Sie ggf. bei sich die Seitenverhältnisse des RECHTECK-SPLINES so, dass seine horizontalen Kanten vollständig in der Nut liegen. Da wir Ihnen keine fixen Werte für das Beveln der umliegenden Kanten gegeben haben – auch die interaktive Benutzung des BEVEL-Werkzeugs mit der Maus im Editor war möglich –, kann der zur Verfügung stehende Platz bei Ihnen daher etwas größer oder kleiner sein.

Benutzen Sie anschließend wieder das MESSER-Werkzeug, um zwei Schnitte entlang den horizontalen Rechteckkanten anzulegen.

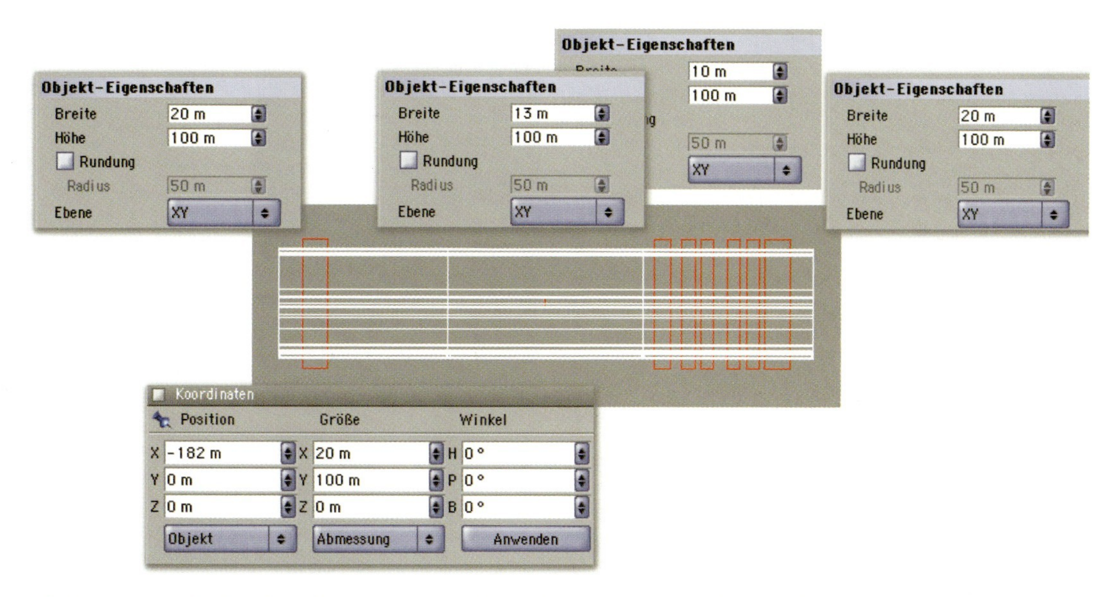

Abbildung 2.9: Rechteck-Splines begrenzen die senkrechten Schnitte für die Tastenfelder.

Wechseln Sie in die frontale Editor-Ansicht und zoomen Sie dort so, dass die gesamte Breite der Frontblende zu sehen ist.

Im nächsten Arbeitsschritt müssen diverse Schnitte für die seitlichen Begrenzungen der Tasten erzeugt werden. Auch hier sollten wir uns mit Splines behelfen, da einige Tasten unterschiedliche Breiten haben und wir es so leichter haben, die Abstände zwischen den Tasten zu bestimmen.

Wir haben es insgesamt mit drei verschiedenen Tasten zu tun, wobei sich diese nur in der Breite unterscheiden. Beginnen werden wir mit dem Ein-/Aus-Schalter, der ganz links an der Gehäusefront zu finden ist. Benutzen Sie einen neuen RECHTECK-SPLINE, um die Breite dieser Taste besser abschätzen zu können.

Durch visuellen Abgleich mit den Schnappschüssen schlagen wir eine Breite von 20 Einheiten vor. Die Höhe des Rechtecks ist weniger wichtig. Wie bei den Vorbereitungen zuvor sollte das Rechteck jedoch oben und unten großzügig über die Blende hinausragen.

Platziert wird das Rechteck auf der X-Koordinate –182 (siehe Abbildung 2.9).

Am rechten Rand der Frontblende finden Sie eine ähnliche Taste, die zudem einen identischen Abstand vom Außenrand hat. Duplizieren Sie also den RECHTECK-SPLINE und verändern Sie die X-Koordinate der Kopie auf +182 Einheiten. Da unsere Würfelblende noch immer im Ursprung des Welt-Systems liegt, wirkt dieser Vorzeichenwechsel wie das Spiegeln des Objekts.

Die zweitgrößte Taste liegt gleich rechts neben dem Display und der DVD-Schublade. Wir nehmen dafür eine Breite von 13 Einheiten an und erzeugen einen neuen RECHTECK-SPLINE, dem diese Abmessung übertragen wird. Verschieben Sie diesen Spline dann an die gewünschte Position. Einen exakten Positionswert geben wir dafür nicht vor. Platzieren Sie den Spline einfach nach Ihrem Gefühl und nach Abgleich mit den Schnappschüssen vom DVD-Player.

Jetzt fehlen noch vier kleinere Tasten, die sich im rechten Bereich der Blende zwischen den jetzt bereits vorhandenen Rechtecken verteilen. Wir schätzen deren Breite mit 10 Einheiten ab und platzieren vier neue, entsprechend eingerichtete RECHTECK-SPLINES in diesem Bereich.

Abbildung 2.9 gibt die finale Anordnung der Rechtecke in der frontalen Ansicht wieder.

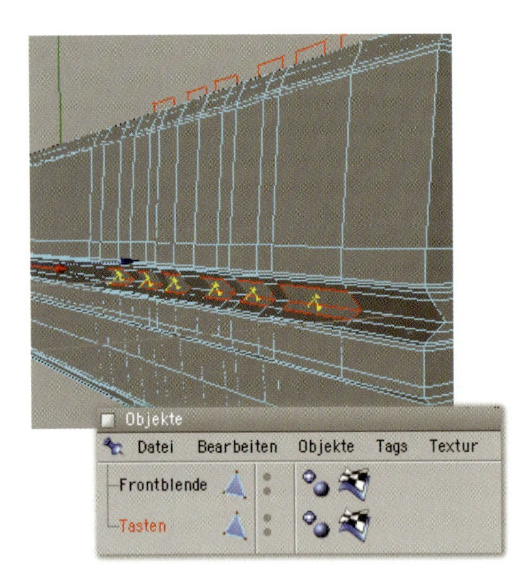

Abbildung 2.10: Tastenselektion abtrennen

Erzeugen Sie nach dem bekannten Muster senkrechte Schnitte entlang den Senkrechten aller zuletzt erzeugten Rechteck-Splines. Sie können anschließend alle Spline-Objekte löschen.

Deaktivieren Sie danach auch das Snapping, da wir jetzt in eine Phase eintreten, in der Punkte und Flächen verschoben werden müssen. Bliebe das Snapping aktiv, könnte es zu einer Einschränkung der Bewegungsfreiheit kommen, da die verschobenen Elemente an den Punkten in ihrer Umgebung einrasten würden.

Aktivieren Sie die Live Selektion und achten Sie dabei im Attribute-Manager darauf, dass nur die Selektion von sichtbaren Elementen zugelassen wird, da wir nun die zu den Tasten gehörenden Polygone an der Front selektieren müssen. Eine gleichzeitige Selektion von Flächen an der Rückseite der Blende ist dabei nicht erwünscht.

Zoomen Sie in der frontalen Ansicht so an den ehemaligen Würfel heran, bis Sie bequem einzelne Polygone selektieren können. Wählen Sie dort alle Flächen aus, die zu einer Taste gehören. Wenn Sie den Erläuterungen gefolgt sind, sind dies jeweils zwei Polygone pro Taste.

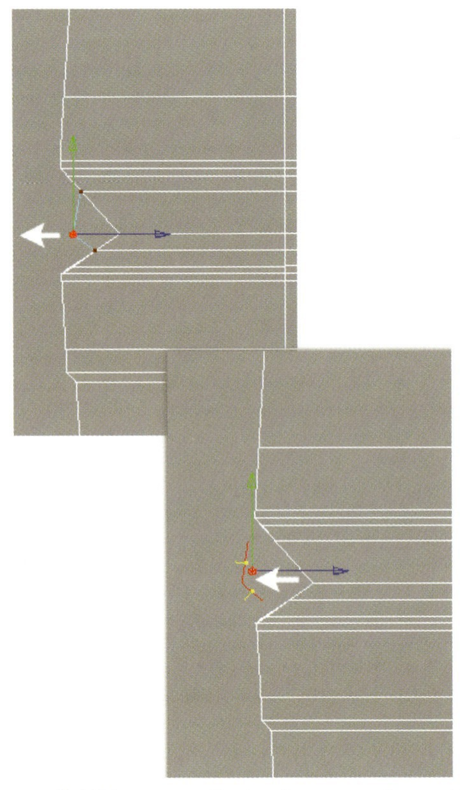

Abbildung 2.11: Tasten formen und verschieben

Es handelt sich um ein Polygon über der mittleren Schnittkante und eines darunter. Abbildung 2.10 zeigt Ihnen unsere Selektion auf der rechten Gehäuseseite. Der Ein-/Aus-Knopf links muss natürlich auch selektiert werden.

Benutzen Sie den Befehl Funktionen > Abtrennen, um die selektierten Polygone zu duplizieren und gleichzeitig in ein neues Objekt zu kopieren. Wie Sie Abbildung 2.10 entnehmen können, wurde dieses neue Objekt *Tasten* genannt.

Wechseln Sie in den Punkte-bearbeiten-Modus und selektieren Sie das neue Objekt im Objekt-Manager. Benutzen Sie die Live-Selektion in der seitlichen Ansicht, um die mittleren Punkte der Tasten zu selektieren. Sie müssen dabei die Selektion verdeckter Elemente zulassen (siehe Abbildung 2.11).

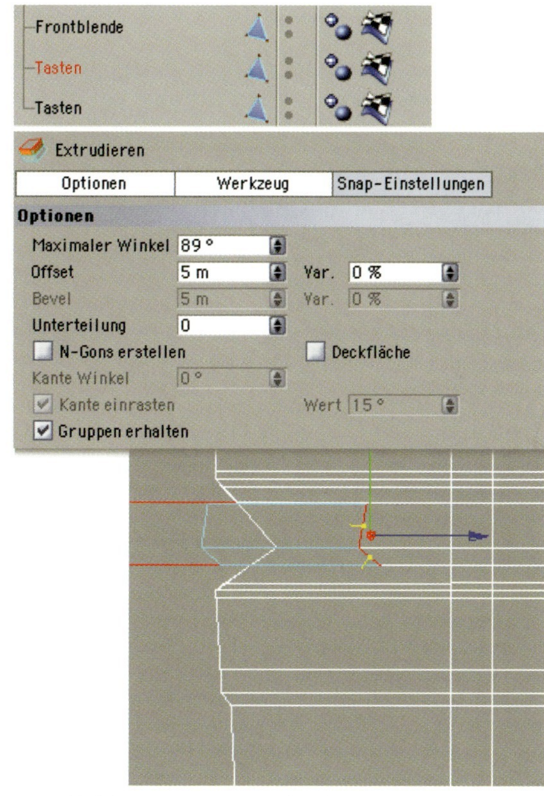

Abbildung 2.12: Tasten durch Extrudieren und Verbinden erzeugen

Verschieben sie diese Punkte in der seitlichen Ansicht etwas entlang der negativen Z-Achse von der Frontblende fort, da die Tasten vorne nicht einfach glatt sind, sondern einen Winkel aufweisen. Verschieben Sie dann das gesamte Tasten-Objekt im Modell-bearbeiten-Modus so weit vor die Frontblende, bis die gewünschte Tiefe der Tasten dargestellt wird.

Bislang haben wir es jedoch nur mit den vorderen Flächen der Tasten zu tun. Um deren Seiten kümmern wir uns jetzt. Duplizieren Sie das Tasten-Objekt im Objekt-Manager und aktivieren Sie den Polygone-bearbeiten-Modus und den Extrudieren-Befehl. Diesmal benutzen wir jedoch nicht den interaktiven Modus mit der Maus, sondern die Zahlenwerte im Attribute-Manager.

Durch eine Extrudierung der Flächen ohne weitere Vorkehrungen würde sich deren Form verbreitern, da immer in Richtung der Normalen-Vektoren extrudiert wird. Wir umgehen dies mit einem kleinen Trick. Setzen Sie den Offset-Wert auf 0 und klicken Sie dann auf die Zuweisen-Schaltfläche.Vielleicht wundern Sie sich, wieso wir den Extrudieren-Befehl benutzen können, obwohl noch keine Flächen selektiert wurden. In dem Sonderfall, dass alle Flächen eines Objekts extrudiert werden sollen, kann man auf eine vorherige Selektion verzichten. Sind keine Polygone ausgewählt, werden dann automatisch alle Polygone extrudiert. Sie können alternativ aber auch vor dem Extrudieren den Befehl Alles selektieren aus dem Selektion-Menü benutzen.

Nun hat sich zwar rein äußerlich nichts an den Tasten verändert, aber es sind trotzdem neue Flächen entstanden. Sichtbar werden diese, wenn Sie das Verschieben-Werkzeug benutzen, um die neuen Flächen entlang der positiven Z-Achse zu verschieben. Aus den ehemals flachen Tasten sind jetzt Objekte mit geschlossenem Volumen geworden. Sie können diese Technik immer dann anwenden, wenn aus einer Polygonfläche ein Volumenkörper werden soll.

Einen Schritt haben wir aber dennoch durchzuführen, denn die Tasten bestehen noch immer aus zwei separaten Objekten – den ursprünglichen Enden der Tasten und den nun extrudierten Teilen (siehe Abbildung 2.12).

Selektieren Sie die beiden Tasten-Objekte mit ⇧-Klicks im Objekt-Manager und benutzen Sie den Befehl Verbinden im Menü Funktionen, um diese zu einem neuen Objekt zusammenzufassen. Die beiden ursprünglichen Tasten-Objekte können Sie danach löschen.

Die Tasten sind nun fertig, jedoch noch nicht optimiert. An den vorderen Deckflächen sind auch nach dem Zusammenfügen der beiden Tastenteile doppelte Punkte vorhanden. Der Verbinden-Befehl bereinigt diese nicht automatisch. Dort müssen wir manuell nachhelfen und den Optimieren-Befehl aus dem Menü Funktionen benutzen. Wenn Sie sich weiterhin im Polygone-bearbeiten-Modus befinden, achten Sie darauf, dass an den Tasten keine Polygone selektiert sind.

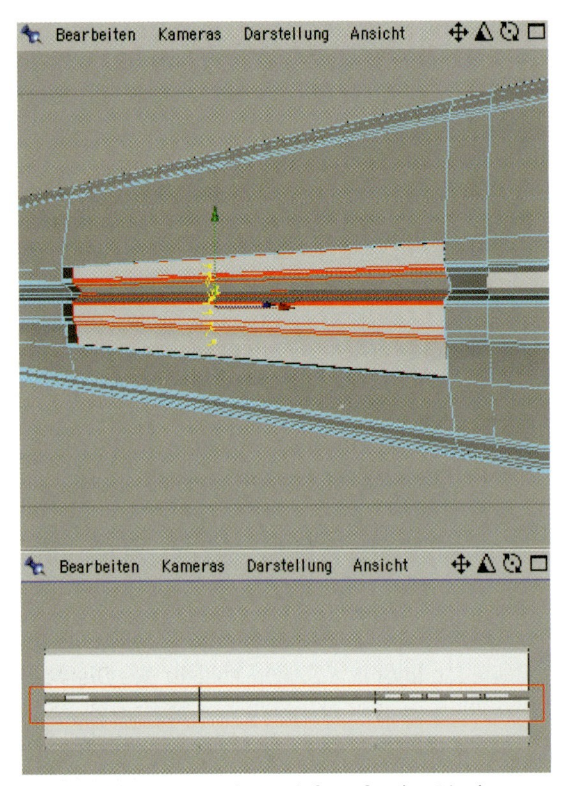

Abbildung 2.13: Die Vertiefung für das Display modellieren

Die Optimierung würde ansonsten nur die selektierten Flächen überprüfen. Sie können den Optimieren-Befehl mit den Standardeinstellungen benutzen, obwohl in diesem Fall auch dessen Punkte-Option ausreichen würde.

Selektieren Sie jetzt das Frontblende-Objekt im Polygone-bearbeiten-Modus. Dort sollten nach wie vor die Ausgangsflächen der Tasten selektiert sein. Benutzen Sie den Extrudieren-Befehl, um diese Flächen etwas in das Innere der Blende zu verschieben. Achten Sie dabei darauf, dass die Option Gruppen erhalten aktiv ist.

Durch diesen einfachen Arbeitsschritt entstehen Vertiefungen in der Blende, wo die Tasten zum Vorschein kommen, als wären dort die passenden Löcher ausgestanzt.

Das Display

Widmen wir uns nun dem Display und etwas später der DVD-Schublade in der Mitte der Frontblende. Die seitlichen Begrenzungsschnitte hatten wir bereits erzeugt, uns fehlen jedoch noch horizontale Begrenzungen für das Display. Dieses ist etwas unterhalb der Mitte platziert.

Erzeugen Sie einen neuen Rechteck-Spline und geben Sie diesem eine Höhe von 30 Einheiten. Dieser Wert ergibt sich aus den Bemaßungen in Abbildung 2.1. Für die Breite wählen Sie einen Wert, der das Rechteck links und rechts über die Ränder der Blende ragen lässt. Abbildung 2.13 gibt im unteren Teil die Lage und Größe dieses Rechteck-Splines in der frontalen Ansicht wieder.

Die senkrechte Position liegt etwas unterhalb der Mitte der Blende – um wie viel, wird Ihrem Augenmaß überlassen.

Aktivieren Sie das Snapping auf Punkte und erzeugen Sie zwei Messer-Schnitte entlang der horizontalen Spline-Kanten. Achten Sie wieder darauf, dass das Messer-Werkzeug tatsächlich an den Spline-Eckpunkten einrastet, damit die Schnitte exakt waagerecht verlaufen.

Selektieren Sie dann im Polygone-bearbeiten-Modus z.B. mit der Live-Selektion alle sichtbaren Flächen in dem Bereich, in dem das Display liegen soll. Abbildung 2.13 zeigt im oberen Bereich diese Selektion der Flächen. Achten Sie darauf, dass nur an der Vorderseite selektiert wird.

Benutzen Sie dann den Extrudieren-Befehl mit dem Offset-Wert 0 samt aktiver Gruppen erhalten-Option, damit die zueinander geneigten Flächen nicht vergrößert oder verkleinert werden, und verschieben Sie die neuen Flächen etwas in die Blende hinein. Dadurch entsteht eine Ausbuchtung für das Display.

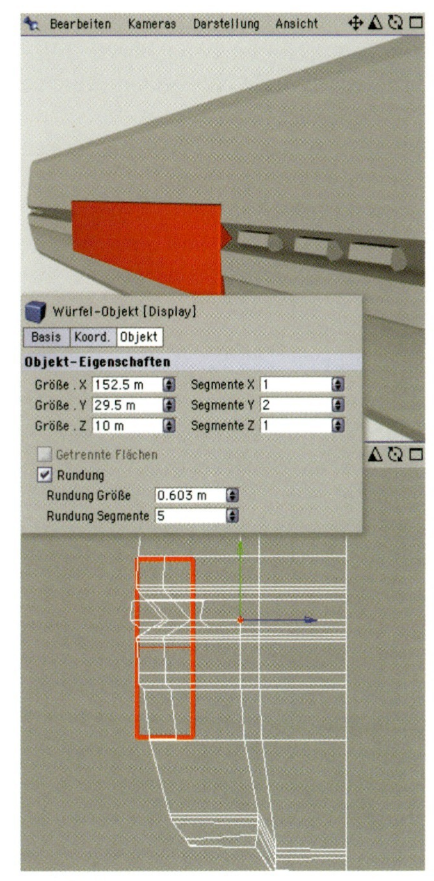

Abbildung 2.14: Einsetzen eines Würfels als Display

Damit wir es später bei der Belegung mit Oberflächen einfacher haben, benutzen wir jetzt ein neues Objekt für das eigentliche Display in der Blende. Aufgrund der rechteckigen Form bietet sich hier ein WÜRFEL-Grundobjekt an.

Dessen Abmessungen ergeben sich aus den Vorgaben der Bemaßung. Die Tiefe des Würfels ist in weiten Grenzen frei wählbar, da nur die Vorderseite und kleine Anteile der Seite zu sehen sind. Mögliche WÜRFEL-Parameter können Sie Abbildung 2.14 entnehmen.

Wie Sie dort erkennen, wurde auch eine kleine Abrundung an den Kanten aktiviert. Sofern möglich, sollte man generell alle Objekte leicht abfasen oder gar abrunden. Dies hat später vor allem Vorteile bei der Darstellung von Glanzlichtern an den Kanten.

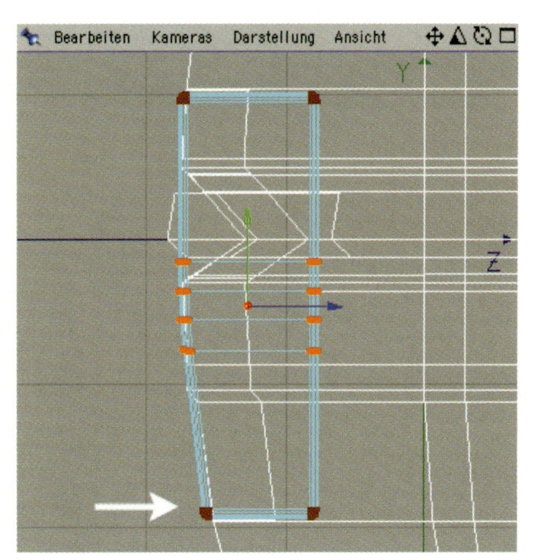

Abbildung 2.15: Die Unterteilung und Form des Displays anpassen

Im Allgemeinen gibt es auch in unserem täglichen Umgang mit Objekten kaum scharfe Kanten.

Wie Sie in der seitlichen Ansicht des Displays im unteren Teil der Abbildung 2.14 erkennen können, ragt das Display vor allem im unteren Bereich deutlich über die Blende hinaus. Dies sollten Sie korrigieren und das Display dort etwas in Richtung Blende zurückführen. Damit das Display weiterhin im oberen Bereich senkrecht bleibt, ist eine horizontale Unterteilung in der Mitte nötig. Sie können diese leicht über die Erhöhung der Segmentanzahl in Y-Richtung hinzufügen.

KONVERTIEREN Sie den Display-Würfel dann und selektieren Sie im PUNKTE-BEARBEITEN-Modus alle Punkte an der vorderen, unteren Kante. Am einfachsten geht dies in der seitlichen Ansicht mit der LIVE-SELEKTION, wobei die Selektion verdeckter Elemente zugelassen wird. Verschieben Sie diese Punkte etwas entlang der positiven Z-Achse, so wie es der Pfeil in Abbildung 2.15 andeutet. Selektieren Sie dann alle Punkte in der Mitte des Display-Würfels und wandeln Sie diese Selektion in eine Kanten-Selektion um. Benutzen Sie den BEVEL-Befehl mit der UNTERTEILUNG 0 um diese Kante in zwei neue parallele Kanten aufzuteilen.

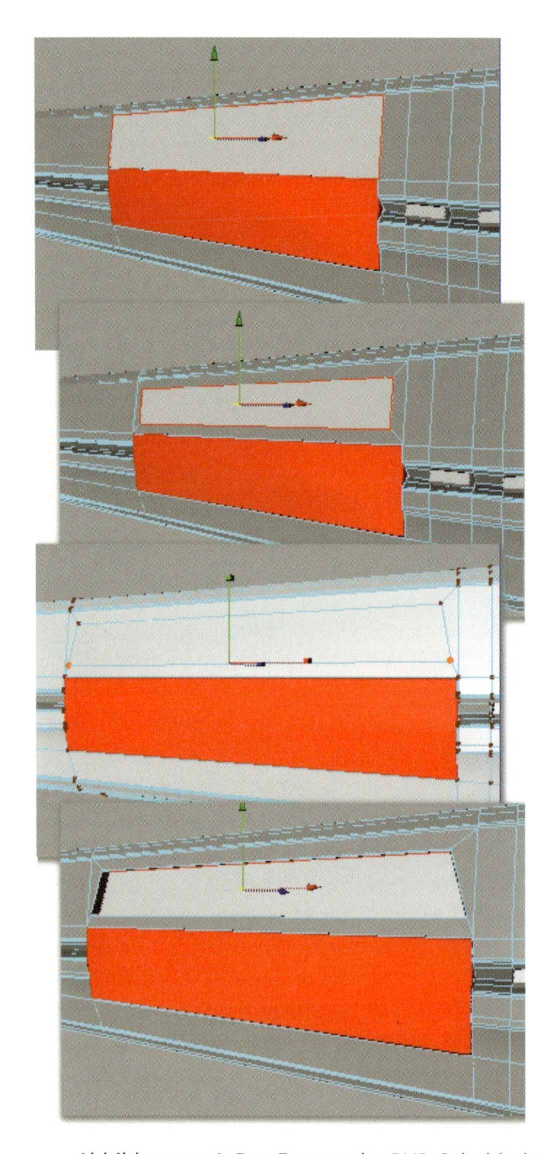

Abbildung 2.16: Das Formen der DVD-Schublade

Der mittlere „Knick" im Display wird dadurch etwas weicher. Sie können diese Aktion mit den zwei neuen Kantenzügen je ein weiteres Mal durchführen, um die Rundung noch weicher zu gestalten (siehe Abbildung 2.15).

Alternativ dazu könnte man diese Unterteilungen natürlich auch mit MESSER-Schnitten und durch Verschieben hinzufügen. Letztlich gibt es immer mehrere Möglichkeiten, um ein Resultat zu erzielen.

Das Display ist damit bereits fertig und Sie können sich um die unmittelbar benachbarte DVD-Schublade kümmern. Auch in diesem Bereich muss eine Vertiefung entstehen.

Dort haben Sie es jedoch etwas einfacher, denn der in Frage kommende Bereich besteht nur aus einem Polygon (siehe Abbildung 2.16 oben).

Selektieren Sie diese Fläche und benutzen Sie den INNEN EXTRUDIEREN-Befehl interaktiv mit der Maus, bis sich die Fläche so weit verkleinert hat, dass deren obere horizontale Kante die gewünschte Breite der DVD-Schublade hat.

Selektieren Sie dann im PUNKTE-BEARBEITEN-Modus die beiden unteren Eckpunkte der verkleinerten Fläche und skalieren Sie diese entlang der X-Achse nach außen. Dies ist notwendig, da die DVD-Schublade nach unten hin etwas breiter wird. Alternativ zum Skalieren können Sie die Punkte auch einzeln verschieben. Achten Sie nur darauf, dass die Punkte auf gleicher Höhe bleiben, damit die horizontale Kante zwischen ihnen erhalten bleibt.

Wechseln Sie schließlich wieder zurück in den POLYGONE-BEARBEITEN-Modus. Die trapezförmige Fläche der Schublade sollte dort weiterhin selektiert sein. Benutzen Sie den EXTRUDIEREN-Befehl, um diese Fläche in die Frontblende zu versenken. Das unterste Bild der Abbildung 2.16 zeigt den Endzustand.

Soll der DVD-Player später in einer Animation die Schublade öffnen können, müsste hier eine größere Tiefe gewählt werden, damit tatsächlich die gesamte Schublade dort aufgenommen werden kann. Da wir hier aber nur ein Standbild produzieren, können wir es bei einer kleinen Tiefe belassen. Es muss zwischen der extrudierten Fläche und der Front der Blende nur genügend Platz bleiben, um die eigentliche Schublade einsetzen zu können.

Was jetzt noch etwas stört, sind die recht scharfen Ecken an dem DVD-Schacht. Aus größerer Entfernung betrachtet ist dies zwar nicht weiter störend, derartige Winkel können aber bei Nahaufnahmen ins Auge fallen. Wir werden die vier Ecken daher im nächsten Arbeitsschritt etwas abfasen.

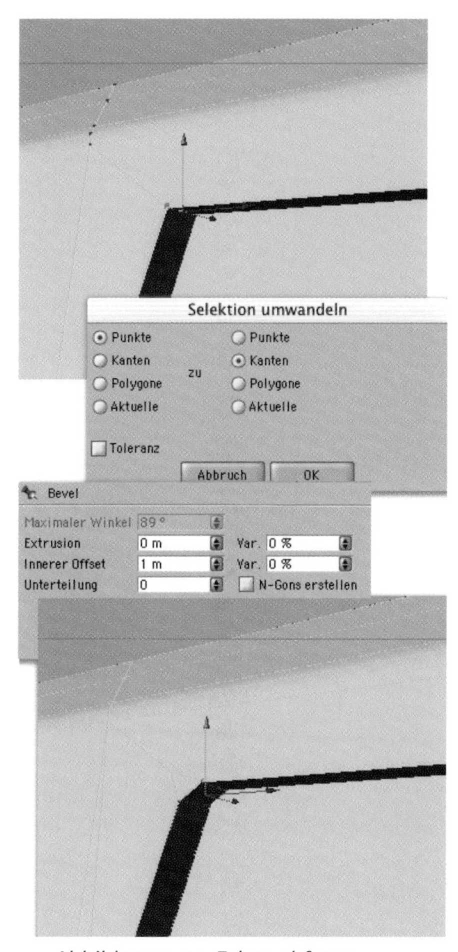

Abbildung 2.17: Ecken abfasen

Selektieren Sie im PUNKTE-BEARBEITEN-Modus jeweils die beiden Punkte in der Ecke des DVD-Schachts (siehe oberste Einblendung in Abbildung 2.17). Konvertieren Sie diese Punkt-Selektion dann mit SELEKTION › SELEKTION UMWANDELN in eine Kanten-Selektion. Da es sich hier nur um eine einzelne Kante handelt, können Sie diese alternativ aber auch direkt im KANTEN-BEARBEITEN-Modus selektieren.

Benutzen Sie anschließend die BEVEL-Funktion im STRUKTUR-Menü mit einem kleinen INNEREN OFFSET, um die Kante abzufasen. Wie Sie Abbildung 2.17 entnehmen können, reicht bereits der Wert 1 m aus. Wiederholen Sie diese Arbeitsschritte für alle vier Eckkanten der Ausbuchtung.

Abbildung 2.18: Die Frontblende mit eingesetzter DVD-Schublade

Um die eigentliche DVD-Schublade zu erzeugen, benutzen wir wie beim Display einen einfachen Würfel mit leicht abgerundeten Kanten. Platzieren Sie den Würfel in der soeben modellierten Öffnung für die DVD-Schublade und passen Sie die Würfelgröße entsprechend an.

KONVERTIEREN Sie den Würfel schließlich zu einem Polygon-Objekt und passen Sie dessen Form durch Verschieben der Würfeleckpunkte an die Form der Aussparung in der Frontblende an. Auch hier wiederholen sich wieder die Arbeitsschritte, die wir bei dem Display durchgegangen sind.

Arbeiten Sie hierbei vorzugsweise in der frontalen Ansicht und benutzen Sie die LIVE-SELEKTION zum Selektieren der abgerundeten Ecken. Achten Sie auch hier wieder darauf, dass die Selektion verdeckter Elemente zugelassen wird.

Abbildung 2.18 gibt Ihnen einen Eindruck von dem aktuellen Zustand des Objekts. Es fehlen nur noch einige kleine Details. Dann können wir uns mit dem eigentlichen Gehäuse befassen.

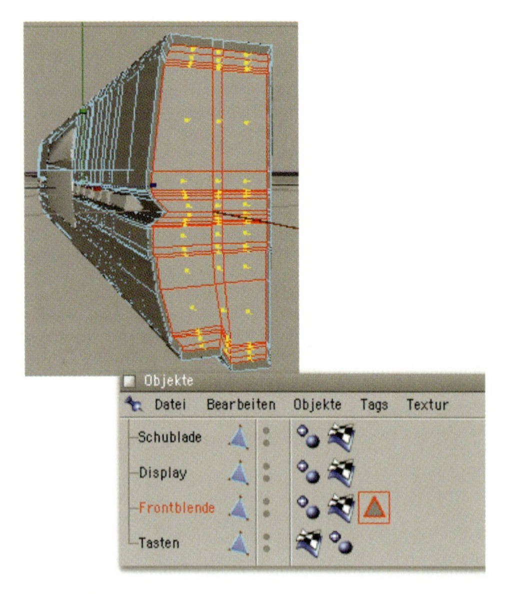

Abbildung 2.19: Die Polygon-Selektion an den Seiten der Frontblende einfrieren

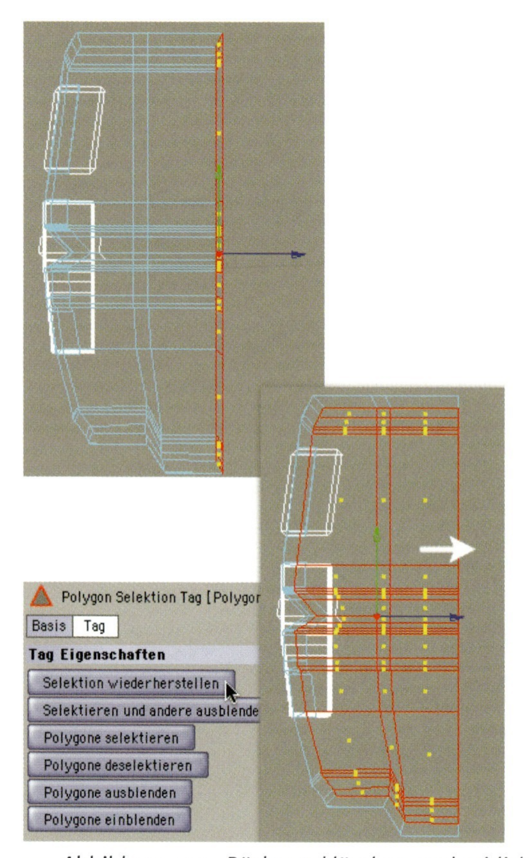

Abbildung 2.20: Rückwand löschen und seitliche Flächen verschieben

Details ergänzen

In den Schnappschüssen fällt am Übergang zwischen der Front und den seitlichen Flächen eine schmale Kante auf. Diese könnte durch den Herstellungsprozess bedingt sein. Zwar trägt diese Kante nicht zum Umriss der Blende bei, sie könnte jedoch bei bestimmten Beleuchtungswinkeln Glanzpunkte oder sogar einen schmalen Schatten erzeugen.

Da diese Kante einen konstanten Abstand zum Rand hat, können Sie hier mit Innen Extrudieren arbeiten. Wechseln Sie dazu ggf. in den Polygone-bearbeiten-Modus und selektieren Sie in der seitlichen Ansicht alle Polygone der beiden Seiten der Frontblende. Die Selektion verdeckter Elemente muss dazu aktiviert sein.

Benutzen Sie dann das Innen Extrudieren-Werkzeug, um die selektierten Flächen von den umliegenden Kanten zu entfernen. Da Sie diese Selektion in einem späteren Arbeitsschritt noch einmal benötigen, rufen Sie danach Selektion einfrieren im Menü Selektion auf. Abbildung 2.19 zeigt diese beiden Arbeitsschritte.

Wenn man sich die schräge Ansicht bei den Schnappschüssen in Abbildung 2.1 noch einmal ansieht, fällt dort auf, dass diese schmale Kante an der Seite nur im vorderen Bereich ausgeprägt ist. Dort, wo das eigentliche Gehäuse beginnt, ist sie nicht vorhanden. Sie sollten also in Vorbereitung des sich anschließenden Extrudierens die Flächen an der Rückseite der Blende löschen.

Da die Polygone in diesem Bereich sehr klein sind und eng aneinander liegen, bietet sich zur Selektion eine Rahmen-Selektion in der seitlichen Ansicht an. Auch hierbei muss die Selektion verdeckter Flächen im Attribut-Manager erlaubt werden.

Die obere Einblendung in Abbildung 2.20 zeigt Ihnen in der seitlichen Ansicht, welche Flächen zu löschen sind. Dies sind alle Flächen, die rechts von den nach innen extrudierten Polygonen liegen.

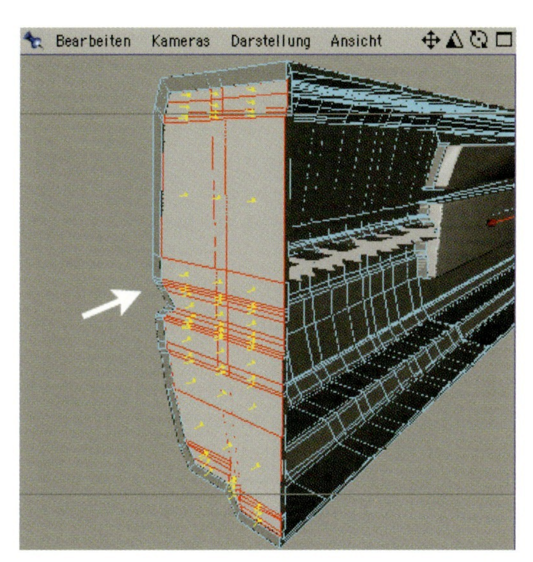

Abbildung 2.21: Die seitlichen Flächen extrudieren

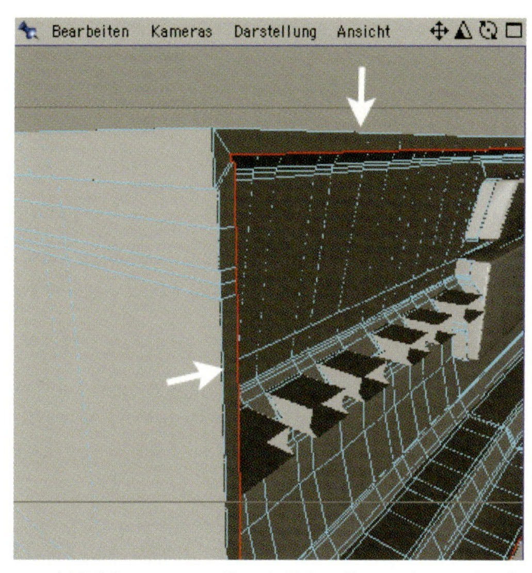

Abbildung 2.22: Durch Extrudieren der umlaufenden Kante eine Dicke der Blende vortäuschen

Sie können die selektierte Flächen entweder mit der [Entf]- bzw. [←]-Taste löschen oder im Struktur-Manager im Modus-Menü auf Polygone schalten und dann im Bearbeiten-Menü des gleichen Managers den Befehl Löschen auswählen.

Selektieren Sie dann im Objekt-Manager das Polygon-Selektion-Tag mit den von uns gespeicherten Flächen und klicken Sie im Attribute-Manager die Schaltfläche Selektion wiederherstellen an (siehe Abbildung 2.20).

Benutzen Sie das Verschieben-Werkzeug in der seitlichen Ansicht, um die nun wieder selektierten Polygone an den Seiten der Blende so weit in Richtung der positiven Z-Achse zu verschieben, bis sie auf der rechten Seite mit der Blende abschließen. Diese Verschiebung und der Endzustand sind im unteren Teil von Abbildung 2.20 durch den weißen Pfeil angedeutet. Das Ziel sollte sein, dass die selektierten Flächen vorne sowie oben und unten einen jeweils gleich großen Abstand zur Kante der Blende haben. Sollte dies bei Ihnen nicht der Fall sein, weil Sie z.B. beim vorherigen Innen Extrudieren einen zu kleinen oder zu großen Abstand eingestellt haben, können Sie die Abstände auch durch Skalieren der selektierten Flächen in Y- oder Z-Richtung beeinflussen.

Benutzen Sie jetzt das Extudieren-Werkzeug, um die selektierten Flächen ein kleines Stück in das Gehäuse zu versenken. Abbildung 2.21 deutet dies durch den Pfeil an. Da die zu erzeugende Kante dezent ausfallen soll, reicht hierbei bereits eine sehr kleine Entfernung aus, die Sie am besten interaktiv mit der Maus einstellen.

Durch das Extrudieren sind wieder zusätzliche Flächen an der Rückseite der Blende entstanden. Um diese schneller selektieren und löschen zu können, benutzen Sie zuerst den Befehl Selektion vergrössern aus dem Selektion-Menü. Der bereits vorhandenen Selektion werden dadurch alle unmittelbar angrenzenden Flächen hinzugefügt. Die Selektion enthält danach bereits am rechten Rand die Flächen, die gelöscht werden sollen.

Selektieren Sie nun das Polygon-Selektion-Tag im Objekt-Manager und betätigen Sie dieses Mal die Polygone deselektieren-Schaltfläche im Attribute-Manager. Es bleibt jetzt nur noch eine Selektion der schmalen umlaufenden Flächen übrig. Aktivieren Sie die Live-Selektion und erlauben Sie dort die Selektion verdeckter Elemente.

Halten Sie jetzt zusätzlich zur Maustaste die [Strg]-/[Ctrl]-Taste gedrückt, während Sie die noch selektierten Flächen vorne, oben und unten mit dem Mauszeiger überstreichen. Das zusätzliche Halten der Taste deselektiert die überstrichenen Flächen, ohne die übrigen selektierten Flächen zu verändern. Auf diese Weise können Sie also nur bestimmte Elemente deselektieren, ohne die restliche Selektion komplett neu erstellen zu müssen.

Sind schließlich nur noch die Polygone am rechten Rand ausgewählt, benutzen Sie wieder den LÖSCHEN-Befehl im STRUKTUR-MANAGER oder die [Entf]- bzw. [←]-Taste, um diese Flächen zu löschen.

Wenn Sie jetzt wieder in den PUNKTE-BEARBEITEN-Modus umschalten, fallen Ihnen sicherlich die vielen freien Punkte an der jetzt offenen Rückseite der Blende auf. Da das Löschen von Polygonen nicht gleichzeitig auch die Eckpunkte dieser Polygone löscht, blieben diese bislang unbemerkt bestehen.

Stellen Sie sicher, dass keine Punkte an der Frontblende selektiert sind – benutzen Sie im Zweifel den ALLES DESELEKTIEREN-Befehl im SELEKTION-Menü – und rufen Sie dann den OPTIMIEREN-Befehl im STRUKTUR-Menü auf. Diesmal kommt es dort besonders auf die Option UNBENUTZTE PUNKTE an. Sie können aber auch einfach alle drei Optionen aktiviert lassen. Die frei schwebenden und nicht mit Flächen verbundenen Punkte sollten danach verschwunden sein.

Die Frontblende ist damit im Prinzip fertig, Sie sollten jedoch auch dafür sorgen, dass dieses Objekt eine sichtbare Dicke erhält. Das etwas später noch ergänzte Gehäuse geht schließlich nicht nahtlos in die Frontblende über, sondern ist gewissermaßen dort hineingesteckt. Die Blende ist also ein kleines Stück breiter und höher als das Gehäuse, um dieses aufnehmen zu können. Diese überstehende Dicke der Blende sollte ausmodelliert werden.

Diese Dicke lässt sich durch EXTRUDIEREN der umlaufenden Kante erzeugen. Um diese möglichst einfach zu selektieren, benutzen Sie am besten die LOOP-SELEKTION. Alternativ hierzu können Sie auch die RAHMEN-Selektion in der seitlichen Ansicht im PUNKTE-BEARBEITEN-Modus benutzen. Rahmen Sie dort nur die in einer senkrechten Linie verlaufenden Punkte an der nun offenen Rückseite der Blende ein. Die Selektion verdeckter Elemente muss hierbei wieder zugelassen werden, damit auch die Punkte am hinteren Ende und an der Längsseite selektiert werden.

Wandeln Sie diese Punkt-Selektion mit SELEKTION UMWANDELN im SELEKTION-Menü in eine Kanten-Selektion um. Kontrollieren Sie z.B. in der Kamera-Ansicht durch das Betrachten aus mehreren Richtungen, ob tatsächlich alle umlaufenden Kanten selektiert wurden. Es sollte eine einzige durchlaufende selektierte Kante um die hintere Öffnung der Blende zu erkennen sein.

Stellen Sie Lücken in der Selektion fest, können Sie diese durch Nachselektieren, z.B. mit der LIVE-SELEKTION, schließen. Benutzen Sie dabei die [⇧]-Taste beim Selektieren, damit die selektierten Elemente der bereits bestehenden Selektion hinzugefügt werden. Dies ist also der umgekehrte Fall zu der Benutzung der [Strg]-/[Ctrl]-Taste, mit der selektierte Elemente aus einer Selektion entfernt werden konnten.

Aktivieren Sie den EXTRUDIEREN-Befehl und tragen Sie 90° für KANTE WINKEL ein, damit die Kanten senkrecht zu den bestehenden Flächen verschoben werden. Es reicht bereits eine kleine Distanz wie in Abbildung 2.22 aus, um die Illusion einer Objektdicke zu erzeugen.

Wenn Sie beim Extrudieren der Kante Probleme haben, können Sie alternativ auch einen OFFSET von 0 Einheiten im ATTRIBUTE-MANAGER vorgeben, die ZUWEISEN-Schaltfläche dort benutzen und dann die neuen Kanten durch Skalieren in X- und Y-Richtung auf den gewünschten Abstand zum Gehäuse bringen.

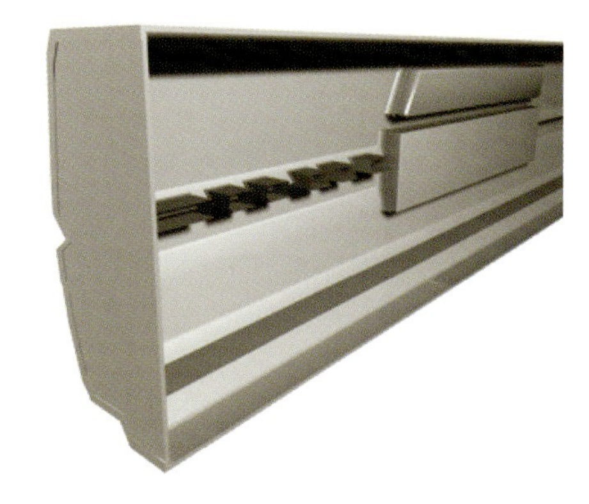

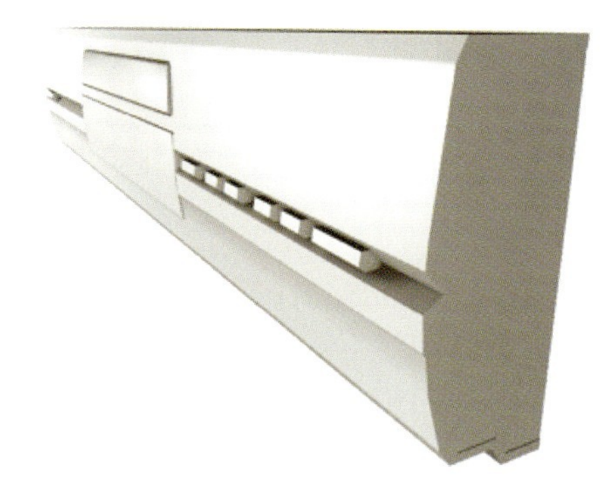

Abbildung 2.23: Die seitliche Absenkung und die Dicke der Frontblende im Detail

Wie Sie an den in Abbildung 2.23 dargestellten Ansichten der Frontblende erkennen können, sind dies nur kleine Details, die jedoch gerade in Nahaufnahmen nicht unerheblich zum Gesamteindruck beitragen können.

Beim direkten Vergleich mit den Schnappschüssen fällt nun unmittelbar nur noch die Vertiefung in der Mitte der DVD-Schublade auf, in der das DVD-Logo angebracht ist. Vertiefungen wie diese lassen sich sehr schnell nach dem nun bereits bekannten Muster von Innen Extrudieren und Extrudieren oder auch mit der Bevel-Funktion hinzufügen.

Selektieren Sie dazu den konvertierten Würfel im Objekt-Manager, den Sie als Schublade eingesetzt hatten, und wechseln Sie bei Bedarf in den Polygone-bearbeiten-Modus. Selektieren Sie die vordere Deckfläche am Würfel und benutzen Sie den Innen Extrudieren-Befehl.

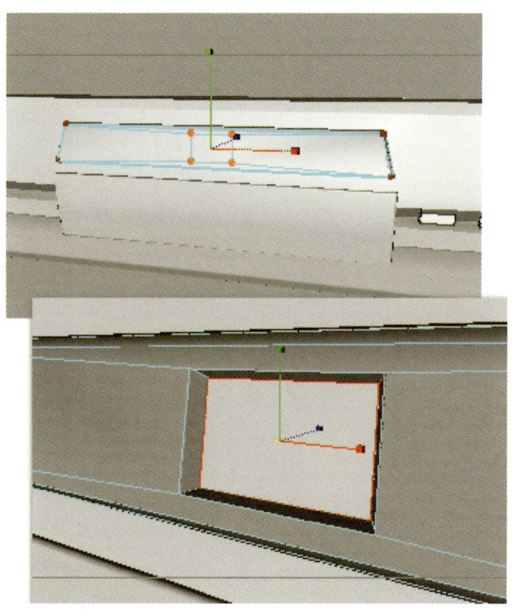

Abbildung 2.24: Absenkung in die DVD-Schublade hinzufügen

Schalten Sie in den Punkte-bearbeiten-Modus und korrigieren Sie anschließend die Positionen der neuen Eckpunkte auf der Frontfläche der Schublade, bis eine rechteckige Fläche in der Größe der gewünschten Vertiefung begrenzt wird (siehe obere Einblendung in Abbildung 2.24).

Um es ganz exakt zu haben, selektieren Sie zwei übereinander liegende Punkte an der verkleinerten Rechteckfläche. Im Koordinaten-Manager können Sie im Feld für X-Grösse den aktuellen seitlichen Abstand der selektierten Punkte auf 0 korrigieren, damit diese exakt übereinander stehen. Vergessen Sie danach nicht die Anwenden-Schaltfläche im Koordinaten-Manager zu betätigen, damit diese Eingabe auf die beiden selektierten Punkte übertragen wird. Verfahren Sie nach dem gleichen Prinzip mit dem zweiten Punktepaar.

Abschließend wechseln Sie wieder in den Polygone-bearbeiten-Modus zurück und Extrudieren die Fläche etwas in die Schublade hinein. Abbildung 2.24 gibt im unteren Teil den Endzustand wieder.

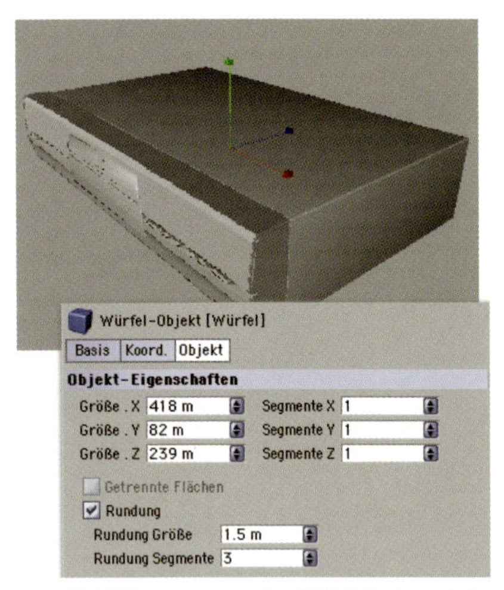

Abbildung 2.25: Ein Würfel als Gehäuse

Da die Absenkung – sofern man diese in den Schnappschüssen ausmachen kann – nicht einfach gerade in die Schublade hineinreicht, sondern etwas angeschrägt ist, können Sie schließlich die weiterhin selektierte Fläche mit dem Skalieren-Befehl entlang der X- und Y-Achse etwas verkleinern.

2.3 Das Gehäuse des DVD-Players

Damit ist der Großteil der Arbeit an der Gerätefront abgeschlossen. Wie Sie gleich bemerken werden, ist der Rest des Gehäuses weit weniger aufwändig umzusetzen. Bereits das Hinzufügen eines einfaches Würfels, wie es Abbildung 2.25 zeigt, macht den DVD-Player fast schon komplett.

Passen Sie den Würfel durch Verschieben entlang der Y- und Z-Achse an die Lage der Frontblende an. Der Würfel sollte zumindest ein kleines Stück in das offene Ende der Blende hineinragen, damit zwischen diesen Bauteilen keine sichtbare Lücke klafft. Überprüfen Sie sowohl die Position als auch die Abmessungen des Würfels, indem Sie in der Kamera-Ansicht näher an die hinteren Ecken der Frontblende heranzoomen.
Der Würfel sollte dort möglichst exakt eingepasst werden. Ansonsten können Sie sich – was die Tiefe des Würfels betrifft – an der Bemaßung aus Abbildung 2.1 orientieren.

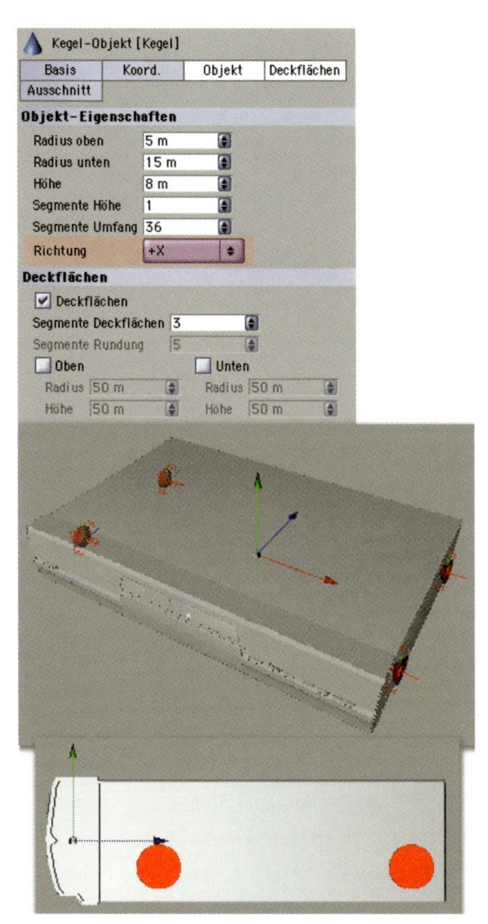

Abbildung 2.26: Kegel-Objekte am Gehäusewürfel platzieren

Versenkungen für die Schrauben

Das Gehäuse ist an beiden Seiten über Schrauben mit innen liegenden Strukturen verbunden. Diese Schrauben sind in trichterförmigen Versenkungen des Gehäuses platziert. Diese Form lässt sich recht einfach über ein Kegel-Grundobjekt herstellen, bei dem das obere Ende einen Radius ungleich 0 Einheiten erhält. Abbildung 2.26 zeigt Ihnen sowohl mögliche Einstellungen für einen der vier benötigten Kegel sowie deren Platzierung.

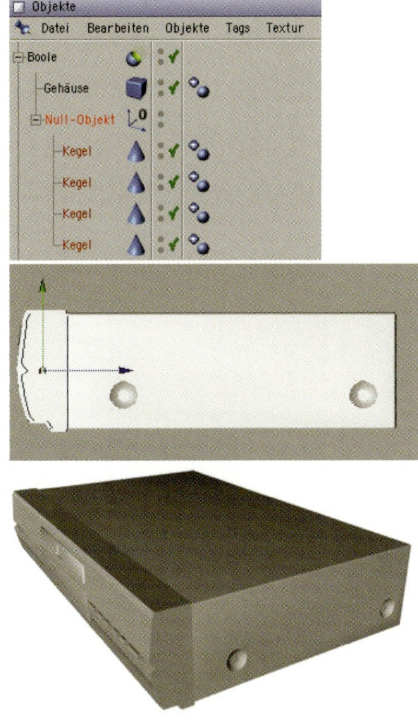

Abbildung 2.27: Die vom Würfel abgezogenen Kegel formen die Versenkungen.

Über den im Kegeldialog in Abbildung 2.26 rot markierten RICHTUNG-Wert kann die Lage der Kegel-Spitze gesteuert werden. Da die Kegel von links und von rechts in den Gehäusewürfel eindringen sollen, müssen Sie dort –X oder +X verwenden. Alternativ können Sie die Kegel-Objekte aber auch manuell mit dem ROTIEREN-Werkzeug in die gewünschte Stellung drehen.

Achten Sie darauf, dass alle vier Kegel gleich weit in den Würfel eindringen, damit später alle Versenkungen gleich tief sind. Haben Sie schließlich diese vier Kegel entsprechend platziert, selektieren Sie alle Kegel z.B. mit einem Auswahlrechteck im OBJEKT-MANAGER und benutzen OBJEKTE GRUPPIEREN im OBJEKTE-Menü des OBJEKT-MANAGERS. Die Kegel werden daraufhin unter einem neuen Null-Objekt zusammengefasst.

Rufen Sie ein BOOLE-OBJEKT auf und ordnen Sie den Gehäusewürfel und die Kegelgruppe wie in Abbildung 2.27 dort unter.

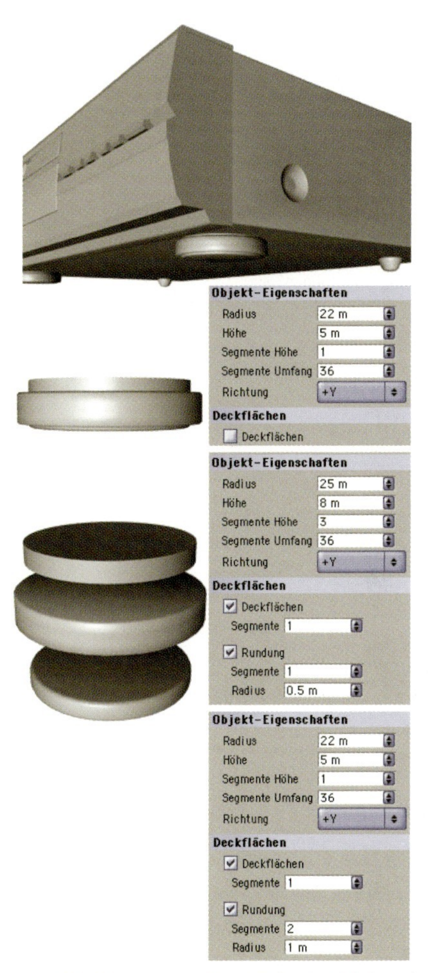

Abbildung 2.28: Drei Zylinder bilden die vorderen Standfüße.

Da das BOOLE-OBJEKT standardmäßig im Subtrahieren-Modus arbeitet, werden die eindringenden Kegel vom Gehäuse abgezogen und hinterlassen die gewünschten Vertiefungen.

Die Standfüße

Die vorderen Standfüße des DVD-Players ähneln niedrigen Zylindern. Wir benutzen drei ineinander gesteckte Zylinder-Grundobjekte (siehe Abbildung 2.28). Gruppieren Sie die drei Zylinder z.B. unter einem Null-Objekt, damit sie als eine Einheit verschoben werden können.

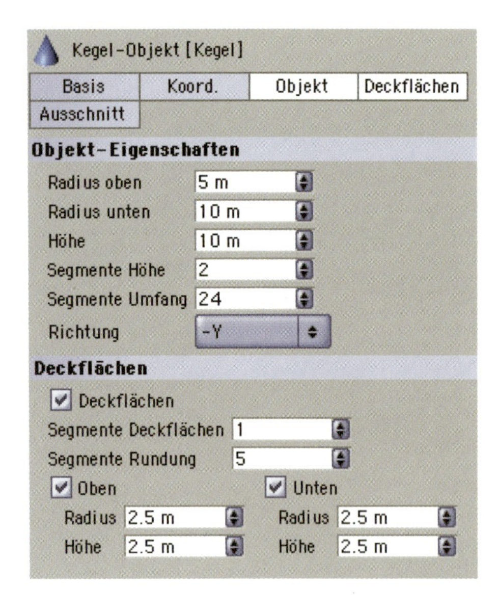

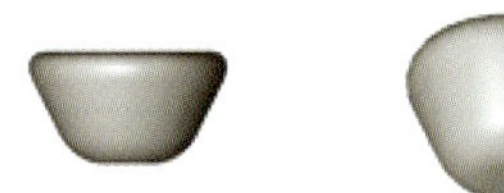

Abbildung 2.29: Die hinteren Standfüße werden von Kegeln gebildet.

Platzieren Sie diese Gruppe dann vorne unter dem Gehäuse an der gewünschten Stelle. Duplizieren Sie diese Standfußgruppe, z.B. mit einem Strg-/Ctrl-Drag&Drop im OBJEKT-MANAGER, und verschieben Sie die Kopie dann auf die andere Seite des Gehäuses.

Unter dem hinteren Ende des Gehäuses sind ebenfalls Standfüße angebracht, diese fallen jedoch sehr viel einfacher aus. Sie können ihre Form sehr gut mit zwei stark abgerundeten Kegel-Grundobjekten nachahmen, wie in Abbildung 2.29 dargestellt.

Achten Sie bei beiden Standfußarten auf eine symmetrische Anordnung und darauf, dass die oberen Enden jeweils leicht in den Boden des Gehäusewürfels eindringen. Es sollen schließlich bei seitlichen Aufnahmen keine Lücken zwischen dem Boden und den Standfüßen erkennbar sein. Ebenso sollten die Standflächen aller Füße auf gleicher Höhe liegen.

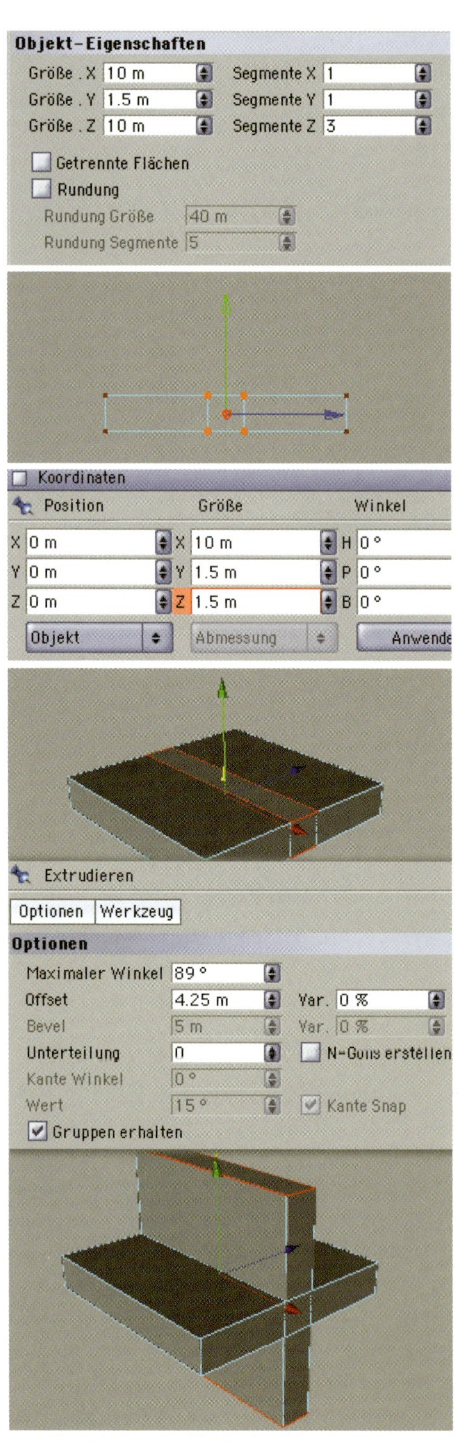

Abbildung 2.30: Die Negativform für einen Schraubenkopf herstellen

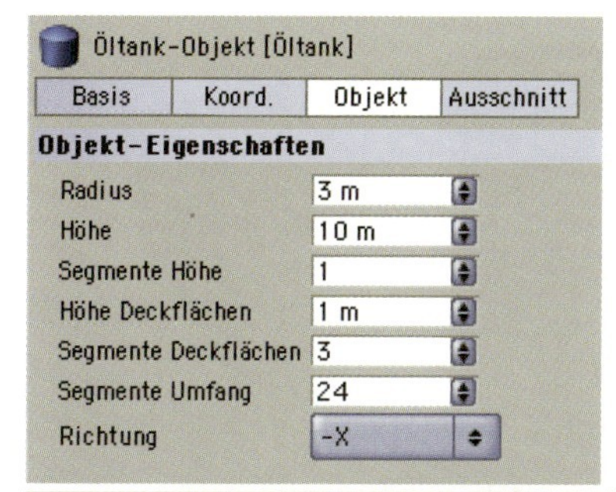

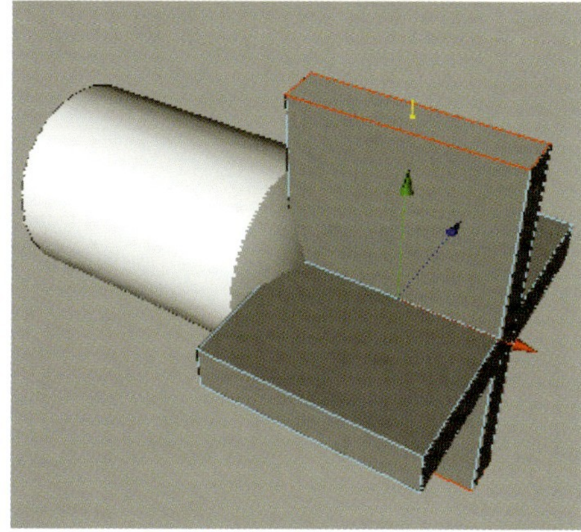

Abbildung 2.31: Einen Öltank mit dem extrudierten Würfel schneiden

Am besten verschieben Sie zuerst die hinteren Kegel in die gewünschte Position und passen dann die vorderen Standfüße entsprechend an. Dort ist die Höhenregulierung durch die Aufteilung in drei Zylinder-Baugruppen einfacher vorzunehmen.

Die Schrauben

Zu den bereits hergestellten Vertiefungen im seitlichen Gehäuse fehlen nun noch die Schrauben, von denen nur die Köpfe zu sehen sind. Wir werden daher auch nur diesen sichtbaren Teil modellieren.

Die Einkerbungen einer Kreuzschlitzschraube lassen sich recht schnell über eine Boole-Operation aus dem Schraubenkopf herausschneiden. Wir werden daher erst einmal die gewünschten Einkerbungen als Negativ erstellen.

Als Basis dient uns dazu ein Würfel-Grundobjekt. Abbildung 2.30 zeigt Ihnen alle notwendigen Einstellungen und Arbeitschritte dazu. Um die kreuzförmige Struktur zu erzeugen, konvertieren Sie den schmalen Würfel und selektieren im Punkte-Modus die mittleren Punktreihen. Achten Sie darauf, auch die verdeckten Punkte zu selektieren.

Benutzen Sie den Koordinaten-Manager, um den Abstand dieser Punktreihen zu reduzieren. Tragen Sie dazu den gewünschten Wert in das Feld für die Z-Grösse ein – die Längsseite des Würfels liegt entlang der Z-Achse – und bestätigen Sie dann mit der Schaltfläche Anwenden.

Wechseln Sie in den Polygon-Modus und selektieren Sie dort die mittleren Flächen oben und unten auf dem Würfel. Aktivieren Sie den Extrudieren-Befehl und verschieben Sie damit die selektierten Flächen entlang ihrer Normalen nach außen. Eine kreuzförmige Struktur ist nun entstanden.

Die Einstellungen in Abbildung 2.30 ergeben eine Form mit exakt gleichen Längenverhältnissen. Für die weiteren Arbeitsschritte ist dies jedoch nicht zwingend notwendig. Wichtig ist nur, dass die Enden des Würfels und der dort extrudierten Flächen über die Form der Schraube hinausreichen, damit die Einkerbungen nicht bereits vor dem Erreichen des Schraubenrands enden. Dies wird aber im nächsten Arbeitsschritt deutlicher.

Wir benötigen schließlich noch die eigentliche Schraube bzw. deren Kopf. Denkbar wäre zwar auch ein Zylinder, aber wir benutzen hier das so genannte Öltank-Grundobjekt, da es eine frei wählbare Rundung der Deckflächen erzeugen kann. Abbildung 2.31 zeigt Ihnen unsere Einstellungen für dieses Objekt. Seine Richtung ist bereits so angelegt, wie es später auch verwendet wird. Bitte verstehen Sie diese Angaben nur als unverbindliche Vorgaben.

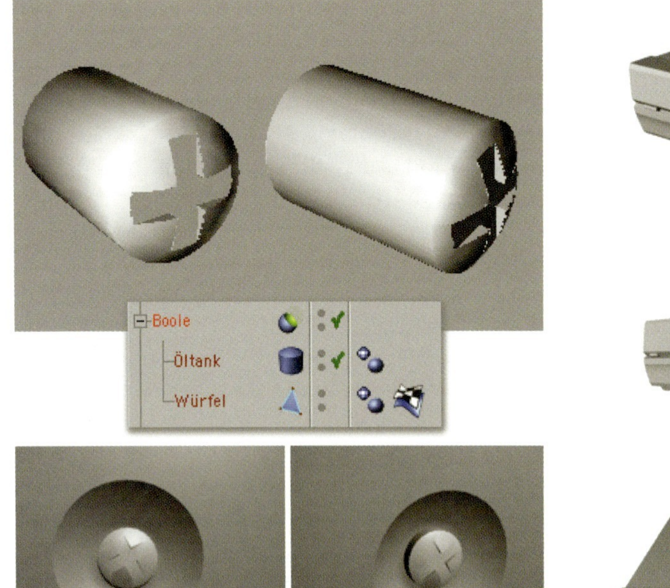

Abbildung 2.32: Die durch Boolen erzeugte Form

Abbildung 2.33: Der fertige DVD-Player

Sie können das Objekt natürlich auch größer oder mit einer weniger starken Rundung erzeugen, wenn Ihnen dies mehr zusagt.

Platzieren Sie unseren zuvor erstellten Kreuzschlitz-Würfel so vor dem Öltank, dass er mittig leicht in dessen Volumen eindringt. Abbildung 2.31 gibt Ihnen einen Eindruck von einer möglichen Endposition.

Wie zuvor beim Gehäuse werden wir auch hier ein Boole-Objekt benutzen, um eine Form von einer anderen abzuziehen, in diesem Fall die kreuzförmige Form von dem Öltank-Objekt. Gruppieren Sie die Objekte wie in Abbildung 2.32 und verschieben Sie dann das gesamte Boole-Objekt so, dass die geschlitzte Spitze des Öltank-Objekts mittig in einer der Gehäuseaussparungen liegt.

Nun müssen Sie dieses Boole-Objekt dreimal kopieren oder drei Instanz-Kopien davon erzeugen. Egal für welchen Weg Sie sich entscheiden, die Kopien der übrigen Schrauben müssen in den verbleibenden Versenkungen platziert werden, um das Modell zu vervollständigen. Abbildung 2.33 zeigt Ihnen den fertigen DVD-Player in unterschiedlichen Ansichten. Wie Sie sehen, kommen wir den Fotografien damit bereits sehr nahe, obwohl wir uns nicht sonderlich um alle Abmessungen gekümmert haben. Letztlich hat uns dies viel Zeit gespart und trotzdem zu einem sehr brauchbaren Ergebnis geführt.

Im nächsten Abschnitt setzen wir die passende Fernbedienung um. Dabei lernen Sie einen ganz anderen technischen Ansatz kennen.

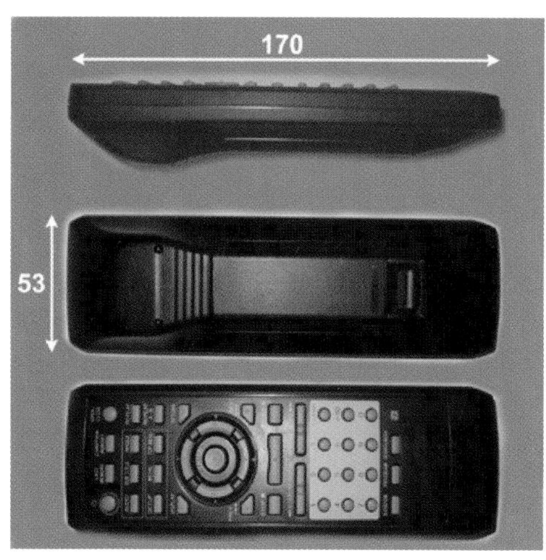

Abbildung 2.34: Drei Ansichten der Fernbedienung

2.4 Vorbereitungen für die Modellierung mit Fotovorlagen

Um etwas Platz für die Fernbedienung zu bekommen, benutzen Sie den Sichern als-Befehl in Cinemas Datei-Menü, um den DVD-Player an einen beliebigen Platz Ihrer Festplatte zu sichern. Danach wählen Sie im gleichen Menü Schliessen aus, damit die Szene geschlossen wird. Wir haben nun wieder eine neue und somit leere Szene vor uns.

Konnten wir uns beim DVD-Player-Gehäuse noch auf einige Schlüsselabmessungen und unser Augenmaß verlassen, ist diese Technik bei der Fernbedienung nicht mehr exakt genug. Dort finden wir zu viele kleine Details, wie z.B. die Abrundungen der Bedienelemente und deren unterschiedliche Abstände zueinander.

In solchen Fällen lässt es sich leichter direkt auf dem Abbild des Gegenstands modellieren. Dafür benötigen Sie zuerst ein Foto des Objekts. Dieses sollte möglichst wenig perspektivische Verzerrung enthalten, damit diese nicht in die Formgebung einfließt. Die perspektivische Verzerrung soll schließlich erst später durch die Kamera erzeugt werden.

Damit wir alle mit einer einheitlichen Bildvorlage arbeiten können, wurde für Sie das Bild *FB-Vorlage.jpg* auf der beiliegenden CD-ROM abgelegt. Dieses zeigt eine frontale Ansicht der Fernbedienung mit allen relevanten Tasten und Bedienelementen.

Abbildung 2.34 zeigt Ihnen die Fernbedienung in drei fotografierten Ansichten. Die Kernmaße für die Länge und Breite sind zwar mit aufgeführt, wir werden darauf jedoch vorerst nicht zurückgreifen müssen.

Um Bilder in Cinema 4D als Vorlagen benutzen zu können, stehen Ihnen mehrere Wege offen. Sie können z.B. Bilder direkt in die Editor-Ansichten einladen. Diese bereits besprochene Option finden Sie in den Ansichts-Voreinstellungen.

Neben den auch in anderen Menüpunkten zu findenden Optionen für die Darstellungsart im Editor-Fenster kann dort auch ein Bild eingeladen werden. Dieses wird dann als Hintergrund in der Ansicht eingeblendet. Wir wollen Ihnen jedoch einen anderen Ansatz vorstellen, bei dem ein geladenes Bild wie eine Stellwand im Raum platziert werden kann. Wir können dann das Bild mit den bekannten Werkzeugen z.B. drehen oder verschieben und haben es so leichter, die Bildvorlage in eine zum Modellieren günstige Position zu bringen.

Um derart mit geladenen Bildern umgehen zu können, müssen wir uns jedoch zumindest kurz mit dem Materialsystem von Cinema 4D befassen. Wir werden uns an dieser Stelle auf die für uns im Moment wichtigen Einstellungen beschränken, um nicht zu weit vom Thema der Modellierung abzuschweifen. Im Abschnitt über die Texturierung der Modelle wird detaillierter darauf eingegangen.

Um die Eigenschaften eines Materials bestimmen zu können, muss zuerst einmal ein Material vorhanden sein. Wählen Sie dafür im Material-Manager den Menüeintrag Datei › Neues Material aus. Es erscheint ein Vorschaubild mit einer grauen Kugel im Material-Manager.

Diese Kugel dient nur als Träger des Materials und vermittelt so einen ersten Eindruck, wie das Material später auf einem Objekt wirken wird.

Um an die Einstellungen des Materials zu kommen, klicken Sie doppelt auf diese Vorschaukugel. Es öffnet sich der so genannte Material-Editor (siehe Abbildung 2.35).

Materialien simulieren bestimmte Eigenschaften einer Oberfläche, wie z.B. deren Farbe, das Glanzverhalten oder die Transparenz. Diese Eigenschaften werden in Cinema 4D *Kanäle* genannt und sind bei der Ziffer ❶ in Abbildung 2.35 aufgelistet. Nur die aktivierten Kanäle tragen zu dem Erscheinungsbild eines Materials bei. Was diese Kanäle im Detail bewirken, werden wir zu einem späteren Zeitpunkt besprechen. Wir benötigen hier eigentlich nur den Farbe-Kanal.

Jeder Kanal hat individuelle Einstellungen. So kann z.B. die Stärke eines Glanzpunkts im Glanzlicht-Kanal oder die Rauigkeit einer Oberfläche im Relief-Kanal näher beschrieben werden.

Um zu diesen Einstellungen zu gelangen, klicken Sie in der Liste bei Ziffer ❶ auf den Namen des gewünschten Kanals. Da wir in unserem konkreten Fall die Farbe des Materials steuern wollen, klicken Sie also auf den Farbe-Kanal. Im rechten Teil des Material-Editors sind dann die Einstellungen des selektierten Kanals zu sehen. Diese teilen sich bei einer Reihe von Kanälen in die in Abbildung 2.35 mit den Ziffern ❷ bis ❹ markierten Elemente auf.

Bei Ziffer ❷ finden Sie diverse Regler, um einen Farbwert zu bestimmen.

Über die in Abbildung 2.35 rot hervorgehobene Schaltfläche können Sie bei Bedarf ein Menü erreichen, in dem Sie zwischen unterschiedlichen Farbsystemen wählen können. Dieses Menü ist ebenfalls in der Abbildung eingeblendet. Diese Systeme sind so oder ähnlich auch in 2D-Grafikprogrammen in Gebrauch und halten daher nicht viel Neues für uns bereit.

Über einen Helligkeit-Regler kann dann der gewählte Farbwert noch abgedunkelt werden.

Bei Ziffer ❸ finden Sie drei in einer Reihe liegende Schaltflächen. Über die von uns in Abbildung 2.35 grün markierte Fläche können Sie ein Menü erreichen, das ganz rechts in der Abbildung eingeblendet ist. Dort finden Sie im oberen Abschnitt Einträge zum Löschen oder Laden von Bildern. Direkt darunter folgen Befehle zum Kopieren und Einfügen.

Sind in anderen Materialien oder in anderen Kanälen dieses Materials bereits Bilder geladen worden, können diese im Eintrag Bilder bei dem Buchstaben Ⓐ eingesehen und ausgewählt werden. Dies erspart das erneute Laden eines Bilds.

Bei dem von uns in der Abbildung eingefügten Buchstaben Ⓑ finden Sie einige häufiger benutzte *Shader*. Darunter versteht man Programme, die auf die Simulation bestimmter Materialeigenschaften spezialisiert sind. Dies können recht komplexe Eigenschaften, wie z.B. die Maserung eines Holzbretts oder auch einfache Funktionen wie ein Farbverlauf sein. Jeder *Shader* verfügt wiederum über einen eigenen Dialog, in dem dessen Eigenschaften gesteuert werden können. Sie können sich *Shader* als eine Art Bild vorstellen, dessen Erscheinung direkt in Cinema gesteuert werden kann. In vielen Fällen ist daher die Benutzung von echten Bildern nicht mehr nötig, insbesondere wenn es um die Darstellung von Mustern geht.

Shader haben gegenüber geladenen Bildern zudem den Vorteil, dass sie keine fixe Pixel-Auflösung im herkömmlichen Sinn haben.

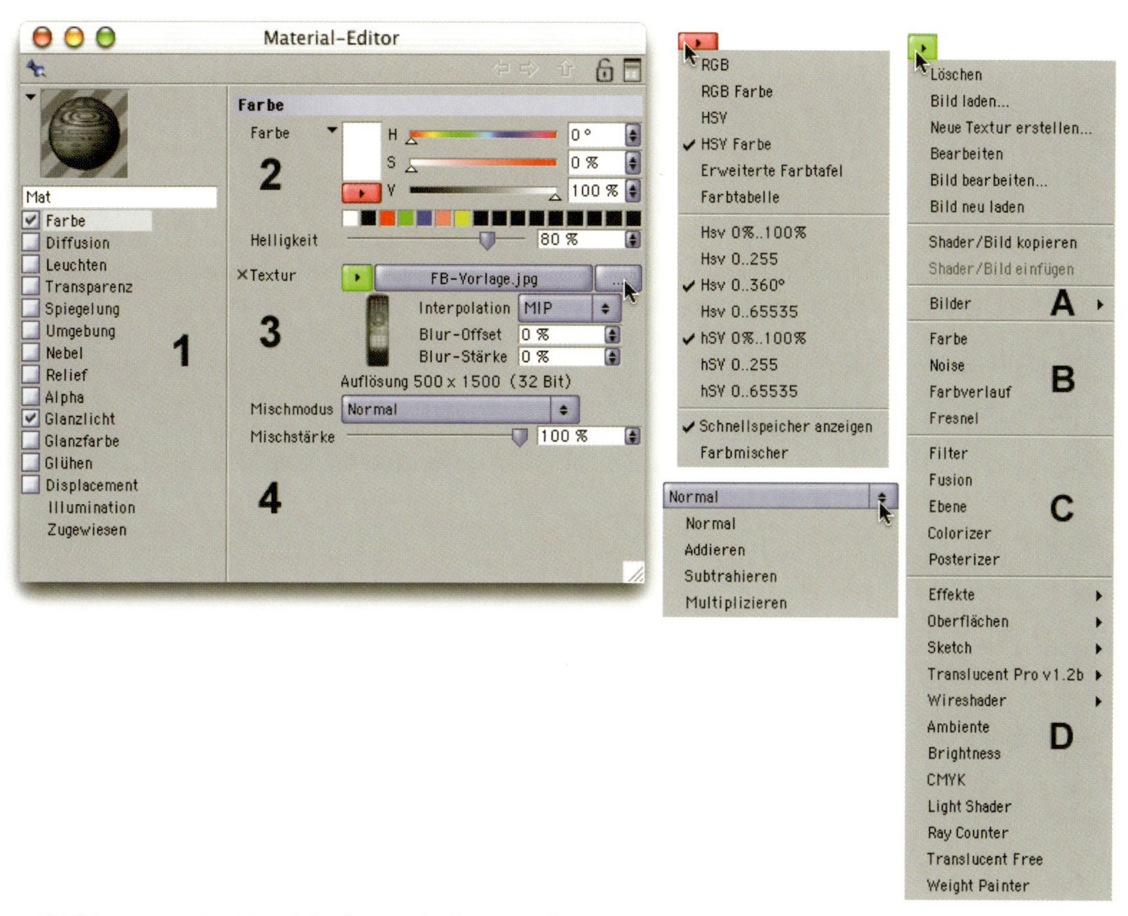

Abbildung 2.35: Der Material-Editor und seine Einstellungen

Sie können durch ihren rein mathematischen Charakter daher so angepasst werden, dass sie auch in Nahaufnahmen noch scharf erscheinen.

Beim Buchstaben **C** finden Sie ebenfalls eine Selektion von *Shadern*, diese erzeugen jedoch keine Eigenschaften, sondern verändern diese.

Mit dieser Sorte *Shader* können Sie also z.B. direkt im Kanal eines Materials die Sättigung eines geladenen Bildes verändern oder mehrere Bilder oder Shader in einem Ebenensystem kombinieren, so wie es z.B. auch in Photoshop möglich ist.

Beim Buchstaben **D** sind schließlich alle übrigen *Shader* zu finden. Teilweise thematisch in eigenen Menüpunkten wie EFFEKTE oder OBERFLÄCHEN vorsortiert finden Sie dort bereits für sehr viele Oberflächen und Oberflächeneigenschaften passende *Shader*.

Zusätzliche *Shader* werden jedoch auch von anderen Firmen für Cinema 4D angeboten. Diese sind dann ebenfalls dort zu finden.

Ist ein Bild, Film oder *Shader* ausgewählt worden, kann dieses Element über die Schaltfläche neben der von uns grün markierten Taste eingesehen werden.

Bei *Shadern* wird dadurch der dazu passende Dialog angezeigt, bei Bildern die Möglichkeit zur Veränderung in einem Grafikprogramm gegeben.

Die dritte Schaltfläche in dieser Reihe ist mit drei Punkten markiert. Ein Klick darauf öffnet einen Dateidialog, über den ein Film oder ein Bild geladen werden kann. Dies entspricht dem BILD LADEN-Eintrag aus dem „grünen" Menü, ist hier jedoch über die Taste schneller zu erreichen.

Lassen Sie uns dies gleich einmal ausprobieren. Klicken Sie auf die Drei-Punkte-Taste und wählen Sie das Bild *FB-Vorlage.jpg* von der CD-ROM. Sie werden dann gefragt, ob Sie eine Kopie der Datei im Suchpfad des Dokuments erstellen wollen.

Dazu müssen Sie wissen, dass Cinema 4D Bilder nicht in eine Szene integriert oder einbindet, sondern nur mit den Dateipfaden zu den Bildern arbeitet. Zuerst werden Bilder im Verzeichnis der Szene gesucht. Da Sie hier noch keine Szene gespeichert haben, entfällt dieser Ort.

Als Nächstes sucht Cinema das Bild in einem mit *tex* benannten Ordner entweder im Startverzeichnis von Cinema 4D oder im Verzeichnis der gespeicherten Szene. In beiden Fällen ist ein solcher Ordner nicht vorhanden. Schließlich lassen sich bevorzugte Ordner und Verzeichnisse auch in den Voreinstellungen eingeben. Benutzen Sie dazu BEARBEITEN › PROGRAMM-VOREINSTELLUNGEN › TEXTUR-PFADE. Dies alles spielt jedoch nur dann eine Rolle, wenn ein Bild so in ein Material eingesetzt werden soll, dass es dort auch später im berechneten Bild in Erscheinung tritt.

In unserem Fall soll das Bild nur als Grundlage für die Modellierung benutzt werden. Ist dieser Zweck erfüllt, werden wir es ohnehin wieder aus unserer Szene entfernen. Sie können in dem Dialog also die Schaltfläche NEIN benutzen, damit keine zusätzliche Kopie des Bilds erzeugt wird. Die mittlere Schaltfläche im Texturbereich bei der Ziffer ❸ in Abbildung 2.35 sollte nun den Namen der geladenen Datei anzeigen. Gleich darunter sind ein kleines Vorschaubild und die Auflösung des Bilds zu erkennen.

Rechts neben dem Vorschaubild kann über das INTERPOLATION-Menü eine Methode für die Skalierung des Bilds angegeben werden. Da in Materialien verwendete Bilder anders als in 2D-Programmen mit 3D-Objekten z.B. in die Tiefe gezogen oder anders verformt werden können, müssen immer Zwischen-Pixel errechnet werden. Cinema 4D bietet hierfür verschiedene *Antialiasing*-Methoden – also Kantenglättungsmethoden – an. Qualitativ am besten schneiden dabei MIP und SAT ab.

Der Nachteil daran ist, dass hierfür zusätzlicher Speicher pro Bild-Pixel benötigt wird. Das MIP-Verfahren benötigt ein Byte pro Bild-Pixel zusätzlich, das SAT-Verfahren sogar zwölf Bytes. Dafür bietet das SAT-Verfahren aber auch die beste Qualität.

Voreingestellt ist das MIP-Verfahren. Dieses sollte auch nur dann auf SAT umgeschaltet werden, wenn Sie dessen zusätzliche Qualität wirklich benötigen. In unserem Fall brauchen Sie an diesen Einstellungen nichts zu verändern.

Der BLUR-STÄRKE-Wert kann die MIP- oder SAT-Interpolation noch verstärken oder abschwächen (wenn negative Werte benutzt werden). Der BLUR-OFFSET-Wert vermag ein geladenes Bild oder einen *Shader* weich zu zeichnen. In der Praxis werden Sie diese Einstellungen jedoch kaum benötigen.

Sie sollten jetzt bereits auf der Vorschaukugel in der linken oberen Ecke des Material-Editors eine Veränderung feststellen können. Dort wird das Bild der Fernbedienung – wenn auch durch die Krümmung der Kugel stark perspektivisch verzerrt – bereits eingeblendet. Der zuvor über die Farbwähler bei Ziffer ❷ eingestellte Farbton wird komplett übergangen. Dies liegt daran, dass ein in einen Kanal geladenes Bild oder ein geladener *Shader* eine höhere Priorität hat als der Farbwert.

Sie können dies mit zwei Ebenen in Photoshop vergleichen, wo ein Bild in der oberen Ebene die farbig gefüllte Hintergrundebene komplett verdeckt. Wie dort so lassen sich auch hier im Material-Kanal von Cinema 4D diverse Modi und Deckungskräfte auswählen, um diese zwei Ebenen zu kombinieren.

Dies geschieht bei Bedarf in dem mit der Ziffer ❹ markierten Bereich in Abbildung 2.35. Dort kann über das Mischmodus-Menü z.B. die Multiplikation oder Addition ausgewählt werden. Der Mischstärke-Regler steuert die Deckkraft der Texturebene, die in diesem Fall unser Bild mit der Fernbedienung enthält. Die Reduzierung dieses Werts verringert daher die Deckkraft der Bildebene und lässt mehr von der Farbe aus dem oberen Bereich des Dialogs durchscheinen.

Diese drei Kanalelemente – der Farbwähler, der Texturbereich zum Laden von Bildern und *Shadern* und die Misch-Regler zum Kombinieren von Textur und Farbe – finden sich auch in vielen anderen Kanälen wieder. Dort werden die Einstellungen dann jedoch nicht wie in diesem Fall als Farbwerte, sondern z.B. zur Definition von Leuchteffekten oder über die Auswertung von Helligkeiten zur Bestimmung von Transparenzen eingesetzt.

Wenn Sie noch nicht häufig mit dem Materialsystem gearbeitet haben, sollten Sie sich zuerst mit den Möglichkeiten der Material-Kanäle beschäftigen und dann üben, reale Materialien auf diese Kanaleigenschaften zu reduzieren.

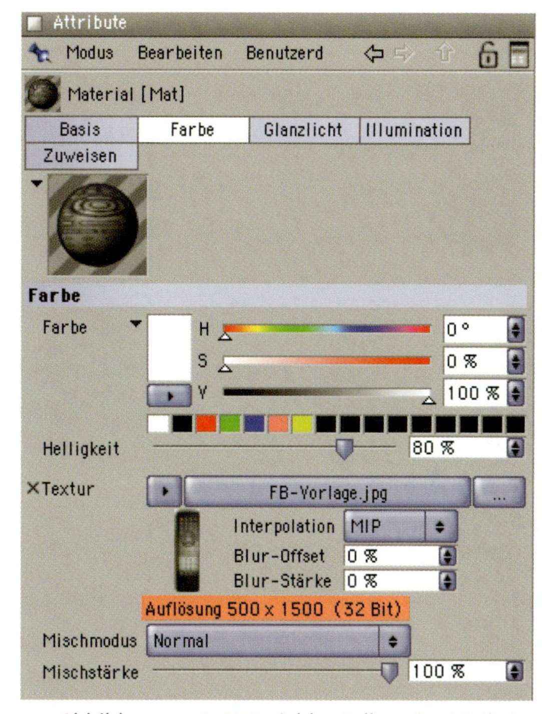

Abbildung 2.36: Materialdarstellung im Attribute-Manager

Wir werden dies im Abschnitt über die Texturierung üben.

Hier geht es uns jedoch weniger um eine realistische Oberfläche, sondern nur um die Benutzung des eingeladenen Bilds. Sie können den Material-Editor daher nach dem Einladen des Bilds in den Farbe-Kanal wieder schließen.

Alternativ zu der hier dargestellten Benutzung des Material-Editors können Sie auch den Attribute-Manager benutzen. Dieser stellt Ihnen bereits nach dem einmaligen Anklicken eines Materials alle Parameter zur Verfügung. Dort ist jedoch der Platz etwas beschränkter, was die Arbeit mit komplexen *Shader*-Strukturen und vielen Kanälen erschweren kann. Ansonsten finden Sie dort die gleichen Einstellungen wie im Material-Editor. Aus Platzgründen sind dort jedoch die Kanäle in der Basis-Gruppe versammelt und somit nicht gleichzeitig mit den Kanaleinstellungen zu sehen (siehe Abbildung 2.36).

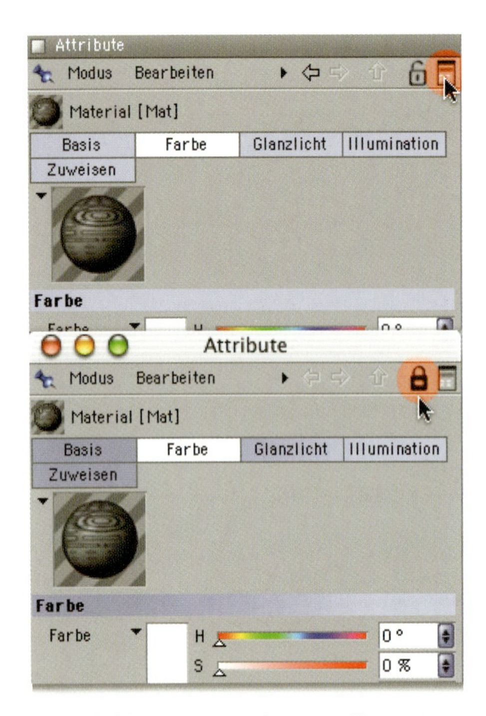

Abbildung 2.37: Mehrere Attribute-Manager verwenden

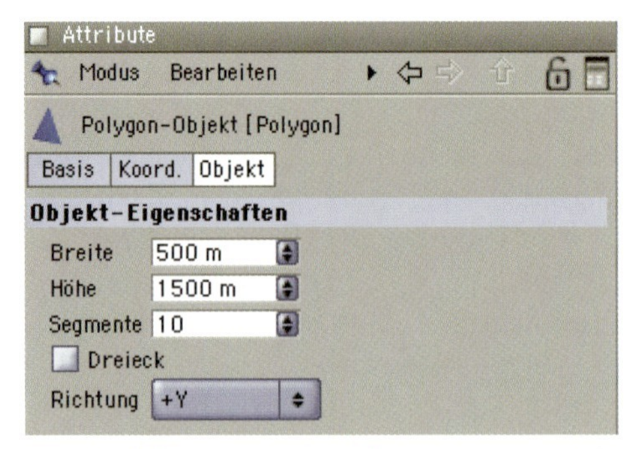

Abbildung 2.38: Einstellungen für ein Polygon-Grundobjekt

Wie Sie der roten Hervorhebung in Abbildung 2.36 entnehmen können, ist die Größe des geladenen Bilds für den nächsten Arbeitsschritt von Wichtigkeit. Da Materialien mit Bildern nicht ohne ein Trägermaterial in eine 3D-Szene eingebracht werden können, müssen wir zuerst ein Objekt erzeugen, auf welches das Material gelegt werden kann.

Dieses Objekt sollte sowohl eben als auch von den Proportionen her dem geladenen Bild angepasst sein, damit das Material und somit das darin enthaltene Bild nicht verzerrt wird.

In diesem Fall mag es noch recht einfach sein, sich „mal eben" die Bildgröße zu merken und einem anderen Objekt zu übertragen, bei mehreren Werten mit Nachkommaanteilen kann dies aber zu einem nervigen Hin- und Herschalten zwischen verschiedenen Objekten, Materialien oder Tags führen. Für diese Fälle lassen sich mehrere ATTRIBUTE-MANAGER öffnen, die alle auf unterschiedliche Eigenschaften oder Objekte verweisen.

Mehrere Attribute-Manager verwenden

Dazu aktivieren Sie zuerst das Material, Tag oder Objekt, dem Sie Daten entnehmen möchten. Schalten Sie im ATTRIBUTE-MANAGER ggf. auf die entsprechende Seite, um die gewünschten Daten angezeigt zu bekommen.

Benutzen Sie dann das Symbol oben rechts in der Kopfzeile des ATTRIBUTE-MANAGERS. Es ähnelt etwas einem kleinen Taschenrechner, soll aber tatsächlich eine Verkleinerung des ATTRIBUTE-MANAGERS darstellen. Ein Klick auf dieses Symbol öffnet einen neuen ATTRIBUTE-MANAGER als eigenständiges Fenster. Dieser ATTRIBUTE-MANAGER funktioniert exakt wie der erste, ist jedoch in einem beschränkten Modus, wie das schwarz dargestellte Bügelschloss in der Kopfzeile bestätigt (siehe auch Abbildung 2.37).

Dies bedeutet, dass die aktuelle Darstellung in diesem ATTRIBUTE-MANAGER eingefroren wurde und somit auch dann erhalten bleibt, wenn ein anderes Objekt oder Material selektiert wird. Der Original-ATTRIBUTE-MANAGER zeigt also weiterhin die aktuellen Daten des selektierten Objekts an, während der zweite, eingefrorene ATTRIBUTE-MANAGER nur die alte Datenseite anzeigt. Auf diese Weise hat man immer die Daten beliebiger Objekte vor Augen und kann z.B. Einstellungen von einem ATTRIBUTE-MANAGER in den anderen übernehmen.

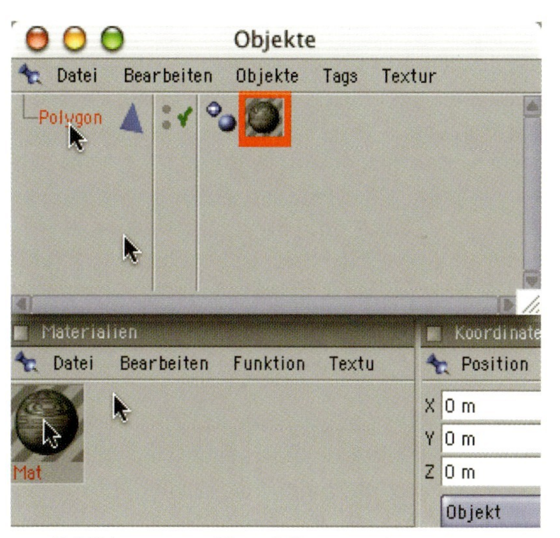

Abbildung 2.39: Materialien zuweisen

Zuweisen eines Materials

Um unserem Material als „Leinwand" zu dienen, eignet sich z.B. das Ebene-Grundobjekt oder das nahe verwandte Polygon-Grundobjekt. Wir entscheiden uns hier für letzteres und passen dort die Einstellungen für die Breite und Höhe im Attribute-Manager an die Größe-Werte des im Material geladenen Bilds an (siehe Abbildung 2.38).

Im Prinzip würde es auch ausreichen, das Seitenverhältnis anzupassen, denn der Sinn besteht schließlich nur darin, dass das Material und somit das Bild unverzerrt auf dem Objekt zu sehen ist.

Was nun als zweiter Wert von Bedeutung ist, ist die Unterteilung des Objekts. Dies mag zunächst etwas verwirren, erinnern Sie sich daher an meine Erläuterungen zu den UV-Koordinaten eines Objekts aus Kapitel 1. Zusammengefasst lief es darauf hinaus, dass jeder Punkt eines Objekts gleichzeitig zwei unterschiedliche Koordinaten haben kann: Die dreidimensionale Position im Raum und ein zweidimensionales Wertepaar, das die Position des Punktes auf einem zugewiesenen Material bestimmt.

Für die spätere Bildberechnung ist die Dichte an Unterteilungen zwar nicht mehr relevant, da dort auch zwischen größeren Punktabständen die Lage des Materials berechnet werden kann, bei der Darstellung in den Editor-Ansichten liefert eine höhere Punktdichte jedoch ein besseres Ergebnis.

Wir verwenden daher nicht nur ein einziges Polygon als virtuelle Leinwand für unser Material, sondern erhöhen die Segmentanzahl etwas, damit die Fläche aus mehr Polygonen und somit auch aus mehr Punkten gebildet wird (siehe Abbildung 2.38). Da wir ein Grundobjekt verwenden, werden die UV-Koordinaten für das Material automatisch basierend auf der Punktdichte erstellt.

Im letzten Arbeitsschritt werden jetzt Objekt und Material verbunden. Dazu klicken Sie die Material-Vorschau im Material-Manager an, halten die Maustaste und ziehen den Mauszeiger im Objekt-Manager auf den Namen des Objekts, dem das Material zugewiesen werden soll. In unserem Fall ist dies das Polygon-Objekt.

Abbildung 2.39 deutet diesen Schritt schematisch an. Nachdem Sie die Maustaste gelöst haben, erscheint hinter dem Objekt ein so genanntes Textur-Tag, das äußerlich einer Verkleinerung der Material-Vorschau gleicht. Dieses Tag beinhaltet diverse Parameter, die die Lage und das Erscheinungsbild des Materials auf dem Objekt definieren.

Standardmäßig aktiviert ein Textur-Tag automatisch die Benutzung von UV-Koordinaten. Sie sollten nun also bereits das Material mit dem Bild der Fernbedienung auf dem Polygon-Objekt erkennen können. Wenn es nicht erscheint, überprüfen Sie, ob in der Editor-Ansicht Quick-Shading oder Gouraud-Shading aktiviert ist. Nur diese beiden Darstellungsarten können auch Materialien anzeigen. Zudem muss im Darstellung-Menü der Editor-Ansicht die Option Texturen aktiviert sein.

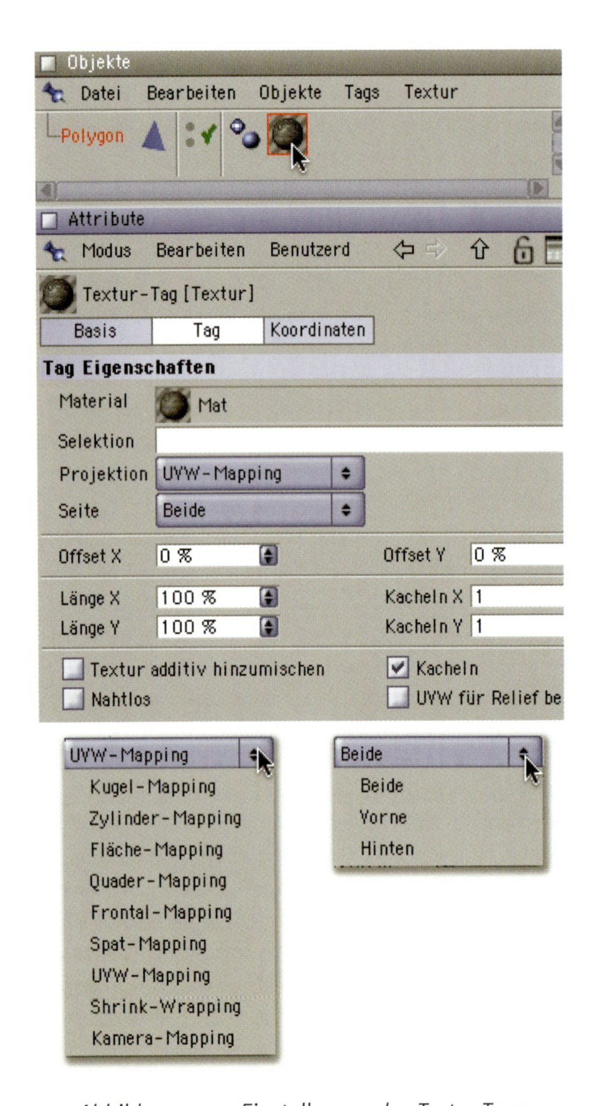

Abbildung 2.40: Einstellungen des Textur-Tags

Im Allgemeinen ist auch beim TEXTUR-TAG der ATTRIBUTE-MANAGER die richtige Stelle, um die Daten einzusehen und zu bearbeiten (siehe Abbildung 2.40). Wir gehen hier kurz auf die wichtigsten Parameter ein.

Als Erstes finden Sie neben dem MATERIAL-Feld einen Hinweis auf unser Material, das mit dem TEXTUR-TAG auf das Objekt gelegt wurde. Darunter finden Sie das leere Feld SELEKTION.

Wie bereits kurz im Abschnitt über POLYGON-SELEKTION-TAGS erwähnt wurde, lassen sich Materialien auch auf eingefrorene Polygon-Selektionen beschränken.

Dazu wird ein Material wie zuvor beschrieben einem Objekt zugewiesen und dann hier im TEXTUR-TAG der Name einer Polygon-Selektion eingetragen, auf die das Material beschränkt werden soll. Auf diese Weise kann z.B. jede Seite eines Würfel-Objekts getrennt voneinander eingefärbt werden. Man müsste dafür nur sechs Polygon-Selektionen mit jeweils einer Würfelseite einfrieren und dann sechs Materialien zuweisen, die auf die jeweils passende Selektion beschränkt werden.

Dies ist einer der Fälle, in denen es sinnvoll ist, mehrere Materialien auf einem einzigen Objekt zu benutzen.

Wie nun aber ein Material auf dem Objekt benutzt wird, bestimmt das PROJEKTION-Menü. Wie bereits erwähnt, ist dort standardmäßig das UVW-MAPPING eingestellt, das die UV-Koordinaten eines Objekts auswertet. Dies funktioniert jedoch nur bei NURBS-Objekten und bei Grundobjekten auf Anhieb. In dem Moment, wo Sie ein Grundobjekt konvertieren und Flächen hinzufügen oder löschen, stimmen die im UVW-TAG gespeicherten UV-Koordinaten nicht mehr mit der Objektgeometrie überein. Dies ist leider die Regel, da nur sehr selten ausschließlich mit unveränderten Objekten gearbeitet werden kann.

Es stehen nun zwei Optionen zur Verfügung. Entweder wir reparieren und aktualisieren die UV-Koordinaten, z.B. mit einem darauf spezialisierten Programm wie BODYPAINT 3D, oder wir benutzen eine andere Projektionsart.

Wie Sie den ebenfalls in Abbildung 2.40 eingeblendeten PROJEKTION-Optionen entnehmen können, steht dort eine ganze Reihe alternativer Methoden zur Verfügung. Sofern nicht mit UV-Koordinaten gearbeitet werden kann, sollte man sich eine Projektion aussuchen, die entweder der Form des Objekts oder besser dem Bereich des Objekts entspricht, das mit dem Material belegt werden soll.

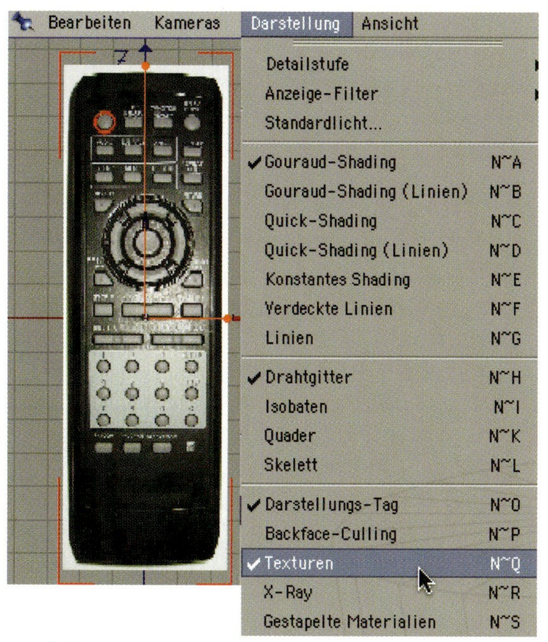

Abbildung 2.41: Das Vorlagebild in der Editor-Ansicht

Wenn Sie z.B. das Bild eines Gesichts in ein Material geladen haben und dies auf Ihre in Cinema 4D modellierte Figur legen möchten, könnten Sie dafür die Fläche-Projektion benutzen, da ein Gesicht annähernd einer Fläche entspricht. Probleme kann es dann nur an den Seiten der Nase und den Wangen geben, da sich dort die Oberfläche aus der Projektionsebene krümmt. Dies lässt sich vielleicht mit einem Diaprojektor vergleichen, der ein Bild an eine Wand wirft. Solange die Wand glatt ist, wird das Bild exakt wiedergegeben. In dem Moment, wo sich ein Mensch in den Lichtstrahl des Projektors stellt, wird das Bild auf der nun nicht mehr ebenen Fläche verzerrt.

Im Fall eines Kopfes könnte man auf die Kugel- oder Zylinder-Projektion ausweichen, da dort bereits eine Krümmung des Materials vorgesehen ist. Wie solche Projektionen dann tatsächlich auf ein Objekt angepasst werden, werden wir am Schluss dieses Kapitels behandeln.

Das zweite Menü-Seite bestimmt, auf welcher Seite der Polygone das Material angezeigt werden soll.

Wie Sie aus der Besprechung der Oberflächen-Normalen wissen, haben Polygone eine Vorder- und eine Rückseite. Beide Seiten können separat mit einem Material belegt werden. Bei der Einstellung Beide durchdringt das Material das Polygon und ist somit innen und außen zu sehen.

Die übrigen Einstellungen lassen sich später an konkreten Beispielen besser besprechen. Wir haben hier unser Ziel erst einmal erreicht: Wir können die Bildvorlage in den Editor-Ansichten benutzen (siehe Abbildung 2.41).

In der Abbildung sind auch noch einmal die notwendigen Einstellungen zu sehen, falls bei Ihnen das Bild nicht angezeigt wird. Sie sollten das Polygon-Objekt zudem so drehen, das es frontal in der Editor-Ansicht von oben zu sehen ist. Falls nötig, können Sie dies durch Rotieren des Objekts erzielen oder Sie schalten die Richtung des Polygon-Objekts im Attribute-Manager auf +Y-.

Im Prinzip könnten wir nun bereits mit der Modellierung beginnen, aber wir müssen noch eine Hürde nehmen.

Benutzen Sie das Zoom-Icon der Editor-Ansicht, um sich näher an das Polygon-Objekt zu bewegen. Sie müssen schließlich auch an feinen Details arbeiten und dabei die Bildvorlage näher betrachten können. Sie werden dabei bemerken, wie die Qualität des Materials rapide abnimmt und das Bild immer grobkörniger wirkt.

Dies hängt damit zusammen, dass Cinema 4D bestrebt ist, auch bei der gleichzeitigen Darstellung von Objekten und Materialien im Editor eine möglichst hohe Darstellungsgeschwindigkeit zu erzielen. Es werden daher nur verkleinerte Versionen der Materialien im Editor verwendet, was die Grobkörnigkeit beim Heranzoomen erklärt.

Um dies zu umgehen, müssen Sie Cinema 4D mitteilen, dass es die Editor-Qualität des Materials erhöhen soll. Dies geschieht auf der Illumination-Seite des Materialdialogs.

Abbildung 2.42: Materialqualität erhöhen

Sie erreichen diese Seite entweder im Material-Editor – also mit einem Doppelklick auf die Material-Vorschau im Material-Manager – oder direkt im Attribute-Manager.

Im Menü Textur: Vorschaugrösse (siehe Abbildung 2.42) erhöhen Sie die Auflösung des Materials im Editor so weit, bis es scharf dargestellt wird. Dies bringt natürlich nur dann etwas, wenn auch die im Material verwendeten Bilder eine zumindest gleich hohe Auflösung haben.

In unserem Fall reicht die Auflösung 1024 x 1024 aus. Der Wert in Klammern gibt den zusätzlichen Speicherbedarf von in diesem Fall 4 MB an. Dies nehmen wir gerne in Kauf, um auch beim Heranzoomen noch eine verwertbare Referenz zu haben. Abbildung 2.42 gibt die Darstellungsqualität des herangezoomten Polygon-Objekts bei den unterschiedlichen Vorschaugrößen wieder.

2.5 Die Bedientafel

Da die Bildvorlage trotz aller Sorgfalt immer noch ein wenig perspektivische Verzerrung enthält, sollten Sie wieder mit Spline-Hilfslinien arbeiten – wie bereits bei der Frontblende des DVD-Players. Dies stellt später sicher, dass z.B. alle Tasten die gleiche Breite haben.

Hierfür bieten sich Rechteck-Splines an, da dort automatisch parallele Linien erzeugt werden, die numerisch exakt gesteuert werden können. Rufen Sie also zuerst einen Rechteck-Spline auf, den Sie dann über das obere und untere Ende der Bildvorlage hinaus verlängern. Die Breite passen Sie einem der Bedienknöpfe auf dem Bild der Fernbedienung an. Hier bietet sich z.B. der STOP-Knopf an, da er nahe der Bildmitte liegt und daher dort besonders wenig perspektivische Verzerrung zu erwarten ist. Duplizieren Sie diesen Rechteck-Spline dann noch dreimal und verschieben Sie die Kopien entlang der X-Achse.

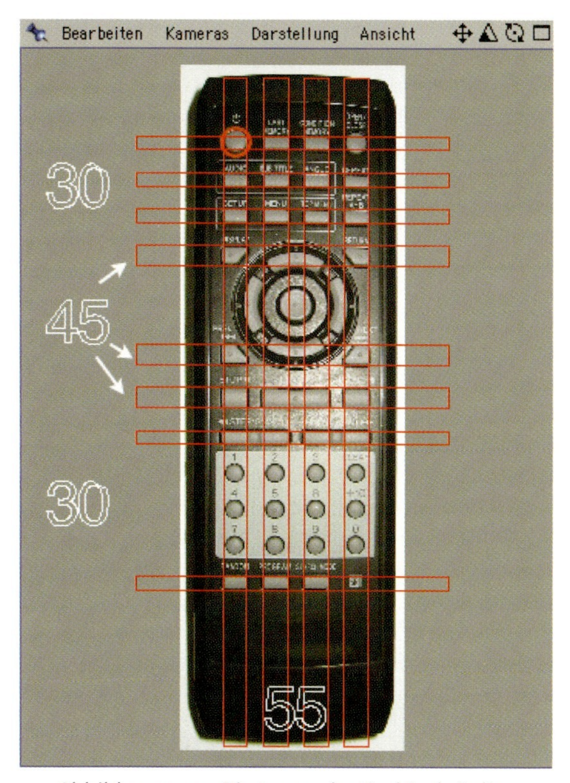

Abbildung 2.43: Die Lagen der Rechteck-Splines

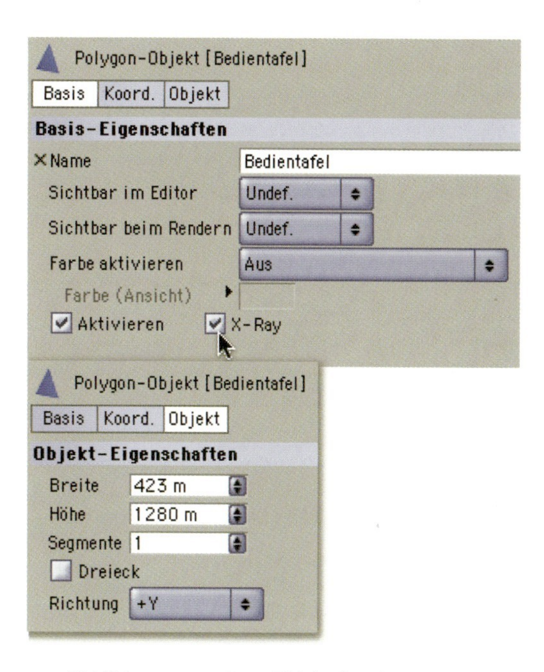

Abbildung 2.44: Das Objekt für die Bedientafel erzeugen

In unserer Szene kommen wir für den Rechteck-Spline auf eine Breite von 55 Einheiten. Wichtiger ist jedoch, dass die Spline-Kopien alle einheitliche Abstände voneinander haben. Sie können dies leicht durch die Positionsangaben im Koordinaten-Manager überprüfen und dort ggf. korrigieren.

Rufen Sie dann einen neuen Rechteck-Spline auf, den Sie diesmal quer über die Bildvorlage hinaus verlängern. Passen Sie dessen Höhe der Höhe einer beliebigen Taste an. Es bietet sich dafür die lang gestreckte Wipptaste STEP/SLOW unter der STOP-Taste an. Wir kommen dort auf eine Höhe von 30 Einheiten. Von diesem Rechteck benötigen Sie vier weitere Kopien, die Sie überall dort platzieren, wo Tasten dieser Höhe vorkommen. Dies betrifft neben der bereits erwähnten Tastenreihe unter der STOP-Taste die drei obersten und die unterste Tastenreihe des Bedienfelds.

Neben den runden Knöpfen unten und den kreisförmig angeordneten Tasten in der Mitte der Fernbedienung gibt es noch eine Gruppe von Tasten, die etwas höher sind. Dazu gehört auch die STOP-Taste. Kopieren Sie daher einen der in der Ansicht waagerecht verlaufenden Rechteck-Splines und verschieben Sie diesen auf die Höhe der STOP-Taste. Passen Sie die Höhe dieses Splines an, bis die Taste darin Platz hat. Bei uns war dies bei einer Höhe von 45 Einheiten der Fall. Duplizieren Sie diesen Rechteck-Spline noch zweimal und verschieben Sie diese Kopien über die ebenfalls so hohen Tasten.

Abbildung 2.43 gibt die Lage aller Splines und auch die Abmessungen der jeweils schmalen Seite der Rechtecke wieder. Die Einhaltung bestimmter Längen ist nicht wichtig. Die Splines sollten nur über die Ränder der Bildvorlage hinausreichen. Sie kennen dies ja bereits von der Modellierung der Frontblende des Players.

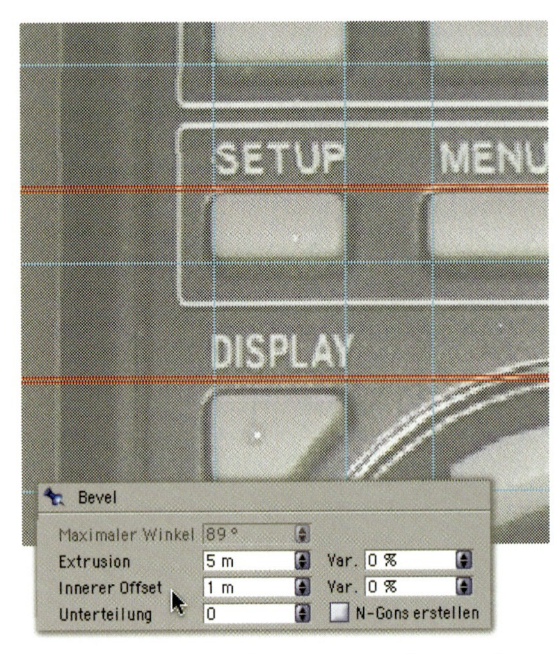

Abbildung 2.45: Schnittkanten mit dem Bevel-Befehl verdoppeln

Erzeugen Sie nun ein neues Polygon-Objekt. Dieses wird uns als Ausgangsobjekt für die weitere Modellierung des Bedienfelds dienen.

Damit das Polygon-Objekt mit dem Bildvorlagematerial und das neue Polygon-Objekt nicht auf der gleichen Position liegen, verschieben Sie das Vorlage-Polygon-Objekt im Modell-bearbeiten-Modus etwas nach unten entlang der Welt-Y-Achse. Da wir während der Modellierung ausschließlich in den Editor-Ansichten ohne Perspektive arbeiten, ändert sich in der Ansicht von oben dadurch optisch an der Größe der Bildvorlage zwar nichts, wir verhindern jedoch Darstellungsfehler der sich durchdringenden Polygon-Objekte.

Skalieren Sie das neue Polygon-Objekt über dessen Anfasserpunkte so, dass es nur leicht über den äußeren Rand des Bedienfelds hinausreicht und benennen Sie dieses Objekt dann in *Bedientafel* um.

Dies macht es uns etwas leichter, in den folgenden Erläuterungen Bezug auf die Objekte zu nehmen. Abbildung 2.44 gibt Ihnen unsere Einstellungen zu der Bedientafel wieder, wobei die numerischen Werte dort nicht zwingend eingehalten werden müssen.

Schalten Sie falls nötig in den Punkte-bearbeiten-Modus und wählen Sie das Messer-Werkzeug aus dem Struktur-Menü aus. Konvertieren Sie die Bedientafel und aktivieren Sie das Snapping auf Punkte mit dem Typ 2.5D-Snapping. Sie kennen dies ja bereits aus der Modellierung der Frontblende.

Benutzen Sie alle zuvor platzierten Rechteck-Splines, um entlang ihrer langen Kanten Schnitte durch das Bedientafel-Objekt zu legen.

Achten Sie bei jedem Schnitt darauf, dass der erste und letzte Punkt jeweils an den entsprechenden Punkten des Rechteck-Splines einrastet. Nur so ist gewährleistet, dass die Schnitte exakt den Splines folgen. Wenn Sie alle Schnitte erzeugt haben, können Sie das Snapping wieder deaktivieren.

Wie wir gleich im Anschluss erläutern werden, ist es in diesem Fall sinnvoll, die Punktdichte um die Tasten zu erhöhen. Dies lässt sich recht komfortabel mit der Bevel-Funktion und selektierten Kanten erzielen. Wechseln Sie dazu zuerst in den Punkte-bearbeiten-Modus und selektieren Sie, z.B. mit der Live-Selektion, jeden zweiten horizontalen Schnitt durch die Bedientafel. Benutzen Sie dann die Konvertierung im Selektion-Menü, um die selektierten Punkte in selektierte Kanten umzuwandeln.

Aktivieren Sie den Bevel-Befehl mit einer Unterteilung von 0 und benutzen Sie einen kleinen Wert für Innerer Offset (siehe Abbildung 2.45). Die Schnittkanten werden dadurch verdoppelt. Wechseln Sie wieder zurück in den Punkte-Modus und selektieren Sie nun die übrigen horizontalen Schnittlinien.

Wiederholen Sie die Umwandlung dieser Selektion zu einer Kantenauswahl und die Ausführung des Bevel-Befehls. Nach dem gleichen Muster verfahren Sie dann für die senkrecht dazu verlaufenden Schnittlinien. Dies mag zwar durch die Wiederholung immer gleicher Arbeitsschritte umständlich erscheinen, aber die gleichzeitige Verdopplung aller Schnittkanten ist ohne die Erzeugung störender Zwischenflächen dort, wo sich Kanten kreuzen, nicht möglich.

Betrachtet man die Form der Tasten genauer, stellt man fest, dass die vier Tasten, die um die runden Bedienelemente in der Mitte der Bedientafel platziert sind, etwas von der rechteckigen Form abweichen. Um diese Form zu reproduzieren, muss mindestens noch ein Schnitt hinzugefügt werden. Abbildung 2.46 deutet die Schnittführung durch die rote Linie im oberen Teil an.

Der Schnitt sollte z.B. im Messer-Modus Loop durchgeführt werden, damit er perfekt waagerecht verläuft. Dieser Messer-Schnitt muss einmal für die Tasten oberhalb und einmal für die Tasten unterhalb der kreisförmigen Bedienelemente durchgeführt werden. Ein Snapping auf Splines ist also nicht unbedingt nötig.

Im Anschluss daran selektieren und verschieben Sie die Punkte in dem Bereich der angeschrägten Tasten so, dass deren Form nachgebildet wird. Eine mögliche Anordnung der Punkte ist ebenfalls in der oberen Einblendung von Abbildung 2.46 zu sehen.

Schließlich platzieren Sie alle Punkte im Umfeld der runden Bedienelemente auf der kreisrunden Begrenzung. Abbildung 2.46 zeigt im Mittelteil einige dieser verschobenen Punkte im Detail und im unteren Bereich den Endzustand nach der Verschiebung aller Punkte.

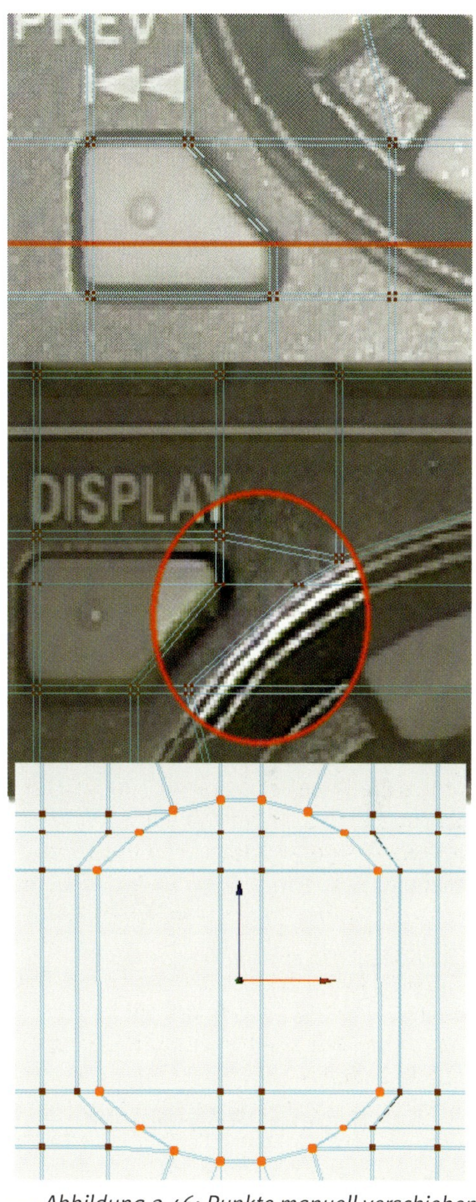

Abbildung 2.46: Punkte manuell verschieben

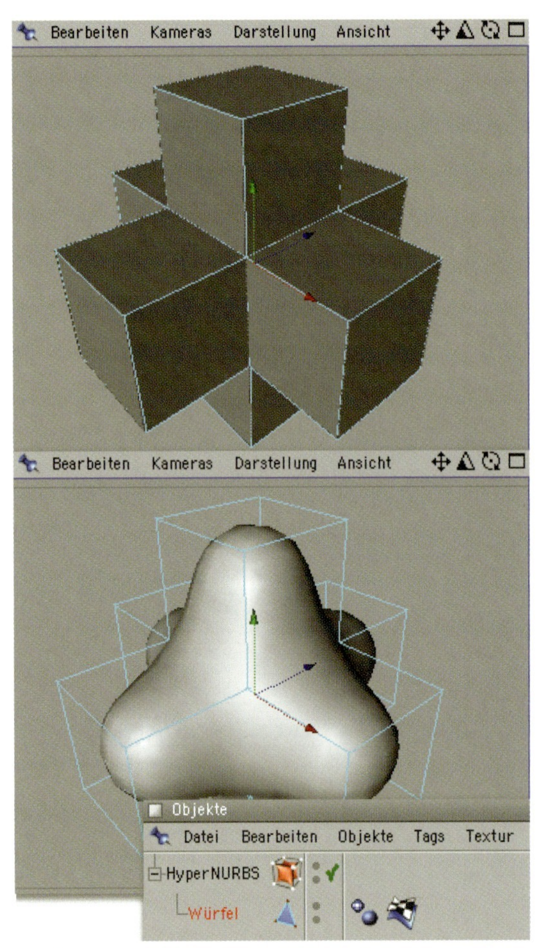

Abbildung 2.47: Ein von einem HyperNURBS geglättetes Polygon-Objekt

2.6 Das HyperNURBS-Objekt

Bevor wir mit der Modellierung fortfahren, werden wir Ihnen das HyperNURBS-Objekt vorstellen. Es wurde bei der Vorstellung der NURBS-Objekte übersprungen, da es sich besser an einem konkreten Beispiel vorführen lässt.

Wie Sie beim Umgang mit Polygon-Objekten und Polygon-Werkzeugen sicher bemerkt haben, fällt es relativ leicht, Objekte mit harten Ecken und klar umrissenen Kanten zu erzeugen.

Bei organisch gerundeten Objekten stößt man jedoch schnell an Grenzen. Um Rundungen zu erzeugen, werden viele Flächen benötigt, die sehr exakt aufeinander abgestimmt sein müssen, damit sich ein harmonisches Ganzes ergibt. Dies ist durch das manuelle Hinzufügen von Flächen und Punkten nicht mehr zu leisten.

Exakt für diese Zwecke ist das HyperNURBS-Objekt da, denn es kann einfache Polygon-Objekte glätten und runden. Die nebenstehende Abbildung 2.47 gibt Ihnen davon eine Vorstellung. Oben sehen Sie dort einen konvertierten Würfel, bei dem ohne Beibehaltung von Gruppen alle Deckflächen extrudiert wurden.

Darunter sehen Sie das gleiche Objekt, diesmal jedoch einem HyperNURBS-Objekt untergeordnet. Es sind keine harten Kanten mehr auszumachen. Vielmehr scheint das Objekt zu einer zähen Masse geworden zu sein, die sich nur grob an die Außenhaut des Polygon-Objekts annähert.

Der Vorteil hierbei liegt klar auf der Hand. Sie können bereits mit nur wenigen Flächen organisch gerundete Oberflächen erzeugen. Nachteilig daran kann jedoch sein, dass sich hiermit kaum noch die so gewohnten harten Kanten eines reinen Polygon-Objekts umsetzen lassen. Im Prinzip haben wir es also mit einer Umkehrung der Verhältnisse zu tun. Benötigte man bei einem Polygon-Objekt noch sehr viele Flächen, um eine Rundung zu erzeugen, so benötigt ein HyperNURBS nur sehr wenige Flächen dafür. Doch wie verhält es sich im umgekehrten Fall, wenn wir also die Anzahl der Flächen am Polygon-Objekt erhöhen?

Ein kleines Experiment gibt hier schnell Aufschluss. Selektieren Sie dazu im Polygone-bearbeiten-Modus eine Fläche am extrudierten Würfel und benutzen Sie dort den Innen Extrudieren-Befehl. Die äußere Form des Polygon-Objekts ändert sich dadurch zwar nicht, aber die Punktdichte wird in dem Bereich erhöht.

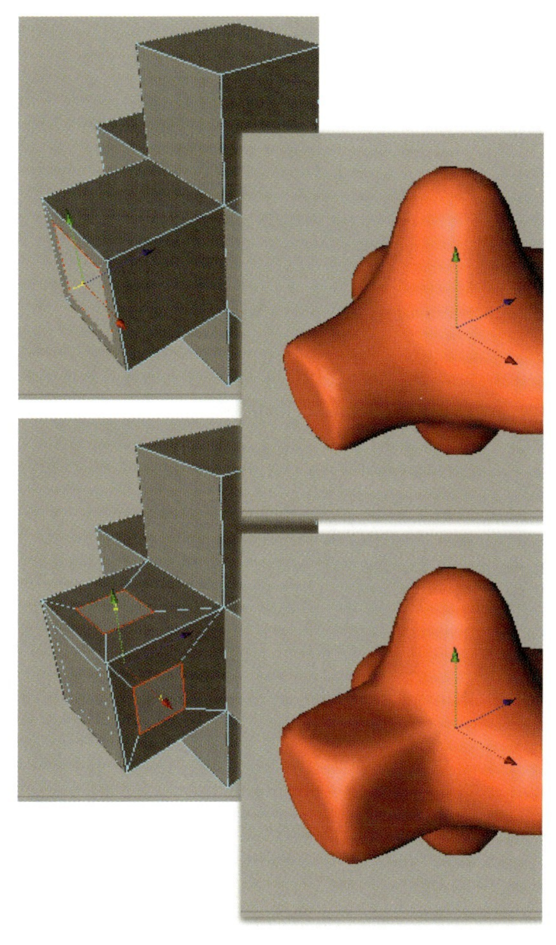

Abbildung 2.48: Punktdichte erhöhen

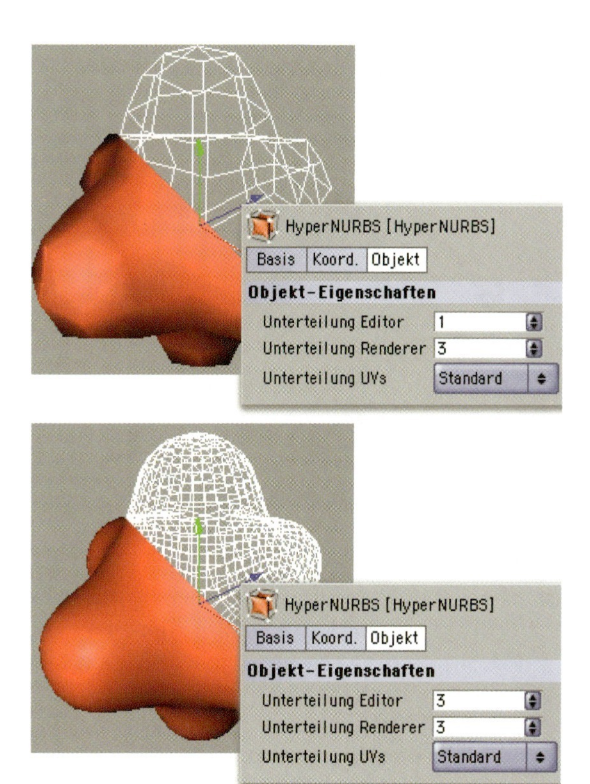

Abbildung 2.49: Die Unterteilung eines HyperNURBS-Objekts

Wie Sie im oberen Teil der Abbildung 2.48 erkennen können, führt die Erhöhung der Punktdichte tatsächlich dazu, dass das HyperNURBS „eckiger" wird. Es schmiegt sich in den Bereichen, in denen im Polygon-Objekt mehr Flächen und Punkte sind, stärker an die umliegende Form an.

Das Innen Extrudieren weiterer Flächen verstärkt diesen Effekt, wie im unteren Teil der Abbildung zu sehen ist.

Nun kann ein HyperNURBS-Objekt jedoch auch keine Wunder vollbringen und gerundete Flächen aus dem Nichts erzeugen.

Wir hatten bereits in Kapitel 1 besprochen, dass Cinema 4D ein reiner Polygon-Modeller ist und daher alle Objekte aus Polygonen zusammensetzen muss. Dies ist auch beim HyperNURBS-Objekt nicht anders, wie ein schneller Blick auf die Drahtgitter-Darstellung im Editor beweist.

Das HyperNURBS nutzt also nur die Punkte und Flächen eines untergeordneten Objekts, um daraus eine komplexere Polygon-Oberfläche abzuleiten. Wie hoch diese HyperNURBS-Fläche unterteilt werden soll, wird mit den Unterteilung-Werten des HyperNURBS-Objekts im Attribute-Manager bestimmt (siehe Abbildung 2.49).

Es stehen dort zwei Werte zur Wahl, wobei Unterteilung Editor nur die Darstellung in den Editor-Ansichten bestimmt.

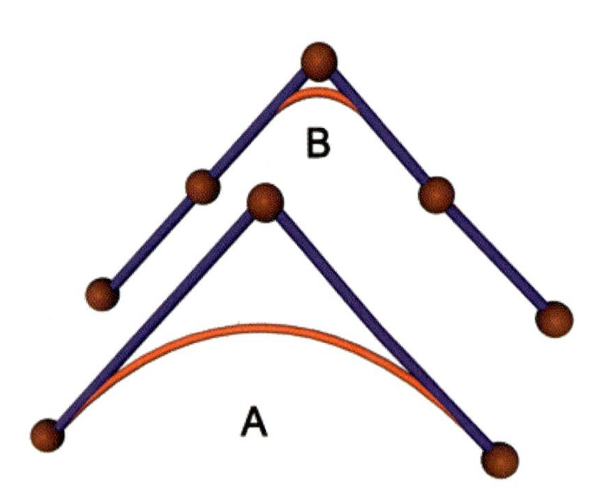

Abbildung 2.50: Prinzip der HyperNURBS-Glättung

Dieser Wert ist daher in der Regel kleiner als UNTERTEILUNG RENDERN, um noch zügig mit dem HyperNURBS im Editor arbeiten zu können.

Die UNTERTEILUNG-Werte ergeben sich aus der Aufteilung vorhandener Flächen am Polygon-Objekt. Ein Wert von 1 bedeutet dabei, dass jede Fläche des Polygon-Objekts einmal längs und einmal quer unterteilt wird. Aus einer Fläche entstehen dann also vier Flächen. Bei einem UNTERTEILUNG-Wert von 2 werden diese vier Flächen abermals geteilt. Wir haben es dann bereits mit 16 Flächen pro Polygonfläche zu tun.

Sie sehen, dass bereits kleine Werte recht schnell zu sehr großen Mengen an zusätzlichen Polygonen führen können. Halten Sie die UNTERTEILUNG-Werte daher immer möglichst klein.

In Abbildung 2.50 wird das Prinzip der HyperNURBS-Glättung noch einmal schematisch dargestellt. Die Oberfläche verhält sich dabei wie ein B-Spline. Die Kanten zwischen den Punkten werden zu Tangenten der HyperNURBS-Oberfläche. Je mehr Punkte vorhanden sind, desto stärker nähert sich das HyperNURBS den Kanten an.

HyperNURBS wichten

Nun wäre es jedoch recht kontraproduktiv, ein Objekt aus relativ wenigen Flächen zu konstruieren und diese Flächendichte dann wieder erhöhen zu müssen, nur weil in bestimmten Bereichen die vorgegebene Form exakter abgebildet werden soll. Der Hauptvorteil des HyperNURBS besteht schließlich darin, eine gerundete Fläche bereits aus sehr wenigen Polygonen zu erzeugen.

Um die organisch weichen Übergänge zwischen den Flächen ebenso umsetzen zu können wie härtere bzw. betontere Kanten und Ecken, gibt es in CINEMA 4D die WICHTUNG-Funktion für HyperNURBS.

Darunter kann man sich eine Art Magnetismus zwischen Punkten, Kanten und Polygonen einerseits und HyperNURBS-Flächen andererseits vorstellen. Je nachdem wie stark dieser Magnetismus ist, wird das HyperNURBS in dem Bereich stärker angezogen oder sogar abgestoßen.

Wichtungen können separat für jedes Element eines Polygon-Objekts eingestellt werden. Sie können also Punkte und Kanten separat wichten. Wenn Sie Polygone wichten, entspricht das Ergebnis dem, als wenn Sie alle Punkte und Kanten einer Fläche zusammen gewichtet hätten.

Sie gehen dabei so vor, dass Sie das Polygon-Objekt unter dem HyperNURBS auswählen und dann in den Modus wechseln, dessen Elemente Sie wichten wollen. Halten Sie nun die [.]-Taste (Punkt) auf Ihrer Tastatur gedrückt und bewegen Sie die Maus mit gehaltener Maustaste nach links und nach rechts.

Sie werden beobachten können, wie das HyperNURBS von den veränderten Wichtungen mehr oder weniger stark angezogen wird.

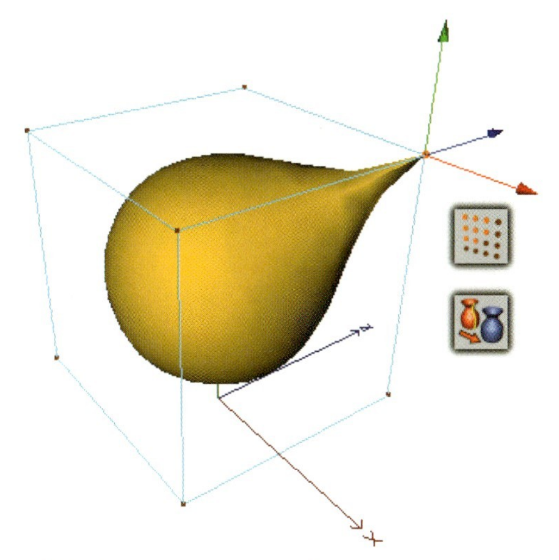

Abbildung 2.51: Ein gewichteter Punkt

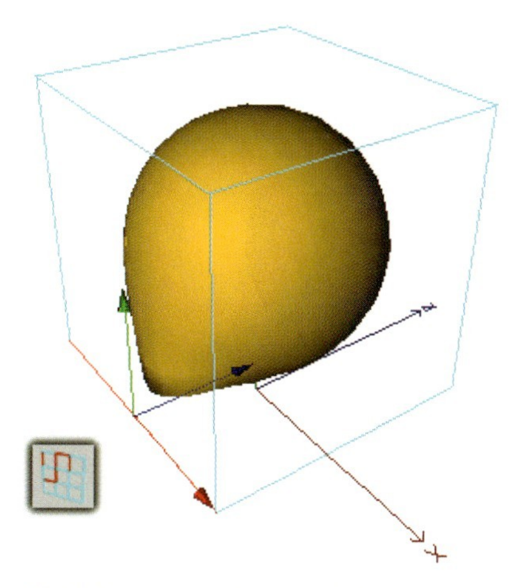

Abbildung 2.52: Eine gewichtete Kante

Sobald Sie die Maustaste lösen, bleibt der Zustand des HyperNURBS stabil und die selektierten Elemente des Polygon-Objekts bekommen – für Sie unsichtbar – die eingestellte Wichtung zugewiesen. Hinter dem Polygon-Objekt erscheint im Objekt-Manager ein neues Tag, auf das wir etwas später noch zu sprechen kommen. Dort werden die Wichtungen aller Elemente gespeichert.

▶ Punkte wichten

Es lassen sich mit dieser Technik noch weitere Effekte erzielen, die wir Ihnen an einem Würfel demonstrieren möchten. Unser extrudierter Würfel hat also ausgedient. Löschen Sie diesen aus dem HyperNURBS und rufen Sie ein neues Würfel-Grundobjekt auf. Konvertieren Sie es, ohne weitere Veränderungen an dessen Parameter durchzuführen, und ordnen Sie es dem HyperNURBS unter. Wenn Sie möchten, können Sie dem HyperNURBS eine andere Farbe im Attribute-Manager geben. Wie Sie den folgenden Abbildungen entnehmen können, wurde dort das HyperNURBS gelblich eingefärbt. Die Farbe geht automatisch auf den Würfel über.

Selektieren Sie im Punkte-Modus einen Eckpunkt des Würfels und halten Sie die [.]-Taste zusammen mit der Maustaste gedrückt, während Sie die Maus nach rechts verschieben. Mit der maximalen Wichtung des selektierten Punktes erhalten Sie eine scharfe Spitze am HyperNURBS, die an dem selektierten Eckpunkt endet (siehe Abbildung 2.51).

Wiederholen Sie das Halten von [.] und Maustaste bei gleichzeitiger Mausbewegung nach links, um das HyperNURBS schließlich wieder in seine ursprüngliche Kugelform zu bringen. Es scheint also, dass wir nur Wichtungen zwischen 0% und 100% wählen können. Wie diese Grenzen verändert werden, wird etwas später in diesem Abschnitt erläutert.

Zuvor sollen noch die verbleibenden Wichtungsmöglichkeiten vorgestellt werden.

▶ Kanten wichten

Haben Sie soeben noch einen Punkt gewichtet, so lässt sich dies ebenso mit einer Kante durchführen. Wechseln Sie dazu in den Kanten-Modus, selektieren Sie eine Kante wie in Abbildung 2.52 gezeigt.

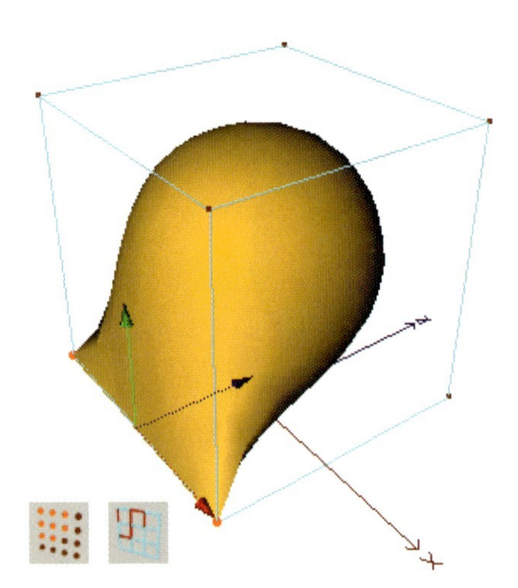

Abbildung 2.53: Kante und Punkte gleichzeitig gewichtet

Beeinflussen Sie das HyperNURBS wieder mit der [.]-Taste und der Mausbewegung. Dieses Beispiel zeigt, dass eine Kanten-Wichtung weniger spitze Strukturen erzeugt als eine Punkt-Wichtung. Es bildet sich mehr eine „Nase" als ein „Dorn".

Nachdem Sie damit etwas experimentiert haben, belassen Sie die Wichtung der Kante auf 100%, also auf der maximal erzielbaren Auslenkung des HyperNURBS.

▶ Punkte und Kanten wichten

Bei HyperNURBS-Wichtungen lassen sich Wichtungen von Punkten und Kanten auch kombinieren. Dadurch können komplette Flächenkanten gewichtet werden – eine Kante besteht schließlich aus zwei Punkten und einer Verbindungslinie dazwischen.

Kehren Sie also abermals in den Punkte-Modus zurück und wählen Sie die beiden Eckpunkte der bereits maximal gewichteten Kante aus. Erhöhen Sie die Wichtung der beiden Punkte auf den maximal möglichen Wert. Ihnen sollte ein Resultat wie in Abbildung 2.53 angezeigt werden.

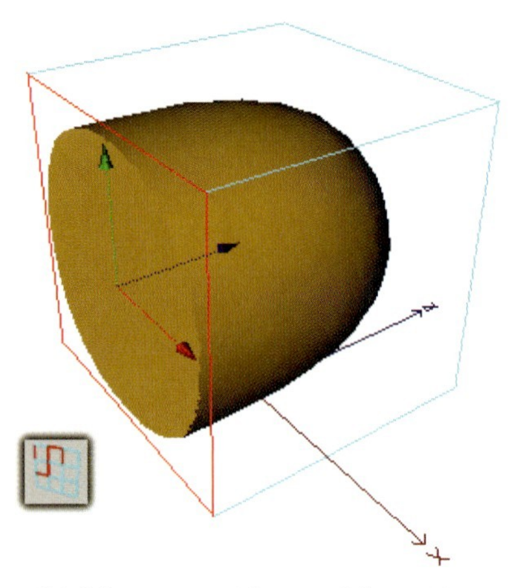

Abbildung 2.54: Vier gewichtete Kanten

Als Zusatzfunktion ist die gleichzeitige Wichtung von Punkten und Kanten möglich, wenn statt der linken Maustaste die rechte benutzt wird (bzw. die [⌘]-Taste zusätzlich zur [.]- und Maustaste).

Ist eine Kante selektiert, werden dann bei der Wichtung gleichzeitig alle Punkte mitgewichtet, die Bestandteil dieser Kante sind. Das Ergebnis bei 100% Wichtung ist dann mit dem aus Abbildung 2.53 identisch, obwohl nur einmal gewichtet wurde. Das HyperNURBS schmiegt sich vollkommen an die gesamte Kante an.

Machen Sie die Wichtung der Punkte wieder rückgängig und kehren Sie in den Kanten-Modus zurück. Selektieren Sie die übrigen drei – noch ungewichteten – Kanten der Fläche und wichten Sie diese maximal. Es entsteht ein Kreis, der in der Ebene der von den Kanten eingerahmten Fläche liegt (siehe Abbildung 2.54).

Hier haben Sie also zwei Extreme, wie die Fläche eines viereckigen Polygons im HyperNURBS interpretiert werden kann: entweder als Kreisfläche oder – wenn zusätzlich zu den vier Kanten auch die vier Punkte gewichtet wurden – als Viereck.

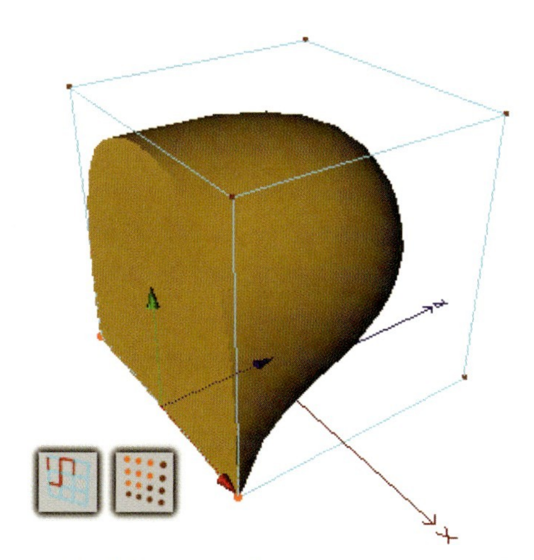

Abbildung 2.55: Eine Kombination von Kanten- und Punkt-Wichtungen

Abbildung 2.55 deutet dies am unteren Rand des Würfels an. Dort hat sich eine viereckige Fläche gebildet, während im oberen Teil nur die Kanten gewichtet wurden und ein Halbkreis entsteht.

▶ Polygone wichten

Eine letzte Möglichkeit ist das Wichten kompletter Polygone. Sie gehen dabei exakt wie beim Wichten von Punkten oder Kanten vor. Wechseln Sie in den Polygon-Modus, selektieren Sie die Polygone und benutzen Sie die bekannte Tastenkombination zum interaktiven Wichten der selektierten Elemente.

Das Wichten von Polygonen hat exakt das gleiche Resultat, als würden Sie alle an dem Polygon beteiligten Kanten und Punkte gleichzeitig wichten. Dies bedeutet, dass nach der Wichtung des Polygons alle beteiligten Punkte und Kanten die gleiche Wichtungsstärke haben (siehe Abbildung 2.56).

Wie bereits in Kapitel 1 angesprochen, sollte das verwendete Polygon-Objekt im HyperNURBS möglichst keine Dreiecke oder N-Gons enthalten. Viereckige Polygone liefern das beste Ergebnis.

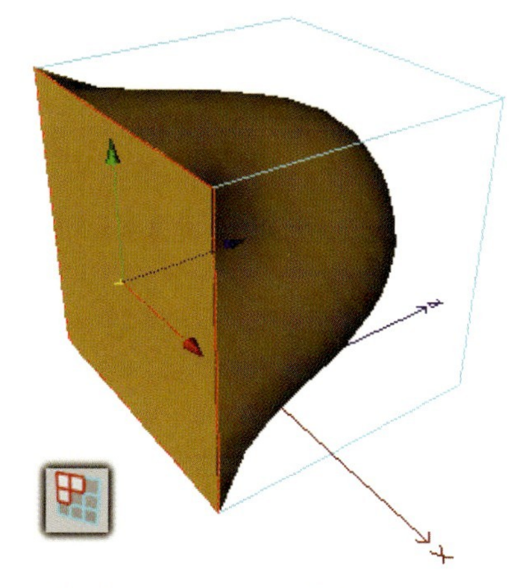

Abbildung 2.56: Ein Polygon wichten

▶ Wichtungsgrenzen vorgeben

Wie Sie sicher auch selbst festgestellt haben, lassen sich nur Wichtungen zwischen 0% (der Standardzustand des HyperNURBS-Objekts) und 100% (die maximale Anziehungskraft zwischen gewichtetem Element und HyperNURBS-Oberfläche) einstellen. Dies mag in nahezu allen Fällen auch ausreichend sein.

Wenn Sie jedoch bei aktiver Live-Selektion einen Blick in den Attribute-Manager werfen, entdecken Sie dort in der HyperNURBS-Gruppe Parameter für die HyperNURBS-Wichtung.

Dort sind standardmäßig exakt die Grenzwerte 0% und 100% eingetragen, die Sie auch schon in der praktischen Ausführung ermittelt hatten (Interaktives Min. und Interaktives Max.). Die 100% für den maximalen Wert lassen sich zwar nicht weiter erhöhen, aber die 0% für die minimale Wichtung lassen sich auch in den negativen Bereich verlegen. So können Sie dort z.B. –100% für Interaktives Min. eintragen, um bei einer Mausbewegung nach links das HyperNURBS sogar über den ursprünglichen Betrag hinaus abzustoßen.

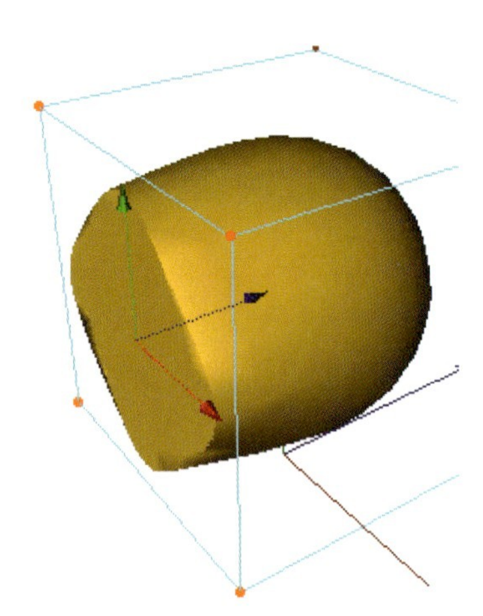

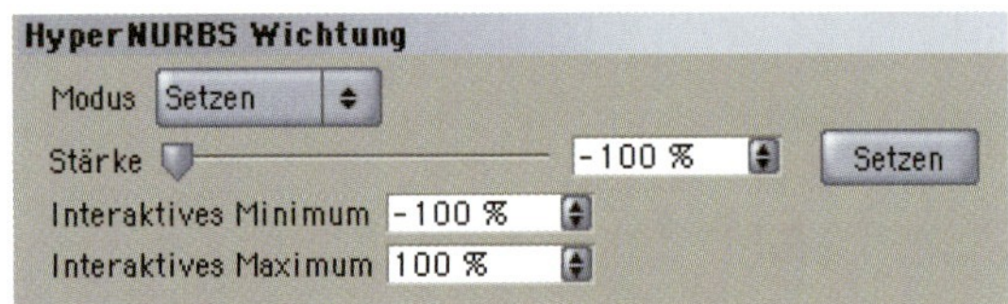

Abbildung 2.57: Wichtungsgrenzen verändern

Wie in Abbildung 2.57 zu erkennen ist, können dadurch Beulen in das HyperNURBS-Objekt gedrückt werden.

Neben der interaktiven Wichtung, die wir bislang über die Punkttaste ausgelöst hatten, können selektierte Elemente auch direkt über den Attribute-Manager gewichtet werden. Dies ist z.B. sehr hilfreich, wenn Sie Elemente exakt auf einen bestimmten Wert einstellen möchten.

Dafür stehen Ihnen bei aktiver Live-Selektion im Attribute-Manager mehrere Betriebsarten im Modus-Menü zur Verfügung. Sie können dort Werte absolut setzen sowie abziehen oder addieren.

Wählen Sie die gewünschten Elemente am Objekt aus, aktivieren Sie z.B. den setzen-Modus und verschieben Sie den Stärke-Schieber auf den gewünschten Wert. Dieser Schieber lässt sich zwischen den vorgegebenen Grenzwerten frei einstellen.

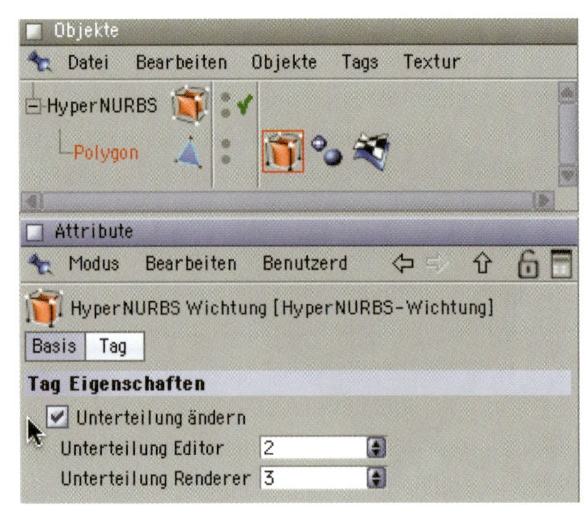

Abbildung 2.58: Das HyperNURBS-Wichtung-Tag

Achten Sie also ggf. auf die Minimal- und Maximal-Werte, wenn Sie den gewünschten Wert über den Stärke-Schieber nicht auswählen können.

Danach betätigen Sie die Schaltfläche setzen und die eingestellte Wichtungsstärke wird auf die selektierten Elemente übertragen. Dies ist natürlich weniger intuitiv, aber dafür sehr exakt, wenn Sie z.B. immer exakt die gleiche Kantenabrundung an verschiedenen Objekten benötigen.

Das HyperNURBS-Wichtung-Tag

Wir sind bereits kurz darauf eingegangen, dass schon nach der ersten Wichtung eines Elements ein neues Tag-Symbol hinter dem gewichteten Polygon-Objekt im Objekt-Manager erscheint.

In diesem Tag werden die Wichtungen der Punkte und Kanten gespeichert. Als funktionellen Bonus können Sie – das Tag muss dafür durch einmaliges Anklicken aktiviert sein – im Attribute-Manager zusätzlich die HyperNURBS-Unterteilung für den Editor und das Rendern des Objekts verändern (siehe Abbildung 2.58).

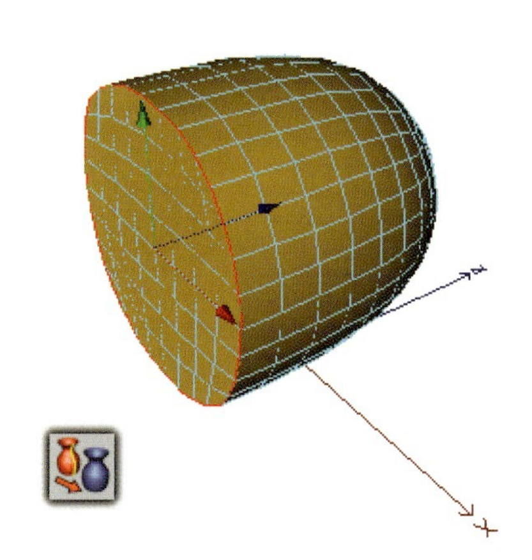

Abbildung 2.59: Ein konvertiertes HyperNURBS-Objekt

Warum wird so verfahren? Man könnte doch direkt andere Werte im HyperNURBS eintragen. Nun, sofern Sie nur ein einziges Polygon-Objekt unter einem HyperNURBS eingeordnet haben, stimmt dies natürlich. HyperNURBS können jedoch mehrere Objekte gleichzeitig glätten, sofern diese hierarchisch geordnet sind. Es wird dabei immer das oberste Objekt unter dem HyperNURBS komplett geglättet, d. h., auch unter diesem Objekt – das auch ein NULL-OBJEKT sein kann – eingeordnete Objekte werden mit geglättet.

Auf diese Weise lassen sich auch komplexe Objekte, die aus mehreren Teilen bestehen, mit einem einzigen HyperNURBS glätten.

In diesem Zusammenhang ist das HYPERNURBS-WICHTUNG-TAG sinnvoll, denn es erlaubt das unterschiedlich starke Unterteilen eines jeden Objekts, das von dem HyperNURBS geglättet wird.

Um das beliebte Beispiel des Autos zu benutzen, dessen Einzelteile in einem Null-Objekt gruppiert sind, kann dort also die Motorhaube dreimal unterteilt werden und das versteckt angebrachte Objekt einer Schraube in der Beifahrertüre benötigt gar keine Unterteilung.

In diesem Fall bekommt das Objekt der Schraube den Wert „0“ für die Unterteilung beim Rendern und im Editor, um das HYPERNURBS-OBJEKT für dieses Objekt komplett zu deaktivieren.

Sie müssen die HYPERNURBS-WICHTUNG-TAGS nicht jedes Mal durch Anlegen einer Wichtung für das Objekt erzeugen, sondern können das Tag auch separat abrufen, z.B. aus dem Menü DATEI › CINEMA 4D TAG im OBJEKT-MANAGER, wenn Sie die Unterteilung eines Objekts individuell und unabhängig von den Einstellungen des HyperNURBS vorgeben möchten.

Abschließend zu diesem Einschub über *HyperNURBS* sehen Sie in Abbildung 2.59, dass ein HyperNURBS tatsächlich neue Flächen generiert, um ein Objekt zu runden. Um auf diese generierten Flächen und Punkte direkt zugreifen zu können, muss ein HYPERNURBS-OBJEKT – wie die übrigen parametrischen Objekte auch – zuerst konvertiert werden. Sie selektieren dazu das HYPERNURBS-OBJEKT (also nicht das Polygon-Unterobjekt) und führen die bekannte KONVERTIEREN-Funktion aus.

Wie bei den parametrischen Grundobjekten auch, verliert das HyperNURBS dadurch jedoch alle interaktiven Fähigkeiten. Somit lassen sich nach dieser Konvertierung keine Wichtungen mehr verändern oder die Unterteilungen für den Editor und das Rendern getrennt voneinander vorgeben. Das HyperNURBS übernimmt bei seiner Konvertierung die Unterteilung-Einstellungen für die Editor-Darstellung.

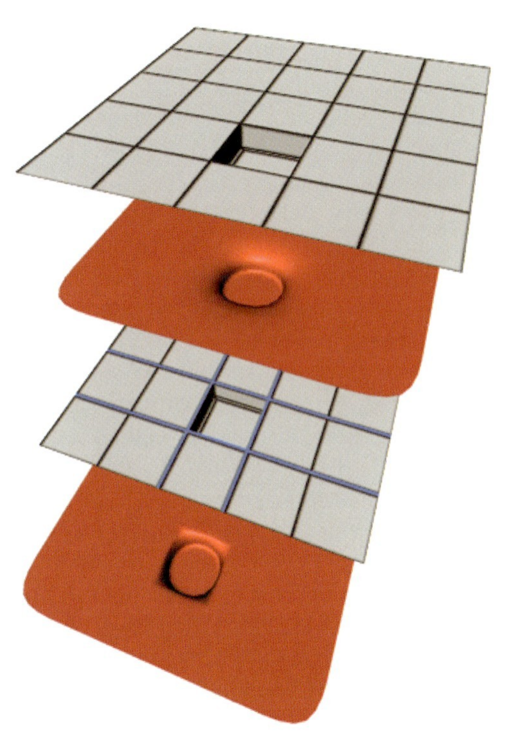

Abbildung 2.60: Mehr Unterteilungen für härtere Kanten im HyperNURBS

Abbildung 2.61: Tasten extrudieren

2.7 Die Tasten

Mit diesem Hintergrundwissen über HyperNURBS und deren Stärken und Schwächen können Sie nun auch nachvollziehen, weshalb die Verdopplung der Kanten um die Tasten in der Bedientafel notwendig wurde. Ein Blick auf die Abbildung 2.60 verdeutlicht dies zusätzlich.

Ohne die zusätzliche Unterteilung der Kanten – im Bild oben blau markiert zu sehen – glättet das HyperNURBS über die Kanten hinweg und erzeugt einen weichen Trichter dort, wo das Polygon extrudiert wurde. Wurden die umliegenden Kanten vorher z.B. mit dem Bevel-Befehl verdoppelt, muss sich die HyperNURBS-Oberfläche näher an diese Kanten anschmiegen und dadurch die rechteckige Form stärker betonen.

Überträgt man diese Technik auf unser Bedientafel-Objekt, müssen Sie dort zunächst all die Polygone selektieren, die Tasten darstellen sollen. Benutzen Sie dann den Extrudieren-Befehl um diese Flächen etwas nach unten zu verschieben.

Da einige Tasten aus mehreren Polygonen bestehen, muss dabei die Gruppen erhalten-Option aktiviert sein. Wie tief Sie die Tasten extrudieren ist Ihrem Gefühl überlassen. Abbildung 2.61 gibt Ihnen dabei einen Anhaltspunkt. Da man später ohnehin nicht sehr weit in den schmalen Spalt zwischen den Tasten und den Aussparungen in der Bedientafel gucken kann, muss die Extrudierung nicht so tief sein. Das Ziel dieses Arbeitsschritts ist im Prinzip schon dann erfüllt, wenn sich später das HyperNURBS im Bereich der Tasten nach unten krümmt und der Betrachter dadurch nicht das Gefühl hat, dass die Tasten einfach nur oben auf der Bedientafel liegen.

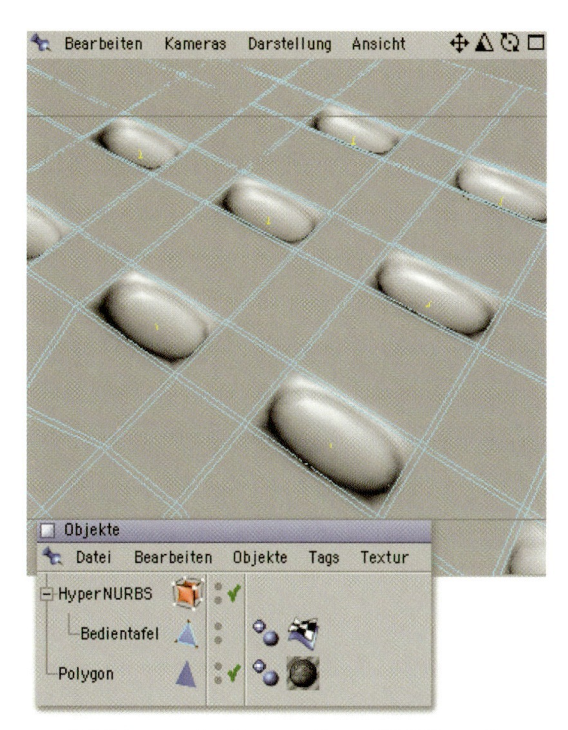

Abbildung 2.62: Die vom HyperNURBS geglättete Bedientafel

Um nun den gewünschten Effekt überprüfen zu können, rufen Sie ein HyperNURBS-Objekt auf und ordnen diesem das Bedientafel-Objekt unter. Sie sollten augenblicklich in den Editor-Ansichten verfolgen können, wie eine geglättete Oberfläche entsteht.

Wie Sie in Abbildung 2.62 erkennen können, sind die ehemals rechteckigen Extrudierungen nun zu abgerundeten Senken geworden. Die Form dieser Absenkungen ist jedoch noch etwas zu oval, um die rechteckigen Tasten aufnehmen zu können.

Wir könnten dies durch Hinzufügen von Wichtungen an den jeweiligen Eckpunkten abschwächen, durch Hinzufügen neuer Punkte erhalten wir jedoch mehr Kontrolle. In der Regel liefern mehr Punkte im direkten Vergleich zu einer Wichtung auch ein qualitativ besseres, weil abgerundetes Ergebnis. Erst wenn sehr harte Kanten und Ecken gewünscht werden hat die Wichtung wieder einen Vorteil.

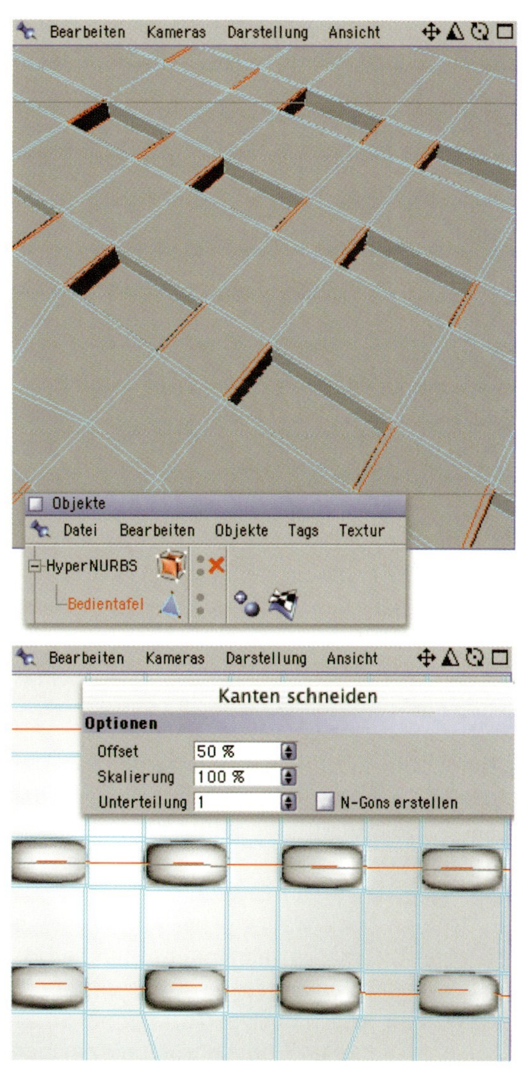

Abbildung 2.63: Neue Punkte durch Kantenunterteilung

Wir verwenden dazu diesmal nicht das Messer-Werkzeug, sondern die Kanten schneiden-Funktion im Struktur-Menü. Diese hat den Vorteil, dass der Schnitt exakt in der Mitte von selektierten Kanten angelegt wird. Es können dort sogar gleich mehrere parallele Schnitte durch die selektierten Kanten erzeugt werden. Zur Vorbereitung für diesen Arbeitsschritt benutzen Sie die Ring-Selektion und selektieren damit alle senkrechten Kanten in den Polygon-Reihen, die Tasten enthalten.

Abbildung 2.63 gibt einen Teil dieser Kanten in der oberen Einblendung wieder. Wie dort ebenfalls zu sehen ist, können Sie dabei auch das HyperNURBS-Objekt im Objekt-Manager mit einem Klick auf dessen grünen Haken deaktivieren, um einen besseren Blick auf die Kanten der Bedientafel zu haben.

Wenn Sie zum Selektieren die Live Selektion verwenden möchten, denken Sie daran, die Selektion verdeckter Elemente zuzulassen, damit auch die Kanten in der Extrudierung ausgewählt werden. Wenn Sie während der Selektierung absetzen müssen, also das Werkzeug durch Lösen der Maustaste deaktivieren, halten Sie bei der nächsten Selektion die [⇧]-Taste gedrückt, damit die nachfolgenden Kanten der bestehenden Selektion hinzugefügt werden. Am komfortabelsten ist jedoch die Benutzung der Ring-Selektion.

Sind alle betreffenden Kanten selektiert, rufen Sie Kanten schneiden im Struktur-Menü auf. Der Dialog im Attribute-Manager fragt Sie über den Unterteilung-Wert nach der gewünschten Anzahl der Schnitte. Belassen Sie diesen Wert auf 1, da auch nur ein Schnitt erzeugt werden soll. Der Offset-Wert sollte auf 50% eingestellt sein, damit der Schnitt exakt in der Mitte der Kanten erfolgt. Die N-Gons erstellen-Option muss ausgeschaltet sein, damit wir neue Kanten erhalten.

Es werden neue waagerechte Kanten durch die selektierten Kanten gelegt und somit die Tasten an den schmalen Seiten zusätzlich unterteilt. Dadurch zieht sich das HyperNURBS näher an diese Kanten heran und gibt sehr viel präziser als zuvor die rechteckige Form der Tasten wieder. Die verbleibende Krümmung in den Ecken der Tasten ist jedoch noch immer etwas zu ausgeprägt. Dies werden wir im nächsten Arbeitsschritt beheben.

Im unteren Teil der Abbildung 2.63 können Sie den aktuellen Zustand nach der Aktivierung des HyperNURBS-Objekts sehen.

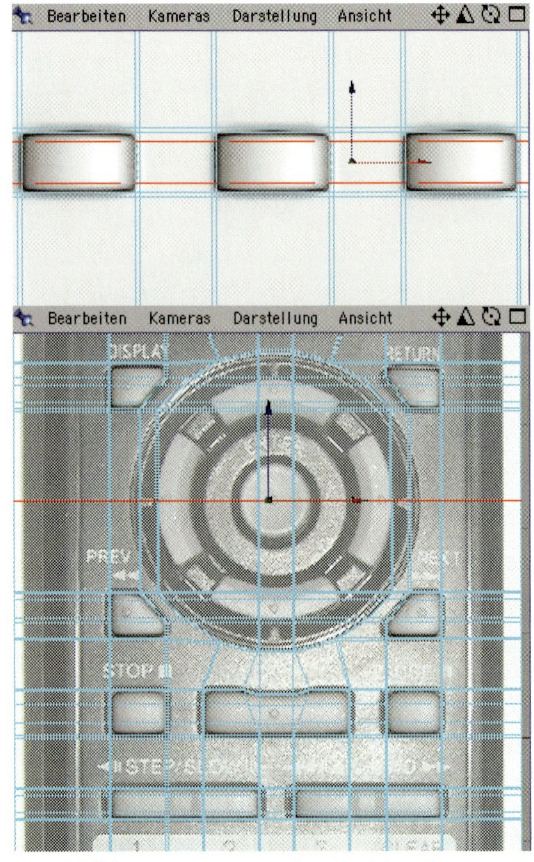

Abbildung 2.64: Unterteilungen hinzufügen

Bei den Schnitten durch die Kanten hätten wir zwar gleich mehrere neue Kantenzüge auf einmal erzeugen können, diese hätten dann jedoch alle gleichmäßige Abstände voneinander gehabt. Um die rechteckige Tastenform stärker zu betonen, sind jedoch vor allem zusätzliche Unterteilungen nahe den Ecken der Tastenvertiefungen hilfreich. Wir selektieren daher die neuen Schnittkanten und benutzen den Bevel-Befehl mit der Unterteilung 0. Dadurch verdoppeln sich die Kanten und wir können ihren Abstand interaktiv mit der Maus einstellen.

Abbildung 2.64 gibt den Abstand der Kanten am Beispiel einer Tastenreihe wieder. Im unteren Teil der Abbildung erkennen Sie, dass auch ein zusätzlicher Schnitt auf der Höhe der runden Bedienelemente hinzugefügt wurde.

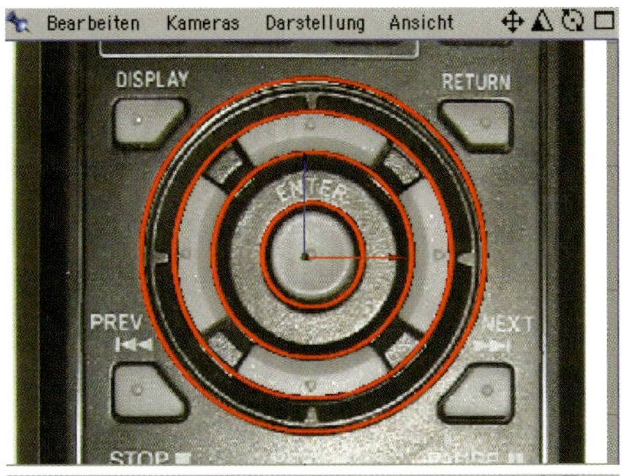

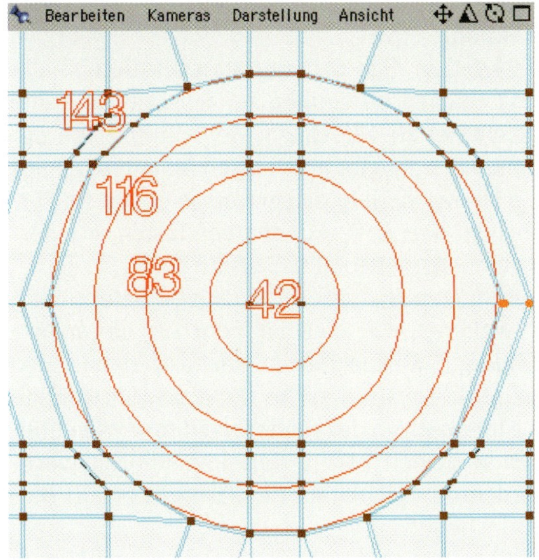

Abbildung 2.65: Die kreisförmigen Bedienelemente

Welche Methode Sie zum Erzeugen dieser Unterteilung benutzen – z.B. das Messer oder nach der Selektion der senkrechten Kanten in diesem Bereich wieder die Kanten schneiden-Funktion – bleibt Ihnen überlassen. Der Schnitt sollte nur möglichst mittig durch die dort liegenden rund angeordneten Bedienelemente verlaufen.

Um nun eine exaktere Hilfestellung bei der Erzeugung der runden Tasten und Strukturen in diesem Bereich zu bekommen, rufen Sie vier Kreis-Splines ab. Diese sollten alle auf exakt der gleichen Position liegen.

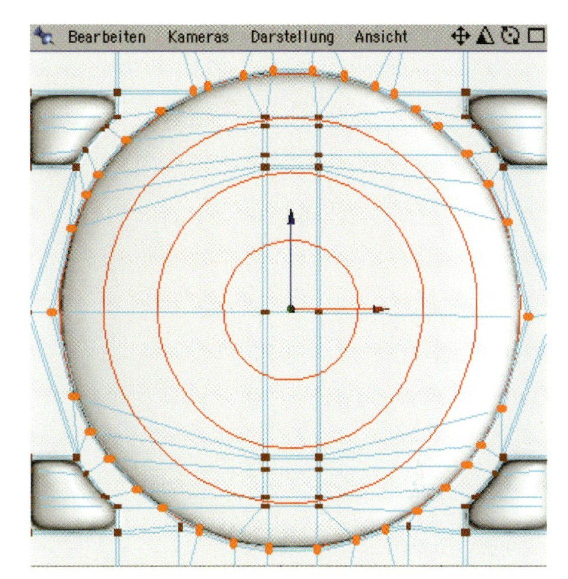

Abbildung 2.66: Punkte platzieren

Am besten erzeugen Sie zunächst einen Kreis, platzieren diesen möglichst exakt auf der mittleren *ENTER*-Taste der Bediengruppe und erzeugen danach die drei übrigen Splines durch Kopieren des ersten Splines.

Die Kreis-Größen sollten so gewählt werden, dass die äußere Nut um die Bediengruppe herum, die Innen- und Außenseite der gebogenen Tasten und die äußere Kante der Absenkung um den *ENTER*-Knopf herum davon abgedeckt werden.

Dies mag zunächst unnötig erscheinen, da diese Strukturen leicht auch der Bildvorlage entnommen werden können. Wie Sie nach dem Anlegen der Splines jedoch bemerken werden, ist das Bild der Fernbedienung selbst dort – wenn auch nur schwach – verzerrt. Die Kreis-Splines passen nicht an allen Stellen exakt auf die beschriebenen Elemente im Bild. Wählen Sie daher jeweils Kreis-Radien, die die Abweichung zwischen den Splines und der Bildvorlage minimieren. Wenn Sie im Zuge dieser Anpassung einen Kreis-Spline verschieben müssen, denken Sie daran, diese Verschiebung auch mit den übrigen Kreis-Splines durchzuführen.

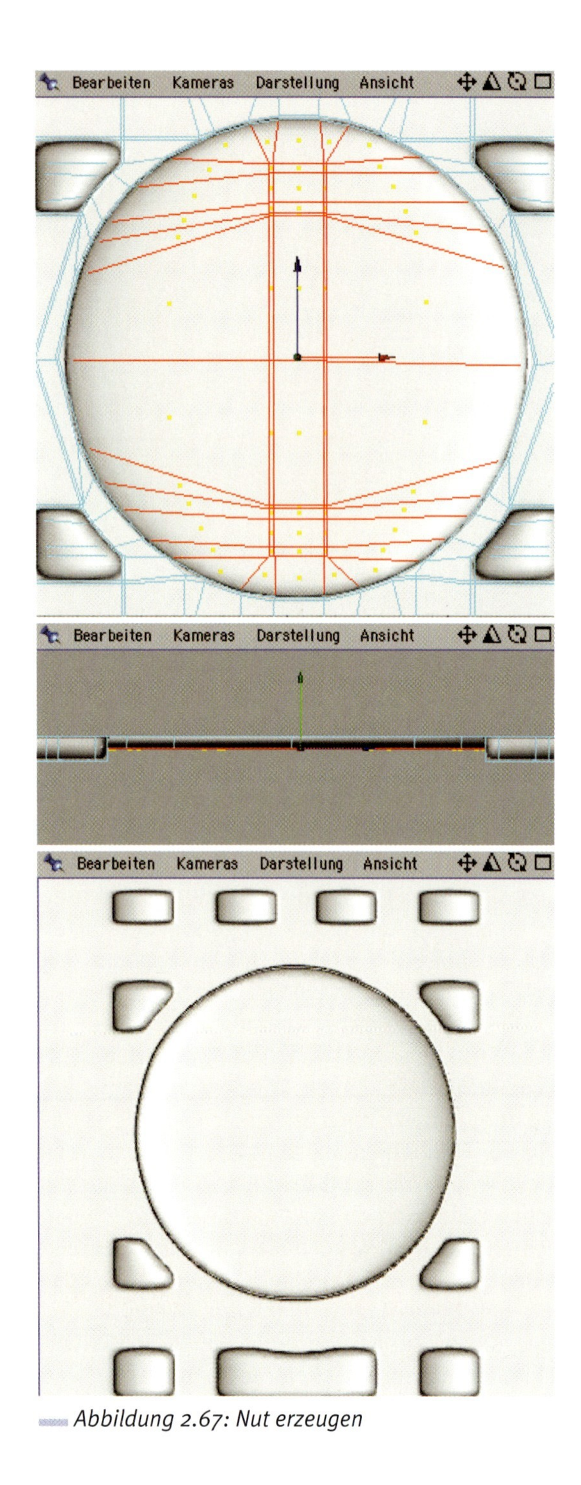

Abbildung 2.67: Nut erzeugen

Unsere Radien können Sie dem unteren Teil der Abbildung 2.65 entnehmen.

Sind alle Splines skaliert, beginnen Sie damit, die angrenzenden und bereits grob platzierten Punkte der Bedientafel entlang des äußeren KREIS-Splines zu positionieren. Versuchen Sie eine möglichst gleichmäßige Aufteilung zu erzielen. Abbildung 2.66 zeigt Ihnen ein mögliches Endresultat.

Wechseln Sie dann in den POLYGONE-BEARBEITEN-Modus und selektieren Sie alle Flächen, die innerhalb des äußeren KREIS-Splines liegen. Die obere Einblendung in Abbildung 2.67 zeigt diese Selektion.

Benutzen Sie den EXTRUDIEREN-Befehl, um diese Flächen als Gruppe zunächst etwas in die Bedientafel zu versenken. Der mittlere Teil der Abbildung 2.67 gibt Ihnen einen Anhaltspunkt für eine sinnvolle Tiefe dieser Verschiebung im Vergleich zu den Absenkungen der Tasten, die dort an den Seiten ebenfalls zu sehen sind.

Benutzen Sie den EXTRUDIEREN-Befehl dann ein weiteres Mal, diesmal jedoch in die andere Richtung. Die selektierten Flächen nehmen also wieder ihre ursprüngliche Höhe ein. Sie können dies interaktiv in der seitlichen Editor-Ansicht tun oder in beiden Fällen Werteingaben mit wechselndem Vorzeichen für den OFFSET beim EXTRUDIEREN benutzen.

Wenn Sie in den MODELL-BEARBEITEN-Modus wechseln, können Sie das Bedientafel-Objekt ohne die störenden Kanten und Punkte betrachten und das Resultat dieser Aktionen besser begutachten. Es ist eine kreisrunde Nut entstanden.

Sollte diese an einigen Stellen zu stark von der gewünschten Kreisform abweichen, wechseln Sie zurück in den PUNKTE-Modus und korrigieren Sie die Lage der angrenzenden Punkte, bis die Kreisform zu Ihrer Zufriedenheit abgebildet wird. Die untere Einblendung der Abbildung 2.67 zeigt ein mögliches Ergebnis zu diesem Zeitpunkt des Workshops.

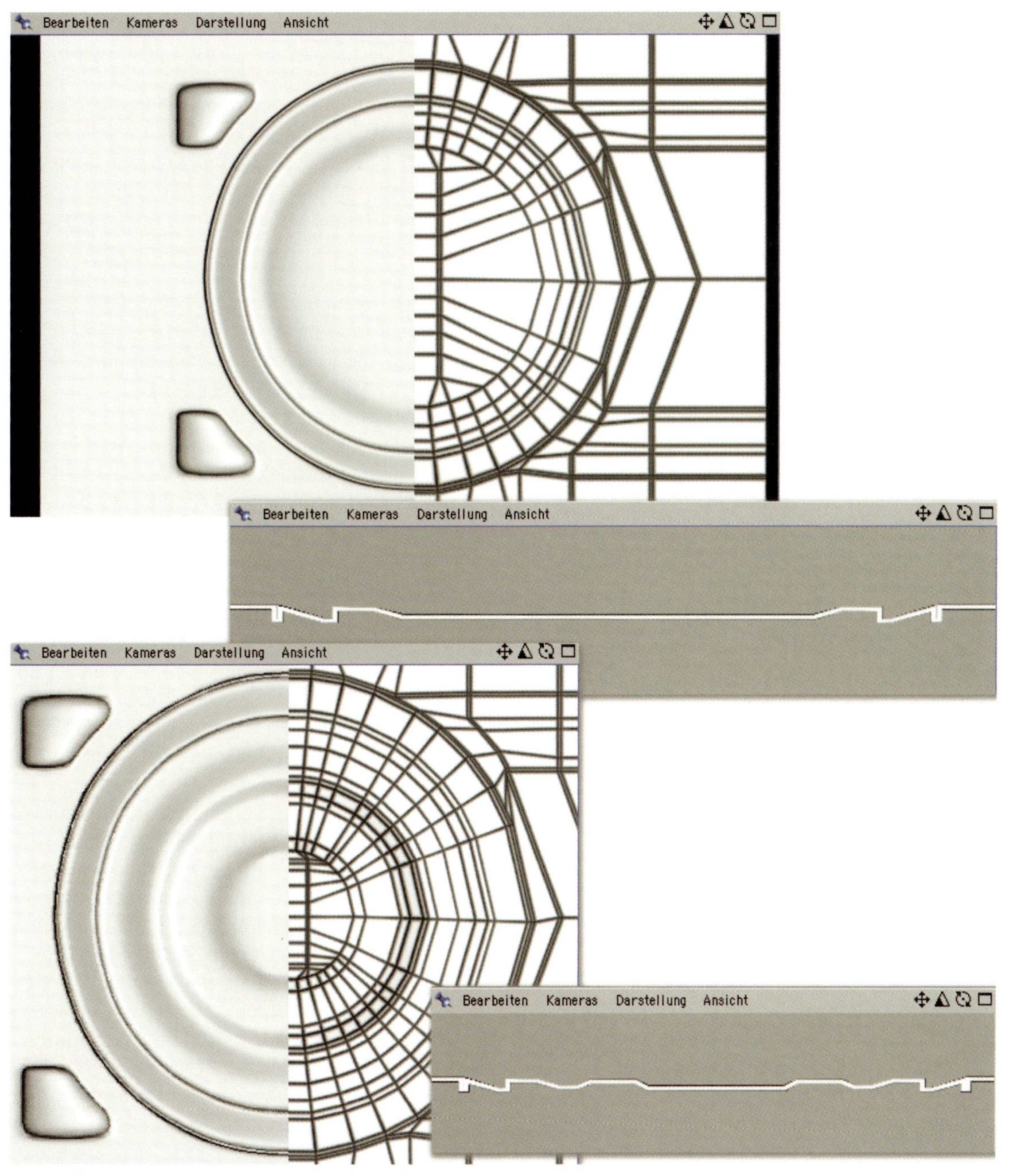

Abbildung 2.68: Innenflächen extrudieren und verkleinern

Durch das wiederholte Innen Extrudieren der Polygone innerhalb der Kreisfläche und dem anschließenden Verschieben entlang der Y-Achse, lassen sich die runden Strukturen erzeugen (siehe Abbildung 2.68).

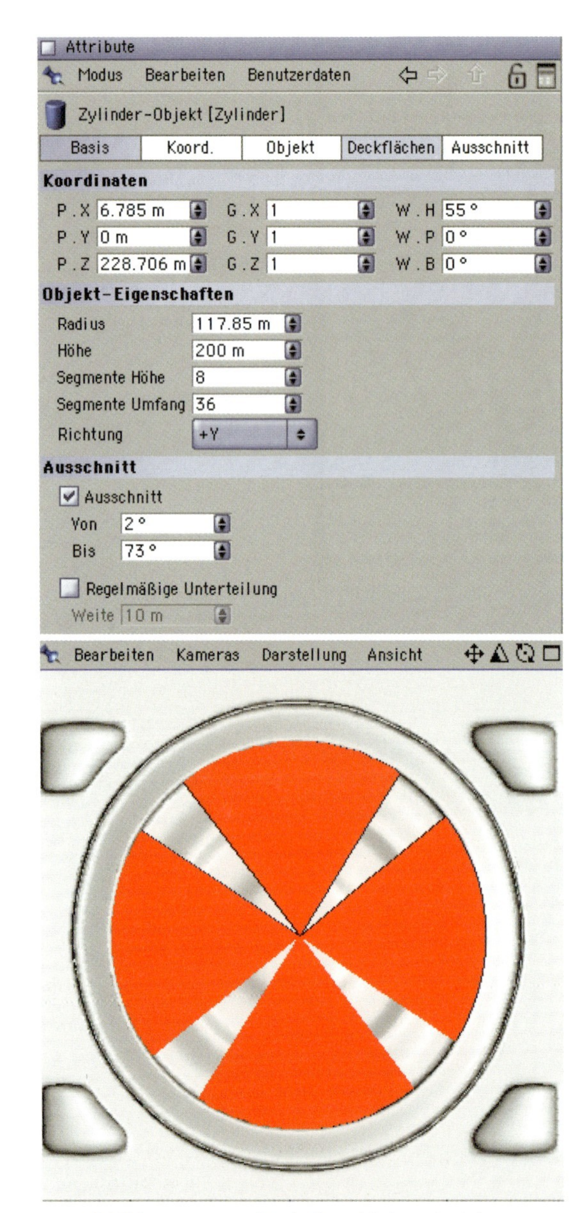

Abbildung 2.69: Platzhalterobjekte einrichten

Am besten gehen Sie dabei so vor, dass Sie zuerst die Flächen mit Offset-Werten von 0 Extrudieren oder Innen Extrudieren – das Ergebnis ist bei diesem Offset-Wert gleich – und dann mit dem Skalieren-Werkzeug auf den richtigen Radius bringen. Schließlich folgt das Verschieben entlang der Y-Achse nach oben oder unten, um z.B. eine Fase oder Absenkung zu modellieren.

Die ebenfalls in Abbildung 2.68 eingeblendeten Schnittprofile geben das Auf und Ab der Flächen im Querschnitt wieder. Konzentrieren Sie sich dabei vorerst nur auf die Formung der schwarzen Teile der Bedientafel. Die Formen der grauen Tasten werden etwas später separat modelliert.

Vorher werden wir einige Hilfsobjekte erzeugen, damit die gebogenen Tasten auch alle gleichmäßig positioniert werden können und gleich groß werden (siehe Abbildung 2.69).

Wir entscheiden uns dabei für ein Zylinder-Objekt, da dies auch die Darstellung von Ausschnitten zulässt. Dazu aktivieren Sie auf der Ausschnitt-Seite des Zylinder-Dialogs im Attribute-Manager die gleichnamige Option und tragen dort Anfangs- und Endwinkel für das Teilstück ein. Um diese Werte abschätzen zu können, muss der Zylinder exakt in der Mitte der kreisrunden Bedienelemente platziert werden. Da diese Position bereits von den Kreis-Splines eingenommen wird, können wir deren Position auf den Zylinder übertragen.

Dies ginge zwar auch manuell über den Koordinaten-Manager, aber Cinema 4D stellt eigens für diese Fälle die Funktion Übernehmen im Funktionen-Menü zur Verfügung. Selektieren Sie dazu zuerst den Zylinder und wählen Sie dann die Funktion Übernehmen aus. In deren Dialog ziehen Sie das Objekt in das Übernehmen von-Feld hinein, dessen Parameter übernommen werden sollen. In unserem Fall ist dies der Kreis-Spline.

Da alle Kreis-Spline auf der gleichen Position liegen, können Sie hierbei keinen Fehler machen und den falschen Spline benutzen. Aktivieren Sie im Übernehmen-Dialog die Optionen der Parameter, die übernommen werden sollen. In unserem Fall ist dies nur Verschiebung aktiv. Nach dem Zuweisen stellen Sie die Größe und Lage des Zylinder-Ausschnitts so ein, dass eine der Tasten davon abgedeckt wird.

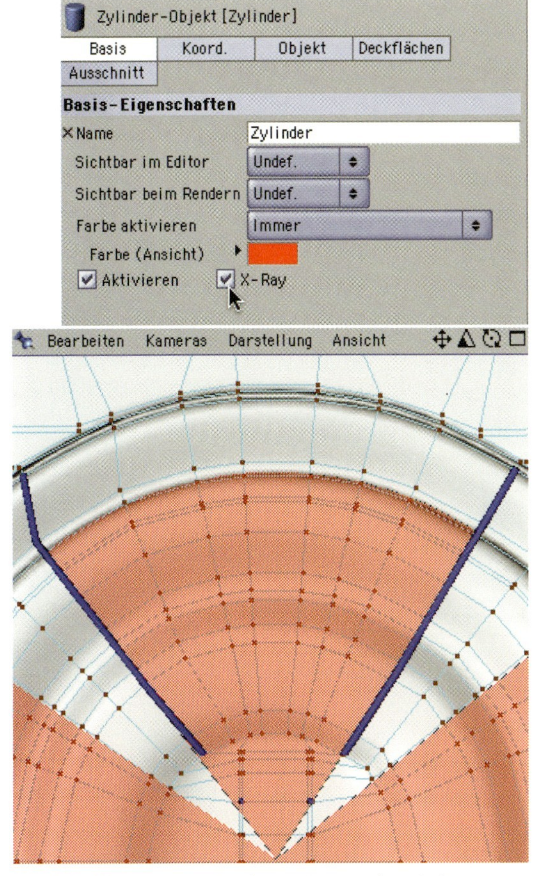

Abbildung 2.70: Punktpositionen korrigieren

Duplizieren Sie diesen Zylinder dann noch dreimal und verdrehen Sie jede Kopie gegenüber der vorherigen um jeweils 90°. Abbildung 2.69 zeigt Ihnen die endgültige Größe und Position der vier Zylinderteilstücke (in der Abbildung rot eingefärbt).

Um freien Blick auf die Punkte der Bedientafel zu haben, sollten Sie die vier Zylinder mit deren X-Ray-Optionen transparent darstellen lassen (siehe Abbildung 2.70). Wechseln Sie in den Punkte-bearbeiten-Modus und richten Sie die Punkte der Bedientafel, die im Bereich der runden Bedienfläche liegen, an den Rändern der Zylinderstücke aus.

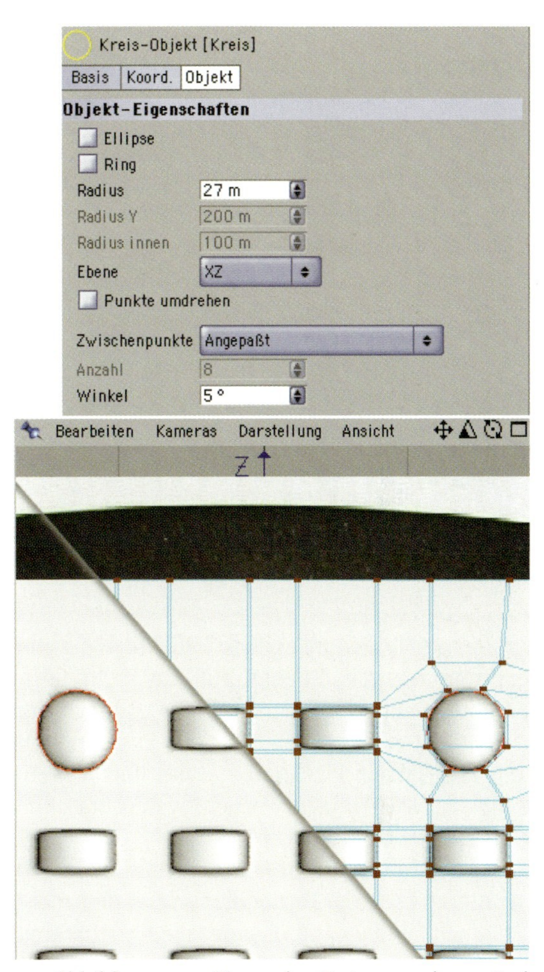

Abbildung 2.71: Die runden Tasten am oberen Ende der Fernbedienung

Die beiden blauen Linien in Abbildung 2.70 deuten die Lage der Punkte und Kanten am oberen Zylinderteilstück an. Da in diesem Bereich später die Tasten eingesetzt werden müssen, haben wir es dann leichter, dort die Flächen unter den Tasten zu entfernen und die Vertiefungen für die Tasten zu modellieren.

Zuerst sollten Sie jedoch die übrigen runden Tasten hinzufügen, die am oberen Ende der Fernbedienung liegen. Erzeugen Sie dafür zwei neue Kreis-Splines mit identischen Radien und platzieren Sie diese als Hilfe zum Punkteausrichten über die beiden runden Tasten (siehe Abbildung 2.71).

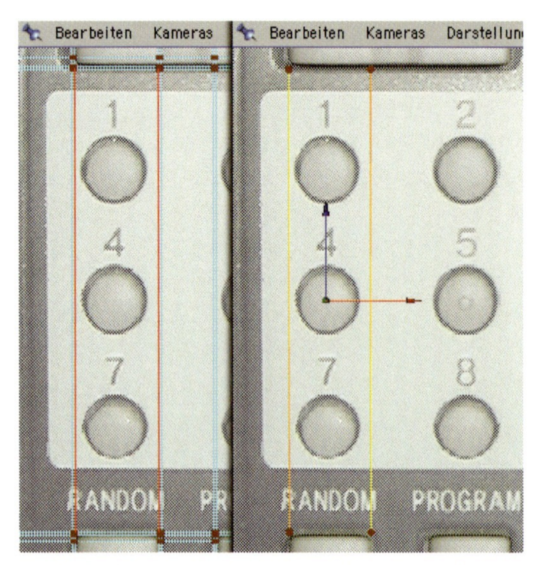

Abbildung 2.72: Kanten in Spline umwandeln

Gruppieren Sie die umliegenden Punkte in diesem Bereich durch VERSCHIEBEN auf den KREIS-SPLINES und selektieren Sie dann die im Bereich der runden Tasten liegenden Flächen. EXTRUDIEREN Sie diese Flächen als Gruppe etwas nach unten, damit die kreisrunden Vertiefungen entstehen können.

Bei der Tastengruppe mit den runden Tasten am unteren Ende der Fernbedienung ist dies nicht so einfach zu lösen, da uns hier die horizontalen Unterteilungen fehlen und die Tasten alle einen gleichmäßigen Abstand voneinander haben müssen.

Wir behelfen uns hier mit einem Trick. Selektieren Sie dafür im KANTEN-BEARBEITEN-Modus die beiden inneren, senkrechten Kanten, zwischen denen eine Tastenspalte liegt (die roten Linien in Abbildung 2.72).

Rufen Sie nun aus dem STRUKTUR-Menü SPLINE BEARBEITEN › KANTEN-SELEKTION ZU SPLINE auf. Die selektierten Kanten werden dadurch zu einer Spline-Kurve umgewandelt, die als neues Spline-Objekt im OBJEKT-MANAGER unter der Bedientafel eingeordnet wird.

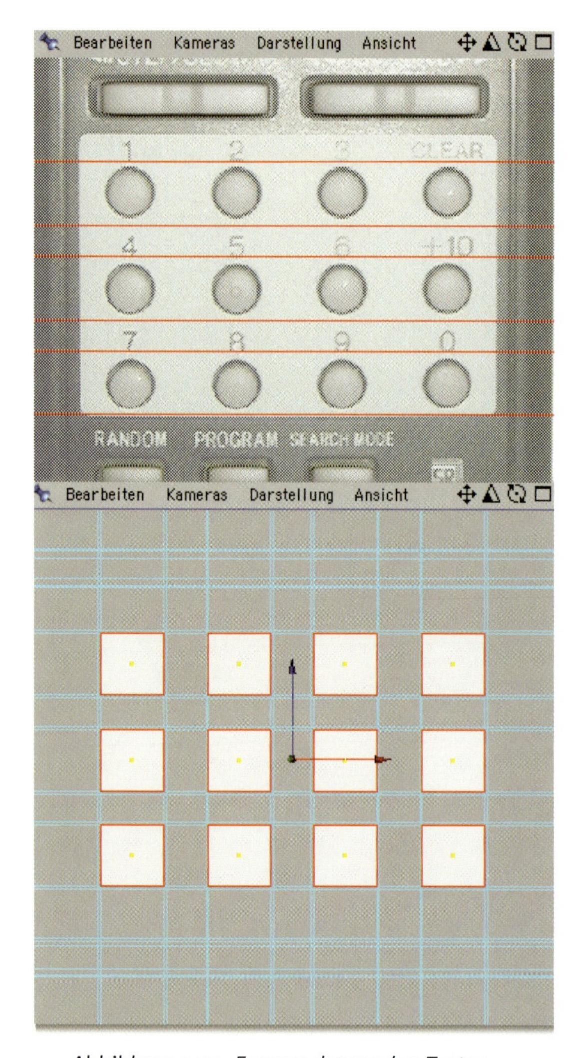

Abbildung 2.73: Formen der runden Tasten

Benutzen Sie dann das VERSCHIEBEN-Werkzeug im OBJEKT-ACHSE BEARBEITEN-Modus, um das lokale Achsensystem des neuen Spline-Objekts zwischen die beiden Spline-Linien zu ziehen. Dies erleichtert uns das nachfolgende Rotieren des Splines (siehe rechte Einblendung in Abbildung 2.72).

Wechseln Sie in den MODELL-BEARBEITEN-Modus und benutzen Sie das ROTIEREN-Werkzeug, um das Spline-Objekt um 90° so zu drehen, dass die beiden Linien nun horizontal verlaufen und die ursprüngliche Kanten-Selektion senkrecht schneiden.

Verlängern Sie die beiden Linien im Spline-Objekt über den linken und rechten Rand der Bedientafel hinaus – z.B. durch Skalieren des gesamten Objekts entlang der Welt-X-Achse oder durch Verschieben der Endpunkte – und erzeugen sie dann zwei weitere Kopien dieses Spline-Objekts.

Verschieben Sie die beiden neuen Spline-Objekte so über die anderen Tastenreihen, dass alle drei Spline-Objekte möglichst den gleichen Abstand voneinander haben und die Tastenreihen jeweils oben und unten eingerahmt werden (siehe obere Einblendung in Abbildung 2.73).

Wechseln Sie in den Punkte-Modus und wählen Sie das Messer-Werkzeug aus. Aktivieren Sie in dessen Einstellungen das Snapping auf Punkte im 2.5D-Modus. Benutzen Sie den Linie-Modus des Messer-Werkzeugs, um die Bedientafel entlang der Spline-Objekte zu unterteilen.

Selektieren Sie danach die neuen Schnittkanten – z.B. durch das Selektieren der Punkte und das anschließende Umwandeln dieser Punkt-Selektion in eine Kanten-Selektion – und benutzen Sie dann den Bevel-Befehl, um die Schnittkanten zu verdoppeln.

Wenn Sie den Weg über die Umwandlung der Punkt-Selektion gehen, müssen Sie immer eine Schnittkante zwischen den Selektionen freilassen, damit keine zusätzlichen senkrechten Kanten selektiert werden. Sie kennen dies ja bereits von der Selektion der Schnittkanten zu Beginn der Bedientafel-Modellierung.

Stellen Sie sicher, dass Sie beim Bevel-Befehl den gleichen Offset-Wert benutzen, wie bereits zuvor bei den übrigen Kanten (wir haben immer eine Einheit benutzt).

Im Polygone-bearbeiten-Modus selektieren Sie schließlich alle auf den Positionen der runden Tasten liegenden Flächen und extrudieren diese etwas nach unten (siehe untere Einblendung in Abbildung 2.73).

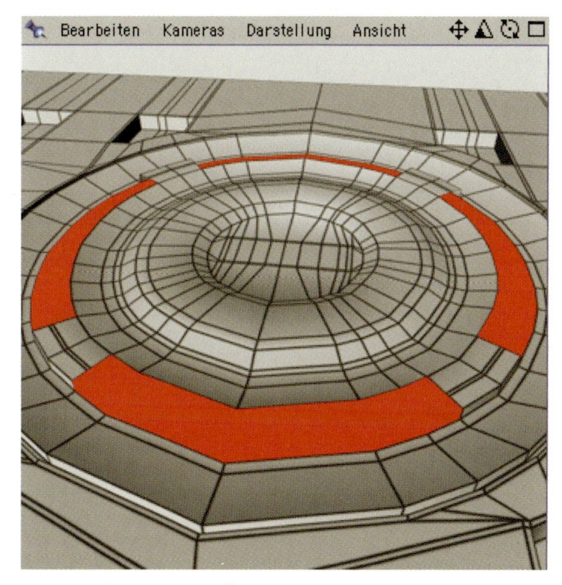

Abbildung 2.74: Überflüssige Flächen löschen

Da diese Flächen durch unsere Vorarbeit exakt quadratisch sind, fallen auch die extrudierten Absenkungen nahezu kreisrund aus.

Kommen wir zu der runden Tastengruppe in der Mitte der Fernbedienung zurück. Selektieren Sie dort alle Flächen, bei denen später die gebogenen Tasten zu sehen sein sollen. Dies sind also die Flächen der Bedientafel, die von den äußeren Bereichen der Zylinderteilstücke bedeckt sind.

Löschen Sie diese Flächen mit der [←]- oder [Entf]-Taste und rufen Sie danach den Befehl Optimieren im Struktur-Menü auf, um die dadurch entstandenen unbenutzten Eckpunkte zu entfernen.

Abbildung 2.74 zeigt die durch das Löschen der Flächen geöffneten Bereiche in der Bedientafel und hebt diese Öffnungen durch eine rote Hinterlegung hervor. Dort werden etwas später die noch fehlenden Tasten eingesetzt. Zuvor sollten jedoch die Ränder dieser Öffnungen ausmodelliert werden, damit auch dort eine kleine Fase entsteht.

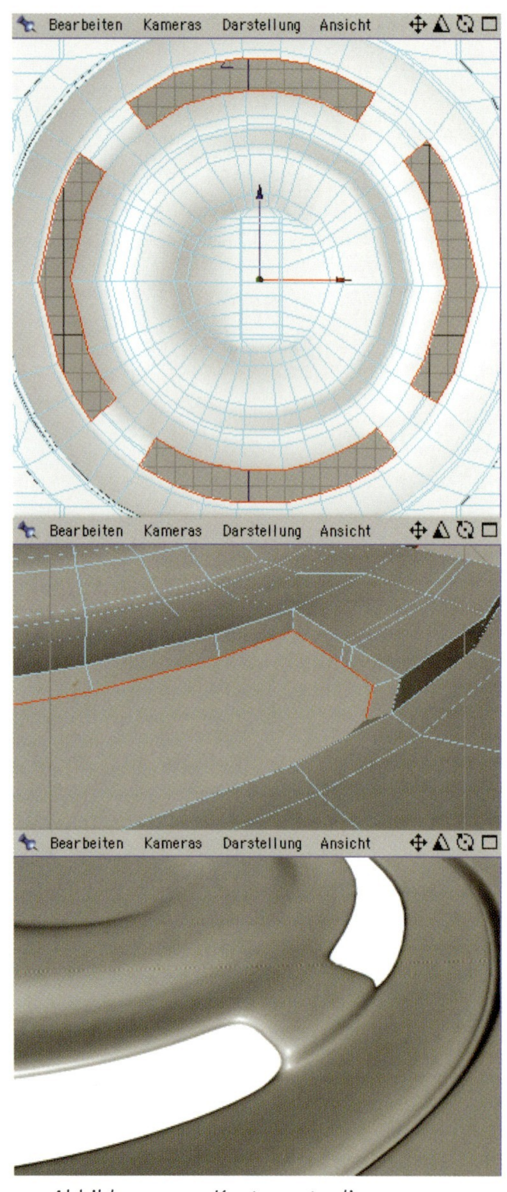

Abbildung 2.75: Kanten extrudieren

Selektieren Sie dazu die Kanten an den Rändern aller vier Öffnungen und rufen Sie den EXTRUDIEREN-Befehl auf. Benutzen Sie einen KANTE WINKEL von 90°, damit die Kanten senkrecht zu den umliegenden Flächen extrudiert werden. Eine kleine Distanz ist bereits ausreichend (siehe Abbildung 2.75).

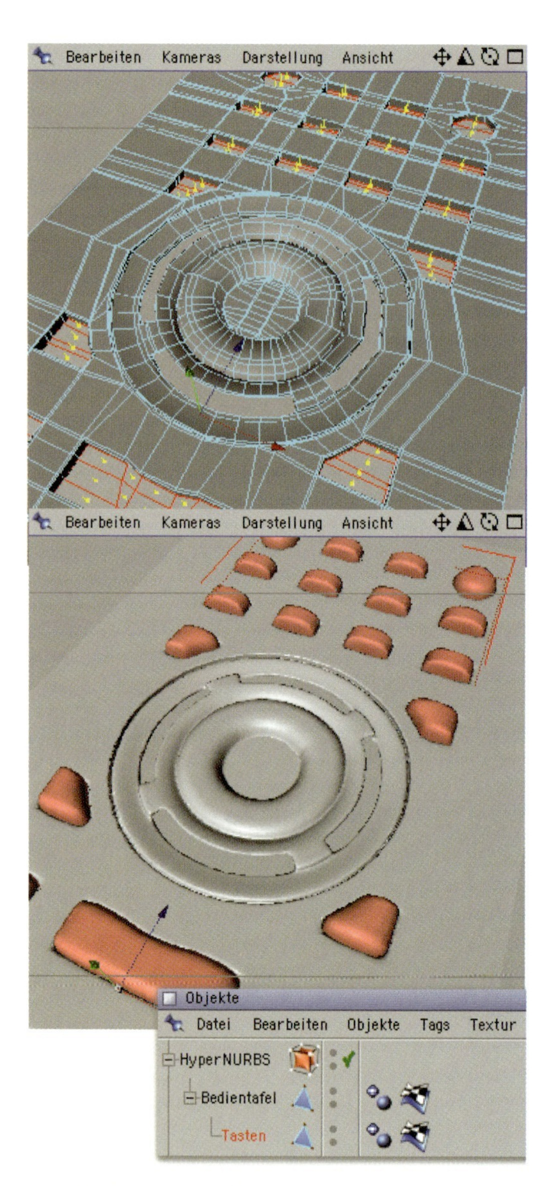

Abbildung 2.76: Tasten extrudieren

Um die eigentlichen Tasten zu erzeugen, selektieren Sie jetzt alle Flächen, die in der Bedientafel über einer Taste in der Bedienvorlage liegen, und benutzen FUNKTIONEN > ABTRENNEN. Dadurch entsteht ein neues Objekt, in das die selektierten Flächen hineinkopiert werden. Gruppieren Sie dieses Objekt unter der Bedientafel, damit es ebenfalls vom HyperNURBS geglättet wird.

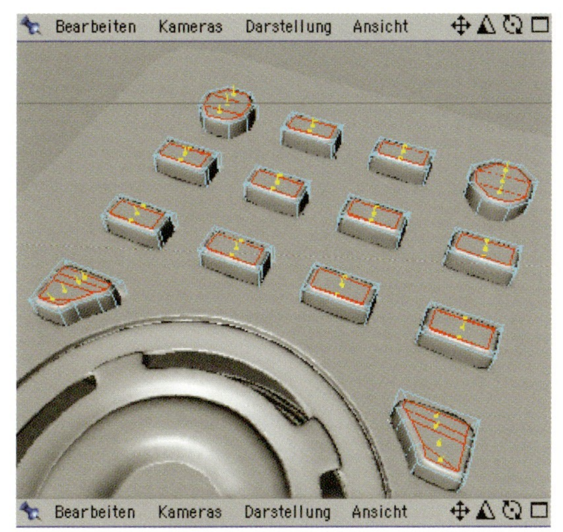

Abbildung 2.77: *Die Kontur durch Innen Extrudieren verstärken.*

Extrudieren Sie die Flächen in diesem neuen Objekt dann so weit nach oben, dass die gewünschte Tastenhöhe erreicht wird (siehe Abbildung 2.76).

Daran anschließend benutzen Sie den Innen Extrudieren-Befehl damit die oberen Tastenenden flacher dargestellt werden. Abbildung 2.77 zeigt Ihnen den dabei von uns verwendeten Abstand der innen extrudierten Flächen von den Rändern der Tasten und im unteren Bereich das Resultat. Wie immer, wenn keine Werte genannt werden, können Sie auch hier nach Augenmaß arbeiten und die Extrudierungen interaktiv mit der Maus vornehmen.

Zylinder-Objekt [Zylinder]
Basis | Koord. | Objekt | Deckflächen | Ausschnitt
Objekt-Eigenschaften
Radius 40.264 m
Höhe 43.226 m
Segmente Höhe 1
Segmente Umfang 24
Richtung +Y
Deckflächen
Deckflächen
Segmente 1
Rundung
Segmente 5
Radius 5.373 m

Abbildung 2.78: Die ENTER-Taste einsetzen

Obwohl die Abbildungen hier teilweise nur einen Ausschnitt der Bedientafel und aller Tasten zeigen, sind immer alle vorhandenen Tasten gleichzeitig zu bearbeiten. Dies stellt sicher, dass alle Tasten die gleiche Höhe und die gleiche Kantenrundung erhalten.

Kümmern wir uns nun um die noch fehlenden Tasten der runden Bediengruppe. Die Aussparungen dafür sind teilweise schon vorhanden. Beginnen wir mit dem einfachen Teil – dem *ENTER*-Knopf im Zentrum dieser Tastengruppe.

In diesem Fall wurden die entsprechenden Flächen der Bedientafel nicht gelöscht. Wir werden hier einfach einen Zylinder als Taste platzieren. Rufen Sie daher ein Zylinder-Grundobjekt auf und platzieren Sie dieses möglichst exakt im Zentrum der runden Struktur auf der Bedientafel. Wenn Sie die Kreis-Splines aus den vorangegangenen Arbeitsschritten noch in Ihrer Szene haben, können Sie wieder den Übernehmen-Befehl aus dem Menü Funktionen benutzen, um deren Position auf den Zylinder zu übertragen. Ansonsten dürfte aber auch die Platzierung von Hand kein Problem darstellen, da Sie sich gut an den vorhandenen Strukturen der Bedientafel orientieren können. In Abbildung 2.78 sind die Einstellungen für den Zylinder zu sehen.

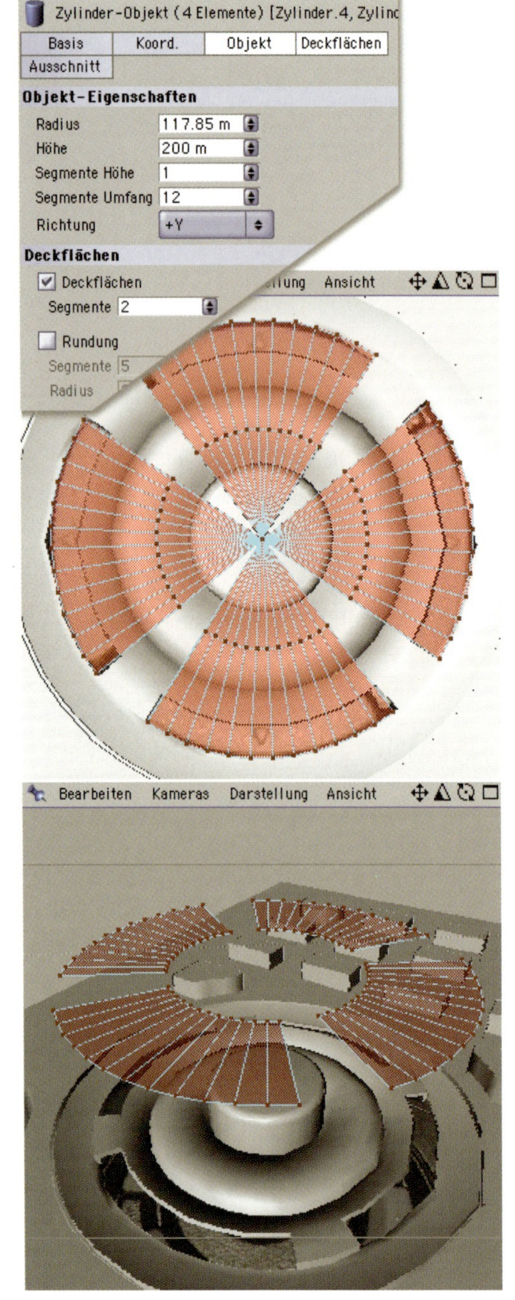

Abbildung 2.79: Die gebogenen Tasten erstellen

Lassen Sie das untere Ende des Zylinders ruhig etwas in die Bedientafel einsinken und passen Sie die Höhe entsprechend den bereits vorhandenen Tasten an.

Für die darum gruppierten gebogenen Tasten greifen wir jetzt auf die vier Zylinder-Ausschnitte zurück, die wir einige Arbeitsschritte zuvor erzeugt hatten. Die obere Einblendung in Abbildung 2.79 zeigt Ihnen, wie die Werte dieser Zylinder korrigiert wurden, um nicht mehr Punkte als nötig zu erzeugen. Dies betrifft im Besonderen die Segmente-Einstellungen.

Sie können derartige Veränderungen an gleichen Objekttypen übrigens in einem Arbeitsgang erledigen, indem Sie alle vier Zylinder im Objekt-Manager, z.B. mit einer Rahmenselektion oder durch ⇧-Klicks, selektieren und dann wie gewohnt den Attribute-Manager benutzen. Die Veränderungen dort werden dann auf alle selektierten Objekte gleichzeitig bezogen.

Konvertieren Sie danach die vier Zylinder-Ausschnitte und selektieren Sie die resultierenden Polygon-Objekte im Objekt-Manager. Benutzen Sie den Befehl Verbinden im Funktionen-Menü, um aus dieser Selektion ein einzelnes Objekt zu erzeugen. Die Einzelobjekte können danach gelöscht werden. Wechseln Sie in den Punkte-Modus und selektieren Sie dort alle Punkte unterhalb der oberen Deckflächen an dem verbundenen Objekt. Zusätzlich selektieren Sie den Punkt in der Mitte der oberen Deckflächen. Tatsächlich handelt es sich hier um vier Punkte, da dieser Punkt bei allen vier Zylindern vorhanden war und nach dem Verbinden nicht optimiert wurde.

Nach dem Löschen dieser Punkte bleiben dann nur die vier flachen Kreissegmente übrig, die in der untersten Einblendung der Abbildung 2.79 zu sehen sind.

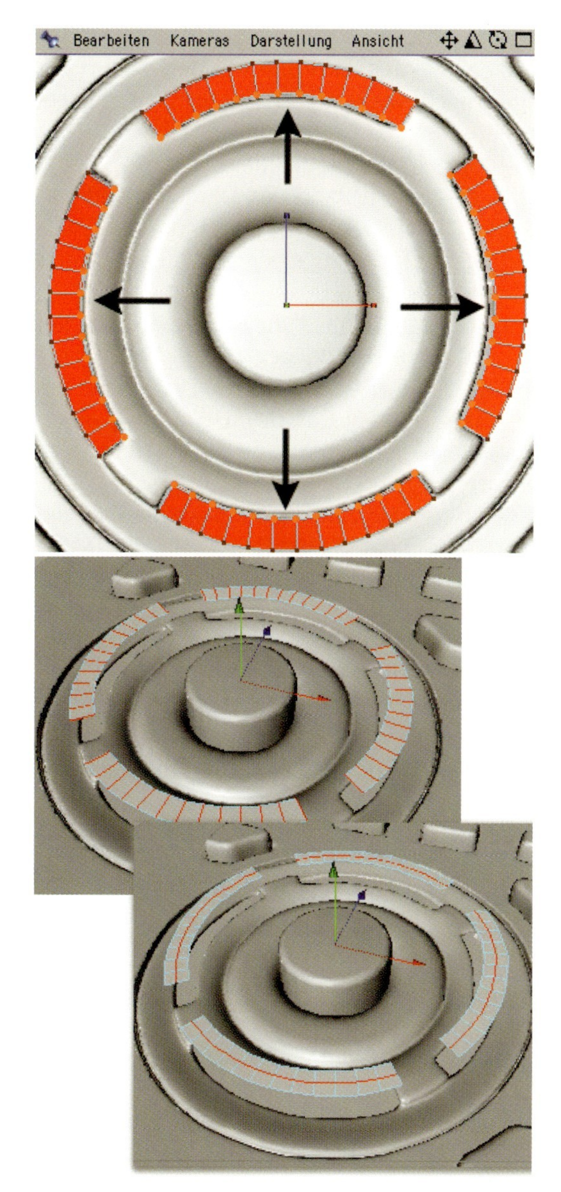

Abbildung 2.80: Kreissegmente anpassen und unterteilen

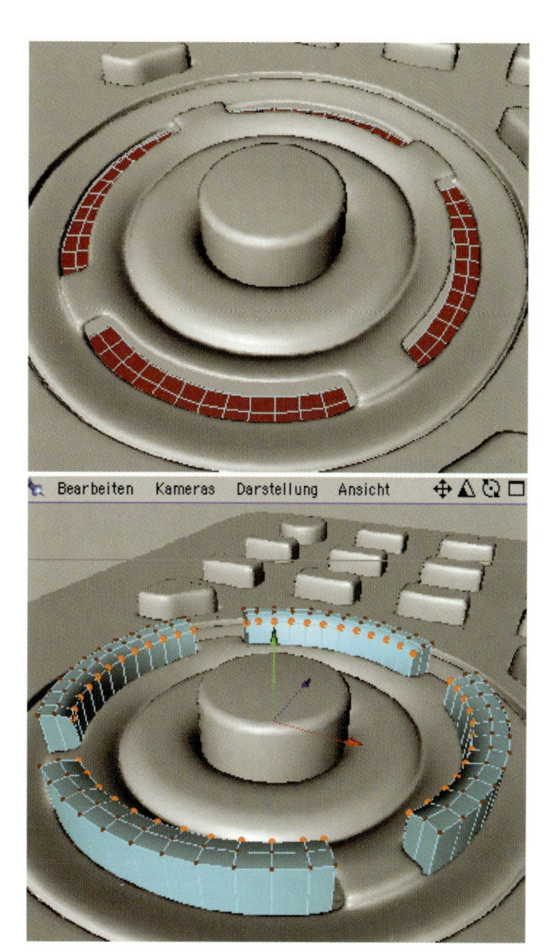

Abbildung 2.81: Tasten verschieben, extrudieren und formen

Selektieren Sie die innen liegenden Punkte der vier Segmente und benutzen Sie das SKALIEREN-Werkzeug, um diese Punkte nach außen – auf den äußeren Rand der Segmente zu – zu verschieben. Die Pfeile oben in Abbildung 2.80 deuten diese Bewegung an.

Die verschobenen Punkte bilden nun den inneren Rand der Tasten. Da die Tasten oben nicht nur glatt sind, sondern in der Hälfte einen Knick aufweisen, müssen Sie dort für eine zusätzliche Unterteilung sorgen.

Selektieren Sie dazu die Kanten, die auf den *ENTER*-Knopf zulaufen (siehe mittlere Einblendung in Abbildung 2.81) und fügen Sie dort mit dem KANTEN SCHNEIDEN-Befehl eine zusätzliche Unterteilung hinzu (untere Einblendung in Abbildung 2.81). Im MODELL-BEARBEITEN-Modus verschieben Sie das gesamte Objekt so weit nach unten, bis es leicht unterhalb der Öffnungen in der Bedientafel liegt (siehe obere Einblendung in Abbildung 2.81).

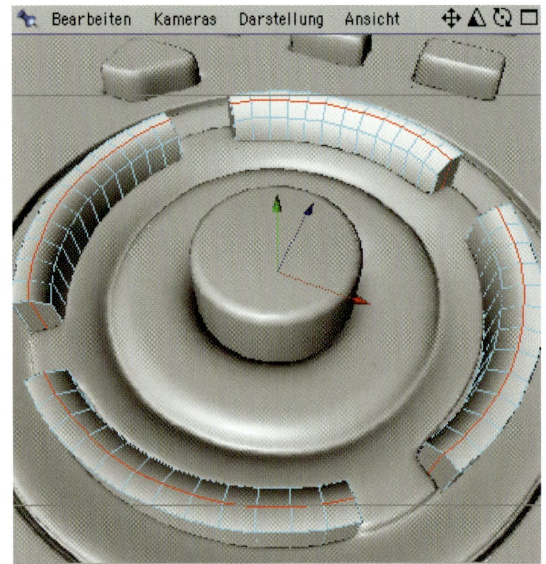

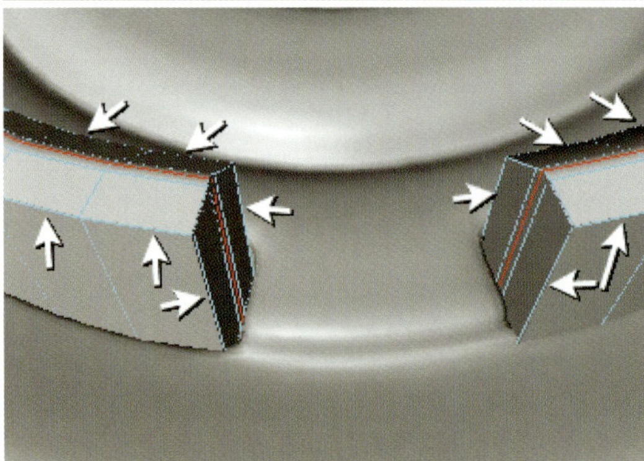

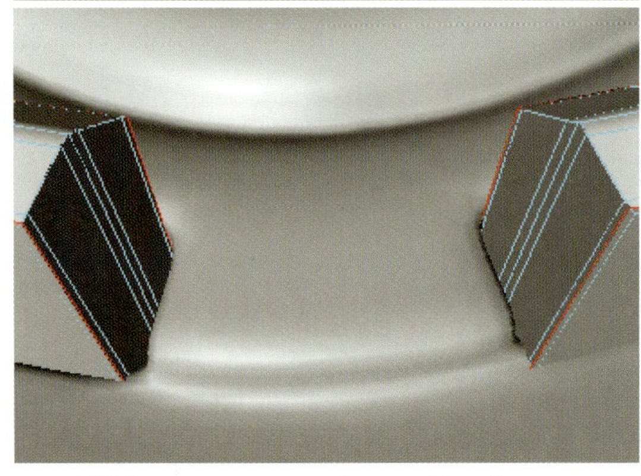

Abbildung 2.82: Unterteilungen hinzufügen

Wieder zurück im Polygone-bearbeiten-Modus benutzen Sie den Extrudieren-Befehl, um die Flächen nach oben zu verschieben, bis die gewünschte Tastenhöhe erreicht ist.

Im Punkte-Modus selektieren Sie die inneren Punkte am oberen Rand der Extrusion und verschieben diese etwas nach unten, um den Knick in der Tastenfläche zu erzeugen (siehe unterer Teil der Abbildung 2.81).

Damit diese Form sich auch später in der durch das HyperNURBS geglätteten Version findet, müssen Sie an den Kanten für zusätzliche Unterteilungen sorgen. Das Bevel-Werkzeug bietet sich hierfür an, wenn dort eine Unterteilung von 1 benutzt wird.

Selektieren Sie zuerst die Kanten, entlang derer der Knick in der oberen Deckfläche der Tasten verläuft. Damit die gleich hinzugefügten Unterteilungen auch an den Rändern erstellt werden, müssen die senkrecht nach unten verlaufenden Kanten an den Enden der gebogenen Tasten ebenfalls selektiert werden. Abbildung 2.82 stellt die komplette Selektion im oberen Teil dar.

Rufen Sie dann das Bevel-Werkzeug auf und tragen Sie dort die Unterteilung 1 und einen kleinen Wert für Innerer Offset ein. Stellen Sie sicher, dass die Echtzeitupdate-Option aktiv ist und benutzen Sie dann die Schaltfläche Zuweisen. Korrigieren Sie ggf. den Wert für den Inneren Offset, damit die Kanten nahe beieinander bleiben.

Das mittlere Bild in Abbildung 2.82 zeigt ein mögliches Resultat an und weist mit Pfeilen bereits auf den nächsten Arbeitsschritt hin. Nun werden die inneren und äußeren Kanten selektiert. Auch hier dürfen die Senkrechten an den Enden der gebogenen Tasten nicht vergessen werden.

Benutzen Sie auch dort wieder das Bevel-Werkzeug mit den beschriebenen Einstellungen. Die untere Einblendung in Abbildung 2.82 zeigt Ihnen ein Teilstück der fertig unterteilten Tasten.

Den eigentlichen Erfolg dieser Aktionen können Sie erst begutachten, wenn diese Tasten dem HyperNURBS untergeordnet werden.

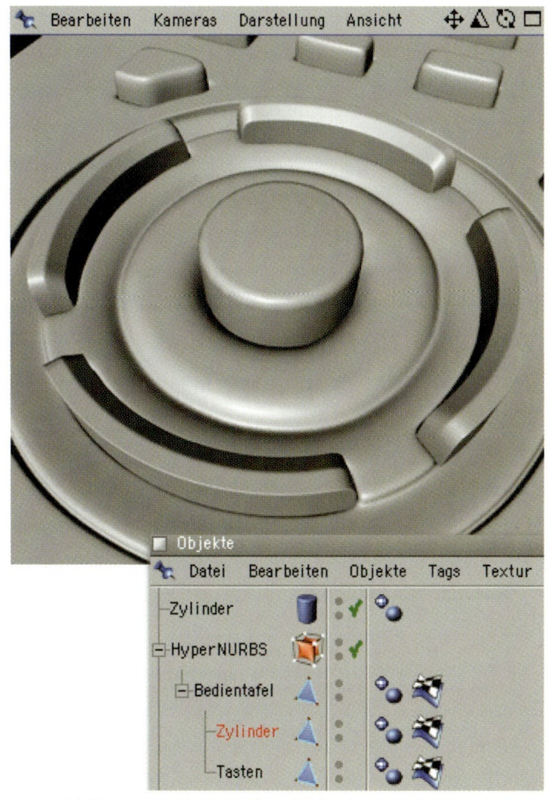

Abbildung 2.83: Die durch das HyperNURBS geglätteten Tasten

Da ein HyperNURBS-Objekt immer nur das erste Objekt in der Unterordnung glättet, ordnen Sie die neuen Tasten dem Bedienfeld-Objekt unter, so wie es in Abbildung 2.83 zu sehen ist.

Das Zylinder-Objekt, das außerhalb des HyperNURBS liegt, ist unser *ENTER*-Knopf. Dieses Objekt muss nicht zusätzlich geglättet werden und kann daher außerhalb des HyperNURBS-Objekts abgelegt werden.

Damit ist die Modellierung der Tasten abgeschlossen und wir können unser Augenmerk auf das Gehäuse der Fernbedienung lenken.

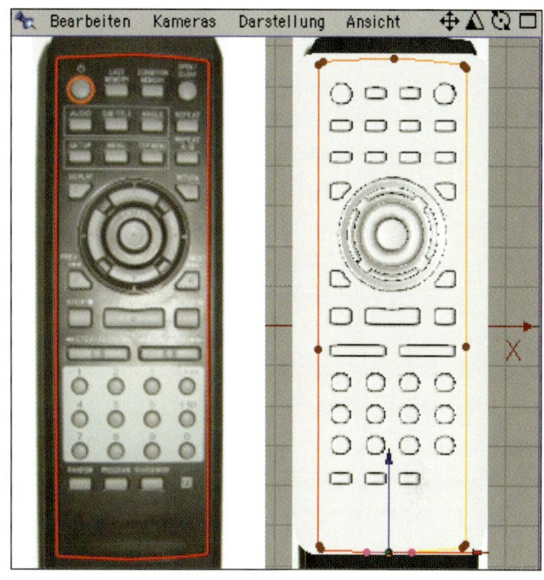

Abbildung 2.84: Die Einfassung der Bedientafel

2.8 Das Gehäuse der Fernbedienung

Damit sich die Bedientafel später in das übrige Gehäuse der Fernbedienung einpasst, muss der bislang unbearbeitete Rand in Form gebracht werden. Die Fotovorlage hilft uns dabei, denn dort ist die Einfassung der Bedientafel als feine Nut zu erkennen.

Machen Sie die Bedientafel und die Tasten kurzfristig für den Editor unsichtbar und erzeugen Sie einen Spline, mit dem Sie die Konturen dieser Nut um die Bedientafel herum nachzeichnen. Achten Sie darauf, dass dieser Spline entlang der X-Achse symmetrisch ist. Am einfachsten kontrollieren Sie dies über die Wertangaben im Koordinaten-Manager, indem Sie dort paarweise die Positionen der links und rechts liegenden Punkte abgleichen.

Abbildung 2.84 zeigt Ihnen durch rote Hervorhebung die angesprochene Nut um die Bedientafel herum und wie ein nachgezeichneter Spline aussehen könnte.

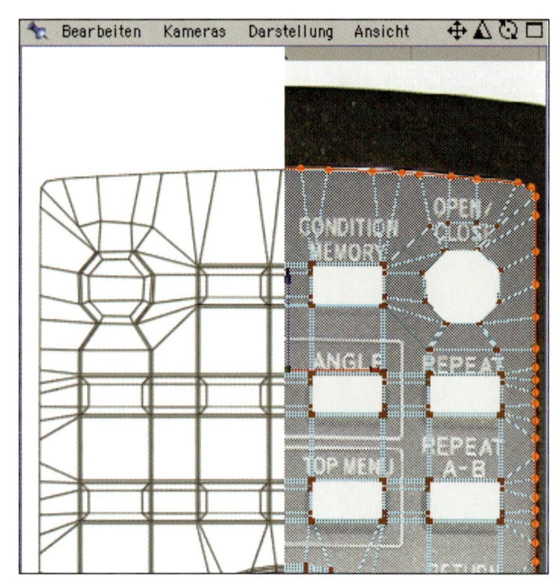

Abbildung 2.85: Snapping des Bedientafel-Rands auf den Spline

Die Anzahl der verwendeten Spline-Punkte ist Ihnen überlassen. Benutzen Sie so viele, wie Sie zur möglichst exakten Abbildung der Nut benötigen. Wegen der leichten Rundung in den Ecken bietet sich hier die Verwendung eines Bezier-Splines mit Tangenten an. Denken Sie auch daran, den Spline mit der gleichnamigen Option im Attribute-Manager zu schliessen.

Aktivieren Sie das Verschieben-Werkzeug und dort das bereits bekannte Snapping, wobei Sie diesmal nur das Einrasten auf Splines aktivieren. Den Modus können Sie wieder auf 2.5D einstellen. Schalten Sie dann in den Punkte-bearbeiten-Modus und machen Sie die Bedientafel wieder sichtbar.

Selektieren und verschieben Sie Punkt für Punkt am offenen Rand der Bedientafel und lassen Sie dadurch die Punkte nacheinander auf dem umlaufenden Spline einrasten. Achten Sie hierbei darauf, die einrastenden Punkte möglichst gleichmäßig auf dem Spline zu verteilen. Konzentrieren Sie größere Gruppen von Punkten besonders in den Ecken der Bedientafel, damit diese trotz HyperNURBS-Glättung möglichst präzise abgebildet werden.

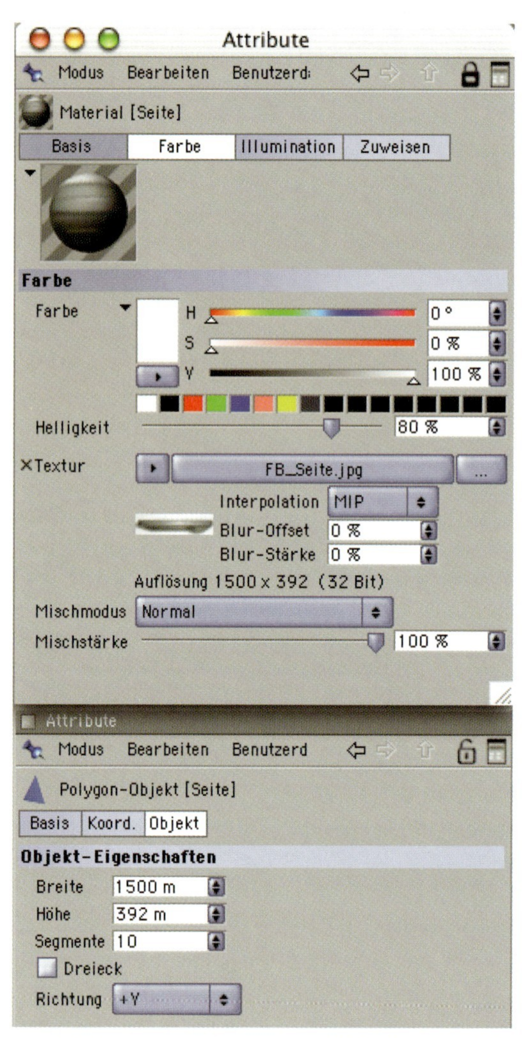

Abbildung 2.86: Eine zweite Bildvorlage einbringen

Eine weitere Bildvorlage zu Hilfe nehmen

Die bislang vorhandene frontale Ansicht der Fernbedienung hilft uns jetzt nicht mehr sehr viel weiter. Wir können ihr nicht entnehmen, wie die Seite des Gehäuses aussieht. Wir werden daher eine zweite Ansicht der Fernbedienung in unsere Szene einbauen.

Erzeugen Sie dafür ein neues Material und laden Sie dort das Bild *FB_Seite.jpg* in den Farbe-Kanal hinein.

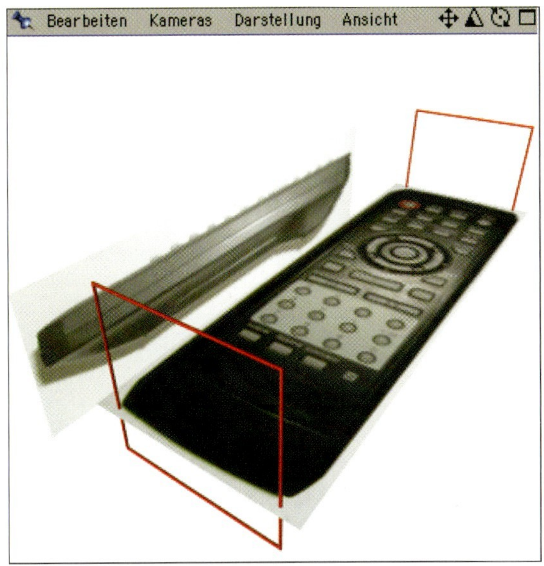

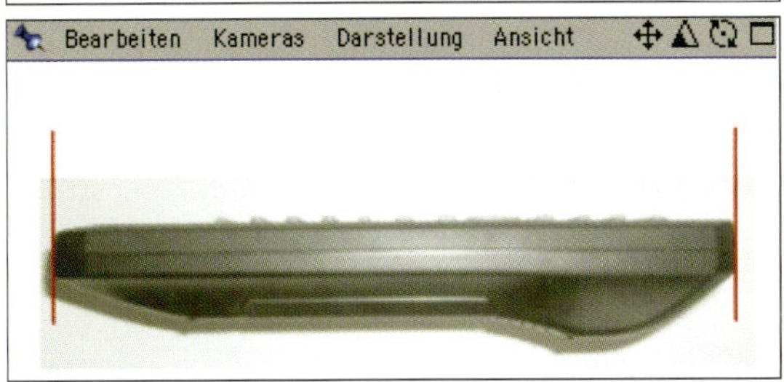

Abbildung 2.87: Die Vorlagen abgleichen

Rufen Sie ein neues POLYGON-Grundobjekt ab und übertragen Sie diesem die Abmessungen des neu eingeladenen Bilds. Abbildung 2.86 zeigt Ihnen unsere Einstellungen dazu. Denken Sie auch daran, die Vorschaugröße des neuen Materials auf dessen ILLUMINATION-Seite zu erhöhen, damit das Material im Editor qualitativ besser dargestellt wird.

Da wir nicht automatisch davon ausgehen können, dass beide geladenen Bilder im gleichen Maßstab vorliegen, müssen die Größen der Polygon-Objekte aufeinander abgestimmt werden. Wir schlagen dafür die Benutzung einfacher Spline-Objekte wie z.B. RECHTECK- oder KREIS-Splines als Hilfsobjekte vor. Erzeugen Sie also zwei neue RECHTECK-Splines und platzieren Sie diese jeweils an den Enden des Gehäuses, wie es die frontale Bildvorlage zeigt.

Drehen Sie dann die neue, seitliche Ansicht des Gehäuses so, dass Sie im rechten Winkel zu der frontalen Vorlage steht und in der seitlichen Editor-Ansicht zu sehen ist. Achten Sie darauf, dass die oberen Enden der abgebildeten Fernbedienungen in die gleiche Richtung zeigen.

Skalieren und verschieben Sie dann das Polygon-Objekt mit der seitlichen Bildvorlage so, dass die beiden zuvor platzierten Rechteck-Splines dort ebenfalls exakt das obere und untere Ende der Fernbedienung begrenzen (siehe Abbildung 2.87).

Passen Sie danach die Y-Position der seitlichen Bildvorlage so an, dass die dort knapp zu sehenden Tasten ungefähr auf gleicher Höhe mit den von uns modellierten Tasten sind. Die Lage unserer Bedientafel sollte also zu der seitlichen Bildvorlage passen.

Damit ist dann der Abgleich der Bildvorlage sowohl auf die frontale Bildvorlage als auch auf das bereits vorhandene 3D-Objekt der Bedientafel abgeschlossen und Sie können die beiden RECHTECK-Splines wieder löschen.

Box-Modeling des Gehäuses

Unter *Box-Modeling* versteht man das Modellieren eines Objekts durch Veränderung eines Würfel-Objekts. Man benutzt also einen einfachen WÜRFEL-Grundkörper und verändert dessen Form, z.B. durch das Hinzufügen von Unterteilungen, das Extrudieren seiner Flächen oder auch das Verschieben seiner Punkte. Im Prinzip haben wir bereits bei der Frontblende des DVD-Players diese Technik angewendet.

Dies funktioniert natürlich auch in Kombination mit der HyperNURBS-Glättung, da sich das HYPERNURBS-OBJEKT automatisch jeder Veränderung des untergeordneten Objekts anpasst. Wir werden auch hier wieder auf diese Technik zurückgreifen, da Teile des Gehäuses sehr große Ähnlichkeit mit einem Würfel haben.

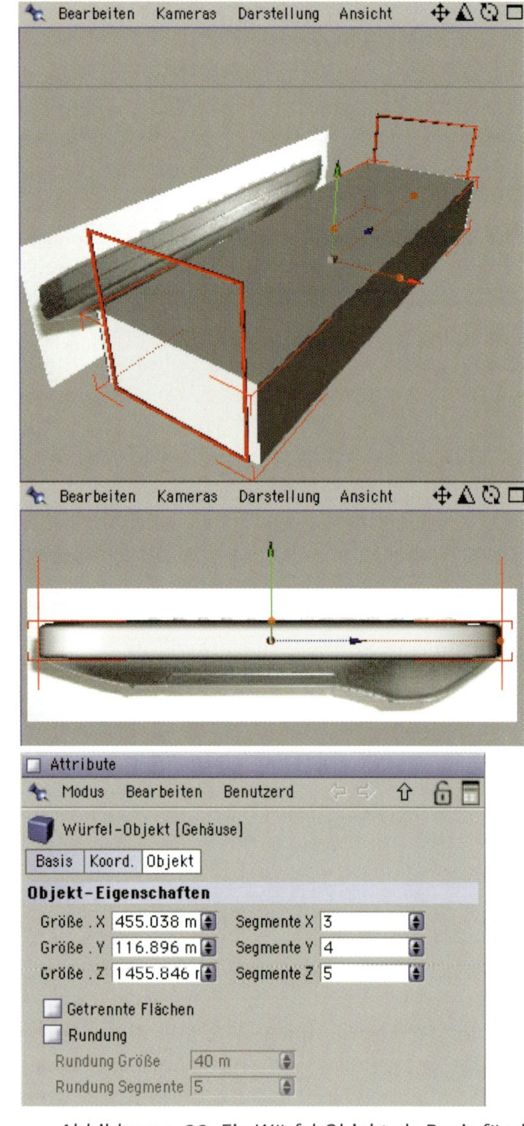

Abbildung 2.88: Ein Würfel-Objekt als Basis für die weitere Modellierung

Dies gilt insbesondere für den oberen Teil der Fernbedienung. Rufen Sie daher ein neues Würfel-Grundobjekt auf und platzieren Sie dieses so im Raum, wie es in Abbildung 2.88 zu sehen ist. Skalieren Sie den Würfel so, dass er in der seitlichen Ansicht nur die obere Schale der Fernbedienung abdeckt. Länge und Breite des Würfels passen Sie der frontalen Bildvorlage an.

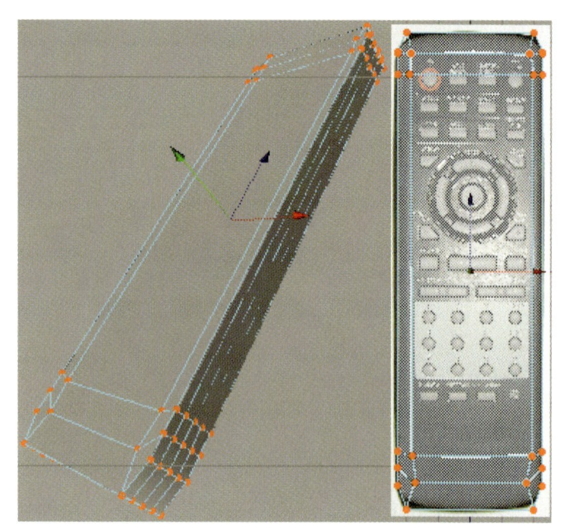

Abbildung 2.89: Unterteilungen verschieben

Da wir den Würfel mit einem HyperNURBS glätten möchten, wurde bereits die Anzahl der Segmente leicht erhöht (siehe Abbildung 2.88). Sie können diese Unterteilungen aber auch jederzeit später an dem konvertierten Objekt – z.B. mit dem Messer-Werkzeug – hinzufügen.

Erzeugen Sie nun ein neues HyperNURBS-Objekt – alle Objekte des Bedienfelds und der Tasten können Sie vorerst für den Editor unsichtbar schalten – und ordnen Sie diesem den neuen Würfel unter. Konvertieren Sie den Würfel zu einem Polygon-Objekt, um Zugriff auf dessen Punkte und Flächen zu bekommen.

Vorerst geht es nun darum, die äußere Form – und hier besonders die Kanten und Ecken der oberen Gehäusehälfte – nachzubilden. Das HyperNURBS-Objekt nimmt uns zwar schon einen Großteil der Kantenrundung ab, aber wir müssen noch etwas Feinarbeit leisten.

Wechseln Sie daher in den Punkte-Modus und konzentrieren Sie dort durch Selektieren und Verschieben die Würfelpunkte an die Enden des Gehäuses. Dadurch schmiegt sich in diesen Bereichen das HyperNURBS stärker an den Würfel an (siehe Abbildung 2.89).

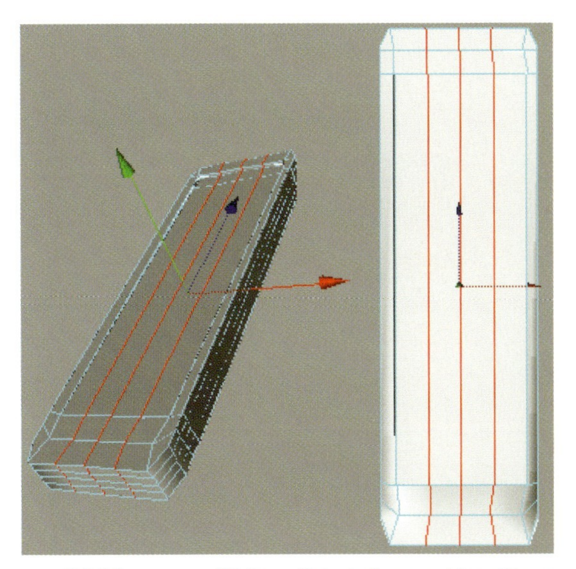

Abbildung 2.90: Weitere Unterteilungen hinzufügen

Um die ergonomische Handhabung der Fernbedienung zu gewährleisten, wurden an der Unterseite der Fernbedienung das Batteriefach und die Ablageflächen keilförmig herausgearbeitet. Von einer der schmalen Seiten aus betrachtet ähnelt die Form daher einem stumpfen „V". Um diese Form wiedergeben zu können, benötigen wir zusätzliche Unterteilungen parallel zu den Längskanten. Diese helfen zudem dabei, das HyperNURBS auch an der Oberseite noch enger anliegen zu lassen.

Um die in Abbildung 2.90 rot markierten Unterteilungen hinzuzufügen – diese neuen Kanten umlaufen das gesamte Objekt – können sie entweder Messer-Schnitte erzeugen oder die Funktion Kanten-schneiden aus dem Struktur-Menü benutzen.

Letztere Option ist hier vorzuziehen, da dadurch eine beliebige Anzahl von Schnitten mit jeweils identischen Abständen voneinander erzeugt werden kann. Selektieren Sie also im Kanten-Modus alle Kanten am Gehäuse, die parallel zu dessen kurzen Seiten verlaufen, und rufen Sie dann den Kanten schneiden-Befehl auf. Wählen Sie dort drei Unterteilungen und deaktivieren Sie die N-Gons-Option.

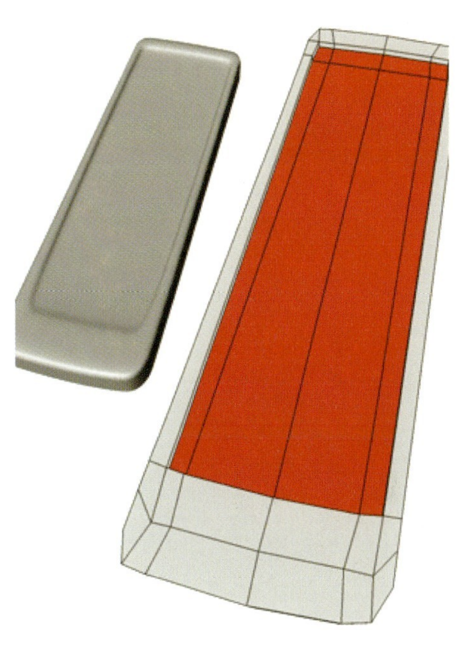

Abbildung 2.91: Absenkung im Gehäuse der Fernbedienung hinzufügen

Selektieren Sie die neu hinzugekommenen Kanten, um direkt anschließend das Skalieren-Werkzeug zum seitlichen Verschieben der neuen Kanten zu benutzen. Achten Sie hierbei darauf, nur die seitliche Skalierung entlang der X-Achse zu erlauben. Deaktivieren Sie also entweder die Symbole der Y- und Z-Achse oder klicken Sie zum Skalieren direkt auf das Ende der X-Achse am Gehäuse-Objekt.

Skalieren Sie die neuen Kanten ungefähr so weit auf die Ecken des Gehäuses zu, wie in Abbildung 2.91 zu sehen ist. Dies wird sich wiederum positiv auf die Formung der HyperNURBS-Ecken auswirken.

Die rote Einfärbung in der Abbildung markiert die Polygone, über denen die Bedientafel liegt. Benutzen Sie das Extrudieren-Werkzeug, um diese Flächen etwas in Richtung der Unterseite des Gehäuses zu verschieben. Eine Absenkung entsteht (siehe auch schattierte Darstellung in Abbildung 2.91).

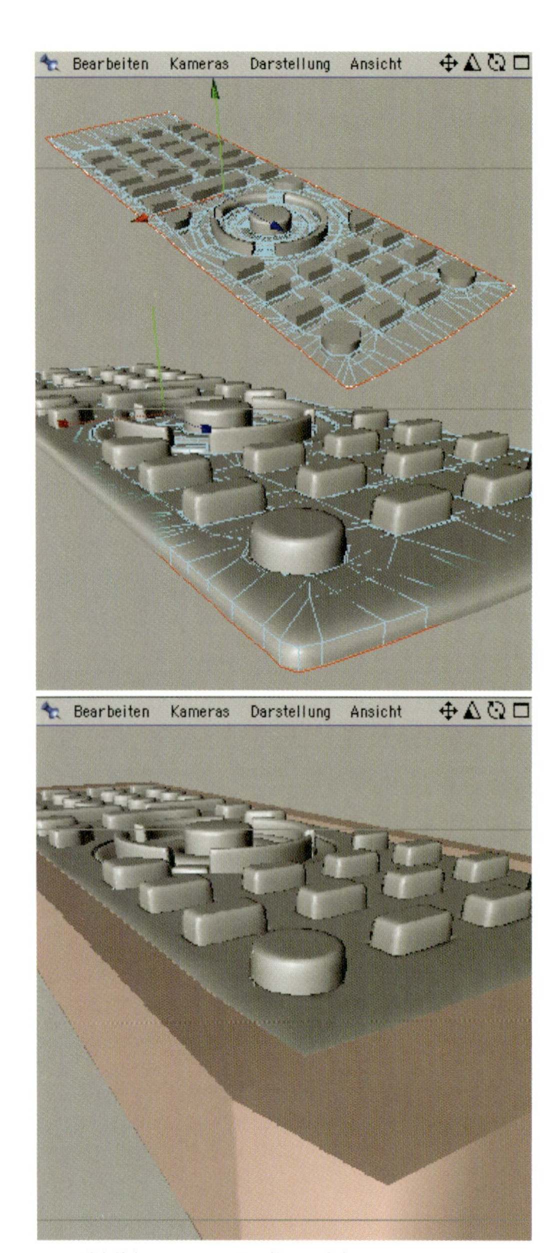

Abbildung 2.92: Bedientafel einpassen

Im nächsten Schritt machen Sie die Bedientafel wieder sichtbar und selektieren dort alle Kanten am Rand. Extrudieren Sie diese Kanten etwas nach unten, damit die HyperNURBS-Glättung dort eine abgerundete Kante erzeugt. Die mittlere Einblendung in Abbildung 2.92 zeigt diesen Endzustand.

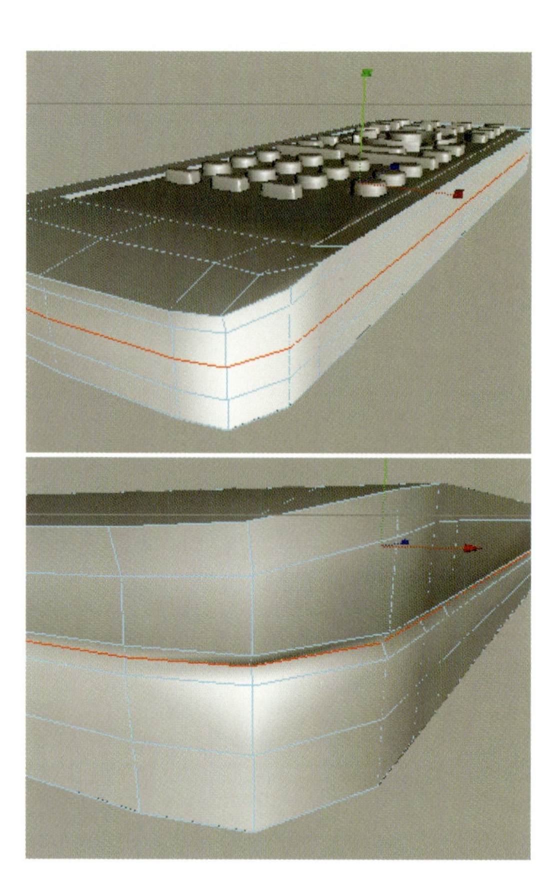

Abbildung 2.93: Nut hinzufügen

Korrigieren Sie ggf. die Form des Gehäuses und der zuletzt dort geschaffenen Absenkung, damit sich die Bedientafel dort gut einpasst (siehe untere Einblendung in Abbildung 2.92).

Weiter geht es mit der Nut, wo sich zwei der Baugruppen des Gehäuses begegnen. Selektieren Sie dazu die umlaufenden Kanten an den Seiten des Gehäuses, wie es in Abbildung 2.93 zu sehen ist.

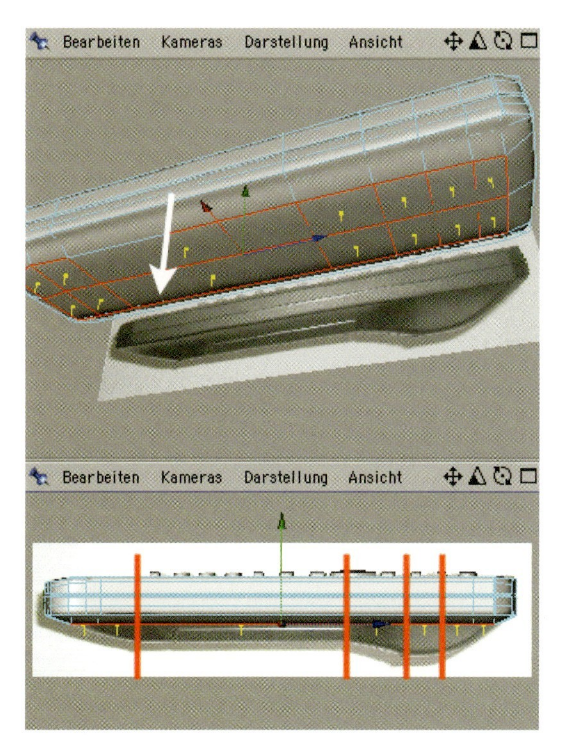

Abbildung 2.94: Unterteilungen formen und hinzufügen

Wählen Sie das Bevel-Werkzeug aus dem Struktur-Menü aus und erzeugen Sie damit eine neue Unterteilung. Dadurch werden zwei neue, parallele Kanten erzeugt, die in der Ebene der vorhandenen Flächen liegen. Wie immer, wenn nicht explizit hervorgehoben, deaktivieren Sie auch hierbei die N-Gons-Option, um sichtbare Kanten zu erhalten. Wählen Sie einen kleinen inneren Offset, wie in der mittleren Einblendung der Abbildung 2.94 zu sehen.

Stellen Sie die ursprüngliche Kanten-Selektion wieder her und benutzen Sie das Skalieren-Werkzeug, um damit diese Kanten etwas zu verkleinern. Es entsteht eine Einschnürung, die durch das HyperNURBS zu einer Nut wird, wie es im unteren Teil der Abbildung 2.94 angedeutet ist. Achten Sie darauf, die Skalierung entlang der X- und Z-Achse betragsmäßig gleich ausfallen zu lassen. Die Nut sollte schließlich an allen Gehäusekanten gleich tief sein.

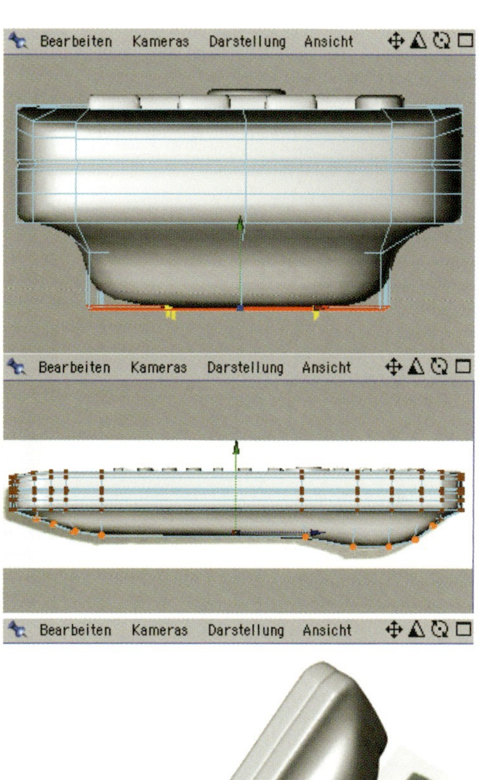

Abbildung 2.95: Das Gehäuse formen

Selektieren Sie die beiden Polygon-Reihen am Boden des Gehäuses – wie in Abbildung 2.94 oben zu sehen – und ziehen Sie diese etwas nach unten, um einen Übergang zu erzeugen. Benutzen Sie das Messer-Werkzeug z.B. im Loop-Modus, um senkrechte Schnitte dort durch das Gehäuse zu legen, wo Knicke in der Bodenform zu erkennen sind. Die roten Linien deuten diese Stellen in Abbildung 2.94 an.

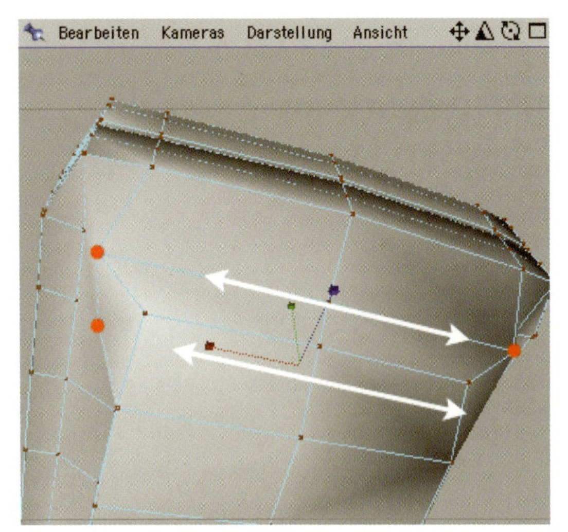

Abbildung 2.96: Übergänge modellieren

EXTRUDIEREN Sie die am Boden noch selektierten Flächen etwas nach unten. Verschieben Sie dann die Punkte am Boden auf die Kontur der seitlichen Bildvorlage. Abbildung 2.95 zeigt den Endzustand dieser Aktion. Die Form der unteren Gehäuseschale wird dadurch bereits gut angenähert.

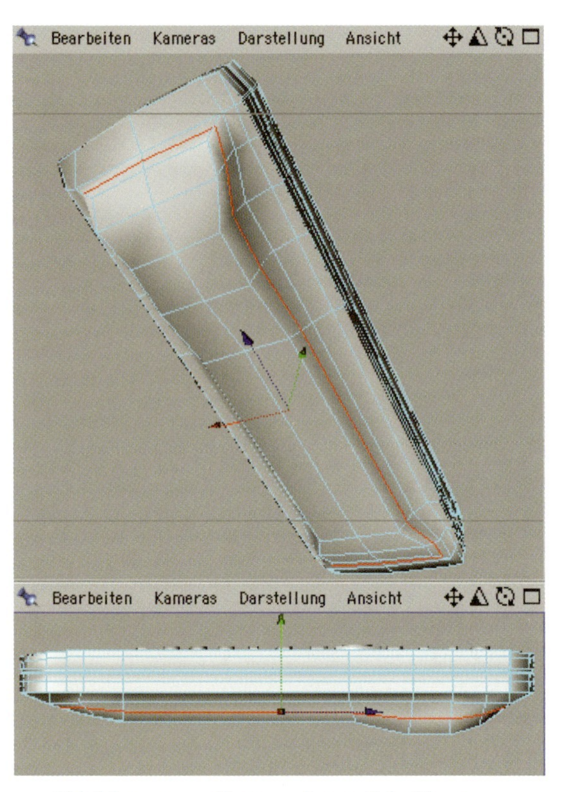

Abbildung 2.97: Einen weiteren Schnitt erzeugen

Nachbessern können Sie jedoch noch in den Ecken, wie es die Abbildung 2.96 zeigt. Durch das paarweise Verschieben der Punkte an den Enden der unteren Gehäuseschale nach außen ergibt sich ein geschwungener Übergang von den Ecken bis zum nach unten extrudierten Gehäusebereich. Dieser Effekt ist besonders in den unteren Einblendungen in Abbildung 2.96 zu erkennen.

Um das als Nut in Erscheinung tretende Batteriefach umzusetzen, benötigen Sie eine zusätzliche Unterteilung im Objekt. Diese wird auch dabei helfen, die untere Gehäuseform noch detaillierter abzubilden. Das HyperNURBS glättet derzeit noch recht stark über die nach unten verschobenen Punkte hinweg.

Benutzen Sie das MESSER-Werkzeug im LOOP-Modus, um die in Abbildung 2.97 rot markierte Unterteilung hinzuzufügen.

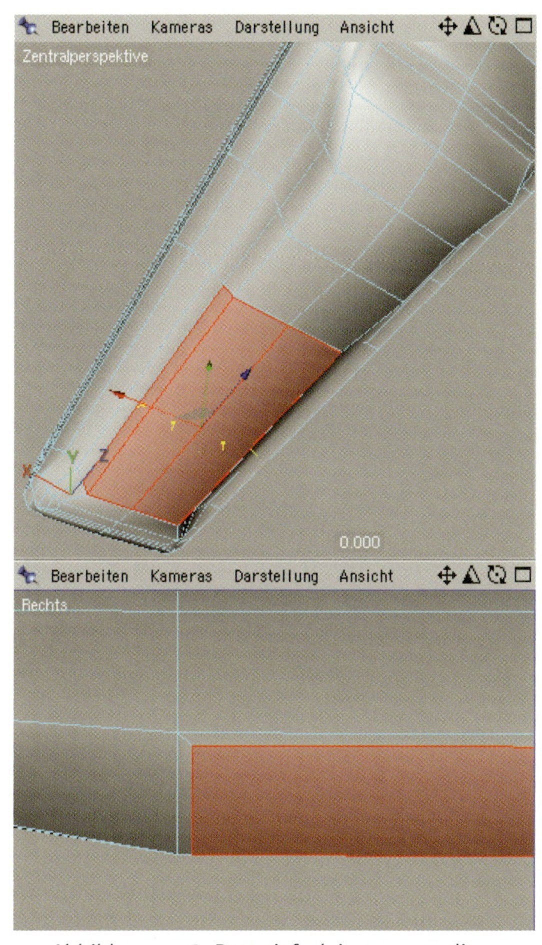

Abbildung 2.98: Batteriefach innen extrudieren

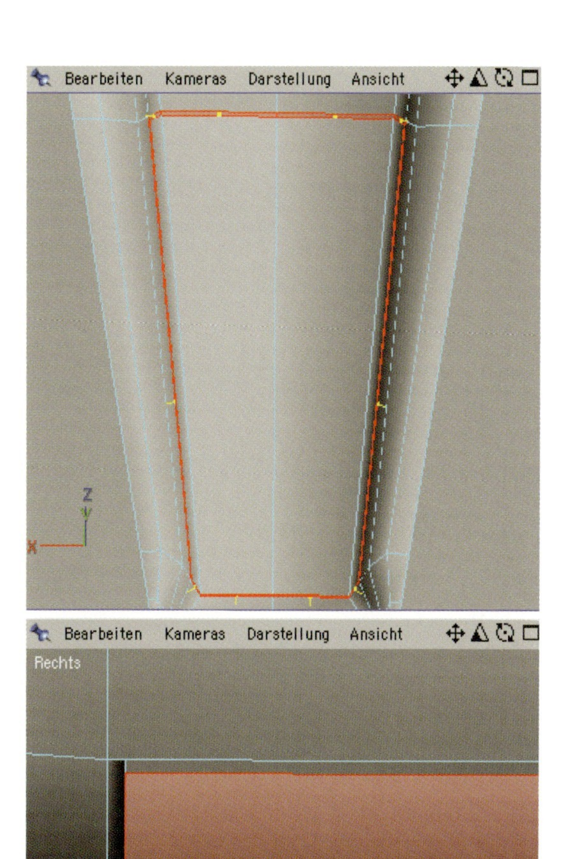

Abbildung 2.99: Polygon-Loop extrudieren

Bislang hatten wir Vertiefungen immer durch eine Vervielfachung selektierter Kanten und das anschließende Verkleinern oder Verschieben der mittleren Kante erreicht. In diesem Fall benutzen wir eine alternative Technik.

Selektieren Sie die Polygone am Boden der Fernbedienung, die den Deckel des Batteriefachs bilden sollen. Abbildung 2.98 zeigt diese Flächen bereits rot schattiert. Benutzen Sie dann das Innen Extrudieren-Werkzeug mit einem kleinen Offset-Wert. Die untere Einblendung in Abbildung 2.98 gibt Ihnen einen Anhaltspunkt dazu. Sie sehen dort einen Ausschnitt der bereits durch das Innen Extrudieren leicht verkleinerten Flächen.

Benutzen Sie z.B. die Loop-Selektion, um den schmalen Streifen neu hinzugekommener Polygone zu selektieren. Dies sind also die Flächen, die jetzt das Batteriefach einrahmen (siehe Abbildung 2.99 oben).

Ein kleiner Offset des Extrudieren-Werkzeugs verschiebt diese Flächen in das Gehäuse hinein und hinterlässt eine schmale Nut. Die untere Einblendung in Abbildung 2.99 gibt diesen Endzustand wieder. Wie tief die Extrudierung angelegt werden sollte, entscheiden Sie am besten selbst durch Betrachtung des durch das HyperNURBS geglätteten Modells. Eine kleine Tiefe sollte in der Regel schon ausreichen, um die Nut sichtbar zu machen.

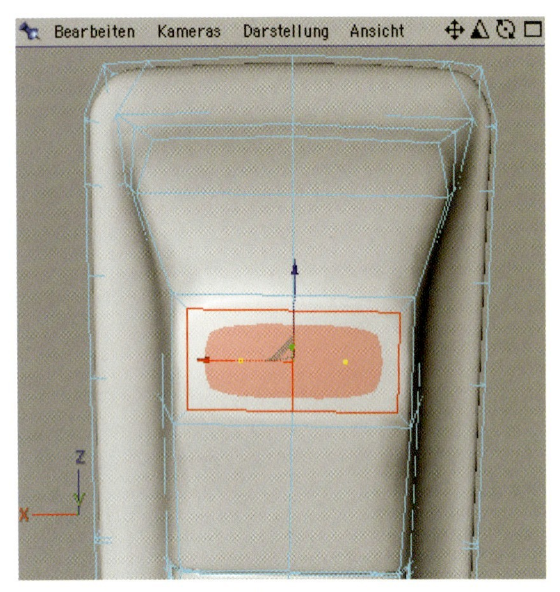

Abbildung 2.100: Auflagefläche innen etrudieren

Abschließend können Sie sich noch einigen Details widmen wie z.B. der Auflagefläche im vorderen Teil des Gehäusebodens. Da die Fernbedienung dort bei Nichtbenutzung z.B. auf einem Tisch aufliegt, wurde dieser Bereich eben ausgeführt.

Eine INNEN EXTRUDIEREN-Aktion mit kleinem OFFSET sollte dafür bereits ausreichen (siehe Abbildung 2.100). Dieser HyperNURBS-Bereich zieht sich dadurch noch stärker an das Polygon-Objekt heran und wird folglich weniger stark gerundet. Eine ebene Auflagefläche entsteht.

Wer bei den Bildvorlagen ganz genau hinsieht wird eventuell auch noch kleine, kugelförmige Auflagepunkte am Boden der Fernbedienung erkennen. Sie können dafür vier kleine KUGEL-Grundobjekte an den entsprechenden Stellen platzieren. In solchen Fällen ist es nicht sinnvoll, derartig kleine Strukturen aus dem Hauptobjekt herausarbeiten zu wollen. Die dafür benötigten zusätzlichen Unterteilungen könnten bereits ausmodellierte Bereiche beeinflussen.

Die separaten Objekte lassen sich zwar nicht so harmonisch in die Oberfläche der Fernbedienung integrieren, dies fällt aber bei der geringen Größe dieser Objekte nicht ins Gewicht.

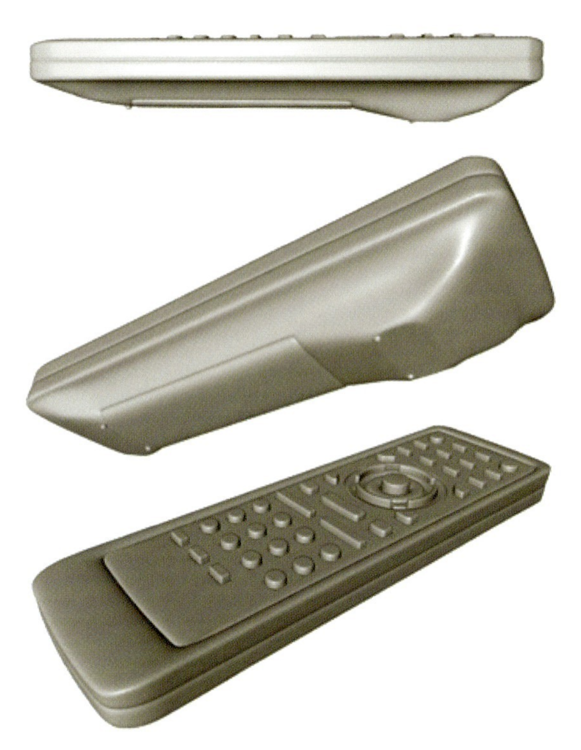

Abbildung 2.101: Das fertige Modell der Fernbedienung

Abbildung 2.101 zeigt Ihnen das fertige Modell der Fernbedienung und in der Ansicht schräg von unten auch die zusätzlich hinzugefügten kleinen Kugeln. In der Regel wird man die Unterseite der Fernbedienung später im berechneten Bild ohnehin nicht erkennen können. Wir können dort also auf das Hinzufügen weiterer Details getrost verzichten und uns im folgenden Kapitel auf die Texturierung – dem Zuweisen und Erzeugen von Materialien – und die Bildberechnung konzentrieren.

Falls Sie dieses Kapitel ausgelassen haben, finden Sie alle fertigen Modelle auch auf der beiliegenden CD-ROM.

Objekte texturieren und in Szene setzen

3

Die äußere Form der Objekte wurde zwar im letzten Kapitel modelliert, aber die Objekte sind noch immer weit von der Fertigstellung entfernt. Die Bestimmung der Oberflächeneigenschaften ist in vielen Fällen ebenso wichtig für den späteren Gesamteindruck.

Wir werden uns daher in diesem Kapitel etwas ausführlicher mit der *Texturierung* – also dem Erzeugen und Zuweisung von Materialien – der Objekte befassen. In diesem Zusammenhang wird auch die Beleuchtung und die Bildberechnung besprochen, denn kein noch so schönes Material kann auf einem Objekt zur Geltung kommen, wenn es schlecht ausgeleuchtet wird. Ebenso gilt, dass eine gute Beleuchtung oftmals die Schwächen eines Materials auszugleichen vermag.

Da die Erstellung von Materialien oft einem iterativen Prozess gleicht – man nähert sich also schrittweise dem fertigen Material an und verbessert dieses durch permanenten Vergleich, z.B. mit einer Fotografie – spielt auch die Bildberechnung eine wichtige Rolle während der Texturierung. Die Editor-Ansichten vermögen zwar bereits ohne weiteres Zutun einen Eindruck von dem Objekt und seines Materials zu geben, spezielle Materialeigenschaften wie z.B. Transparenz oder Spiegelung bedürfen jedoch der separaten Berechnung der Objekte. Wir werden daher die wichtigsten Render-Einstellungen ebenfalls in diesem Kapitel ansprechen.

Wir werden uns aus Platzgründen auf die für Sie wichtigsten theoretischen Überlegungen sowie Parameter und Optionen bei der Beleuchtung und der Bildberechnung konzentrieren.

3.1 Das Korpusmaterial des DVD-Players

Wir beginnen mit dem Material des DVD-Player-Gehäuses. Öffnen Sie also die Szene mit dem DVD-Player über den Befehl DATEI › ÖFFNEN und wählen Sie im MATERIAL-MANAGER in dessen DATEI-Menü den Unterpunkt NEUES MATERIAL aus. Sie kennen diese Prozedur zum Erstellen eines neuen Materials ja bereits aus dem letzten Kapitel.

Ein Doppelklick auf die Material-Vorschau im MATERIAL-MANAGER öffnet den MATERIAL-EDITOR, in dem wir nun die Eigenschaften des Materials definieren.

Zu Beginn sollte immer die Überlegung stehen, welche Eigenschaften überhaupt benötigt werden. Ein Blick auf die in Kapitel 2 benutzten Fotovorlagen schafft dort im Zweifel Klarheit. Das Korpusgehäuse ist wahrscheinlich aus Blech gefertigt und weist eine leicht gesprenkelte Farbgebung auf. Es ist zudem davon auszugehen, dass das Material aufgrund seiner metallischen Eigenschaften leicht spiegeln wird.

Die Farbvariationen können wir in den FARBE-Einstellungen des Materials vornehmen, die spiegelnden Eigenschaften auf der SPIEGELUNG-Seite des Dialogs bestimmen und den bei nahezu allen Materialien vorhandenen Glanzpunkt im GLANZLICHT-Kanal steuern. Alle übrigen Materialkanäle werden bei diesem Material nicht benötigt und müssen daher ausgeschaltet bleiben. Diese Kanäle erhalten also auf der linken Seite des MATERIAL-EDITORS kein Häkchen.

Beginnen wir bei den Farbeigenschaften. Ein Klick auf den Kanalnamen FARBE auf der linken Dialogseite zeigt im rechten Teil des MATERIAL-EDITORS alle Parameter dieses Kanals an. Wie bereits im letzten Kapitel besprochen, kann hier z.B. eine Farbe eingestellt oder ein Bild geladen werden.

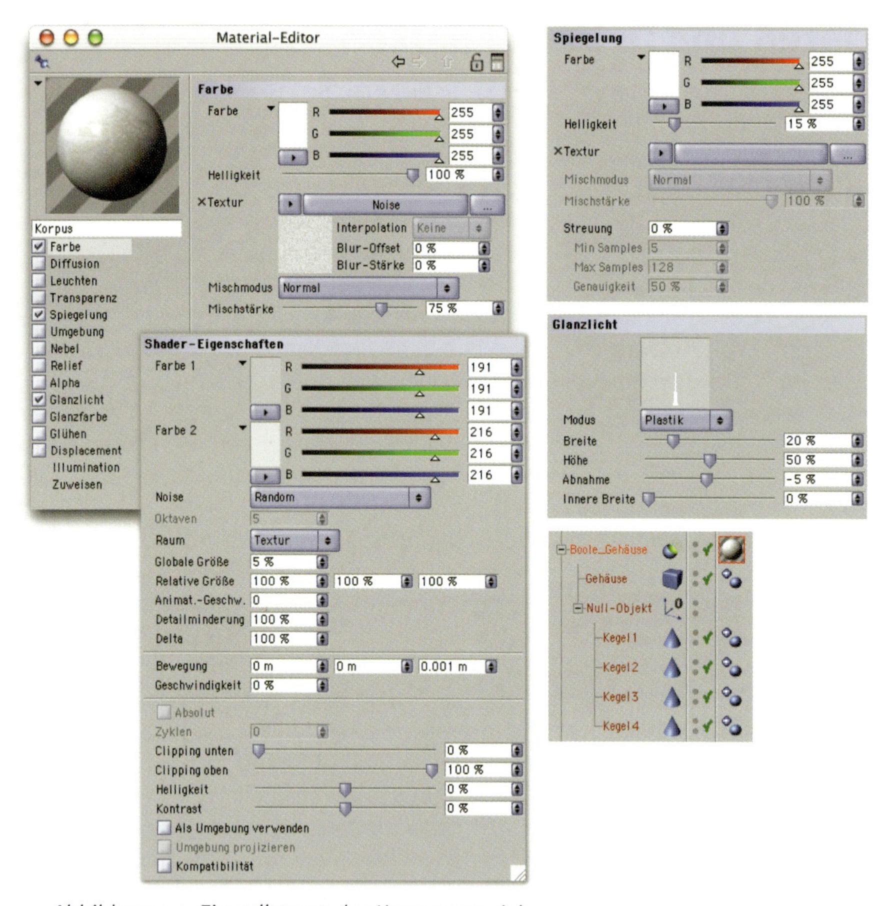

Abbildung 3.1: Einstellungen des Korpusmaterials

In diesem konkreten Fall geht es jedoch um die Umsetzung von Farbvariationen, die einem Bildrauschen oder einem sehr feinen Muster gleichen. Für diese Zwecke eignet sich der NOISE-Shader hervorragend, denn dieser lässt nicht nur eine exakte Steuerung der Farben, sondern auch die Auswahl diverser Muster zu.

Grundsätzlich laden Sie Shader durch einen Klick auf die kleine Schaltfläche mit dem schwarzen Dreieck in einen Kanal. Wählen Sie in der erscheinenden Liste den NOISE-Shader aus. Sie erhalten dann ein kleines Vorschaubild des geladenen Shaders unter der Dreiecks-Schaltfläche (siehe auch Abbildung 3.1). Über die nun mit *Noise* bezeichnete Schaltfläche öffnen Sie den Dialog des NOISE-Shaders.

Oben finden Sie in diesem Dialog zwei Farbflächen, die Sie durch Anklicken verändern können. Diese beiden Farben werden für das Noise-Muster verwendet.

Wie Sie Abbildung 3.1 entnehmen können, haben wir dort zwei leicht unterschiedliche Grautöne eingestellt, die den Variationen der gewünschten Oberflächenfarbe nahe kommen.

Im NOISE-Menü des Dialogs wählen Sie das gewünschte Muster aus. Die Liste ist zwar zu lang, um hier jeden Eintrag separat zu besprechen, in der Praxis werden Sie jedoch feststellen, dass Sie oft mit den gleichen Noise-Mustern arbeiten. Wir empfehlen dabei die Muster NOISE oder RANDOM für die Darstellung allgemeiner Oberflächenrauigkeit sowie FBM und NAKI für komplexere Strukturen, wie sie z.B. bei Wolken oder organischen Oberflächen vorkommen.

In diesem Fall scheint der Random-Noise mit seinen scharf abgegrenzten Strukturen passend.

Der Oktaven-Wert steuert die Komplexität der Berechnung und somit den Detailreichtum der Noise-Struktur. Da mehr Details auch immer mit einer Verlängerung der späteren Berechnungszeit einhergehen, sollten Sie diesen Wert nicht unnötig in die Höhe treiben.

Das Raum-Menü im Noise-Dialog bestimmt das Bezugssystem z.B. für eine mögliche Animation des Shaders. In der Regel wird hier das Textur-System verwendet, das sich später aus der Projektionsart des Materials auf dem Objekt ergibt.

Der Prozentwert für die Globale Grösse skaliert das Muster des Shaders gleichmäßig, die darunter zu findenden Einstellungen für die Relative Grösse getrennt für die X-, Y- und Z-Ausdehnung des Materials.

Damit sind eigentlich die am häufigsten benötigten Einstellungen bereits bekannt. Die Animation des Shaders, also die Veränderung des gewählten Musters über die Zeit, wird über die Werte für Animations-Geschwindigkeit, Bewegung und Geschwindigkeit gesteuert. Dies dürfte nur in Ausnahmen, z.B. zur Erzeugung von Spezialeffekten, interessant sein. Bei der Verwendung des Materials für die Berechnung eines Standbilds sind die Werte belanglos. Im unteren Teil des Dialogs können Sie schließlich noch das Clipping sowie Kontrast und Helligkeit anpassen.

Über den nach oben weisenden Pfeil in der Kopfzeile des Material-Editors verlassen Sie den Dialog des Noise-Shaders schließlich wieder, um auf die Ebene des Farbe-Kanals zurückzukehren. Wie Sie Abbildung 3.1 entnehmen können, wurde dort die Farbe Weiß eingestellt und der Mischmodus für den geladenen Noise-Shader zwar auf Normal belassen, seine Deckkraft aber auf 75% reduziert.

Dies führt dazu, dass der Noise-Shader zu 25% transparent wird und somit den eingestellten weißen Farbwert leicht durchschimmern lässt. Wir erhalten dadurch eine praktische Eingreifmöglichkeit in die Farbeigenschaft des Materials, z.B. falls das Muster später zu dominant erscheint. Die weitere Reduzierung der Mischstärke würde dann den Noise abschwächen. Probeberechnungen müssen später zeigen, ob wir damit auf dem richtigen Weg sind.

Springen wir zu den Einstellungen des nächsten benötigten Materialkanals, dem Spiegelung-Kanal. Klicken Sie auf den Namen des Kanals in der links angezeigten Liste, um seine Parameter angezeigt zu bekommen. Auch hier sehen Sie wieder viele bereits bekannte Werte. Der Farbwert bestimmt in diesem Kanal die Einfärbung der sich im Objekt spiegelnden Umgebung. Sie können sich dies wie bei einem getönten Spiegel vorstellen, bei dem ja auch die Spiegelung farblich nicht zwingend der Farbgebung der Originalobjekte entsprechen muss.

Je heller der Farbwert, desto stärker spiegelt das Material. Ein ungetönter Spiegel kann daher ausschließlich über die Verwendung des Helligkeit-Reglers beschrieben werden, wenn der Farbwert auf Weiß eingestellt wird. Die in Abbildung 3.1 rechts zu erkennenden Werte erzeugen also eine Oberfläche, die 15% des eintreffenden Lichts reflektiert. Die Spiegelung ist damit zwar nur recht schwach ausgeprägt, aber wir haben es bei dem Korpus ja auch nicht mit einem polierten Metallgehäuse oder einem verchromten Objekt zu tun. Der Effekt kann daher dezent ausfallen. Auch dieser Wert wird zuerst eher nach Gefühl gewählt und muss später durch Probeberechnungen überprüft werden.

Wie Sie dem Textur-Bereich des Spiegelung-Kanals entnehmen können, kann auch hier ein Bild oder Shader geladen werden. Dieser würde dann ebenfalls nach Helligkeits- und Farbwerten ausgewertet.

Dadurch wird es z.B. möglich, dass nicht das komplette Objekt spiegelt, sondern vielleicht nur eine bestimmte Stelle, die poliert oder lackiert erscheinen soll. Sie legen dazu z.B. in einem Grafikprogramm ein Graustufenbild an, wobei die spiegelnden Bereiche in hellen Grautönen oder Weiß gehalten werden und die schwächer oder gar nicht spiegelnden Bereiche schwarz oder dunkelgrau ausgeführt werden.

Im unteren Teil des Spiegelung-Kanals finden Sie Streuung-Werte. Die ausgegrauten Felder werden durch die Verwendung von Streuung-Werten über 0% freigeschaltet. Je größer der Streuung-Wert, desto verschwommener wird später die Spiegelung auf dem Objekt berechnet. Dies kann zwar dabei helfen, die Oberfläche weniger perfekt aussehen zu lassen, hat aber den Nachteil, dass die Berechnungszeit oft dramatisch ansteigt. In der Praxis wird man daher häufig Abstand davon nehmen müssen.

Kommen wir schließlich zu dem letzten für uns relevanten Kanal, dem Glanzlicht-Kanal. Dort wird die Form und Intensität des Glanzpunkts eingestellt. Generell kann man sagen, dass glatte Oberflächen einen kleinen, aber intensiven und raue Oberflächen einen großen, aber dafür schwach ausgeprägten Glanzpunkt zeigen. Den Glanzpunkt selbst können Sie sich als Spiegelung der Lichtquelle auf dem Objekt vorstellen. Da wir in 3D-Programmen nicht mit „echten" Lichtquellen arbeiten können, die auch eine räumliche Ausdehnung haben, müssen wir selbst für die passende Form und Intensität des Glanzlichts sorgen.

Cinema 4D stellt zwar verschiedene Modi der Glanzberechnung im Modus-Menü bereit, tatsächlich lassen sich aber fast alle Materialien mit der Plastik-Einstellung gut beschreiben. Die Regler für die Breite und Höhe stellen die Größe und Intensität des Glanzpunkts ein. Die Abnahme- und Innere Breite-Regler steuern die Intensitätsabnahme am Rand des Glanzpunkts.

Da die eingestellten Werte gleichzeitig auch als Kurve angezeigt werden, haben Sie jederzeit sofort im Blick, welche Form und Intensität der Glanzpunkt haben wird. Dies wird natürlich nur dann relevant, wenn auch eine Lichtquelle im richtigen Winkel zur Oberfläche steht, so dass ein Glanzpunkt zu sehen ist. Dies ist einer der Punkte, bei dem offensichtlich wird, wie eng Lichtquellen und Materialeigenschaften gemeinsam zum Erscheinungsbild beitragen. Eine ungünstig platzierte Lichtquelle wird eventuell keinen Glanzpunkt erzeugen, obwohl starke Glanzeigenschaften im Material vorgesehen sind.

Damit sind dann bereits alle benötigten Kanäle besprochen. Sie finden unsere Einstellungen hierzu zwar in Abbildung 3.1, sollten jedoch ruhig selbst etwas experimentieren. Der Vorschaubereich in der linken oberen Ecke des Material-Editors zeigt Ihnen jederzeit an, wie sich die Einstellungen des Materials auswirken. Falls Sie dort die Darstellung vergrößern möchten oder ein anderes Objekt als Träger des Materials wünschen, klicken Sie rechts auf das Vorschaubild und wählen Sie die gewünschte Option aus dem Kontextmenü aus.

Schließlich werden Sie in jedem Fall zu dem Punkt kommen, an dem Sie das Material mit dem Objekt verknüpfen möchten. Wie bereits praktiziert, ist dies durch das Ziehen der Material-Vorschau aus dem Material-Manager auf das Objekt im Objekt-Manager möglich. Da in unserem Fall der Korpus nicht nur aus einem einzelnen Objekt, sondern aus einer Boole-Operation zwischen einem Würfel und vier Kegel-Objekten besteht, ziehen Sie das Material auf das Boole-Objekt. Das Material wird dadurch automatisch allen Unterobjekten zugewiesen und bedeckt somit den kompletten Korpus.

Ein Klick auf das hinter dem Boole-Objekt jetzt neu entstandene Textur-Tag zeigt im Attribute-Manager dessen Daten an.

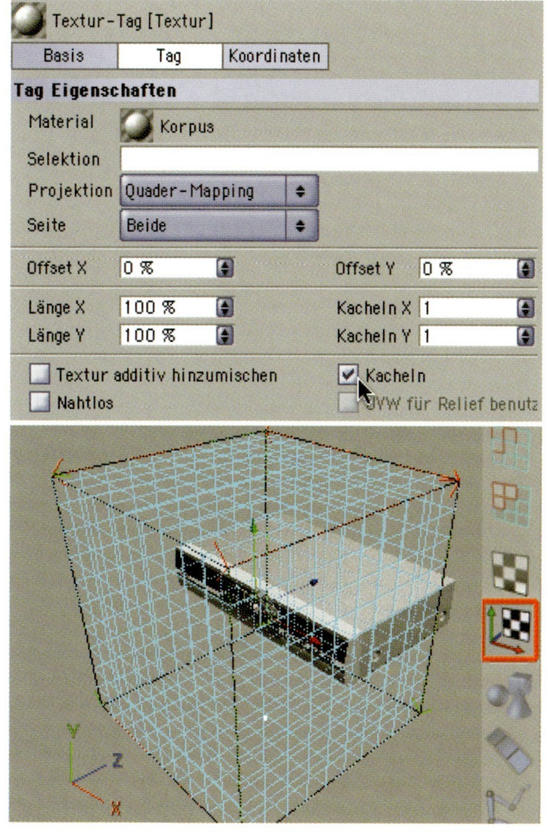

Abbildung 3.2: Textur-Dialog und visuelle Darstellung der Projektion

Im Material-Feld finden Sie einen Hinweis auf das verwendete Material. In unserem Fall findet sich dort das Korpusmaterial. Dieses Feld lässt sich auch zum Austauschen von Materialien benutzen, ohne vorher die Projektions-Parameter verändern zu müssen. Dazu ziehen Sie einfach ein anderes Material aus dem Material-Manager in dieses Material-Feld im Textur-Tag. Mehr dazu erfahren Sie etwas später.

In das Selektion-Feld kann der Name einer gesicherten Polygon-Selektion eingetragen werden. Das Material wird dann ausschließlich auf diesen Polygonen zu sehen sein.

Die Projektion bestimmt die Art und Weise, wie das Material auf das Objekt gelegt wird. Die bereits mehrfach angesprochenen UV-Koordinaten bieten dabei das beste Ergebnis, da dort eine exakte Zuordnung zwischen der Objektgeometrie und dem Material erfolgt. Leider steht diese Projektion nur bei NURBS-Objekten, die mit Splines arbeiten, und bei Grundobjekten zur Verfügung.

Sobald wir es mit veränderten Grundobjekten zu tun haben, sind die UV-Koordinaten nur noch unvollständig oder verzerrt vorhanden. Diese UV-Koordinaten müssen dann z.B. in Bodypaint 3D wieder an die veränderte Geometrie angepasst werden oder wir müssen auf eine der anderen Projektionsarten ausweichen.

Dabei steht eine Reihe von Alternativen zur UV-Projektion zur Verfügung, wobei die Kugel-, die Zylinder-, die Quader- und die Fläche-Projektion zu den am häufigsten benutzten Arten zählen.

Um sich die hier eingestellte Projektion besser vorstellen zu können, wählen Sie die Quader-Projektion aus und aktivieren dann den Textur-Achse bearbeiten-Modus von Cinema 4D (siehe Abbildung 3.2). Sie werden in den Editor-Ansichten die quaderförmige Darstellung der eingestellten Materialprojektion erkennen können.

Dieser Quader stellt jetzt den Raum dar, der von unserem Material durchdrungen wird. Praktisch kann man sich das so vorstellen, als würde unser Material als Dia für sechs Projektoren verwendet, die senkrecht zu den Seiten des Quaders ausgerichtet sind. Was mit der Projektion an den Rändern der Quaderflächen passiert, kontrollieren die beiden Optionen Kacheln und Nahtlos am unteren Ende des Textur-Dialogs.

Die Kacheln-Option sorgt dafür, dass das Material nicht nur den Raum des Quaders ausfüllt, sondern auch über die Seitenflächen hinaus gekachelt wird, um das gesamte Objekt auch dann zu bedecken, wenn der Quader nur einen Teil des Objekts umgibt.

Enthält unser Material z.B. ein Bild, könnte die Kachelung zu sichtbaren Sprüngen dort führen, wo sich die Materialkacheln berühren. Die Nahtlos-Option verändert daher angrenzende Materialkacheln so, dass immer abwechselnd eine normal ausgerichtete und eine gespiegelte Kachel verwendet werden.

Abbildung 3.3: Beleuchtung verändern

Die Kachelung wird jedoch auch dann noch sichtbar sein und sollte möglichst vermieden werden. Optimal ist immer der Gebrauch von Materialien, die nicht gekachelt werden müssen, oder – falls Bilder im Material vorhanden sind – die vorherige Bearbeitung der Bilder, um sie nahtlos kachelbar zu machen. Es gibt daher bereits zahlreiche Anbieter kommerzieller Texturen für 3D-Programme, die sich auf den Vertrieb kachelbarer Texturen spezialisiert haben. Sie sollten vor einem eventuellen Kauf solcher Produkte darauf achten.

Die LÄNGE X- und LÄNGE Y-Werte im Textur-Dialog geben an, welcher Anteil der Materialprojektion von einer Materialkachel eingenommen werden soll. Sofern – wie in unserem Fall – jede Quaderseite exakt eine Kachel darstellt, betragen diese Werte je 100%.

Die KACHELN X- und KACHELN Y-Felder geben daher auch je eine Kachel wieder. Die LÄNGE- und KACHELN-Felder gehören also praktisch zusammen. Jede Veränderung in einer dieser beiden Gruppen führt zu einer Wertanpassung in der anderen Gruppe.

Wenn Sie einen Blick in den KOORDINATEN-MANAGER werfen, so erkennen Sie, dass die Materialprojektion auch eine Position und Abmessungen hat. Sie können daher die bekannten Werkzeuge zum Verschieben, Rotieren und Skalieren auch für die Texturprojektion einsetzen, sofern der TEXTUR-ACHSE BEARBEITEN-Modus aktiv ist.

Da in unserem Material eine Musterkomponente in Form des NOISE-Shaders enthalten ist, sollten wir darauf achten, dass dieses Noise-Muster gleich groß auf allen Seiten des Gehäuses erscheint. Es ist daher sinnvoll, die Abmessungen für alle drei Achsen gleich groß einzustellen. Da jede Seite mit nur einer Kachel belegt ist, stellt sich dann das Material auf jeder Quaderseite auch gleich groß dar.

Gehen Sie dabei so vor, dass Sie das TEXTUR-TAG durch einmaliges Anklicken aktivieren und dann im TEXTUR-Menü des OBJEKT-MANAGERS den Punkt AUF OBJEKT ANPASSEN auswählen. Die Abmessungen der Textur werden dann auf die Abmessungen des Objekts angepasst. Eventuell werden Sie noch in einem separaten Dialog befragt, ob Sie auch Unterobjekte in die Berechnung einbeziehen möchten. Dies ist immer dann der Fall, wenn unter dem mit dem Material belegten Objekt weitere Objekte eingeordnet sind. In diesem Fall kann dann die Größe auf die gesamte Hierarchie des Objekts ausgeweitet werden. Die Texturprojektion ist danach so angepasst, dass das Objekt exakt darin Platz hat und somit nur eine Kachel benötigt wird. Da das Objekt jedoch in den seltensten Fällen gleich lange Abmessungen in jeder Richtung hat, fallen die Kachelgrößen unterschiedlich aus.

Dies lässt sich leicht über den Koordinaten-Manager korrigieren. Lesen Sie dort den größten Abmessungswert ab und übertragen Sie diesen auf die beiden anderen Richtungen. Dies könnte wie in unserem Fall z.B. die Abmessung in X-Richtung sein. Sobald Sie diesen Wert auch auf die Abmessungen in Y- und Z-Richtung übertragen haben, ist die Projektion so eingestellt, dass alle Kacheln bzw. Seiten gleich groß sind.

Damit ist die erste Hürde genommen und das Korpus-Objekt texturiert. Um die Wirkung unseres Materials zu überprüfen, empfiehlt es sich, das Material aus verschiedenen Blickrichtungen und mit verschiedenen Lichtsituationen zu begutachten.

Sie sollten also die Darstellungsart im Editor auf Gouraud-Shading einstellen, damit die Oberflächen der Objekte qualitativ besser dargestellt werden. Es reicht hierfür aus, nur die Kamera-Ansicht so einzustellen, da nur dort die volle Bewegungsfreiheit gegeben ist.

Ebenfalls im Darstellung-Menü der Editor-Ansichten finden Sie den Unterpunkt Standardlicht. Darüber lässt sich ein separates Fenster öffnen, in dem Sie die Richtung der Lichtquelle einstellen können. Sie steuern diese Funktion durch die Bewegung des Mauszeigers mit gehaltener Maustaste auf der Vorschaukugel des Standardlicht-Fensters.

Obwohl wir noch keine Lichtquelle in unserer Szene haben, können Sie so bereits das Objekt unter verschiedenen Lichtsituationen begutachten. Abbildung 3.3 zeigt dies am Beispiel zweier Einstellungen.

So hilfreich dies auch sein mag, das Standardlicht ist nicht in der Lage, Schatten zu werfen. Zudem kann selbst das Gouraud-Shading keine Spiegelungen darstellen. Wir können also noch immer nicht beurteilen, wie unser Material tatsächlich auf dem Objekt wirkt. Dies lässt sich ausschließlich über Probeberechnungen erzielen.

Wir unternehmen deshalb nun einen kurzen Ausflug zu den Render-Voreinstellungen, die u. a. die Qualität der Bildberechnung steuern.

3.2 Die Render-Voreinstellungen

Bevor ein Bild oder eine Animation berechnet werden kann, muss u. a. die Qualität der gewünschten Berechnung vorgegeben werden. Hinzu kommen auch die notwendigen Einstellungen, z.B. wo das Resultat abgespeichert werden soll, welche Bildgröße und Auflösung gewünscht ist und welches Dateiformat benutzt werden soll.

All diese Vorgaben sind im Dialog der Render-Voreinstellungen zusammengefasst. Sie erreichen diesen Dialog entweder direkt über das entsprechende Icon in der Kopfzeile von Cinema 4D oder über das Rendern-Menü.

Viele der dort zu findenden Parameter sind für den täglichen Gebrauch weniger von Bedeutung. Wir werden uns daher auch hier auf die für Sie relevanten Werte beschränken. Auch die *Radiosity*-Einstellungen werden wir hier auslassen, da darauf am Ende des Kapitels gesondert eingegangen wird.

Die Render-Voreinstellungen gliedern sich in diverse Subdialoge, die über die Auswahlliste am linken Rand erreicht werden können. Wir beginnen mit den grundsätzlichen Einstellungen auf der Allgemein-Seite der Render-Voreinstellungen.

Wie der Name bereits andeutet, werden hier ausschließlich generelle Einstellungen vorgenommen, also z.B., ob Schatten oder Transparenzen berechnet werden sollen. Beginnen wir mit den Antialiasing-Einstellungen. Diese sind für die Glättung von Kanten und auch für die Qualität von Materialien wichtig.

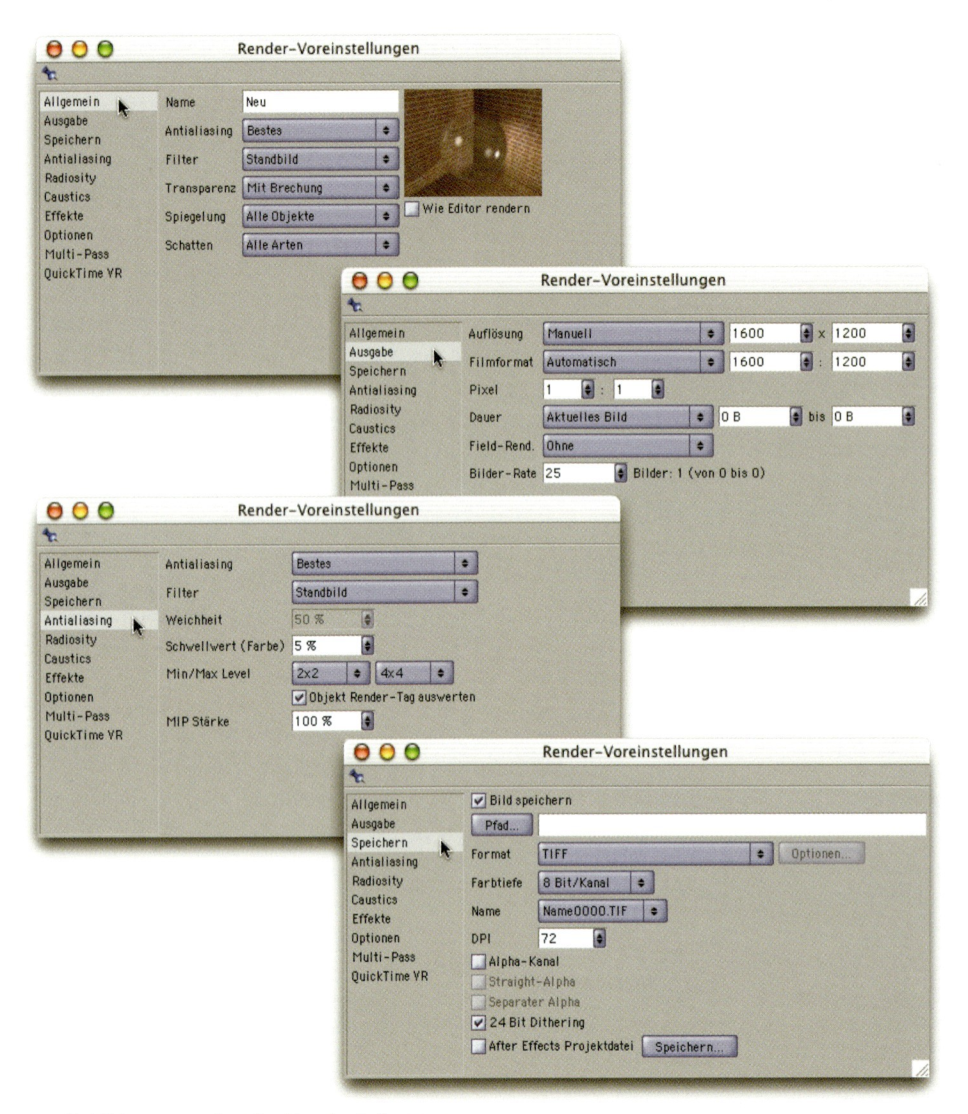

Abbildung 3.4: Render-Voreinstellungen

Fehlendes oder zu gering eingestelltes Antialiasing macht sich in sichtbaren „Treppenstufen" an schrägen Linien und pixeligen Materialien bemerkbar. Zur Wahl stehen die Einstellungen Geometrie und Bestes. Die Geometrie-Kantenglättung nimmt sich ausschließlich der Kanten an. Die Darstellung von Materialien wird also nicht verbessert. Anders bei der Bestes-Einstellung. Diese bewirkt zusätzlich zu der Geometrie-Glättung noch die verstärkte Interpolation von Materialien. Besonders bei Materialien mit feinen Strukturen und bei Transparenzen sollte dies unbedingt aktiviert werden, auch wenn sich dadurch die Berechnung verlängert. Die Intensität des Antialiasing kann dann detailliert auf der Antialiasing-Seite der Render-Voreinstellungen eingestellt werden.

Die Filter-Einstellung optimiert das berechnete Bild auf das gewünschte Ausgabemedium. Sie werden dort wahrscheinlich nur die ersten Menüpunkte Standbild und Animation benutzen.

Standbild erzeugt ein scharfes, Animation ein etwas weichgezeichnetes Ergebnis.

Da transparente Materialien auch Refraktion besitzen können, also das Licht zusätzlich im Material gebrochen wird, können Sie im Transparenz-Menü diese Eigenschaften getrennt voneinander aktivieren. Sofern Sie transparente Materialien mit lichtbrechenden Eigenschaften verwenden, werden Sie diese sicherlich auch im fertigen Bild vorfinden wollen. Das Transparenz-Menü sollte daher immer auf Mit Brechung eingestellt sein. Nur wenn Sie die Bildberechnung kurzzeitig, z.B. zum Einstellen der Beleuchtung, beschleunigen möchten, lohnt das Umschalten auf eine qualitativ schlechtere Darstellung transparenter Materialien oder gar die Deaktivierung ihrer Berechnung.

Ähnliche Einstellungen finden Sie im Spiegelung-Menü. Neben der Deaktivierung jeglicher Spiegelungen kann die Spiegelung von Materialien auf Boden und Himmel beschränkt werden. Dies sind zwei separate Objekte, die über Cinemas Objekte-Menü abrufbar sind. Da sich beide Objekte automatisch so skalieren, dass die gesamte Szene in bzw. auf ihnen Platz hat, können Sie damit gut eine endlose Bodenfläche und eine weit entfernte Himmelssphäre umsetzen. Die Spiegelungen anderer Objekte in dem Material sind jedoch nicht möglich. Die Alle Objekte-Option ist daher für eine realistische Darstellung zu bevorzugen.

Schließlich lassen sich auch Schatten unterdrücken bzw. nur bestimmte Schattenarten berechnen. Dieses Menü arbeitet eng mit den Lichtquellen-Parametern zusammen. Diese werden Sie etwas später noch kennen lernen.

Lichtquellen können diverse Schattenqualitäten erzeugen. Dabei kann jede Lichtquelle unterschiedlich eingestellt werden. Das Schatten-Menü berechnet in der Alle Arten-Einstellung alle Lichtquellen so, wie es in den entsprechenden Dialogen vorgesehen ist.

Die übrigen Schatten-Menüpunkte lassen nur bestimmte Schattenarten zu. Dies ist wiederum nur dann sinnvoll, wenn die Berechnungszeit durch das Weglassen rechenintensiverer Schattenqualitäten verkürzt werden soll.

Schließlich gibt es noch die Wie Editor-rendern-Option, die für die Bildberechnung die Darstellungsqualität der Editor-Ansichten übernimmt. Ist dort Gouraud-Shading aktiviert, wird das Bild oder die Animation auch nur in dieser Qualität berechnet. Antialiasing, Schatten, Transparenzen und Spiegelungen sind daher generell nicht möglich.

Sinn macht dieser Modus vor allem bei der Berechnung von Animationen, wo es weniger auf die Qualität des Bilds als mehr auf die Abläufe der Bewegung ankommt. In diesem Modus lässt sich eine Animation natürlich sehr viel schneller berechnen als mit den zuvor beschriebenen Einstellungen.

Ausgabe-Parameter

Kommen wir zur nächsten Dialogseite, die über die Bildauflösung und den Umfang der zu berechnenden Bilder bestimmt.

Sie werden dort wahrscheinlich nur mit drei Einstellungen zu tun haben. Die Auflösung bestimmt die Pixelauflösung des zu berechnenden Bilds bzw. der Animation. Sie können hier entweder gängige Auflösungen aus dem Menü abrufen oder manuell beliebige Pixelauflösungen getrennt für die X- und die Y-Richtung in die Zahlenfelder eintragen. Falls dabei ein bestimmtes Seitenverhältnis eingehalten werden muss, können Sie dieses zuvor aus dem Filmformat-Menü abrufen.

Die Dauer-Werte geben bei einer Animation an, wie lang diese in Bildern gemessen sein soll, und die Bilder-Rate definiert die Anzahl an berechneten Bildern pro Sekunde der Animation.

Damit die Animation später auch so abläuft, wie sie in Cinema 4D erstellt wurde, muss die hier eingestellte Bilder-Rate mit der Bilder-Rate Ihrer Szene übereinstimmen. Sie stellen diese in den Dokument-Voreinstellungen in Cinemas Bearbeiten-Menü ein. Dort geben Sie auch vor, wie viel Platz in Bildern gerechnet Ihrer Animation gegeben werden soll.

Zumindest die Einstellung für die Bilder-Rate sollte man in den Dokument-Voreinstellungen bereits vor Beginn des Animierens auf den später bei der Berechnung benutzten Wert einstellen.

Die Speichern-Einstellungen

Das durchaus oft langwierige Berechnen eines Bilds oder gar einer Animation macht natürlich nur dann Sinn, wenn das Resultat auch gesichert wird. Wo und in welchem Format gespeichert wird, wird auf der Speichern-Dialogseite eingestellt. Die Bild speichern-Option aktiviert die dazu notwendigen Eingabefelder.

Mit einem Klick auf die Pfad-Schaltfläche öffnet sich ein Dateidialog, in dem das gewünschte Verzeichnis und der zu benutzende Dateiname für das Bild oder die Animation eingetragen werden können.

Das Format-Menü definiert den Typ der Bild- oder Animationsdatei. Einige dieser Typen lassen eine weitere Differenzierung über die Optionen-Schaltfläche zu. So können dort z.B. bei Auswahl des JPEG-Formats die Einstellungen für die Qualitätsstufe oder bei Auswahl einer Filmkompression die Vollbildrate oder Farbtiefe eingestellt werden.

Die Formatwahl hängt nicht zwingend damit zusammen, ob es sich um ein Einzelbild oder eine Animation handelt. So können auch Animationen z.B. im TIFF- oder JPEG-Format gesichert werden.

Dabei werden so genannte *Bildsequenzen* erzeugt, also Einzelbilder mit einer fortlaufenden Nummerierung. Wie eine solche Nummerierung aussehen soll, kann im Name-Menü bestimmt werden. Dort kann z.B. die Anzahl von vorangestellten Nullen bei der Nummerierung oder die angehängte Dateiendung beeinflusst werden. Dies kann für Sie bei der Nachbearbeitung in externen Programmen wichtig werden, wenn dort Bildsequenzen nur im Zusammenhang mit einer bestimmten Namensformatierung erkannt werden.

Die Farbtiefe von 8 Bit pro Kanal sollte nur dann erhöht werden, wenn Sie im Einzelfall z.B. ein Standbild in 16 Bit Farbtiefe pro Kanal für die Weiterverarbeitung benötigen. Viele Grafikprogramme können sowieso nur 24 bzw. 32 Bit-Bilder z.B. mit Ebenen verarbeiten (drei Kanäle à 8 Bit plus 8 Bit Alpha-Kanal).

Wenn es z.B. um die Darstellung eines Produkts geht, das später mit einem Grafikprogramm vor einem anderen Hintergrund platziert werden muss, hat die Verwendung der Alpha-Kanal-Option ihre Vorteile. Dabei wird – je nach ausgewähltem Bildformat – entweder ein zusätzlicher Kanal oder ein zusätzliches Bild erzeugt, das in der Bildverarbeitung als Alpha-Maske benutzt werden kann.

Die Option Straight-Alpha multipliziert das Bild in die Alpha-Berechnung mit ein. Dies erlaubt zwar später die exaktere Freistellung von transparenten Objekten, macht jedoch das Bild ohne die Alpha-Maskierung unbrauchbar. Die Separater Alpha-Option erzwingt die Speicherung des Alpha-Kanals in einer separaten Datei.

Wenn Sie mit After Effects, Final Cut Pro oder Combustion in der Postproduktion arbeiten, ist für Sie auch noch die Option Kompositions Projektdatei interessant. Ist diese Option aktiv, werden zusätzliche Dateien erzeugt, die z.B. die Position der Kamera oder die erstellten Kanalspeicherpfade enthalten.

Welche Bildinformationen dort gespeichert werden sollen, legen Sie auf der Multi-Pass-Seite der Render-Voreinstellungen fest. Wir kommen noch darauf zu sprechen.

Die Relativ-Option legt fest, ob die Animation in der Zeitleiste des Schnitt- oder Effekt-Programms bei Bild 0 beginnend oder entsprechend der gerenderten Bildnummern abgelegt werden soll.

Mit der Speichern-Schaltfläche können diese Informationen ebenfalls gesichert werden, doch ohne vorheriges Rendern der Animation fehlt natürlich der Film bzw. die Bildsequenz, auf die verwiesen wird.

Die Antialiasing-Einstellungen

Diese Einstellungen ergänzen die Einstellungen der Allgemein-Seite.

Die Filter-Einstellung ist bereits von der Allgemein-Seite her bekannt, wird hier jedoch noch durch einen Weichheit-Wert ergänzt, der im Filter-Modus Mischen eine Überblendung zwischen dem scharfen Standbild und dem eher weichgezeichneten Animation-Filter zulässt.

Über den Schwellwert kontrollieren Sie, ab welchem gemessenen Farbunterschied zweier benachbarter Bildpixel das beste Antialiasing aktiviert wird. Je kleiner der Schwellwert, desto mehr Bildpunkte werden mit der höchsten Qualitätsstufe berechnet und desto länger wird auch die Berechnungszeit. Ein Wert von 10% reicht in den meisten Fällen aus. Reduzieren Sie diesen nur, wenn Ihnen die Qualität nicht genügt.

Die Min und Max Level-Einstellungen begrenzen den Bereich der geringsten und höchsten Qualität beim besten Antialiasing. Cinema 4D wählt einen geeigneten Wert selbst zwischen diesen Grenzwerten aus.

Die Level-Werte lassen sich mit Radien vergleichen, die benutzt werden, um das Umfeld eines Bildpunkts mit in die Berechnung einzubeziehen. Je größer der Radius, desto besser und aufwändiger die Berechnung.

Wie die Objekt Render-Tag auswerten-Option darunter andeutet, können diese Vorgaben aber auch mittels eines Render-Tags individuell vergeben werden. So kann also z.B. ein Objekt mit einer transparenten Textur über ein Render-Tag höhere Einstellungen für die Min und Max Level erzwingen, als hier in den Render-Voreinstellungen vorgegeben wurden.

Auf diese Weise lassen sich effektiv auch die Renderzeiten einer Szene in Grenzen halten. Schalten Sie dazu das beste Antialiasing an, vergeben Sie jedoch nur geringe Level-Werte wie z.B. 1x1 für die beiden Felder. Heben Sie dann die Qualität des Antialiasing durch die individuelle Vergabe von Render-Tags an einzelne Objekte wieder an.

Der Wert für die MIP Stärke skaliert die ebenfalls in den Materialien benutzte MIP Stärke für die gesamte Szene. In der Regel brauchen Sie sich um diesen Wert jedoch nicht zu kümmern.

Damit sind bereits alle wichtigen Einstellungen beschrieben. Sie stellen die gewünschte Qualität der Kantenglättung sowie die Bildgröße und den Speicherpfad samt Dateiformat ein und lassen das Bild berechnen.

Radiosity und Caustics

Diese beiden „Effekte“, wie man sie nennen könnte, sind Bestandteile des Advanced Renderer-Moduls und daher nicht im Basis-Paket von Cinema 4D enthalten. Mit den Radiosity-Einstellungen kann einerseits eine realistische Lichtreflektion an Oberflächen simuliert werden.

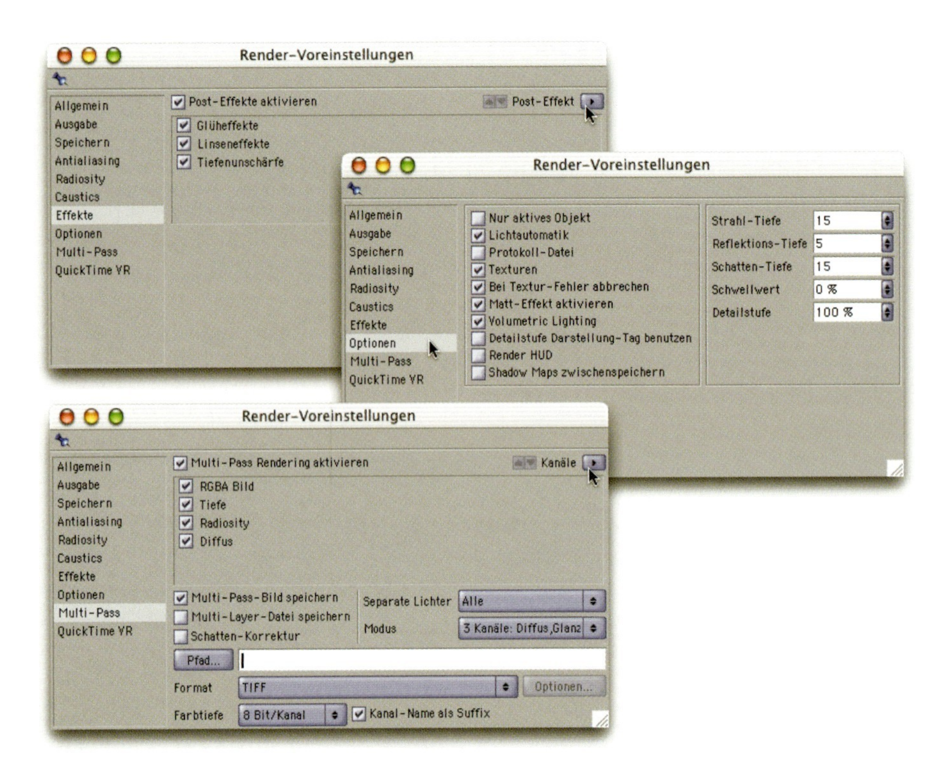

Abbildung 3.5: Render-Voreinstellungen

Darunter versteht man, dass Licht teilweise von einem Objekt abprallt und danach auf andere Objekte in der Umgebung trifft. Dabei kann auch die Farbe eines Objekts auf andere Objekte abstrahlen. Neben dieser Möglichkeit, durch Radiosity die Qualität eines Bilds und dessen Ausleuchtung dramatisch zu erhöhen, kann Radiosity auch direkt zum Beleuchten benutzt werden. Bei dieser Technik werden dann z.B. Bilder zu Leuchtkörpern, was das Reproduzieren von ansonsten schwer umzusetzenden Lichtstimmungen ermöglicht. Mehr dazu erfahren Sie später in diesem Kapitel.

Die Caustics-Einstellungen kontrollieren die bei den Lichtquellen benutzten caustischen Berechnungen. Darunter versteht man den Effekt, den man z.B. bei einer Lupe beobachten kann, wo Licht in einem hell sichtbaren Punkt gebündelt wird, oder bei einem Schwimmbad, wo sich caustische Linien am Beckenboden zeigen.

In der Praxis wird diese Funktion eher selten bzw. nur dezent eingesetzt. Bei massiven Glasobjekten oder der Umsetzung von Flüssigkeiten ist sie sinnvoll, ansonsten wird oft nur die Rechenzeit ungünstig beeinflusst.

Die Effekte-Seite

Cinema benutzt eine Reihe von Effekten als so genannte *Post-Effekte*. Dies bedeutet, dass diese Effekte erst nach der eigentlichen Fertigstellung des Bilds eingerechnet und hinzugefügt werden. Darunter fallen z.B. Leucht- oder Glüheffekte, aber auch Tiefen- und Bewegungsunschärfe. Ein Nachteil dieser Effekte ist, dass, sollte uns deren Berechnung nicht gefallen, das gesamte Bild neu berechnet werden muss. Das Ausgangsbild wird also durch den Effekt überschrieben und geht verloren.

Es macht daher in vielen Fällen mehr Sinn, den gewünschten Effekt in der Post-Produktion z.B. mit Adobe Photoshop hinzuzufügen.

Dort lässt sich dann bequem z.B. ein Weichzeichnungsfilter oder eine Farbkorrektur verwenden, ohne das eigentliche Bild verändern zu müssen.

Die gewünschten Post-Effekte werden mit der gleichnamigen Schaltfläche rechts oben auf der Effekte-Seite verwaltet. Dort wählen Sie auch die Effekte aus, die Sie benutzen möchten. Aus den genannten Gründen sollte man mit deren Verwendung vorsichtig umgehen.

Die Optionen-Einstellungen

Hier finden sich recht grundsätzliche Einstellungen, die Sie in den seltensten Fällen verändern müssen. So können Sie z.B. mit der Nur aktives Objekt-Option immer nur das gerade in der Szene selektierte Objekt berechnen lassen. Bei komplexen Szenen und wenn es aktuell nur um die Anpassung eines Materials auf einem Objekt geht, kann dies sinnvoll sein, um die Berechnungszeit zu reduzieren.

Die Lichtautomatik-Option aktiviert eine virtuelle Lichtquelle in der Szene. Sie haben diese Lichtquelle im Menüpunkt Standardlicht bereits kennen gelernt. Diese Lichtquelle ermöglicht es, Objekte zu beleuchten, obwohl noch keine Lichtquelle zur Szene hinzugefügt wurde.

In der Regel kann diese Option immer aktiviert bleiben. Das Standardlicht schaltet sich automatisch aus, sobald wir selbst andere Lichtquellen-Objekte in der Szene einsetzen.

Es gibt jedoch eine Situation, bei der diese Option ausgeschaltet werden muss, und zwar bei der ausschließlichen Beleuchtung mit Radiosity-Materialien. Dabei wird die Szene nur mit leuchtenden Materialien ausgeleuchtet und nicht mit echten Lichtquellen. Da Cinema also keine Lichtquellen-Objekte in der Szene vorfindet, bleibt das Standardlicht aktiv und trägt dann oft ungewollt zur Ausleuchtung bei.

Die Protokoll-Datei-Option erzeugt nach dem Rendern eines Bilds eine Textdatei im Startverzeichnis von Cinema 4D. Dort werden die Eckdaten der verwendeten Render-Voreinstellungen protokolliert, was die Fehlersuche nach einem missglückten Versuch erleichtern kann.

Mit der Texturen-Option kann die Berechnung von Texturen, also von in Materialien verwendeten Shadern und Bildern, unterbunden werden. Dies kann Vorteile haben, wenn es um die Durchführung von Probeberechnungen geht und dort die Darstellungsqualität der Oberflächen nur eine untergeordnete Rolle spielt.

Wie bereits beschrieben, sucht Cinema 4D in Materialien verwendete Bilder an verschiedenen Orten auf der Festplatte. Dazu gehören z.B. das Verzeichnis der zu berechnenden Szene oder das Startverzeichnis von Cinema 4D. Wurde ein verwendetes Bild an keinem dieser Orte gefunden, kann das Bild ggf. nicht in der gewünschten Qualität berechnet werden. Es macht dann also Sinn, dass Cinema 4D bereits vor der Berechnung auf das Fehlen von Bildern hinweist. Ist die Option Bei Textur-Fehler abbrechen aktiv, gibt Ciema4D in diesen Fällen eine Fehlermeldung aus, in der die fehlerhaften Materialien aufgezählt werden, und unterbricht den Rendervorgang.

Wir haben bei der Erstellung des Korpusmaterials bereits kurz über die Möglichkeit gesprochen, Spiegelungen unscharf berechnen zu lassen. Eine ähnliche Option gibt es auch im Transparenz-Kanal von Materialien, um z.B. Materialien wie gesandstrahltes Glas darstellen zu können. Diese Unschärfeberechnung fällt in Cinema 4D unter den Begriff *Matt-Effekt*. Die Matt-Effekt aktivieren-Option sollte also aktiviert bleiben, wenn Sie entsprechende Materialien in Ihrer Szene benutzen möchten.

Lichtquellen können in Cinema 4D nicht nur zur Beleuchtung, sondern auch für die Umsetzung von Rauch oder Nebel benutzt werden. Man spricht dann von volumetrischen Effekten. Die Volumetric Lighting-Option lässt im aktiven Zustand derartige Effekte zu und stellt sie im fertigen Bild dar.

Schließlich können über Darstellung-Tags im Objekt-Manager individuelle Darstellungsqualitäten für die Editor-Darstellung oder für die Sichtbarkeit von Objekten vorgegeben werden. Bei aktiver Detailstufe Darstellung-Tag benutzen-Option werden diese Informationen ausgewertet.

Wenn z.B. in einer Animation die gleichzeitige Anzeige von HUD-Elementen erwünscht ist – dies kann z.B. bei der Anzeige einer fortlaufenden Bildnummer der Fall sein – kann dafür die Render HUD-Option angeschaltet werden. Die im Editor sichtbaren HUD-Daten werden dann auch in das berechnete Bild überlagernd eingerechnet.

Wir hatten bereits im Zusammenhang mit dem Schatten-Menü auf der Allgemein-Seite der Render-Voreinstellungen darüber gesprochen, dass es unterschiedliche Schattenarten in Cinema 4D gibt. Einer dieser Schattentypen, der so genannte *weiche* Schatten, wird intern als Bild berechnet und dann auf die Objekte projiziert. Diese Schattenberechnung kann bei mehreren Lichtquellen mit diesem Schattentyp eine nicht unerhebliche Zeit in Anspruch nehmen. Das ist besonders in Animationen ärgerlich, wenn sich z.B. nur die Kamera bewegt und das Objekt still stehen bleibt. Die Schatten verändern sich dabei also im Laufe der Animation nicht, sie müssen aber dennoch für jedes Bild neu berechnet werden.

Diese unnötige Mehrfachberechnung kann durch das Speichern der Schatten vermieden werden. Cinema 4D greift dann bei jedem neu zu berechnenden Bild einer Animation auf die gespeicherte Lösung zurück.

Der Algorithmus ist dabei sogar so ausgelegt, dass selbst bei Veränderungen an den Lichtquellen immer nur die Veränderungen an den Schatten neu berechnet werden.

Um diese Funktion nutzen zu können, müssen Sie vor der Berechnung in den Render-Voreinstellungen die Shadow Maps zwischenspeichern-Option aktivieren.

Auf der rechten Seite des Optionen-Dialogs finden Sie nun einige Zahlenwerte (siehe auch Abbildung 3.5). Beginnen wir mit der Strahltiefe. Da Cinema 4D einen echten *Raytracer* benutzt, um Transparenzen und Spiegelungen zu berechnen, wird bei der Berechnung eines Bildpunktes ein Berechnungsstrahl ausgesendet. Trifft dieser Strahl auf Objekte mit einem transparenten Material oder mit einer spiegelnden Eigenschaft, so dringt dieser Strahl in das Objekt ein bzw. wird von diesem Objekt reflektiert. Werden mehrere transparente oder spiegelnde Objekte in der Szene benutzt, so hat jeder Strahl mehrere Objekte zu durchdringen bzw. wird mehrmals reflektiert.

Je länger ein solcher Berechnungsstrahl in der Szene unterwegs ist, desto länger wird die Berechnung des Bildpunkts dauern. In vielen Fällen ist es jedoch gar nicht sinnvoll, den Strahl bis in den letzten Winkel der Szene laufen zu lassen. Stellen Sie sich nur einmal eine Szene vor, in der sich zwei spiegelnde Wände gegenüberstehen. Der Berechnungsstrahl müsste der obigen Logik folgend unendlich lange zwischen den Objekten hin und her reflektiert werden.

Es macht daher oft Sinn, die Anzahl der Reflektionen oder auch der Objekt-Durchdringungen zu limitieren, um die Rechenzeiten nicht unnötig in die Höhe zu treiben. Die beiden Parameter Strahl-Tiefe und Reflektions-Tiefe begrenzen daher die maximal zulässige Anzahl an Strahlverfolgungen für transparente und reflektierende Objekte.

Hat ein Strahl also z.B. eine Reihe von transparenten Flächen zu durchdringen, wird diese Berechnung automatisch dann unterbrochen, wenn die Anzahl der durchdrungenen Flächen dem Wert im Strahl-Tiefe-Feld entspricht.

Gegenüber älteren Cinema 4D-Versionen wurde die maximal mögliche Anzahl für die Strahl-Tiefe dramatisch auf 500 erhöht. Dies macht Sinn, da es spezielle Fälle gibt, in denen sehr viele transparente Objekte berechnet werden müssen. Dies ist z.B. bei *Sprites* der Fall, also bei einfachen Flächen, die durch ein Material mit Alpha-Anteil eine komplexere Form erhalten.

Der Wert für die Schatten-Tiefe arbeitet nach dem gleichen Konzept wie die beiden zuvor beschriebenen Werte. Der Wert gibt an, für welche Strahlen noch Schatten berechnet werden sollen. Alle Strahlen, die z.B. durch Reflektion oder Transparenz eine höhere Strahl-Tiefe als hier in Schatten-Tiefe angegeben haben, bekommen keinen Schatten mehr.

Für die meisten Szenen gilt, dass Sie an diesen drei Werten nichts zu verändern brauchen. Erhöhen Sie die Werte nur dann, wenn Ihre Szene extremen Gebrauch von Reflektionen oder Transparenzen macht oder wenn Sie bei der Darstellung transparenter oder spiegelnder Materialien Fehler im fertigen Bild beobachten.

Der Schwellwert greift zusätzlich steuernd in die Berechnung von Strahlen ein. Findet von einem Strahl zum nächsten nur eine Veränderung der berechneten Helligkeit oder Farbe unterhalb des Schellwerts statt, wird die weitere Strahlverfolgung abgebrochen, auch wenn die Obergrenze für die Strahl-Tiefe oder Reflektions-Tiefe noch nicht erreicht wurde.

Die moderate Erhöhung des Schwellwerts kann daher die Berechnungszeit reduzieren helfen. Für ein perfektes Ergebnis sollten Sie den Wert aber auf 0% belassen.

Der Wert für die Detailstufe kann schließlich die Unterteilung von NURBS- und Grundobjekten reduzieren. Da dies in der Regel nicht gewünscht sein dürfte, belassen Sie diesen Wert auf 100%.

Die Multi-Pass-Einstellungen

Wir haben bereits auf der Sichern-Seite die Möglichkeit zum Angeben eines Speicherpfads und eines Datenformats besprochen. Die Einstellungen auf der Multi-Pass-Seite sind als Ergänzung oder auch alternativ zu verstehen, falls Sie für die Weiterverarbeitung des Bilds oder Films noch mehr Informationen benötigen (siehe Abbildung 3.5).

Sie können so z.B. neben dem RGBA-Bild, also dem fertigen Bild samt eventuell vorhandenem Alpha-Kanal, noch den Radiosity-Pass oder den Glanzlicht-Pass als separates Bild ausgeben lassen. Dies eröffnet ganz neue Möglichkeiten der Nachbearbeitung, denn Sie können durch Ebenen-Operationen z.B. in Adobe Photoshop Bildeigenschaften nachträglich verändern. Dies geht so weit, dass Sie dort z.B. Lichtquellen nachträglich umfärben oder ganz ausschalten können. Der Vorteil liegt klar auf der Hand, denn Sie können interaktiv mit dem Bild arbeiten, ohne es jedes Mal nach einer Veränderung mit Cinema 4D neu berechnen zu müssen.

Welche Eigenschaften des Bilds separat gespeichert werden sollen, legen Sie in dem Menü rechts oben fest. Sie können dort eine beliebige Auswahl treffen, die dann in Listenform in der Mitte des Dialogs angezeigt wird.

Mit aktiver Multi-Pass-Bild speichern- Option wird Cinema 4D die ausgewählten Bild-Bestandteile zusätzlich zum eigentlichen Bild berechnen. Diese Option wird also in den meisten Fällen aktiv sein.

Ist die Option MULTI-LAYER-DATEI SPEICHERN aktiv, wird Cinema 4D versuchen, alle ausgewählten Ebenen in einer Datei abzulegen. Dies kann aber nur dann funktionieren, wenn das unter FORMAT eingestellte Dateiformat auch Ebenen unterstützt (z.B. Photoshop-Format oder Bodypaint 3D-Datei).

Bei aktiver SCHATTEN-Korrektur werden die Ränder der Schatten nachgearbeitet, damit dort keine störenden Helligkeitsunterschiede auftreten können. Dies ist nur hier bei der Aufteilung des Bilds in verschiedene Ebenen nötig, da das Antialiasing die Farben von Randpixeln vermischt.

Neben den oben im Dialog ausgewählten Bildeigenschaften können auch die Lichtquellen selbst als einzelne Bilder ausgegeben werden. Dadurch kann im Nachhinein z.B. jedes durch eine Lichtquelle entstandene Glanzlicht bearbeitet oder die Farbe der Lichtquellen verändert werden. Wählen Sie im SEPARATE LICHTER-Menü, welche Lichtquellen dafür ausgewertet werden sollen, und im MODUS-Menü, welche Eigenschaften der Lichtquellen als separate Passes berechnet werden sollen.

Der untere Teil des Multi-Pass-Dialogs ist Ihnen bereits von der SPEICHERN-Seite her bekannt. Sie wählen dort den Speicher-PFAD und das FORMAT der Dateien aus. Bedenken Sie, dass nicht alle Formate Bild-Ebenen unterstützen, selbst wenn die Option MULTI-LAYER-DATEI SPEICHERN aktiv ist. In diesen Fällen werden dann trotzdem nur einzelne Bilder für jeden Pass gesichert.

Damit haben wir uns durch die wichtigsten Einstellungen durchgearbeitet und können uns kurz mit dem eigentlichen Rendern des Bilds beschäftigen. Diese Einstellungen starten schließlich nicht die Berechnung, sondern legen nur die Regeln dafür fest.

Zum Rendern stehen diverse Modi sowohl im RENDER-Menü von Cinema 4D als auch in Form von Icons zur Verfügung (siehe Abbildung 3.6).

Abbildung 3.6: Render-Icons

3.3 Ein Bild rendern

Wie in Abbildung 3.6 zu sehen ist, können mit einem Klick auf das Vasensymbol mit dem rechts unten angehängten Dreieck die diversen Render-Modi ausgewählt werden.

Es beginnt mit der AUSSCHNITT RENDERN-Funktion. Nach Auswahl dieses Modus können Sie in einem beliebigen Editor-Fenster mit der Maus und der gehaltenen Maustaste einen Rahmen aufziehen. Der Inhalt dieses Rahmen wird dann innerhalb der Editor-Ansicht berechnet.

Die Funktion AKTIVES OBJEKT RENDERN berechnet die gesamte aktive Editor-Ansicht – zu erkennen an der blauen Umrahmung –, stellt dabei aber nur das Objekt dar, das im OBJEKT-MANAGER selektiert ist.

Diese Funktion ähnelt damit dem AKTUELLE ANSICHT RENDERN, nur dass dort die gesamte Ansicht berechnet wird, egal ob ein Objekt ausgewählt ist oder nicht. Diese Funktion wird während der Erstellung von Materialien und der Abstimmung von Lichtquellen wohl am meisten benutzt und ist daher nicht nur in diesem Icon-Menü, sondern auch nochmals als Icon in der Werkzeugleiste vorhanden, wie der Pfeil in Abbildung 3.6 andeutet.

Diesen drei Funktionen ist gemein, dass nur innerhalb der Editor-Ansichten berechnet wird und daher auch keine Speicherung des Ergebnisses stattfindet.

Zudem können zwischen der Darstellung eines berechneten Editor-Bilds und des später separat berechneten und auf der Festplatte gespeicherten Bilds große Unterschiede auftreten. Dies liegt schon daran, dass unterschiedliche Unterteilungseinstellungen von HyperNURBS-Objekten für den Editor und das Rendern existieren. Die Objekte sind beim Rendern im Editor also in der Regel geringer unterteilt als später beim „echten" Rendern.

Die finale Berechnung muss daher auch mit der Im Bild-Manager rendern-Funktion gestartet werden. Nur dann kommen alle Render-Einstellungen aus den Render-Voreinstellungen zum Tragen und das Bild oder die Animation wird nach Fertigstellung gesichert. Die Bildberechnung findet dabei in einem separaten Fenster, dem Bild-Manager, statt und kann somit live mitverfolgt werden.

Während das Bild dort berechnet wird, können Sie bereits die Szene schließen oder an einem anderen Projekt arbeiten. Die Bildberechnung findet in einem geschützten Speicherbereich statt.

Schließlich finden Sie noch die Vorschau erzeugen-Funktion in dem Menü. Damit können die oft für die Animation wichtigen Probeberechnungen ohne den Umweg über die Render-Voreinstellungen erzeugt werden. Die Angabe eines Speicherpfads ist nicht notwendig. Das Ergebnis findet sich automatisch im Startverzeichnis von Cinema 4D. Der Vorteil dieser Funktion gegenüber dem vorherigen Einstellen des gewünschten Bildbereichs und der Auflösung in den Render-Voreinstellungen und dem Betätigen der Im Bild-Manager rendern-Funktion liegt einfach in der Schnelligkeit, mit der hier Einträge in einem einzigen Menü verändert können und das Rendern ausgelöst wird.

Jetzt, da Sie wissen, wie man Bilder berechnen lässt, sollten Sie es gleich mit unserem Objekt ausprobieren.

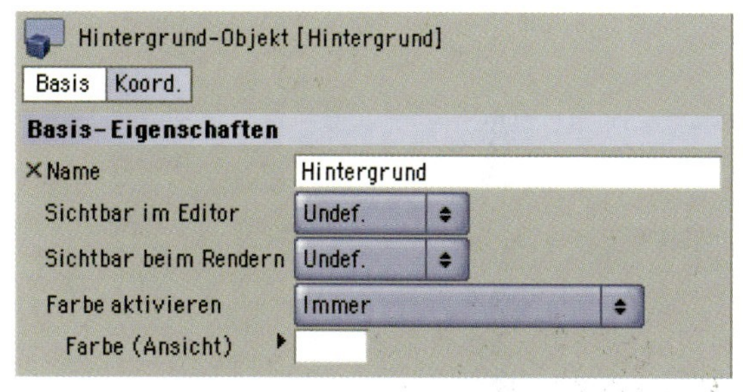

Abbildung 3.7: Einen Hintergrund erstellen

Klicken Sie also einmal auf die Kopfzeile der Editor-Ansicht, die berechnet werden soll – die Ansicht erhält dadurch eine blaue Umrahmung – und benutzen Sie dann das Aktuelle Ansicht rendern-Icon. Sie werden feststellen, dass sich an der Darstellung des Objekts nicht viel verändert hat. Lediglich die Darstellung der Kanten ist durch das Antialiasing präziser geworden und der Hintergrund erscheint schwarz eingefärbt.

Dies liegt daran, dass bereits das Gouraud-Shading in den Editor-Ansichten eine recht präzise Darstellung des gerenderten Objekts liefert. Nur Spiegelungen und Transparenzen sind damit nicht darzustellen.

Um dem standardmäßig schwarzen Hintergrund zu Leibe zu rücken können Sie z.B. ein Hintergrund-Objekt im Objekte › Szene-Objekte-Menü abrufen. Dies ist kein Objekt im herkömmlichen Sinn, sondern fungiert vielmehr als eine Art Leinwand, die automatisch hinter Ihren Objekten platziert wird. Dies gibt uns die Möglichkeit, dort über die Zuweisung eines Materials z.B. ein Bild anzeigen zu lassen oder – und dies dürfte die einfachste Möglichkeit sein – über das Farbe aktivieren-Menü im Attribute-Manager im Modus Immer eine beliebige Farbe zuzuweisen (siehe Abbildung 3.7).

Wenn die Editor-Ansichten nun gerendert werden, erscheint der Hintergrund entsprechend eingefärbt. Wie bereits beschrieben, kann aber selbst dies noch nicht einen verlässlichen Eindruck von dem Objekt und dem zugewiesenen Material bieten.

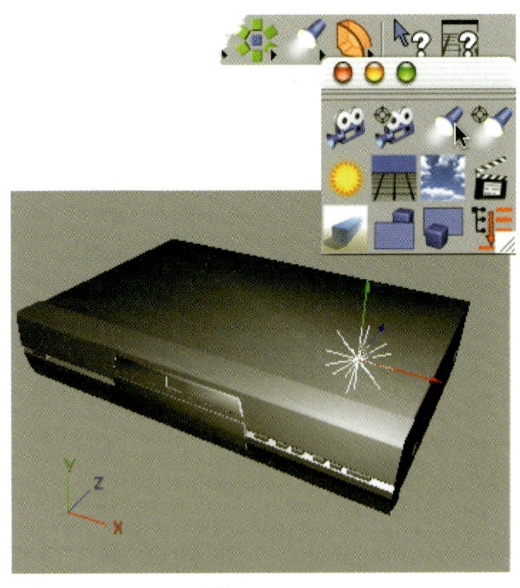

Abbildung 3.8: Eine Lichtquelle aufrufen und platzieren

Das muss uns jetzt noch nicht kümmern. Wählen Sie also die normale Lichtquelle aus und werfen Sie einen Blick in die Editor-Ansichten.

Sie sollten dort ein kleines sternförmiges Objekt erkennen können, das sich wie jedes andere Objekt auch verschieben oder drehen lässt. Dies ist bereits unsere Lichtquelle bzw. die Position, von der aus Licht auf die Objekte in der Umgebung abgestrahlt wird.

Gleichzeitig können Sie bereits hautnah in den Editor-Ansichten mit aktivem Gouraud-Shading mitverfolgen, wie sich die Bewegung der Lichtquelle auswirkt (siehe auch Abbildung 3.8). Das Objekt reagiert auf die Position der Lichtquelle und zeigt Veränderungen der Helligkeit und Schattierung an, als ob Licht auf das Objekt fallen würde.

Verschieben Sie die Lichtquelle vorerst so, dass der am Objekt betrachtete Bereich gut ausgeleuchtet wird, und lassen Sie dann die Ansicht rendern. Die untere Einblendung in Abbildung 3.8 zeigt ein mögliches Resultat.

Da Sie nun schon eine Lichtquelle benutzen, sollten Sie auch über deren wichtigste Parameter Bescheid wissen. Diese werden wie bei allen Objekten im Attribute-Manager angezeigt und dort aufgrund der Anzahl in verschiedenen Gruppen präsentiert. Auch hier werden wir uns auf die für Sie relevanten Parameter beschränken.

3.4 Lichtquellen benutzen

Lassen Sie uns, um nun endlich ein auswertbares Ergebnis zu bekommen, eine Lichtquelle zu unserer Szene hinzufügen. Dazu rufen Sie eine Lichtquelle z.B. unter Objekte › Szene-Objekte oder bei den Icons in der Kopfzeile ab (siehe Abbildung 3.8).

Es stehen dort zwei verschiedene Lichtquellen zur Auswahl: die normale Lichtquelle und die Ziel-Lichtquelle. Letztere hat zusätzlich ein Fadenkreuz im Icon, arbeitet ansonsten aber wie die normale Lichtquelle. Der einzige Unterschied besteht darin, dass Ziel-Lichtquellen bereits mit einer so genannten *Expression* ausgerüstet sind, die das automatische Ausrichten auf Objekte erlaubt.

Allgemeine Lichteinstellungen

Auf der Allgemein-Seite des Lichtquellen-Dialogs können Sie die Farbe und mit dem Helligkeit-Regler die Intensität des Lichts vorgeben. Auch Helligkeit-Werte über 100% sind möglich, wenn Sie diese direkt in das Wertefeld eintragen.

Gleich darunter treffen Sie die Wahl, welche Art von Lichtquelle simuliert werden soll. Eine Punkt-Lichtquelle strahlt Licht z.B. gleichmäßig zu allen Seiten ab, wogegen eine Spot-Lichtquelle nur innerhalb eines bestimmten Öffnungswinkels Licht abstrahlt.

Über die Unterteilungen RUND und ECKIG kann die Form des Lichtkegels weiter spezifiziert werden.

Eine DISTANZ-Lichtquelle wirkt auf die Szene, als würde sie in sehr großer Entfernung liegen. Ein praktisches Beispiel dafür ist unsere Sonne.

Ähnlich wirkt das PARALLELE-Licht, nur dass dort keine punktförmige Lichtquelle vorliegt, sondern eher eine Fläche, von der das Licht ausgeht. Die Lichtstrahlen sind daher alle parallel zueinander ausgerichtet. Die parallele Lichtquelle strahlt das Licht nur in Richtung der positiven Z-Achse des Lichtquellen-Objekts ab.

Schließlich gibt es noch die RÖHRE, die einer Leuchtstoffröhre ähnelt, und die FLÄCHEN-Lichtquelle, die das Licht von einer viereckigen Fläche aus abstrahlt.

Nach Wahl des gewünschten Typs wird im SCHATTEN-Menü vorgegeben, ob und – wenn ja – welche Art Schatten von der Lichtquelle berechnet werden soll. Der WEICHE Schatten ist Ihnen bereits bei den RENDER-VOREINSTELLUNGEN begegnet. Dies ist die mit Abstand am meisten benutzte Schattenart, da sie nicht nur recht natürlich aussieht, sondern auch relativ schnell zu berechnen ist.

HARTE Schatten führen zu Schatten mit hart abgegrenzten Kanten. Dies ist in der Natur kaum zu beobachten, da immer irgendwo Streustrahlung existiert, die in den Schatten eindringt und dessen Ränder aufweicht. Für Weltraumszenen – dort existiert nur sehr wenig Streustrahlung, da die Atmosphäre fehlt – oder Spezialeffekte kann diese Schattenart jedoch hilfreich sein.

Der FLÄCHEN-Schatten liefert schließlich das qualitativ beste Ergebnis, doch – Sie ahnen es bereits – er benötigt sehr viel Rechenzeit. Der FLÄCHEN-Schatten ist als einziger in der Lage, die Schatten relativ zu ihrem Abstand vom Objekt zu berechnen.

Der Schatten unter einem Auto sieht sicher härter abgegrenzt aus als der Schatten einer Gondel, die 20 Meter über dem Boden hängt. Der Abstand zwischen einem Objekt und dem Gegenstand, auf den der Schatten fällt, bestimmt die Intensität und Randschärfe des Schattens.

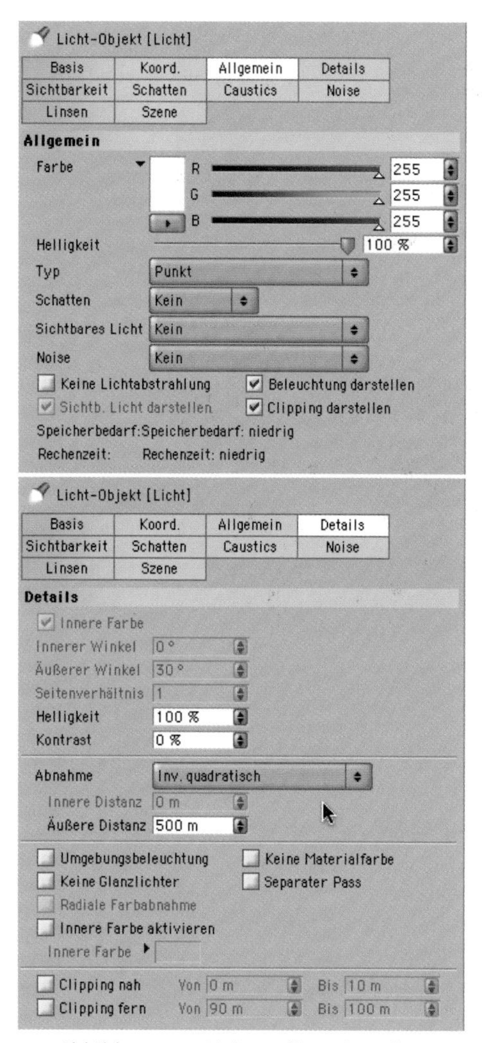

Abbildung 3.9: Lichtquellen-Einstellungen

Wenn höchste Qualität z.B. in einem Standbild gefordert ist, werden Sie um den FLÄCHEN-Schatten nicht herumkommen. Abbildung 3.10 gibt im unteren Teil die Schattenarten wieder. Dort ist oben der harte, in der Mitte der weiche und unten der Flächen-Schatten zu sehen.

Lichtquellen können zudem sichtbares Licht ausstrahlen, Dieses lässt sich sogar einfärben. Dazu müssen Sie im SICHTBARES LICHT-Menü das VOLUMETRISCHE Licht aktivieren. Dies sieht dann aus, als würde Licht durch Rauch oder Nebel fallen.

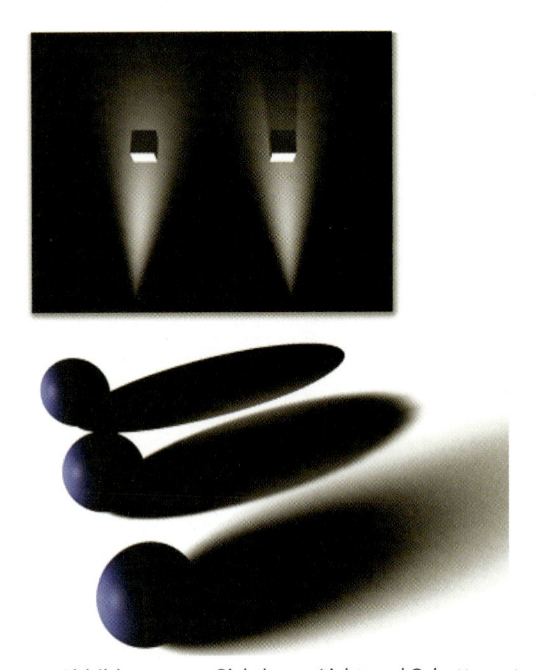

Abbildung 3.10: Sichtbares Licht und Schattenarten

Wenn Sie der Lichtquelle ein Material mit Transparenz zuweisen, können Sie sogar den Effekt von Licht, das durch ein Kirchenfenster fällt, simulieren.

Dieser Modus muss auch immer dann aktiviert werden, wenn sichtbares Licht von Objekten abgeblockt werden könnte und somit innerhalb des sichtbaren Lichtkegels Schatten entstehen.

Nicht immer müssen die Lichteffekte so aufwändig ausfallen. Manchmal benötigt man nur einen leicht sichtbaren Lichtkegel, z.B. für einen Autoscheinwerfer. In diesen Fällen reicht auch die SICHTBAR-Option im SICHTBARES-LICHT-Menü aus. Abbildung 3.10 stellt im oberen Teil sichtbares Licht und volumetrisches Licht gegenüber. Wie Sie dort sehen können, errechnet nur das volumetrische Licht auch innerhalb des Lichtkegels Schatten.

Im unteren Teil des Dialogs befinden sich noch einige weniger benötigte Optionen. Dort können Sie z.B. mit KEINE LICHTABSTRAHLUNG die Beleuchtung von Objekten deaktivieren, wenn beispielsweise nur die sichtbare Eigenschaft der Lichtquelle verwendet werden soll.

Lichtquellen-Details

Auf dieser Dialogseite geht es hauptsächlich um ergänzende Einstellungen wie den Öffnungswinkel einer Spot-Lichtquelle oder die Intensitätsabnahme des Lichts mit zunehmender Entfernung. Hier sollte fast alles selbsterklärend sein, deshalb folgt nur ein kurzer Abriss über die wichtigsten Parameter.

Ist eine SPOT-Lichtquelle ausgewählt, können Sie über die Werte INNERER und ÄUSSERER WINKEL zwei getrennte Öffnungswinkel angeben. Innerhalb des inneren Winkels bleibt die Helligkeit des Lichts konstant und nimmt dann im Bereich des äußeren Lichtkegels bis auf 0% Helligkeit ab. Dadurch ergibt sich eine natürliche Lichtverteilung mit einem weich auslaufenden Rand.

Der HELLIGKEIT-Wert ist bis auf eine Ausnahme mit dem HELLIGKEIT-Regler der ALLGEMEIN-Seite identisch. Dieser Regler kann auch negative Werte annehmen und zieht dadurch das Licht dieser Lichtquelle von anderen Lichtquellen in der Szene ab. Sie können so gezielt Licht entziehen und Bereiche um diese Lichtquelle abdunkeln.

Der KONTRAST-Wert steuert die Intensität des Lichts auf einem Objekt. Im Normalfall ist es so, dass senkrecht auftreffendes Licht am intensivsten ist. Je schräger das Licht auf eine Fläche fällt, desto schwächer wird es. Dieses natürliche Verhalten kann über den Kontrast-Wert verändert werden.

Werte über 0% führen dazu, dass die Lichtintensität auf den schräg angestrahlten Flächen stärker wird. Werte unter 0% schwächen die Helligkeit auf der Objektoberfläche noch früher als gewohnt ab. So erhalten bereits schon leicht zur Lichtquelle geneigte Flächen weniger Licht. Ein KONTRAST-Wert von 0% führt zu einem ausgeglichenen Kontrastverhältnis.

Damit das Licht nicht unendlich in eine Szene vordringt, ohne an Intensität zu verlieren, muss die Abnahme-Funktion benutzt werden. In einer natürlichen Umgebung ist es häufig so, dass Licht z.B. durch Staubpartikel in der Luft mehr und mehr gestreut wird, bis es nach einer gewissen Distanz nicht mehr auf einem Objekt ankommt. Im Weltall fehlt diese störende Atmosphäre fast vollständig. Deshalb können wir dort noch Licht von sehr weit entfernten Objekten wahrnehmen.

Mit welcher Geschwindigkeit das Licht an Intensität verliert, bestimmt die Abnahme-Funktion. Sie können dort z.B. eine lineare Abnahme oder eine invers quadratische Abnahme benutzen. Letztere wird wohl am häufigsten benutzt, da damit ein recht natürliches Verhalten simuliert wird. Zudem sorgt diese Abnahme dafür, dass das Licht nach Erreichen der maximalen Distanz nicht schlagartig an Intensität verliert.

Wie weit das Licht in die Szene eindringen soll, steuern Sie mit dem Wert für die Äussere Distanz. Die Innere Distanz gibt den Radius um die Lichtquelle an, in der das Licht konstant hell bleibt.

Bei den Optionen dürfte die Keine Glanzlichter-Option für Sie interessant sein. Dort werden für diese Lichtquelle Glanzlichter unterdrückt, also auch dann, wenn für die Materialien Glanzlichter eingestellt wurden.

Gleich daneben finden Sie die Option Separater Pass. Mit dieser Option markierte Lichtquellen können als separate Bilder oder Ebenen berechnet werden, wenn in den Render-Voreinstellungen auf der bereits besprochenen Multi-Pass-Seite Separate Lichter › Selektierte ausgewählt ist.

Die unten auf dieser Seite zu findenden Clipping-Einstellungen (siehe auch Abbildung 3.9 und Abbildung 3.11) können sowohl die Beleuchtung als auch das sichtbare Licht in verschiedenen Abständen ausblenden.

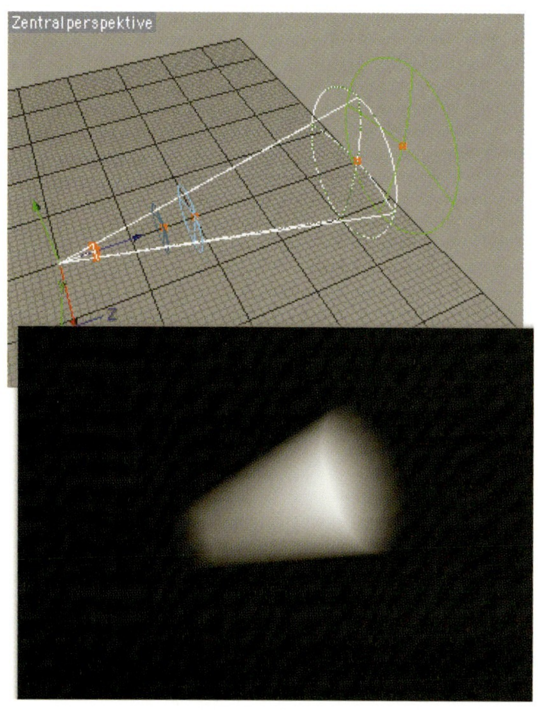

Abbildung 3.11: Clipping eines sichtbaren Lichtkegels

Wie in Abbildung 3.11 zu sehen ist, lässt sich damit ein sichtbarer Lichtkegel z.B. vorne und hinten wie abgeschnitten berechnen. Dies kann nötig werden, wenn die Lichtquelle z.B. tief in einem Objekt platziert werden muss, damit der gewünschte Austrittswinkel einer Spot-Lichtquelle erzielt werden kann.

Ein typisches Beispiel dafür ist ein Autoscheinwerfer, bei dem das Licht ja auch nicht punktförmig startet und sich dann erst der Strahl weitet, sondern der Lichtkegel bereits mit einem größeren Öffnungswinkel das Deckglas des Scheinwerfers verlässt.

Wir überspringen die Sichtbarkeit-Seite des Lichtquellen-Dialogs, da auch dort viele der Einstellungen selbsterklärend sein dürften. Sie können dort z.B. die Farbe und Intensität des sichtbaren Lichts einstellen oder wie weit es von der Lichtquelle aus gesehen reichen soll. Es lässt sich also komplett getrennt von den normalen, beleuchtenden Eigenschaften der Lichtquelle verwenden.

Für Sie von größerem praktischem Nutzen sind die Schatten-Einstellungen.

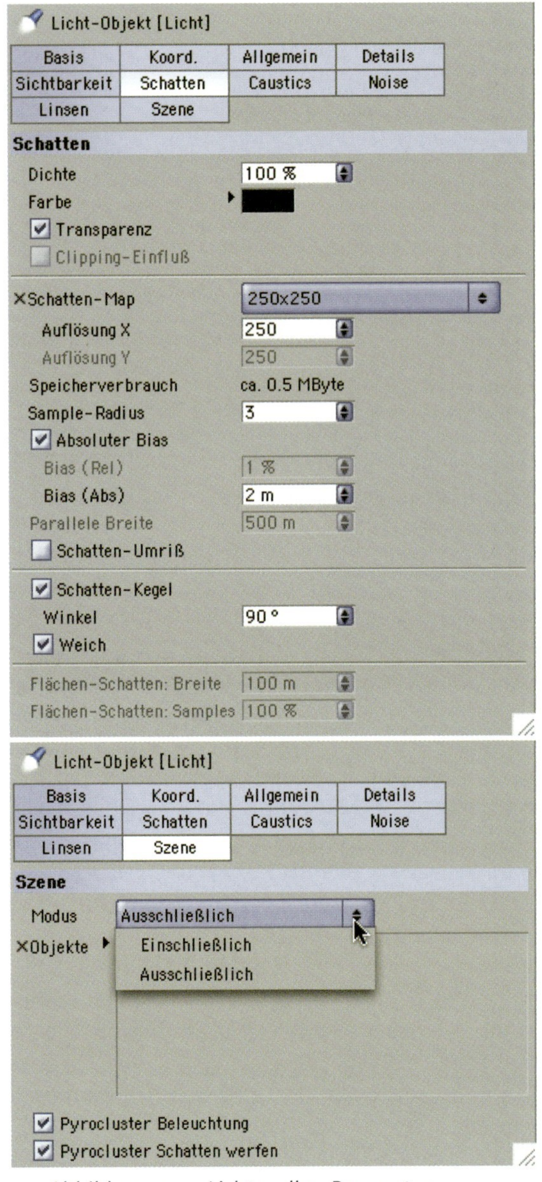

Abbildung 3.12: Lichtquellen-Parameter

Schatten-Einstellungen

Schatten können eine beliebige Farbe und Dichte haben. Sie definieren diese Werte oben auf der Schatten-Seite des Lichtquellen-Dialogs (siehe Abbildung 3.12). Wenn transparente Objekte beleuchtet werden liegt der Fall etwas anders, denn dort erwartet man, dass der Schatten die Farbe der Transparenz übernimmt.

Die Option Transparenz sollte in solchen Fällen also aktiviert sein.

Der Abschnitt darunter steuert die Berechnung des eigentlichen Schattens. Wie bereits erwähnt, werden die häufig benutzten weichen Schatten intern als Bilder berechnet und dann in die Szene projiziert. Der Schatten-Map-Wert kontrolliert hierbei, wie groß dieses Schattenbild berechnet wird. Sie können sich sicher vorstellen, dass ein größeres Bild mehr Details enthält und somit exakter sein wird. Leider nimmt es aber auch mehr Speicherplatz ein. Dies kann zu einem Problem werden, da z.B. eine Punkt-Lichtquelle nicht nur eine Schatten-Map benutzt, sondern gleich sechs davon. Für jede Achsrichtung der rundherum abstrahlenden Lichtquelle wird eine eigene Map berechnet.

Oftmals ist es aber auch gar nicht nötig, so exakte Schatten zu haben. Sie sollten daher nur dann auf größere Schatten-Maps schalten, wenn Ihnen die erzielte Qualität nicht ausreicht. Bedenken Sie zudem, dass eine größere Schatten-Map auch zu einem härteren Schattenrand führt. Der weiche Schatten wirkt dann bei extrem hohen Einstellungen fast wie ein harter Schatten.

Der Wert für Sample-Radius definiert die Genauigkeit, mit der die Schatten-Maps berechnet werden. Höhere Werte bedeuten also größere Genauigkeit, aber leider auch längere Berechnungszeit der Schatten. Wenn Sie durch Speichermangel gezwungen sind, kleinere Schatten-Maps zu benutzen, können Sie dies jedoch teilweise durch eine höhere Genauigkeit beim Sample-Radius ausgleichen.

Was mit dem Bias-Wert passiert, wird in Abbildung 3.13 dargestellt. Der Bias bestimmt, welche Unterschiede in der Struktur eines Objekts Schatten werfen. Je kleiner der Bias-Wert eingestellt ist, desto mehr Schatten werden geworfen, da dann bereits kleinste Unebenheiten mit eingerechnet werden.

Abbildung 3.13: Unterschiedliche Bias-Einstellungen

Dies mag gut klingen, denn mehr Präzision ist sicherlich generell zu begrüßen. Da unsere Objekte jedoch immer nur aus einer relativ geringen Anzahl von Flächen bestehen, verursachen dann selbst die ansonsten vom Phong-Shading geglätteten Übergänge zwischen den Polygonen Schatten.

Abbildung 3.13 demonstriert dies am Beispiel einer Kugel. Wie Sie dort in der oberen Einblendung mit einem sehr geringen BIAS-Wert erkennen können, verursachen die Kanten zwischen den Flächen bereits Schatten und machen damit die Illusion einer perfekten Kugel zunichte. Die einzelnen Polygone treten deutlich hervor. Die Erhöhung des BIAS-Werts – in der Abbildung unten zu sehen – lässt diese Schatten schließlich verschwinden.

Sollten Sie also bei Ihrer Arbeit solche oder ähnliche Schattierungsfehler auf Ihren Objekten beobachten, erinnern Sie sich an den BIAS-Wert und erhöhen Sie diesen schrittweise, bis die Fehler verschwinden.

In nahezu allen Fällen werden Sie nur mit dem ABSOLUTEN BIAS arbeiten. Dieser entkoppelt die Schattenberechnung von dem Abstand zwischen Objekt und Lichtquelle. In seltenen Fällen, wenn Sie eine Szene mit sehr großen Distanzen und großen Objekten benutzen, kann das Umschalten auf den RELATIVEN BIAS Sinn machen.

Der Wert für die PARALLELE BREITE ist nur bei Verwendung paralleler oder bei Distanz-Lichtquellen aktiv. Sie kontrollieren damit die Breite des Bereichs, in dem Schatten berechnet werden. Diese Einschränkung ist nötig, da diese Art Lichtquellen ansonsten entlang einer unendlichen Breite Schatten werfen würden. Die Breite wird von der Position der Lichtquelle aus gemessen. Sie können sich also recht gut an den Abmessungen der in Ihrer Szene befindlichen Objekte orientieren, um einen geeigneten Wert zu finden.

Interessant wird es dann wieder bei der Option SCHATTEN-KEGEL. Wie bereits im Zusammenhang mit weichen Schatten angesprochen, kann deren Berechnung gerade bei PUNKT-Lichtquellen mit großen SCHATTEN-MAP-Größen zu einem stark erhöhten Speicherbedarf bei der Bildberechnung führen. Die Verwendung eines SCHATTEN-KEGELS wirkt diesem entgegen.

Praktisch kann man sich diesen wie einen Lichtkegel vorstellen, nur dass innerhalb dieses Kegels keine Beleuchtung, sondern eben Schatten berechnet werden. Alle Bereiche, die außerhalb des Kegels liegen, erhalten keinen Schattenwurf. Die Richtung des Schatten-Kegels ist durch die Z-Achse der Lichtquelle bestimmt. Es ist daher sinnvoll, diese Z-Achse auf die zu beleuchtenden Objekte auszurichten.

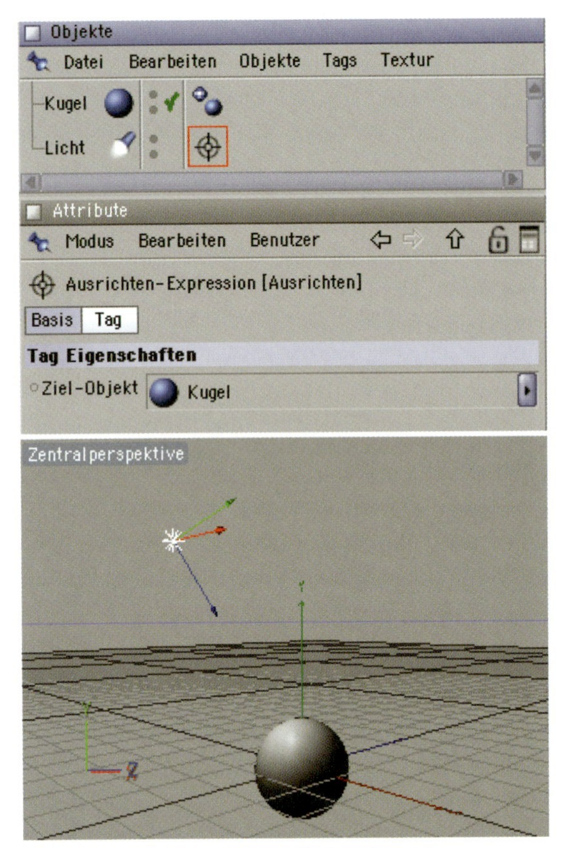

Abbildung 3.14: Automatisches Ausrichten

Natürlich können Sie dies auch durch manuelles Rotieren der Lichtquelle in den Editor-Ansichten erreichen, indem Sie dort die Z-Achse grob auf ein Objekt oder eine Gruppe von Objekten ausrichten. Exakter und schneller geht es jedoch mit der Hilfe der AUSRICHTEN-Expression.

Expressions sind kleine Hilfsprogramme, die Sie zusammen mit den normalen Tags im OBJEKT-MANAGER unter dem Menü DATEI > CINEMA 4D TAGS finden können. Äußerlich treten Expressions wie normale Tags im OBJEKT-MANAGER hinter dem Objekt auf. Die Einstellungen der Expressions sind wie gewohnt im ATTRIBUTE-MANAGER zu finden.

Expressions speichern oder verwalten jedoch nicht nur Daten, wie es Tags tun, sondern greifen aktiv in das Verhalten von Objekten ein.

So sorgt die AUSRICHTEN-Expression kontinuierlich dafür, dass die Z-Achse des Objekts mit dieser Expression auf ein anderes Objekt ausgerichtet wird. Welches Objekt als Ziel-Objekt benutzt werden soll, bestimmen Sie im ATTRIBUTE-MANAGER (siehe Abbildung 3.14). Dort ziehen Sie ein beliebiges Objekt aus dem OBJEKT-MANAGER in das ZIEL-OBJEKT-Feld der AUSRICHTEN-Expression hinein.

Auf diese Weise können nicht nur Lichtquellen, sondern beliebige Objekte auf andere Objekte ausgerichtet werden.

Neben dem manuellen Drehen und dem automatischen Ausrichten der Lichtquelle gibt es noch eine dritte Möglichkeit, die ebenfalls nicht verschwiegen werden soll.

Falls nötig, selektieren und löschen Sie hierfür die AUSRICHTEN-Expression hinter der Lichtquelle durch einmaliges Anklicken und Betätigen der [←]- oder [Entf]-Taste. Selektieren Sie dann das Lichtquelle-Objekt und wählen Sie in einer beliebigen Editor-Ansicht in deren KAMERAS-Menü den Punkt AKTIVES OBJEKT ALS KAMERA.

Dies bewirkt, dass das aktive Objekt als eine Art Kamera benutzt wird. Praktisch können Sie sich das so vorstellen, dass Sie sich zu der Position des Objekts begeben und entlang dessen Z-Achse auf die Szene blicken. Dies hat den Vorteil, dass Sie nun die eigentlich für die Kamera-Navigation reservierten Icons in der Titelzeile der Editor-Ansicht auch zum Verschieben und Rotieren der Pseudo-Kamera benutzen können. Gleichzeitig sehen Sie sofort, welche anderen Objekte in „Blickrichtung" der temporären Kamera liegen. Dies ist also durchaus auch eine gute Möglichkeit, die Z-Achse der Lichtquelle gezielt auf bestimmte Objekte auszurichten.

Sind Sie mit der Positionierung schließlich zufrieden, wählen Sie im KAMERAS-Menü der gleichen Editor-Ansicht den Punkt EDITOR-KAMERA aus und die Ansicht löst sich wieder von dem Objekt und gibt dieses frei.

Um inhaltlich zum Schatten-Dialog der Lichtquelle zurückzukehren, finden Sie dort ergänzend zu der Schatten-Kegel-Option eine Winkel-Angabe, die die Weite des Schatten-Kegels beschreibt. Die Weich-Option sorgt dann zusätzlich dafür, dass die Schatten am Rand des Kegels weich auslaufen und nicht abrupt abbrechen.

Benutzen Sie Flächen-Schatten, sind all diese Überlegungen über die Schatten-Map-Größe oder Schatten-Kegel nicht von Bedeutung. Sie müssen sich ähnlich wie bei Lichtquellen mit parallelem Licht nur über die gewünschte Breite im Klaren sein und diese in das Feld für Flächen-Schatten: Breite eintragen. Der Wert funktioniert hierbei so, dass dadurch die Breite einer Lichtquelle beschrieben wird. Dies hat also nichts mit der Breite des Schattens oder dem Bereich zu tun, in dem Schatten berechnet werden.

Ein Wert von 100 m bedeutet, dass Cinema 4D intern von einer quadratischen Lichtquelle mit einer Seitenlänge von 100 m ausgeht und den Schatten so berechnet, als ginge er von dieser Lichtquelle aus. Dies ist somit unabhängig von der Art der von Ihnen verwendeten Lichtquelle. Je größer Sie die Breite hier wählen, desto mehr Licht wird auch um das Objekt herum in den Schatten fallen und den Schatten somit weicher und weniger gesättigt erscheinen lassen.

Der Wert für die Samples bestimmt die Genauigkeit der Flächen-Schatten-Berechnung. Wie immer gilt, mehr ist besser, dauert aber länger.

Auf der Caustics-Seite aktivieren Sie die Berechnung der bereits bei den Render-Voreinstellungen angesprochenen caustischen Effekte. Diese werden durch die Aussendung von virtuellen Lichtteilchen, den „Photonen", erzeugt. Je mehr davon verwendet werden, desto rauschfreier werden die caustischen Effekte. Deren Energie bestimmt die Helligkeit des Effekts.

Auf der Noise-Seite lassen sich Störungen zur Beleuchtung oder zum sichtbaren Licht hinzufügen. Dies kann dann wirken, als würde Licht z.B. durch ein Blätterdach auf die Szene fallen oder – im Fall von sichtbarem Licht – als würden Nebelschwaden durch den Lichtkegel ziehen.

Gleiches gilt für die Linsen-Effekte. Damit können Lichtquellen zusätzliche Strukturen erzeugen, die Sie von Kameralinsen her kennen, wenn eine Gegenlichtaufnahme gemacht wird. Es erscheinen ring-, rauten- oder sternförmige Strukturen im Bild. Sie können auf der Linsen-Seite unter zahlreichen Voreinstellungen z.B. für Sterne oder einen Foto-Blitz wählen.

Für uns sehr viel interessanter wird es wieder auf der Szene-Seite des Lichtquellen-Dialogs (siehe auch Abbildung 3.12). Dort können wir z.B. bestimmte Objekte vor der Lichtquelle verbergen. Eine sehr hilfreiche Funktion. Denken Sie nur einmal an eine Szene, in der bereits alle Objekte gut ausgeleuchtet wurden. Nur ein Objekt könnte noch zusätzliches Licht vertragen. Würde man aber einfach eine zusätzliche Lichtquelle hinzufügen, würde davon wahrscheinlich die Beleuchtung der übrigen Objekte ebenfalls beeinflusst.

Dank der Szene-Einstellungen ziehen Sie in solch einem Fall einfach das zusätzlich zu beleuchtende Objekt in das große Objekte-Drag & Drop-Feld auf der Szene-Seite und aktivieren den Einschliesslich-Modus. Dadurch wird dieses Objekt als einziges von dieser Lichtquelle beleuchtet. Im umgekehrten Fall können Sie auch Objekte mit dem Ausschliesslich-Modus von der Beleuchtung ausnehmen.

Damit wissen Sie vorerst ausreichend viel über die Möglichkeiten der Lichtquellen. Wir schlagen vor, dass Sie Ihre Lichtquelle als Punkt-Licht mit weichem Schatten einrichten und einen Schatten-Kegel zur Reduzierung des Speicherverbrauchs aktivieren.

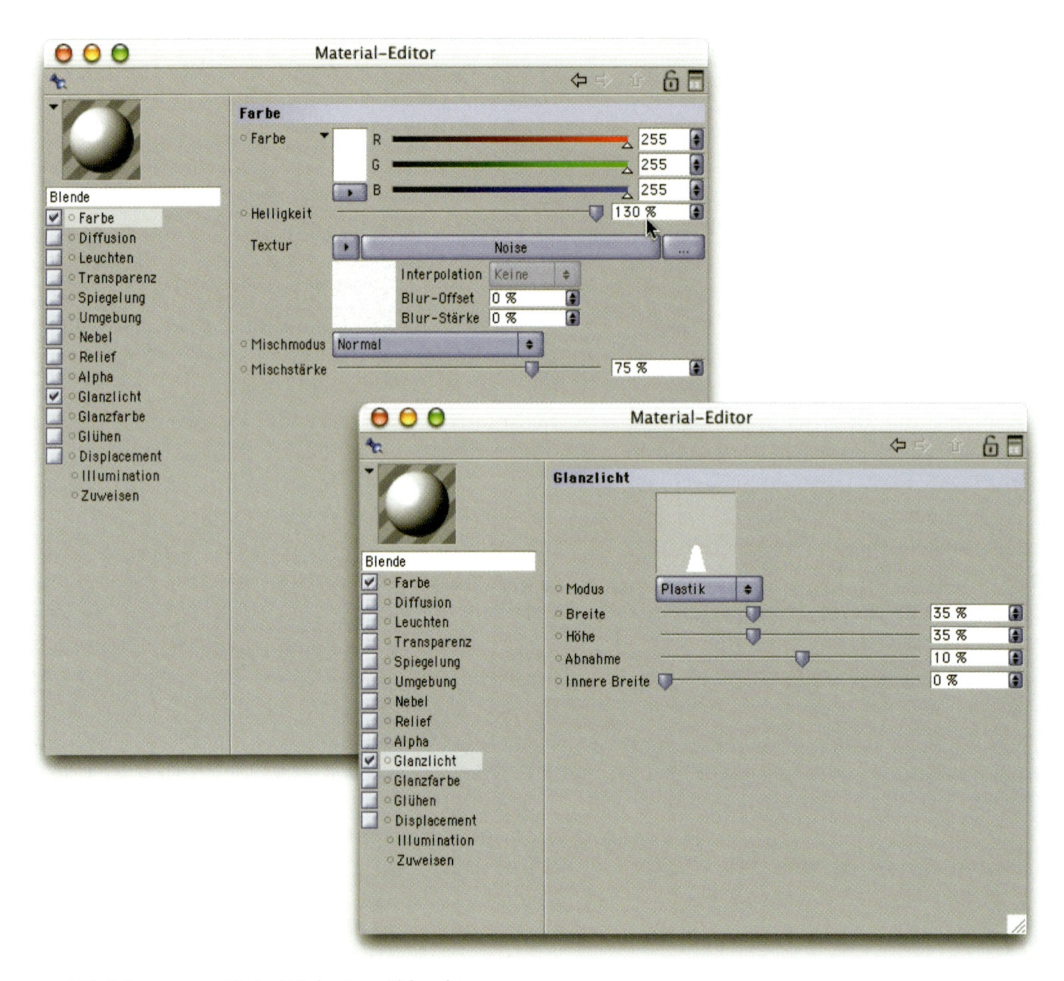

Abbildung 3.15: Material der Frontblende

Richten Sie die Lichtquelle entweder manuell oder besser noch mit einer AUSRICHTEN-Expression auf das Korpus-Objekt aus und platzieren Sie die Lichtquelle so, dass Ihr Modell ausreichend hell in der Kamera-Ansicht erscheint. Lassen Sie dann diese Ansicht erneut mit der AKTUELLE ANSICHT RENDERN-Funktion berechnen und betrachten Sie, wie das Korpusmaterial unter verschiedenen Blickwinkeln wirkt. Ist es zu glänzend oder zu dunkel?

Vergleichen Sie die gerenderte Ansicht mit den Fotovorlagen aus dem zweiten Kapitel. Nehmen Sie ggf. Veränderungen an dem Material des Korpus vor, bis es Ihnen gefällt. Die von uns vorgeschlagenen Einstellungen kennen Sie ja bereits.

Sie brauchen das Material übrigens nach jeder Veränderung daran nicht wieder neu zuzuweisen. Die Materialveränderungen werden automatisch an das Objekt übergeben.

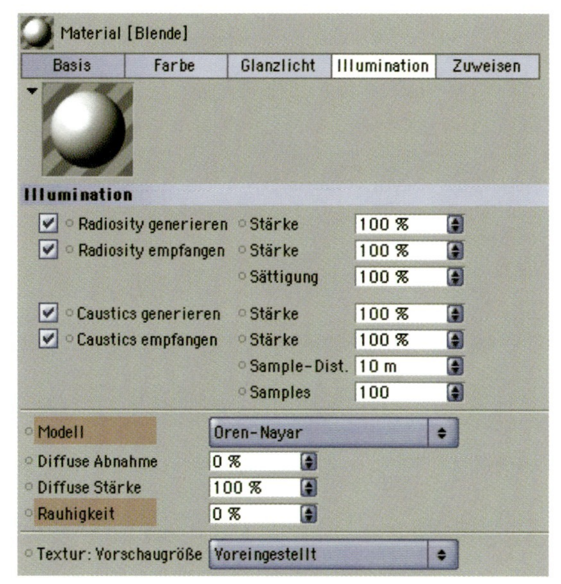

Abbildung 3.16: Illumination-Parameter

3.5 Das Material für die Frontblende

Das Material für die Frontblende des DVD-Players unterscheidet sich nicht wesentlich von dem Korpusmaterial. Betrachtet man die Bilder aus Kapitel 2, dann scheint es nur etwas heller zu wirken. Es hat zudem ein etwas anderes Glanzverhalten. Man kann dies auf die unterschiedlichen Baustoffe zurückführen, einmal Blech für den Korpus und einmal Kunststoff für die Frontblende.

Wir entscheiden und daher dafür, die spiegelnden Eigenschaften ganz zu deaktivieren und die Helligkeit über den FARBE-Kanal zu verstärken. Da das Farbrauschen aber auch auf der Frontblende zu erkennen ist, sollte dort der NOISE-Shader auch wieder zum Einsatz kommen.

Bei Materialien, die sich derart ähneln, können Sie eine Verdopplung direkt im MATERIAL-MANAGER vornehmen, um nicht mit einem neuen, leeren Material beginnen zu müssen.

Klicken Sie dazu das zu verdoppelnde Material ein Mal an und benutzen Sie dann nacheinander KOPIEREN und EINFÜGEN aus dem BEARBEITEN-Menü des MATERIAL-MANAGERS.

Noch schneller geht das Verdoppeln von Materialien in Verbindung mit der `Strg`- bzw. `Ctrl`-Taste. Klicken Sie dazu wie gehabt das Material an, halten Sie dann zusätzlich zur Maustaste die `Strg`- oder `Ctrl`-Taste und ziehen Sie die Maus links oder rechts neben das Material im MATERIAL-MANAGER. Nach dem Lösen der Maustaste erscheint eine zusätzliche Kopie des Materials.

Klicken Sie doppelt auf das neue Material und verändern Sie als Erstes links oben den Materialnamen im MATERIAL-EDITOR, damit später immer klar ist, welches Material zu welchen Objekten gehört. Wir schlagen vor, das neue Material *Blende* zu nennen (siehe auch Abbildung 3.15).

Wie Sie in der Abbildung erkennen können, wurde die HELLIGKEIT der Farbe im FARBE-Kanal auf über 100% erhöht. Sie müssen dazu das Werteingabefeld benutzen, da der Regler nur bis 100% eingestellt werden kann. Dies sorgt für die Intensivierung der Frontblende-Helligkeit gegenüber dem Korpusmaterial. Zusätzlich wird die Farbe im NOISE-Shader noch heller gemacht. Alternativ dazu können Sie aber auch die MISCHSTÄRKE reduzieren und so den Farbwert noch dominanter machen.

Der SPIEGELUNG-Kanal wird aus den genannten Gründen deaktiviert. Die Kunststoffblende zeigt unserer Meinung nach mehr Glanzlicht als Spiegelung. Es wird deshalb zwar gegenüber dem Korpusmaterial die Intensität des Glanzlichts etwas zurückgenommen, aber gleichzeitig seine Breite erhöht (siehe Abbildung 3.15). Die Oberfläche wird dadurch etwas rauer wirken.

Zusätzlich verstärken lassen sich solche Eigenschaften auf der ILLUMINATION-Seite von Materialien (siehe Abbildung 3.16).

Im oberen Teil dieser Seite können Sie prozentual vorgeben, wie das Material auf Radiosity- und Caustic-Berechnungen reagieren soll. Wenn also z.B. mit Radiosity berechnetes Licht auf dieses Material trifft, können Sie dieses über den Sättigung-Wert entsättigen oder über den Radiosity empfangen-Wert verstärken oder abschwächen.

In der praktischen Anwendung kommt dies häufig bei Materialien vor, die den Leuchten-Kanal benutzen. Während der Radiosity-Berechnung werden leuchtende Materialien wie echte Lichtquellen ausgewertet. Dies führt somit zu einer zusätzlichen Beleuchtung der Umgebung. Dies ist nicht immer erwünscht und wird daher in solchen Fällen oft mit einem Radiosity generieren-Wert von 0% deaktiviert.

Der gegenteilige Fall kommt jedoch auch vor, wenn z.B. eine Szene ausschließlich mit einem leuchtenden Himmel-Bild beleuchtet werden soll. Dann können Radiosity generieren-Werte weit über 100% hilfreich sein, um die gewünschte Helligkeit in der Szene zu erzielen.

Ähnliche Überlegungen gelten für die Caustics-Einstellungen, wobei diese noch sehr viel seltener benötigt werden als die Radiosity-Einstellungen.

Darunter finden Sie Einstellungen für das zu verwendende Schattierungsmodell. Phong ist das voreingestellte Modell, das auch für die meisten Materialien eine gute Wahl darstellt. Das Verhältnis zwischen Glanz, Helligkeit und Schatten ist hier sehr ausgewogen. Bei stärker glänzenden Materialien kann hier auch zum Blinn-Modell umgeschaltet werden. Dieses verstärkt die Glanzeigenschaften, ist aber ansonsten dem Phong-Modell sehr ähnlich.

Ganz anders verhält sich der Oren-Nayar-Modus. Dieser wirkt, als hätte das Objekt eine aufgeraute Oberfläche, auf der sich kaum scharfe Glanzpunkte erzeugen lassen.

Abbildung 3.17: Projektionen übernehmen

Über den Rauhigkeit-Wert kann dieser Eindruck noch weiter verstärkt werden. Wie Sie in Abbildung 3.16 erkennen können, bewirkt schon eine Rauhigkeit von 0% eine starke Veränderung der Glanzeigenschaften. Wir belassen es daher vorerst dabei. Nur nachfolgende Probeberechnungen können zeigen, ob hier nachgebessert werden muss.

Damit ist das Material definiert und kann zugewiesen werden. Wegen des Noise-Anteils wäre wieder eine Quader-Projektion mit angepassten Abmessungen angebracht. Diese haben Sie ja bereits beim Korpus angewendet.

In Fällen, wo bereits ein Material mit gleicher Projektion vorhanden ist, können Sie sich einige Arbeitsschritte sparen. Werfen Sie dazu einen Blick auf Abbildung 3.17.

Klicken Sie ein Mal auf das Textur-Tag hinter dem Korpus-Objekt, um dieses zu aktivieren, und halten Sie dann zusätzlich zur Maustaste die `Strg`- bzw. `Ctrl`-Taste. Ziehen Sie das Tag hinter das Objekt der Frontblende. Nach dem Lösen der Maustaste ist das Korpusmaterial samt allen Projektionseinstellungen auch auf der Frontblende zu finden.

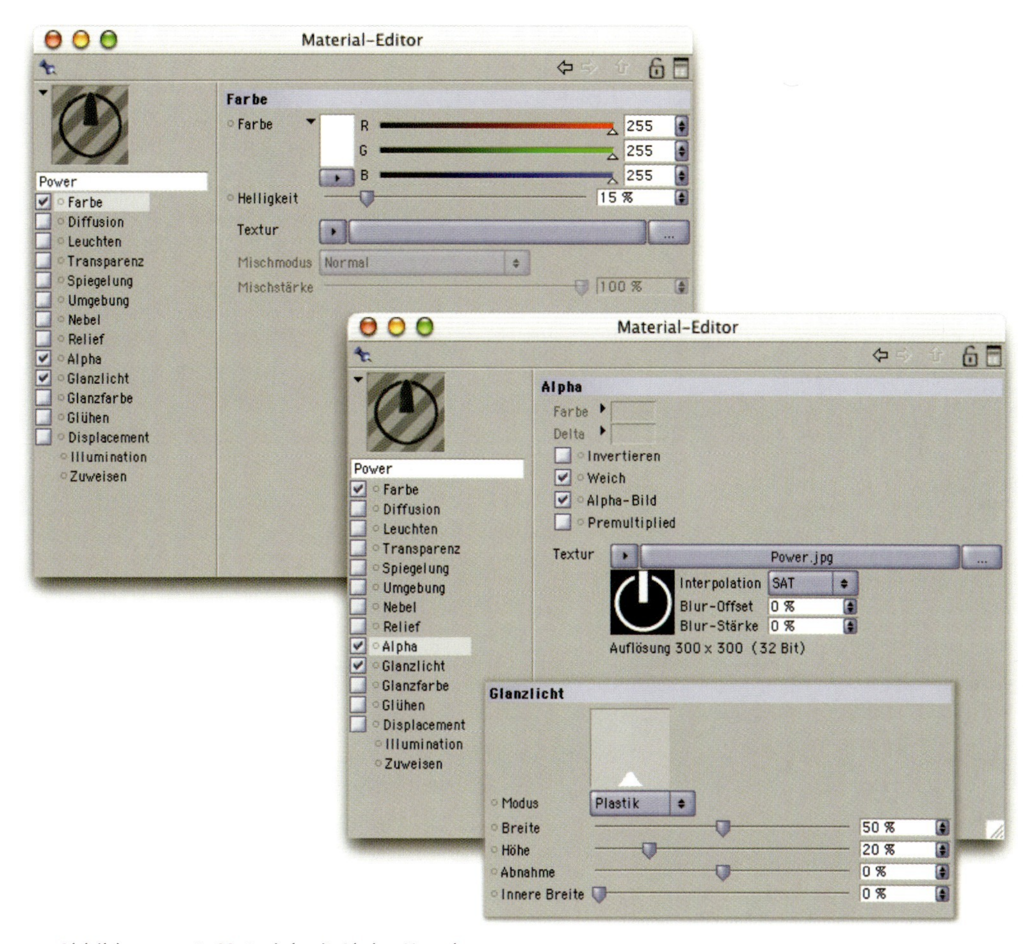

Abbildung 3.18: Material mit Alpha-Kanal

Klicken Sie ein Mal auf das neue TEXTUR-Tag hinter dem Frontblende-Objekt, um dessen Dialog im ATTRIBUTE-MANAGER einsehen zu können. Sie werden dort im MATERIAL-Feld den Namen des Korpusmaterials erkennen können. Um dieses Material mit dem *Blende*-Material auszutauschen, ziehen Sie das *Blende*-Material mit gehaltener Maustaste aus dem MATERIAL-MANAGER in das MATERIAL-Feld im ATTRIBUTE-MANAGER hinein.

Damit ist das *Blende*-Material nun der Frontblende zugewiesen und benutzt die gleichen Projektionseinstellungen wie zuvor das Korpusmaterial.

3.6 Logos aufbringen

Oft müssen Beschriftungen, Aufkleber oder Logos auf Objekten angebracht werden. Auch in unserem Beispiel befinden sich eine Reihe von Beschriftungen und Symbolen z.B. über den Tasten der Frontblende.

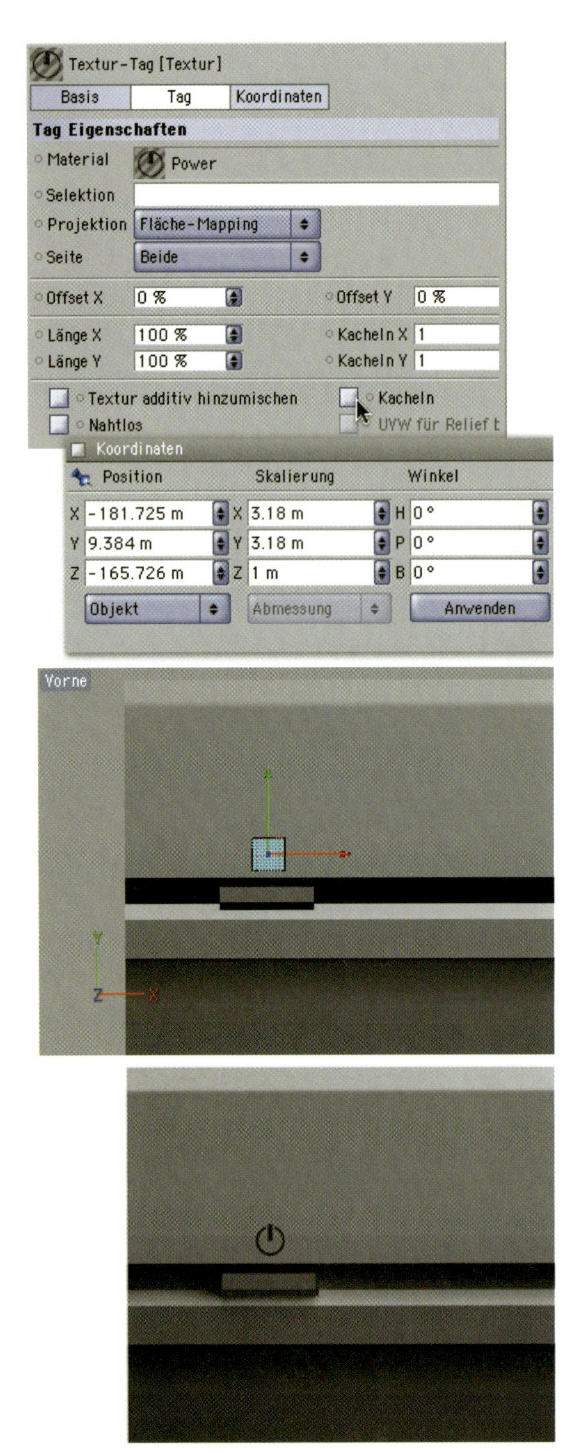

Abbildung 3.19: Flächenprojektion eines Symbols auf die Frontblende

Diese lassen sich durch Benutzung des Alpha-Kanals in Materialien umsetzen. Dabei geht man in der Regel so vor, dass eine Art Alpha-Maske der gewünschten Form z.B. in Adobe Photoshop erzeugt wird. Der Teil des Materials, der sichtbar bleiben soll, wird in weiß, die Teile die ausgeblendet werden sollen in schwarz dargestellt. Graustufen sind ebenfalls möglich und ergeben dann abgestufte Sichtbarkeiten.

Damit Sie sich nicht unnötig mit der Erstellung der benötigten Alpha-Masken für die Tasten-Symbole aufhalten müssen, liegen diese bereits auf der Buch-CD-ROM bereit.

Die Abbildung 3.18 beschreibt deren Anwendung. Erzeugen Sie zuerst ein neues Material im Material-Manager, öffnen Sie dessen Einstellungen im Material-Editor und aktivieren Sie die Kanäle, die wir voraussichtlich benötigen werden. Dies sind der Farbe- und der Glanzlicht-Kanal, sowie der angesprochene Alpha-Kanal.

Verwechseln Sie dessen Wirkung nicht mit dem Transparenz-Kanal. Dort werden spezielle Berechnungen durchgeführt, um dem Material transparente Eigenschaften zu geben. Im Alpha-Kanal hingegen werden Teile des Materials schlicht ausgeschnitten und weggelassen.

Die Einstellungen im Farbe- und Glanzlicht-Kanal sind wenig spektakulär, wie Sie der Abbildung 3.18 entnehmen können. Versuchen Sie dort lediglich, die Farbe und den Glanz der Symbole nachzuahmen.

Interessanter wird es im Alpha-Kanal. Laden Sie dort das Bild *Power.jpg* ein, das die Form des Ein-/Aus-Symbols zeigt. Sobald das Bild geladen ist, werden Sie eine Veränderung an der Material-Vorschau erkennen können. Nur an den im Alpha-Bild hellen Bereichen bleibt das Material noch sichtbar. Alle schwarzen Stellen sind jetzt unsichtbar. Um das Ergebnis möglichst scharf zu berechnen, benutzen Sie zudem die SAT-Interpolation.

Wo wir schon einmal auf der Seite des Alpha-Kanals sind, lassen Sie uns ein paar Worte über die dort zu findenden Optionen verlieren.

Die Invertieren-Option invertiert die Helligkeiten eines geladenen Bilds bzw. eines geladenen Shaders. Ursprünglich sichtbare Bereiche werden dann im Material unsichtbar und umgekehrt.

Die Weich-Option führt dazu, dass das gesamte Graustufenspektrum eines geladenen Bilds ausgewertet wird. Ein im Bild 60% heller Punkt führt dann auch zu 60% Sichtbarkeit des Materials an dieser Stelle. So lassen sich weiche Übergänge zwischen voll sichtbaren und gänzlich unsichtbaren Bereichen erzielen.

Ist diese Option deaktiviert, werden die beiden oberen Farbfelder im Alpha-Kanal aktiviert. Der Farbe-Wert bestimmt dann den Farbwert, der im Bild für die unsichtbaren Bereiche zuständig sein soll. Auf diese Weise können dann z.B. auch Farbbilder im Alpha-Kanal benutzt werden, wenn dort z.B. ein blauer Himmel ausgestanzt werden soll.

Sie brauchen dabei den Farbwert nicht von Hand einzugeben, sondern können mit der Maus in das Vorschaubild des geladenen Bilds klicken, um diesem eine Farbe zu entnehmen.

Damit eine gewisse Abweichung von dem Farbe-Wert auch noch als Maske erkannt wird, kann der Delta-Farbwert benutzt werden. Dessen prozentuale Abweichung vom Farbe-Wert bestimmt den Umfang der für die Freistellung erkannten Farben. Wenn möglich, sollten Sie jedoch mit der aktiven Weich-Option und vorbereiteten Graustufenbildern arbeiten. Diese liefern in jedem Fall ein exakteres Ergebnis.

Bei aktiver Alpha-Bild-Option wird der Alpha-Kanal z.B. von TIFF- oder Photoshop-Dateien erkannt und ausgewertet. Ist die Option aktiv, aber kein Alpha-Kanal im Bild vorhanden, wird wie gewohnt nur das Bild benutzt. Sie können diese Option also immer aktiviert lassen.

Die Premultiplied-Option führt zur Multiplikation des Alpha-Kanals mit den übrigen Kanälen. Dies kann bei gleichzeitiger Verwendung eines Bilds im Farbe- und Alpha-Kanal zu Farbsäumen um den freigestellten Bereich führen. In den meisten Fällen ist es daher empfehlenswert, diese Option deaktiviert zu lassen.

Da das Material damit bereits komplett ist, müssen wir uns um die Zuweisung zur Frontblende kümmern. Das Quader-Mapping kommt hier nicht in Frage, da das Material nur auf der Vorderseite der Blende zu sehen sein soll. Das Fläche-Mapping könnte hier die Lösung sein.

Ziehen Sie das Material mit dem Alpha-Symbol also wie gewohnt auf die Frontblende im Objekt-Manager, um eine Verknüpfung von Material und Objekt zu bewirken. Aus genannten Gründen sollten Sie im Textur-Tag nun von UVW-Mapping auf das Fläche-Mapping als Projektion umschalten. In diesem Modus verhält sich das Material wie ein auf eine Wand projiziertes Dia. Um das Material nur ein Mal auf dem Objekt erscheinen zu lassen, muss die Kacheln-Option deaktiviert werden.

Damit das Symbol unverzerrt auf dem Objekt erscheint, schalten Sie in den Textur-Achsen bearbeiten-Modus und tragen im Koordinaten-Manager für die Abmessung in X- und Y-Richtung die Pixelauflösung des im Material geladenen Bilds ein. In diesem Fall ist dies 300 x 300 Pixel. Sie hätten in diesem Fall also die Standardgröße von 100 x 100 übernehmen können, da diese dem gleichen Seitenverhältnis entspricht, aber von diesem Spezialfall können Sie in den wenigsten Fällen ausgehen. Benutzen Sie dann die Verschieben- und Skalieren-Werkzeuge, um die Projektion des Materials an die gewünschte Stelle über dem Ein-/Aus-Knopf zu bringen (siehe Abbildung 3.19).

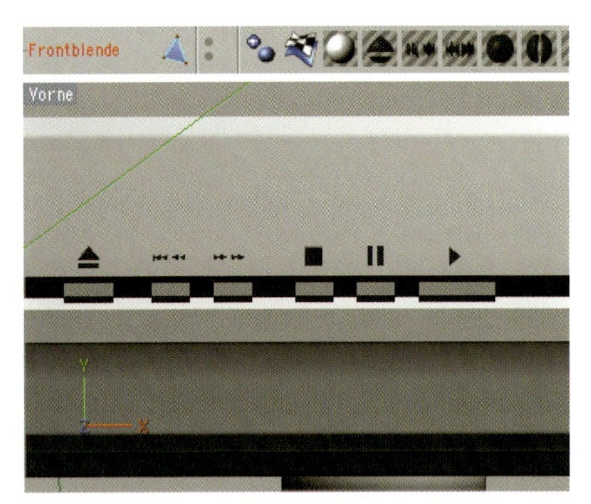

Abbildung 3.20: Weitere Symbolmaterialien

Wie Sie der Abbildung entnehmen können, hat sich durch das Skalieren die Größe der Textur schließlich auf 3,18 m für X und Y reduziert. Dieser Wert ist nur durch das interaktive Skalieren mit der Maus und den visuellen Vergleich mit den Bildvorlagen entstanden.

Sollte bei Ihnen aus irgendwelchen Gründen die Textur falsch ausgerichtet und somit nicht in der frontalen Ansicht zu sehen sein, müssen Sie zusätzlich das ROTIEREN-Werkzeug benutzen, um die Texturvorschau zu drehen.

Der räumliche Abstand zwischen dem Vorschauraster der Textur und dem Objekt ist übrigens unbedeutend. Beim FLÄCHE-MAPPING wird das Material entlang der Z-Achse der Vorschau auf das Objekt projiziert. Eventuelle Zwischenräume spielen da keine Rolle.

In den unteren beiden Einblendungen in Abbildung 3.19 sehen Sie schließlich eine mögliche Position der Textur-Vorschau und das berechnete Resultat.

Nach dem gleichen Schema bringen Sie auch die übrigen Symbole über den Tasten der Frontblende auf. Auch hier können Sie wieder Arbeitsschritte abkürzen und sparen, da bereits ein ähnliches Material samt passendem Textur-Tag vorhanden ist. Duplizieren Sie also erst das Symbolmaterial weitere sechs Mal.

Benutzen Sie dafür z.B. die [Strg]-/[Ctrl]-Drag-Methode im MATERIAL-MANAGER. Im OBJEKT-MANAGER gehen Sie dann nach dem gleichen Prinzip mit dem SYMBOL-TEXTUR-TAG um. Auch dort können Sie die [Strg]-/[Ctrl]-Drag-Methode zum Duplizieren verwenden.

Laden Sie bei den Materialkopien jeweils ein neues Symbol in den ALPHA-Kanal ein. Sie finden auch hierfür vorbereitete Alpha-Bilder auf der Buch-CD-ROM. Alle Bilder haben die gleichen Abmessungen, so dass Sie sich um eine Anpassung der Texturgrößen keine Sorgen machen müssen.

Arbeiten Sie die neuen Textur-Tags hinter dem Frontblende-Objekt nach und nach ab und tauschen Sie deren Materialien im ATTRIBUTE-MANAGER gegen die Materialkopien mit den neuen Alpha-Bildern aus. Schalten Sie in den TEXTUR-ACHSEN BEARBEITEN-Modus um und verschieben Sie dort die Vorschau der neuen Textur-Tags seitlich, bis diese über den entsprechenden Tasten stehen. Abbildung 3.20 gibt den Endzustand sowohl im OBJEKT-MANAGER als auch in der frontalen Editor-Ansicht wieder.

Am besten geben Sie beim Verschieben der Texturen nur die X-Achse frei, damit die Höhen der Symbole gleich bleiben. Die Reihenfolge der Textur-Tags auf der Frontblende im OBJEKT-MANAGER ist frei wählbar. Wichtig ist nur, dass alle Symbol-Texturen rechts von dem Grundmaterial der Frontblende platziert sind. Die Abfolge der TEXTUR-Tags funktioniert gleichzeitig wie ein Ebenen-System.

Je weiter rechts ein TEXTUR-Tag eingeordnet ist, desto weiter oben liegt es auf dem Objekt. Würden Sie also das *Blende*-Textur-Tag rechts neben das letzte SYMBOL-TEXTUR-Tag ziehen, so würden keine Tastensymbole mehr auf der Frontblende zu sehen sein. Das *Blende*-Material hat schließlich keinen ALPHA-Kanal und somit auch keine durchsichtige Stelle, durch die man darunter liegende Materialien sehen könnte.

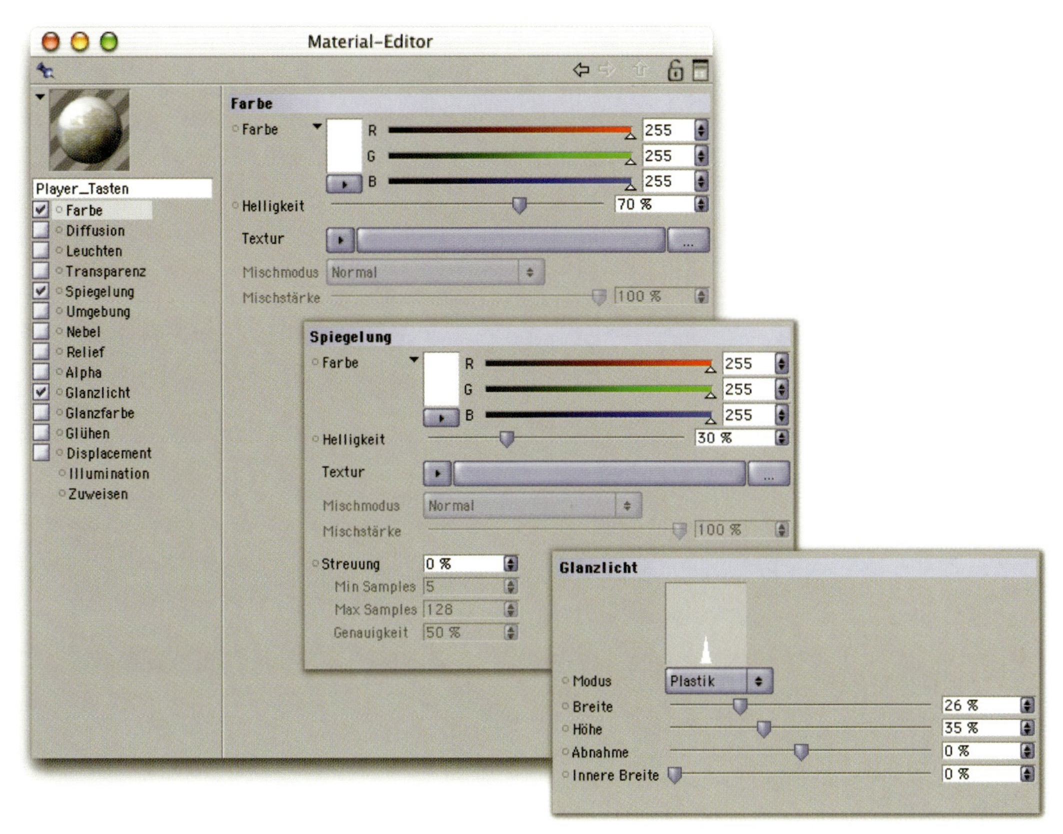

Abbildung 3.21: Das Tasten-Material

3.7 Das Tasten-Material

Langsam nimmt unser DVD-Player Gestalt an. Fahren wir mit seinen Tasten fort. Diese scheinen nicht die gesprenkelte Farbe aufzuweisen. Das Material könnte ebenso stumpfes Metall wie Kunststoff sein.

Wir entscheiden uns hier für Metall und erzeugen im Material-Manager ein neues Material, in dem wir die Kanäle für Farbe, Spiegelung und Glanzlicht aktivieren. Im Prinzip ähneln die Einstellungen dem Korpusmaterial, nur dass wir hier auf den Noise-Shader verzichten. Abbildung 3.21 gibt unsere Einstellungen wieder.

Ihre Einstellungen können natürlich etwas anders ausfallen. So können Sie z.B. den metallischen Charakter des Materials durch eine Verringerung der Farb-Helligkeit auf der Farbe-Seite und ein intensiveres Glanzlicht verstärken.

Ebenso führen die Verringerung der spiegelnden Eigenschaften und die Verwendung des Oren-Nayar-Modells auf der Illumination-Seite zu einem stumpfen Kunststoff-Look.

Schließlich benennen Sie das Material passend um und ziehen es aus dem Material-Manager auf das Tasten-Objekt im Objekt-Manager. Da im Material keine Muster oder Bilder verwendet werden, können Sie ruhig das UVW-Mapping benutzen.

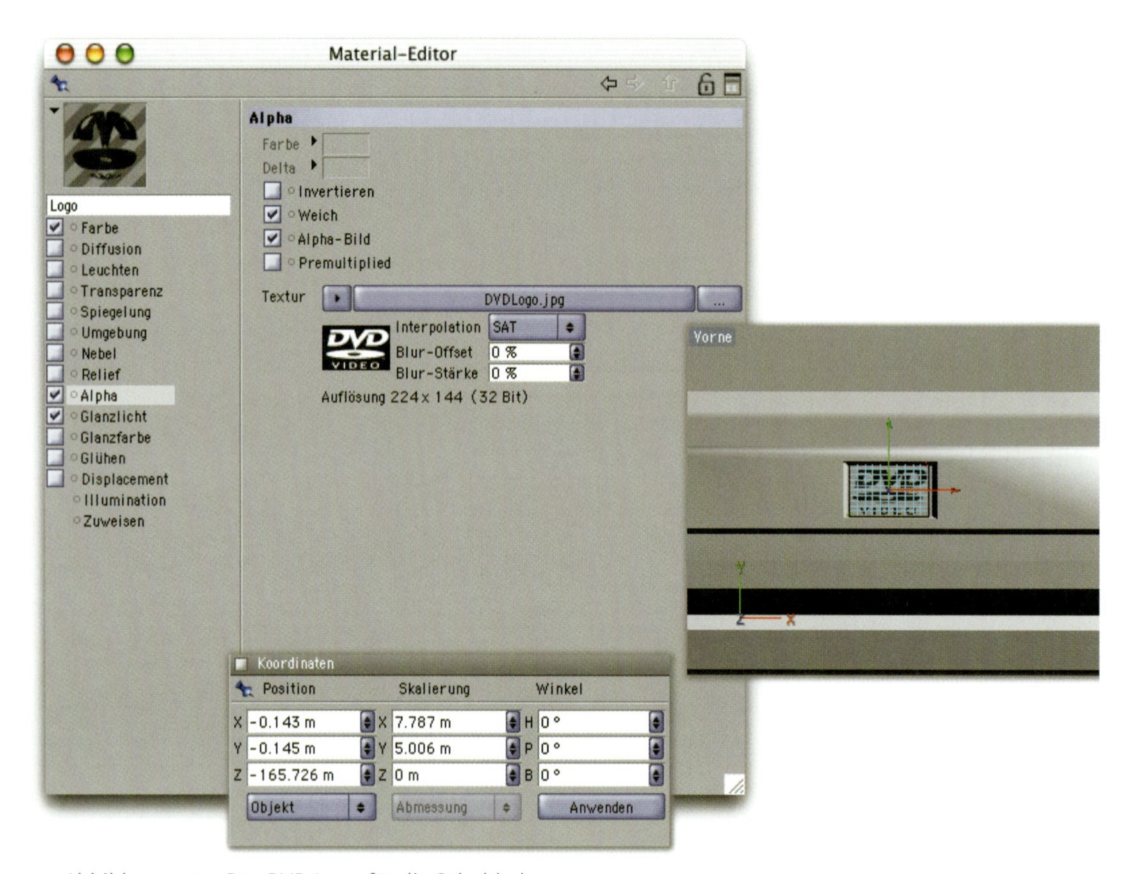

Abbildung 3.22: Das DVD-Logo für die Schublade

Etwaige Verzerrungen fallen bei Materialien, die keine Shader oder Bilder benutzen, nicht auf.

3.8 Die Materialien der DVD-Schublade

Die Schublade für die DVDs besteht aus dem gleichen Material wie die Frontblende. Was liegt also näher, als deren TEXTUR-Tag für das *Blende*-Material auf das Objekt der Schublade zu kopieren? Erledigen Sie dies durch die bekannte Strg-/Ctrl-Aktion im OBJEKT-MANAGER.

An der Projektion braucht in diesem Fall nichts verändert zu werden.

Also können wir uns gleich um das DVD-Logo kümmern, das in der Vertiefung der Schublade zu erkennen ist. Wie gewohnt finden Sie auch hiervon wieder eine passende Alpha-Maske auf der CD-ROM vor.

Da alle Parameter mit denen der Tasten-Symbole übereinstimmen, erstellen Sie im MATERIAL-MANAGER eine Kopie eines beliebigen Symbolmaterials und öffnen den MATERIAL-EDITOR dieser Kopie.

Damit später keine Verwechslungen vorkommen, verändern Sie zuerst den Namen des neuen Materials und laden dann in dessen ALPHA-Kanal die Datei *DVDLogo.jpg*. Ziehen Sie das Material auf das Schublade-Objekt und stellen Sie im TEXTUR-TAG dieses Materials das FLÄCHE-MAPPING ein.

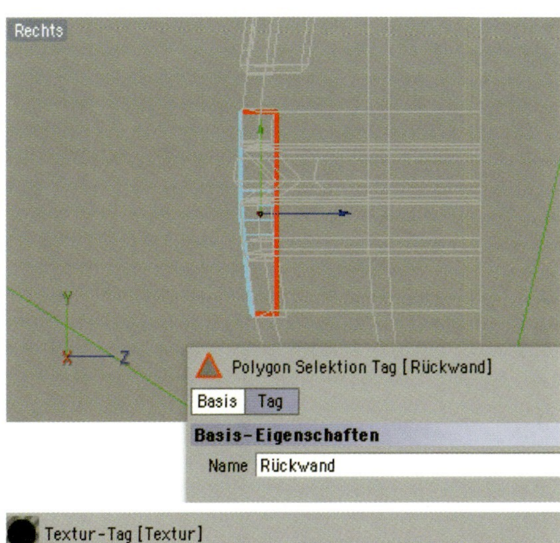

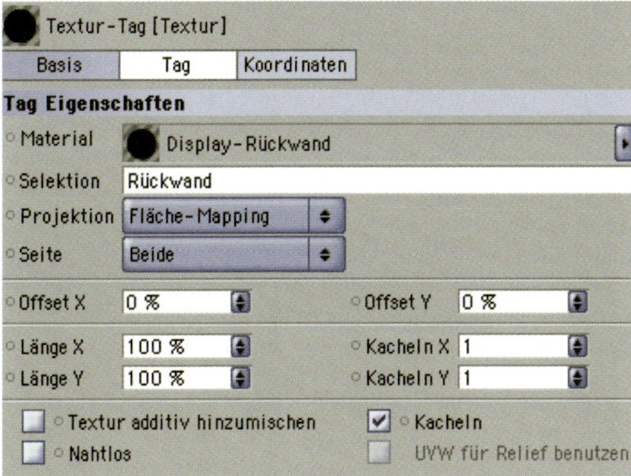

Abbildung 3.23: Vorbereitungen am Display-Objekt

Da in diesem Fall das geladene Alpha-Bild keine quadratische Form hat, müssen wir bei der Skalierung etwas aufpassen, damit es unverzerrt auf dem Objekt erscheint.

Wechseln Sie also in den Textur-Achsen bearbeiten-Modus und tragen Sie im Koordinaten-Manager die Pixel-Abmessungen des DVD-Logo-Bilds als Textur-Abmessungen ein. Wie Sie im Material-Editor aus Abbildung 3.22 erkennen können, ist dies die Auflösung 224 x 144 Pixel. Benutzen Sie das Verschieben-Werkzeug, um die Textur-Vorschau über der Absenkung der Schublade zu platzieren, und verkleinern Sie dann die Textur-Vorschau mit dem Skalieren-Werkzeug gleichmäßig, bis das Logo die richtige Größe hat.

Abbildung 3.22 gibt sowohl die Endgröße im Koordinaten-Manager als auch die Position in der frontalen Editor-Ansicht wieder.

Auch hier muss wieder darauf geachtet werden, dass die Materialien mit Alpha-Anteilen weiter rechts, also über dem Basis-Material des Objekts im Objekt-Manager angeordnet sind.

3.9 Das Display des DVD-Players

Hier haben wir es nun erstmals mit einem etwas komplizierteren Material zu tun. Einerseits hat es glasartige Eigenschaften, andererseits sollten wir auch bedenken, dass dieses Display dem Zweck der Anzeige von Daten dient. Wir sollten das Gerät im funktionstüchtigen Zustand präsentieren und daher auch einige typische Anzeigen einbauen.

Zuerst gilt es zu überlegen, ob das Display-Objekt im aktuellen Zustand sofort texturiert werden kann. Nehmen wir an, wir hätten bereits ein transparentes Material erstellt und würden dies zuweisen. Wir könnten dann auf der Rückseite des Displays die von uns abgesenkte Frontblende erkennen. Nicht sehr realistisch. Besser wäre es, die Rückwand des Displays schwarz einzufärben.

Immer wenn es wie in diesem Fall darum geht, Materialien auf bestimmte Abschnitte eines Objekts zu begrenzen, kommen Polygon-Selektionen ins Spiel. Wir hatten ja bereits das Einfrieren von Selektionen und Polygon-Selektion-Tags besprochen.

Beginnen wir also damit, mit einer beliebigen Selektionsmethode die Polygone an der Rückseite des Display-Objekts zu selektieren. Es macht zudem Sinn, auch die horizontalen Flächen oben und unten zu selektieren. Abbildung 3.23 gibt diese Selektion rot markiert im oberen Teil wieder.

Achten Sie darauf, die Flächen an den Seiten nicht auch zu selektieren. Diese Flächen ragen teilweise über die Frontblende hinaus und es würde merkwürdig aussehen, wenn dort kein transparentes Material zu sehen ist.

Sichern Sie diese Polygon-Selektion über die Funktion Selektion > Selektion einfrieren und geben Sie dem neuen Polygon-Selektion-Tag im Attribute-Manager einen sinnvollen Namen, wie z.B. *Rückwand*.

Erzeugen Sie im Material-Manager ein neues Material und deaktivieren Sie dort alle Kanäle. Es resultiert daraus ein komplett schwarzes Material ohne irgendwelche Glanzeigenschaften. Weisen Sie dieses Material dem Display-Objekt zu und tragen Sie im Attribute-Manager den Namen Ihrer zuvor erstellten Polygon-Selektion in das Selektion-Feld ein (siehe auch Abbildung 3.23). Das schwarze Material wird ab jetzt ausschließlich auf den gesicherten Polygonen erscheinen.

Um die Projektionsart brauchen wir uns hier wieder nicht zu kümmern, da das Material keine Shader oder Bilder benutzt.

Kommen wir nun zum eigentlichen Display-Material. Dieses sollte eine leicht rötliche Färbung besitzen und natürlich transparent genug sein, um die Anzeigen darstellen zu können. Zudem werden diese Displays oft von hinten beleuchtet, um das Ablesen von Anzeigen zu erleichtern. Das Display erscheint also selbst dann noch hell, wenn es nicht von außen beleuchtet wird.

Erzeugen Sie also ein neues Material in Material-Manager und aktivieren Sie dort die Kanäle für Farbe, Leuchten, Transparenz, Spiegelung und Glanzlicht.

Da das Leuchten des Displays für den Löwenanteil der Farbwahrnehmung sorgen wird, können wir uns bei der Farbe im Farbe-Kanal etwas zurückhalten. Stellen Sie sich das Gerät im ausgeschalteten Zustand vor. Das Display wird sehr dunkel aussehen. Wir entscheiden uns daher für einen recht dunklen Rotton.

Ganz anders auf der Leuchten-Seite. Diese Material-Eigenschaft sorgt dafür, dass das Objekt aussieht, als würde Licht davon ausgehen. Tatsächlich ist dies natürlich nicht der Fall, aber der optische Eindruck ist gegeben.

Nachteilig an der Verwendung des Leuchtens ist, dass die Oberfläche des Objekts mit zunehmender Leuchtintensität an Struktur verliert. Eine stark leuchtende Kugel wirkt dann z.B. nur noch wie eine helle Scheibe, da die Schattierungen der Oberfläche nicht mehr wahrgenommen werden können. Einerseits lässt sich dies nutzen, um z.B. Comicbilder zu simulieren, die in der Regel wenig Licht/Schatten-Schattierung auf den Oberflächen aufweisen. Andererseits macht zu starkes Leuchten viele mühsam modellierte Oberflächendetails für den Betrachter unsichtbar. Der Einsatz von leuchtenden Eigenschaften will also gut überlegt und dosiert sein.

Wir haben im Leuchten-Kanal ein Rot mittlerer Helligkeit angelegt, möchten die Verteilung der Helligkeit auf dem Display aber noch exakter steuern. Dafür bietet sich z.B. der Farbverlauf-Shader an, den Sie – wie bereits vom Noise-Shader bekannt – auf der Leuchten-Seite über die Schaltfläche mit dem kleinen Dreieck aufrufen.

Den Mischmodus können Sie bereits auf Multiplizieren schalten. Dadurch werden später die Helligkeiten des Farbverlauf-Shaders mit dem eingestellten Rotton multipliziert.

Öffnen Sie den Dialog des Farbverlauf-Shaders mit einem Klick auf die große Textur-Schaltfläche und stellen Sie dort den Typ auf 2D-V. Dies bewirkt, dass der Farbverlauf zweidimensional entlang der Vertikalen angelegt wird (siehe auch Abbildung 3.24).

Der Farbverlauf selbst stellt sich als ein horizontal verlaufendes farbiges Band dar.

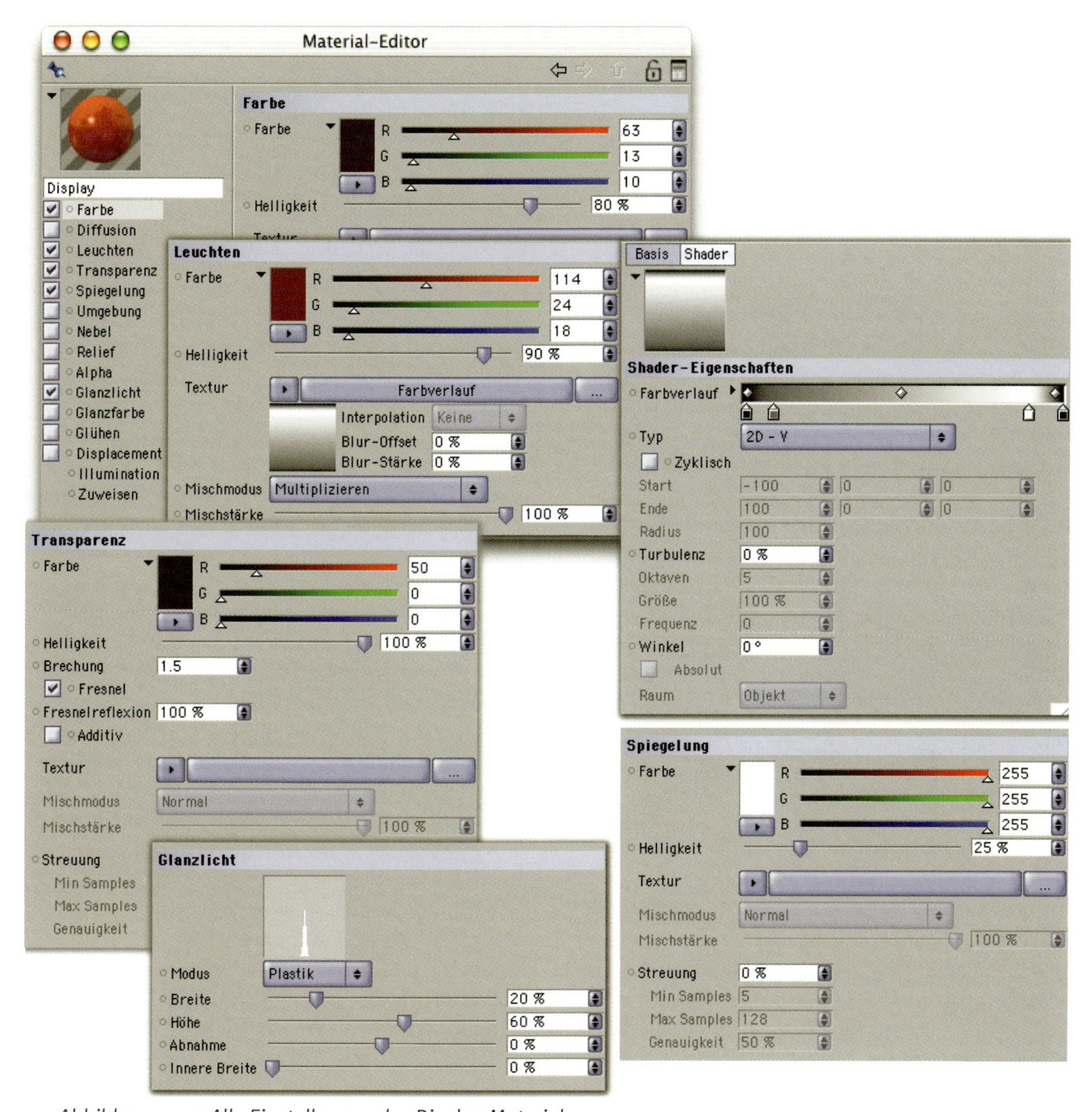

Abbildung 3.24: Alle Einstellungen des Display-Materials

Durch Anklicken und Halten der Maustaste können vorhandene Farbreiter verschoben werden. Ein Doppelklick auf den unteren Teil eines Farbreiters öffnet einen Farbwähler-Dialog. Alternativ können Sie auch das kleine Dreieck links neben dem Farbverlauf anklicken.

Es werden dann die bekannten Cinema 4D-Farbregler unter dem Farbverlauf angezeigt. Zusätzlich können Sie dort die Interpolation der Farben zwischen den Farbreitern definieren.

Um neue Farbreiter hinzuzufügen, klicken Sie direkt unter den Farbverlauf an die Stelle, an der ein neuer Farbreiter entstehen soll.

Durch Anklicken, Halten der Maustaste und Ziehen eines Farbreiters nach oben oder unten kann dieser aus dem FARBVERLAUF entfernt und gelöscht werden.

Auf diese Weise können Sie sowohl beliebig viele Farbreiter als auch beliebig gefärbte Farbverläufe erstellen. Da unser Farbverlauf mit einem Farbwert im LEUCHTEN-Kanal multipliziert wird, sollten wir uns bei den Farben im Verlauf auf Graustufen beschränken, um vorhersehbare Ergebnisse zu erzielen.

Wie Sie dem Verlauf in Abbildung 3.24 entnehmen können, wurden die Farben und Position der Farbreiter so gewählt, dass am oberen und unteren Rand sehr dunkle Helligkeiten platziert wurden. Am oberen und unteren Rand des Displays wird also kein Leuchten zu sehen sein. Dann steigt die Helligkeit am oberen Rand jedoch sprunghaft fast auf 100 % an und nimmt stufenweise nach unten hin ab. Die Hintergrundbeleuchtung des Displays wird also im oberen Bereich etwas intensiver sein. Wir erhoffen uns von dieser ungleichmäßigen Verteilung ein etwas natürlicheres Ergebnis, als wenn wir einfach überall eine konstante Helligkeit anlegen würden.

Auf der TRANSPARENZ-Seite haben wir ebenfalls ein dunkles Rot eingestellt. Wie Sie in Abbildung 3.24 erkennen können, bleibt die Transparenz betragsmäßig klein, obwohl die HELLIGKEIT auf 100% eingestellt wurde.

Da es sich um ein Material handelt, das dichter als Luft ist, sollten wir auch den Brechungsindex anpassen. Der BRECHUNG-Wert ist auf den Wert 1 voreingestellt, was dem Verhalten von Luft entspricht. Werte über 1 lassen das Material wie Wasser oder Glas wirken. Wer es ganz exakt haben will, sollte sich in gängigen Physikbüchern über die Brechungsindices transparenter Materialien informieren. Wasser hat z.B. einen BRECHUNG-Wert von 1.333 und ungeschliffenes Glas von ungefähr 1.5.

Die FRESNEL-Option sorgt im aktiven Zustand dafür, dass die Transparenz in Abhängigkeit der Oberflächenkrümmung berechnet wird. Sie kennen vielleicht den Effekt, dass wenn man schräg durch eine Glasscheide schaut, deren spiegelnden Eigenschaften stärker wahrgenommen werden. Man erkennt mehr von der Umgebung, die sich in der Scheibe spiegelt, als dass man durch die Scheibe hindurchsehen könnte. Dieses Verhalten kehrt sich um, wenn man vor der Scheibe steht und gerade hindurchsieht. Im optimalen Fall nimmt man dann die Glasscheibe gar nicht mehr wahr, sondern nur noch z.B. die Warenauslagen dahinter.

Nach dem gleichen Prinzip arbeitet die FRESNEL-Funktion. Flächen, auf die wir senkrecht schauen, werden mit der maximal möglichen Transparenz berechnet. Schräg zum Betrachter liegende Polygone verlieren scheinbar an Transparenz. Diese Option sollte eigentlich immer benutzt werden, um das natürliche Verhalten von Oberflächen nachzuahmen.

Der Wert für die FRESNELREFLEXION skaliert das FRESNEL-Verhalten. Dies bedeutet, Sie können durch Reduzierung dieses Werts unter 100% die Transparenz der schrägen Polygone erhöhen, selbst wenn die FRESNEL-Option aktiv ist. Dies erlaubt Ihnen ein präzises Einstellen des gewünschten Effekts. Die voreingestellten 100% sollten Ihnen dabei als Ausgangsbasis dienen.

Mit der ADDITIV-Option kann die Farbe und Helligkeit des FARBE-Kanals zusätzlich zum transparenten Effekt berechnet werden. Diese Addition führt in den meisten Fällen jedoch zu einer Überstrahlung und zu intensiven Farben. Die Option bleibt daher meistens deaktiviert.

Der Zusammenhang zwischen dem TRANSPARENZ-Kanal und dem FARBE-, LEUCHTEN- oder SPIEGELUNG-Kanal ist der, dass man, je transparenter ein Material ist, umso weniger dessen Farbe oder die Spiegelung bemerkt.

Die Fresnel-Option ist daher so wichtig, um z.B. auch spiegelnden Eigenschaften zumindest an den schrägen Polygonen eine Chance auf Darstellung zu geben.

Sie sollten zudem darauf achten, nie 100% Transparenz an ein Material zu vergeben. Dies kommt so in der Natur eigentlich nur bei Luft oder Vakuum vor. Transparenzen von 90% bis 95% für Glas sind noch stark genug, um einerseits fast unsichtbar zu wirken, aber dennoch die Darstellung von Spiegelungen oder Farben zuzulassen.

Damit ist die Einstellung der Transparenz-Eigenschaften abgeschlossen und wir können uns mit der Spiegelung befassen. Wir haben dort Weiß als Farbe und eine Helligkeit von 25% eingestellt. Da das Display sicherlich entspiegelt wurde, sollten wir es damit nicht übertreiben.

Die Glanzlicht-Einstellungen schließlich erzeugen einen kleinen, aber intensiven Glanzpunkt, ganz so, wie wir es von einer glatten Oberfläche erwarten würden. Sie finden alle nötigen Einstellungen in Abbildung 3.24 dokumentiert, wobei Ihnen diese nur als Ausgangspunkt für eigene Experimente dienen sollten.

Bleibt nur noch, das transparente Material dem Display-Objekt zuzuweisen. Achten Sie darauf, dass das schwarze Material links vom transparenten Material hinter dem Objekt erscheint, damit das schwarze Material oben liegt und somit die Transparenz im Bereich der Polygon-Selektion abdeckt. Sie können bei Bedarf die Reihenfolge der Textur-Tags durch Verschieben mit der Maus im Objekt-Manager korrigieren.

Benutzen Sie die Fläche-Projektion und passen Sie die Lage und Größe der Textur mit der Funktion Textur › Auf Objekt anpassen im Objekt-Manager an das Display-Objekt an.

Die Display-Anzeige

Bevor wir uns mittels Probeberechnungen von der Qualität unseres Display-Materials überzeugen, sollten nun noch die bereits angesprochenen Anzeige-Elemente hinzugefügt werden. Wie immer stehen Ihnen für derartige Effekte diverse Möglichkeiten offen. So könnten Sie z.B. ein Material mit einer Alpha-Maske der gewünschten Anzeigen erstellen und auf ein neues Polygon-Objekt legen. Dieses könnte dann im Volumen des Display-Objekts platziert werden.

Wir möchten jedoch einen etwas anderen Weg gehen, wobei die Display-Anzeigen als echte Objekte erzeugt werden. Dies erlaubt uns, direkt in Cinema 4D Veränderungen an den Anzeigen vorzunehmen, ohne dafür externe Grafikprogramme bemühen zu müssen.

Unser Vorschlag lautet daher, Text-Splines, die Sie bei den Spline-Grundobjekten finden, zu benutzen. Diese erlauben die Wahl eines beliebigen installierten Fonts und die variable Einstellung der Größe. Für uns interessant sind dabei lediglich das Text-Feld, in dem Sie den gewünschten Text bzw. die Ziffern eingeben, sowie der Wert für die Zeilenhöhe, der die Größe der Buchstaben beeinflusst.

Die Ebene sollte auf XY eingestellt sein, damit die Buchstaben-Splines in der frontalen Ansicht zu lesen sind.

Die Textausrichtung wird mit Links vorgegeben. Dies erleichtert das Platzieren mehrerer Text-Splines untereinander. Liegen dann die lokalen Objekt-Systeme z.B. auf der gleichen X-Koordinate, fangen deren Texte alle an der gleichen Position und somit exakt untereinander an.

Die Option Buchstaben einzeln editierbar ist nur dann interessant, wenn Sie den Text-Spline konvertieren möchten und dann jeden verwendeten Buchstaben als ein Objekt vorliegen haben wollen.

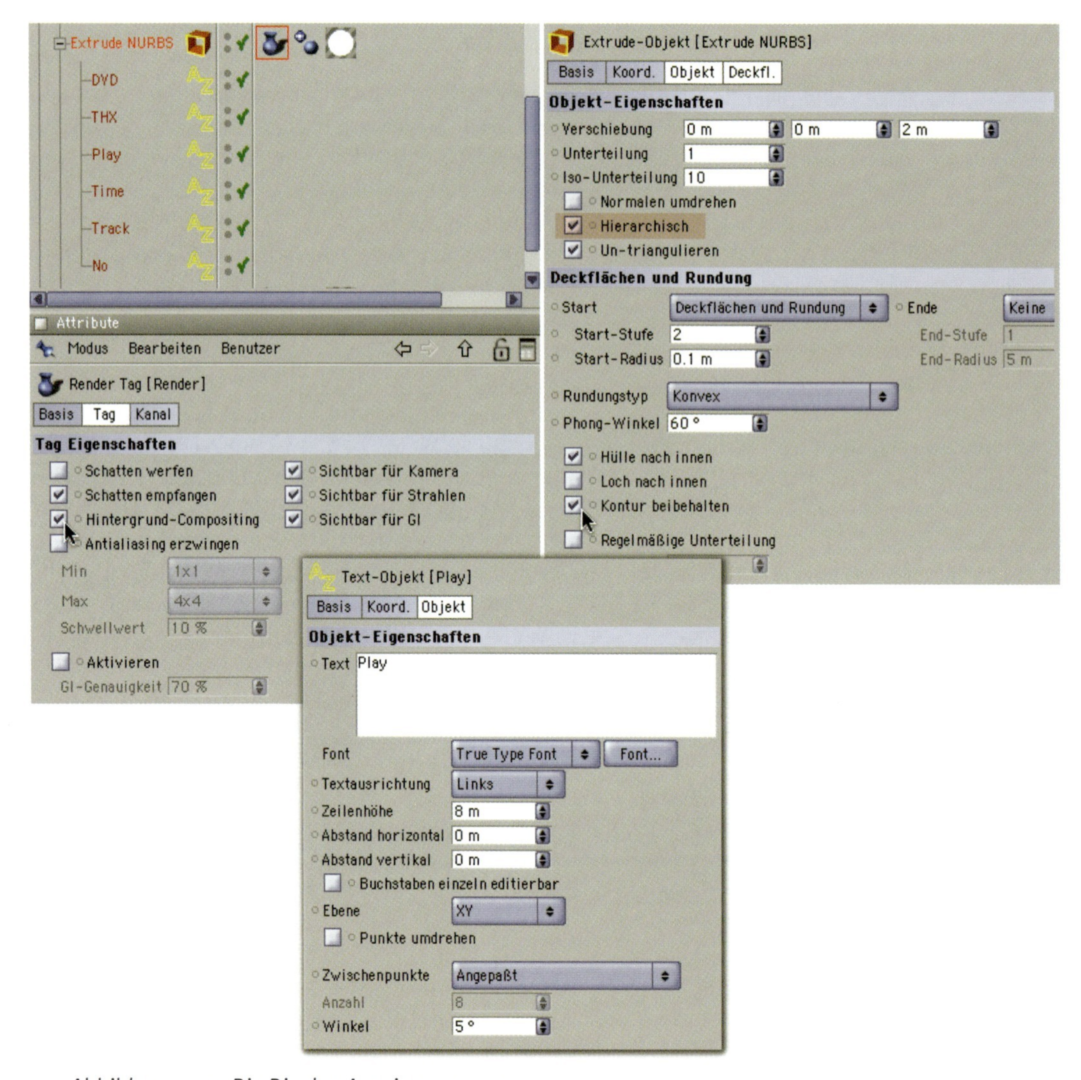

Abbildung 3.25: Die Display-Anzeigen erzeugen

Die übrigen Einstellungen, wie z.B. ZWISCHENPUNKTE, kennen Sie bereits von den normalen Splines her. Erzeugen Sie auf diese Weise für jede gewünschte Anzeige und jeden dort zu lesenden Wert einen eigenen TEXT-SPLINE. Dies erleichtert die spätere Platzierung.

Gruppieren Sie dann alle TEXT-SPLINES unter einem neuen EXTRUDENURBS-Objekt ein (siehe auch Abbildung 3.25).

Damit hierbei nicht nur das oberste TEXT-SPLINE-Objekt extrudiert wird, muss die Option HIERARCHISCH im EXTRUDENURBS-Dialog aktiv sein. Die Extrudierung erfolgt immer in Richtung der lokalen Achsen der untergeordneten Objekte. Da die Texte in der XY-Ebene erzeugt wurden, muss entlang der Z-Achse extrudiert werden. Wie Sie in Abbildung 3.25 erkennen können, wurde dort eine Extrudierung von 2 m entlang der Z-Achse vorgenommen und zudem die vorderen Deckflächen samt einer zusätzlichen Rundung aktiviert.

Die Option Kontur beibehalten sollte aktiv sein, damit die Rundung nicht die Buchstabengröße beeinflusst.

Eigentlich können Sie die Rundung auch weglassen. Derart kleine Details werden später nur in Nahaufnahmen sichtbar sein, zumal wir noch ein extrem leuchtendes Material verwenden werden, das derartige Strukturen überdecken wird. Auf die vordere Deckfläche darf jedoch in keinem Fall verzichtet werden.

Damit die Anzeigen auch durch das Display-Glas hindurch gut lesbar sind, muss ihre Helligkeit möglichst intensiv sein. Dafür bietet sich die leuchtende Eigenschaft eines Materials an, da diese in weiten Teilen unabhängig von der Intensität und Richtung der herrschenden Beleuchtung ist.

Erzeugen Sie daher ein neues Material und aktivieren Sie dort den Leuchten-Kanal. Die Farbe- und Glanzlicht-Kanäle können Sie im Prinzip deaktivieren, da das Leuchten in der hier benötigten Intensität sowieso diese Material-Eigenschaften überstrahlen wird.

Im Leuchten-Kanal tragen Sie einen hohen Helligkeit-Wert, wie z.B. 200%, in das Wert-Feld ein. Da jede Leuchtfarbe zusätzlich durch das rote Display gefiltert wird, möchten wir empfehlen, einfaches Weiß zu verwenden.

Eine zweite Möglichkeit, die Schattierung eines Objekts zu unterdrücken, soll Ihnen in diesem Zusammenhang nicht verschwiegen werden. Sie können einem Objekt über das Menü Datei › Cinema 4D Tags im Objekt-Manager ein Render-Tag zuweisen. Dessen Dialog ist ebenfalls in Abbildung 3.25 eingeblendet.

Sie finden dort diverse Optionen, mit denen Sie z.B. das Objekt von der Schattenberechnung ausnehmen können. Es wirft dann keinen Schatten mehr, auch wenn eine Lichtquelle mit Schattenwurf vorhanden ist. Ähnlich einfach ist es, mit einer anderen Option das Empfangen von Schatten anderer Objekte zu deaktivieren.

Die Hintergrund-Compositing-Option bringt den beschriebenen Effekt, dass die Oberfläche des Objekts keine Schattierungen mehr durch den Lichteinfall erhält. Ist diesem Objekt ein Material mit einer einfachen Farbe oder einem Shader oder Bild im Farbe-Kanal zugewiesen worden, wird das Objekt beim Rendern nur diesen Farbton bzw. das Bild zeigen. Wir werden diesen nützlichen Effekt etwas später noch einsetzen.

Wenn Sie in den Render-Voreinstellungen das beste Antialiasing benutzen, können Sie mit aktiver Antialiasing erzwingen-Option individuelle Werte für die Kanten- und Materialglättung vorgeben. Dadurch lassen sich oftmals die Berechnungszeiten eines Bilds dramatisch reduzieren, weil nur die Objekte mit einer erhöhten Präzision berechnet werden müssen, die davon auch optisch profitieren. In solchen Fällen setzt man dann die globalen Antialiasing-Werte in den Render-Voreinstellungen eher gering an.

Ein ähnliches Vorgehen kann auch für die Radiosity-Berechnung einer Szene angewendet werden. Dafür ist dann der Wert für die GI-Genauigkeit im Render-Tag zuständig.

Interessante Effekt lassen sich auch durch die Veränderung der Objekt-Sichtbarkeiten erzielen. Damit ist hier nicht die generelle Sichtbarkeit im Editor oder beim Rendern gemeint, so wie Sie z.B. über die Punkte im Objekt-Manager gesteuert wird. Vielmehr können Sie damit ein Objekt für die verwendete Kamera unsichtbar erscheinen lassen, die Spiegelung des gleichen Objekts in einem anderen Material jedoch weiterhin zulassen.

Immer wenn es um eine Spiegelung des Objekts oder auch die Darstellung des Objekts hinter einem anderen, transparenten Material geht, kommt die Sichtbar für Strahlen-Option ins Spiel. Nur im aktiven Zustand bleibt das Objekt hinter Transparenzen oder in Spiegelungen sichtbar.

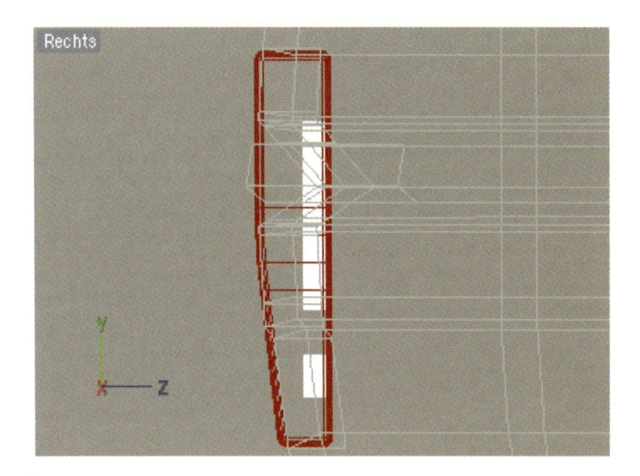

Abbildung 3.26: Die fertige Display-Anzeige

Um auf die Anzeigen-Elemente im Display zurückzukommen, möchten wir Ihnen in diesem Fall zum zusätzlichen Einsatz eines Render-Tags beim ExtrudeNURBS-Objekt raten, wenn Sie aus irgendwelchen Gründen keine so hohen Leuchtintensitäten im Material verwenden möchten. Denkbar wäre dies z.B. während einer Animation des DVD-Players, wo die Display-Anzeigen langsam an Helligkeit zunehmen sollen. Sie könnten dann auch mit ausschließlich aktivem Farbe-Kanal noch den 3D-Charakter der extrudierten Texte verschleiern und diese wie flache LCD-Anzeigen wirken lassen. Lediglich die reduzierte Helligkeit durch das fehlende Leuchten könnte zur schlechten Lesbarkeit führen. Der zuerst beschriebene Weg mit der ausschließlichen Verwendung eines stark leuchtenden Materials sollte also die bessere Wahl darstellen.

Weisen Sie das leuchtende Material daher wie gewohnt dem ExtrudeNURBS-Objekt zu. Eine Veränderung der Standardeinstellungen im Textur-Tag ist nicht nötig, da unser Anzeigen-Material keine Strukturen zeigt und zudem das ExtrudeNURBS selbst UVW-Koordinaten zur Verfügung stellt.

Verschieben Sie schließlich das ExtudeNURBS-Objekt samt allen untergeordneten Text-Splines bis zur Display-Rückwand. Abbildung 3.26 zeigt im oberen Teil die Endposition in der seitlichen Ansicht. Die extrudierten Texte sind dort als weiße Flächen im Inneren des Display-Objekts zu erkennen.

Im unteren Teil der gleichen Abbildung sehen Sie ein mögliches Ergebnis nach dem Rendern der Editor-Ansicht. Sind Ihnen die Anzeigen noch zu dunkel, erhöhen Sie einfach die Stärke der Leuchten-Helligkeit oder verstärken Sie die Transparenz des Displays. Letzteres erhöht natürlich ebenfalls die Sichtbarkeit der im Inneren platzierten Objekte.

3.10 Die Standfüße des DVD-Players

Es gibt zwei unterschiedliche Arten von Standfüßen an dem Player-Gehäuse. Vorne befinden sich metallische Füße, die sich wohl auch in der Höhe verstellen lassen, hinten sind einfache Füße aus Gummi angebracht.

Da davon auszugehen ist, dass auch unter den vorderen Füßen eine dünne Schicht Gummi klebt, um die Rutschfähigkeit zu reduzieren, möchten wir mit diesem Material beginnen.

Zu Beginn steht wie immer die Überlegung, welche Eigenschaften das Material haben soll, und somit, welche Kanäle wir benötigen. Farbe und Glanzlicht machen auch hier Sinn. Zusätzlich sollten wir noch den Relief-Kanal benutzen.

Abbildung 3.27: Ein Material für dunkles Gummi

Der Relief-Kanal kommt immer dann ins Spiel, wenn eine Oberfläche Strukturen aufweist, die einfach zu fein oder komplex sind, um sie direkt in das Objekt zu modellieren. Denken Sie an Hautporen oder Kratzer auf dem Autolack.

So gut wie alle Objekte weisen Unregelmäßigkeiten auf der Oberfläche auf, sei es bereits durch den Herstellungsprozess – denken Sie an eine Raufasertapete oder an die Schweißnähte an einer Plastiktüte – oder durch den Gebrauch (Abnutzungserscheinungen) oder die Funktion des Objekts (aufgeraute Stellen, damit z.B. ein Werkzeug besser in der Hand liegt).

Der Relief-Kanal ist einer der Kanäle, bei denen ein Bild oder Shader geladen werden muss, damit der Effekt sichtbar wird. Dabei werden ausschließlich die Helligkeiten des Bilds oder Shaders ausgewertet. Sie brauchen hier also generell nur mit Graustufen zu arbeiten.

Je heller das geladene Bild bzw. der Shader an einer Stelle ist, desto größer scheint die Spitze auf der Oberfläche zu sein. Geringe Helligkeiten wirken wie Absenkungen in der Oberfläche.

Wir sprechen hier bewusst von der Wirkung des Reliefs, da keine echte Veränderung der Oberflächenstruktur bewirkt wird. Der Relief-Kanal geht nur derart geschickt mit der Schattierung der Oberfläche um, dass beispielsweise die Illusion einer Rauigkeit der Oberfläche entsteht.

Der Effekt ist vergleichbar mit dem Phong-Winkel, der selbst harte Kanten zwischen Polygonen verschwinden lässt.

Kommen wir konkret zu dem Gummi-Material zurück. Dort wird ein dunkler Grauwert mit einer Helligkeit von 20% im Farbe-Kanal benutzt und ein recht breites Glanzlicht eingestellt, das den Eindruck einer porösen Oberfläche vermitteln soll.

In den Relief-Kanal wird der bekannte Noise-Shader geladen und dort die Noise-Struktur mit einer globalen Grösse von 5% eingestellt. Die beiden Farben sollten auf Schwarz und Weiß eingestellt bleiben, damit wir ein möglichst großes Spektrum an Helligkeitswerten im Shader erzielen.

Der eigentliche Relief-Effekt wird schließlich über den Stärke-Regler im Relief-Kanal gesteuert. Dieser Regler skaliert den Abstand zwischen den Extremen des Relief-Effekts. Um helle Bereiche wie Absenkungen und dunkle wie Erhebungen wirken zu lassen, kann die Stärke auch in den negativen Bereich verschoben werden. Dies führt also zu einer Invertierung des Ergebnisses.

Generell sollten Sie zu hohe Stärke-Werte meiden. Diese führen zwar zu scheinbar extrem tiefen Furchen und hohen Graten, aber da dies nur ein Schattierungseffekt ist, wird an den Rändern des Objekts offenbar, dass die Form der Oberfläche sich nicht verändert. Die Silhouette des Objekts bleibt also trotz scheinbar extremer Verwerfungen der Oberfläche unverändert.

In Abbildung 3.27 sind die Einstellungen für dieses Material noch einmal zusammengefasst. Sie können dort auch erkennen, dass wir es vorerst mit einem recht geringen Relief-Stärke-Wert von 5% versuchen möchten. Das Gummi soll schließlich nicht übertrieben ramponiert oder porös wirken.

Da es sich bei allen Fuß-Objekten um Grundobjekte handelt, können Sie das Material direkt zuweisen. Veränderungen an der Projektion sind also nicht notwendig. Weisen Sie das Material den hinteren Kegel-Objekten und vorne den Zylindern zu, die unten Kontakt zur Stellfläche haben werden.

Nun fehlen nur noch geeignete Materialien für die oberen Zylinder der vorderen Standfüße. Wie wir bereits festgestellt hatten, sollte dort ein glänzendes Metall zum Einsatz kommen. Eine gute Gelegenheit, um den Lumas-Shader vorzustellen, der sich hervorragend für viele metallische Objekte einsetzen lässt.

Zuvor erzeugen Sie jedoch wieder ein neues Material und geben diesem einen sinnvollen Namen. Wir haben hier schlicht *Metall* als Namen gewählt. In diesem Material werden wir nur den Farbe- und den Spiegelung-Kanal benötigen. Dies mag zuerst etwas verwirren, da Metalle ja auch Glanzlichter zeigen. Der gleich verwendete Shader hat diese jedoch schon eingebaut. Wir können daher auf die zusätzlichen Glanzlichter durch den Glanzlicht-Kanal verzichten.

Laden Sie in den Farbe-Kanal den bereits angesprochenen Lumas-Shader ein. Sie finden diesen in der Unterrubrik Effekte im Shader-Menü.

Wenn Sie den Dialog des Lumas-Shaders öffnen, werden Sie feststellen, dass dieser sowohl Farbeinstellungen als auch Glanzlichter unterstützt. Eine extra Dialogseite ist den Anisotropischen Einstellungen gewidmet, mit denen sich feinste Riefen im Material simulieren lassen. Besonders interessant wird dieser Effekt dadurch, dass er auch die Form der Glanzlichter verzerrt, eine Fähigkeit, die der Glanzlicht-Kanal eines Materials nicht hat.

Beginnen wir auf der Shader-Seite des Lumas-Dialogs. Dort stellen Sie die Farbe des Metalls ein. Wir reden deshalb hier bereits von *Metall*, da alle Berechnungen dieses Shaders auf die Darstellung von Metallen spezialisiert sind.

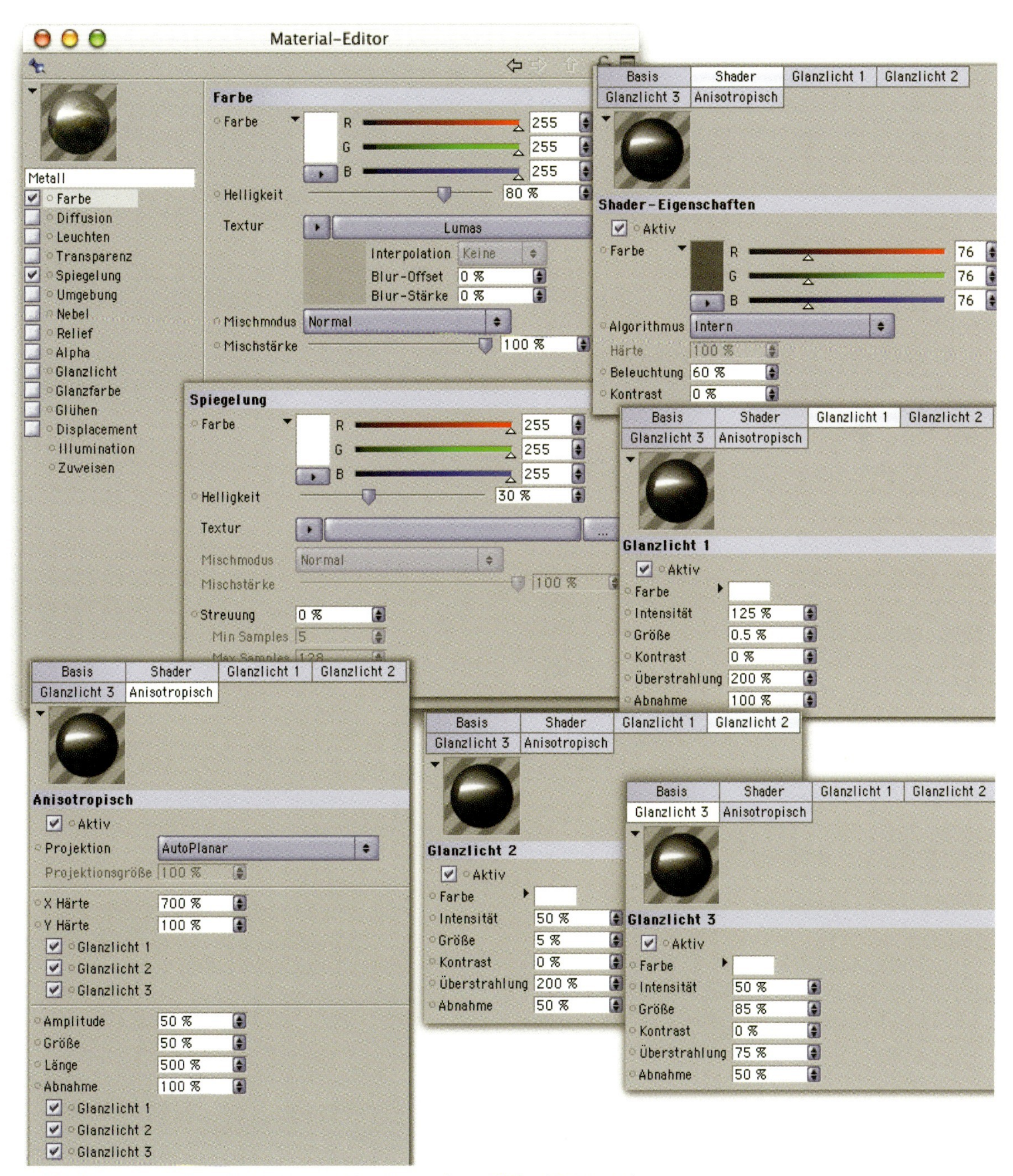

Abbildung 3.28: Das Metall-Material für die vorderen Füße des DVD-Players

Metalle sind generell im unlackierten Zustand und ohne zusätzliche Beschichtung recht farblos und dunkel. Der sprichwörtliche *metallische Glanz* und die spiegelnden Eigenschaften tragen viel mehr zum allgemeinen Erscheinungsbild bei. Wir entschließen uns daher hier dazu, nur ein dunkles Grau als Farbe zu wählen. Dessen Helligkeit wird zusätzlich über den Beleuchtung-Wert reduziert.

Dieser Wert gibt an, welcher Anteil des eintreffenden Lichts von dem Objekt zurückgeworfen wird. Werte unter 100% führen somit dazu, dass das Objekt scheinbar Licht *verschluckt* und dadurch dunkler wirkt. Ein ähnlicher Wert namens Diffuse Stärke taucht auch bei den Materialien im Illumination-Kanal auf, wenn dort das Oren-Nayar-Shading benutzt wird.

Im Lumas-Shader selbst stehen zwei Schattierungs-Algorithmen zur Auswahl, Intern und das bekannte Oren-Nayar. Der Interne Modus wirkt wie ein auf Metalle zugeschnittenes Phong-Shading. Das Oren-Nayar-Shading hingegen ist mehr bei matten Metallen anzuwenden. Wie Sie Abbildung 3.28 entnehmen können, entscheiden wir uns für den internen Algorithmus und eine Beleuchtung mit 60%.

Gehen wir weiter zu den Glanzlicht-Seiten 1 bis 3 im Lumas-Dialog. Alle drei Seiten zeigen die gleichen Einstellungen, steuern jedoch drei voneinander unabhängige Glanzlichter. Wenn Sie weniger Glanzlichter benötigen, deaktivieren Sie einfach die Aktiv-Optionen auf den überflüssigen Glanzlicht-Seiten.

Die Voreinstellungen des Lumas-Shaders sind bereits so angelegt, dass die Größe der Glanzlichter mit der Nummer der Glanzlicht-Seite zunimmt, gleichzeitig aber deren Intensität abnimmt. Das intensivste, aber gleichzeitig auch kleinste Glanzlicht ist also auf der Glanzlicht 1-Seite zu finden. Die Farbe dort bestimmt die Färbung des Glanzlichts.

Die Intensität regelt die Helligkeit und der Grösse-Wert den Durchmesser des Glanzlichts. Intensitäten über 100% verstärken das eintreffende Licht im Glanzpunkt. So können Sie auch mit nur schwacher Beleuchtung starke Glanzlichter realisieren. Diese Funktion steht übrigens auch im Standard-Glanzlicht-Kanal eines Materials zur Verfügung, wenn Sie dort eine Höhe über 100% wählen.

Der Kontrast-Wert erhöht bei Bedarf den Kontrast zwischen der Oberfläche und dem Glanzpunkt. Der Überstrahlung-Wert stellt eine Verbindung zwischen der Intensität des Glanzlichts und der Krümmung der Oberfläche her. Sie kennen diesen Zusammenhang bereits vom Fresnel-Effekt im Transparenz-Kanal. Niedrige Prozentwerte führen hier dazu, dass Glanzlichter am Rand eines gekrümmten Objekts weniger stark berechnet werden.

Der Abnahme-Wert fungiert als Mischwert zwischen der Intensität und dem Überstrahlung-Wert. Kleine Werte bevorzugen die Intensität-Einstellung für die Glanzlichter, höhere Werte mehr die Überstrahlung.

Da diese Einstellungen separat für jedes der drei möglichen Glanzlichter vorhanden sind, sollten Sie während der Einstellungsphase des Lumas-Shaders jeweils nur das Glanzlicht aktivieren, das Sie gerade einstellen. Sie können dann die Auswirkungen der Werte separat für jedes Glanzlicht sofort an der Material-Vorschau im Shader erkennen.

Wie Sie den Einstellungen in Abbildung 3.28 entnehmen können, werden zwar alle drei Glanzlichter benutzt, dort aber außer der etwas gewagten Standard-Farbgebung nichts an den Wertvorgaben geändert.

Haben Sie auf der Anisotropisch-Seite des Dialogs die Aktiv-Option angeschaltet, werden die Glanzlichter zusätzlich durch die Einstellungen dieser Seite beeinflusst.

Abbildung 3.29: Gerenderte Bodenansicht der Standfüße

Die anisotrophische Verzerrung von Glanzlichtern kommt häufiger vor, als Sie vielleicht denken. So können Sie z.B. an der von feinsten Rillen durchzogenen Unterseite einer CD ebenso die Verlängerung der Glanzlichter beobachten wie bei menschlichen Haaren, bei denen die feine, schuppige Haaroberfläche für den Effekt verantwortlich ist.

Im Prinzip haben wir es hier mit zwei Effekten zu tun, die auch separat auf der Anisotropisch-Seite gesteuert werden. Zuerst kommt die Verformung der Glanzlichter, die über die Härte-Werte in X- und Y-Richtung gesteuert wird. Im unteren Teil der Dialogseite folgt dann die Definition der Kratzer und Riefen.

Beide Berechnungen sind abhängig von der Projektion, deren Funktionsweise mit dem Projektion-Menü in einem Textur-Tag vergleichbar ist. Hier werden jedoch etwas andere Namen und Berechnungsmethoden benutzt. Planar steht für eine einfache Flächenprojektion auf die XY-Ebene, wogegen AutoPlanar auf eine virtuelle Ebene projiziert, die immer parallel zu den Polygonen der Oberfläche liegt.

ShrinkWrapping benutzt eine Kugel-Projektion, die jedoch wie jede sphärische Projektion zu unschönen Effekten an den Kugel-Polen führen kann.

Die Radial-Projektion erzeugt die soeben beispielhaft angesprochenen runden Riefen, wie sie auf einer CD zu finden sind. Radiales Muster führt zu einer versetzten Wiederholung von radialen Riefen, wobei der Projektionsgröße-Wert die Größe der Kreise definiert. Diese Musterart wird in der Industrie teilweise auch zur optischen Aufwertung einer Oberfläche benutzt.

Die bereits angesprochenen X Härte- und Y Härte-Werte steuern die Skalierung der Glanzlichter, die darunter über Optionen separat für diese Skalierung aktiviert werden können.

Die eigentliche Darstellung der Riefen wird im unteren Teil des Dialogs z.B. mit dem Amplitude-Wert gesteuert. Dieser ist für die Tiefe der Riefen verantwortlich. Der Grösse-Wert bestimmt den Abstand zwischen den Riefen, wobei Länge deren Ausdehnung steuert.

Der Abnahme-Wert steuert direkt die Präzision der Berechnung und Kratzerdarstellung. Es könnte z.B. bei der Berechnung von Animationen bei zu scharfer Darstellung der Riefen zum Flimmern des Materials kommen. Die Erhöhung des Abnahme-Werts reduziert die Dichte der Riefen und führt zu einer weicheren Darstellung. Bei Standbildern hingegen wird man nur ungern auf Details verzichten wollen. Hier sollte man dann kleine Abnahme-Werte oder 0% nutzen.

Schließlich finden Sie auch hier wieder Optionen, mit denen Sie die Riefen nur auf bestimmte Glanzlichter beschränken können.

Sie sehen also, dass der Lumas-Shader sehr viel mehr Optionen und Möglichkeiten gerade für die Metalldarstellung liefert, als dies allein mit einem Standardmaterial möglich wäre.

Schließlich stellen Sie noch im Spiegelung-Kanal des *Metall*-Materials eine Helligkeit von etwa 30% ein, um eine gut sichtbare Spiegelung der Umgebung zu erzielen.

Nach der Zuweisung dieses Materials zu den noch verbleibenden Zylindern der vorderen Standfüße sollten Sie einige Probeberechnungen durchführen, um die Qualität der Materialien zu überprüfen und eventuelle Korrekturen daran vorzunehmen.

Schließlich erstellen Sie noch ein ähnliches Material für die Schrauben am Gehäuse. Sie können dies aus einer Kopie des *Metall*-Materials entwickeln. Wir schlagen vor, nur die Spiegelung gegenüber dem *Metall*-Material etwas zu reduzieren und die Glanzlichter 2 und 3 im Lumas-Shader auszuschalten.

Damit ist der DVD-Player fertig texturiert und könnte gut ausgeleuchtet bereits für ansprechende Bildberechnungen benutzt werden. Lassen Sie uns jedoch zuerst noch die Fernbedienung mit Materialien versorgen. Sollte diese noch nicht in Ihrer Szene vorhanden sein, laden Sie die Szene mit der Fernbedienung über Datei › Hinzuladen dazu.

Um die Größenverhältnisse anzupassen, gruppieren Sie – falls noch nicht geschehen – alle Bestandteile der Fernbedienung z.B. unter einem Null-Objekt ein und schalten den Koordinaten-Manager auf den Abmessung+-Modus. Schalten Sie in den Modell-bearbeiten-Modus, selektieren Sie das Oberobjekt der Fernbedienung und benutzen Sie dann das Skalieren-Werkzeug gleichmäßig entlang allen Achsen, um die Abmessungen in das richtige Verhältnis zu setzen.

Wie Sie der entsprechenden Abbildung im zweiten Kapitel entnehmen können, ist die Fernbedienung 170 Einheiten lang und 53 Einheiten breit. Es reicht bereits aus, wenn diese Werte zumindest ungefähr angenähert werden, um die passenden Proportionen zwischen Player und Fernbedienung herzustellen.

Da diese Hürde genommen ist, beginnen wir direkt mit der Herstellung von passenden Materialien. Wir können uns dabei auf die Umsetzung von schwarzem Kunststoff und das Aufbringen der Beschriftungen beschränken.

3.11 Die Materialien der Fernbedienung

Betrachten Sie die Fernbedienung auf den Fotografien, so erkennen Sie, dass die Beschriftungen über den Tasten mit einer aufgeklebten Folie umgesetzt wurden. Die gesamte Bedientafel ist mit dieser Folie bedeckt, was diesem Teil der Fernbedienung ein ganz anderes Glanzverhalten gibt. Wir müssen also verschiedene Materialien für die Bedientafel und den Rest des Gehäuses erstellen, wobei wir mit der Bedientafel beginnen werden.

Erstellen Sie ein neues Material und nennen Sie dieses z.B. *Schwarz_glatt*, um später Verwechslungen mit dem Material des eher matten Gehäuses zu vermeiden.

Da das Grundmaterial des Gehäuses eine leicht aufgeraute Struktur zu haben scheint, liegt die Beschriftungsfolie nicht überall glatt an. Die Oberflächenstruktur des Gehäuses ist daher zwar weiterhin sichtbar, aber die Folie selbst natürlich völlig glatt. Die Verwendung des Relief-Kanals kommt hier also nicht in Frage, da die Folie auch weiterhin glatt erscheinen soll.

Eine Möglichkeit, die durchschimmernde Oberflächenstruktur sichtbar zu machen, besteht in der Manipulation der Glanzlichter. Dafür sind nicht unbedingt spezialisierte Shader wie der Lumas-Shader mit seinen anisotropischen Berechnungen nötig, denn die Standardmaterialien verfügen über einen Glanzfarbe-Kanal für diese Zwecke. Dessen Möglichkeiten beschränken sich zwar eher auf das Einfärben und weniger auf das Verformen von Glanzpunkten, aber das reicht uns hier bereits aus.

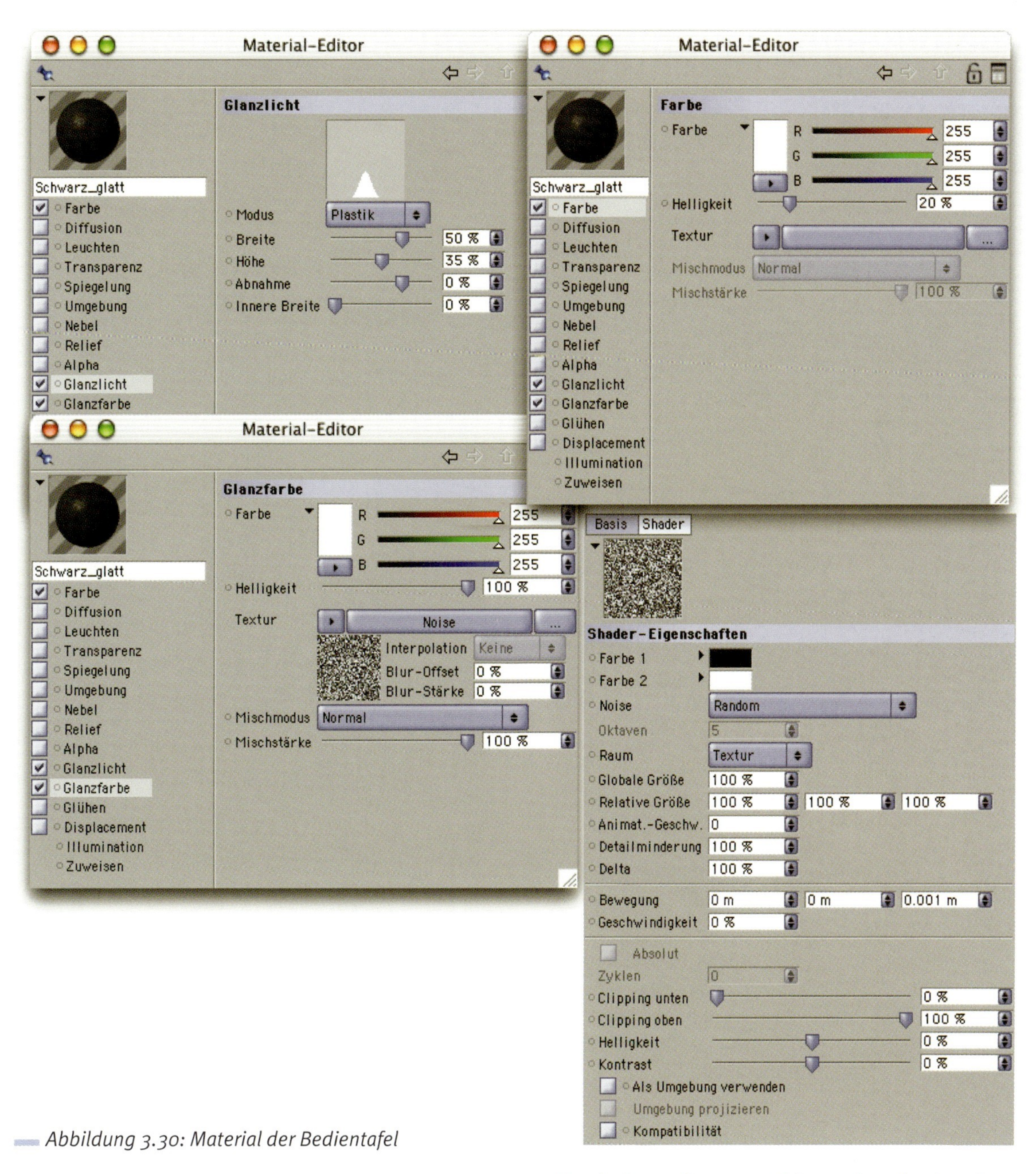

Abbildung 3.30: Material der Bedientafel

Wie Sie Abbildung 3.30 entnehmen können, funktioniert der Glanzfarbe-Kanal wie der Farbe-Kanal.

Durch das Laden von Bildern oder Shadern können Sie hier jedoch ausschließlich die Stellen auf der Oberfläche beeinflussen, auf denen auch ein Glanzlicht berechnet wird.

Der Vorteil dieser eingeschränkten Wirkungsweise liegt darin, dass Sie nun exakt steuern können, welche Abschnitte eines Materials wie stark glänzen sollen. Dafür benötigen Sie nur ein Graustufenbild, denn die Intensität des Glanzlichts wird mit der Glanzfarbe multipliziert.

Zeigt also ein geladenes Bild im GLANZFARBE-Kanal schwarze Flächen an, so werden sich dort keine Glanzlichter zeigen können. Umgekehrt bedeuten helle Flächen im GLANZFARBE-Kanal, dass sich dort das Glanzlicht wie auf der GLANZLICHT-Seite vorgegeben darstellen kann.

Durch die Verwendung von Mustern kann die Oberfläche wirken, als würde ein feines Relief auf ihr liegen. Anders als beim Relief-Effekt hat man hier jedoch weniger den Eindruck, eine zerkratzte Oberfläche zu betrachten, als mehr, dass die Oberfläche verschiedene Gütegrade besitzt. Bei angeätzten Metallen oder verschmierten Oberflächen z.B. wird die Verwendung von Glanzfarbe natürlicher wirken als ein Relief.

Da es sich bei dem Gehäuse unserer Fernbedienung um eine leicht angeraute Oberfläche handelt, bietet sich wieder der NOISE-Shader an. Laden Sie diesen also in den GLANZFARBE-Kanal und benutzen Sie im NOISE-Shader die RANDOM-Einstellung für das zu erstellende Muster. Dies bietet uns ein stark verrauschtes Muster mit harten Kontrasten.

Was die übrigen Einstellungen für die Farbe und das Glanzlicht angeht, können Sie diese Abbildung 3.30 entnehmen. Wie immer stellen diese Einstellungen nur Anhaltspunkte für Ihre eigenen Einstellungen dar.

Weisen Sie schließlich dieses Material dem Bedientafel-Objekt zu. Da es sich dabei um ein nahezu flaches Objekt handelt, können wir problemlos die FLÄCHE-Projektion für das Material verwenden (siehe Abbildung 3.31).

Drehen Sie die Material-Vorschau im TEXTUR-ACHSEN BEARBEITEN-Modus so, dass diese parallel zur Bedientafel liegt. Finden Sie durch Probeberechnungen heraus, bei welcher Größe der Textur-Vorschau das RANDOM-Muster in den Glanzlichtern die gewünschte Größe hat. Benutzen Sie also das SKALIEREN-Werkzeug zur Anpassung der Texturgröße.

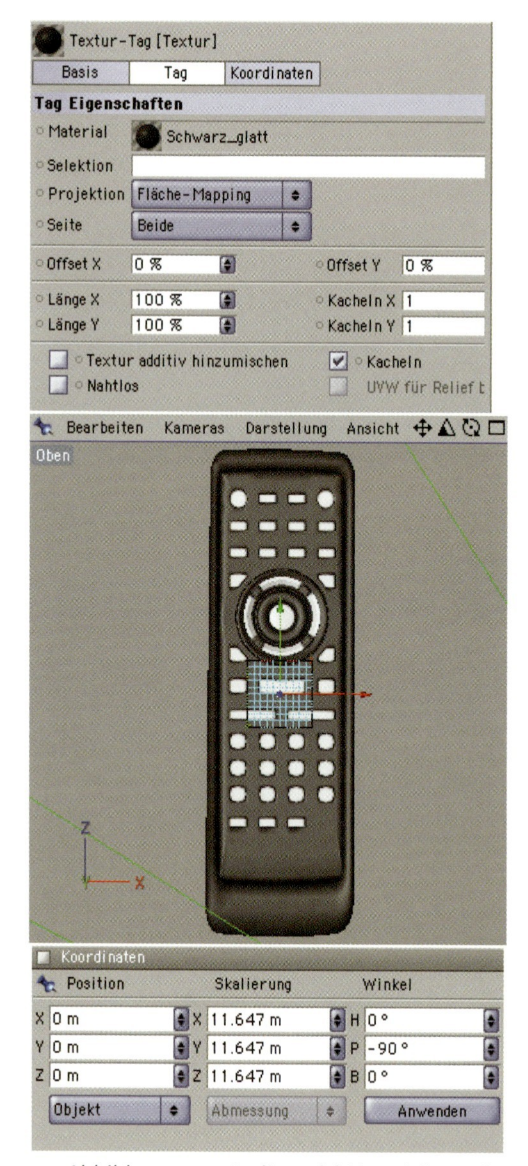

Abbildung 3.31: Bedientafel-Material zuweisen

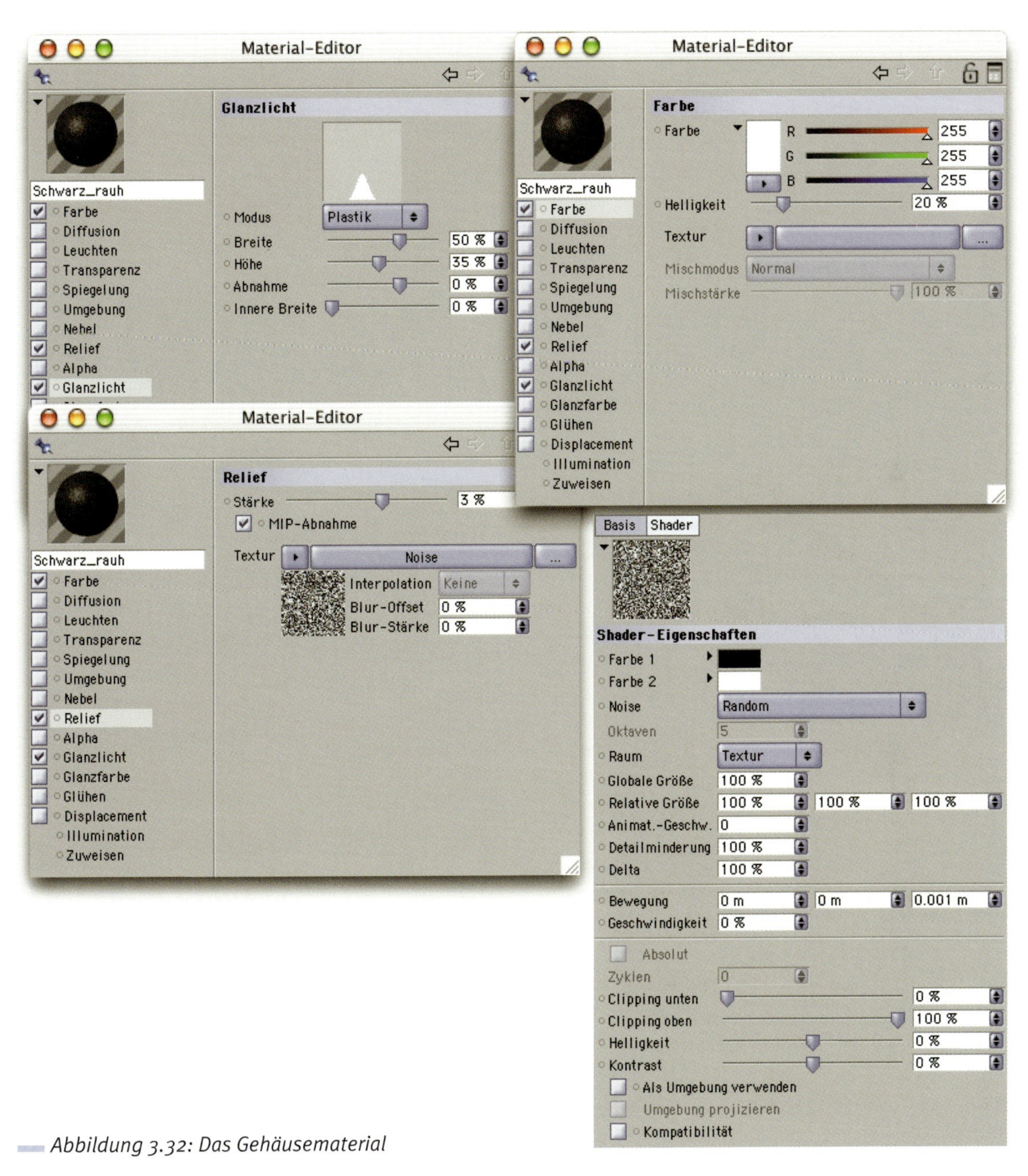

Abbildung 3.32: Das Gehäusematerial

Wie Sie Abbildung 3.32 entnehmen können, unterscheidet sich das neue Gehäusematerial nur an einer Stelle von dem Bedientafel-Material.

Der NOISE-Shader wird nun im RELIEF-Kanal eingesetzt, um der Oberfläche eine Rauigkeit zu verleihen. Sie sollten daher – um Arbeitsschritte zu sparen – das Bedientafel-Material kopieren und an der Kopie den Einsatzort des NOISE-Shaders verändern.

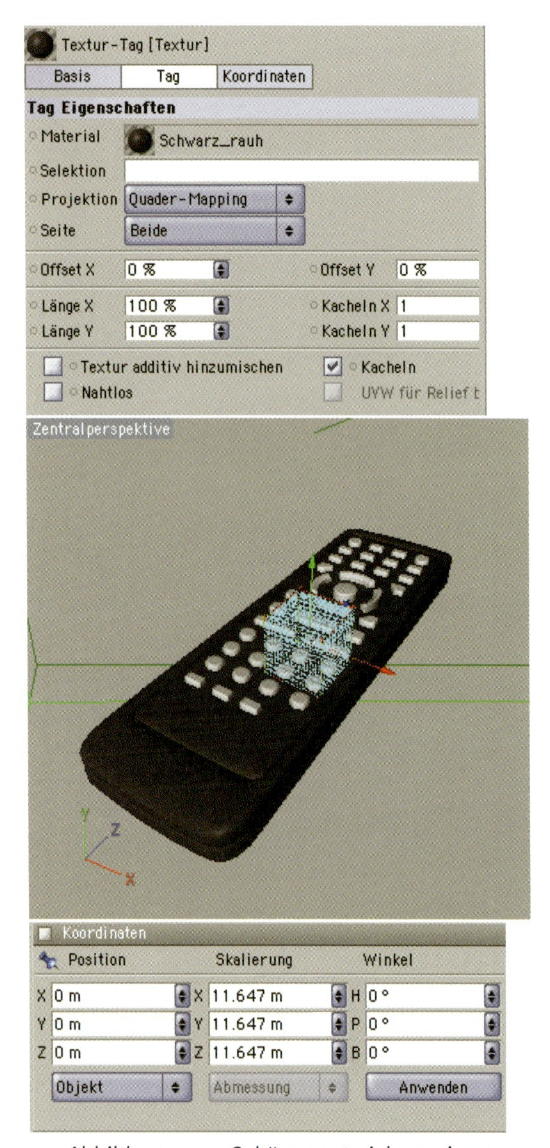

Abbildung 3.33: Gehäusematerial zuweisen

Auch bei der Zuweisung dieses neuen Materials können Sie sich Arbeit sparen, denn eine geeignete Texturgröße wurde ja bereits für das Bedientafel-Objekt festgelegt. Duplizieren Sie daher das Textur-Tag des glänzenden Materials hinter dem Bedientafel-Objekt und ziehen Sie die Kopie des Tags hinter das Gehäuse-Objekt der Fernbedienung. Wechseln Sie die Projektion auf Quader-Mapping.

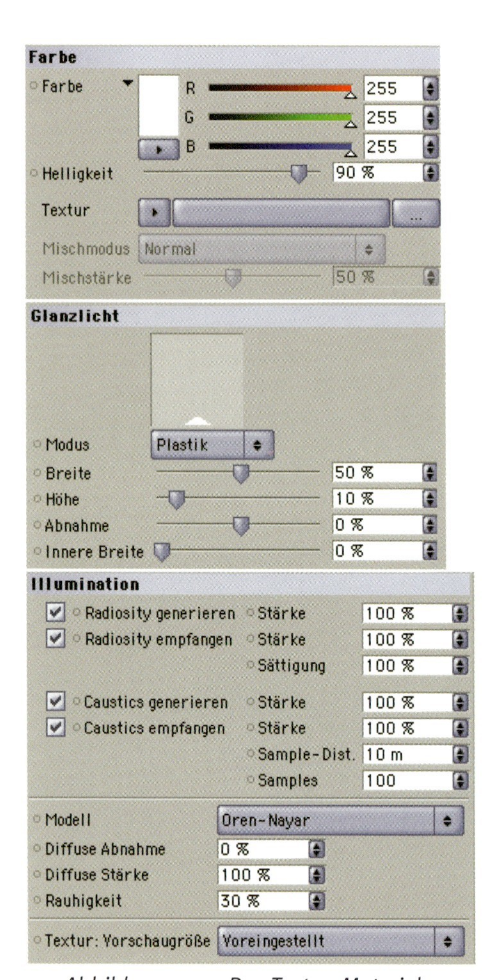

Abbildung 3.34: Das Tasten-Material

Tauschen Sie dann im kopierten Textur-Tag das Bedientafel-Material durch das neue Gehäusematerial aus. Sie wissen ja bereits, dass Sie dafür nur das Material aus dem Material-Manager in das Material-Feld des Textur-Tags im Attribute-Manager ziehen müssen.

Abbildung 3.33 zeigt alle Parameter dieser Projektion. Damit sind zumindest die schwarzen Objekte mit den passenden Materialien belegt. Es fehlen nun noch die Tasten, die jedoch wenig spektakulär in einem matten Grau daherkommen. Außer der Verwendung der Oren-Nayar-Schattierung, um die matte Oberfläche zu unterstützen, finden Sie an diesem Material nichts Außergewöhnliches (siehe Abbildung 3.34).

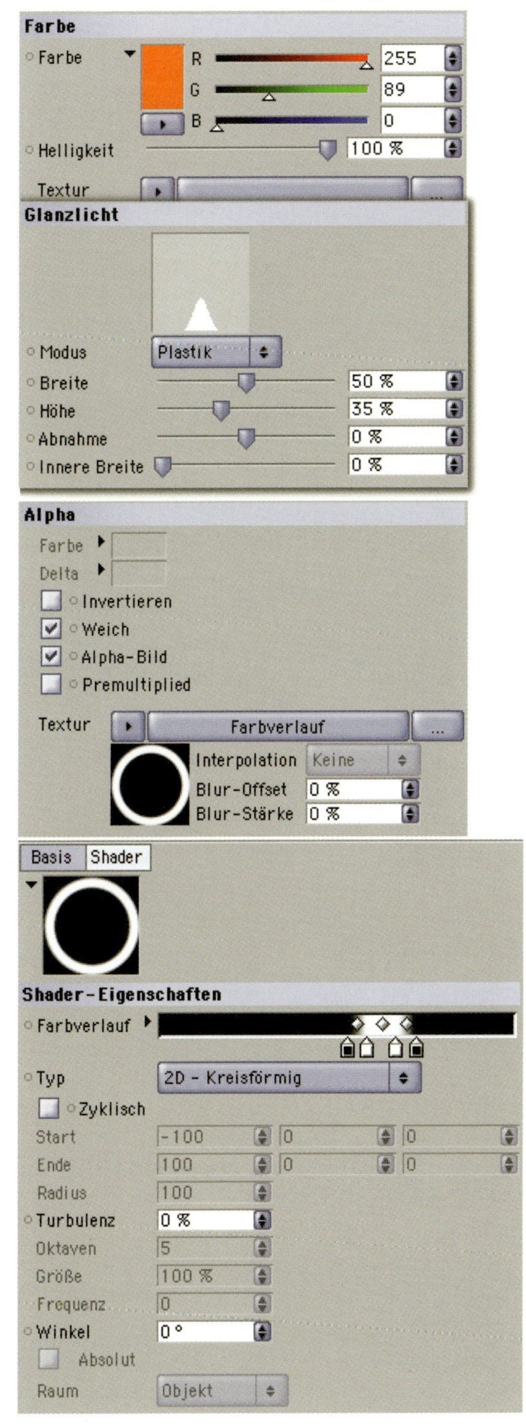

Abbildung 3.35: Bedienknopf-Umrandung

Weisen Sie dieses Material allen Tasten der Fernbedienung zu. An der Projektion oder Größe der Textur brauchen Sie nichts zu verändern, da das Material keinerlei Shader oder Bilder enthält.

Symbole und Beschriftungen der Bedientafel

Die einfachste Lösung für die realistische Umsetzung der Beschriftung und Färbung der Bedientafel wäre sicherlich gewesen, ein frontales Bild der Fernbedienung in einem Material zu benutzen. Wie wir aber bereits bei der Modellierung feststellen mussten, sind Bilder fast nie frei von perspektivischen Verzerrungen.

Selbst wenn uns deren Qualität ausreichen würde, könnten wir die verwendeten Bildvorlagen nicht einfach auf die Bedientafel legen. Die Abstände zwischen den Tasten weichen in den Bildern – besonders an den Rändern, wo die perspektivische Verzerrung stärker wird – extrem von unseren modellierten Tasten ab.

Um nun nicht alle Beschriftungen selbst erstellen und dabei womöglich einen andere Schrifttype verwenden zu müssen, haben wir die Beschriftungen zeilenweise aus der Bildvorlage extrahiert und als separate Bilder gesichert. Sie finden diese ebenfalls auf der CD-ROM zu diesem Buch. Dies erlaubt uns, die Abstände zwischen den Beschriftungen selbst einzustellen.

Bevor wir mit dem Aufbringen dieser Beschriftungen beginnen, fügen wir jedoch die orangefarbene Umkreisung des Ein-/Ausschalt-Knopfes in der linken oberen Ecke der Bedientafel hinzu.

Erzeugen Sie dafür ein neues Material und stellen Sie in dessen Farbe-Kanal den gewünschten Farbton ein (siehe auch Abbildung 3.35). Die Einstellungen für das Glanzlicht sind ebenfalls recht unspektakulär und in weiten Grenzen von Ihnen selbst wählbar.

Interessanter wird es im Alpha-Kanal, denn wir arbeiten dort nicht mit einem geladenen Bild, sondern mit einem Shader. Dieser bietet den Vorteil, direkt in Cinema 4D z.B. die Größe oder Form verändern zu können.

Für die kreis- oder ringförmige Form, die wir hier benötigen, bietet sich der Farbverlauf-Shader an. Dieser kann neben den üblichen horizontalen oder vertikalen Verläufen auch kreisförmige Strukturen erzeugen. Laden Sie den Farbverlauf-Shader in den Alpha-Kanal des Materials ein und wählen Sie in dessen Dialog den Typ 2D – Kreisförmig aus.

Da der Alpha-Kanal mit aktiver Weich-Option nur die Helligkeiten eines geladenen Bilds oder Shaders auswertet, werden wir in dem Farbverlauf auch nur die Farben Schwarz und Weiß verwenden. Die schwarzen Bereiche des Shaders lassen das Material unsichtbar werden und nur die weißen Stellen bleiben sichtbar. Unser Ziel muss es also sein, eine weiße, ringförmige Struktur zu erzeugen.

Gehen Sie dabei so vor, dass Sie zuerst die beiden bereits vorhandenen Farbreiter auf dem Farbverlauf vertauschen. Ziehen Sie also zuerst den weißen Reiter nach links bis ca. in die Mitte des Farbverlaufs und dann den schwarzen Farbreiter an eine Stelle rechts vom weißen Farbreiter.

Verringern Sie den Abstand zwischen den Farbreitern, bis Sie in der Material-Vorschau einen weißen Kreis auf schwarzem Grund erkennen können. Passen Sie die Positionen der beiden Farbreiter so an, dass der weiße Kreis fast die äußeren Begrenzungen der quadratischen Vorschau berührt. Der Abstand zwischen den Farbreitern sollte zudem so gewählt werden, dass nur wenige Graustufen zwischen den extremen Helligkeiten berechnet werden. Einerseits sollte der Kreis scharf zu erkennen sein, andererseits wirken leicht auslaufende Ränder später natürlicher.

Klicken Sie dann zwei Mal direkt unter den Farbverlauf, und zwar in dem Bereich, in dem der Verlauf komplett weiß ist. Es entstehen dadurch zwei neue Farbreiter, die automatisch die Farbe des über ihnen liegenden Verlaufs annehmen.

Den linken der neuen Farbreiter klicken Sie doppelt an, um dessen Farbwert auf Schwarz zu verändern. Die Material-Vorschau sollte nun einen weißen Ring auf schwarzem Grund zeigen.

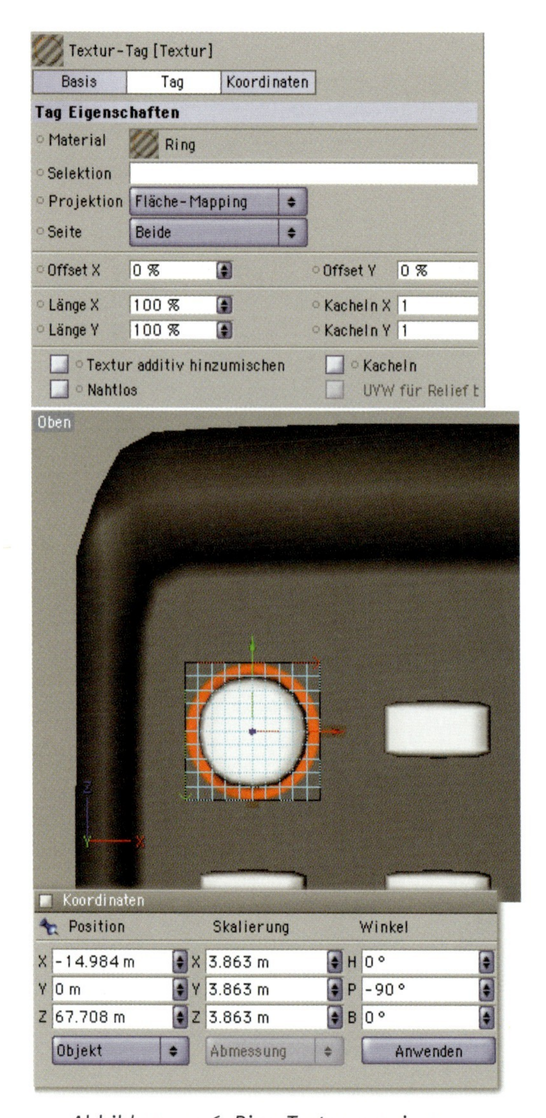

Abbildung 3.36: Ring-Textur zuweisen

Verschieben Sie die beiden neuen Farbreiter so, dass die Dicke des Rings und der Bereich des Farbübergangs zwischen den Farbreitern Ihren Vorstellungen entsprechen. Weisen Sie das Material dann mit Fläche-Projektion der Bedientafel zu (siehe Abbildung 3.36).

Wechseln Sie ggf. in den Textur-Achsen bearbeiten-Modus, um die Textur-Vorschau parallel zur Bedientafel und über dem Ein/Aus-Knopf zu platzieren. Denken Sie daran, die Kacheln-Option im Textur-Tag zu deaktivieren, damit nicht die gesamte Bedientafel mit orangefarbenen Kreisen übersät wird.

Benutzen Sie das Skalieren-Werkzeug, um den Ring auf die gewünschte Größe zu bringen. Innen, wo in der Bedientafel die Öffnung für die runde Taste liegt, sollte noch ein schmaler Rand des schwarzen Grundmaterials zu sehen sein. Sind Sie mit der Breite des Rings nicht zufrieden, skalieren Sie die Textur auf die gewünschte Größe und passen den Innenradius im Farbverlauf-Shader an.

Sofern Sie die Darstellung von Texturen in den Editor-Ansichten erlauben – zumindest Quick-Shading und Texturen sollten angeschaltet sein –, können Sie jede Veränderung am Material direkt auf dem Objekt überprüfen. Abbildung 3.36 gibt die von uns benutzen Einstellungen und die Größe der Tastenumrandung wieder.

Das gleiche Prinzip wird jetzt bei den Tastenbeschriftungen verwendet. Da sich hier die gleichen Arbeitsschritte für alle benötigten Materialien wiederholen, werden wir die Einstellungen für die Materialien und Textur-Tags nur an einem Beispiel zeigen.

Wie gewohnt beginnen Sie mit dem Aufruf eines neuen Materials im Material-Manager. Neben den üblichen Farbe- und Glanzlicht-Kanälen benötigen wir nur noch den Alpha-Kanal, um dort jeweils eine der vorliegenden Alpha-Masken für die Beschriftung zu laden.

Mögliche Einstellungen für diese Kanäle sind in Abbildung 3.37 zu sehen. Wir werden hier beispielhaft das Material für die oberste Tastenreihe der Fernbedienung erstellen. Bei den übrigen Materialien tauschen Sie nur das Bild im Alpha-Kanal aus.

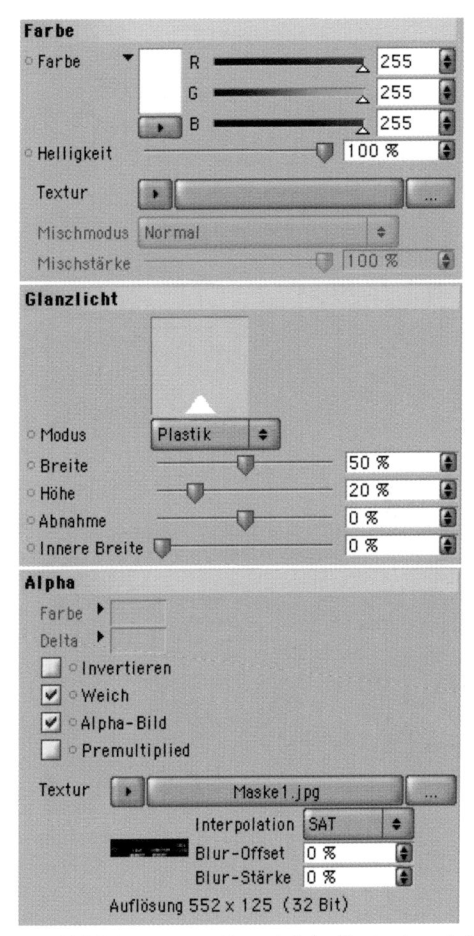

Abbildung 3.37: Material der Tastenbeschriftung

Anders als beim Farbverlauf-Shader haben wir es bei den benötigten Alpha-Bildern mit ungleichmäßigen Seitenverhältnissen zu tun. Die Texturprojektion muss daher nach der Zuweisung zuerst auf ein passendes Seitenverhältnis gebracht werden, damit die Texte unverzerrt auf der Bedientafel erscheinen.

Ziehen Sie dafür zuerst das neue Material auf die Bedientafel – das Textur-Tag dieses Materials muss rechts neben dem schwarzen Grundmaterial liegen, damit es davon nicht verdeckt wird – und stellen Sie die Fläche-Projektion ein. Drehen Sie die Textur-Vorschau ggf. im Textur-Achsen bearbeiten-Modus, bis sie parallel zur Bedientafel liegt.

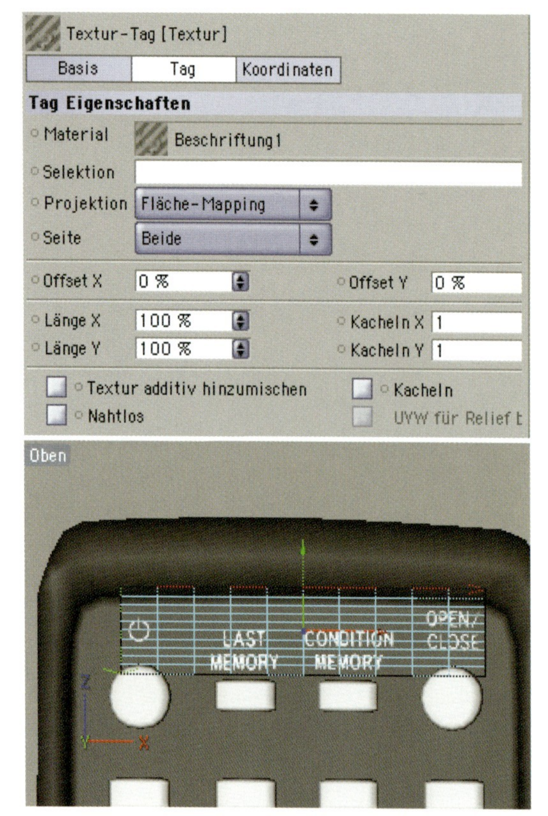

Abbildung 3.38: Beschriftungstextur zuweisen und anpassen

Übertragen Sie dann die Pixelauflösung des im Material geladenen Alpha-Bilds über den Koordinaten-Manager auf die Textur-Vorschau. In dem hier gezeigten Fall sind dies 552 x 125 Pixel, wie im Alpha-Kanal des Materials abzulesen ist.

Benutzen Sie anschließend das Skalieren-Werkzeug ohne eine Achsenbeschränkung, um die Textur-Vorschau auf eine passende Größe zu bringen. Abbildung 3.38 gibt im unteren Teil die Lage und Größe dieser Textur wieder. Denken Sie wieder daran, die Kacheln-Option im Textur-Tag zu deaktivieren. Das Material soll schließlich nur ein Mal an der Stelle der Textur-Vorschau erscheinen.

Wiederholen Sie diese Arbeitsschritte mit weiteren neuen Materialien, bis alle benötigten Beschriftungen an den passenden Stellen auf der Bedientafel platziert sind.

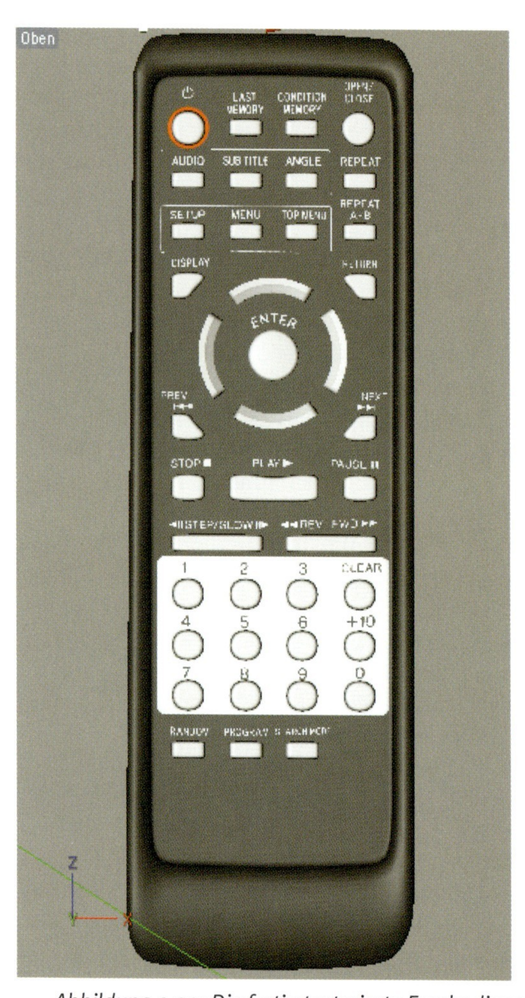

Abbildung 3.39: Die fertig texturierte Fernbedienung

Schließlich sollte sich Ihnen die Fernbedienung wie in Abbildung 3.39 präsentieren.

Damit sind nun endlich die Objekte komplett texturiert und fertig für die Ausleuchtung und die Bildberechnung. Wir werden anhand einiger Kurzbeispiele gängige Methoden demonstrieren, wie Objekte in Szene gesetzt werden können.

Diese Techniken lassen sich natürlich nicht nur auf die Produktvisualisierung anwenden, sondern geben Ihnen allgemein einen Überblick über die Möglichkeiten von Cinema 4D.

Abbildung 3.40: Vorbereitungen für die Bildberechnung

3.12 Die Berechnung freigestellter Objekte

In vielen Fällen wird es so sein, dass die von Ihnen erstellten Objekte als freigestellte Grafik berechnet werden, um die Weiterverarbeitung z.B. in Photoshop zu erleichtern. Dafür gibt es mehrere Möglichkeiten in Cinema 4D. Beginnen werden wir mit der Berechnung auf neutralem Hintergrund.

Diese hat gegenüber der Berechnung mit Alpha-Maske den Vorteil, dass wir problemlos z.B. einen Bodenschatten erhalten können, der später in der Bildkomposition mit einem ausgetauschten Hintergrund multipliziert werden kann. Dazu müssen wir unserer Szene jedoch noch einige Objekte hinzufügen.

Zuerst wäre da ein Hintergrund-Objekt hilfreich, falls Sie dieses noch nicht in Ihrer Szene haben. Dieses erlaubt Ihnen, Bilder oder einfach nur Farben in den Hintergrund der Szene zu legen.

Das Hintergrund-Objekt arbeitet so, dass es immer hinter den Objekten liegt, egal wie groß Ihre Objekte oder die Szene sind. Sie brauchen es also niemals zu skalieren oder zu verschieben. Zudem zeigt ein Hintergrund-Objekt keine Schattierung und kann weder Schatten werfen noch empfangen.

Falls noch nicht vorhanden, rufen Sie das Hintergrund-Objekt in Cinemas Objekte-Menü in der Gruppe Szene-Objekte auf. Da ein weißer Hintergrund benutzt werden soll, aktivieren Sie auf der Basis-Seite des Hintergrund-Objekts im Attribute-Manager die Farbe aktivieren > Immer-Option und stellen den Farbwähler auf Weiß ein. Alternativ hierzu können Sie auch ein neues Material erzeugen, dort den gewünschten Farbwert im Farbe-Kanal einstellen und dann dieses Material dem Hintergrund zuweisen.

Als Nächstes sollten wir unsere Objekte auf einen Boden stellen, damit sich dort ein Schatten zeigen kann. Auch hierfür gibt es eine fertige Lösung, nämlich das Boden-Objekt, das im gleichen Menü wie das Hintergrund-Objekt zu finden ist. Gegenüber dem Hintergrund-Objekt kann der Boden jedoch verschoben werden. Es macht schließlich Sinn, die Höhe und Lage des Bodens selbst zu steuern.

Lassen Sie sich von der Größe des Boden-Objekts nichts täuschen. Es dehnt sich bei der Bildberechnung automatisch bis zum Horizont aus. Dies ist dann auch der offensichtlichste Unterschied z.B. gegenüber einem Ebene-Objekt. Das Boden-Objekt kann also auch z.B. Schatten empfangen und Schattierung zeigen.

Da wir dies in diesem Fall nicht möchten, helfen wir mit einem Render-Tag nach (siehe Abbildung 3.40).

Abbildung 3.41: Oben Ein-Punkt-, unten Mehr-Punkt-Beleuchtung

Damit können wir unter anderem Eigenschaften wie Schattenwurf und Schattierung steuern, die vom Hintergrund-Objekt automatisch benutzt werden.

Selektieren Sie also das Boden-Objekt und rufen Sie dafür im Objekt-Manager den Menüeintrag Datei › Cinema 4D Tags › Render auf. Im Dialog des Tags aktivieren Sie das Hintergrund-Compositing. Dieses bewirkt, dass das Objekt ausschließlich in der zugewiesenen Farbe und ohne Schattierung dargestellt wird. Die Fähigkeit, Schatten zu erhalten, ist davon nicht betroffen.

Weisen Sie dem Boden-Objekt entweder über dessen Basis-Eigenschaften oder über ein zugewiesenes Material die Farbe Weiß zu.

Eine Lichtquelle sollte bereits in Ihrer Szene vorhanden sein.

Achten Sie darauf, dass dort ein weicher Schatten aktiviert ist. Damit dieser nicht so viel Rechenzeit und Speicher benötigt, sollten Sie generell Schatten-Kegel auf der Schatten-Seite des Lichtquellen-Dialogs aktivieren. Wie bereits erläutert, wird der Schatten dann nur innerhalb eines Kegels entlang der Z-Achse der Lichtquelle berechnet. Die Z-Achse der Lichtquelle muss also auf die auszuleuchtenden Objekte ausgerichtet werden, auch wenn als Typ die Punktlichtquelle benutzt wird.

Diese Ausrichtung lässt sich über ein Tag automatisieren. Selektieren Sie dazu die Lichtquelle und wählen Sie im Objekt-Manager Datei › Cinema 4D Tags › Ausrichten. Alternativ erreichen Sie dieses Menü auch über einen Rechtsklick auf das Objekt im Objekt-Manager.

Durch Ziehen eines Objekts aus dem Objekt-Manager in das Ziel-Objekt-Feld des Ausrichten-Tags im Attribute-Manager wird die Z-Achse des Objekts mit dem Ausrichten-Tag auf das lokale System dieses Ziel-Objekts ausgerichtet. Dies ist im Übrigen auch sehr praktisch bei Animationen, wenn z.B. ein Spotlicht immer auf ein bewegtes Element ausgerichtet sein soll.

Schließlich lassen Sie uns auch noch ein Kamera-Objekt erzeugen. Dazu aktivieren Sie die Editor-Ansicht, deren Blickwinkel auf die Kamera übertragen werden soll – in den meisten Fällen wird dies die Kamera-Editor-Ansicht sein –, und rufen dann im mittlerweile bekannten Objekte › Szene-Objekte-Menü die Kamera ab.

Sie sollten nun in den Ansichten eine grün eingezeichnete, stilisierte Kamera mit einer ebenfalls grün eingeblendeten Sichtpyramide erkennen können. Damit diese Kamera später auch tatsächlich für die Bildberechnung benutzt wird, muss Sie unter Kameras › Szene-Kamera in der Kamera-Editor-Ansicht ausgewählt sein.

Haben Sie alles richtig gemacht, können Sie nun die Kamera z.B. mit dem Rotieren- oder Verschieben-Werkzeug bewegen und gleichzeitig beobachten, wie sich der Bildausschnitt in der Editor-Kamera-Ansicht verändert. Ebenso können Sie die gewohnten Kamera-Icons in der Titelzeile der Kamera-Ansicht benutzen, um damit das Kamera-Objekt zu bewegen.

Der Vorteil der Verwendung eines Kamera-Objekts wird offenkundig, wenn Sie bei aktiver Kamera einen Blick in den Attribute-Manager werfen. So finden Sie dort z.B. Einstellungen für die Größe des Sichtfelds oder der Brennweite und sogar Optionen für die Berechnung von Tiefenunschärfe.

Um nun die Szene berechnen zu lassen, sollten Sie das Boden-Objekt so verschieben, dass es direkt unter den Standfüßen des DVD-Players liegt. Platzieren Sie die Fernbedienung vor dem Player ebenfalls auf dem Boden. Sie müssen die Fernbedienung wegen der leichten Keilform ggf. etwas rotieren, damit sie an beiden Enden auf dem Boden aufliegt.

Platzieren Sie die Kamera so, dass beide Objekte im gewünschten Winkel in der Kamera-Ansicht zu sehen sind. Verschieben Sie die Lichtquelle an eine Position etwas seitlich und erhöht von der Kamera aus gesehen. Wenn Sie das Gouraud-Shading in der Kamera-Ansicht aktiviert haben, können Sie direkt die Ausleuchtung der Objekte betrachten und ggf. durch Verschieben der Lichtquelle korrigieren.

Dies ist übrigens ein weiterer Vorteil des echten Kamera-Objekts, denn jetzt können Sie in allen Editor-Ansichten jederzeit erkennen, wo sich die Kamera im Raum befindet und andere Objekte entsprechend leichter ausrichten und platzieren.

Wenn Sie die Kamera-Ansicht jetzt durch einen Klick auf das Aktuelle Ansicht rendern-Icon berechnen lassen, könnte sich Ihnen ein Bild wie in Abbildung 3.41 zeigen.

Wir beziehen uns dort auf die obere Einblendung. Sie können erkennen, wie die Objekte einen kräftigen Schatten auf den Boden werfen, dieser jedoch wie der Hintergrund keinerlei Struktur zu haben scheint.

Das Bild wirkt etwas künstlich und unnatürlich. Dies hat vor allem etwas mit der Ausleuchtung zu tun. Wir benutzen derzeit eine Ein-Punkt-Beleuchtung, also nur eine einzige Lichtquelle. Dies lässt sich selbst in einem Fotostudio so nicht realisieren, da immer Streustrahlung und Lichtreflexion auftreten. Wir sollten uns also bemühen, dieses natürliche Lichtverhalten nachzuahmen.

Cinema 4D bietet dafür grundsätzlich zwei Lösungen an, nämlich die traditionelle Ausleuchtung mit zusätzlichen Lichtquellen und die Radiosity-Berechnung, für die Sie jedoch das Advanced Renderer-Modul benötigen. Letzteres werden wir etwas später betrachten.

Lasen Sie uns also zuerst versuchen, durch das Hinzufügen weiterer Lichtquellen eine natürlichere Ausleuchtung zu erzielen. Grundsätzlich ist es hilfreich, dabei von der so genannten *Drei-Punkt-Beleuchtung* auszugehen.

Dabei werden zusätzlich zu dem Hauptlicht mindestens zwei weitere Lichtquellen platziert. Eine liegt seitlich von der Hauptlichtquelle und eine hinter dem Objekt. Die Helligkeiten dieser Lichtquellen sind gegenüber der Hauptlichtquelle deutlich reduziert. Überhaupt wird es durch das Hinzunehmen von Lichtquellen natürlich immer schwieriger, die Szene nicht zu überstrahlen. Sie sollten daher immer versuchen, mit möglichst wenigen Lichtquellen auszukommen.

Neben der Helligkeit macht es auch Sinn, die Färbung der Lichter zu variieren. Rötliche und „warme“ Lichtfarben werden als näher an der Kameraposition empfunden als blaue und andere „kühle“ Farbtöne. Wir können also auch durch die Farbgebung die Dreidimensionalität verstärken.

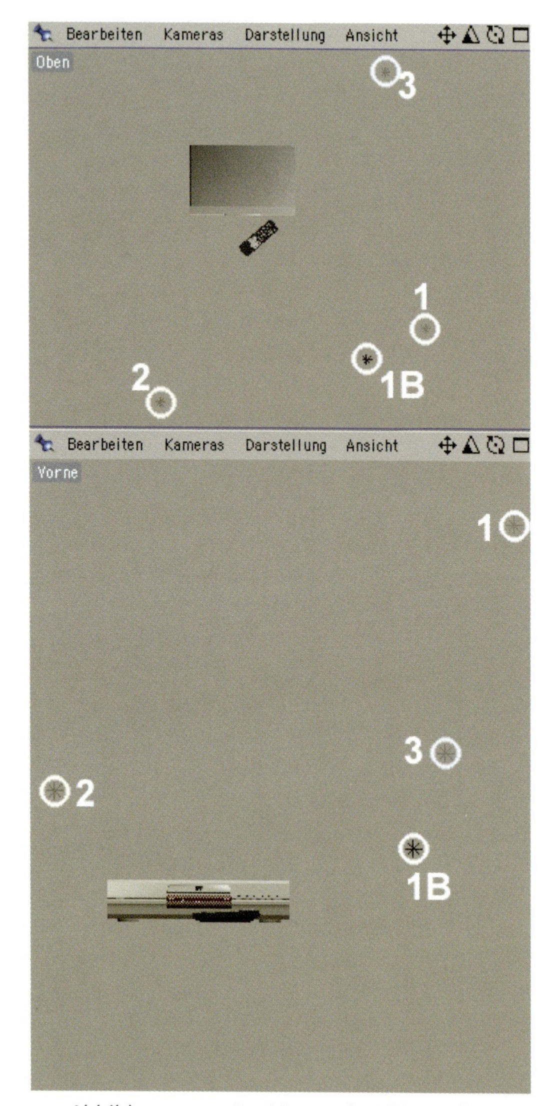

Abbildung 3.42: Positionen der Lichtquellen

Sinn und Zweck der Verwendung mehrerer Lichtquellen ist es, sowohl das direkte als auch das indirekte Licht zu simulieren. Unter indirektem Licht versteht man die Beleuchtung, die erst nach dem Auftreffen z.B. auf den Boden auf das zu beleuchtende Objekt trifft. Umgekehrt gilt dies natürlich auch, denn das Hauptlicht wird schließlich auch vom DVD-Player reflektiert und trifft dann z.B. auf die Decke des Raums.

Sie sehen also, dass die richtige Beleuchtung durchaus einen großen Anteil an der Entstehung eines stimmigen Bilds haben kann. Da zum Thema der richtigen Ausleuchtung bereits ganze Bücher geschrieben wurden, die sich z.B. an Fotografen oder auch an 3D-Künstler wenden, werden wir uns hier auf die technische Umsetzung und weniger auf die Theorie beschränken.

Um das Licht zu simulieren, das von der Umgebung auf die Objekte unserer Szene trifft, müssen in jedem Fall Lichter hinzugefügt werden, die die Objekte aus unterschiedlichen Richtungen beleuchten. Da die Hauptlichtrichtung erhalten bleiben soll, müssen die übrigen Lichter von geringerer Intensität sein. Zudem sollten Sie mit der Aktivierung von Schatten bei den neuen Lichtquellen vorsichtig sein. Zu viele Schatten wirken auf dem Boden eher irritierend. Wir entscheiden uns daher dafür, dass nur die Hauptlichtquelle einen Schattenwurf erhält.

Um Ihnen die Positionen der Lichtquellen etwas plastischer demonstrieren zu können, wurden die Lichter in Abbildung 3.42 mit Kreisen und Ziffern markiert. Da die Szene von oben und von vorne zu sehen ist, sollte Ihnen eine Zuordnung der Lichtpositionen leicht fallen.

Die Lichtquelle mit der Ziffer 1 ist unsere Hauptlichtquelle, also die Lichtquelle mit dem Schatten, die Sie bereits in der Szene platziert haben. Wie Sie in der Abbildung erkennen können, wurde diese Lichtquelle erhöht und in Verlängerung der rechten Gehäusekante platziert. Ausschlaggebend für diese Platzierung war vor allem der Schattenwurf, der nicht zu dominant sein sollte. Der Schatten soll hier nur das Gefühl vermitteln, dass die Objekte nicht im leeren Raum schweben, sondern tatsächlich auf dem Boden stehen.

Die Lichtquelle 1B unterstützt das Hauptlicht und soll das vom Boden auf die Objekte reflektierte Licht simulieren helfen.

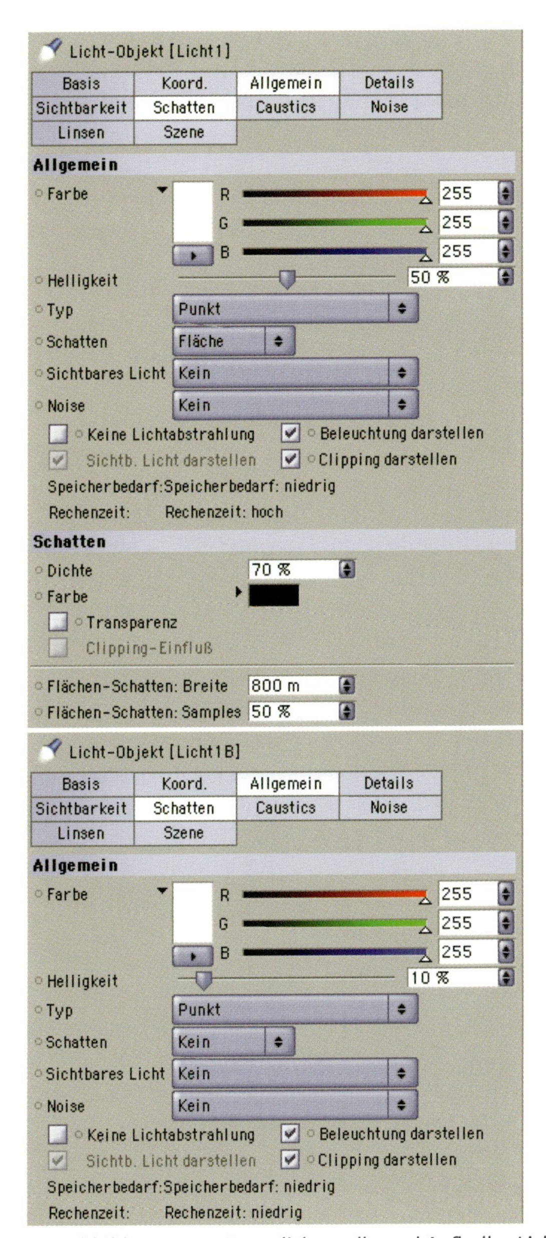

Abbildung 3.43: Hauptlichtquelle und Aufheller-Licht

Diese Lichtquelle wurde daher sehr viel weiter unten platziert. Dieses Licht wirft keinen Schatten und ist in seiner Intensität merklich reduziert, wie Sie in Abbildung 3.43 erkennen können. Sie können dort ebenfalls sehen, dass die Intensität der Hauptlichtquelle bereits zurückgenommen wurde.

Dies ergab sich einfach aus der Anzahl an neuen Lichtquellen und deren zusätzlicher Ausleuchtung. Sie werden nach dem Hinzufügen aller Lichter selbst bemerken, wo zu viel Licht erzeugt wird und wo die Intensität noch erhöht werden könnte. Verstehen Sie die Vorgaben daher wieder nur als Grundlage für Ihre eigenen Einstellungen.

Wie Sie in Abbildung 3.43 erkennen können, wurde der Schatten-Typ auf Flächen-Schatten umgeschaltet. Diese Berechnung dauert zwar länger, liefert jedoch in der Regel realistischere Ergebnisse. Da der Wert für die Schatten-Breite auf der Schatten-Seite des Dialogs ebenfalls um die Z-Achse der Lichtquelle herum abgemessen wird, hat das Ausrichten-Tag für diese Lichtquelle weiterhin Sinn. Für die Probeberechnungen sollten Sie die Flächen-Schatten Samples kurzzeitig reduzieren, um Rechenzeit zu sparen. Für die finale Bildberechnung erhöhen Sie dann die Samples wieder, bis die sichtbare Körnung in den Schatten verschwindet.

Sind Ihnen die Schatten zu dunkel, möchten Sie jedoch nicht noch mehr Licht zur Aufhellung auf das Objekt schicken, können Sie den Dichte-Wert auf der Schatten-Dialog-Seite reduzieren, um die Helligkeit des Schattens zu erhöhen. Auch dies ist in Abbildung 3.43 für die Hauptlichtquelle dokumentiert.

Die beiden bislang beschriebenen Lichter benutzen Weiß als Farbe. Die Materialien werden daher auch genau so berechnet, wie wir sie im Material-Editor vorgesehen haben. Da das indirekte Licht jedoch häufig leicht eingefärbt ist, haben wir es nur sehr selten mit perfekt weißem Licht zu tun. Selbst Glühbirnen geben ja von sich aus schon ein breites Farbspektrum mit einem Schwerpunkt bei den warmen Farben ab.

Die nun hinzugefügten Lichter werden daher leicht eingefärbt, was neben der zusätzlichen Beleuchtung auch zu mehr Variationen der Materialien führt.

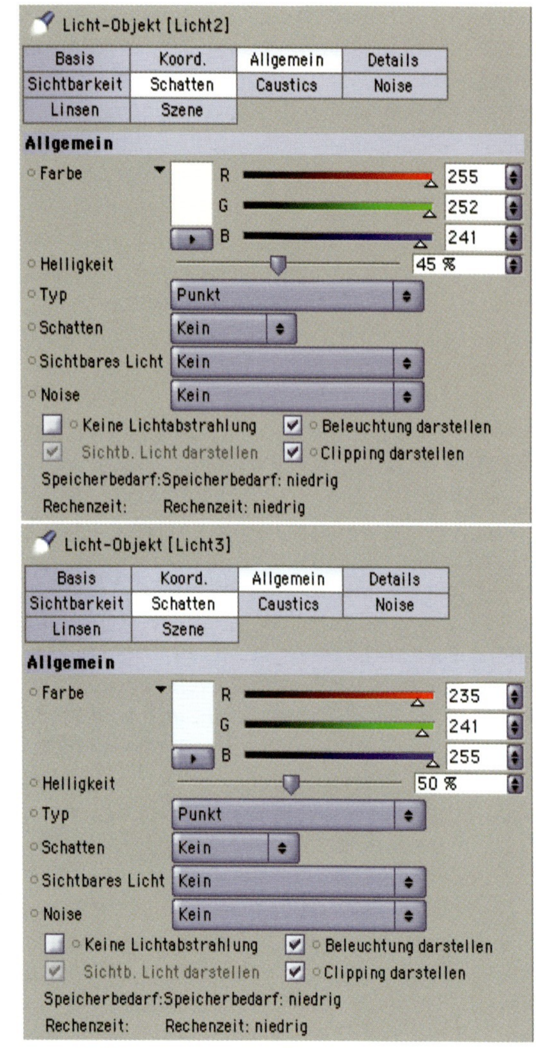

Abbildung 3.44: Einstellungen der beiden Aufhell-Lichtquellen

Wie Sie Abbildung 3.44 entnehmen können, wird die Lichtquelle mit der Ziffer ❷ leicht gelblich und die Lichtquelle mit der Ziffer ❸ bläulich eingefärbt. Die Sättigungen sollten hierbei gering genug gehalten werden, um eine unnatürliche Einfärbung der Objekte zu vermeiden.

Das gelbe Licht ergänzt die Schattierung auf der Frontblende des DVD-Players und trägt auch zur Ausleuchtung des oberen Gehäuses mit bei.

Das bläuliche Licht streift von hinten kommend die rechte Seite des DVD-Players und sein oberes Gehäuse. Dieses Licht spielt daher für die Beleuchtung der der Kamera direkt zugewandten Flächen keine Rolle.

Sind alle Helligkeiten den eigenen Wünschen entsprechend eingestellt, könnte sich ein Ergebnis wie unten in Abbildung 3.41 zeigen. Die Objekte und Schatten haben durch die zusätzliche Beleuchtung zwar erheblich an Kontrast verloren, wirken dadurch jedoch weniger steril und künstlich.

Kommen wir nun zu den notwendigen Einstellungen, damit wir eine Alpha-Maske für die spätere Freistellung in der Postproduktion erhalten.

Wie Sie sich vielleicht erinnern, wurde bereits im Abschnitt über die Render-Voreinstellungen die Alpha-Option auf der Sichern-Seite angesprochen. Diese erzeugt zusätzlich zu dem farbigen Bild ein Graustufenbild, das als Selektion z.B. in Photoshop geladen werden kann.

Dies lässt sich immer dann nutzen, wenn nur die freizustellenden Objekte in der Szene vorhanden sind. Da wir jedoch noch ein Boden-Objekt benutzen, würde dessen Fläche mit in die Berechnung des Alpha-Kanals einfließen und das Resultat unbrauchbar machen. Weglassen können wir den Boden jedoch auch nicht, da dann die Schatten dort fehlen.

In den meisten Fällen werden Sie daher mit den *Multi-Passes* arbeiten, denn dort lassen sich für beliebige Objekte Alpha-Masken berechnen.

Damit Cinema 4D erkennt, für welche Objekte eine Alpha-Maske berechnet werden soll, müssen die Objekte im Objekt-Manager mit Render-Tags markiert werden. Die entsprechenden Einstellungen nehmen Sie auf der Kanal-Seite des Render-Tag-Dialogs vor.

Abbildung 3.45: Objekt-Kanäle in Render-Tags aktivieren

Da sowohl die Fernbedienung als auch der DVD-Player in die Alpha-Berechnung einfließen sollen, müssen diese beiden Objekte Render-Tags erhalten (siehe Abbildung 3.45). Wechseln Sie in den Dialogen dieser Render-Tags auf die Kanal-Seite und aktivieren Sie dort jeweils die oberste Aktivieren-Option.

Der Zahlenwert für Kanal ist dort mit der Ziffer 1 vorbesetzt. Dies bedeutet, dass diese beiden Objekte samt den darunter eingeordneten Unterobjekten dem Objekt-Kanal 1 zugeordnet werden.

Alle Objekte mit der gleichen Kanal-Nummer im Render-Tag werden später auch in der gleichen Alpha-Maske erscheinen. Sie könnten also theoretisch für die Fernbedienung eine andere Kanal-Nummer als für den Player verwenden, um zwei separate Alpha-Masken zu erhalten.

Nun kommt der einzige Stolperstein dieser Technik. Wenn Sie innerhalb der Objekthierarchie bereits Render-Tags benutzen, bei denen kein Objekt-Kanal aktiviert wurde, fallen diese Objekte aus der Alpha-Berechnung des Überobjekts heraus. In unserer Szene ist dies bei dem transparenten Display-Objekt des DVD-Players und den dahinter liegenden Anzeigen der Fall.

Da diese beiden Render-Tags beibehalten werden sollen, müssen dort ebenfalls auf der Kanal-Seite die Aktivieren-Optionen angeschaltet und die Kanal-Nummer 1 eingestellt werden (siehe auch Abbildung 3.45). Erst jetzt sind alle Objekte der Fernbedienung und des DVD-Players eindeutig dem Objekt-Kanal 1 zugewiesen.

Im nächsten Schritt muss Cinema 4D die zu berechnende Kanal-Nummer mitgeteilt werden. Es könnte schließlich sein, dass wir in unserer Szene mehrere Objekt-Kanäle für die Objekte eingestellt haben, davon aber nicht alle benötigen bzw. nicht alle berechnet haben wollen.

Dazu öffnen Sie die Render-Voreinstellungen und wechseln dort auf die Multi-Pass-Seite. Aktivieren Sie die Option Multi-Pass Rendering aktivieren und benutzen Sie dann das Kanäle-Menü oben rechts, um den Unterpunkt Objekt-Kanal zu selektieren.

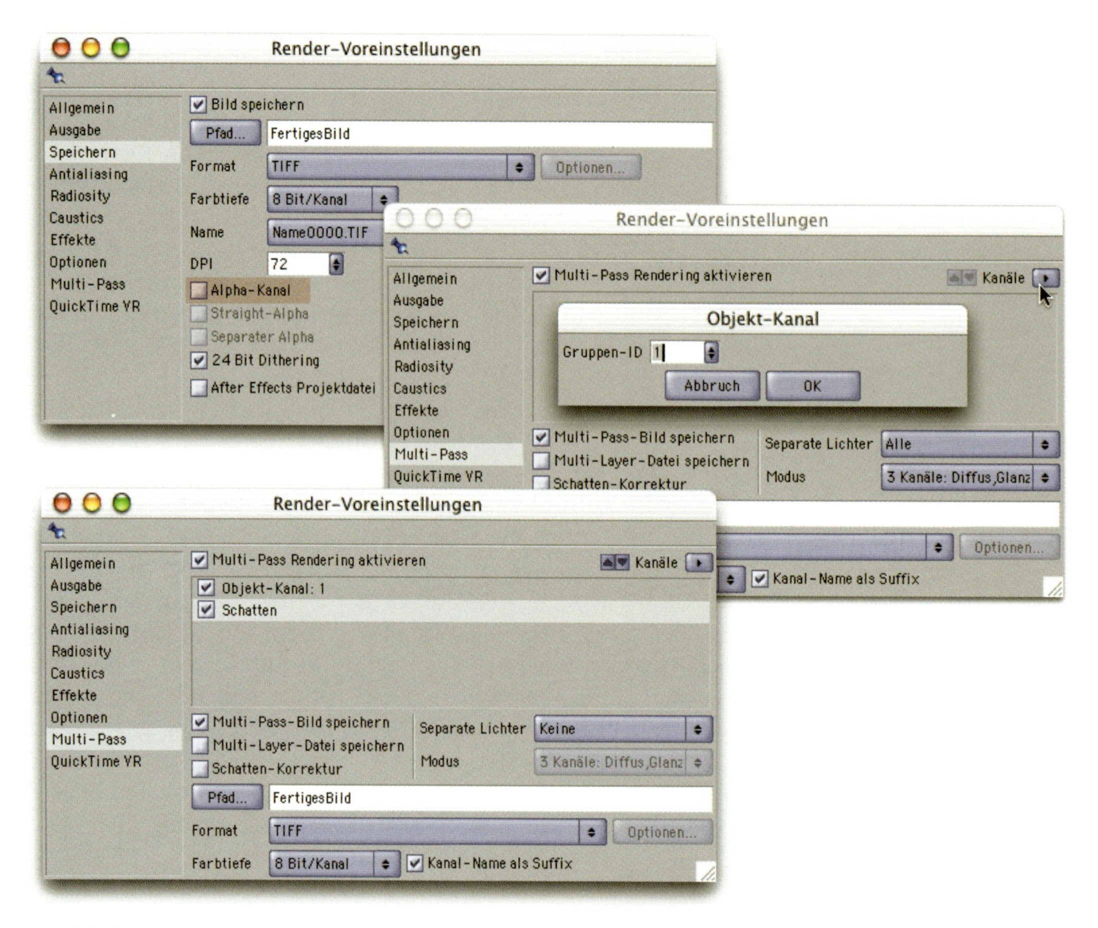

Abbildung 3.46: Render-Voreinstellungen für Multi-Pass-Rendering

Es öffnet sich ein kleines Dialogfenster in dem Sie die Ziffer des gewünschten Objekt-Kanals auswählen. Sind in Ihrer Szene mehrere Kanäle in Gebrauch, die auch alle als Alpha-Masken berechnet werden sollen, müssen Sie für jeden Kanal separat einen Objekt-Kanal aus dem Kanäle-Menü aufrufen und dort die Ziffer entsprechend vorgeben.

Wo Sie schon einmal auf der Multi-Pass-Seite sind, können Sie auch gleich noch den Schatten-Kanal aus der Kanäle-Liste auswählen.

Dieser macht später ein sauberes Austauschen z.B. des Bildhintergrunds erst möglich, da der Alpha-Kanal nur die Objekte und nicht auch deren Schatten enthält. Damit sind hier bereits alle Einstellungen komplett. Geben Sie über die Pfad-Schaltfläche den gewünschten Speicherpfad und über die Format-Auswahl das gewünschte Bildformat an.

Aus den zuvor genanten Gründen brauchen Sie auf der Sichern-Seite der Render-Voreinstellungen die Alpha-Kanal-Option nicht zu aktivieren. Geben Sie dort auch einen Speicherpfad samt Dateiformat an, diesmal jedoch nur für das eigentliche Bild.

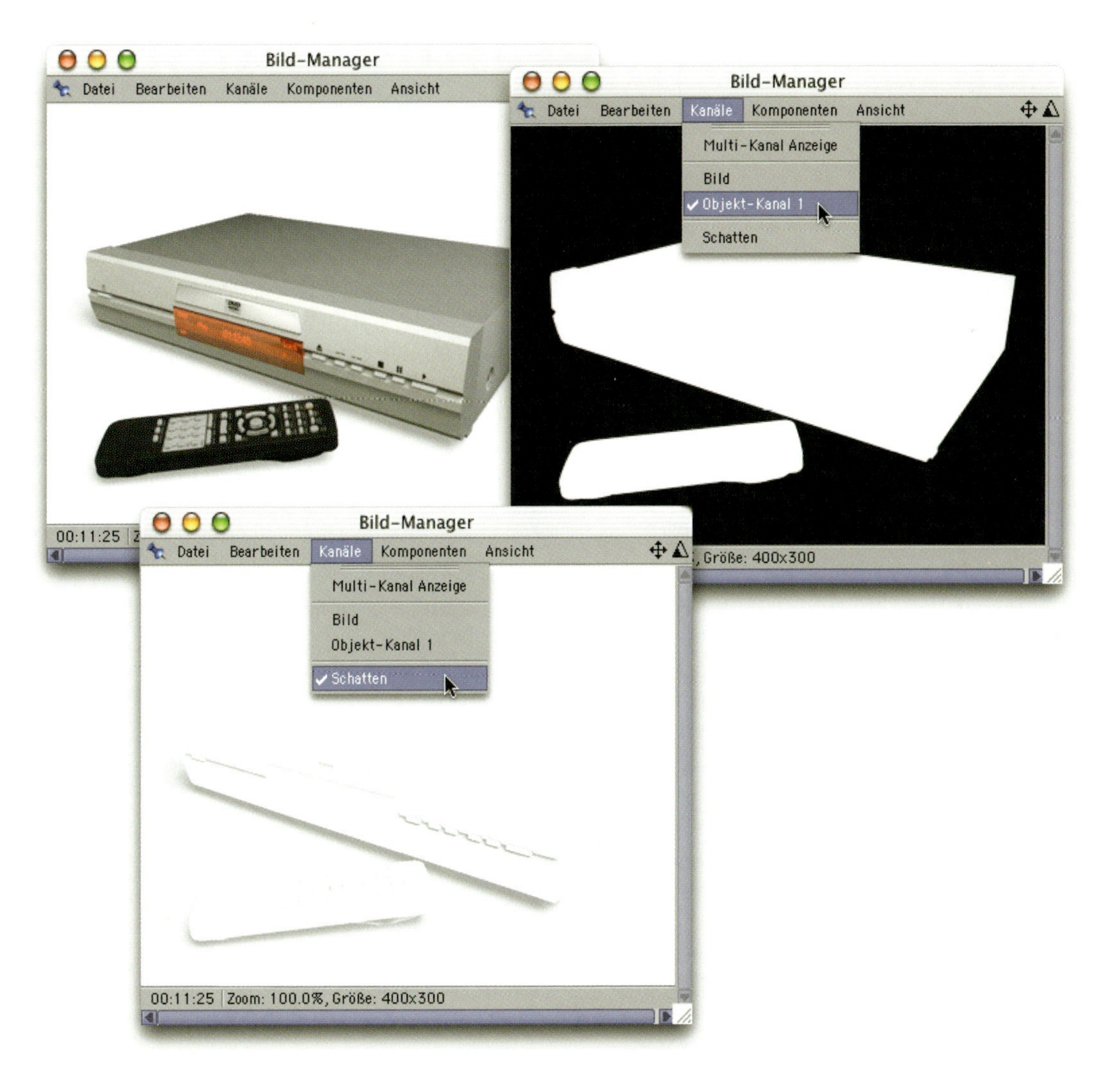

Abbildung 3.47: Bild-Manager-Anzeige des Bilds und seiner Kanäle

Benutzen Sie anschließend die Im Bild-Manager rendern-Funktion, um die finale Bildberechnung zu starten. Es öffnet sich ein neues Fenster namens Bild-Manager, in dem Sie den Fortgang der Berechnung betrachten können. Schließen Sie dieses Fenster, wird die Bildberechnung automatisch gestoppt und kann auch nicht wieder aufgenommen werden. Die Berechnung muss dann erneut begonnen werden.

Über das Kanäle-Menü im Bild-Manager können Sie bereits während die Berechnung noch läuft zwischen der Darstellung des eigentlichen Bilds und der Multi-Pass-Kanäle umschalten (siehe Abbildung 3.47). Fallen Ihnen dabei Fehler auf – haben Sie z.B. bei einem Objekt im Render-Tag die Kanal-Einstellung vergessen – können Sie jetzt frühzeitig die Berechnung abbrechen, den Fehler beheben und dann erneut die Berechnung starten.

Sofern Sie für das Bild und die Kanäle Speicherpfade angegeben haben, wird das Bild samt den Kanälen nach Fertigstellung am gewünschten Ort gesichert. Sie können dann den Bild-Manager schließen.

Alternativ hierzu können Sie auch direkt aus dem Bild-Manager über dessen Datei-Menü Sicherungen erstellen. Dies funktioniert übrigens auch während der Berechnungsvorgang noch läuft und kann Sinn machen, wenn Sie z.B. die Berechnung eines aufwändigen Bilds abbrechen müssen, es aber mit gleichen Einstellungen später noch einmal fertigrendern wollen. Sie können dann z.B. das erst zur Hälfte berechnete Bild sichern, den Bild-Manager schließen und sich dann eine Alpha-Maske für den noch unfertigen Teil des Bilds erstellen.

Erzeugen Sie dann ein Vordergrund-Objekt – es ist das Gegenstück zum Hintergrund-Objekt und daher immer das erste Objekt vor der Kamera – und ein neues Material, in dem Sie das Alpha-Bild im Alpha-Kanal so verwenden, dass das Material nur dort sichtbar bleibt, wo das Bild bereits berechnet wurde.

Dieses Material legen Sie dann auf das Vordergrund-Objekt und starten die Berechnung erneut. Der vom Vordergrund-Objekt abgedeckte Bereich wird sehr schnell berechnet werden, da dort nur ein einfaches Material zu sehen ist. Ist die Berechnung abgeschlossen, benutzen Sie z.B. Photoshop, um die beiden halbfertigen Bilder zusammenzufügen. Dies ist aber nur als kleiner Denkanstoß und Lösungsansatz angeführt, falls Sie einmal in eine ähnliche Situation kommen.

Wir haben unser Ziel hier erreicht und unsere Objekte texturiert, beleuchtet und schließlich in diversen für uns nützlichen Formaten berechnet und gesichert. Wie wir die Szene optisch mit Radiosity etwas aufwerten können, beschreibt der nächste Abschnitt. Sie müssen dafür das Advanced Renderer-Modul besitzen.

3.13 Rendern mit Radiosity

Radiosity kennt mehrere Spielarten. Wie bereits erwähnt, ist die Radiosity-Berechnung in der Lage, Licht von Objekten abprallen zu lassen. Dieses Licht kann dann z.B. auf andere Objekte treffen oder in einen Schatten hineinreflektiert werden. Grundsätzlich sind mit Radiosity berechnete Bilder also immer heller, als wenn man nur die Lichtquellen ohne Radiosity benutzen würde.

Die zweite Fähigkeit von Radiosity betrifft leuchtende Materialien, also Materialien, die den Leuchten-Kanal benutzen. Damit belegte Oberflächen werden wie Lichtquellen behandelt und strahlen somit Helligkeit auf die umliegenden Objekte ab. Diese Eigenschaft lässt sich für eine Reihe interessanter Techniken nutzen, so z.B. für das so genante *Image Based Lighting*, also die Beleuchtung mit Bildern.

In diesem Zusammenhang taucht dann auch oft das Kürzel *HDRI* auf, das für *High Dynamic Range Image* steht. Dieses Bildformat kann nicht nur die üblichen 8 Bit pro Farbkanal verwalten, sondern theoretisch unendlich viele. Dies liegt daran, dass die Farbwerte als Fließkommazahlen gesichert werden. Bei qualitativ guten HDR-Bildern gibt es daher keine Unterschiede der Detailwiedergabe in Schatten, bei den Mitteltönen oder den Spitzlichtern. Dieses Bildformat liefert damit die besten Voraussetzungen, die tatsächliche Lichtsituation z.B. eines Raums in einem Bild zu sichern.

Leider ist der Herstellungsprozess dieser Bilder recht kompliziert, da exakt aufeinander abgestimmte Belichtungsserien des gleichen Motivs erstellt und mit einer speziellen Software zu einem HDR-Bild zusammengefügt werden müssen. Qualitativ hochwertige HDRIs gibt es daher oftmals nur bei kommerziellen Anbietern. Da aber auch die Beleuchtung mit normalen Bildern schon interessante Ergebnisse liefert, werden wir auch dies näher betrachten.

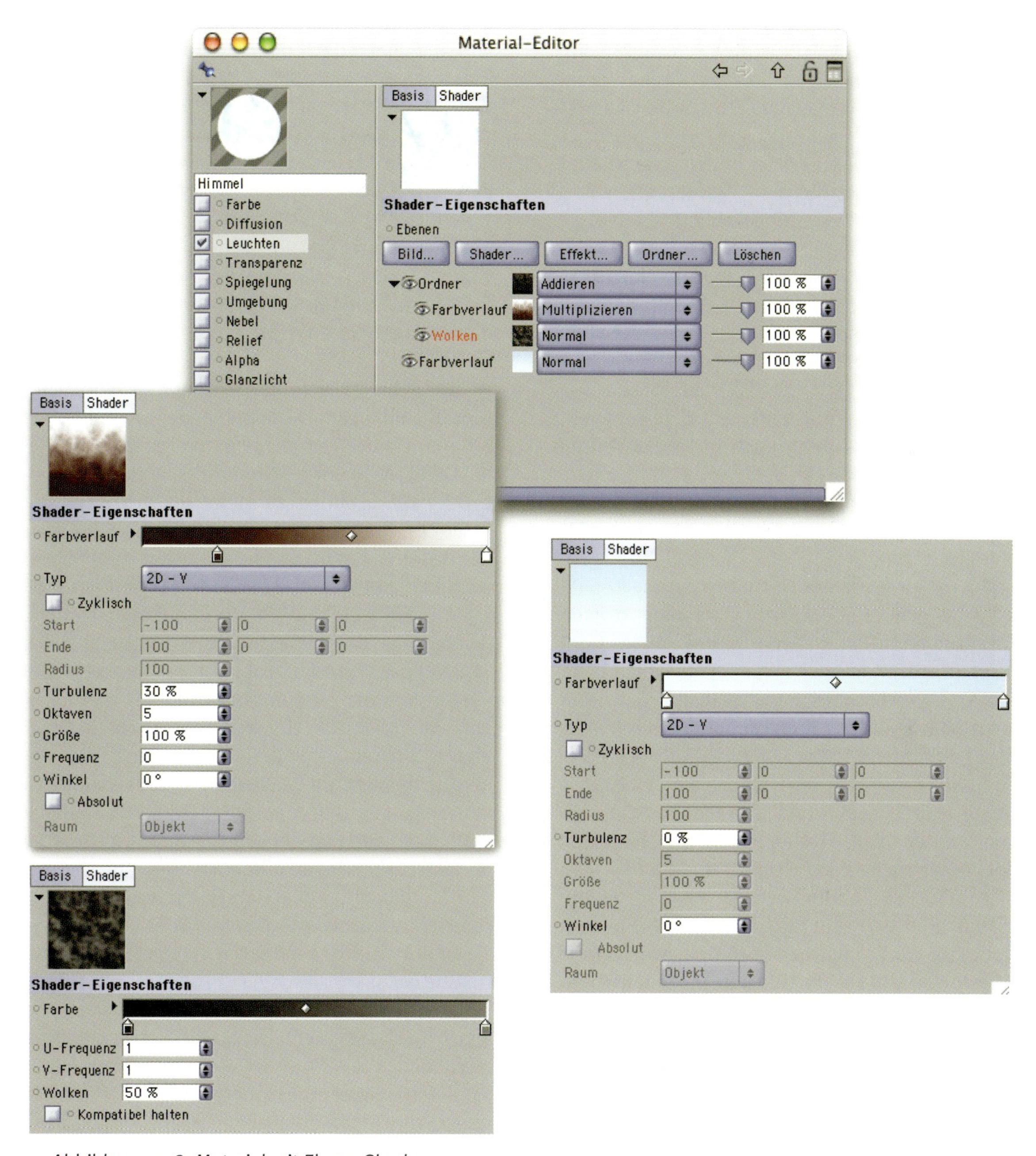

Abbildung 3.48: Material mit Ebene-Shader

Um den Umgang mit den Möglichkeiten des Materialsystems weiter zu vertiefen, werden wir ein Himmelpanorama erstellen.

Dazu benötigen wir ein neues Material und dort – wegen der beschriebenen Eigenschaft der Radiosity-Berechnung – nur den LEUCHTEN-Kanal.

Da ein Himmel durchaus komplexe Farbverläufe und Strukturen aufweist, wird es schwierig sein, diese mit einem einzigen Shader zu simulieren. Für diese Zwecke bietet Cinema 4D den Ebene-Shader an. In dessen Dialog können Sie über Schaltflächen beliebig viele Bilder und Shader laden und mit den üblichen Stärkereglern und Ebenen-Modi mischen (siehe Abbildung 3.48).

Beginnen Sie damit, die Shader-Schaltfläche im Ebene-Shader zu benutzen und dort den Farbverlauf-Shader auszuwählen. Ein Mausklick auf dessen kleine Vorschau öffnet den Farbverlauf-Dialog. Stellen Sie dort den Typ auf 2D-V um, damit ein vertikaler Farbverlauf generiert wird. Ändern Sie die beiden Farbreiter auf dem Farbverlauf so, dass von unten nach oben ein Verlauf von hellem zu dunklem Blau erfolgt. Mit einem Klick auf den nach oben weisenden Pfeil in der Kopfzeile des Material-Editors kommen Sie schließlich zum Dialog des Ebene-Shaders zurück.

Nun sollten vielleicht noch ein paar Wolken hinzukommen. Damit deren Dichte am Horizont abnimmt, reicht ein einzelner Shader dazu nicht aus. Das gewünschte Resultat ließe sich aber durch Multiplikation eines Farbverlaufs mit dem Wolken-Shader erzielen. Wählen Sie daher wieder über die Shader-Schaltfläche einen weiteren Farbverlauf-Shader und danach im gleichen Menü unter dem Eintrag Oberflächen einen Wolken-Shader aus.

Im Wolken-Shader werden die Farben auf Schwarz und ein mittleres Grau gesetzt. Über die Frequenz-Werte können Sie nach eigenem Wunsch die Anzahl der Wolken in umlaufender (U) oder vertikaler Richtung (V) vorgeben. Der Prozentwert für Wolken steuert den Anteil der Wolken am Himmel.

Wechseln Sie danach mit dem nach oben gerichteten Pfeil zuerst wieder in den Ebene-Shader und dann mit einem Klick auf die Vorschaufläche des neuen Farbverlauf-Shaders in dessen Dialog. Wählen Sie auch dort einen vertikalen Farbverlauf, diesmal jedoch mit etwas wärmeren Farben. Benutzen Sie ein dunkles Rot am Horizont und Weiß im Zenit (siehe auch Abbildung 3.48). Durch die Verwendung von Turbulenz-Werten über 0% können die Farbwerte zusätzlich verwirbelt werden.

Wieder zurück im Ebene-Shader geht es darum, wie diese drei Shader sinnvoll zusammenwirken können. Wir schlagen vor, den zweiten Farbverlauf mit den Wolken zu multiplizieren und dieses Ergebnis dann zu dem ersten Farbverlauf zu addieren.

Dafür bietet sich die Verwendung eines Ordners an. Mit diesem können Shader und Bilder geordnet und der teilweise komplexe Aufbau in einem Ebene-Shader strukturiert werden. Einen Ordner rufen Sie durch einfaches Anklicken der Ordner-Schaltfläche auf. Durch Ziehen der Shader aus der Ebene-Shader-Liste auf den Ordner werden die bewegten Shader dort untergeordnet.

Wie Sie Abbildung 3.48 entnehmen können, wurden auf diese Weise der Wolken- und der Farbverlauf-Shader in dem Ordner abgelegt. Benutzen Sie die Menüs hinter den Shadern, um eine Multiplikation der beiden im Ordner abgelegten Shader zu erzielen. Dafür muss nur der Modus des oberen der beiden Shader auf Multiplizieren geschaltet werden. Der Ordner selbst stellt dann das Ergebnis dieser Multiplikation dar und kann seinerseits durch Einstellen des Addieren-Modus mit dem ersten Farbverlauf interagieren, der außerhalb des Ordners liegt.

Damit ist unser einfacher Himmel bereits fertig und muss nur noch einem geeigneten Objekt zugewiesen werden. Dafür bietet sich das Himmel-Objekt aus dem Objekte › Szene-Objekte-Menü an.

Dieses Objekt entspricht einer sehr großen Kugel, die automatisch immer alle Objekte mit einschließt.

Abbildung 3.49: Himmel-Objekt mit Material und Render-Tag

Ziehen Sie das Himmel-Material auf das Himmel-Objekt, um es zuzuweisen.

Da wir den Himmel nur für die Beleuchtung benutzen, diesen aber nicht im fertigen Bild als Hintergrund sehen möchten, rufen Sie für das Himmel-Objekt jetzt noch ein Render-Tag aus dem Menü Datei › Cinema 4D Tags auf.

Deaktivieren Sie dort nur die Sichtbar für Kamera-Option. Dieses Objekt wird damit für die Kamera unsichtbar, kann jedoch – da die Optionen Sichtbar für Strahlen und Sichtbar für GI aktiv sind – in Spiegelungen, hinter Transparenzen und für die Radiosity-Berechnung weiterhin berechnet werden.

Damit Sie auch wirklich nur die Beleuchtung durch das Himmel-Material beobachten können, sollten Sie alle Lichtquellen der Szene löschen.

Abbildung 3.50: Render-Voreinstellungen

In diesem Zusammenhang wird oft vergessen, dass das Standardlicht von Cinema 4D in dem Moment tätig wird, wenn keine Lichtquellen-Objekte in der Szene vorhanden sind. Damit auch dieses Licht deaktiviert bleibt, müssen Sie die Render-Voreinstellungen öffnen und dort auf der Optionen-Seite die Lichtautomatik ausschalten (siehe Abbildung 3.50). Erst jetzt bleibt die Szene auch wirklich dunkel.

Bevor wir uns mit den Einstellungen für die Radiosity-Berechnung beschäftigen, sollte noch das Boden-Objekt ausgetauscht werden. Wie bereits erwähnt, handelt es sich hierbei um ein Objekt, das sich automatisch bis zum Horizont ausweitet. Wir haben es also praktisch mit einer sehr großen Fläche zu tun, die entsprechend oft während der Radiosity-Berechnung abgetastet werden muss. Dies kann erheblich dazu beitragen, die Renderzeiten zu verlängern, ohne dass die Qualität des Bilds davon profitiert.

Oftmals wird diese Größe jedoch gar nicht benötigt, denn ob der Horizont nun in 1.000 m oder in 1.000.000 m Entfernung liegt, kann vom Betrachter kaum unterschieden werden. Wir schlagen deshalb vor, ein Ebene-Grundobjekt aufzurufen und dieses auf der gleichen Höhe des Boden-Objekts zu platzieren. Benutzen Sie die Anfasser der Ebene, um die gewünschte Größe einzustellen, und löschen Sie dann das Boden-Objekt bzw. machen Sie dieses für das Rendering unsichtbar.

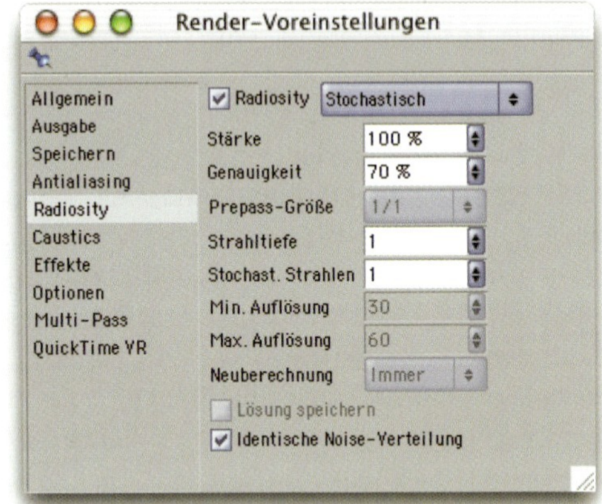

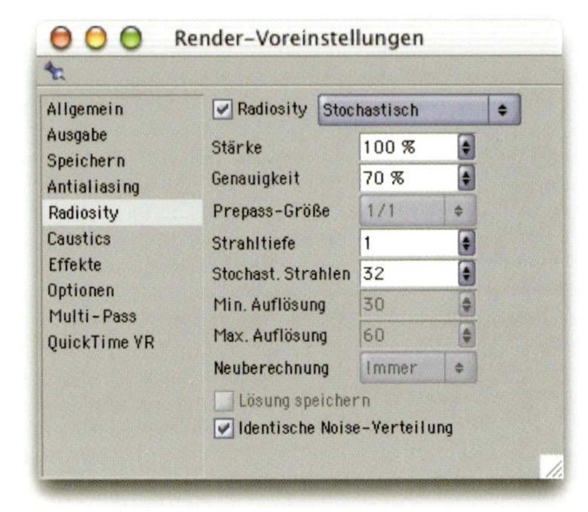

Abbildung 3.51: Der Stochastische Radiosity-Modus

Der Stochastische Modus

Die Berechnung mit einer Radiosity-Methode wird innerhalb der RENDER-VOREINSTELLUNGEN auf der RADIOSITY-Dialogseite aktiviert und gesteuert.

Zuerst müssen Sie dort die RADIOSITY-Option aktivieren und dann daneben den Typ der Berechnung auswählen. Wir beginnen mit der Benutzung des STOCHASTISCHEN Modus, da dieser einfach zu steuern ist und bereits sehr gute Ergebnisse liefert (siehe Abbildung 3.51).

Der STÄRKE-Wert dient als einfacher Multiplikator für die Radiosity-Helligkeit.

In der Regel wird man diesen Wert auf 100% belassen und an anderer Stelle – z.B. bei der Helligkeit der verwendeten Lichtquellen oder beim RADIOSITY GENERIEREN-Parameter auf der ILLUMINATION-Seite von Materialien – Veränderungen vornehmen, wenn die Helligkeit nicht wie gewünscht ausfällt.

Der GENAUIGKEIT-Wert arbeitet ebenfalls wie ein Multiplikator, hier jedoch für die Genauigkeit der Berechnung und der weiter unten zu findenden Parameter.

Da bei der Radiosity-Berechnung immer sehr viele zusätzliche Berechnungsstrahlen für jeden zu berechnenden Bildpunkt erzeugt werden, sind alle Parameter darauf aus, diese Anzahl einzuschränken und auf das Notwendigste zu reduzieren. Der GENAUIGKEIT-Wert bestimmt indirekt die Dichte an Berechnungspunkten, die für die Szene verwendet werden.

Je nach der Komplexität der Objekte liegt die Bandbreite sinnvoller Werte zwischen 50% und 90%. In vielen Fällen können Sie die Vorgabe von 70% als vernünftigen Mittelwert unverändert übernehmen.

Die Strahltiefe bestimmt, wie oft ein Lichtstrahl von Oberflächen abprallen kann. Das normale Verhalten von Licht ohne Radiosity-Berechnung entspricht einer Strahltiefe von 0. Das Licht trifft auf die Objekte und wird nicht weiter reflektiert. Bereits die Strahltiefe 1 führt daher zu einem merklich natürlicheren Gesamteindruck der Szene, da dadurch Schatten aufgehellt und eine gleichmäßigere Ausleuchtung erzielt wird.

Mit jeder weiteren Erhöhung der Strahltiefe steigt neben der Helligkeit des Bilds auch die Berechnungszeit sprunghaft an. Werte zwischen 1 und 3 sollten daher in den meisten Fällen ausreichend sein.

Schließlich bleibt noch der Wert für die Stochastischen Strahlen. Diese Zahl beziffert die Anzahl der generierten Berechnungsstrahlen pro Strahltiefe-Schritt. Man kann dies also mit Richtungen vergleichen, in die bei der Berechnung nach Licht gesucht wird. Je mehr dieser Richtungen verwendet werden, umso exakter, aber auch länger wird die Radiosity-Berechnung.

Um Ihnen einmal eine Idee davon zu geben, wurden in Abbildung 3.51 zwei Ergebnisse bei ansonsten gleichen Einstellungen gegenübergestellt. Nur die Anzahl der Stochastischen Strahlen wurde im rechten Beispiel erhöht.

Sie können leicht erkennen, dass eine zu geringe Anzahl dieser Strahlen zu einem stark verrauschten Resultat führt. Reduziert man diese Störungen durch schrittweise Erhöhungen der Strahlanzahl kann man durch ein verbleibendes leichtes Rauschen natürlich auch künstlerische Akzente setzen. In der Regel wird jedoch ein möglichst sauberes, rauschfreies Ergebnis gewünscht sein.

Sie sollten daher mit kleinen Werten zwischen 10 und 20 beginnen und diese schrittweise erhöhen, bis kein störendes Rauschen mehr wahrnehmbar ist.

Es gilt auch hier wie so oft, einen Kompromiss zwischen der gewünschten Qualität und der zur Verfügung stehenden Zeit zu finden. Zu viele Stochastische Strahlen in Verbindung mit großen Strahltiefen zwingen jeden Computer in die Knie. Beginnen Sie daher immer mit niedrigen Werten und steigern Sie diese in kleinen Schritten, bis das gewünschte Ergebnis erzielt wird.

Denken Sie immer daran, dass die Strahltiefe die Bildhelligkeit erhöht und die Stochstischen Strahen die Qualität verbessern.

Die Option für die Identische Noise-Verteilung wird für Sie dann interessant, wenn Sie eine Animation in diesem Radiosity-Modus berechnen möchten. Die langen Berechnungszeiten sprechen zwar meistens dagegen, aber die Option reduziert ein mögliches Flimmern, das durch die zufällige Verteilung der Stochastischen Strahlen erzeugt werden könnte.

Bildbasierte Beleuchtung

Das, was wir soeben mit einem selbst erstellten Material durchgeführt haben, lässt sich ebenso gut mit einem geladenen Bild erzielen. Dieses hat zudem den Vorteil, dass gezielt eine ganz bestimmte Umgebung verwendet werden kann, die sich z.B. auch in spiegelnden Oberflächen zeigt.

Im günstigsten Fall wirkt das Objekt dann tatsächlich so, also würde es in der Umgebung des Bilds stehen. Steigern lässt sich dieser Effekt noch durch die Verwendung des bereits erwähnten HDRI-Formats, bei dem eine natürliche Helligkeitsverteilung gegeben ist.

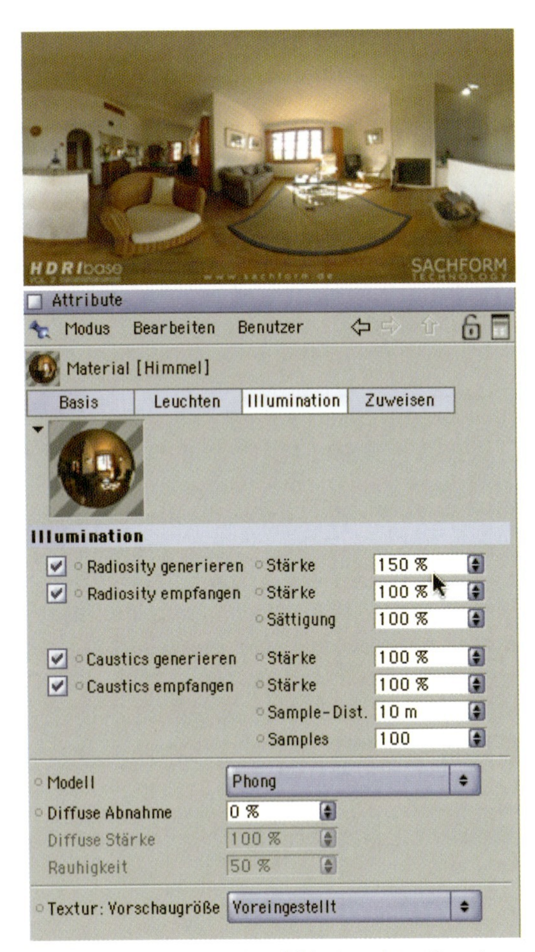

Abbildung 3.52: Ein Bild im Leuchten-Kanal verwenden

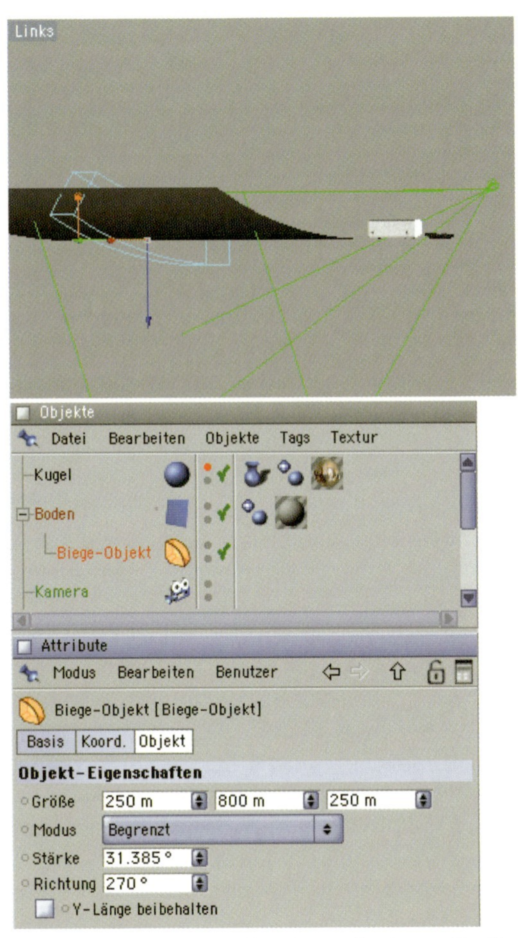

Abbildung 3.53: Vorbereitung der Szene für die Radiosity-Berechnung

Zur Demonstration tauschen Sie im Himmel-Material den EBENE-Shader durch ein geladenes Bild aus. Abbildung 3.52 zeigt Ihnen u. a. eine verkleinerte Darstellung des geladenen Panoramas eines Wohnraums. Vielen Dank an dieser Stelle an die Firma SACHFORM TECHNOLOGY (*www.Sachform.de*), die dieses und noch weitere HDR-Bilder auf der CD-ROM zur Verfügung stellt.

Sollten Sie bei späteren Bildberechnungen feststellen, dass die durch das Bild generierte Beleuchtung zu schwach ist, erhöhen Sie den STÄRKE-Wert für die RADIOSITY GENERIEREN-Option auf der ILLUMINATION-Seite des Materials über 100%.

Dies ist flexibler als die Verstärkung in den Radiosity-Einstellungen, da ja durchaus auch mehrere leuchtende Materialien in der Szene vorhanden sein können.

Um eine weitere Möglichkeit für die Radiosity-Berechnung zu verwenden, löschen Sie das HIMMEL-OBJEKT in der Szene und ersetzen es durch ein einfaches KUGEL-Grundobjekt. Dieses hat den zusätzlichen Vorteil, dass die Rotation und Position beliebig wählbar sind. Auch hier bekommt die Kugel ein RENDER-TAG, in dem die Sichtbarkeit für die Kamera deaktiviert wird. Zudem sollten Sie die Kugel für den Editor unsichtbar machen, damit die übrigen Objekte nicht verdeckt werden.

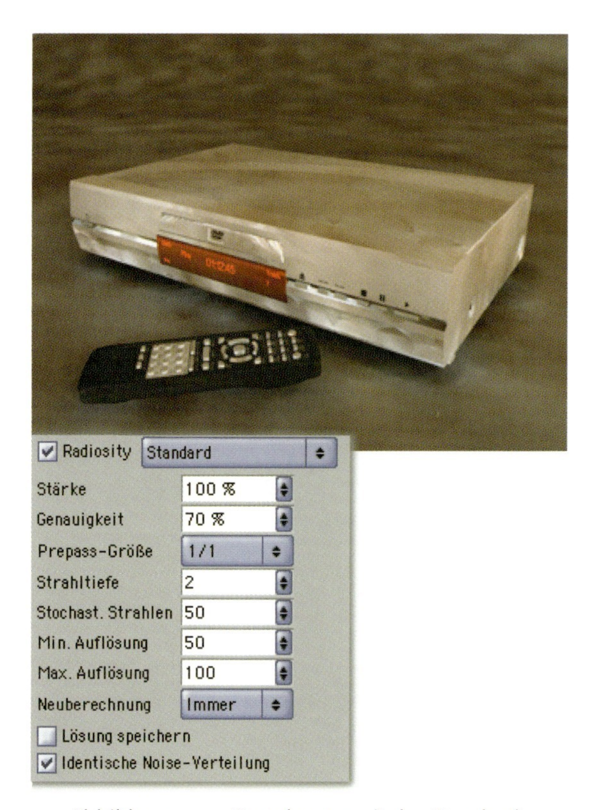

Abbildung 3.54: Berechnung mit der Standard-Radiosity-Lösung

Weisen Sie schließlich das modifizierte Material mit dem geladenen Bild der Kugel zu und passen Sie deren Größe an. Weitere Einstellungen hierzu können entfallen, da die Kugel automatisch UVW-Koordinaten zur Verfügung stellt.

Schließlich fügen Sie der Szene noch ein Biege-Deformator-Objekt hinzu, das von der Kamera aus gesehen hinter dem DVD-Player platziert wird. Dieser Deformer wird unter der Ebene eingeordnet, damit er auf diese wirken kann. Rotieren Sie den Deformator so, dass seine Z-Achse nach unten und seine Y-Achse von der Kamera weg zeigen.

Benutzen Sie den Anfasser des Biege-Objekts, um die Ebene hinter dem Player nach oben zu biegen (siehe Abbildung 3.53).

Es reicht aus, dass der hintere Rand der Ebene oben aus dem Sichtfeld der Kamera verschwindet und somit eine geschlossene Szene simuliert. Den Krümmungsradius steuern Sie über die Y-Größe des Biege-Objekts im Attribute-Manager. Mögliche Einstellungen dazu finden Sie ebenfalls in Abbildung 3.53.

Dies wirkt nun schon etwas natürlicher als eine hinten offene Boden-Ebene. Um zusätzlich für mehr Kontrast zwischen dem Boden und den Objekten zu sorgen, wird dem Boden noch ein neues Material zugewiesen, in dem ein mittleres Grau im Farbe-Kanal für etwas Abdunklung sorgt.

Kommen wir nun wieder zu den Radiosity-Einstellungen in den Render-Voreinstellungen zurück. Natürlich könnten wir auch jetzt wieder im Stochastischen-Modus arbeiten, es lassen sich jedoch auch die anderen Optionen benutzen.

Schalten Sie dort also in den Standard-Modus um (siehe Abbildung 3.54). Sie werden feststellen können, dass dadurch zusätzliche Optionen und Zahlenwerte aktiviert werden. Da die Bedeutung der bereits bekannten Parameter identisch bleibt, werden wir nur die hinzugekommenen Optionen besprechen.

Da im Standard-Modus gegenüber dem Stochastischen-Modus nicht automatisch jeder Bildpunkt ausgewertet wird, erfolgt die Berechnung in zwei Schritten. Zuerst wird ein so genannter Prepass berechnet, also eine Art Analyse der zu berechnenden Szene. Dabei werden bereits die Werte von Genauigkeit sowie von Min. und Max. Auflösung herangezogen, um die Verteilung von Berechnungspunkten zu steuern.

Praktisch stellt sich die Prepass-Berechnung wie eine normale Bildberechnung dar, nur dass dabei nicht das Bild in seiner finalen Qualität berechnet wird. Vielmehr erscheinen kleine Punkte im Bild, die die Verteilung und Anzahl der ermittelten Samples markieren.

Ist der PREPASS-Durchgang beendet, beginnt die eigentliche Radiosity-Berechnung. Um die Berechnung des PREPASS-Durchgangs zu verkürzen, kann dessen Größe mit dem Wert für die PREPASS-GRÖSSE gesteuert werden. Die Einstellung 1/1 bedeutet, dass der PREPASS in der gleichen Größe wie später das fertige Bild berechnet wird. Dies bringt in jedem Fall das beste Ergebnis, dauert aber auch entsprechend lange. Andere Einstellungen reduzieren die PREPASS-GRÖSSE auf Bruchstücke der zu berechnenden Bildgröße.

Die Einstellungen für MIN. AUFLÖSUNG und MAX. AUFLÖSUNG geben indirekt die Abstände zwischen den Berechnungspunkten an. Je größer diese Werte sind, desto mehr Punkte werden für den PREPASS pro Flächeneinheit berechnet. Diese Einstellungen arbeiten eng mit dem GENAUIGKEIT-Wert zusammen.

Im Prinzip kann man sich den GENAUIGKEIT-Wert als Vorgabe für die Gesamtzahl der Samples vorstellen. Die MIN. und MAX. AUFLÖSUNG-Werte reduzieren diesen Wert dann so, dass im Idealfall nicht mehr Samples, als für ein gutes Ergebnis benötigt werden, berechnet werden.

Dabei steuert der MIN. AUFLÖSUNG-Wert die Anzahl der Samples in den Bereichen der Szene die nur einfache Geometrien zeigen, wie z.B. eine Ebene oder Wand. Da diese Flächen nur geringe Veränderungen zeigen, müssen auch nicht so viele Samples errechnet werden. Der MIN. AUFLÖSUNG-Wert ist daher bei den meisten Szenen sehr viel kleiner als der MAX. AUFLÖSUNG-Wert. Dieser ist den Objekten mit ausgeprägten Veränderungen der Oberfläche vorbehalten. Dazu zählt bereits eine Kugeloberfläche, die sich stetig krümmt.

Letztlich läuft es in vielen Fällen darauf hinaus, dass zuerst der MIN. AUFLÖSUNG-Wert schrittweise erhöht wird, bis alle einfachen Geometrien ohne Störungen berechnet werden.

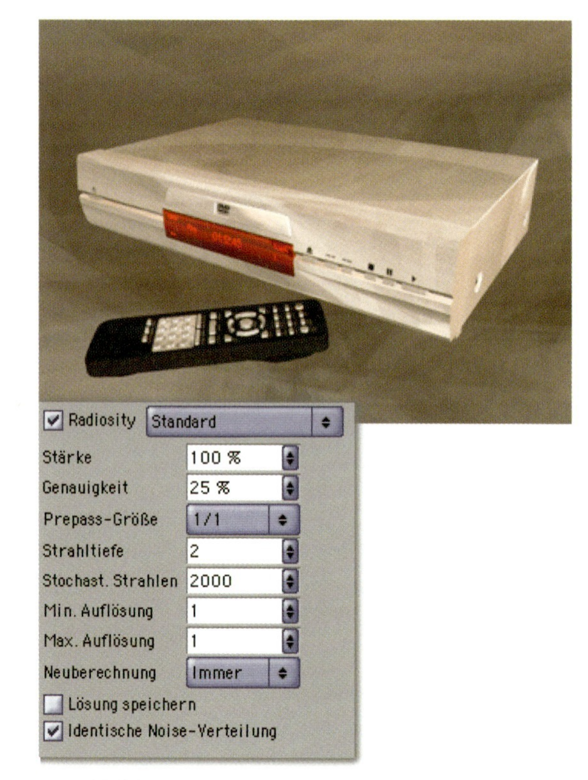

Abbildung 3.55: Störungen bei zu geringer Auflösung der Radiosity-Berechnung

Es folgt die schrittweise Erhöhung der MAX. AUFLÖSUNG bis auch die Störungen an den gekrümmten Objekten verschwinden. Die Schwierigkeit besteht in der Analyse, welche Störung auf welchen Wert zurückzuführen ist. Da haben Sie es im STOCHASTISCHEN-Modus schon einfacher, wo Sie sich nur mit den STOCHASTISCHEN STRAHLEN befassen müssen.

Der Vorteil der etwas mühsamen Feinabstimmung im STANDARD-Modus liegt in der reduzierten Berechnungszeit. Oft müssen im STOCHASTISCHEN-Modus für ein gutes Ergebnis sehr hohe Werte verwendet werden. Entsprechend lange dauert die Berechnung. Der STANDARD-Modus fordert zwar mehr Probeberechnungen und auch Erfahrung beim Einstellen der Werte ab, belohnt dann jedoch mit sehr viel praktikableren Berechnungszeiten, da nur noch dort Strahlen ausgesendet werden, wo sie auch benötigt werden.

Um Ihnen die Fehlersuche bei den Probeberechnungen etwas zu erleichtern, wurden typische Störungen in Abbildung 3.54 und Abbildung 3.55 dokumentiert. Abbildung 3.54 zeigt bei ansonsten guten Einstellungen die charakteristischen Flecken, die bei einer zu geringen Anzahl Stochastischer Strahlen auftreten. Abbildung 3.55 demonstriert die Störungen, die bei einer zu geringen Anzahl an Sampling-Punkten auftreten. Es kommt dann zu teilweise großflächigen Helligkeitsschwankungen und Schattierungsfehlern.

Während der Phase der Probeberechnungen spielt zudem der Zustand der Neuberechnen- und der Lösung speichern-Optionen eine Rolle. Jeder Prepass kann nämlich auch auf die Festplatte gespeichert werden, um ihn nicht bei jeder Probeberechnung neu erstellen zu müssen. Dies ist natürlich nur dann sinnvoll, wenn Sie mit den Radiosity-Einstellungen bereits zufrieden sind und vor einer erneuten Bildberechnung z.B. nur ein Material austauschen oder die Intensität einer Lichtquelle verändern möchten. Bei Veränderungen an den Objekten oder der Kameraposition ist in jedem Fall eine Neuberechnung des Prepass nötig, um ein korrektes Ergebnis zu erzielen.

Während der Phase der Probeberechnungen und der Einstellung der Radiosity-Werte belassen Sie daher die Einstellung für Neuberechnung auf Immer und aktivieren ggf. zusätzlich die Lösung speichern-Option, falls Sie zur Sicherheit eine gespeicherte Kopie der Prepass-Lösung sichern möchten. Diese wird in einem Ordner namens illum im Verzeichnis Ihrer Szene gesichert.

In der Einmal-Einstellung sucht Cinema 4D vor der Radiosity-Berechnung nach einer bereits gespeicherten Prepass-Lösung im illum-Ordner. Existiert diese gespeicherte Lösung nicht, wird sie wie in der Immer-Einstellung berechnet.

In der Niemals-Einstellung wird in keinem Fall eine Prepass-Berechnung durchgeführt, sondern immer nach einer gespeicherten Lösung gesucht. Wird diese nicht gefunden, wird die Berechnung mit einer entsprechenden Fehlermeldung abgebrochen.

Neben den beiden vorgestellten Radiosity-Modi gibt es noch den Kamera-Animation- und den Objekt-Animation-Modus. Wie bereits aus der Benennung erkenntlich wird, handelt es sich hier um Modi, die auf die Radiosity-Standard-Berechnung bei gleichzeitiger Animation der Kamera oder der Objekte spezialisiert sind.

Im Kamera-Animation-Modus darf sich wirklich nur die Kamera während der Animation bewegen. Um Renderzeit zu sparen, werden dann nur die Teile im Prepass berechnet, die sich bei der Bewegung von einem Bild ins nächste verändert haben. Grundsätzlich leidet die Radiosity-Berechnung neben der langen Berechnungszeit daran, dass jede Veränderung von Blickwinkel oder gar Objekt-Position zu einer neuen Lichtsituation in der Szene führen und somit in der Animation ein Flackern auslösen kann. Der Kamera-Animation-Modus kann dies vermeiden helfen.

Gleiches gilt für den Objekt-Animation-Modus. Hierbei sind auch Bewegungen der Objekte selbst zusätzlich zu einer möglichen Kamerafahrt erlaubt. Die Berechnung erfolgt dabei in mehreren Schritten, wobei auch nur die Veränderungen in der Szene von Bild zu Bild der Animation berücksichtigt werden. Trotz dieser Optimierung verlängert sich dadurch die Berechnungszeit ein wenig. Zudem kann ein leichtes Flackern der Helligkeiten auch hier nicht völlig ausgeschlossen werden. Radiosity eignet sich daher generell nur bedingt für aufwändige Animationen, bei denen höchste Qualität gefordert ist. Die zuerst praktizierte Mehrpunkt-Beleuchtung liefert hier bessere Ergebnisse mit zudem sehr kurzen Berechnungszeiten.

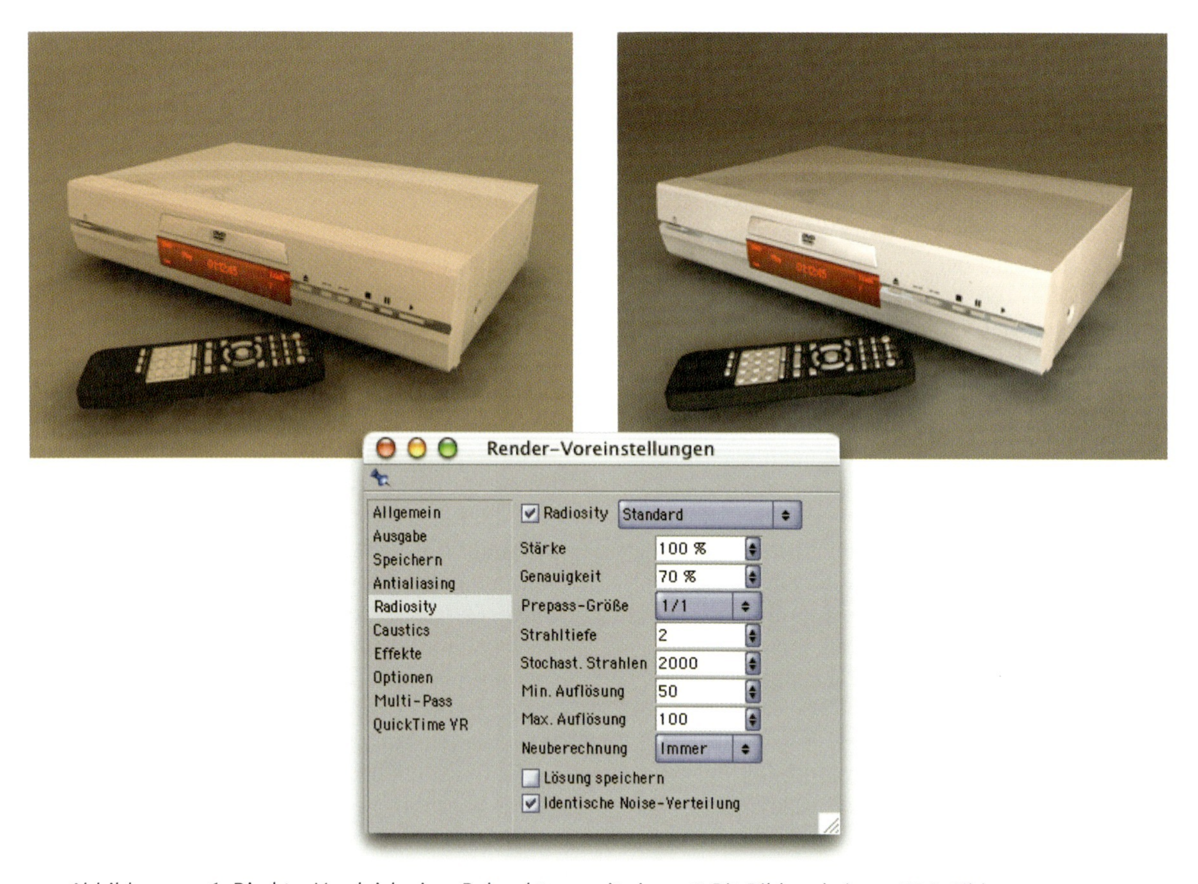

Abbildung 3.56: Direkter Vergleich einer Beleuchtung mit einem 8-Bit-Bild und einem HDR-Bild

Wenn eine Animation aber unbedingt mit Radiosity berechnet werden muss, sollten Sie es zuerst mit dem Stochastischen-Modus versuchen, da dieser nicht so anfällig für das Flimmern der Helligkeiten ist.

Um noch einmal auf die Verwendung von HDR-Bildern zurückzukommen, werden Ihnen in Abbildung 3.56 bei ansonsten gleichen Radiosity-Einstellungen die Ergebnisse bei Verwendung eines gewöhnlichen 8-Bit-Bilds (8 Bit pro Kanal, also maximal 256 Helligkeitsabstufungen) und eines HDR-Bilds gegenübergestellt. Beide Bilder zeigen ansonsten exakt das gleiche Motiv, wie es auch an der Spiegelung auf dem Player-Gehäuse zu erkennen ist.

In der Abbildung links sehen Sie die Ausleuchtung mit dem 8-Bit-Bild. Die Helligkeiten sind eher gleichmäßig verteilt. Die Farbtiefe reicht einfach nicht aus, um das gesamte Spektrum der Helligkeitsunterschiede abzubilden.

Ganz anders auf der rechten Seite. Dort ist sofort die vorherrschende Lichtrichtung zu erkennen, die dem lichtdurchfluteten Fenster im verwendeten Bild zuzuordnen ist (siehe auch Abbildung 3.52). Generell weist die Beleuchtung viel mehr Kontrast auf.

Dieser offensichtliche Vorteil von HDR-Bildern lässt sich nicht nur für die Radiosity-Berechnung mit leuchtenden Materialien, sondern auch für die Darstellung realistischer Spiegelungen benutzen.

Dabei gehen Sie im Prinzip genauso vor, wie bei dem Himmel-Objekt bzw. dem Kugel-Grundobjekt beschrieben. Verwenden Sie ein Render-Tag, um die Sichtbarkeit für die Kamera zu unterbinden. Das auf den Himmel oder die Kugel gelegte Material wird sich nun automatisch in allen reflektierenden oder transparenten Flächen zeigen. Der größere dynamische Helligkeitsumfang eines HDR-Bilds zeigt auch dort im Vergleich zu einem „normalen" Bild ein sehr viel besseres Ergebnis.

Kombinierte Radiosity-Beleuchtung

Unter dem Begriff der kombinierten Radiosity-Beleuchtung versteht man die Verwendung sowohl von leuchtenden Materialien als auch von traditionellen Lichtquellen. Um unsere Objekte einer derartigen Berechnung zu unterziehen, sollte die Szene noch etwas ausgebaut werden.

Radiosity profitiert generell davon, wenn das Licht – egal ob von einem Material oder einer Lichtquelle ausgehend – möglichst im Bereich der Objekte eingeschlossen wird. Im einfachsten Fall kann dies eine Kugel oder ein Würfel sein, der die Objekte umgibt und das Licht auf die Objekte zurückwirft.

Licht, das nicht wieder reflektiert wird, geht in der Tiefe des 3D-Raums verloren und hat dadurch keinen Einfluss mehr auf das berechnete Ergebnis. Im schlechtesten Fall unterscheiden sich dann mit Radiosity berechnete Bilder kaum noch von einem traditionell mit Lichtquellen beleuchteten Bild.

Neben der Einschließung aller Objekte in einem großen Objekt macht aber auch das Hinzufügen von weiteren Objekten in die Szene Sinn, denn auch von diesen Objekten kann das Licht weiter reflektiert werden. Je mehr Objekte also in der Szene vorhanden sind, desto deutlicher werden die Vorteile von Radiosity sichtbar.

Lassen Sie uns damit beginnen, alle Szene-Objekte und Hilfsobjekte aus unserer Szene zu löschen. Übrig bleiben also nur der DVD-Player samt Fernbedienung und die Kamera.

Als Nächstes sollten die Geräte eine feste Abstellfläche erhalten. Denkbar wäre ein Glastisch. Da von diesem nur die Deckplatte zu sehen sein wird, können wir dafür einen flachen Würfel verwenden, der unter den Player- und Fernbedienung-Objekten platziert und auf die gewünschte Größe gebracht wird. Aktivieren Sie eine kleine Kantenrundung am Würfel, damit sich dort später die reflektierenden Eigenschaften des Glas-Materials besser zeigen können.

Um das Glas-Material für diesen Untertisch zu erstellen, können wir auf ein fertiges Basismaterial im Material-Manager zurückgreifen. Sie finden dies dort unter dem Menüeintrag Datei › Shader › Banji. Hierbei handelt es sich um einen so genannten *Volumen-Shader*, also ein Material, das nicht nur die Oberfläche eines Objekts bedeckt, sondern auch dessen Volumen.

Diese Art Shader ist oft hoch spezialisiert auf eine bestimmte Art von Material, wie z.B. Marmor, Holz oder wie in diesem Fall Glas. Dies hat den Vorteil, dass nur die Parameter angeboten werden, die im Zusammenhang mit dem Material stehen. Nachteilig wirkt sich neben der häufig längeren Berechnungszeit aber auch aus, dass die Individualisierung solcher Materialien kaum noch möglich ist. Ein Banji-Glasmaterial lässt sich also z.B. nicht mehr mit einem geladenen Relief-Bild kombinieren.

In der Regel benutzt man diese Volumen-Shader daher eher selten und versucht möglichst die gewünschten Eigenschaften mit einem normalen Cinema 4D Material zu simulieren. Sie haben ja bereits z.B. die Verwendung des Ebene-Shaders kennen gelernt und einen Eindruck von der Vielseitigkeit erhalten, mit der hier Bilder und Shader kombiniert werden können.

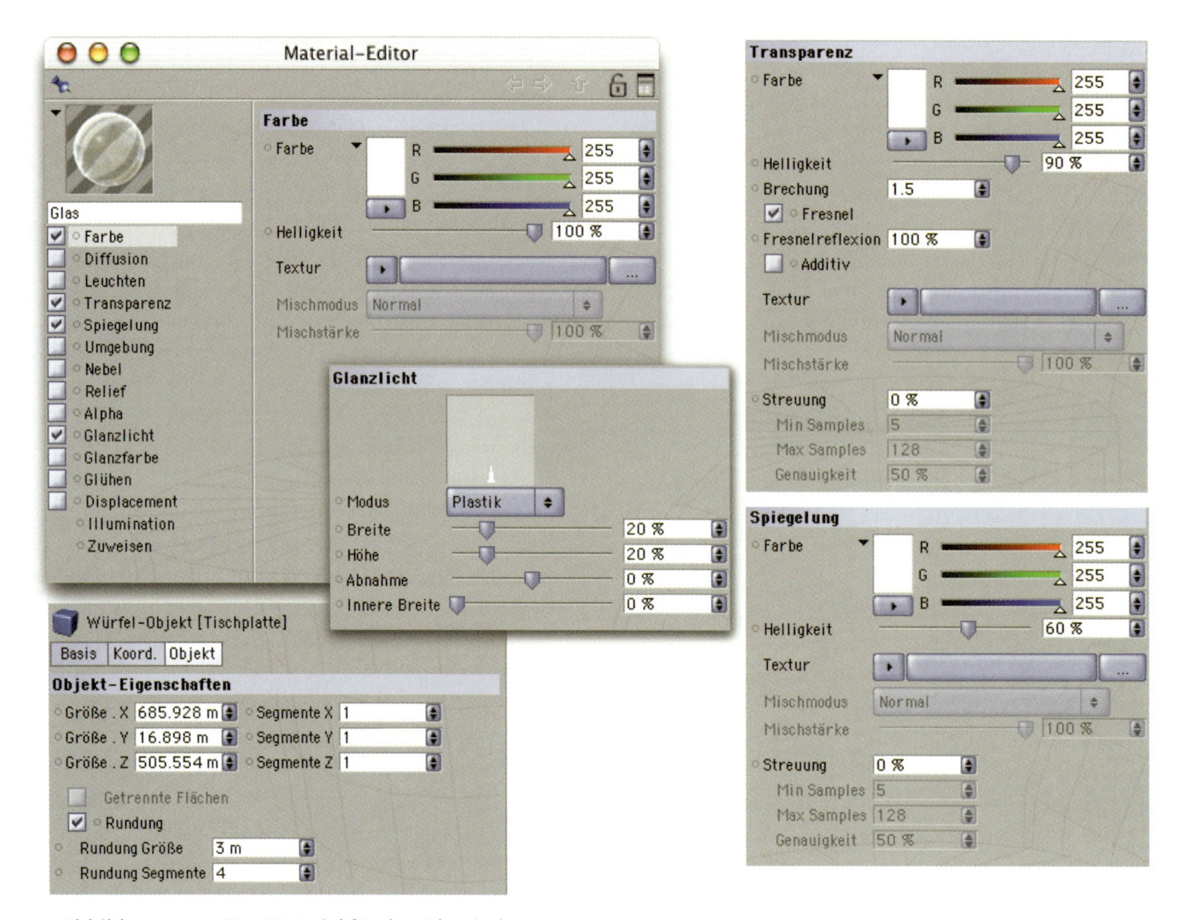

Abbildung 3.57: Das Material für den Glastisch

Wir empfehlen daher auch in diesem Fall, das Glas mit einem Standardmaterial umzusetzen. Rufen Sie dazu ein neues Material auf und aktivieren Sie dort den Transparenz- und den Spiegelung-Kanal neben den bereits aktiven Farbe- und Glanzlicht-Kanälen.

Mögliche Einstellungen zu diesem Material finden Sie oben in Abbildung 3.57. Vieles wird Ihnen dort bereits bekannt vorkommen. Wie immer benutzen wir Transparenz-Helligkeiten unter 100%, damit die Spiegelung und auch die Farbe des Materials noch sichtbar bleiben.

Der Brechungsindex wird auf 1,5 eingestellt, was einem typischen Glasmaterial entspricht. Die Fresnel-Option sollte grundsätzlich bei der zusätzlichen Benutzung des Spiegelung-Kanals aktiviert werden, damit die Spiegelung an den Kanten und Krümmungen des Objekts verstärkt berechnet wird.

Das Glanzlicht hat eine geringe Breite, um dem Verhalten einer glatten und polierten Oberfläche zu entsprechen. Die Höhe des Glanzlichts fällt hier etwas moderater aus, da das Glas den DVD-Player nicht überstrahlen sollte und damit zu viel Aufmerksamkeit auf sich zieht. Dies gehört aber zu den Einstellungen, die Sie nach den ersten Probeberechnungen noch nachjustieren sollten.

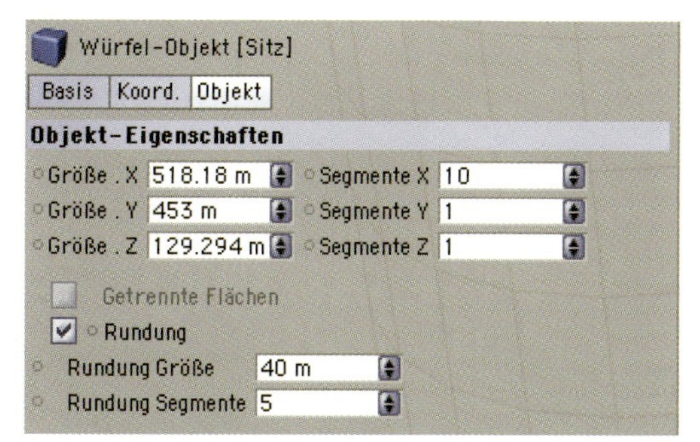

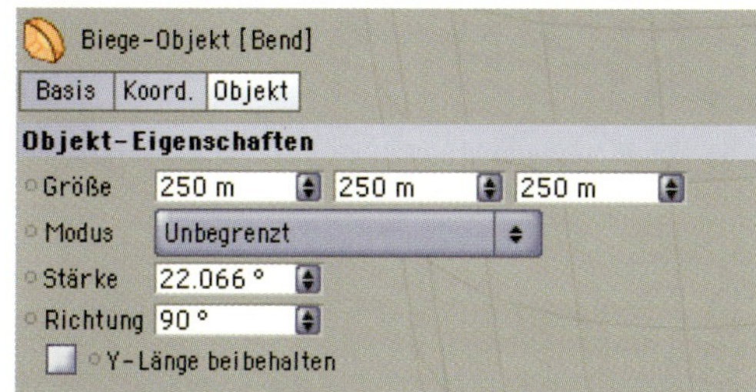

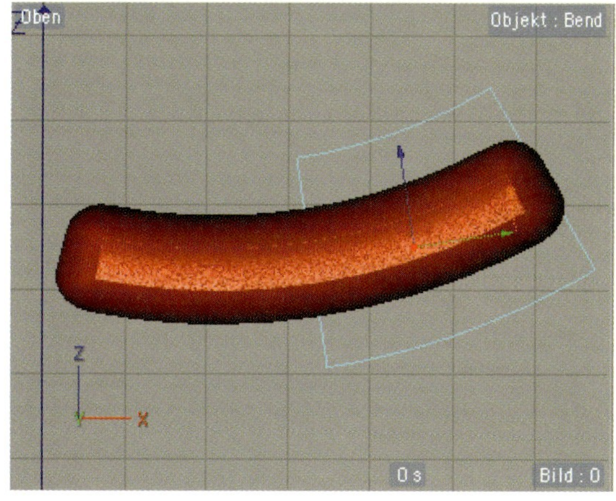

Abbildung 3.58: Rückenlehne biegen

Als Grundidee für die Szene schwebt uns ein Heimkino vor. Vorne steht wie gehabt der DVD-Player, dahinter sind einige Kinositze zu sehen und schließlich spielt hinten zwischen zwei Vorhängen ein Film auf einer Leinwand ab. Dies könnte gut z.B. zu einer Werbekampagne passen und vermittelt eine natürlichere Atmosphäre im Vergleich zu der sachlichen Darstellung vor neutralem Hintergrund, wie sie bislang verwendet wurde.

Zudem gibt uns diese Szene die Möglichkeit, die beiden Radiosity-Beleuchtungen zusammen zu verwenden.

Einerseits strahlt der Film auf der Leinwand als leuchtendes Material Licht ab, andererseits sorgen Lichtquellen im Vordergrund für die Ausleuchtung des Produkts.

Die Modellierung der noch fehlenden Objekte ist schnell erledigt. Wir beginnen mit der Umsetzung der Kinosessel. Da von diesen nur die hintere Lehne zu sehen sein wird, sollte dafür ein gebogener Würfel mit großzügiger Kantenrundung ausreichen.

Rufen Sie daher ein Würfel-Grundobjekt auf und bringen Sie dieses auf das gewünschte Maß. Um diese Würfel-Rückenlehne etwas ergonomischer zu gestalten, verwenden wir einen Biege-Deformer, der dem Würfel untergeordnet wird. Drehen Sie den Deformer so, dass sein Anfasser zur linken oder rechten Seite des Würfels zeigt, und verschieben Sie den Anfasser dann, um den Würfel zu biegen. Erhöhen Sie ggf. Die Segment-Anzahl des Würfels in Richtung der Biegung, damit diese gerundeter dargestellt wird.

Abbildung 3.58 gibt Ihnen als Anhaltspunkt dazu einige Einstellungen für den Würfel und das Biege-Objekt sowie im unteren Teil das gewünschte Resultat in der Aufsicht wieder. Dort können Sie auch bereits eine Materialwahl erkennen, denn Kinositze haben ja sehr oft einen samtartigen, roten Überzug.

Um ein solches Material zu konstruieren, sind einige Überlegungen nötig, denn die kleinen Fussel und Fasern dieser Stoffart bewirken eine andere Helligkeitsverteilung, als wir dies von glatten Oberflächen gewohnt sind. Beschäftigen wir uns jedoch erst einmal mit den einfacheren Kanal-Einstellungen.

Rufen Sie also ein neues Material auf und aktivieren Sie dort zusätzlich den Leuchten-Kanal. Dieser soll uns dabei helfen, die Helligkeitsverteilung auch dort zu verändern, wo kein direktes Licht auftrifft.

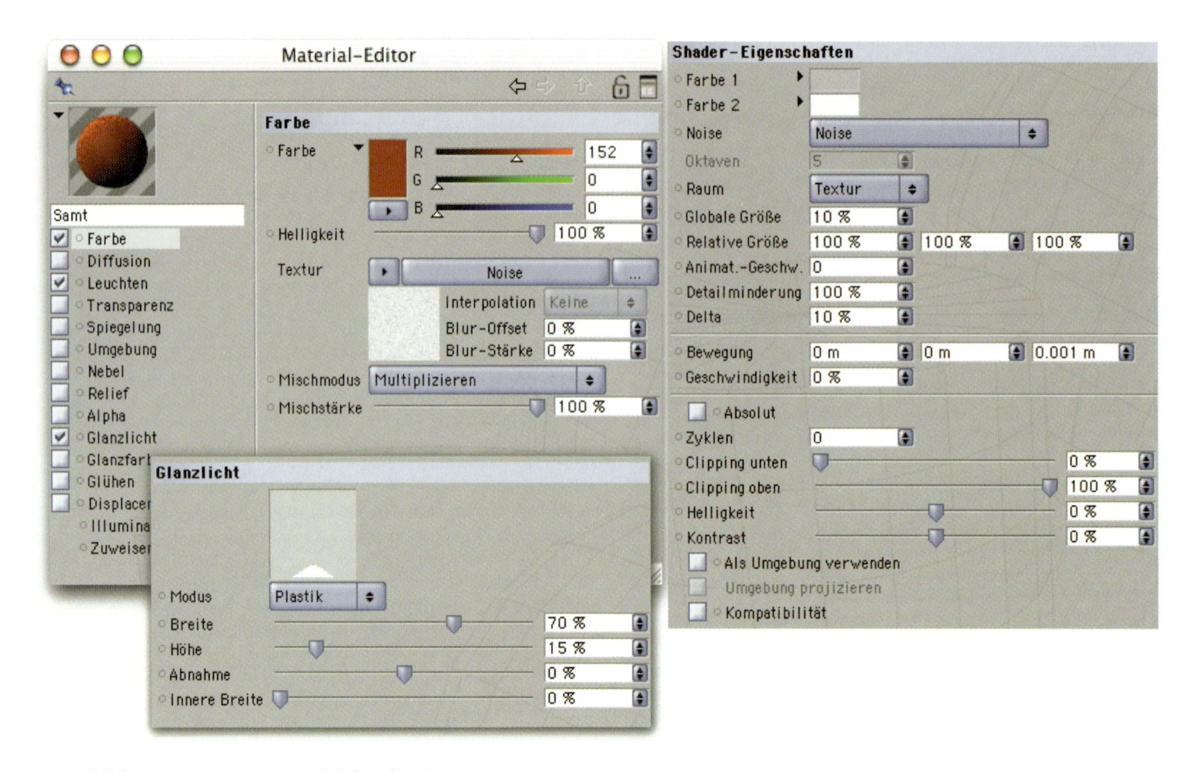

Abbildung 3.59: Das Material für die Kinositze

Im FARBE-Kanal geben Sie den gewünschten, dunklen Rotton vor. Damit dieser einige Variationen erhält, MULTIPLIZIEREN Sie ihn mit dem bekannten NOISE-Shader (siehe Abbildung 3.59). Wählen Sie dort keine zu dunklen Grautöne, damit die Helligkeit des Stoffs nicht zu sehr reduziert wird. Es sollen lediglich einige Helligkeitsvariationen erzeugt werden.

Passen Sie die GLOBALE GRÖSSE für den NOISE so an, dass er zu der Größe des WÜRFEL-Objekts passt. Dies lässt sich nur später in Probeberechnungen überprüfen. Wir schätzen hierfür einen Wert von 10% ab.

Das GLANZLICHT ist breiter als gewöhnlich, um zu der rauen Oberfläche zu passen. Wenn Sie dessen Struktur noch besser anpassen möchten, können Sie den im FARBE-Kanal verwendeten NOISE-Shader zusätzlich auch im GLANZFARBE-Kanal verwenden.

Wir haben hierauf vorerst verzichtet.

Kommen wir zum interessanten Teil, nämlich zur Darstellung der aufgerauten Stoffoberfläche. Wie bereits beschrieben, soll uns der LEUCHTEN-Kanal dabei helfen, da dieser auch dort das Material aufhellen kann, wo kein direktes Licht hinfällt.

Der Grundgedanke dabei ist, dass ein FRESNEL-Shader dafür sorgen kann, die vom Betrachter weggekrümmten Bereiche zu markieren. Multipliziert man dessen Resultat mit einem NOISE-Shader, erhält man schnell den Eindruck einer aus vielen kleinen Fasern bestehenden Oberfläche. Es gilt dann nur noch das Leuchten auf die Richtungen zu begrenzen, aus denen das Licht kommt. Es sollte hierbei schon ein gewisser Zusammenhang gewahrt bleiben, damit das Objekt nicht wie ein Fremdkörper in der Szene wirkt, der nicht wie gewohnt auf Licht reagiert.

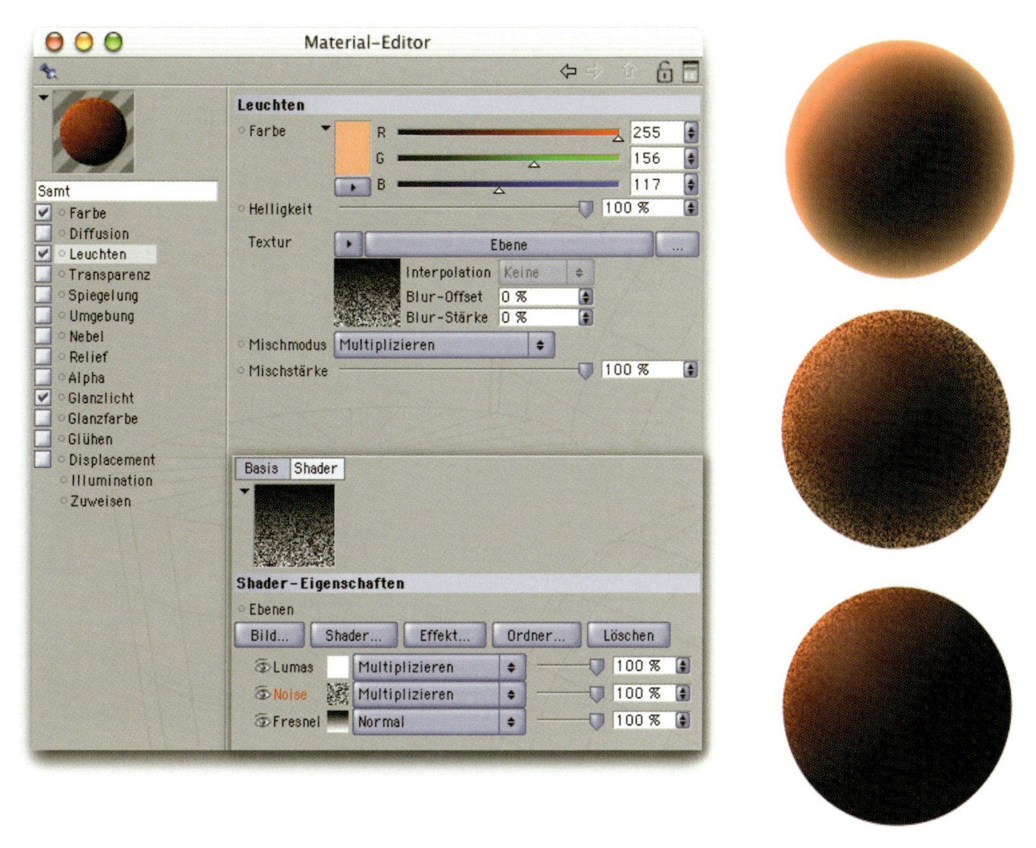

Abbildung 3.60: Aufbau des Leuchten-Kanals

Die soeben dargelegten Überlegungen fließen in den oben in Abbildung 3.60 dargestellten Aufbau des LEUCHTEN-Kanals ein. Sie sehen, dass dort ein EBENE-Shader verwendet wird, in den ein FRESNEL-, ein NOISE- und ein LUMAS-Shader eingeladen werden.

Um die Einflüsse dieser Shader und ihr Zusammenwirken zu verdeutlichen, wurde das Material mit unterschiedlichen Einstellungen auf einer Kugel berechnet. Sie sehen die Entstehungsphasen im rechten Bereich der Abbildung eingeblendet.

Die oberste Kugel zeigt das Material nur mit dem FRESNEL-Shader im LEUCHTEN-Kanal.

Alle nach hinten gekrümmten Bereiche des Objekts werden aufgehellt. Übrigens ist dies in einigen Fällen auch eine gute Lösung für die Umsetzung gummiartiger Materialien. Aber dieses nur am Rande.

Multipliziert man den FRESNEL-Shader mit dem NOISE-Shader, bekommt das einheitliche Leuchten eine Struktur. Die mittlere Kugel zeigt ein solches Resultat. Sie können dort aber auch erkennen, dass der Effekt nach wie vor auf der gesamten Kugel zu sehen ist, obwohl das Licht schräg von oben auf die Kugel fällt.

Durch eine erneute Multiplikation, diesmal mit dem LUMAS-Shader, kann dies korrigiert werden. Der LUMAS-Shader arbeitet bekanntlich wie ein eigenes Material und reagiert somit in sich bereits auf die Lichtquellen.

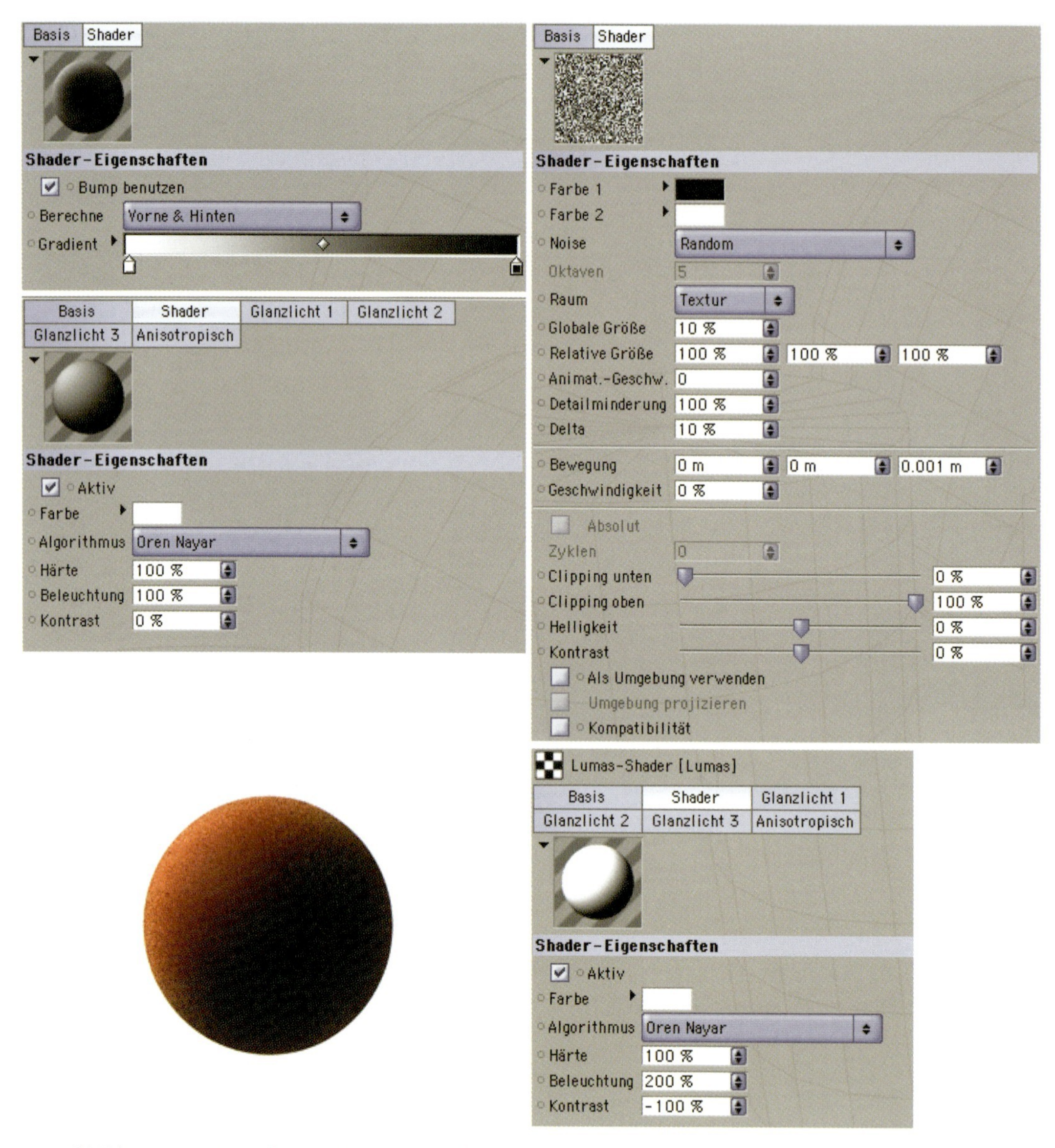

Abbildung 3.61: Detaillierte Shader-Einstellungen

Der LUMAS-Shader ist also automatisch nur dort hell, wo auch Licht auf das Objekt treffen wird. Diese Eigenschaft kann hier benutzt werden, um die Helligkeit der beiden anderen Shader einzuschränken und zu steuern. Dazu benötigen wir im LUMAS-Shader nur die SHADER-Einstellungen, also keine GLANZLICHTER.

Die Einstellungen der verwendeten Shader sind recht unspektakulär. Wir möchten Sie daher der Einfachheit halber auf Abbildung 3.61 verweisen. Wie immer können Sie auch zu hiervon abweichenden Ergebnissen kommen.

So sehen Sie beispielhaft im unteren Teil der Abbildung die Verstärkung der LUMAS-Helligkeit und deren Auswirkung auf die Beispielkugel.

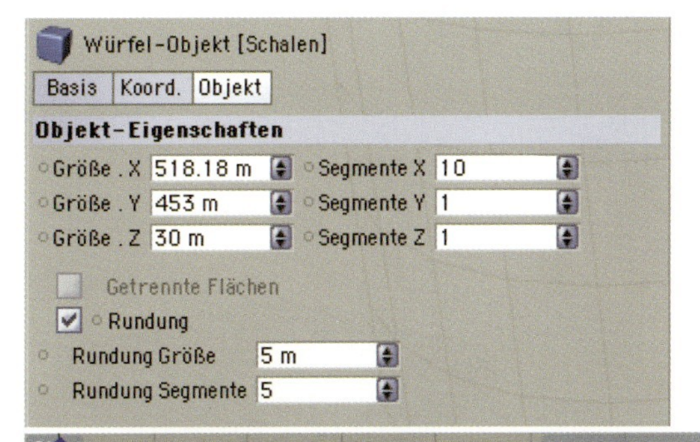

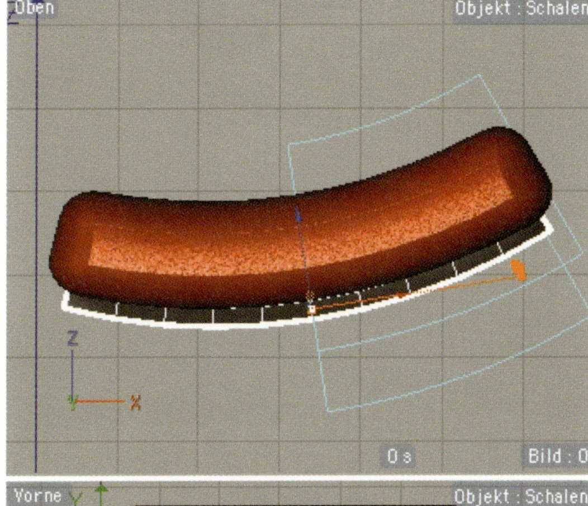

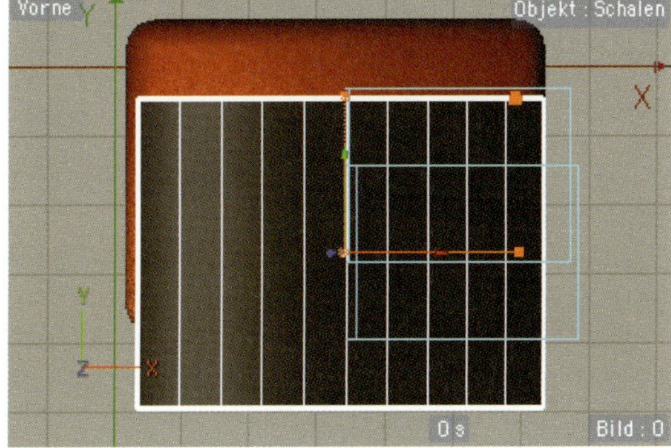

Abbildung 3.62: Verstärkung der Rückenlehne

Dieses Material ist damit bereits flexibel genug einsetzbar, um eine große Bandbreite von Oberflächen zu simulieren.

Weisen Sie das Material dem gebogenen Würfel zu. Weitere Einstellungen sind nicht notwendig, da UVW-Koordinaten vom Würfel zur Verfügung gestellt werden.

Damit die Rückenlehne einerseits mehr Halt und zudem Schutz vor den Schuhen des Hintermanns bekommt, fügen Sie einen weiteren Würfel der Szene hinzu. Neben den rein praktischen Eigenschaften hat dies zudem für uns den Vorteil, dass wir keine Sitzfläche oder deren Klappmechanismus modellieren müssen. Diese Details würden sowieso von dem neuen Objekt verdeckt.

Um abermals Zeit zu sparen, kopieren Sie den vorhandenen Lehne-Würfel samt untergeordnetem Deformer und verschieben diese Kopie etwas nach hinten und unten. Dies hat zudem den Vorteil, dass die Biegung weiterhin 100%ig passt.

Nehmen Sie die Stärke der Rundung an der Würfelkopie zurück und passen Sie vor allem die Dicke des neuen Würfels an. Abbildung 3.62 soll Ihnen eine Vorstellung von der Größe und Lage dieses neuen Objekts vermitteln.

Was das Material betrifft, so kann dies hier natürlich kein empfindlicher Samtstoff mehr sein. Wir dachten an einfaches, dunkel lackiertes Holz. Sie sollten also das Samtmaterial von der Würfelkopie entfernen und ein neues Material erzeugen.

Den Farbton stellen Sie dort auf ein sehr dunkles Braun ein. Das Glanzlicht ist klein und von mittlerer Intensität. Dies sind alles mehr oder weniger die Eigenschaften der Holzbeschichtung bzw. des Lacks. Um kenntlich zu machen, dass das eigentliche Material des Objekts Holz ist, sollte eine angedeutete Holzmaserung hinzugefügt werden. Dafür gibt es mehrere Möglichkeiten.

Sie können z.B. die gewünschte Maserung in den Glanzlicht-Kanal laden, um nur Glanzlichter auf den erhabenen Stellen zuzulassen. Wir wählen hier der Weg über den Relief-Kanal, da dort die gewünschte Tiefe der Maserung bequem eingestellt werden kann.

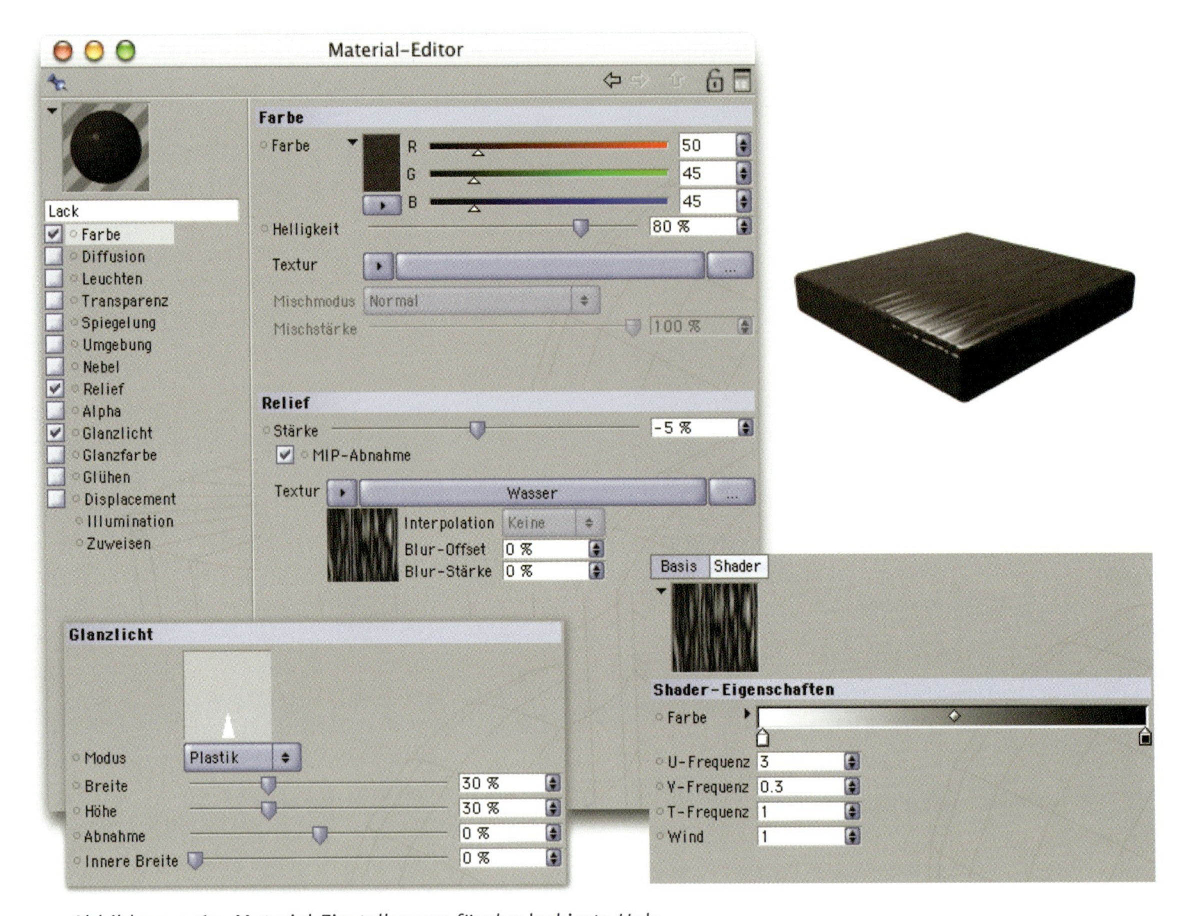

Abbildung 3.63: Material-Einstellungen für das lackierte Holz

Es gibt zwar auch spezielle Holz-Shader in Cinema 4D, der WASSER-Shader aus der OBERFLÄCHEN-Rubrik im SHADER-Menü lässt sich jedoch auch sehr gut für die Umsetzung von Maserungen benutzen.

Ursprünglich für die Darstellung von Wellen konzipiert, erlaubt der WASSER-Shader die beliebige Veränderung der Wellenform durch Frequenzmodifikation. Abbildung 3.63 zeigt mögliche Einstellungen im Lack-Material und dort speziell im WASSER-Shader.

Neben den Farbwerten, die – da wir den Shader im helligkeitsbasierten RELIEF-Kanal einsetzen – auf Schwarz und Weiß eingestellt bleiben sollten, interessieren uns hier vor allem die Werte für U- und V-FREQUENZ.

Die U-FREQUENZ steuert den horizontalen Abstand zwischen den Wellen, wogegen V-FREQUENZ die Anzahl der individuellen Wellen in einem Wellekamm bestimmt.

T-FREQUENZ steht für die Geschwindigkeit des auf das Wasser wirkenden Winds und somit für die Geschwindigkeit, in der sich die Wellen bewegen. Der WIND-Wert bestimmt die Amplitude des Winds. Im Prinzip müsste der T-FREQUENZ-Wert auf 0 gestellt werden, wenn dieses Material in einer Animation zu sehen wäre.

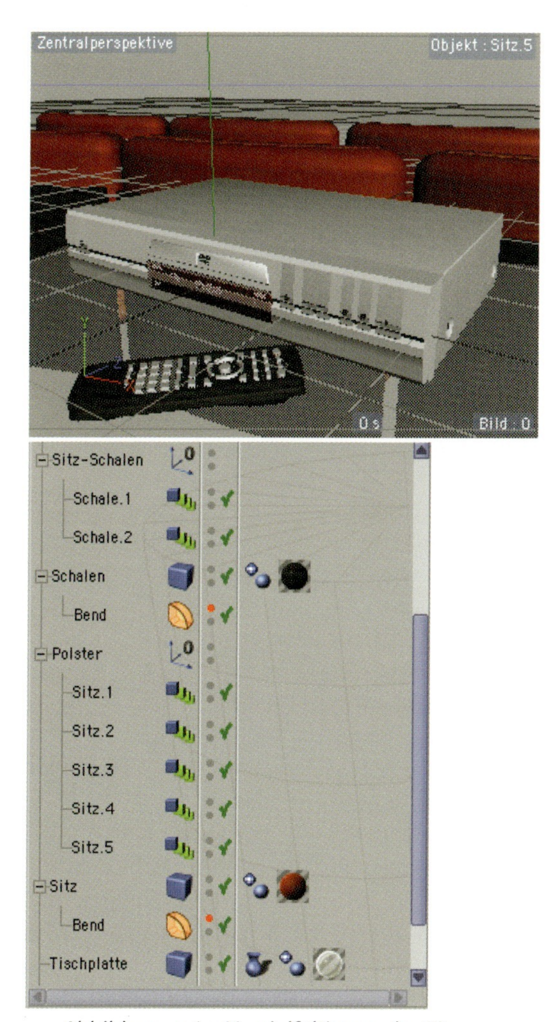

Abbildung 3.64: Vervielfältigung der Sitze

Das Holz sollte sich schließlich während der Animation nicht verändern. Da wir in diesem Fall jedoch nur ein Bild berechnen wollen, spielen ein etwaiger Wind und die dadurch indizierte Bewegung der Wellen keine Rolle.

Nachdem dieses Material dem neuen Würfel zugewiesen wurde, sollten Sie einige Kopien der Lehne und der Holzverkleidung erstellen und damit einige Sitzreihen hinter dem Glastisch mit dem DVD-Player andeuten.

Benutzen Sie dafür die Duplizieren-Funktion im Funktionen-Menü und aktivieren Sie deren Instanzen-Option.

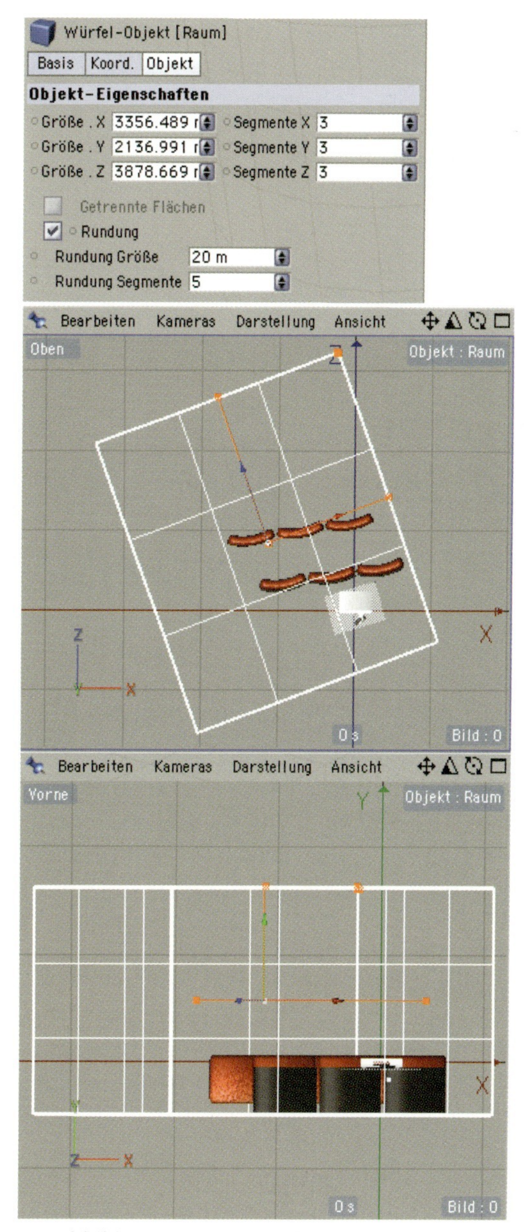

Abbildung 3.65: Ein Würfel als Raum

Vom Sitz werden fünf und vom lackierten Holz zwei zusätzliche Instanzkopien benötigt. Platzieren Sie diese Kopien wie in Abbildung 3.64. Wie Sie an der unterschiedlichen Kopieanzahl erkennen können, statten wir nur die direkt an den Glastisch angrenzenden Sitze mit der Holzverkleidung aus.

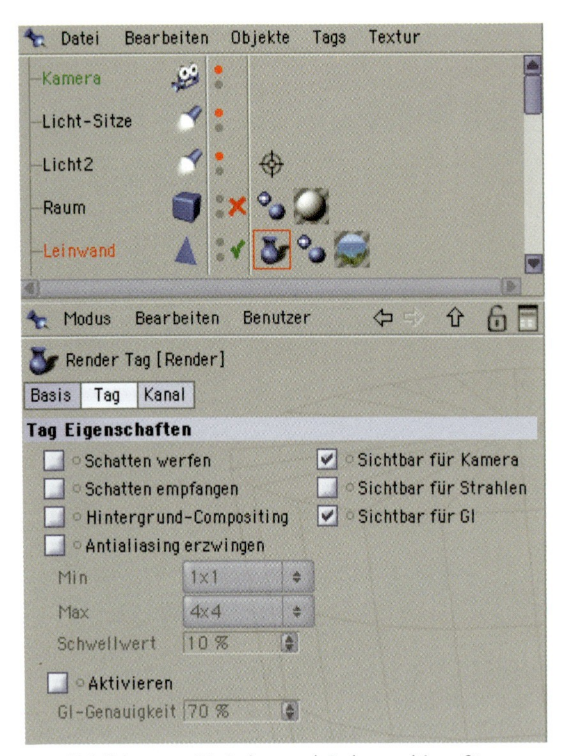

Abbildung 3.66: Leinwand-Polygon hinzufügen

Von den weiter hinten liegenden Sitzen kann man ohnehin nur den oberen Teil der Lehnen erkennen. Auf diese Weise sparen wir etwas an Polygonen ein.

Wie zu Beginn dieses Abschnitts angesprochen, zieht Radiosity immer dann größtmöglichen Nutzen aus einer Szene, wenn das Licht möglichst wieder auf die Objekte zurückgeworfen wird. In unserem Fall bietet sich dafür ein WÜRFEL-Grundobjekt an, das alle Objekte der Szene wie die Wände eines Raums einschließt.

Wie Sie Abbildung 3.65 entnehmen können, wurde dieser Raum-Würfel auch gleich so gedreht, dass eine seiner Seiten so gegenüber den Sitzreihen liegt, dass dort ein Film gezeigt werden könnte. Benutzen Sie die untere Seite des Würfels als Fußboden und verschieben Sie den Würfel so entlang der Y-Achse, dass dieser Fußboden knapp unter den Holzverschalungen der Sitze liegt.

Obwohl große Teile des Würfels von der Kamera nicht eingesehen werden können, versuchen Sie dennoch eine im Vergleich zu den vorhandenen Objekten realistische Raumgröße zu erzielen. Da dieser Würfel später das Licht in die Szene reflektieren wird, haben die Abmessungen einen indirekten Einfluss auf die Lichtwirkung.

Aus diesem Grunde wird dem Raum-Würfel auch ein neues Material zugewiesen, bei dem nur der FARBE-Kanal aktiviert ist. Sollte später der Bedarf bestehen, kann dann über die ILLUMINATION-Seite dieses Materials die Intensität des von den Raumwänden reflektierten Lichts verstärkt oder abgeschwächt werden.

Wir könnten den vorgeführten Film zwar als Bild in einem Material direkt auf die Wand des Würfels projizieren, die Verwendung eines separaten Objekts gibt uns jedoch mehr Freiheiten bei der Platzierung, ohne den Raum-Würfel zuerst konvertieren und Polygon-Selektionen erstellen zu müssen. Wir entscheiden uns daher für ein neues POLYGON-Grundobjekt – Sie können ebenso gut ein EBENE-Grundobjekt verwenden – und platzieren dieses knapp vor der Raumwand gegenüber der Kamera.

Da diese Fläche direkt von dem Licht z.B. eines Videobeamers oder Projektors getroffen wird, werden sich keine Schatten darauf zeigen. Wir sollten diese Objekteigenschaft daher vorsichtshalber deaktivieren. Sie weisen dem Leinwand-Objekt dazu das bereits bekannte RENDER-TAG zu und deaktivieren dort die SCHATTEN EMPFANGEN-Option. Da der Abstand zwischen Raumwand und der Leinwand recht gering ausfällt, können Sie auch die SCHATTEN WERFEN-Option ausschalten. Sicherlich spart dies etwas Rechenzeit ein.

Damit sich das projizierte Bild nicht zu stark im Glastisch und dem leicht reflektierenden Player-Gehäuse spiegelt, wird zusätzlich noch die SICHTBAR FÜR STRAHLEN-Option deaktiviert.

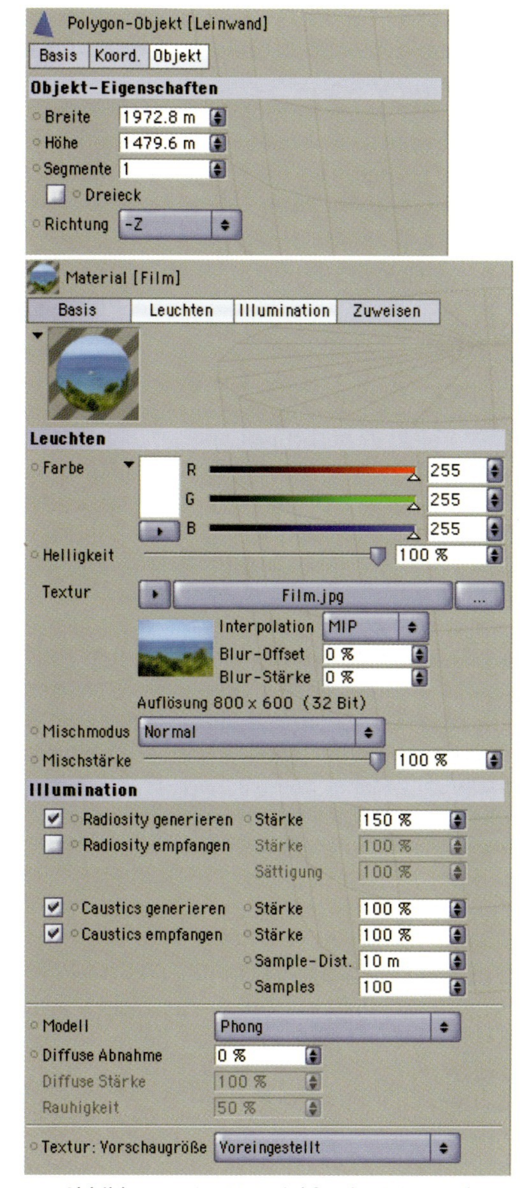

Abbildung 3.67: Material für die Leinwand

Bislang wurden absichtlich noch keine Hinweise zu den Größenverhältnissen des Leinwand-Objekts gegeben. Dessen Größe sollte sich neben der Raumgröße an dem Seitenverhältnis des projizierten Bildes orientieren.

Dafür muss zuerst ein neues Material erzeugt werden, in dessen LEUCHTEN-Kanal dann ein beliebiges Bild geladen wird.

Wir verwenden hier ein idyllisches Urlaubsmotiv, das Sie auch auf der Buch-CD-ROM finden. Wichtig ist dabei weniger das Motiv an sich, sondern dessen Seitenverhältnis. Dieses sollte auf das Leinwand-Objekt übertragen werden, damit das Bild unverzerrt berechnet werden kann.

In unserem Fall hat das Bild eine Größe von 800 x 600 Pixel. Bringen Sie das Leinwand-Polygon also zuerst auf eine Größe von 800 x 600 Einheiten und skalieren Sie es dann gleichmäßig, bis die gewünschte Größe erreicht ist. Wie Sie Abbildung 3.67 entnehmen können war dies bei uns bei einer Größe von ca. 1.973 x 1.480 Einheiten der Fall.

Im Leinwand-Material sollten Sie nun noch die RADIOSITY GENERIEREN-Option auf der ILLUMINATION-Seite auf einer STÄRKE von ca. 150% erhöhen, um die Lichtabstrahlung der Leinwand stärker zu betonen. Spätere Probeberechnungen müssen zeigen, ob dies ausreichend ist oder hier ggf. nachgebessert werden muss.

Da die Leinwand hauptsächlich Licht abstrahlen soll, kann auf die empfangenden Eigenschaften verzichtet werden. Deaktivieren Sie also die RADIOSITY EMPFANGEN-Option, um etwas Rechenzeit zu sparen.

Damit ist dieses Material komplett und kann durch einfaches Ziehen auf das Leinwand-Objekt zugewiesen werden.

Je nach Größe und Form des Raum-Würfels haben Sie vielleicht links und rechts neben der Leinwand noch etwas blanke Wand übrig. Eigentlich sieht dies zu langweilig aus. Wir werden daher dort zwei Vorhänge platzieren, die die Leinwand seitlich einrahmen.

Da von diesen Vorhängen nur ein kleiner Teil zu sehen ist, können wir diese recht simpel durch extrudierte Splines umsetzen. Wechseln Sie dazu in die Ansicht von oben und benutzen Sie Freihand-Splines, um zwei wellige Kurven zu erzeugen.

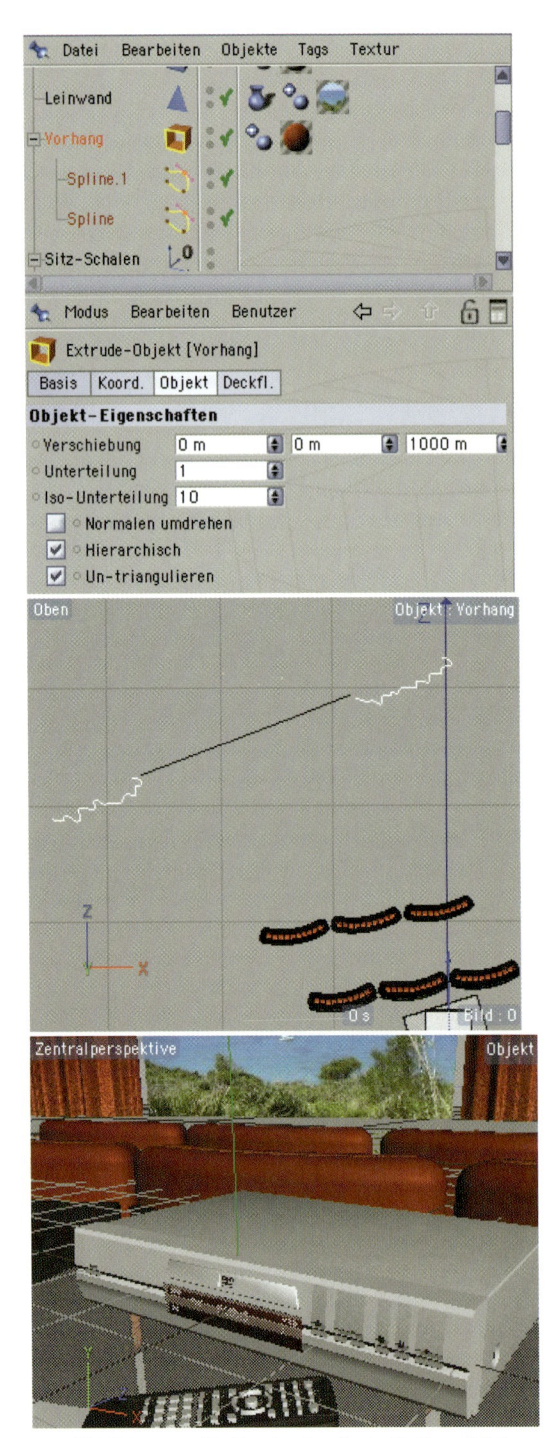

Abbildung 3.68: Zwei extrudierte Splines bilden die Vorhänge.

In Abbildung 3.68 können Sie diese beiden Freihand-Splines als weiße Kurven in der mittleren Einblendung links und rechts neben der Leinwand erkennen.

Wie Sie dort sehen, fallen die Kurven sehr willkürlich aus. Wichtig ist hierbei nur, dass die Vorhänge nicht zu glatt wirken. Die Welligkeit muss daher stark genug sein, damit man sich auch praktisch vorstellen kann, dass beide Vorhänge zusammengezogen die Leinwand verdecken könnten.

Erzeugen Sie ein ExtrudeNURBS-Objekt und ordnen Sie dort die beiden Vorhang-Splines unter. Aktivieren Sie die Hierarchisch-Option des ExtrudeNURBS, damit nicht nur der oberste Spline unter dem NURBS-Objekt extrudiert wird.

Stellen Sie die gewünschte Extrudierungslänge bei den Verschiebung-Werten ein und verschieben Sie die beiden Spline-Objekte ggf. etwas nach oben oder unten, um die Länge der Vorhänge anzupassen.

Die untere Einblendung in Abbildung 3.68 zeigt Ihnen ein mögliches Ergebnis aus Sicht der Kamera. Wie Sie dort erkennen können, wurde dem ExtrudeNURBS-Objekt bereits das Samt-Material zugewiesen, das wir auch für die Sitze verwendet haben. Dieses Material kann auch gut bei den Vorhängen zum Einsatz kommen.

▶ Echte Lichtquellen einbringen

Damit sind wir mit der Modellierung und Texturierung der Szene bereits fertig. Alles wirkt nun weniger steril und künstlich im Vergleich zu den vorangegangenen Beispielen, die eher eine Fotostudioatmosphäre simulierten.

Wir müssen uns nun noch etwas mit der Beleuchtung beschäftigen, denn die Leinwand allein wird dafür nicht ausreichen.

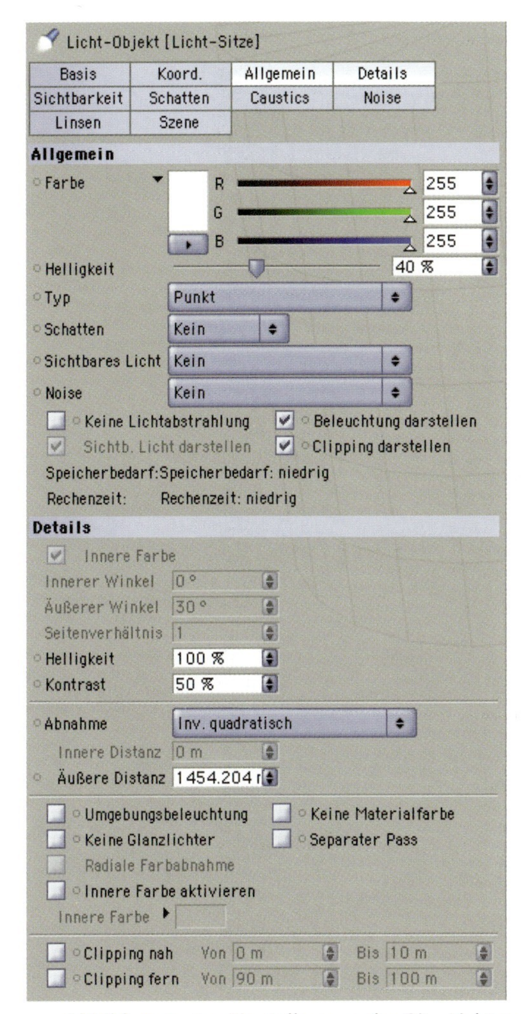

Abbildung 3.69: Einstellungen der Sitz-Lichtquelle

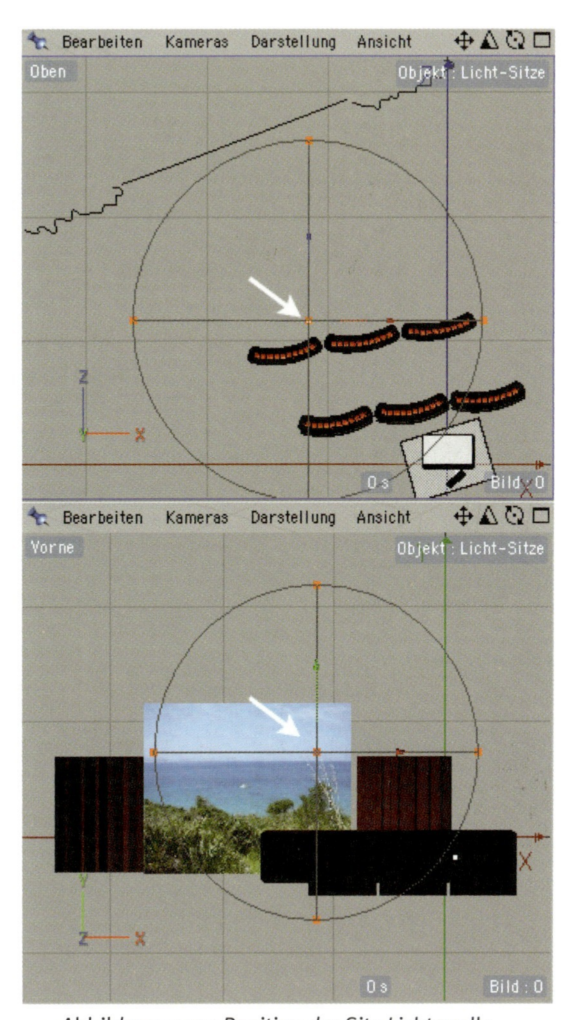

Abbildung 3.70: Position der Sitz-Lichtquelle

Die Radiosity-Beleuchtung hat zudem den Nachteil, dass lichtsensitive Materialien wie z.B. der von uns mehrfach verwendete Lumas-Shader nicht so darauf reagieren wie auf eine normale Lichtquelle. Um alle Eigenschaften eines Materials wie z.B. die leuchtenden Eigenschaften, das Relief oder auch die Glanzlichter zur Geltung zu bringen, muss das Radiosity-Licht von echten Lichtquellen unterstützt werden.

Wir fügen daher eine neue Lichtquelle zu der Szene hinzu und platzieren diese über der vordersten Sitzreihe.

Diese Position ist in Abbildung 3.70 durch einen Pfeil markiert.

Das Licht dieser Lichtquelle soll die Beleuchtung der Sitze durch die Leinwand unterstützen und das Samt-Material noch stärker betonen.

Damit die Helligkeit dieser Lichtquelle die Radiosity-Beleuchtung im übrigen Teil des Raums nicht zu stark beeinflusst, grenzen wir den Einfluss dieser Lichtquelle ein. Wie Sie Abbildung 3.69 entnehmen können, wird dazu auf der Details-Seite des Lichtquellen-Dialogs die invers quadratische Abnahme der Lichtleistung aktiviert.

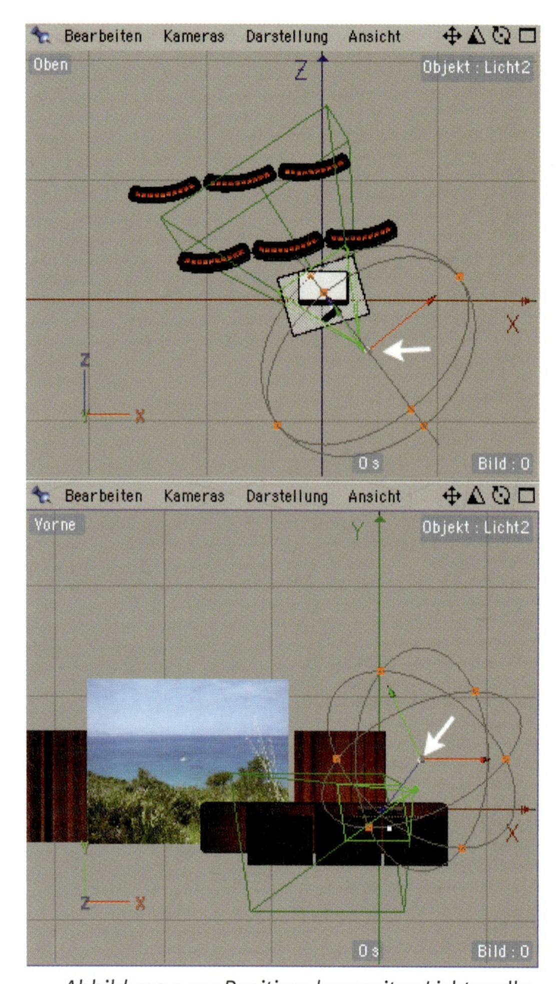

Abbildung 3.71: Position der zweiten Lichtquelle

Der äußere Radius dieser Abnahme wird zusätzlich in den Editor-Ansichten durch einen Kreis mit Anfasser-Punkten angezeigt. Wie Sie in Abbildung 3.70 erkennen können, wird dieser Radius der Abnahme so gewählt, dass die Lichtleistung bereits vor dem Erreichen des DVD-Players ihr Minimum erreicht.

Wir möchten nicht, dass diese Lichtquelle zu starken Einfluss auf dessen Ausleuchtung erhält. Dafür benutzen wir eine zweite Lichtquelle, die im Gegensatz zur Sitz-Lichtquelle nun auch einen Schattenwurf erzeugen soll. Weisen Sie dieser neuen Lichtquelle daher zusätzlich eine AUSRICHTEN-Expression zu.

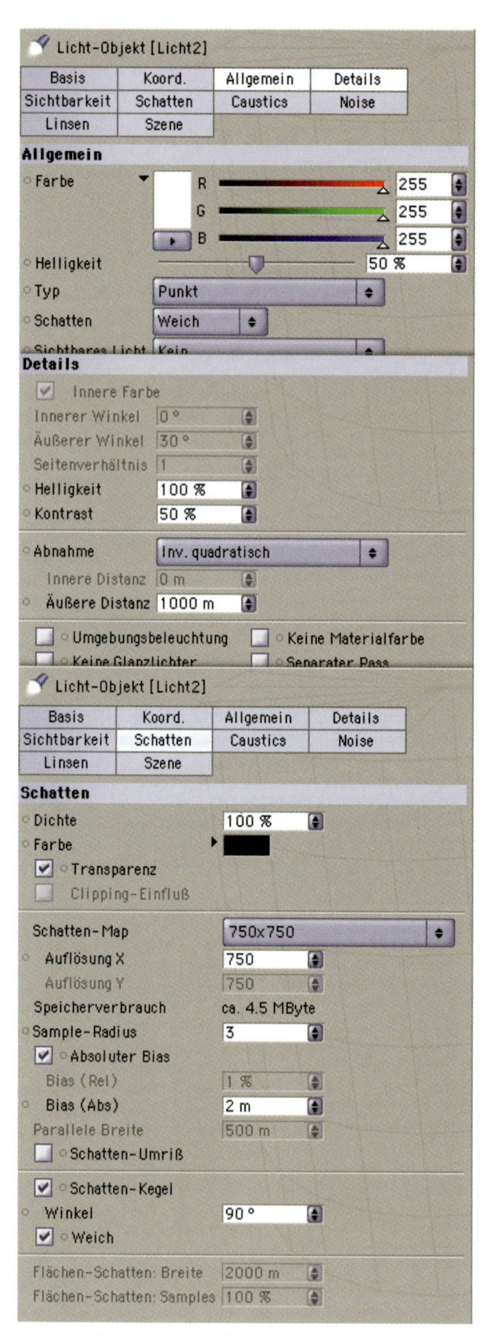

Abbildung 3.72: Einstellungen der zweiten Lichtquelle

Alternativ können Sie natürlich auch gleich eine ZIEL-LICHTQUELLE aufrufen.

Als Ziel-Objekt bietet sich der Glastisch oder der DVD-Player selbst an. Ziehen Sie eines dieser Objekte in das Ziel-Objekt-Feld der Ausrichten-Expression im Attribute-Manager.

Wie Sie Abbildung 3.71 entnehmen können, wird diese Lichtquelle etwas über der Kamera positioniert und ebenfalls mit einer Abnahme der Lichtleistung belegt. Die Lichtleistung erreicht hier bereits kurz hinter dem DVD-Player ihr Minimum, um die Rückseiten der Sitze nicht zu stark zu beleuchten.

Da die Z-Achse dieser Lichtquelle durch die Ausrichten-Expression bereits auf die Ziel-Objekte ausgerichtet wurde, können wir den Schatten-Kegel auf der Schatten-Seite des Lichtquellen-Dialogs aktivieren. Wie Sie dort ebenfalls in Abbildung 3.72 erkennen können, wurde ein weicher Schatten mit einer erweiterten Größe von 750 x 750 Pixel gewählt. Dies sollte die Schatten etwas härter und detaillierter erscheinen lassen. Das diffuse Radiosity-Licht wird die Schatten zusätzlich aufweichen.

Die Helligkeiten beider Lichtquellen werden im mittleren Bereich angesetzt. Letztlich kann diese Einstellung auch wieder nur durch Probeberechnungen überprüft werden.

Damit sind auch diese Einstellungen vorerst abgeschlossen und wir können uns mit der eigentlichen Bildberechnung beschäftigen.

Tiefenunschärfe hinzufügen

Nicht immer ist es erwünscht, dass alle Objekte im Bild scharf zu sehen sind. Denken Sie z.B. an eine Makro-Aufnahme, bei der eine Blume im Vordergrund scharf und die Wiese im Hintergrund nur verschwommen und vage wahrgenommen wird.

Die Unschärfe kann dabei dazu benutzt werden, einer Szene mehr Tiefe zu geben und die Abstände zwischen den Objekten natürlicher wirken zu lassen oder die Aufmerksamkeit des Betrachters auf einen bestimmten Bereich oder ein Objekt in der Szene zu lenken.

Wie Sie vielleicht im Attribute-Manager bereits bemerkt haben, bietet Cinema 4D für diesen Zweck zahlreiche Einstellungen auf der Tiefe-Seite des Kamera-Dialogs an.

Der Wert für die Zieldistanz gibt die Entfernung der Schärfezone von der Kamera an. Alle Objekte, die dort liegen, werden also scharf dargestellt.

Sie können sich ebenfalls entscheiden, ein Zielobjekt für die Ermittlung dieser Entfernung zu benutzen. Hat die Kamera also eine Ausrichten-Expression und dort ein Ziel-Objekt zugewiesen bekommen, kann durch Aktivieren der Zielobjekt benutzen-Option automatisch immer auf dieses Ziel-Objekt scharf gestellt werden. Dies kann vor allem bei Animationen der Kamera sehr hilfreich sein, um wichtige Objekte im Fokus zu behalten und die Schärfe automatisch nachzuziehen.

Cinema 4D unterstützt beliebige Kombinationen von Vordergrund- und Hintergrund-Unschärfen. Sie können daher die beiden Optionen Unschärfe vorne und Unschärfe hinten getrennt voneinander benutzen und über Start- und Ende-Werte steuern.

Bei der Unschärfe vorne wird von der Kamera aus gemessen. Die Objekte, deren Abstände von der Kamera zwischen 0 und dem Start-Wert liegen, werden maximal unscharf dargestellt. Die Unschärfe nimmt dann bis zur Ende-Distanz komplett ab. Die Unschärfe hinten wird nach dem gleichen Prinzip, diesmal jedoch von der Zieldistanz aus gemessen.

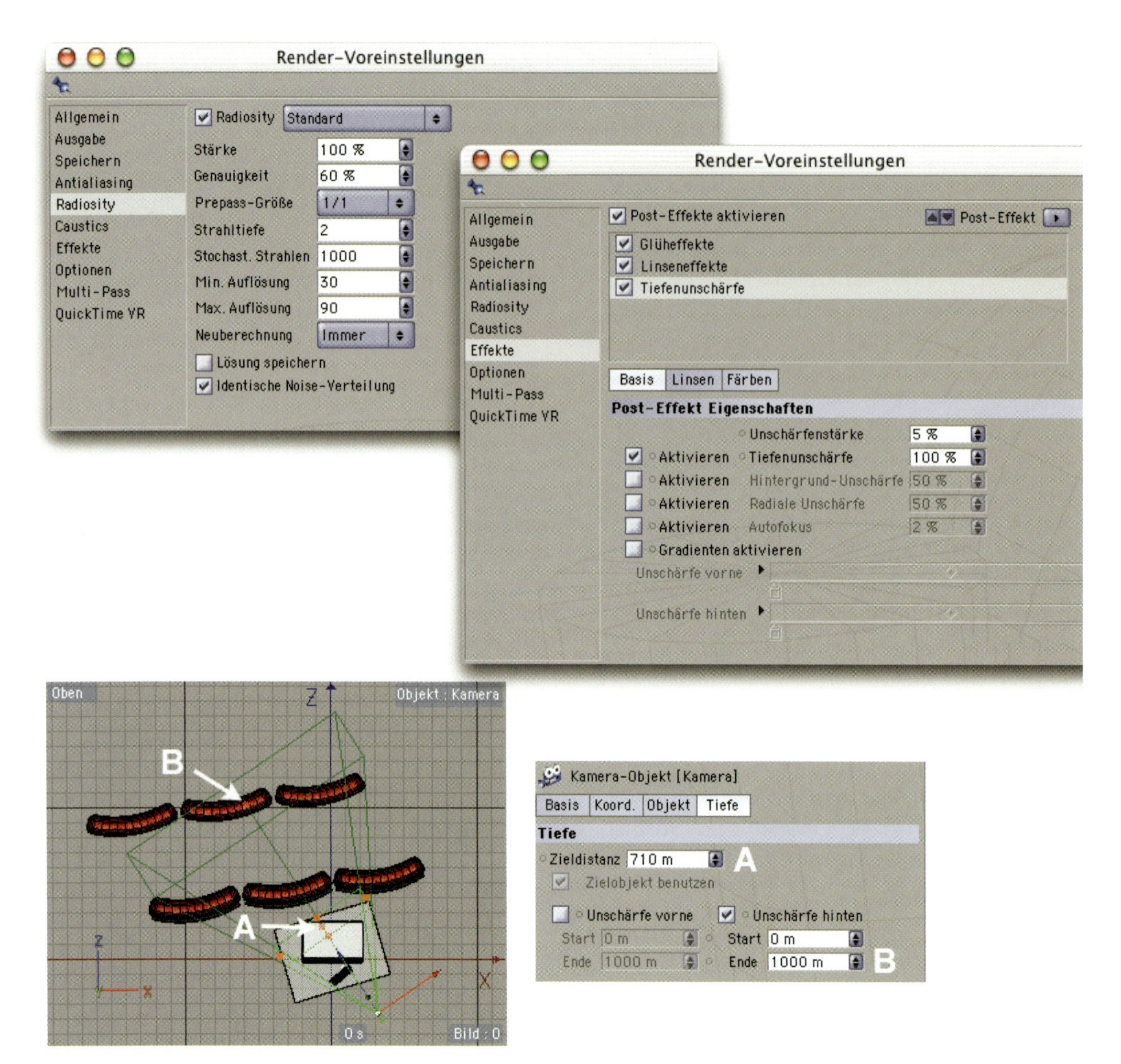

Abbildung 3.73: Bildberechnung mit Tiefenunschärfe

In unserem Fall aktivieren wir nur die Unschärfe für den hinteren Bildbereich. Die nach dem Aktivieren einer Unschärfe im Editor eingeblendeten Anfasser an der Kamera erleichtern die Einstellung der Entfernungen. Ziehen Sie den Anfasser für die Zieldistanz bis kurz hinter den DVD-Player, damit dieser noch komplett scharf dargestellt wird.

Vorne ist keine Unschärfe aktiviert. Den hinteren Anfasser platzieren Sie auf Höhe der vordersten Sitzreihe. Alle weiter entfernt liegenden Objekte, wie z.B. die Vorhänge oder die Leinwand, werden daher maximal unscharf dargestellt (siehe Abbildung 3.73).

Damit die Unschärfe auch tatsächlich berechnet wird, muss Sie zusätzlich zu den Einstellungen an der Kamera auch in den RENDER-VOREINSTELLUNGEN aktiviert werden.

Abbildung 3.74: Das berechnete Ergebnis

Wechseln Sie dazu auf die Effekte-Seite der Render-Voreinstellungen und fügen Sie dort den Tiefenunschärfe-Post-Effekt hinzu.

Dieser Effekt hat zu viele Optionen und mögliche Einstellungen um alle hier besprechen zu können. In den meisten Fällen werden Sie aber damit auskommen, die Tiefenunschärfe-Option zu aktivieren und die Unschärfenstärke zu benutzen, um die maximale Unschärfe zu definieren.

Wie Sie Abbildung 3.73 entnehmen können, können Sie es dort bei den Standardwerten belassen.

Trotz der vielen verführerischen Einstellungen hat es sich gezeigt, dass oft das nachträgliche Hinzufügen von Unschärfen z.B. in Photoshop mehr Sinn macht als das direkte Berechnen in Cinema 4D. Gefallen Ihnen die Unschärfen nach der Cinema-Berechnung nicht, muss der gesamte Berechnungsvorgang erneut gestartet werden, obwohl das Bild selbst korrekt berechnet wurde.

Neben der automatischen Einberechnung in das Bild können Sie daher auch einen separaten Tiefen-Kanal auf der Multi-Pass-Seite der Render-Voreinstellungen sichern lassen. Dieser enthält dann die Tiefeninformation der Szene als Graustufenbild und kann somit problemlos in der Postproduktion als Auswahl geladen und mit einem Weichzeichner benutzt werden.

Wenn Sie sich für diesen Weg entscheiden, dürfen Sie den Tiefenunschärfe-Post-Effekt nicht mehr benutzen, damit das Bild ohne Unschärfe berechnet wird.

Jetzt sind nur noch einige Probeberechnungen durchzuführen, um geeignete Radiosity-Einstellungen für die Render-Voreinstellungen zu finden. Die hier notwendigen Einstellungen können aufgrund unterschiedlicher Szenengrößen und Lichtquellenpositionen sehr verschieden ausfallen, so dass wir Ihnen die Einstellungen in Abbildung 3.73 nur als grobe Hilfe angeben können.

Prinzipiell gehen Sie wie in den Beispielen zuvor vor, indem Sie die Werte schrittweise erhöhen, bis die gewünschte Qualität erreicht wird.

Deaktivieren Sie während der Probeberechnungen das Antialiasing und reduzieren Sie ggf. auch die Prepass-Grösse, um etwas Rechenzeit zu sparen. Letztlich wählen Sie dann nur noch die gewünschte Ausgabegröße und den Speicherpfad und lassen das Bild im Bild-Manager berechnen. In Abbildung 3.74 sehen Sie ein mögliches Ergebnis, wobei dort die Unschärfe mit den beschriebenen Einstellungen direkt aus Cinema 4D heraus berechnet wurde.

Was die Modellierung, Texturierung und Berechnung von Standbild-Szenen betrifft, haben Sie damit bereits einen Großteil der zur Verfügung stehenden Optionen und Techniken kennen gelernt. Lassen Sie uns daher im nächsten Kapitel etwas mehr auf die vierte Dimension eingehen, die Zeit.

Die Modellierung, Beleuchtung und der Umgang mit Materialien spielen natürlich auch dort wieder eine wichtige Rolle. Das Kapitel lohnt sich daher auch dann, wenn Sie ansonsten bei Ihrer Arbeit eher weniger mit Animationen zu tun haben.

Grundlegende Techniken der Animation

Die Arbeit mit Animationen setzt da an, wo unsere bisherigen Arbeiten bei der Modellierung, Texturierung und Ausleuchtung geendet haben. Wie bei einem Regisseur liegt es nun bei Ihnen, zu entscheiden, was die Objekte vorführen sollen. Dies könnte eine einfache Bewegung von einer Position im Raum zu einer anderen oder etwas Ausgefallenes wie z.B. das Verändern der Form sein.

Cinema 4D bietet Ihnen hierfür zwei verschiedene Lösungswege an: die Keyframe-Animation und die Expression-Animation.

Bei der Keyframe-Animation legen Sie exakt fest, wann z.B. ein Objekt eine bestimmte Position im Raum einnehmen soll. Diese Information über die Position wird in einem Keyframe gesichert, der an dem gewünschten Zeitpunkt auf dem Zeitstrahl abgelegt wird. Keyframes enthalten also Datenpakete.

Der Ablauf einer Keyframe-Animation ist starr, da keine Variationen in der Ausführung erlaubt sind. Jedes mit Keyframes versehene Objekt erkennt genau, zu welchem Zeitpunkt es was zu tun hat.

Der Vorteil liegt also in der Reproduzierbarkeit der Animation und in den vorhersehbaren Ergebnissen. Der Nachteil dieser Animationstechnik ist die oft leidende Übersichtlichkeit, wenn viele Objekte gleichzeitig animiert werden müssen. Besonders wenn ein interaktives Miteinander der Objekte und ein Reagieren eines Objekts auf die Bewegung eines anderen Objekts gewünscht sind, ergeben sich Schwierigkeiten.

Diese Aufgaben lassen sich spielend mit Expression-Animationen lösen.

Sie haben bereits eine Expression kennen gelernt, nämlich die Ausrichten-Expression, die wir vorwiegend mit Lichtquellen benutzt haben, um den Schatten-Kegel effizient einsetzen zu können. Sie konnten dort beobachten, wie sich die Rotation der Lichtquellen automatisch so aktualisierte, dass ein Ziel-Objekt anvisiert wird. Wir könnten uns in diesem Fall also darauf beschränken, nur die Position der Lichtquelle zu animieren, und können jederzeit sicher sein, dass die Ausrichtung nachgeführt wird.

Dies mag auf den ersten Blick nur eine kleine Erleichterung darstellen, es gibt jedoch noch eine ganze Reihe anderer Expressions, die auf weitere Aufgaben spezialisiert sind. So kann z.B. ein Objekt automatisch auf einem Spline entlanggeführt oder zum Schwingen gebracht werden.

Nahezu beliebig erweitern lässt sich diese Funktionalität durch eigene Expressions, die entweder über Programmzeilen im Fall einer C.O.F.F.E.E.-Expression oder über die Verschaltung vorgefertigter Funktionsgruppen in einer XPresso-Expression erstellt werden können. Wir werden zu einem späteren Zeitpunkt noch Gebrauch davon machen.

Letztlich läuft es wie immer auf eine gesunde Mischung beider Animationstechniken hinaus, die mit „Keyframes dort, wo nötig, Expressions dort, wo möglich" auf eine griffige Formel gebracht werden kann.

Die Animation mit Keyframes ist von beiden sicherlich einfacher zu verstehen und anzuwenden. Lassen Sie uns daher in diesem Abschnitt deren wichtigste Techniken und Funktionen besprechen. Beginnen Sie dazu mit einer neuen, leeren Szene und werfen Sie einen Blick auf den Zeit-Manager, der direkt unter den Editor-Ansichten liegt. Sie finden dort häufig benutzte Befehle zur Navigation in der Zeit und der Erstellung von Keyframes.

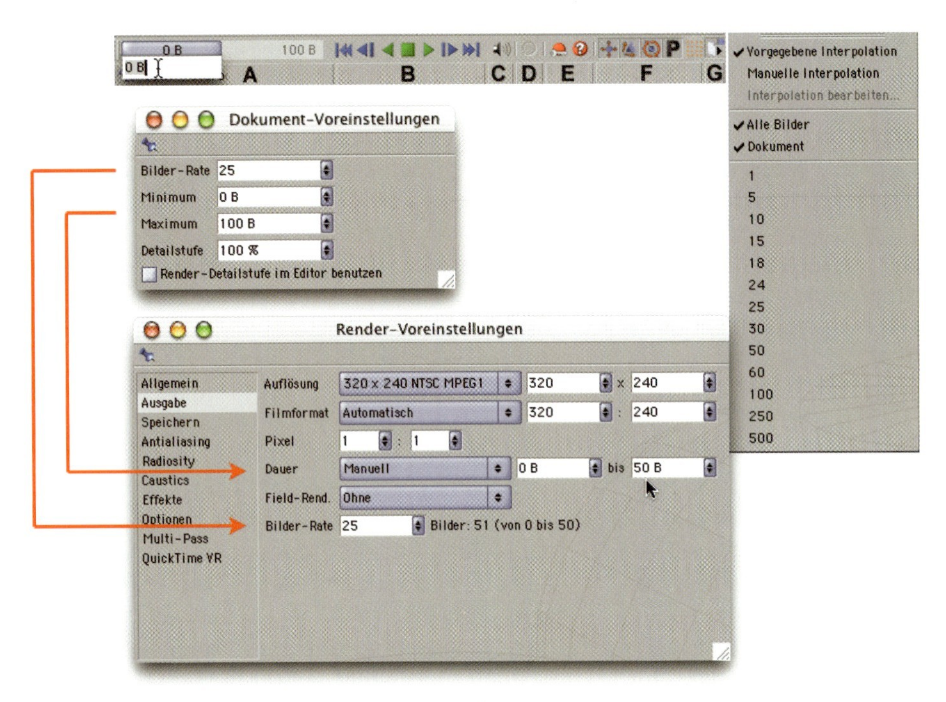

Abbildung 4.1: Zeit-Manager und Voreinstellungsfenster

4.1 Der Zeit-Manager und dessen Funktionen

Der Zeit-Manager bietet Ihnen prinzipiell die gleichen Funktionen, die z.B. auch an einem Videogerät zu finden sind. Um Ihnen die Zuordnung zu erleichtern, wurden die besprochenen Funktionen in Abbildung 4.1 mit Buchstaben versehen.

Beginnen wir daher gleich am linken Rand des Zeit-Managers beim Buchstaben Ⓐ, der den Zeitschieber samt Zeitstrahl markiert. Der bläuliche Zeitschieber markiert den aktuellen Zeitpunkt in Ihrer Animation. Standardmäßig ist die Länge der Animation in Bilder unterteilt. Dies ist sinnvoll, da es unterschiedliche Wiedergabegeschwindigkeiten gibt. Denken Sie nur an die 25 Bilder pro Sekunde Film, die im PAL-Fernsehen verwendet werden, oder an die 24 Bilder pro Sekunde, die in Kinofilmen ablaufen.

Der NTSC-Standard angelsächsischer Länder sieht 30 Bilder pro Sekunde im Fernsehen vor, wogegen Animationen für das Internet oft nur mit 15 Bildern pro Sekunde auskommen müssen, um die Ladezeiten gering zu halten.

Sie sehen also, dass sich Bilder durchaus gut als kleinste Einheit einer Animation eignen. So finden Sie dann auch den Buchstaben B im Zeitschieber und an den Enden des Zeitstrahls als Kürzel für die Einheit „Bilder".

Durch Anklicken und Verschieben mit der Maus kann der Zeitschieber zu jedem Zeitpunkt des Zeitstrahls bewegt werden. Wer es genauer haben will und eine exakte Wertvorgabe bevorzugt, kann auch doppelt auf den Zeitschieber klicken und die gewünschte Bildnummer, zu der gesprungen werden soll, direkt eintragen.

Standardmäßig ist eine Bilder-Rate von 25 Bildern pro Sekunde eingestellt. Sie können daraus errechnen, dass der Bildbereich des Zeitstrahls von Bild 0 bis Bild 100 genau vier Sekunden abdeckt. Für anspruchsvolle Animationen ist dies sicherlich etwas begrenzt.

Sie finden daher unter dem Menüpunkt Bearbeiten › Dokument-Voreinstellungen einen Dialog, über den Sie sowohl die Bilder-Rate, also die Anzahl der Bilder pro Sekunde Animation, als auch die untere und obere Bildbegrenzung für den Zeitstrahl festlegen können. Diese beiden Vorgaben verbergen sich hinter den Feldern Minimum und Maximum. Der Wert für die Detailstufe steuert global die Unterteilung von NURBS-Objekten für deren Editor-Darstellung, ganz ähnlich dem Editor-Unterteilung-Wert der HyperNURBS-Objekte.

Über die Option Render-Detailstufe im Editor benutzen können Sie die Render-Unterteilung-Einstellung der HyperNURBS-Objekte auch für den Editor aktivieren. Die gleiche Option finden Sie auch im Menü Darstellung › Detailstufe der Editor-Ansichten.

Unabhängig von diesen Einstellungen für das Dokument finden Sie auf der Ausgabe-Seite der Render-Voreinstellungen ebenfalls Werte für die Dauer der Animation und der Bilder-Rate. Sie können dort also z.B. nur die Ausgabe der Animation von Bild 10 bis Bild 20 aktivieren, obwohl das Dokument von Bild 0 bis Bild 100 reicht. Auf diese Weise lassen sich dann nur Ausschnitte einer Animation berechnen.

Achten Sie darauf, dass die Bilder-Raten im Dokument und bei der Berechnung übereinstimmen. Nur dann hat die berechnete Animation das gleiche Geschwindigkeitsverhalten und die gleiche Qualität wie in Cinema 4D festgelegt. Der Zusammenhang zwischen diesen Werten ist in Abbildung 4.1 durch rote Verbindungslinien angedeutet.

Kommen wir zu den mit dem Buchstaben B beschrifteten Symbolen neben dem Zeitstrahl. Diese sollten Ihnen grundsätzlich bereits von Abspielgeräten her bekannt sein. Von links nach recht betrachtet stehen die Symbole für: Springe zum Anfang der Animation, gehe ein Bild zurück, spiele die Animation rückwärts ab, Stop, Abspielen, ein Bild vorrücken und springe zum Ende der Animation.

Beim Buchstaben C findet sich das Symbol eines Lautsprechers. Ist das Symbol durch einmaliges Anklicken aktiv, werden geladene Tondateien bei der Navigation auf dem Zeitstrahl mit abgespielt. Dies kann z.B. die Arbeit mit einer Figur erleichtern, die sich synchron zu einer Musik bewegen oder etwas sagen soll. Die Tonspur muss dafür in der Zeitleiste vorhanden sein, damit sie abgespielt werden kann. Zur Funktion der Zeitleiste kommen wir etwas später.

Das Symbol beim Buchstaben D ist der eigentliche Aufnahmeknopf für Keyframes. Das Symbol mit dem Fragezeichen bei dem Buchstaben E steuert diese Funktionalität. Ein Klick darauf stellt ein kleines Auswahlmenü zur Verfügung, in dem bestimmt werden kann, für welche Objekte Keyframes erstellt werden. Standardmäßig ist dort Aktives Objekt aktiviert. Es werden also durch die Betätigung des Aufnahmekopfs nur Keyframes für das selektierte Objekt erzeugt.

Um den Prozess der Erzeugung von Keyframes etwas stärker zu automatisieren, können Sie das Symbol mit dem Schlüssel bei dem Buchstaben E aktivieren. Es werden dann immer automatisch Keyframes erzeugt, wenn sich an dem Objekt ein Parameter verändert hat. Dazu etwas später mehr.

Um Speicherplatz zu sparen und um z.B. gezielt nur einen Aspekt eines Objekts animieren zu können, speichern Keyframes nicht automatisch alle das Objekt betreffenden Daten. Vielmehr müssen Sie über die Symbole beim Buchstaben F festlegen, welche Art von Daten für das Objekt als Keyframes gesichert werden sollen. Von links betrachtet sollten Ihnen die ersten drei Symbole bereits bekannt vorkommen.

Diese Symbole aktivieren die Aufnahme von Positions-, Skalierungs- und Rotations-Keyframes. Das Icon mit dem Buchstaben P steht für die Aufnahme von Parameter-Keyframes, also z.B. dem Radius einer Würfel-Rundung oder der Helligkeit einer Lichtquelle. Prinzipiell lässt sich damit fast jeder Aspekt eines Objekts animieren.

Bitte beachten Sie, dass die Aufnahme von Parameter-Keyframes mit dem Zeit-Manager nur im Auto-Aufnahme-Modus für Keyframes funktioniert. Sie erinnern sich an das Symbol mit dem Schlüssel.

Das letzte Icon dieser Gruppe zeigt orangefarbene Punkte als Platzhalter für die Punkte eines Objekts. Diese Keyframes speichern also die Punkt-Koordinaten eines Objekts. Dies erlaubt das so genannte *Morphing* von Objekten.

Dabei verändert das Objekt nicht nur seine Position oder Ausrichtung, sondern auch seine Form. Einziger Nachteil daran ist das teilweise sehr hohe Speicheraufkommen, denn es werden in jedem Keyframe alle Punkt-Positionen gesichert, auch wenn diese über den gesamten Zeitraum der Animation unverändert bleiben.

Die Keyframe-Arten aus der Gruppe F können beliebig miteinander kombiniert werden. Sie können also ebenso gleichzeitig alle oder nur eine Auswahl an Keyframe-Typen erzeugen lassen.

Das Icon beim Buchstaben G öffnet eine Auswahlliste, in der Sie die Bilder-Rate beim Abspielen im Editor festlegen können. Standardmäßig ist dort Dokument aktiviert. Die Bilder-Rate wird dabei aus den Dokument-Voreinstellungen übernommen. Bei komplexen Animationen kann diese Bilder-Rate oftmals bei der Wiedergabe im Editor nicht eingehalten werden. Cinema 4D überspringt dann bei der Wiedergabe Bilder, um die Geschwindigkeit halten zu können.

Ist die Option Alle Bilder aktiv, werden in jedem Fall alle Bilder der Animation im Editor angezeigt, auch wenn dadurch die Einhaltung der vorgegebenen Bilder-Rate nicht mehr möglich ist.

Keyframes werden nur zu bestimmten Schlüsselstellen der Animation angelegt, bei denen z.B. ein Objekt eine festgelegte Position einnehmen soll. In den Zeitabschnitten zwischen den Keyframes übernimmt Cinema 4D die Regie und interpoliert die Werte.

Standardmäßig wird eine *weiche* Interpolation verwendet, die für einen gleichmäßigen Übergang zwischen den Keyframes sorgt. Möchten Sie selbst mehr Kontrolle auf die Interpolation ausüben, muss der Menüpunkt Manuelle Interpolation aktiviert werden. Über Interpolation bearbeiten können Sie dann weitere Einstellungen dazu vornehmen. Wie sich dies praktisch auswirkt, werden Sie etwas später bei der Besprechung der Zeitleiste kennen lernen.

4.2 Ein einfaches Beispiel

Lassen Sie uns einmal an einem einfachen Beispiel einen typischen Animationsprozess durchführen. Erzeugen Sie dazu ein Würfel-Grundobjekt und platzieren Sie dieses dort im Raum, wo seine Animation beginnen soll. Achten Sie darauf, dass der Zeitschieber auf Bild 0 steht, denn dort soll die Animation des Würfels beginnen.

Deaktivieren Sie alle Keyframe-Arten bis auf die Position-Keyframes und betätigen Sie dann den Keyframe-Aufnahme-Knopf. Der Würfel muss dabei selektiert sein, damit auch tatsächlich ein Keyframe für ihn erstellt wird.

Bewegen Sie dann den Zeitschieber zu dem Zeitpunkt, an dem der Würfel eine andere Position erreichen soll. Dies könnte z.B. Bild 14 sein.

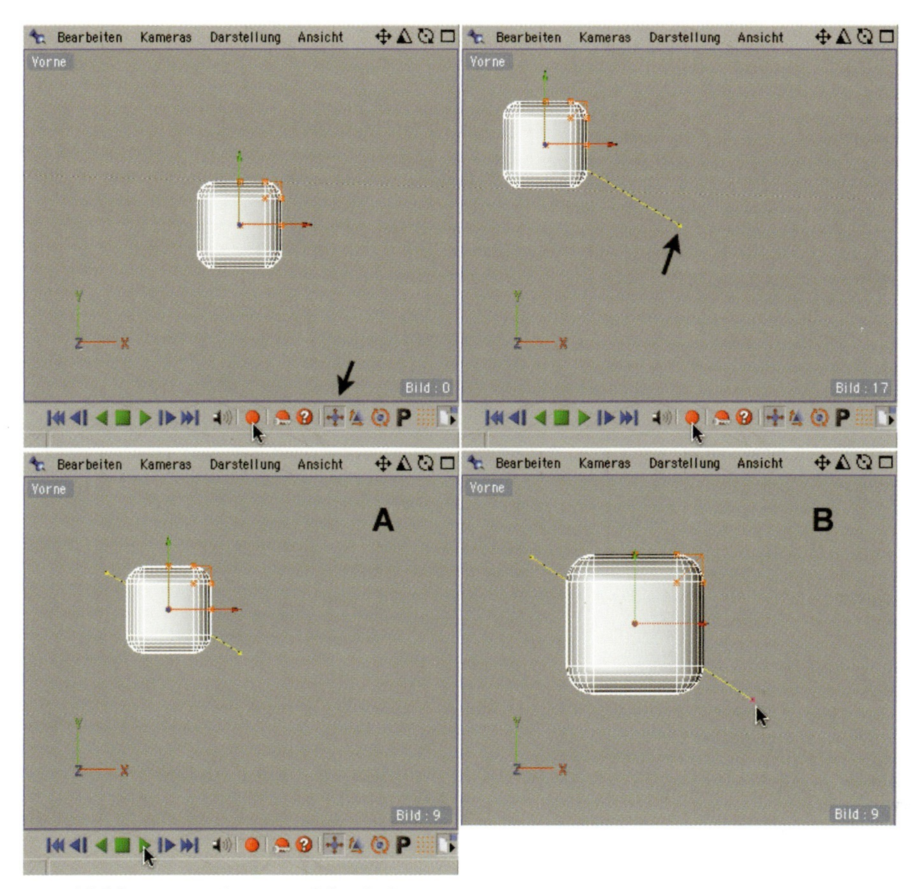

Abbildung 4.2: Einen Würfel animieren

Verschieben Sie den Würfel an eine andere Position und betätigen Sie wieder den Aufnahmeknopf. Wie rechts oben in Abbildung 4.2 zu erkennen ist, sollte nun eine gelbe Linie zwischen der ersten und der zuletzt aufgenommenen Position des Würfels erscheinen.

Diese Linie stellt die Interpolation zwischen den Keyframes dar und zeigt Ihnen somit die Bewegungsbahn an, die der Würfel in der Zeit zwischen den Keyframes abfahren wird.

Wenn Sie genau hinsehen, erkennen Sie an den Enden der Interpolationskurve kleine Verdickungen. Eine davon ist oben rechts in Abbildung 4.2 mit einem Pfeil markiert. Diese Punkte stehen für die von uns aufgenommenen Keyframes.

Wenn Sie den Zeitschieber zwischen den Bildern 0 und 14 bewegen, sollten Sie beide Keyframe-Punkte an den Enden der Interpolationskurve sehen können (siehe Einblendung A in Abbildung 4.2). Alternativ dazu können Sie auch zu Bild 0 springen und die Abspieltaste zum Abspielen der gesamten Animation benutzen.

Sollten Sie feststellen, dass Sie bei der Keyframe-Aufnahme eine falsche Position gespeichert haben, können Sie die Keyframe-Punkte direkt auf der Interpolationslinie anklicken und damit selektierten. Der Keyframe bzw. die darin gespeicherte Position lässt sich dann durch Verschieben des Keyframe-Punktes korrigieren (siehe Einblendung B in Abbildung 4.2).

Diese Technik kann jedoch nur bei Positions-Keyframes verwendet werden. Es muss daher noch eine andere Möglichkeit der Keyframe-Verwaltung geben.

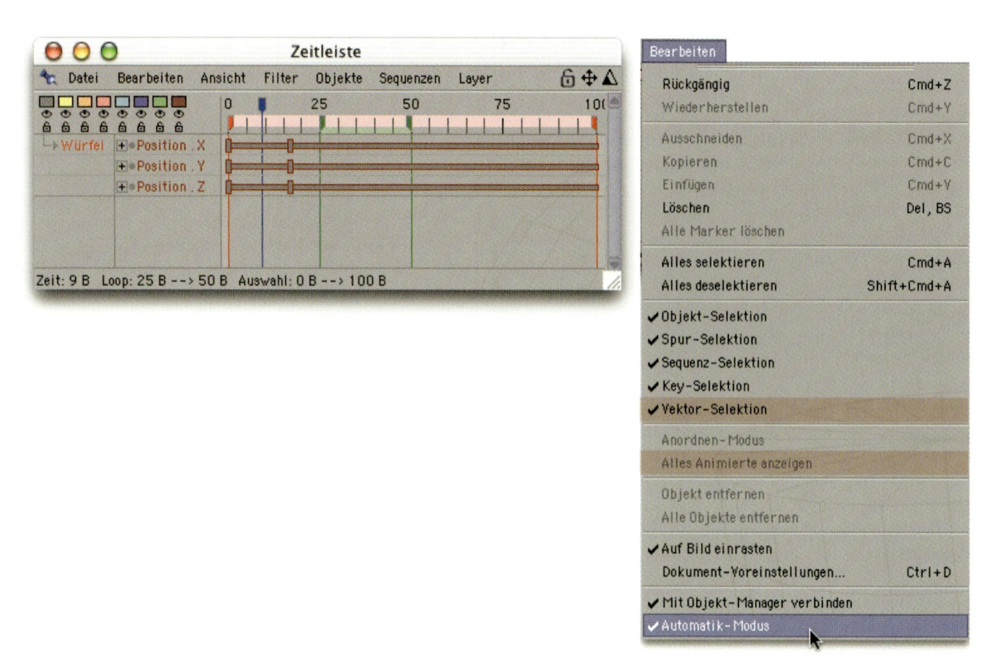

Abbildung 4.3: Die Zeitleiste

Die Zeitleiste und F-Kurven

Zum Zweck der Verwaltung und auch der Manipulation von Keyframe-Werten gibt es daher die Zeitleiste, ein separates Fenster, das über das Fenster-Menü von Cinema 4D aufgerufen werden kann (siehe Abbildung 4.3). Wenn Sie auf das Animation-Layout von Cinema 4D umschalten, ist die Zeitleiste bereits im Layout integriert.

Die Zeitleiste lässt sich grob in drei Spalten unterteilen. Ganz links finden Sie in einer hierarchischen Darstellung die Namen der animierten Objekte. Diese Spalte lässt sich daher direkt mit dem Objekt-Manager vergleichen.

Rechts daneben werden alle dem Objekt zugeordneten Animationssequenzen angezeigt. Da die Position eines Objekts aus einer X-, einer Y- und einer Z-Koordinate besteht, sind bei einer Positionanimation auch drei Sequenzen vorhanden. In der größten der drei Spalten neben der Namensanzeige der Sequenzen sind die eigentlichen Animationen schematisch als horizontale graue Balken dargestellt.

Die horizontale Bewegung auf diesen Balken entspricht dem Ablauf der Animation. Sie finden daher oben über dieser Spalte Bildnummern und Unterteilungen, um sofort erkennen zu können, welche Stelle des Balkens welchem Zeitpunkt der Animation entspricht.

In diesem Zeitstrahl finden sich auch einige bewegliche Reiter, von denen wir an dieser Stelle nur den blauen ansprechen. Dieser entspricht dem Zeitschieber aus dem Zeit-Manager. Sie können diesen blauen Reiter also ebenfalls benutzen, um zu einem anderen Zeitpunkt in der Animation zu gelangen. Eine Statuszeile am unteren Ende der Zeitleiste gibt fortlaufend die aktuelle Position innerhalb der Animation wieder.

Auf den grauen Sequenzbalken werden Vierecke als Platzhalter für die Keyframes dargestellt. In unserem Beispiel finden Sie daher diese Vierecke zum Zeitpunkt Bild 0 und Bild 14 wieder, also zu den Zeitpunkten, an denen wir die Position-Keyframes über den Zeit-Manager erzeugt hatten. Sie haben somit immer einen Überblick über alle Keyframes der animierten Objekte.

Die Zeitleiste unterstützt diverse Modi, um die Anzeige von animierten Objekten zu steuern. Voreingestellt ist der Automatik-Modus, in dem automatisch alle Objekte der Szene auch in der linken Spalte der Zeitleiste aufgelistet werden. Zusätzlich ist auch die Verknüpfung von Zeitleiste und Objekt-Manager aktiv. Dies führt dazu, dass in beiden Fenstern die gleiche Reihenfolge der Objekte angezeigt wird.

Dies ist bei Projekten mit nur wenigen Objekten auch sinnvoll. Bei komplexen Szenen oder wenn die Animation eines oben im Objekt-Manager abgelegten Objekts mit einem anderen, am unteren Ende des Objekt-Managers einsortierten Objekts abgestimmt werden soll, ist dies eher unpraktisch.

Benutzen Sie das Bearbeiten-Menü der Zeitleiste, um dort bei Bedarf den Automatik-Modus zu deaktivieren. Es werden dann nur noch die Sequenzen und Keyframes der Objekte angezeigt, die Sie selbst aus dem Objekt-Manager in die Zeitleiste gezogen haben.

Alternativ zu dieser manuellen Aktion können Sie auch den Eintrag Bearbeiten › Alles animierte anzeigen benutzen. Dann werden alle animierten Objekte aus dem Objekt-Manager in die Zeitleiste übertragen.

Ist Mit Objekt-Manager verbinden ausgeschaltet und der Eintrag Bearbeiten › Anordnen-Modus aktiv, können Sie die Hierarchie der Objekte in der Zeitleiste beliebig verändern und gänzlich unabhängig vom Objekt-Manager gestalten. So können dann auch die Objekte in der Zeitleiste direkt aufeinander folgen, die im Objekt-Manager eine große räumliche Entfernung voneinander haben.

Bedenken Sie, dass, wenn Sie ein Objekt in der Zeitleiste mit der [←]- oder [Entf]-Taste löschen, nur dessen Eintrag in der Zeitleiste gelöscht wird und nicht das Objekt selbst.

Auch die Animation dieses Objekts bleibt dabei erhalten. Sie können die ursprüngliche Anzeige der Sequenzen und Keyframes jederzeit durch Ziehen des Objekts aus dem Objekt-Manager in die Zeitleiste wieder herstellen.

Für den praktischen Umgang mit den Keyframes und Sequenzen ist zu empfehlen, die Vektor-Selektion im Bearbeiten-Menü der Zeitleiste zu deaktivieren. Diese bewirkt, dass z.B. bei einem Klick auf den Keyframe der Position.X zum Zeitpunkt 0 auch die beiden anderen Keyframes der Position.Y und Position.Z an dieser Stelle im Zeitstrahl selektiert werden.

Dies macht es zwar einfacher, die drei zusammengehörenden Keyframes z.B. zusammen zu verschieben oder zu löschen, aber die individuellen Werte der Keyframes oder Sequenzen können so nicht im Attribute-Manager eingesehen werden. Ebenso können Sie in diesem Modus keine unabhängige Verschiebung oder gar Löschung eines einzelnen Keyframes oder einer Sequenz erreichen.

Die hier besprochenen Menüeinträge sind in Abbildung 4.3 noch einmal hervorgehoben.

Deaktivieren Sie also zumindest die Vektor-Selektion und klicken Sie dann auf den Sequenzbalken von Position.X. Sie sollten nun die Parameter dieser Sequenz im Attribute-Manager einsehen können.

Neben dem Namen der Sequenz finden Sie dort neben den Kürzeln T1 und T2 die Bildnummern des Anfangs und des Endes der Sequenz (siehe Abbildung 4.4).

Sie können daraus bereits schließen, dass Sequenzen nicht zwingend den gesamten zur Verfügung stehenden Zeitraum einnehmen müssen. So ist es z.B. denkbar, dass eine Sequenz erst ab Bild 10 beginnt und bereits bei Bild 30 endet, obwohl die gesamte Animation viel länger dauert.

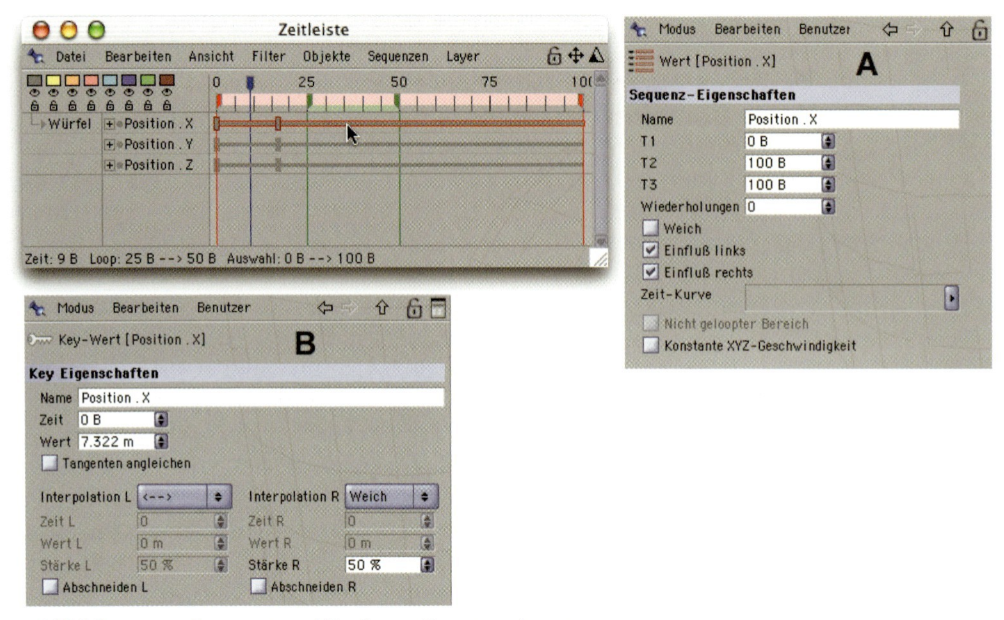

Abbildung 4.4: Sequenz- und Keyframe-Daten auslesen

Dies steht im direkten Zusammenhang mit den Werten bei T3 und Wiederholungen. Mit dem Wiederholungen-Wert geben Sie an, wie oft eine Sequenz hintereinander wiederholt werden soll. Es ist also nicht nötig, z.B. die Keyframes eines hüpfenden Balls immer wieder aufzunehmen. Es reicht aus, eine Sequenz mit einer Keyframe-Position unten und oben zu erzeugen und diese dann sich wiederholen zu lassen.

Der T3-Wert rechnet die Länge der wiederholten Sequenz sofort in Bilder um. Sie können aber auch den umgekehrten Weg gehen und eine Länge für die sich wiederholende Animation der Sequenz bei T3 vorgeben. Dann wird der dazu passende Wiederholungen-Wert automatisch eingestellt, wobei auch Bruchteile vollständiger Wiederholungen erlaubt sind.

Um das Beispiel des hüpfenden Balls aufzugreifen, nehmen wir an, die Sequenz mit den beiden unten/oben-Keyframes ist 20 Bilder lang. Zum Zeitpunkt 0 ist der Ball unten, zum Zeitpunkt 10 oben. Sind mehrere Wiederholungen dieser Sequenz aktiviert, so wird sich folgende Animation zeigen.

Der Ball springt entsprechend den Keyframes von unten nach oben, bleibt dann jedoch dort bis zum Ende der Sequenz bei Bild 20 – es folgen schließlich keine weiteren Keyframes – und springt plötzlich bei Bild 21 der Animation wieder in die „unten"-Position. Es findet also keine automatische Interpolation der animierten Objekte nach dem letzten Keyframe der Sequenz statt.

Dies lässt sich durch das Abhaken der Weich-Option aktivieren. Der Ball sinkt dann ab Bild 11 bis zum Ende der Sequenz auf die untere Position, so dass sich weiche Übergänge ergeben und eine flüssige Wiederholung der Animation möglich wird. Voraussetzung hierfür ist, dass Sie am Ende der zu wiederholenden Sequenz genügend Platz lassen, damit eine passende Interpolation berechnet werden kann.

Die Optionen Einfluss links und Einfluss rechts wirken in die gleiche thematische Richtung. Die Interpolation zwischen Keyframes ist mit einer Spline-Kurve vergleichbar, deren Verlauf durch Tangenten gesteuert wird.

Wie bei Spline-Tangenten gibt es einen linken und einen rechten Anteil. Bei der Animationsinterpolation spricht man jedoch weniger von links und rechts, sondern eher von **vor** und **nach** einem Keyframe.

Damit die Interpolation angrenzender oder sich wiederholender Sequenzen möglichst gleichförmig erfolgt, können Sie durch Aktivieren der Einfluss-Optionen die Interpolationstangenten an den Enden der Sequenzen angleichen.

Zwar können Sie bereits durch das Verschieben der Keyframes auf den Sequenzen das Geschwindigkeitsverhalten z.B. bei der Bewegung eines Objekts verändern, aber es wäre doch recht mühsam, dies gleichzeitig bei vielen Objekten durchführen zu müssen.

Für diesen Zweck sind die so genannten Zeit-Kurven da, die zudem noch eine Fülle neuer Animationseffekte ermöglichen. So können Sie z.B. die Animation einzelner Objekte einfach umdrehen und somit rückwärts ablaufen lassen. Auch das Abbremsen von Objekten ist damit möglich. Der Vorteil gegenüber dem Verschieben der Keyframes liegt darin, dass die eigentliche Keyframe-Animation unverändert bleibt. Sie können also verschiedene Zeit-Kurven-Einstellungen ausprobieren, ohne um Ihre Animation fürchten zu müssen.

Wie dies funktioniert, sehen wir etwas später an einem Beispiel.

Um den Einfluss der Zeit-Kurve nur auf die Originalsequenz zu beschränken und somit nicht auch in den Sequenzwiederholungen anzuwenden, aktivieren Sie die Nicht geloopter Bereich-Option. Dies ist generell bei der Verwendung von Zeit-Kurven und sich wiederholenden Sequenzen empfohlen, da es ansonsten zu unschönen Sprüngen zwischen den Wiederholungen kommt.

Nur wenn die erste Sequenz eines Keyframe-Vektors selektiert wurde – also z.B. die Position.X-Sequenz – steht Ihnen die Konstante XYZ-Geschwindigkeit-Option zur Verfügung. Diese sorgt für eine Anpassung der Interpolationen zwischen den Keyframes der Sequenzen.

Wenn Sie nun einen Keyframe durch Anklicken in der Zeitleiste selektieren, stellen sich dessen Daten ebenfalls im Attribute-Manager dar (siehe auch Abbildung 4.4).

Neben dem Namen und dem Zeitpunkt des Keyframes kann dort auch sein exakter Wert eingesehen werden. Da alle diese Felder auch Eingaben erlauben, können Sie hier also – falls gewünscht – präzise Werte eintragen.

Im unteren Teil des Dialogs finden Sie die Einstellungen für die Interpolation der Kurve zwischen den Keyframes. Auch hier wird wieder in links und rechts unterschieden, um die Interpolation vor und nach dem Keyframe zu steuern. Es steht dort eine Reihe an Interpolationen zur Verfügung, von denen Sie jedoch vermutlich Weich und Manuell am häufigsten verwenden werden.

Die Weiche Interpolation sorgt für weich geschwungene Kurven zwischen den Keyframes. Dabei kann es dazu kommen, dass die Kurve zwischen zwei Keyframes, die den gleichen Wert enthalten, nicht linear verläuft. Man spricht dann vom *Überschwingen* der Kurve. In den meisten Fällen ist dies durchaus erwünscht, um allzu eckig wirkende Bewegungen zu vermeiden. Wenn es jedoch auf das präzise Verhalten eines Objekts ankommt, sollte zusätzlich die Abschneiden L- bzw. Abschneiden R-Option aktiviert werden. Diese analysiert die Werte benachbarter Keyframes und verwendet bei paarweise gleichen Keyframe-Werten dazwischen eine lineare Interpolation, um das Überschwingen zu vermeiden. Dieser Automatismus kann jedoch nur dann funktionieren, wenn die Keyframe-Werte absolut identisch sind. Schon kleine Unterschiede setzen die Optionen außer Kraft und führen wieder zu der weichen Interpolation.

Ist die Manuelle Interpolation aktiviert, können Sie selbst über Tangenten den Verlauf der Animationskurven steuern. Mehr dazu erfahren Sie gleich an einem Beispiel.

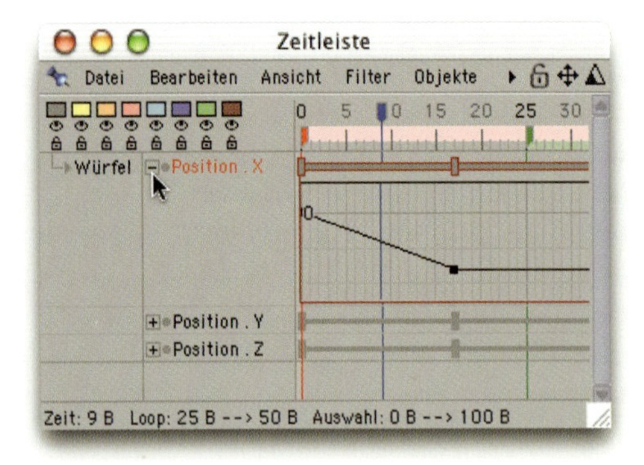

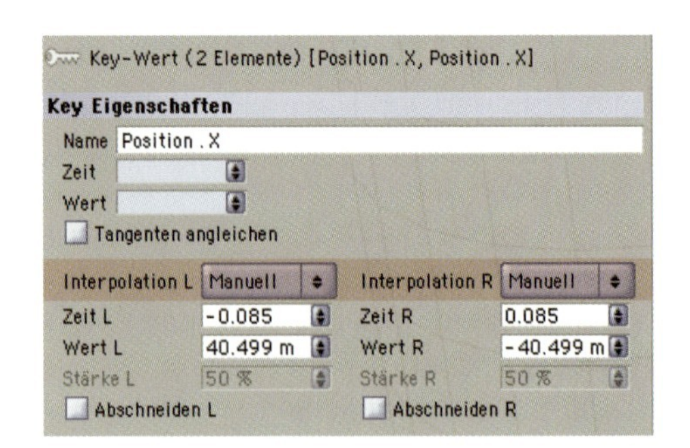

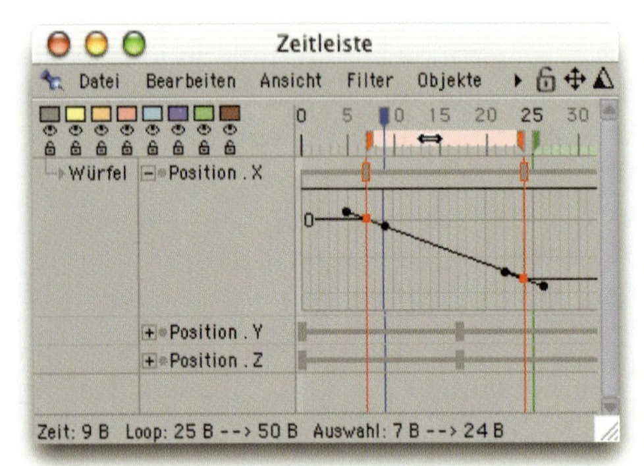

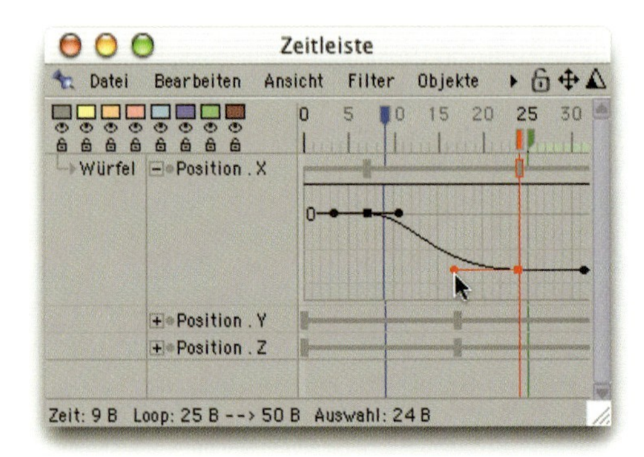

Abbildung 4.5: F-Kurven anzeigen und verändern

Bei den Interpolationen findet sich auch ein Symbol mit nach links und recht weisenden Pfeilen. Die Auswahl dieser Interpolationsart bewirkt, dass die Interpolation des linken, vorherigen bzw. des rechts folgenden Keyframes übernommen wird.

Die Tangenten angleichen-Option sorgt schließlich dafür, dass die Interpolationstangenten in einer Geraden liegen und somit keine Knicke oder Ecken in der Interpolationskurve entstehen können. Dies ist immer dann sinnvoll, wenn Sie mit der manuellen Interpolation arbeiten und die Tangenten von Hand bearbeiten.

Jetzt haben Sie schon so viel von den Interpolationen gehört, dass es Zeit wird, auch einen Blick auf diese Kurven zu werfen. Ihnen sind vielleicht schon die kleinen Pluszeichen vor den Sequenznamen aufgefallen. Wie im Objekt-Manager lassen sich damit untergeordnete Elemente ein- und ausblenden.

Im Fall der Zeitleiste und der Sequenzen befinden sich dort die F-Kurven. Diese Abkürzung steht für Funktions-Kurven, wobei diese Kurven mit den bislang angesprochenen Interpolationskurven identisch sind (siehe Abbildung 4.5).

Selektieren Sie zwei aufeinander folgende Keyframes mit ⇧-Klicks oder durch Aufziehen eines Selektionsrahmens mit der Maus und schalten Sie die linke und rechte Interpolation dieser Keyframes auf Manuell. Sie sollten nun kleine Tangenten auf der F-Kurve dieser Sequenz erkennen können. Die Tangenten können entweder durch Eingabe von Zeit und Wert für die Interpolation im Attribute-Manager oder durch direktes Verschieben der Tangenten-Anfasser in der F-Kurve gesteuert werden.

Sobald mehrere Keyframes selektiert sind, wird diese Auswahl durch zwei senkrechte rote Linien begrenzt. Ein rosafarbener Balken im Zeitstrahl der Zeitleiste markiert zusätzlich den Zeitbereich dieser Selektion.

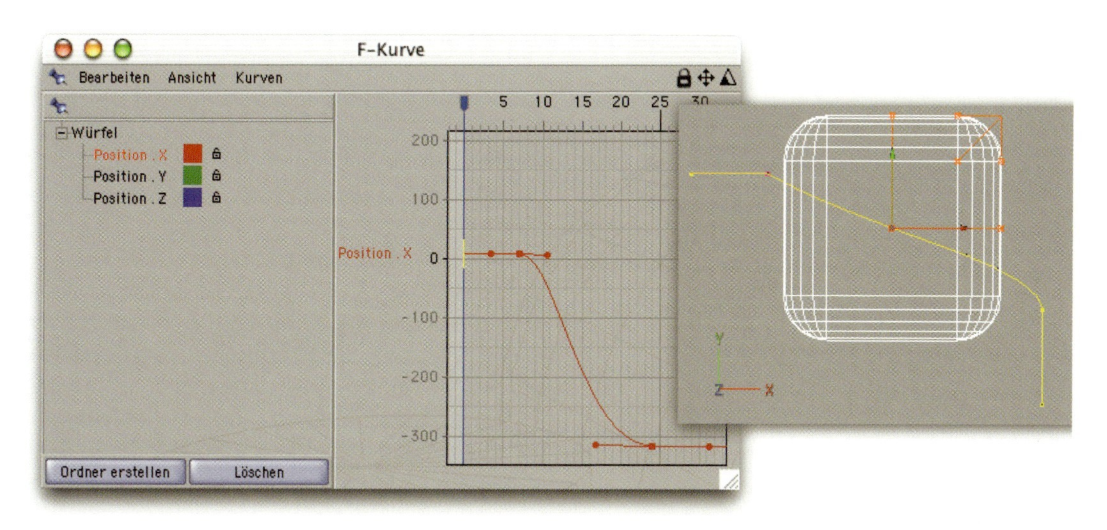

Abbildung 4.6: F-Kurven-Manager

Durch Klicken, Halten und Ziehen in diesen Bereich lässt sich die gesamte Selektion in der Zeit vor- und zurückverschieben. Zudem können Sie durch Ziehen der vorderen oder hinteren Begrenzung der Selektion im Zeitstrahl den gesamten ausgewählten Bereich skalieren. Dadurch wird die Animation in diesem Bereich schneller oder langsamer, je nachdem, ob Sie die Abstände zwischen den Keyframes verkleinern oder vergrößern.

Wie Sie sich vorstellen können, ist die Arbeit in den F-Kurven unter den Sequenzen zwar sehr praktisch, aber dennoch aufgrund des kleinen zur Verfügung stehenden Raums oft nur ungenau möglich. Es gibt daher ein eigenes Fenster, das sich ausschließlich den F-Kurven widmet. Sie finden es in Cinemas FENSTER-Menü unter dem Eintrag F-KURVEN-MANAGER (SIEHE ABBILDUNG 4.6).

Auf der linken Seite werden die Namen der Objekte und ihre Sequenzen angezeigt. Die Farbfelder dahinter sollen Ihnen helfen, die entsprechenden Kurven im rechten Teil des Managers leichter zuordnen zu können. Dort werden immer gleichzeitig alle Kurven des auf der linken Seite selektierten Objekts samt allen Unterobjekten angezeigt. Sie können aber z.B. auch nur *Position.X* anklicken, um nur diese eine Kurve zu sehen.

Wenn Sie *Würfel* selektieren, werden alle drei Sequenzkurven angezeigt.

Sollten Sie die Kurven nur teilweise erkennen können, benutzen Sie ANSICHT › ALLES ZENTRIEREN im F-KURVEN-MANAGER oder die bekannten Navigations-Icons zum Skalieren und Bewegen der Kurvenansicht.

Um die Kurven mehrerer Objekte gleichzeitig angezeigt zu bekommen, ziehen Sie die noch nicht angezeigten Objekte aus dem OBJEKT-MANAGER direkt in die linke Spalte des F-KURVEN-MANAGERS. Sie können dann dort beliebig viele Sequenzen mit ⇧-Klicks selektieren und somit im rechten Teil des Managers anzeigen lassen. So lassen sich die Kurven verschiedener Objekte leichter aufeinander abstimmen.

Über die Schaltfläche ORDNER ERSTELLEN am unteren Ende des Managers lässt sich ein virtueller Ordner erstellen, der wie ein Null-Objekt im OBJEKT-MANAGER funktioniert. Sie können dort beliebige, oft benötigte Sequenzen oder ganze Objekte durch Ziehen mit der Maus dem Ordner unterordnen. Die Selektion des Ordners führt dann zu einer Anzeige aller untergeordneten Kurven, die wie in der ZEITLEISTE auch beliebig über die Tangenten oder das Verschieben von Keyframes verändert werden können. Mit der LÖSCHEN-Schaltfläche werden selektierte Elemente aus dem F-KURVEN-MANAGER entfernt.

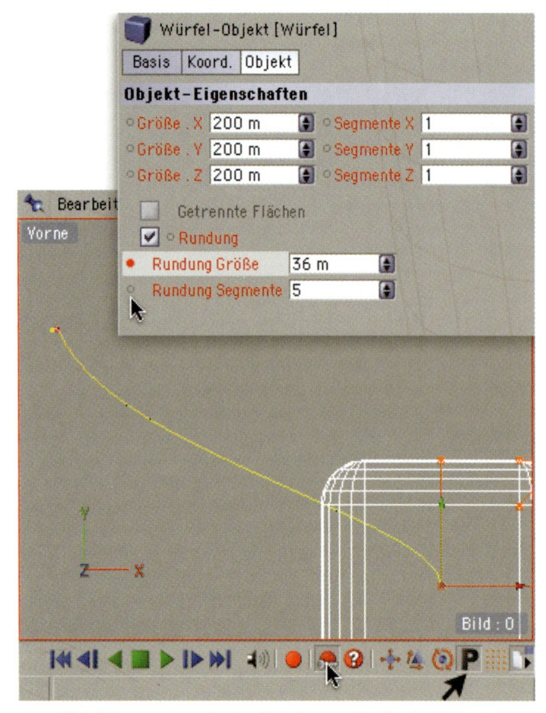

Abbildung 4.7: Auto-Keyframe-Aufnahme von Parametern

Wie bei der Zeitleiste führt das Löschen von Elementen nicht zum Löschen des dazugehörenden Objekts. Auch die Animation bleibt unverändert erhalten. Es geht also nur um das Löschen der Darstellung. Das erneute Ziehen des Objekts in den F-Kurven-Manager lässt dessen Kurven dann wieder erscheinen.

Wie in Abbildung 4.6 zu sehen, passt sich die Editor-Darstellung der Interpolationskurve automatisch der Veränderung an den Keyframes und F-Kurven an und zeigt Ihnen somit auch dann den Animationsverlauf an, wenn die Zeitleiste oder der F-Kurven-Manager geschlossen sind.

Auto-Keyframe-Aufnahme und Parameteranimation

Die bislang besprochenen Techniken erlauben die Aufnahme diverser Objektbewegungen und sogar von Morphing. Gerade bei parametrischen Grundobjekten oder Materialien ist aber die Animation der Parameter sehr interessant. Das P-Icon m Zeit-Manager wurde ja bereits angesprochen.

Dieses funktioniert jedoch nicht in Verbindung mit dem normalen Keyframe-Aufnahme-Knopf, sondern nur mit der Vollautomatischen Keyframe-Aufnahme (siehe Abbildung 4.7).

Ist diese durch einmaliges Anklicken aktiviert, werden sowohl die aktive Editor-Ansicht rot umrandet als auch die Parameter des selektierten Objekts in roter Schrift dargestellt. Sie können jetzt den Zeitschieber zu einem beliebigen Zeitpunkt bewegen und einen Parameter des Objekts im Attribute-Manager verändern. Ohne weiteres Zutun wird diese Veränderung automatisch als Parameter-Keyframe gesichert.

Damit bereits die erste Veränderung zwischen dem Urzustand und dem gerade veränderten Parameter festgehalten wird, erzeugt die Vollautomatische Keyframe-Aufnahme nach der ersten Veränderung eines Parameters gleich zwei Keyframes. Ein Keyframe wird zum Zeitpunkt 0 gesetzt und enthält den Ausgangszustand des Parameters. Der zweite Keyframe wird zum Zeitpunkt erzeugt, der durch den Zeitschieber markiert ist. Solange sich der Zeitschieber am Anfang der Animation bei Bild 0 befindet, erzeugen Veränderungen an den Parametern also keine Animation.

Als optisches Hilfsmittel für Sie werden animierte Parameter im Attribute-Manager mit einem roten Kreis markiert (siehe Abbildung 4.7). Parameter, die nur einen unausgefüllten Kreis vorangestellt haben, lassen sich zwar ebenfalls animieren, haben jedoch noch keine Keyframes erhalten.

Ist das vorangestellte Symbol ein rot ausgefüllter Kreis, dann ist der Parameter mit Keyframes animiert und Sie befinden sich zudem exakt an dem Zeitpunkt in der Animation, an dem der Parameter einen Keyframe hat.

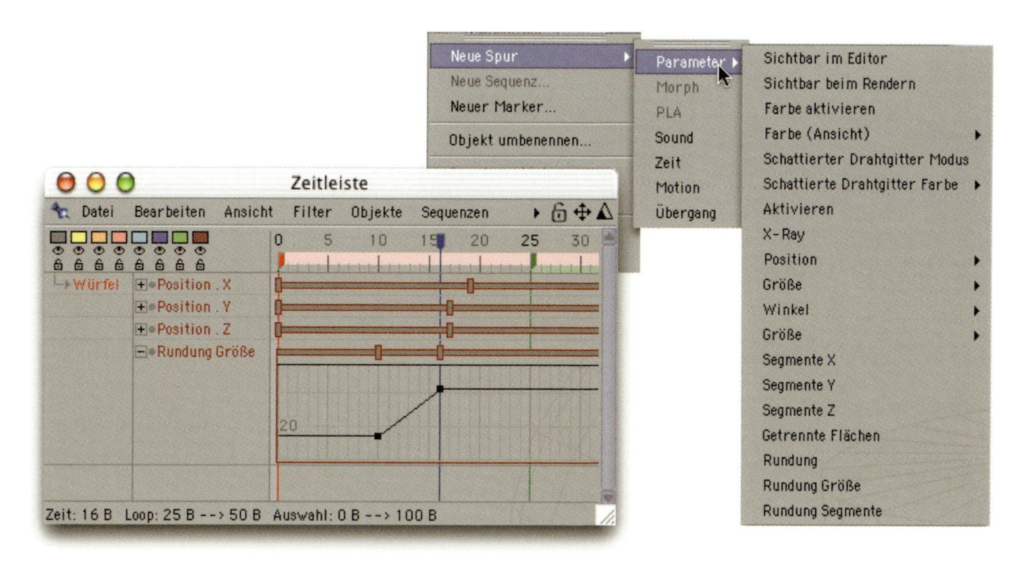

Abbildung 4.8: Spuren und Sequenzen manuell erzeugen

Sollte Ihnen die Parameteranimation eines Objekts nicht gefallen, steuern Sie mit dem Zeitschieber die Bilder an, bei denen das Symbol vor dem Parameter zu einer rot ausgefüllten Scheibe wird und verändern dann den Wert des Parameters. Ist die Vollautomatische Keyframe-Aufnahme aktiv, wird die Veränderung den bereits vorhandenen Keyframe überschreiben und die Animation entsprechend aktualisieren.

Diese vorangestellten Symbole zeigen Ihnen jedoch nicht nur diese Informationen an, sondern erlauben auch die individuelle Aufnahme von Keyframes. So können Sie auch dann, wenn die Vollautomatische Keyframe-Aufnahme ausgeschaltet ist, durch einen Klick auf diese Symbole mit gleichzeitig gehaltener Strg- oder Ctrl-Taste Parameter-Keyframes erzeugen oder auch löschen.

Dazu verändern Sie den gewünschten Parameter und klicken mit gehaltener Strg- bzw Ctrl-Taste auf dessen vorangestelltes Kreissymbol. Hat dieser Parameter noch keine Keyframes, wird automatisch eine Sequenz samt Keyframe zu dem aktuellen Zeitpunkt erzeugt. Auf diese Weise können Sie selbst entscheiden, zu welchem Zeitpunkt welche Parameter mit Keyframes animiert werden sollen.

Sogar das Löschen vorhandener Animationen eines Parameters ist damit möglich. Ein ⇧/Strg- bzw. ⇧/Ctrl-Klick auf das Symbol eines animierten Parameters – unabhängig davon, ob das Symbol ausgefüllt ist oder nur einen roten Kreis anzeigt – löscht die komplette Animationssequenz dieses Parameters.

Soll nur ein Parameter-Keyframe zu dem eingestellten Zeitpunkt gelöscht werden, klicken Sie den roten Kreis erneut mit gehaltener Strg- bzw. Ctrl-Taste an.

Im Prinzip können Sie diese Aktionen auch vollständig in der Zeitleiste ausführen (siehe Abbildung 4.8). Dazu klicken Sie dort in der linken Spalte das zu animierende Objekt an und wählen aus dem Datei-Menü der Zeitleiste Neue Spur › Parameter aus. Dort stehen alle für das selektierte Objekt verfügbaren Parameter zur Wahl. Nach der Auswahl der Spur wird eine Parametersequenz erzeugt, deren Länge Sie über die bekannten T1- und T2-Werte im Attribute-Manager skalieren können.

Ist die Sequenz durch Anklicken selektiert, können Sie ebenfalls im Datei-Menü der Zeitleiste den Befehl Neues Key auswählen. Dadurch öffnet sich ein kleiner Dialog, in dem Sie den Zeitpunkt für einen neuen Keyframe vorgeben. Nach der Bestätigung des Dialogs wird ein neuer Keyframe auf der selektierten Sequenz erzeugt.

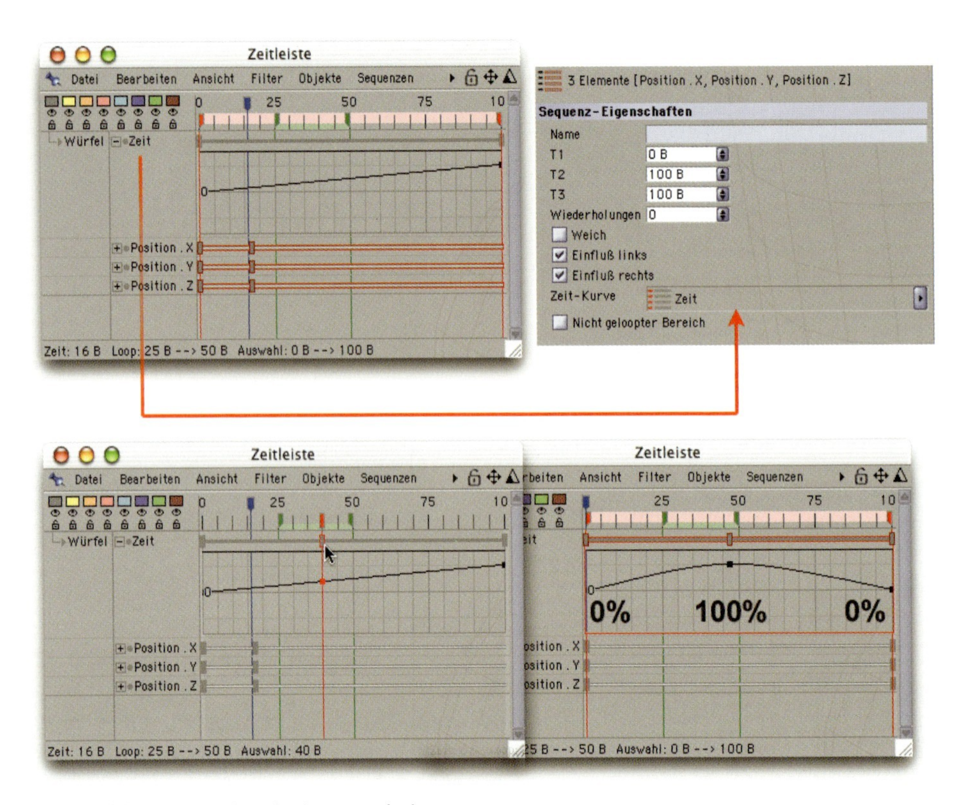

Abbildung 4.9: Mit Zeit-Kurven arbeiten

Sie können den Wert des Keyframes im Attribute-Manager verändern und dessen Zeitpunkt durch horizontales Verschieben auf der Sequenz jederzeit verändern. Noch schneller geht es, wenn Sie direkt einen [Strg]-/[Ctrl]-Klick auf eine Sequenz ausführen. Dadurch entsteht an der angeklickten Stelle direkt ein neuer Keyframe.

Zeitverhalten mit Zeit-Kurven steuern

Sie haben nun alle Keyframe-Arten kennen gelernt. Auch der Umgang mit F-Kurven ist Ihnen nicht mehr fremd, um das Verhalten der Animation zwischen den Keyframes zu steuern.

Um eine Animation schneller oder langsamer zu machen, können Sie alle Keyframes z.B. durch Aufziehen eines Selektionsrahmens mit der Maus in der Zeitleiste selektieren.

Durch das Verschieben der roten Begrenzer im oberen Zeitstrahl der Zeitleiste kann der selektierte Bereich länger oder kürzer skaliert werden. Das führt zu einer Verlangsamung oder Beschleunigung der Animation. Dies ist jedoch ein rein linearer Prozess, was bedeutet, dass z.B. eine Verlangsamung der Animation in den ersten 50 Bildern und dann eine Beschleunigung in den letzten 100 Bildern mit dieser Technik nicht machbar ist.

Für diesen Zweck gibt es die so genannten Zeit-Kurven in Cinema 4D, mit denen sich das Zeitverhalten von Animationen auch nachträglich noch justieren lässt. Zeit-Kurven präsentieren sich wie eine normale Animationssequenz samt Keyframes (siehe Abbildung 4.9). Sie erzeugen sie über das zuvor beschriebene Datei-Menü in der Zeitleiste. Wählen Sie ein Objekt in der Zeitleiste aus und rufen Sie Datei › Neue Spur › Zeit auf.

Die Zeit-Sequenz enthält automatisch zwei Keyframes an den Enden.

Klicken Sie diese Keyframes einzeln an und betrachten deren Werte im Attribute-Manager, stellen Sie fest, dass dort eine Animation von 0% bis 100% vorhanden ist. Ein Blick auf die aufgeklappte F-Kurve unter der Sequenz bestätigt diese lineare Animation.

Die Prozentwerte stehen für die ablaufende Zeit der Animation. In Bild 0 sind also 0% der Animation abgelaufen und am Ende entsprechend 100%. Diese Zeit-Kurve würde damit an dem Zeitverhalten der Animation nichts verändern und sie nach wie vor linear ablaufen lassen. Interessant wird es daher erst, wenn Sie den linearen Verlauf der Zeit-Kurve manipulieren.

Dazu erzeugen Sie entweder über das Datei-Menü oder mit einem Strg-/Ctrl-Klick auf die Zeit-Sequenz einen neuen Keyframe ungefähr in der Mitte der Animation. Verändern Sie den Wert dieses Keyframes im Attribute-Manager auf 100%. Klicken Sie dann den Zeit-Keyfame am Ende der Zeit-Sequenz an und verändern Sie seinen Wert auf 0%. Schließlich selektieren Sie alle drei Keyframes der Zeit-Sequenz z.B. mit ⇧-Klicks oder mit einer Rahmenselektion und verändern deren zeitliche Ausdehnung durch Verschieben des hinteren roten Begrenzers im Zeitstrahl der Zeitleiste. Der letzte Zeit-Keyframe sollte danach an dem Zeitpunkt liegen, an dem auch Ihre vorhandene Würfel-Animation zu Ende ist. Die beiden unteren Einblendungen in Abbildung 4.9 deuten diese Arbeitsschritte an.

Das Zeitverhalten wurde dadurch so verändert, dass die Animation bereits nach der halben Zeit die Endposition erreicht. Der Zeit-Keyframe mit dem 100%-Wert liegt schließlich zeitlich in der Mitte der vorhandenen Animation. Dort ist die Zeit-Kurve jedoch noch nicht zu Ende, denn die Zeit läuft dann von den 100% rückwärts ab, bis zum Ende wieder der Urzustand von 0% erreicht wird. Sie werden also beobachten können, wie Ihre Animation dann in der zweiten Hälfte in doppelter Geschwindigkeit rückwärts abläuft.

Wenn Sie versuchen, dieses Zeitverhalten durch das Ablaufen der Animation zu betrachten, werden Sie momentan noch enttäuscht. Die Animation zeigt sich von unseren Überlegungen und der Zeit-Kurve unbeeindruckt und läuft in der gewohnten Geschwindigkeit und Richtung ab. Die Zeit-Kurve muss den Animationen zuerst zugewiesen werden.

Dies mag etwas umständlich erscheinen, da die Zeit-Kurve bereits in der Zeitleiste hinter einem Objekt liegt. Tatsächlich lässt sich die Zeit-Kurve dadurch jedoch noch flexibler einsetzen, da Sie nicht gezwungen sind, deren Zeitverhalten automatisch allen Sequenzen des Objekts zuweisen zu müssen.

Sie können sich einzelne Sequenzen heraussuchen und nur gezielt bei diesen das Verhalten verändern. Zudem erlaubt Ihnen das manuelle Zuweisen der Zeit-Kurven auch, die Zeit-Kurve eines Objekts auf ein anderes zu übertragen. So kann z.B. das Zeitverhalten aller Objekte der Szene durch nur eine einzige Zeit-Kurve verändert werden.

Praktisch gehen Sie dabei so vor, dass Sie zuerst alle Sequenzen selektieren, deren Zeitverhalten durch die Zeit-Kurve gesteuert werden soll. Im Fall unserer Würfel-Animation entscheiden wir uns dafür, die drei Positionssequenzen zu selektieren.

Im Attribute-Manager erscheinen nun die bereits besprochenen Parameter der Sequenzen, unter denen sich auch das noch leere Zeit-Kurve-Feld befindet. Klicken Sie auf das Wort *Zeit* vor der Zeit-Sequenz in der zweiten Spalte der Zeitleiste und halten Sie die Maustaste gedrückt. Ziehen Sie den Mauszeiger in das Zeit-Kurve-Feld der selektierten Sequenzen im Attribute-Manager und lassen Sie dort die Maustaste wieder los. Im Zeit-Kurve-Feld sollte nun der Name der Zeit-Kurve zu lesen sein (siehe auch Abbildung 4.9).

Als optische Markierung erscheinen jetzt horizontale Linien in den POSITION-Sequenzen. So können Sie immer auf einen Blick erkennen, welche Sequenzen durch ZEIT-KURVEN beeinflusst werden und welche das normale Zeitverhalten haben.

Wenn Sie die Animation jetzt ablaufen lassen, können Sie die zeitliche Veränderung der Würfelbewegung beobachten. Der große Vorteil dieser Technik liegt darin, dass Sie jederzeit Veränderungen an der ZEIT-KURVE durchführen können, ohne die eigentliche Keyframe-Animation verändern zu müssen. Das Löschen der ZEIT-KURVE stellt die ursprüngliche Geschwindigkeit und zeitliche Abfolge der Animation wieder her.

Eine komplette Animation erstellen

Als inhaltlichen Abschluss zu diesem Einschub über die zur Verfügung stehenden Werkzeuge werden wir nun eine kleine Animation erstellen. Beginnen Sie dazu mit einer neuen, leeren Szene, z.B. über DATEI > NEU.

Rufen Sie die Gliederpuppe aus den Grundobjekten ab und platzieren Sie unter deren Füßen ein BODEN-Objekt. Sie finden dieses unter OBJEKTE > SZENE-OBJEKTE.

Um eine Kamerafahrt erzeugen zu können, muss ein KAMERA-OBJEKT für die Aufnahme benutzt werden. Sie finden dieses ebenfalls bei den SZENE-OBJEKTEN.

Wählen Sie dort die ZIEL-KAMERA aus. Diese besitzt bereits eine AUSRICHTEN-Expression und erzeugt ein zusätzliches NULL-OBJEKT für die Ausrichtung. Dies macht es Ihnen leichter, während der Animation der Kamera ein Objekt in der Bildmitte zu halten. Sie können sich dann auf die Positions-Animation der Kamera konzentrieren und müssen sich nicht zusätzlich um die Animation der Kamera-Rotation kümmern.

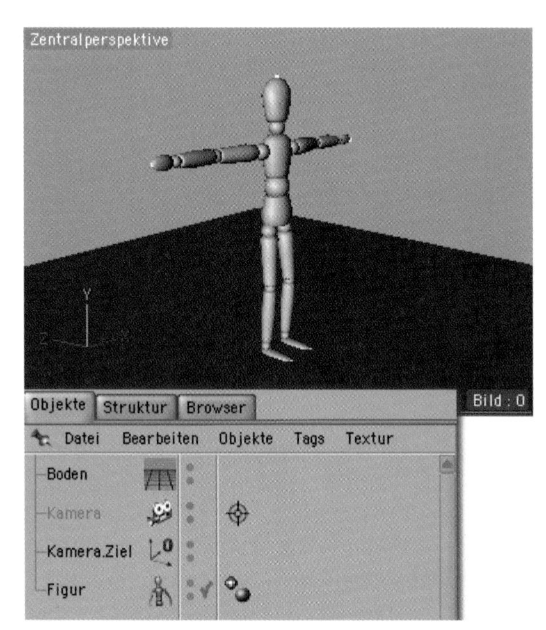

Abbildung 4.10: Die zu animierende Szene

Sofern Sie die Figur nicht verschoben haben, befindet sich diese noch im Welt-Ursprung. An der gleichen Stelle wird auch das Ziel-NULL-OBJEKT der Kamera erzeugt. Die Kamera zielt also automatisch in die richtige Richtung, nämlich auf die Gliederpuppe (siehe Abbildung 4.10).

Wählen Sie nun im KAMERAS > SZENE-KAMERAS-Menü der Kamera-Editor-Ansicht das Kamera-Objekt aus. Erst jetzt wird die Kamera tatsächlich für die folgende Bildberechnung benutzt.

Finden Sie durch Verschieben der Kamera eine geeignete Startposition für die Animation. Wie Sie Abbildung 4.10 entnehmen können, haben wir beispielsweise die Kamera schräg vor der Figur platziert.

Im nächsten Schritt kümmern wir uns um das Material der Figur. Dieses soll sich im Laufe der Animation ebenfalls verändern. Wie Sie zuvor festgestellt haben, ist die Animation von Parametern recht unkompliziert. Materialien bestehen ebenfalls nur aus einer Ansammlung von Parametern und lassen sich daher nach dem gleichen Prinzip handhaben.

Erzeugen Sie dazu zuerst ein neues Material und öffnen Sie dessen MATERIAL-EDITOR.

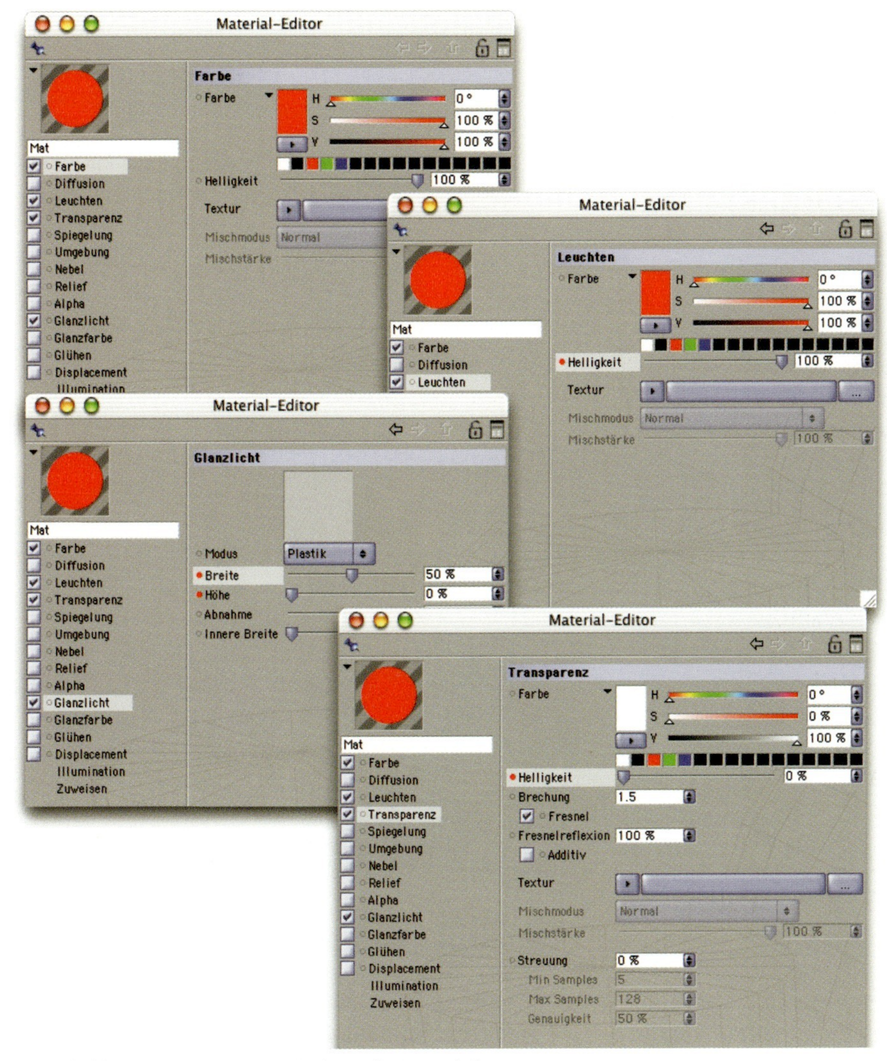

Abbildung 4.11: Das zu animierende Material

Beginnen Sie damit, alle Kanäle zu aktivieren, die einen Anteil an dem Material haben sollen. Wie Sie Abbildung 4.11 entnehmen können, betrifft dies in diesem Beispiel den Farbe-, den Leuchten-, den Transparenz- und den Glanzlicht-Kanal.

Als Farbton kommt im Farbe- sowie im Leuchten-Kanal ein kräftiges Rot zum Einsatz. Das Glanzlicht ist zwar 50% breit, trägt jedoch durch seine Höhe von 0% noch nicht zum Material bei.

Ähnliches gilt für die Transparenz. Brechung und Fresnel sind zwar aktiv, aber durch eine Helligkeit von 0% im Transparenz-Kanal wird keine Transparenz sichtbar sein.

Bewegen Sie den Zeitschieber zum Beginn der Animation bei Bild 0 und nehmen Sie jetzt für diejenigen Parameter des Materials Keyframes auf, die sich im Laufe der Animation verändern sollen. In diesem Beispiel trifft dies auf die Helligkeit im Leuchten-Kanal, die Breite und Höhe im Glanzlicht-Kanal sowie auf die Helligkeit im Transparenz-Kanal zu.

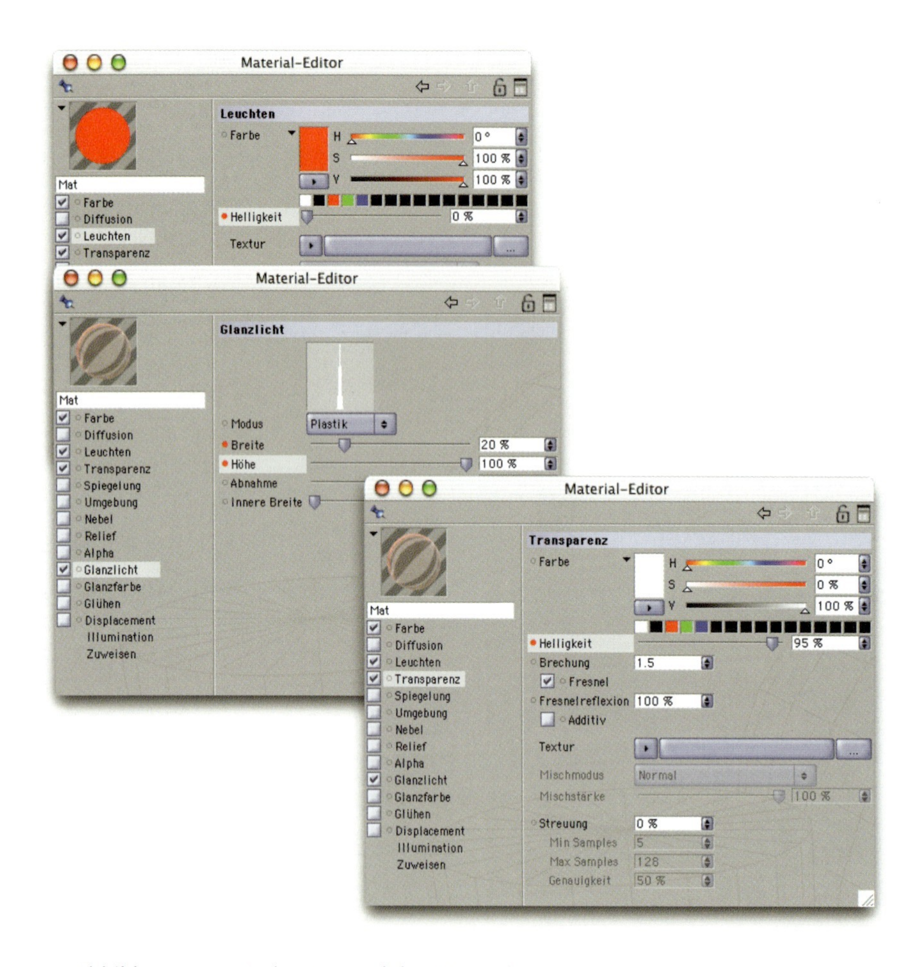

Abbildung 4.12: Zweiter Zustand des Materials

Zur Erzeugung der Keyframes genügt ein [Strg]- bzw. [Ctrl]-Mausklick auf die grauen Kreise vor den Parametern.

Bewegen Sie nun den Zeitschieber im ZEIT-MANAGER zu Bild 100, also zum Ende der Animation, und stellen Sie die zuvor mit Keyframes versehenen Parameter des Materials auf deren Endzustand ein (siehe Abbildung 4.12).

Wie Sie der Abbildung entnehmen können, wurde die Helligkeit des Leuchtens vollständig auf 0% reduziert. Gleichzeitig wurde die TRANSPARENZ-Helligkeit auf 95% heraufgesetzt.

Die BREITE des Glanzlichts wurde zwar auf 20% reduziert, dafür wurde jedoch die HÖHE auf 100% gesteigert.

Vergessen Sie nicht, auch jetzt wieder für die veränderten Parameter durch einen [Strg]-/[Ctrl]-Mausklick auf deren vorangestellte Symbole Keyframes zu erzeugen. Damit ist die Material-Animation bereits abgeschlossen. Das Material wird sich von einem grell leuchtenden Rot in Bild 0 bis zu einem glasähnlichen Material in Bild 100 verändern. Dadurch, dass die Transparenz dort nur 95% stark ist, wird zusätzlich ein leichter Rotton auf den von der FRESNEL-Option im TRANSPARENZ-Kanal geschützten Bereichen sichtbar bleiben.

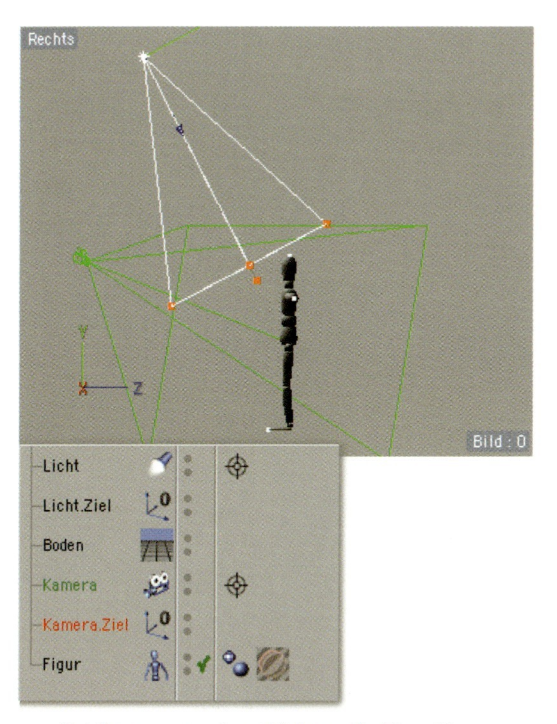

Abbildung 4.13: Spot-Lichtquelle hinzufügen

▶ Animation einer Lichtquelle und der Kamera

Dem gleichen Prinzip folgend können nahezu alle Objekteigenschaften oder Tags in Cinema 4D animiert werden. Am Beispiel einer animierten Lichtquelle wird dies deutlicher.

Fügen Sie der Szene mit der Figur dazu eine Spot-Lichtquelle mit weichem Schattenwurf samt Ausrichten-Expression hinzu. Sie können diese Kombination aus Lichtquellen-Objekt und Tag bereits fertig abrufen oder einer einzelnen Lichtquelle über das Datei › Cinema 4D Tags-Menü im Objekt-Manager auch nachträglich die Ausrichten-Funktion hinzufügen.

Wie Sie bereits wissen, sorgt das Ausrichten-Tag dafür, dass die Z-Achse des Objekts mit der Ausrichten-Funktion automatisch auf ein anderes Objekt ausgerichtet wird, das als Ziel-Objekt angegeben wird. Gerade bei Spot-Lichtquellen ist dies sehr hilfreich, da diese Licht nur innerhalb eines um die Z-Achse liegenden Kegels abstrahlen.

Platzieren Sie die Lichtquelle vor und oberhalb der Figur, um einen Schattenwurf der Figur auf dem Boden zu erzeugen und die Figur gleichzeitig an der Front auszuleuchten. Abbildung 4.13 gibt eine mögliche Position der Lichtquelle relativ zur Figur in der seitlichen Ansicht wieder.

Haben Sie die Lichtquelle mit der integrierten Ausrichten-Funktion aufgerufen, wird zusätzlich ein Null-Objekt im Welt-Ursprung erzeugt und als Ziel-Objekt benutzt. Da die Figur nicht bewegt wurde, befindet sie sich ebenfalls noch im Welt-Ursprung. Die Lichtquelle sollte also automatisch richtig ausgerichtet sein. Falls nicht, korrigieren Sie ihre Ausrichtung durch Verschieben des Ziel-Null-Objekts der Lichtquelle.

Richten Sie nun Ihr Augenmerk wieder auf die Kamera. Auch dort hatten wir mit der Ausrichten-Funktion gearbeitet. Dies hilft uns bei den folgenden Arbeitsschritten, da wir uns nicht mehr darum kümmern müssen, die Figur im Bild zu halten, während die Kamera bewegt wird.

Stellen Sie sicher, dass Sie sich am Anfang der Animation, also bei Bild 0, befinden und selektieren Sie das Kamera-Objekt im Objekt-Manager. Deaktivieren Sie im Zeit-Manager alle Keyframe-Arten bis auf das Symbol für die Position-Keyframes und betätigen Sie dann die Schaltfläche für die Keyframe-Aufnahme ebenfalls im Zeit-Manager. Dadurch ist die aktuelle Position der Kamera als Startposition für die folgende Animation festgehalten.

Bewegen Sie den Zeitschieber zum Ende der Animation oder benutzen Sie die entsprechende Sprungtaste zum Ende der Animation im Zeit-Manager. Benutzen Sie die Navigations-Icons in der Editor-Kamera-Ansicht oder verschieben Sie das Kamera-Objekt direkt mit dem Verschieben-Werkzeug in den Editor-Ansichten, um so die gewünschte Endposition für die Kamera einzustellen.

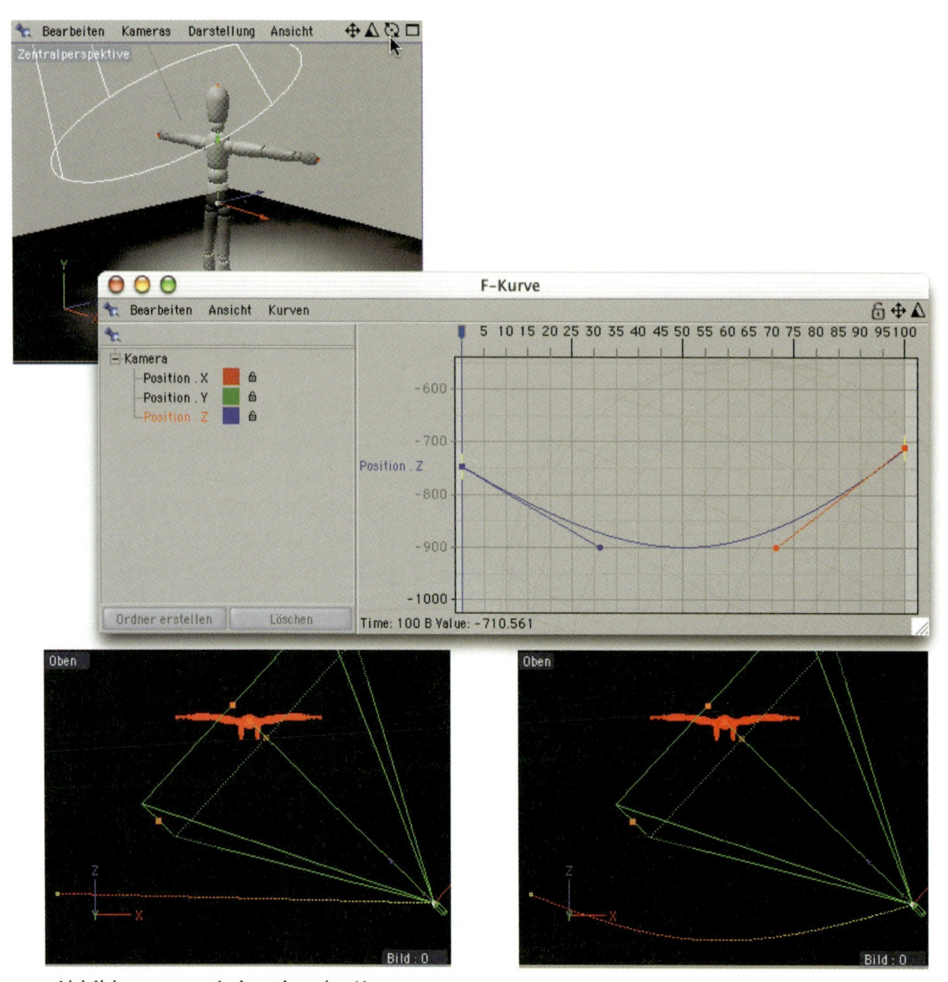

Abbildung 4.14: Animation der Kamera

Um dabei den Abstand zum ZIEL-OBJEKT möglichst gleich zu halten, gibt es einen kleinen Trick. Selektieren Sie bereits vor dem Bewegen der Kamera das Ziel-Null-Objekt der AUSRICHTEN-Funktion des Kamera-Objekts, so wie es im unteren Teil der Abbildung 4.13 zu sehen ist.

Wenn Sie nun das Ansicht-Rotieren-Symbol in der Kamera-Ansicht benutzen, wird das selektierte Objekt als Drehpunkt benutzt und die Kamera kreisförmig um dieses rotiert. Dank der AUSRICHTEN-Funktion wird gleichzeitig die Ausrichtung automatisch korrigiert.

Unabhängig davon, für welche Methode Sie sich entscheiden, fixieren Sie auch nach diesem Schritt die neue Position der Kamera mit einem Position-Keyframe. Wichtig ist hierbei, dass Sie nicht vergessen, das Kamera-Objekt vor der Aufnahme des Keyframes wieder zu selektieren. Nur so werden tatsächlich die Keyframes für die Kamera erzeugt.

Je nach der von Ihnen gewählten Endposition der Kamera zeigt sich eine geradlinige Verbindungslinie zwischen den beiden mit Keyframes gesicherten Kamerapositionen. Schöner wäre hier sicherlich eine eher kreisförmige Bahn der Kamera. Diese lässt sich recht einfach über die F-Kurve POSITION.Z der Kamera einstellen (siehe Abbildung 4.14).

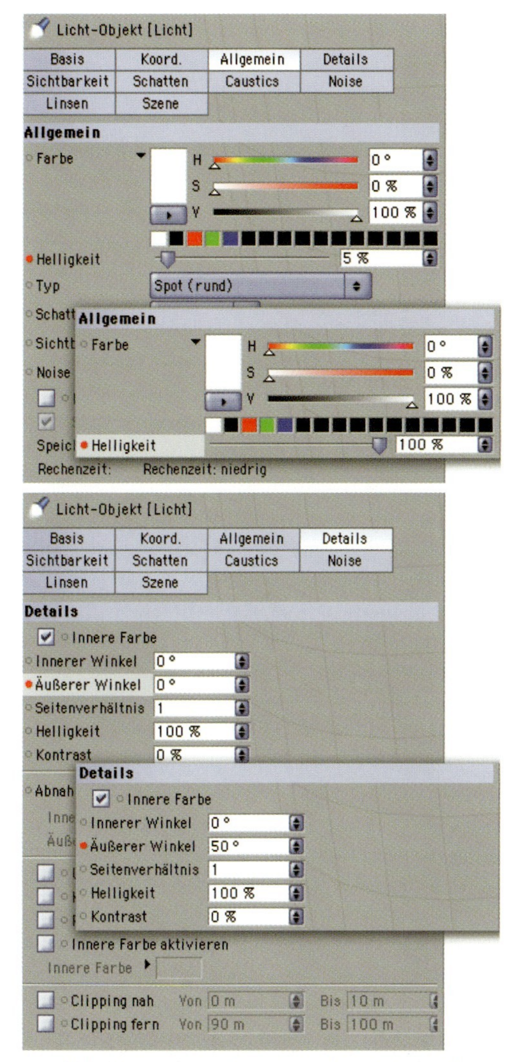

Abbildung 4.15: Animation der Lichtquelle

Arbeiten Sie wegen der besseren Übersichtlichkeit dabei im F-KURVEN-Fenster. Selektieren Sie zuerst die beiden POSITION.Z-Keyframes am Anfang und am Ende der Animation und schalten Sie deren Interpolation für beide Seiten auf MANUELL um.

Benutzen Sie die nun erscheinenden Tangenten, um eine nach unten schwingende Kurve zu erzeugen (siehe Abbildung 4.14). Dies resultiert in einer Reduzierung des Z-Anteils der Kameraposition in der Mitte der Bewegung und somit in einer zusätzlichen Bewegung von dem Figur-Objekt weg. Der Abstand zwischen Figur und Kamera bleibt dadurch auch während der Bewegung der Kamera weitgehend stabil, ohne zusätzliche Keyframes erzeugen zu müssen.

Um dies zu überprüfen, lassen Sie am besten die Animation einfach in der Kamera-Ansicht im Editor abspielen. Sollte sich die Figur zu irgendeinem Zeitpunkt der Animation zu weit entfernen oder zu nah an die Kamera kommen, korrigieren Sie die Tangenten der POSITION.Z-Kurve entsprechend.

Schließlich lassen Sie uns auch noch die Lichtquelle animieren. Hier könnte die Animation der Helligkeit und des Öffnungswinkels für einen interessanten Effekt sorgen. Dies beträfe den HELLIGKEIT-Wert auf der ALLGEMEIN-Seite des Lichtquellen-Dialogs und den ÄUSSERER WINKEL-Wert auf der DETAILS-Seite.

Springen Sie zum Anfang der Animation und selektieren Sie das Lichtquellen-Objekt. Stellen Sie die HELLIGKEIT der Lichtquelle auf 5% und den ÄUSSERER WINKEL-Wert auf 0% ein. Erzeugen Sie Keyframes für beide Werte durch einen `Strg`-/`Ctrl`-Klick auf deren graue Kreise (siehe Abbildung 4.15).

Bewegen Sie sich jetzt zum Ende der Animation und verändern Sie dort die HELLIGKEIT auf 100% und den ÄUSSEREN WINKEL auf 50%. Auch diese Veränderungen halten Sie in Keyframes fest.

Die Animation sollte dadurch so wirken, als würde die Spot-Lichtquelle den Öffnungswinkel vergrößern und gleichzeitig an Intensität gewinnen.

Damit sind alle notwendigen Einstellungen in der Szene abgeschlossen und Sie können sich das Ergebnis als Film berechnen lassen. Öffnen Sie dazu die RENDER-VOREINSTELLUNGEN und überprüfen Sie dort auf der ALLGEMEIN-Seite zuerst, ob auch BESTES ANTIALIASING und FILTER ANIMATION selektiert sind. Das BESTE ANTIALIASING wird benötigt, da wir transparente Materialien verwenden. Diese werden von dem GEOMETRIE ANTIALIASING allein nicht geglättet.

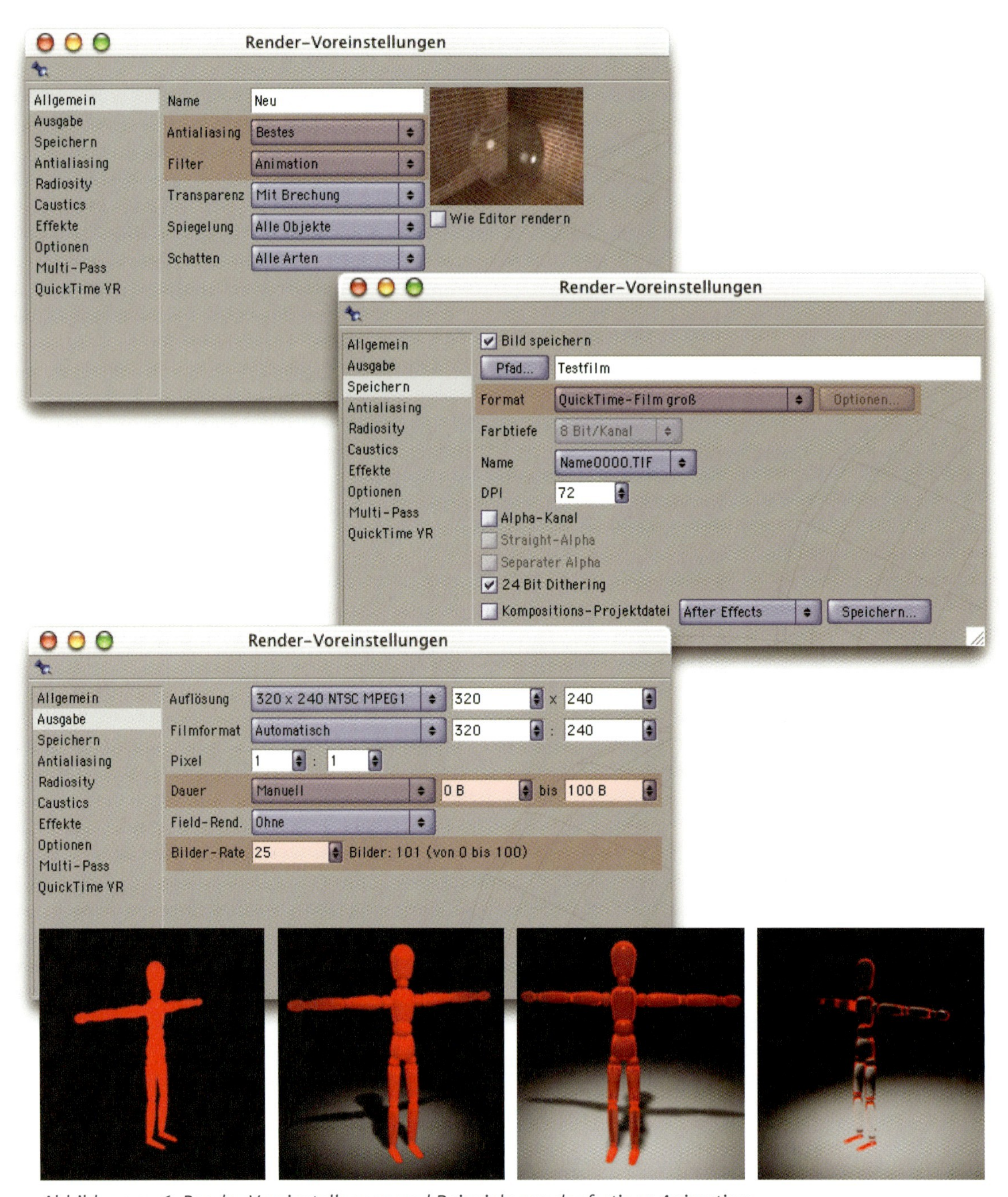

Abbildung 4.16: Render-Voreinstellungen und Beispiele aus der fertigen Animation

Der Animation-Filter sorgt gegenüber dem Standbild-Filter für leicht weichgezeichnete Bilder.

Auf der Ausgabe-Seite der Render-Voreinstellungen ist vor allem die Wahl der richtigen Dauer wichtig. Damit alle Bilder der Animation berechnet werden, müssen Sie in diesem Fall die Dauer auf Manuell schalten und die Werte 0B und 100B verwenden, damit die Animation vom ersten bis zum letzten Bild berechnet wird.

Die Bilder-Rate sollte mit der aus den Dokument-Voreinstellungen übereinstimmen, damit pro Sekunde Film die gleiche Anzahl an Bildern berechnet wird wie in der Zeitleiste und bei der Keyframe-Aufnahme gewünscht. Haben Sie an den Grundeinstellungen des Dokuments nichts verändert, benutzen Sie hier die üblichen 25 Bilder pro Sekunde, wie sie z.B. bei Videos verwendet werden.

Schließlich liegt es an Ihnen, wie groß die Bilder des Films berechnet werden sollen. Es steht eine Reihe von gängigen Auflösungen zur Verfügung. Alternativ dazu können Sie aber auch manuelle X- und Y-Größen einstellen.

Achten Sie beim Wechsel der Auflösung nur darauf, dass sich dadurch auch das Seitenverhältnis der Kamera verändern kann. Dies kann im ungünstigsten Fall dazu führen, dass zuvor in der Kamera-Ansicht gut sichtbare Objekte nur noch teilweise im Bild zu sehen sind. Sie sollten daher möglichst bereits vor der Animation der Kamera die beim Rendern gewünschte Auflösung in den Render-Voreinstellungen eintragen.

Auf der Speichern-Seite der Render-Voreinstellugen geht es jetzt schließlich nur noch um das gewünschte Format des Films und die Frage, wohin dieser gesichert werden soll.

Gerade bei längeren Animationen oder wenn der Film z.B. noch in Final Cut Pro oder After Effects weiterverarbeitet werden soll, empfiehlt sich die Ausgabe als Einzelbildsequenz. Dazu wählen Sie ein möglichst verlustfreies Bildformat wie z.B. TIFF. Dies hat zudem den Vorteil, dass eine abgebrochene Animationsberechnung jederzeit an dieser Stelle wieder aufgenommen werden kann. Die bereits berechneten Bilder gehen nicht verloren. Einzige Nachteile sind der erheblich größere Speicherbedarf der Einzelbilder im Vergleich zu einem Animationsformat und die Notwendigkeit einer zusätzlichen Software, um die Bildsequenz zu einem abspielbaren Film zu verarbeiten.

Bei der Wahl eines Filmformats wie z.B. QuickTime oder AVI entsteht sofort ein abspielbarer Film, der sich jedoch oftmals nicht gut für die Weiterverarbeitung eignet und in der Regel bereits komprimiert und somit nicht mehr in optimaler Bildqualität vorliegt.

Egal wie Sie sich entscheiden, Sie können nach dieser Entscheidung die Render-Voreinstellungen schließen und die Berechnung der Animation über die Funktion Im Bild-Manager rendern starten. Es öffnet sich nun der Bild-Manager, der Ihnen den Fortschritt der Berechnung anzeigt. Je nach Geschwindigkeit Ihres Computers kann dies einige Minuten dauern. Ist dieser Vorgang abgeschlossen, können Sie den Bild-Manager wieder schließen. Der fertige Film bzw. die Bildsequenz liegt jetzt an dem eingestellten Speicherpfad auf Ihrer Festplatte.

Abbildung 4.16 zeigt Ihnen noch einmal komprimiert die wichtigsten Einstellungen in den Render-Voreinstellungen sowie einige Impressionen aus der fertigen Animation. Sie sehen daran, wie schnell sich bereits auch mit nur wenigen Keyframes recht komplexe Abläufe visualisieren lassen.

Wie am Beispiel der AUSRICHTEN-Funktion zu sehen ist, haben Tags oft einen großen Anteil an der Übersichtlichkeit von Animationen. Wir werden uns daher im nächsten Abschnitt etwas eingehender mit deren Möglichkeiten beschäftigen.

4.3 Animieren mit Expressions

Neben den Tags, die ausschließlich Optionen oder Daten enthalten, wie z.B. das RENDER-Tag oder das GLÄTTEN-Tag, gibt es auch die so genannten EXPRESSIONS. Diese Tag-Art greift aktiv in das Verhalten von Parametern und Objekten ein und bestimmt z.B. deren Bewegungsfreiheit. Die AUSRICHTEN-Funktion gehört beispielsweise zu dieser Gruppe von Expression-Tags und wurde bereits mehrfach zum Ausrichten von Objekten benutzt.

In dem nun folgenden Beispiel werden wir noch einige andere dieser Expressions verwenden und schließlich eine Möglichkeit besprechen, wie die Funktionen von Expressions selbst programmiert werden können.

Beginnen Sie mit einer neuen, leeren Szene und rufen Sie vier ZYLINDER-Objekte und zwei RÖHRE-Grundobjekte auf. Skalieren, rotieren und platzieren Sie diese Objekte so, dass ein einfacher Stoßdämpfer entsteht. Abbildung 4.17 gibt Ihnen dafür eine Vorlage.

Greifen Sie die dort ebenfalls angezeigte Benennung der Objekte auf, um den folgenden Erklärungen leichter folgen zu können. Alternativ hierzu können Sie die Szene natürlich auch direkt von der CD-ROM laden.

Ziel dieses Arbeitsbeispiels ist es, eine funktionierende Einheit zwischen diesen Objekten zu konstruieren. Die Zylinder sollen sich also bei Animation der Ösen an den Enden der Struktur möglichst realistisch verhalten.

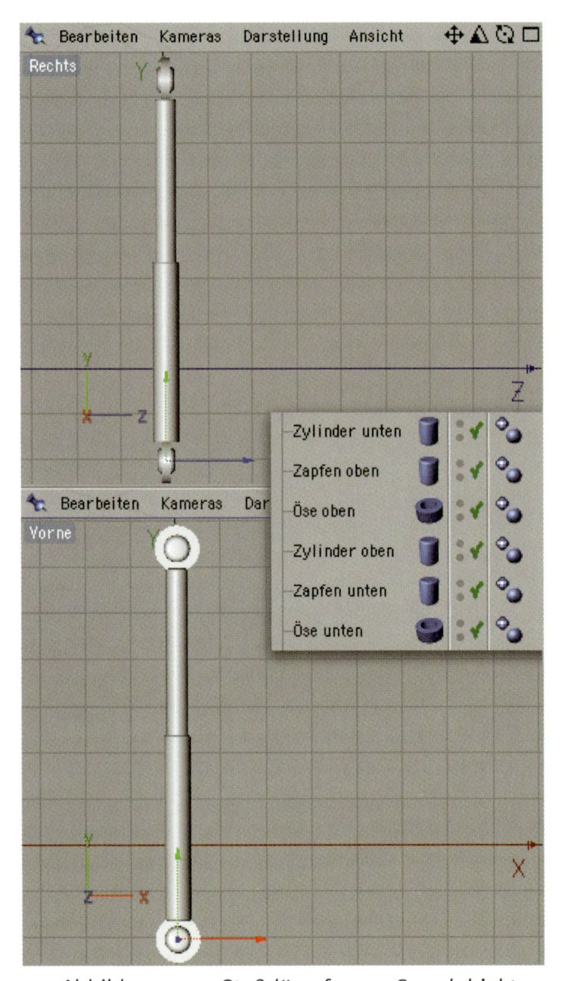

Abbildung 4.17: Stoßdämpfer aus Grundobjekten

Dies könnte z.B. bei der Konstruktion von mechanischen Baugruppen eine große Hilfe sein, da dann nicht alle Einzelteile manuell animiert und rotiert werden müssen.

Um bei dem Beispiel einer Maschine zu bleiben, haben wir es dort oft mit zyklischen Bewegungspfaden zu tun. Die Objekte folgen also in immer gleichen Zeitabschnitten gleichen Pfaden.

Um diese möglichst exakt definieren zu können, bieten sich Splines an. Wir werden daher auch hier einen Spline verwenden, um die Bewegung eines Objekts zu steuern.

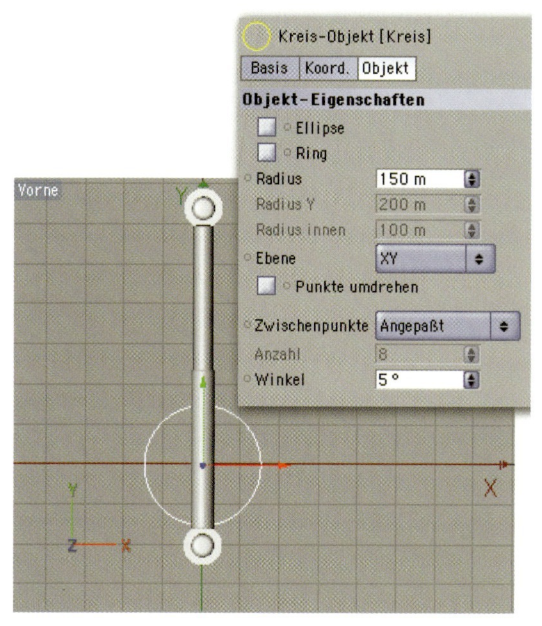

Abbildung 4.18: Ein Kreis als Bewegungspfad

Rufen Sie zu diesem Zweck einen KREIS-Spline auf. Dieser soll den Bewegungspfad für die untere Öse definieren. Achten Sie daher darauf, den Kreis im Verhältnis zu den Zylinder-Objekten nicht zu groß anzulegen. Die senkrechten Zylinder sollen während der gesamten Animation ineinander gleiten und nicht plötzlich aufgrund einer zu großen Entfernung der Ösen voneinander den Kontakt zueinander verlieren.

Abbildung 4.18 zeigt eine mögliche Größe für den Kreis. Vorerst sollte der Kreismittelpunkt auf der Achse der Zylinder liegen.

Bevor wir uns mit der Bewegung von Objekten auf Splines beschäftigen, sind noch einige Vorbereitungen an den Objekten und deren Hierarchie zu treffen. Wie Sie bereits vom Umgang mit AUSRICHTEN-Expressions wissen, benutzen diese die Z-Achse von Objekten für die Ausrichtung.

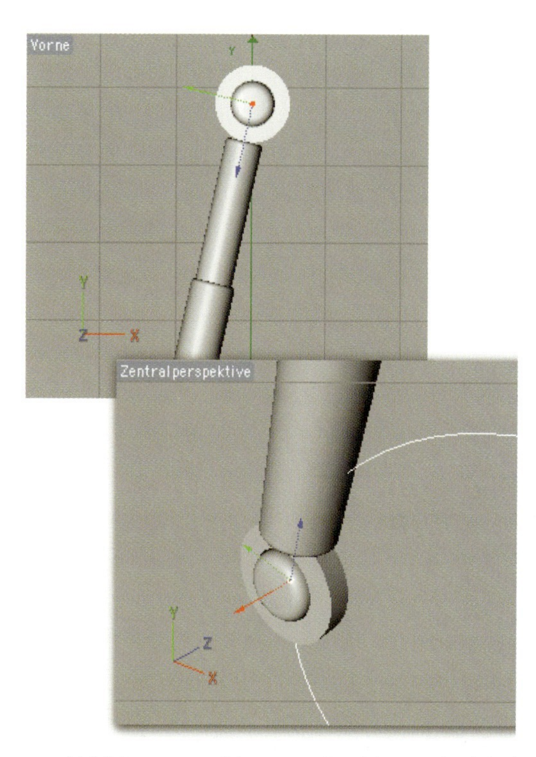

Abbildung 4.19: Die neuen Positionen der lokalen Achsen-Systeme

Soll diese Funktion auch hier bei den Zylindern Verwendung finden, müssen deren Z-Achsen daher zuerst passend ausgerichtet werden.

Dies bedeutet, dass die beiden Zylinder zuerst zu Polygon-Objekten konvertiert werden müssen. Dann müssen Sie im OBJEKT-ACHSEN BEARBEITEN-Modus die Achsen-Systeme in das Zentrum der Ösen am oberen bzw. unteren Ende ziehen. Dies sind schließlich die Drehpunkte der beiden Zylinder.

Im letzten Schritt rotieren Sie die beiden Achsen-Systeme der Zylinder so, dass deren Z-Achsen aufeinander zeigen. Abbildung 4.19 gibt die entsprechend korrigierte Position und Stellung beider Achsen-Systeme wieder. Nun können die Z-Achsen der beiden Zylinder zur Ausrichtung benutzt werden.

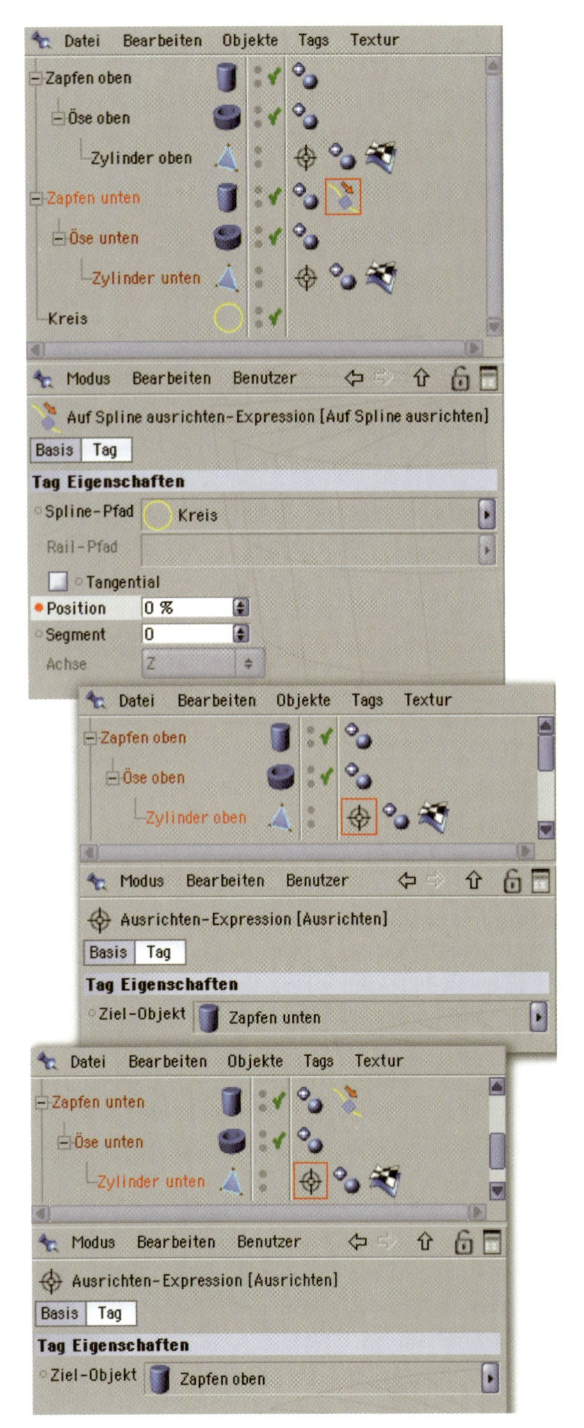

Abbildung 4.20: Ausrichten- und Auf Spline ausrichten-Funktionen

Animieren mit Ausrichten-Expressions

Bevor wir mit dem Hinzufügen und Konfigurieren der Expressions beginnen, sollten wir die Objekte in eine hierarchische Ordnung bringen. Man geht dabei so vor, dass die vorwiegend starren Objekte als Oberobjekte verwendet und darunter die beweglichen Teile eingeordnet werden.

In unserem Fall bedeutet dies, dass die beiden Zapfen-Objekte auf der obersten Hierarchie-Ebene verbleiben können, Darunter folgen jeweils die Ösen-Objekte und schließlich die Zylinder. Es entstehen so zwei voneinander getrennte Baugruppen für den oberen und den unteren Teil des Stoßdämpfers (siehe auch Abbildung 4.20).

Beginnen Sie damit, den beiden konvertierten Zylindern Ausrichten-Expressions zu geben. Sie haben diese ja bereits mehrfach verwendet. Als Ziel-Objekte verwenden Sie jeweils das Zapfen-Objekt der gegenüberliegenden Seite des Stoßdämpfers.

Wenn Sie jetzt eines der Ösen-Objekte selektieren und verschieben, sollten Sie beobachten können, wie die konvertierten Zylinder beider Seiten um die Ösen rotieren und versuchen, den Kontakt zu dem Zylinder der Gegenseite zu halten. Das Ganze wirkt, als wäre zwischen den beiden Baugruppen eine unsichtbare Schnur gespannt

Um diesen Effekt weiter zu automatisieren, bringen wir jetzt unseren Kreis-Spline als Bewegungspfad ins Spiel. Geben Sie dazu dem unteren Zapfen eine Auf Spline ausrichten-Expression. Sie finden diese wie die Ausrichten-Expression im Datei › Cinema 4D Tags-Menü des Objekt-Managers. Diese Expression sorgt dafür, dass sich das Objekt nur auf einem anzugebenden Spline bewegen lässt.

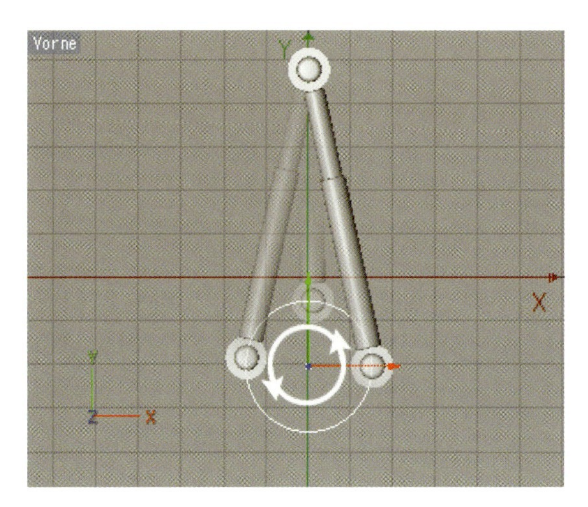

Abbildung 4.21: Animation des Stoßdämpfers

Ziehen Sie dazu den Kreis-Spline aus dem Objekt-Manager in das Spline-Pfad-Feld der Auf Spline ausrichten-Expression hinein. Sie können augenblicklich beobachten, wie der untere Zapfen auf den ersten Punkt des Kreis-Splines – also auf dessen Anfang – springt.

Diese Position wird durch den Position-Wert der Auf Spline ausrichten-Expression gesteuert. Die eingestellten 0% stehen für den Anfang des Spline-Pfads. 100% entsprechen der Position am Ende des Pfads. Sie müssen daher diesen Position-Wert animieren, um das Potenzial dieser Expression auszureizen.

Stellen Sie dazu sicher, dass Sie sich am Anfang der Animation befinden. Erzeugen Sie einen Keyframe mit dem Wert 0% für den Position-Wert. Wie gewohnt klicken Sie dazu den grauen Kreis vor dem Position-Parameter an, wodurch dieser zu einer roten Scheibe wird.

Bewegen Sie jetzt den Zeitschieber des Zeit-Managers zu Bild 24. Dies entspricht bei den Standardeinstellungen von 25 Bildern pro Sekunde einer Länge von einer Sekunde Film. Erhöhen Sie den Position-Wert der Expression auf 100% und setzen Sie erneut einen Keyframe. Wenn Sie die Animation nun ablaufen lassen, werden Sie die Bewegung der Objekte beobachten können (siehe Abbildung 4.21).

Einer beliebigen Verlängerung dieser Bewegung steht jedoch entgegen, dass der Position-Wert nur zwischen 0% und 100% animiert werden kann. Wir müssen uns hier also mit einem kleinen Trick behelfen, um eine beliebig oft wiederholbare Bewegung umsetzen zu können.

Wir hatten in einem vorherigen Beispiel bereits die Wiederholung von Animations-Sequenzen angesprochen. Dies sollte auch in diesem Fall hilfreich sein. Öffnen Sie daher die Zeitleiste und Klicken Sie dort die Sequenz des animierten Position-Werts an.

Sollten Sie diese Sequenz in der Zeitleiste nicht sehen können, ziehen Sie entweder das Auf Spline ausrichten-Tag aus dem Objekt-Manager in die linke Spalte der Zeitleiste hinein oder benutzen Sie das kleine Dreieck vor dem Zapfen-Objekt in der linken Spalte der Zeitleiste, um die darunter eingeordneten Tag-Sequenzen einsehen zu können.

Verändern Sie den T2-Wert dieser Sequenz im Attribute-Manager auf 24. Die Sequenz ist dadurch nur noch so lang wie die durch Keyframes festgelegte Animation. Alternativ hierzu können Sie auch den Anpassen-Befehl im Sequenzen-Menü der Zeitleiste benutzen.

Lassen Sie die Sequenz weiterhin selektiert und verändern Sie deren Wiederholungen-Wert im Attribute-Manager auf 3. Dadurch sollten sich zusammen mit der Originalsequenz vier vollständige Umläufe für den Zapfen ergeben.

Einzig stört jetzt etwas das kurze Stoppen des Zapfens nach jedem Umlauf. Dies kommt dadurch zustande, dass die Positionen 0% und 100% bei einem geschlossenen Spline-Pfad der gleichen Position entsprechen. Durch die Wiederholung der Sequenz wird der Zapfen daher zwei Bilder lang auf der gleichen Position gehalten. Um dies zu umgehen, verändern Sie den Wert der Startposition im ersten Keyframe von 0% auf 4%.

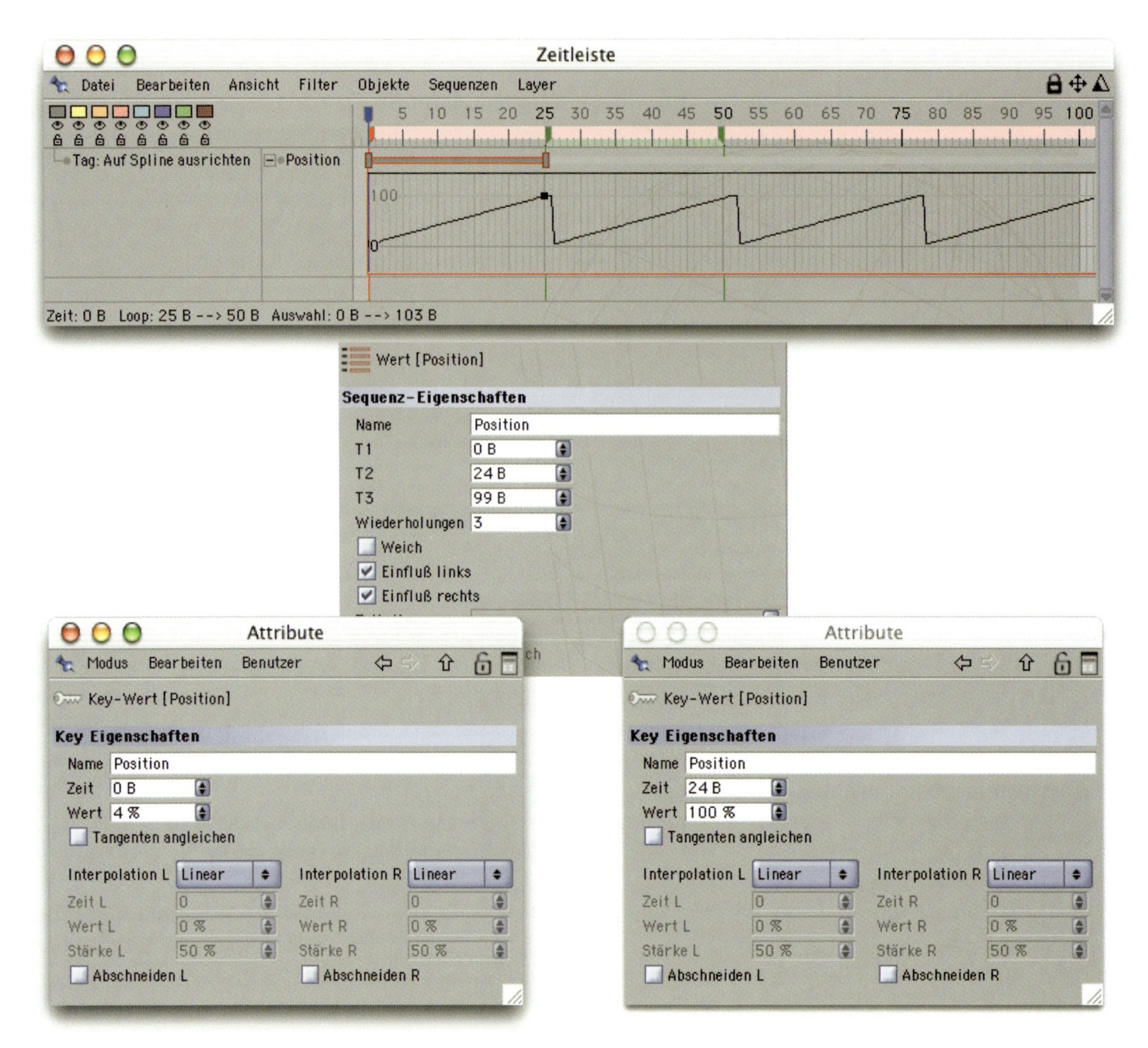

Abbildung 4.22: Die animierte Sequenz wiederholen

Die 4% kommen dadurch zustande, dass dies exakt dem Fortschritt des Zapfens in einem Bild der Animation entspricht. Bei einer Länge der Animation von 25 Bildern und einem Wertbereich von 100% lässt sich dies leicht durch Division errechnen.

Durch diese Veränderung des ersten Keyframe-Werts (siehe auch Abbildung 4.22) verschwindet die störende Pause bei der Wiederholung der Sequenz.

Nach dem Erreichen der 100%-Stellung am Ende einer Sequenz springt der Zapfen im nächsten Bild zur Position 4% und setzt damit die Bewegung flüssig fort.

Um jegliches Überschwingen der F-Kurve zu verhindern, setzen Sie alle Keyframe-INTERPOLATIONEN auf LINEAR.

Lassen Sie nun die Animation ablaufen und bewegen Sie dabei den oberen Zapfen. Sie können so eine optimale Position für den oberen Zapfen suchen, bis beide konvertierte Zylinder glaubhaft zusammenwirken und sich nicht mehr durchdringen oder Lücken zeigen.

4.4 XPresso-Expressions

Wie Sie an diesem Beispiel sehen, lassen sich bereits mit diesen recht grundlegenden Funktionen erhebliche Vereinfachungen bei der Animation erzielen. Sofern Sie bereit sind, noch einen Schritt weiter zu gehen, eröffnen sich über die so genannten XPRESSO-EXPRESSIONS zahlreiche neue Möglichkeiten, Objekte oder Parameter zu steuern.

XPRESSO können Sie sich als eine Sammlung nützlicher Befehle und Routinen vorstellen. Jedes Element ist für sich gesehen recht unspektakulär, entwickelt jedoch durch die Verbindung und Verschachtelung mit anderen Elementen schnell eine große Komplexität.

Dies ist einerseits für den Anfänger sehr hilfreich, da er es mit einer überschaubaren Anzahl von „Nodes“ (so nennen sich die grafischen Elemente von XPRESSO) zu tun hat. Andererseits ist für komplexere Aufgaben eine recht hohe Anzahl dieser oft raumgreifenden Funktionsknoten nötig und die dazwischen erzeugten Verbindungslinien können schnell zur Verwirrung beitragen. Achten Sie daher – trotz des zum Spielen einladenden Erscheinungsbilds von XPRESSO – von Anfang an auf eine gewisse Ordnung, um später nicht den Überblick zu verlieren.

Um an dieser Stelle detailliert auf alle verfügbaren XPRESSO-Nodes einzugehen, fehlt der Platz. Wir werden uns daher auf eine Auswahl nützlicher Funktionen beschränken, die für die tägliche Arbeit von Nutzen sein könnten.

Dazu zählt sicherlich der Umgang mit *Matrizen* und *Vektoren*. Unter einer Matrix versteht man eine Ansammlung von Vektoren oder Zahlenwerten. Im Fall von Cinema 4D besteht eine Matrix aus der Position eines Objekts sowie aus den drei Vektoren, die die Richtungen und Längen des lokalen Achsen-Systems beschreiben.

Dabei werden diese Vektoren an exakt festgelegten Stellen in der Matrix abgelegt. Diese Register sind mit den Kürzeln „V0“ für die Position sowie mit den Kürzeln „V1“ bis „V3“ für die Achsvektoren gekennzeichnet.

Durch Manipulation dieser vier Vektoren kann die Position, Größe und Ausrichtung jedes Objekts exakt gesteuert werden. Um dies an einem praktischen Beispiel nachvollziehen zu können, werden wir jetzt mit Hilfe einer XPRESSO-EXPRESSION eine verbesserte Version der AUSRICHTEN-Funktion selbst erstellen. Dieses Wissen über das Zusammenspiel der Matrix-Vektoren wird Ihnen die Arbeit an eigenen XPRESSO-EXPRESSIONS später stark erleichtern.

Definition der Aufgabe

Oftmals steht man vor dem Problem, dass die Bewegung von Objekten von anderen Objekten in der Szene gesteuert werden soll. Denken Sie z.B. an die Ausrichtung einer Lichtquelle oder Kamera auf ein Objekt. Beide Objekte liegen völlig getrennt in verschiedenen Hierarchien und lassen sich frei bewegen. Trotzdem soll eine unsichtbare Verbindung zwischen den Objekten erzeugt werden, die die Ausrichtung steuert.

Für diesen Zweck gibt es bereits die wohl bekannte AUSRICHTEN-EXPRESSION. Diese reicht jedoch in einigen Fällen nicht aus, da sie Objekte nur entlang einer Achse auszurichten vermag. Typischerweise ist dies die Z-Achse, über die z.B. der Lichtstrahl einer Spot-Lichtquelle oder das Sichtfeld eines Kamera-Objekts auf eine Position in der Szene gerichtet wird.

Sehr viel effektiver kann die 2-Punkt-Ausrichtung funktionieren, die ein Objekt zwischen zwei Positionen ausrichtet. Dadurch kann z.B. garantiert werden, dass das Objekt keine unerwünschten Rotationen um die Z-Achse ausführt. Wir werden diese Aufgabe nun in einigen Schritten gemeinsam nachvollziehen.

Der XPresso-Editor

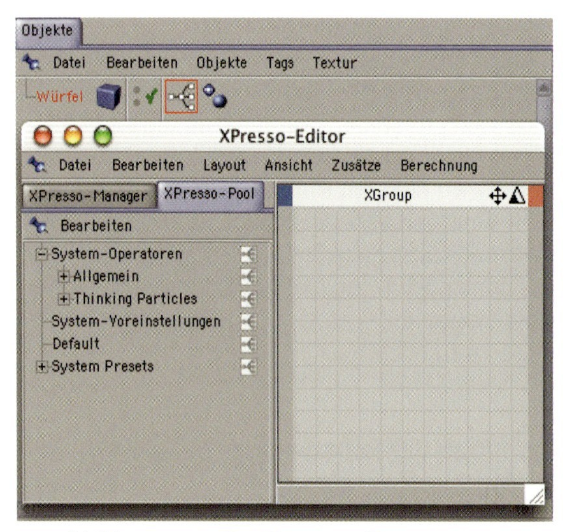

Abbildung 4.23: Der XPresso-Editor

XPresso-Expressions werden in einem eigenen Editor-Fenster erstellt. Um dieses aufzurufen, muss einem Objekt ein XPresso-Tag zugewiesen werden. Dazu erzeugen Sie für dieses Beispiel über Datei › Neu eine neue, leere Szene, rufen dort ein Würfel-Grundobjekt ab und erzeugen für dieses über das Objekt-Manager-Menü Datei › Cinema 4D Tags › XPresso ein XPresso-Tag. Der XPresso-Editor, dem auf der linken Seite noch zwei Manager untergeordnet sind, öffnet sich automatisch.

Im XPresso-Manager finden Sie alle installierten Nodes hierarchisch und nach Gruppen geordnet. Wie Sie Abbildung 4.23 entnehmen können, finden sich dort auch die Thinking Particles-Nodes, falls Sie das Thinking Particles-Modul ebenfalls installiert haben. Durch Anklicken und Drag&Drop-Aktionen einzelner Nodes aus dieser Liste in den eigentlichen XPresso-Editor auf der rechten Seite hinein erzeugen Sie den gewünschten Node in Ihrer Schaltung.

Falls Ihnen dies zu langsam geht, können Sie alle Nodes auch nach einem Rechtsklick in den XPresso-Editor über ein Kontextmenü abrufen.

Der XPresso-Manager ist also vorrangig ein Reservoir aller verfügbaren Nodes. Die zweite Funktion besteht darin, dass Sie dort auch individuell konfigurierte Nodes sichern können, wenn Sie bestimmte Funktionen z.B. häufiger benötigen. Nodes lassen sich in der Regel jedoch so schnell konfigurieren, dass das Suchen des gewünschten Nodes in der Liste kaum schneller sein dürfte.

Der zweite angedockte Manager ist der XPresso-Pool. Er lässt sich mit der Funktion vergleichen, die der Objekt-Manager für eine Szene hat. Dort werden alle Nodes aufgeführt, die in Ihrer Schaltung verbaut sind.

Über dieses Fenster lassen sich vorrangig Gruppierungen erstellen und Nodes selektieren. Dies ist immer dann sinnvoll, wenn Nodes von anderen Elementen verdeckt sind oder außerhalb eines gezoomten Bereichs im XPresso-Editor liegen.

Mit Gruppierungen sind XGroups gemeint. Das sind Behälter für mehrere Nodes und ganze Schaltungen. Die Organisation in sich abgeschlossener Schaltungen in solchen XGroups hat den Vorteil, dass sich diese separat sichern und so problemlos in andere Szenen laden lassen. Zudem können XGroups derart verkleinert werden, dass nur noch die verkürzte Titelzeile sichtbar bleibt. Dies schafft den im XPresso-Editor oft so begrenzten Raum für weitere Nodes.

Oft werden Sie diese Funktionen im XPresso-Pool wahrscheinlich nicht benötigen, da sich viele davon auch direkt im XPresso-Editor aufrufen lassen.

Sie werden sich also hauptsächlich auf den mit einem Karomuster hinterlegten XPresso-Editor konzentrieren können.

Nodes erzeugen

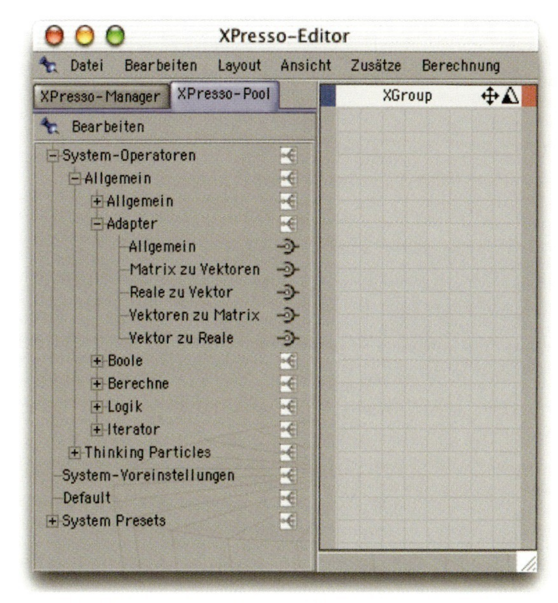

Abbildung 4.24: XPresso-Manager

Um einen Node für die XPresso-Schaltung zu erzeugen, können Sie entweder den Node im XPresso-Manager aussuchen (siehe Abbildung 4.24) und mittels Drag&Drop in den XPresso-Editor ziehen oder den Node direkt im Kontextmenü des XPresso-Editors auswählen. Egal wie Sie sich entscheiden, an der Stelle des Mauszeigers wird sich in jedem Fall der Node als kleiner Kasten präsentieren. In der Kopfzeile des Nodes steht sein Name, der in den meisten Fällen Rückschlüsse auf die Funktionen des Nodes zulässt. Ein Doppelklick auf diese Titelzeile reduziert den Node auf seine Kopfzeile. Ein erneuter Doppelklick macht den kompletten Node wieder sichtbar. Wenn Sie in die Kopfzeile klicken und dabei die Maustaste gedrückt halten, können Sie den Node im XPresso-Editor verschieben. Wurde ein Node mit einem Klick in seine Titelzeile aktiviert, können seine Parameter – falls vorhanden – im Attribute-Manager in der Node-Rubrik eingesehen und ggf. verändert werden.

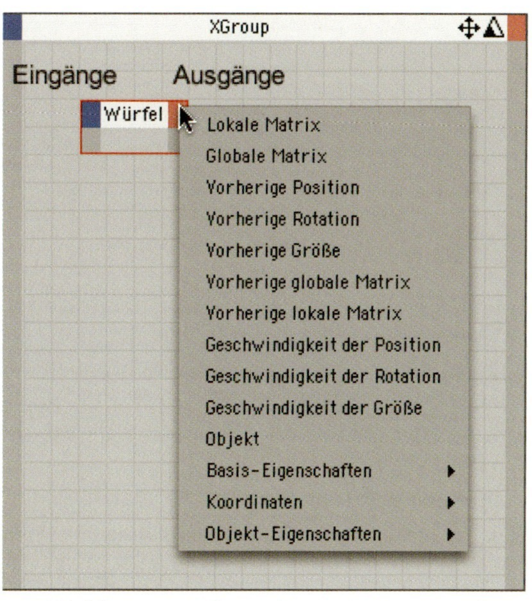

Abbildung 4.25: Ein- und Ausgang-Ports an einem Objekt-Node

Über die [Entf]- bzw. [←]-Taste können selektierte Nodes wieder gelöscht werden.

Eine Art von Nodes lässt sich jedoch noch auf einem anderen Weg erstellen, und zwar diejenigen Nodes, die ein Objekt, Tag oder Material repräsentieren. Dazu klicken Sie das gewünschte Element z.B. im Objekt-Manager an und ziehen es direkt in den XPresso-Editor hinein. Klicken Sie also den Namen *Würfel* im Objekt-Manager an und ziehen Sie diesen per Drag&Drop in den XPresso-Editor.

Es erscheint ein Node, der den Namen des Objekts trägt, das er repräsentiert. Der Node steht nun für einen Behälter, der alle Informationen des Objekts *Würfel* enthält.

Um an die Daten dieses im Node gespeicherten Objekts zu kommen, stehen so genannte *Ports* zur Verfügung. Wie Abbildung 4.25 zeigt, verbergen sich diese hinter den roten und blauen Schaltflächen in der Kopfzeile jedes Nodes. Mit den Ports der blauen Seite werden Werte in den Node geleitet. Die Ports der roten Seite stellen nur Werte zur Verfügung.

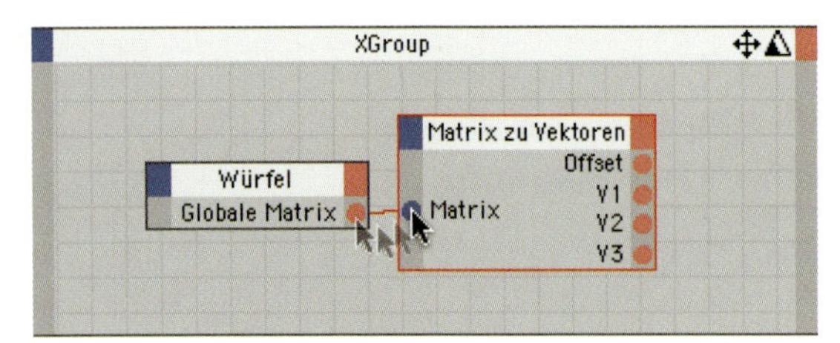

Abbildung 4.26: Verbindungen erzeugen

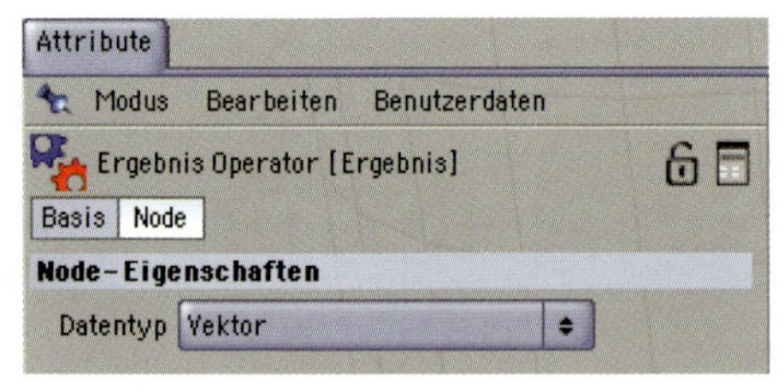

Abbildung 4.27: Nodes konfigurieren

Wählen Sie aus der Liste der auslesbaren Werte, die sich bei einem Klick auf die rote Schaltfläche öffnet, *Globale Matrix* aus. Diese Matrix enthält die bereits beschriebenen Vektoren für die Position und die Achsen des Würfel-Objekts relativ zum Welt-System.

Im Node erscheint der Name der Daten, in diesem Fall *Globale Matrix*, und daneben ein roter Punkt. Dies ist der eigentliche Port, an dem der gewünschte Wert ausgelesen werden kann. Zu diesem Zweck müssen *Verbindungen* gezogen werden.

Verbindungen können Sie sich als Datenbahnen vorstellen, auf denen die Daten von einem Ausgang-Port zu einem Eingang-Port eines anderen Nodes gelangen können.

Diese Verbindungen dürfen nur zwischen unterschiedlichen Nodes gezogen werden, also nicht von dem Ausgang-Port zu einem Eingang-Port an dem gleichen Node. Um das Anlegen von Verbindungen auszuprobieren, rufen Sie den Matrix zu Vektoren-Node z.B. aus dem XPresso-Manager ab. Sie finden diesen Node dort unter den Adaptern.

Platzieren Sie den Matrix zu Vektoren-Node rechts neben dem *Würfel*-Node, so dass sich der blaue Eingang-Port des Matrix zu Vektoren-Nodes und der rote Ausgang-Port des *Würfel*-Nodes gegenüberliegen. Führen Sie mit gehaltener Maustaste eine Bewegung vom roten zum blauen Port durch, wie es Abbildung 4.26 andeutet.

Sollten Sie eine Verbindung einmal falsch angelegt haben, reicht zum Löschen ein Mausklick auf die entsprechende Verbindung aus. Ein überflüssig gewordener Port wird durch einen Doppelklick auf den Portpunkt aus dem Node gelöscht.

Der Matrix zu Vektoren-Node öffnet die Struktur einer Matrix und liest die in ihr gespeicherten Vektoren aus. An den vier Ausgang-Ports liegen daher alle Vektoren für die Position – im Node *Offset* genannt – und die drei Achsen X, Y und Z – im Node mit *V1*, *V2* und *V3* benannt – an.

Um deren Werte sichtbar zu machen und ablesen zu können, benutzen Sie direkt im XPresso-Editor einen Ergebnis-Node. Sie finden diesen Node in der Rubrik XPresso im Unterpunkt Allgemein.

Damit dieser Node die Werte im gewünschten Format anzeigt, muss der Ergebnis-Node richtig konfiguriert werden (siehe Abbildung 4.27). Klicken Sie dazu einmal in die Titelzeile des Ergebnis-Nodes und aktivieren Sie die Node-Schaltfläche im Attribute-Manager. Dort bekommen Sie alle Parameter des aktiven Nodes angezeigt. Bei diesem Node kann nur der *Datentyp* ausgewählt werden, der für die Darstellung benutzt werden soll. Aktivieren Sie den *Vektor*-Datentyp, da der Matrix zu Vektoren-Node nur Vektoren ausgibt.

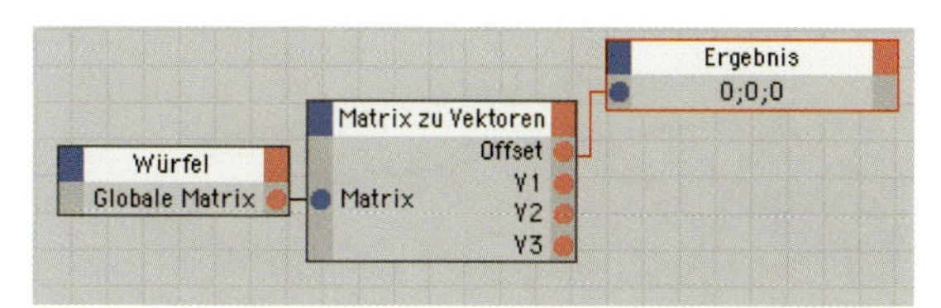

Abbildung 4.28: Verschaltete Nodes und Ergebnis des ausgelesenen Ports

Wenn Sie nun den Eingang-Port des Ergebnis-Nodes mit dem Ausgang-Port für den *Offset* am Matrix zu Vektoren-Node verbinden, sollte der Ergebnis-Node die aktuelle Position des *Würfel*-Objekts in Welt-Koordinaten anzeigen (siehe Abbildung 4.28). Sie sehen also, dass es mit XPresso relativ einfach ist, an die Daten oder Parameter von Objekten zu gelangen, ohne sich mit einer Programmiersprache beschäftigen zu müssen.

Fahren Sie damit fort, noch drei weitere Ergebnis-Nodes zu erzeugen. Sie können diese wieder über das Kontextmenü oder den XPresso-Manager abrufen oder den vorhandenen Ergebnis-Node mehrfach kopieren. Dies hat den Vorteil, dass die Einstellungen im Attribute-Manager gleich für die Kopien übernommen werden.

Zum Kopieren von Nodes gehen Sie so vor, dass Sie den Node zuerst mit einem Klick in dessen Titelzeile selektieren, dann zusätzlich die [Strg]-/[Ctrl]-Taste halten und den Node mit einer Drag&Drop-Aktion an eine leere Stelle im XPresso-Editor ziehen. Sobald Sie die Maustaste loslassen, erscheint an der Stelle des Mauszeigers eine Kopie des ausgewählten Nodes. Das Prinzip ist also mit der Prozedur zum Duplizieren von Objekten im Objekt-Manager identisch.

Auf diese Weise lassen sich auch ganze mit [⇧]-Klicks selektierte Node-Gruppen duplizieren.

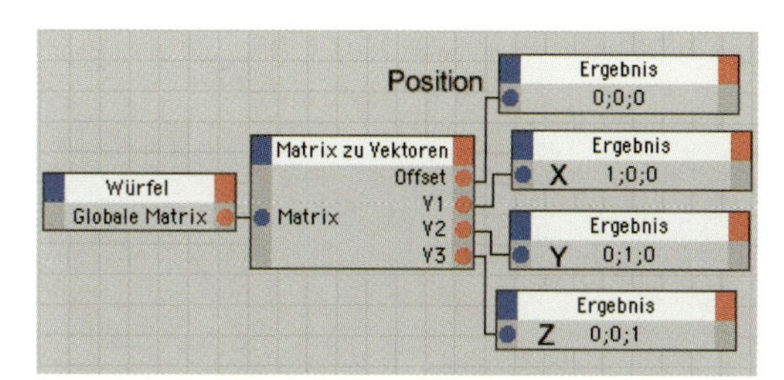

Abbildung 4.29: Alle ausgelesenen Vektoren der Matrix

Verbinden Sie die neuen Ergebnis-Nodes mit den übrigen Ausgängen des Matrix zu Vektoren-Nodes. Sie können nun dort die aus der Matrix des Würfels ausgelesenen Vektoren ablesen (siehe Abbildung 4.29).

Wir haben bereits darüber gesprochen, dass die Vektoren V1 bis V3 die drei Achsen eines Objekts darstellen. Über deren Richtung wird die Rotation des Objekts gesteuert.

Die Richtung eines dieser Vektoren unterscheidet sich mathematisch nicht von der Berechnung der Objektposition. Die Position eines Objekts ist nämlich nicht nur ein Punkt im Raum, sondern ein Vektor vom Nullpunkt des Bezugssystems zu der Position.

Ein Positionsvektor ist also gleichzeitig auch ein Richtungsvektor, denn er gibt die Richtung an, in die man vom Nullpunkt aus „gehen" muss, um am Objekt anzukommen.

Dieses Prinzip lässt sich in gewisser Weise auch auf die Achsrichtungen beziehen, wobei es hier einen Punkt zu beachten gibt. Alle Achsvektoren müssen jederzeit senkrecht aufeinander stehen und sollten jeweils nur eine Einheit lang sein.

Wenn Sie sich an die Erklärungen zum Koordinaten-Manager in den früheren Kapiteln erinnern, dann war die Standardgröße eines Objekts mit dem Vektor 1,1,1 angegeben. Diese Einsen stehen also für die Längen der Achsvektoren.

Objektachsen manipulieren

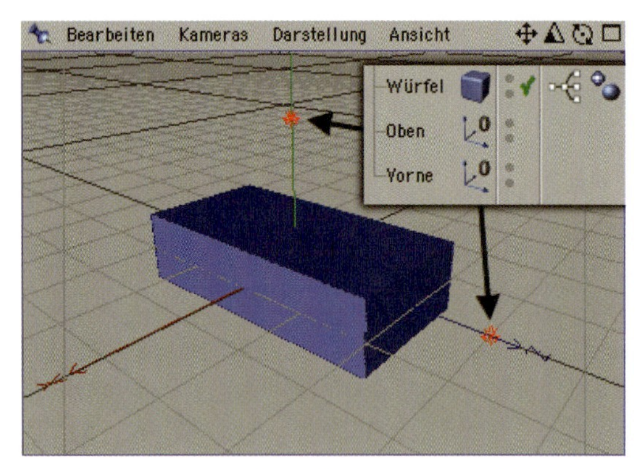

Abbildung 4.30: Null-Objekte als Ziel-Objekte hinzufügen

Um die Arbeit mit den Richtungsvektoren etwas plastischer zu gestalten, fügen Sie zwei Null-Objekte zu der Szene mit dem Würfel hinzu. Platzieren Sie eines der Null-Objekte direkt über dem Würfel (X- und Z-Koordinate gleich Null) und nennen Sie dieses Objekt *Oben*.

Das zweite Null-Objekt nennen Sie *Vorne* und platzieren es entlang der positiven Welt-Z-Achse vor dem Würfel (X- und Y-Koordinate gleich Null). Abbildung 4.30 gibt die Positionen markiert durch rote Sternchen wieder.

Die Positionen der Null-Objekte sollen nun genutzt werden, um die Achsen des Würfels auszurichten. Die Z-Achse soll also automatisch immer in Richtung des *Vorne*-Objekts zeigen und die Y-Achse des Würfels soll sich an der Position des *Oben*-Objekts orientieren.

Da wir uns an die Rechtwinkligkeit der Achsvektoren halten müssen – das Objekt würde ansonsten verzerrt erscheinen –, dürfen die Richtungen der beiden Null-Objekte nicht einfach auf die Achsen übertragen werden. Man muss sich für eine Hauptrichtung entscheiden.

Dazu ist ein wenig Theorie über die Berechnung von Vektoren und Richtungen nötig.

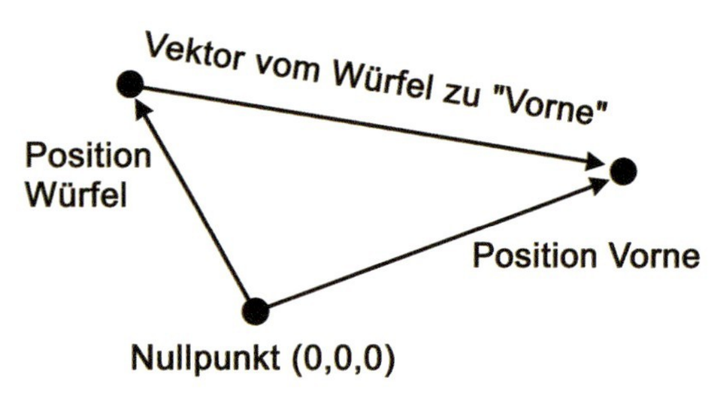

Abbildung 4.31: Ortsvektoren und Richtungsvektor

Die Abbildung 4.31 gibt beispielhaft wieder, wie die Berechnung eines Richtungsvektors funktioniert. Der Nullpunkt unten markiert den Ursprung der Welt-Koordinaten 0,0,0. Relativ zu diesem Punkt werden alle Richtungen und Positionen errechnet.

So gibt der Vektor zwischen dem Nullpunkt und dem Würfel die Position des Würfels bzw. die Richtung wieder, in der der Würfel liegt. Berechnet wird dieser Vektor nach der Formel „Position des Zielpunktes minus Position des Startpunktes". Nach dem gleichen Prinzip kann der Positionsvektor des *Vorne*-Null-Objekts errechnet werden.

Um den Weg zwischen dem Würfel und dem *Vorne*-Null-Objekt als Vektor zu beschreiben, subtrahieren Sie die Position des Würfels von der des Null-Objekts („Ziel minus Start"). Das Ergebnis ist ein Vektor, der vom Würfel zum *Vorne*-Objekt zeigt.

Was bringt dies? Nun, dieser Vektor eignet sich hervorragend für die Z-Achse des Würfels. Würden Sie die Z-Achse des Würfels laufend durch diesen Vektor ersetzen, würde der Würfel immer auf das *Vorne*-Objekt ausgerichtet. Nichts anderes geschieht bei der Verwendung einer Ausrichten Expression.

Es gilt dabei jedoch zu beachten, dass ein Achsvektor – jedenfalls solange ein Objekt die Standardgröße 1 für alle Achsen hat – nur eine Einheit lang ist. Der Richtungsvektor vom Würfel zum *Vorne*-Objekt muss also auf die Länge 1 gekürzt werden.

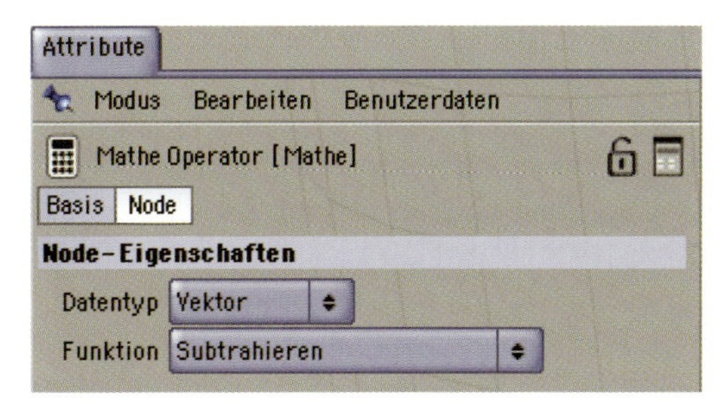

Abbildung 4.32: Einstellungen des Mathe-Nodes

Man spricht hier auch vom *Normieren* eines Vektors. Lassen Sie uns jedoch zuvor den angesprochenen Richtungsvektor zwischen dem Würfel und dem *Vorne*-Objekt in XPRESSO berechnen. Rufen Sie dazu einen MATHE-Node aus der Kategorie BERECHNE ab. Konfigurieren Sie diesen Node im ATTRIBUTE-MANAGER, wie es Abbildung 4.32 zeigt.

MATHE-Nodes werden immer dann benutzt, wenn zwei Werte zu addieren, subtrahieren, multiplizieren oder zu dividieren sind. Welches Format diese Werte haben, also z.B. *Integer* für ganzzahlige Werte oder eben *Vektor*, wie in unserem Fall, wird über den DATENTYP im ATTRIBUTE-MANAGER geregelt. Diese Einstellung bestimmt nicht nur die Berechnung selbst, sondern auch das Format der Ergebnisse der Berechnung.

Bei der Subtraktion von Werten ist die Reihenfolge der Verschaltung am MATHE-Node von Bedeutung. Der Wert am unteren Eingang-Port wird von dem Wert am oberen Eingang-Port abgezogen. Sie müssen also oben die Position des *Vorne*-Objekts anlegen und unten die Position des Würfels („Ziel minus Start"), damit der Ergebnisvektor in die richtige Richtung, also vom Würfel weg auf das *Vorne*-Objekt, zeigt.

Da wir eigentlich nur die Position des Würfels in unserer Berechnung benötigen, brauchen wir nicht über den MATRIX ZU VEKTOREN-Node zu agieren.

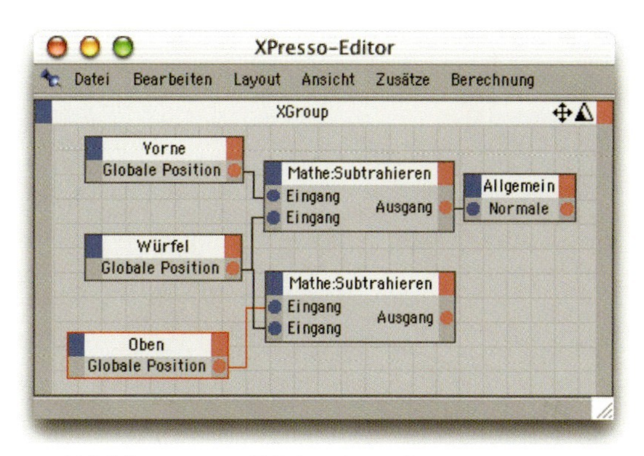

Abbildung 4.33: Z-Achse berechnen

Löschen Sie daher den MATRIX ZU VEKTOREN-Node und alle ERGEBNIS-Nodes durch einmaliges Klicken in deren Kopfzeile und Betätigen der [Entf]- oder [←]-Taste. Am *Würfel*-Node löschen Sie den nun überflüssigen GLOBALE MATRIX-Port mit einem Doppelklick auf seinen Punkt und wählen stattdessen einen GLOBALE POSITION-Ausgang über die rote Schaltfläche. Sie finden diesen Port unter dem EINTRAG KOORDINATEN › GLOBALE POSITION.

Verbinden Sie diesen Port mit dem unteren Eingang am MATHE-Node. Ziehen Sie nun das *Vorne*-Objekt aus dem OBJEKT-MANAGER in den XPRESSO-EDITOR und aktivieren Sie auch dort den GLOBALE POSITION-Ausgang. Verbinden Sie diesen Port dann mit dem oberen der beiden MATHE-Node-Eingänge. Am Ausgang-Port des MATHE-Nodes liegt nun der Richtungsvektor an. Dieser muss aus den bereits beschriebenen Gründen noch normiert werden. Dies erledigt der ALLGEMEIN-Node, den Sie unter XPRESSO › ADAPTER finden (siehe Abbildung 4.33). Stellen Sie dessen DATENTYP im ATTRIBUTE-MANAGER auf NORMALE, um als Ergebnis den normierten Vektor zu erhalten.

Nach dem gleichen Prinzip verfahren Sie mit dem *Oben*-Objekt.

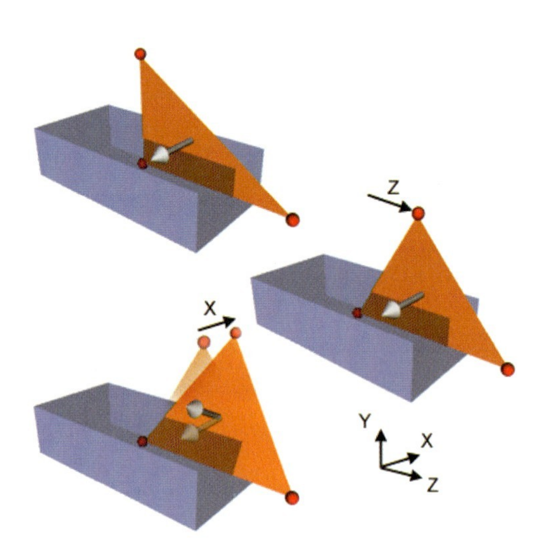

Abbildung 4.34: Vektor-Kreuzprodukt

Auch dessen Position wird um die Position des Würfels mit einem MATHE-Node reduziert. Achten Sie hier auf die richtige Verschaltung der Ports am MATHE-Node, so wie es Abbildung 4.33 darstellt.

Am unteren MATHE-Node liegt dann als Ergebnis ein Vektor an, der vom Würfel in Richtung *Oben*-Objekt weist. Würden Sie diesen später direkt auf die Y-Achse übertragen, bekämen Sie immer dann Probleme, wenn das *Oben*-Objekt nicht exakt über dem Würfel läge. Die Vektoren zum *Vorne*- und zum *Oben*-Objekt würden dann nicht senkrecht aufeinander stehen. Es muss hier also noch ein mathematischer Kunstgriff vollzogen werden, damit die Vektoren trotz der Ausrichtung senkrecht zueinander stehen.

Dazu nutzen wir das so genannte *Kreuzprodukt* zweier Vektoren. Darunter versteht man die Berechnung eines Vektors, der senkrecht auf der durch zwei andere Vektoren definierten Fläche steht. Dies klingt komplizierter, als es ist.

Werfen Sie zum besseren Verständnis einen Blick auf Abbildung 4.34 und dort zunächst auf die Darstellung links oben. Diese stellt unseren Würfel und die beiden Null-Objekte dar. Bildet man das Kreuzprodukt aus den beiden Vektoren, ergibt sich die orangefarben dargestellte Fläche.

Das Ergebnis des Kreuzprodukts ist ein Vektor, der senkrecht auf dieser Fläche steht. Dieser ist in der Darstellung weiß dargestellt.

Wie Sie erkennen können, weist dieser Vektor in Richtung der X-Achse. Dies ist exakt die Richtung, die uns noch fehlt. Diese Richtung wird selbst dann noch ermittelt, wenn das *Oben*-Objekt nicht exakt über dem Würfelmittelpunkt steht. Dieser Fall ist in der mittleren Darstellung festgehalten. Die durch das Kreuzprodukt errechnete Ebene bleibt weiterhin senkrecht.

Die Situation verändert sich erst dann, wenn das *Oben*-Objekt entlang der X-Achse verschoben wird. Die berechnete Ebene neigt sich nun und der senkrecht dazu stehende Vektor verändert seine Richtung (untere Darstellung).

Dies ist der Kompromiss, der gefunden werden muss, denn eine bedingungslose Festlegung zweier Achsen auf beliebig platzierbare Objekte stößt hier an ihre Grenzen. In diesem Fall werden wir uns dazu entscheiden, dass die Z-Achse zu 100% ausgerichtet wird und die Y-Achse so gut wie möglich dem *Oben*-Objekt folgt. Für unsere Zwecke ist dies völlig ausreichend.

Das Kreuzprodukt sorgt automatisch dafür, dass der X-Vektor (weiß in der Darstellung) immer senkrecht zur Z-Achse steht. Die Neigung des X-Vektors wird indirekt durch die Position des *Oben*-Objekts gesteuert.

Um die Bedingung senkrechter Achsen zu erfüllen, richten Sie also die Z-Achse bedingungslos auf ein Objekt aus und ermitteln die dazu senkrechte X-Achse unter Zuhilfenahme des Richtungsvektors zum *Oben*-Objekt.

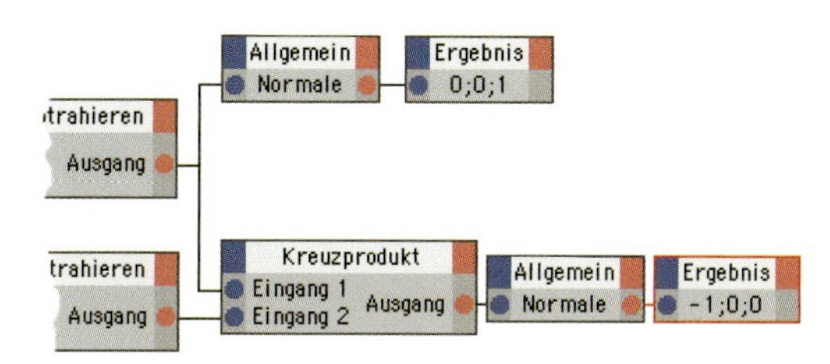

Abbildung 4.35: Kreuzprodukt errechnen

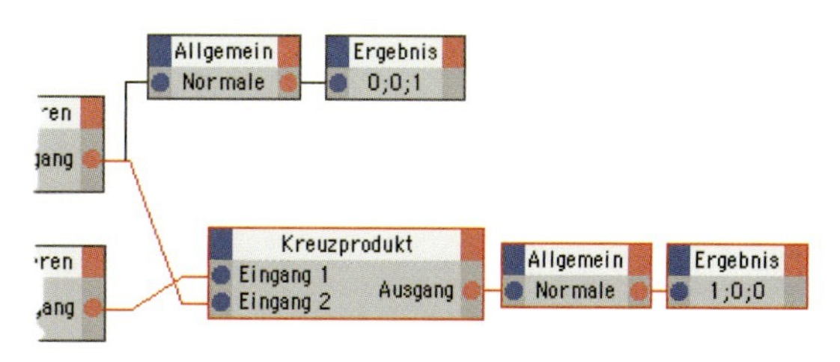

Abbildung 4.36: Umgekehrte Senkrechte

Wenn diese beiden Achsen in ihrer Richtung feststehen, kann senkrecht dazu die Y-Achse ermittelt werden.

Fügen Sie dazu dem oberen Allgemein-Node einen Ergebnis-Node an, um dessen Ergebnis angezeigt zu bekommen. Wenn Sie die Null-Objekte exakt so wie beschrieben platziert haben und das Würfel-Objekt auch noch im Ursprung liegt (Position = 0,0,0), sollte der Ergebnis-Node den Vektor 0,0,1 anzeigen. Der Vektor ist also exakt eine Einheit lang und zeigt ausschließlich in die positive Z-Richtung, so wie es anhand der Objekt-Positionen zu erwarten ist.

Fügen Sie der Schaltung einen Kreuzprodukt-Node hinzu, den Sie in der Rubrik XPresso › Berechne finden. Überprüfen Sie, ob der Datentyp dieses Nodes im Attribute-Manager auf *Vektor* steht und verbinden Sie dann die Ausgänge der Mathe-Nodes mit den Eingängen des Kreuzprodukt-Nodes. Dieser wird die beschriebene Ebene und den darauf senkrecht stehenden Vektor berechnen.

Dieser Vektor liegt dann am Ausgang-Port an und kann mit einem Allgemein-Node mit Datentyp Normale normiert werden. An den Allgemein-Node schließen Sie einen Ergebnis-Node zur Kontrolle an. Das Ergebnis dieser Verschaltung ist in Abbildung 4.35 dargestellt. Wie Sie dort sehen können, weist der berechnete Vektor in die falsche Richtung, nämlich entlang der negativen X-Achse.

Dies passiert immer dann, wenn die beiden Vektoren in der falschen Reihenfolge in die Kreuzprodukt-Berechnung eingehen.

Sie kennen den Effekt vielleicht schon von der Arbeit mit Polygonen, bei denen die Normalen, also die senkrecht auf den Flächen stehenden Vektoren, statt nach außen nach innen weisen. Dort beheben Sie dies mit dem Befehl Normalen umkehren aus dem Funktionen-Menü.

Hier ist dies ähnlich einfach zu beheben, denn Sie müssen nur die Verbindungen vertauschen, so wie es Abbildung 4.36 vorführt.

Der Mathe-Node mit der errechneten Z-Achsrichtung kommt also an *Eingang 2* und der Mathe-Node mit dem Richtungsvektor zwischen dem Würfel und *Oben*-Objekt an *Eingang 1 des* Kreuzprodukt-*Nodes*.

Wie Sie in der Abbildung sehen können, korrigiert sich dadurch der Vektor um 180° in die entgegengesetzte Richtung.

Wir haben nun also die Richtungen für die Z- und die X-Achsen anhand der Objekte *Oben* und *Vorne* berechnet. Jetzt muss nur noch die noch fehlende Y-Richtung ermittelt werden. Dafür kann die gleiche Technik verwendet werden, denn die Y-Achse muss immer senkrecht auf der X- und der Z-Achse stehen, damit das Objekt nicht verzerrt wird.

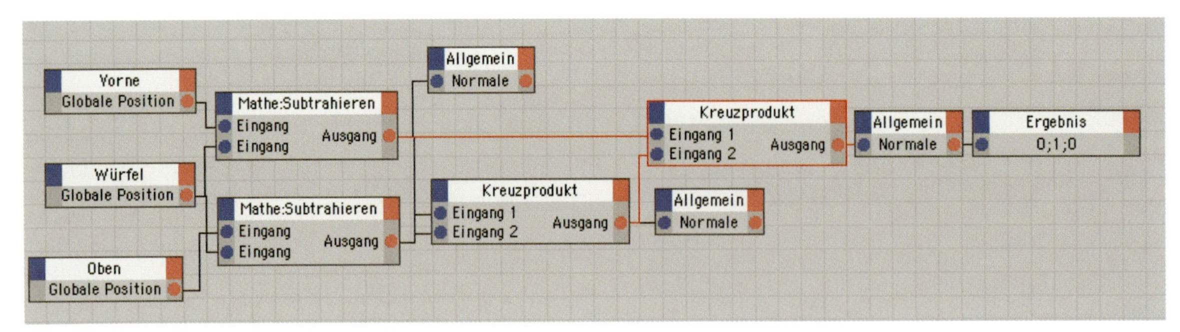

Abbildung 4.37: Berechnung der Y-Achse

Erzeugen Sie dafür – z.B. durch Duplizieren des bereits vorhandenen Nodes – einen weiteren Kreuzprodukt-Node und verschalten Sie diesen mit den errechneten Z- und X-Richtungen, die am oberen Mathe-Node und am alten Kreuzprodukt-Node anliegen. Abbildung 4.37 gibt dies entsprechend wieder.

Dem neuen Kreuzprodukt-Node schließen sich wieder ein Allgemein-Node und ein Ergebnis-Node an, um das Resultat der Berechnung sofort überprüfen zu können. Tatsächlich ergibt sich der Vektor 0,1,0, also ein Vektor, der exakt senkrecht nach oben weist und eine Einheit lang ist. Sie können nun alle Ergebnis-Nodes aus der Schaltung entfernen. Diese haben ihren Zweck erfüllt.

Übertragen Sie nun die errechneten Vektoren auf den Würfel, damit dieser auch tatsächlich mit den Objekten *Oben* und *Vorne* interagieren kann.

XPresso erledigt dies wieder in einem einzigen Node, dem Gegenstück zum Matrix zu Vektoren-Node. Der benötigte Node nennt sich Vektoren zu Matrix und verbirgt sich im Eintrag XPresso > Adapter.

Verbinden Sie die Ausgänge der drei Allgemein-Nodes mit den entsprechenden Eingängen am neuen Vektoren zu Matrix-Node.

Der obere Allgemein-Node wird also mit dem *V3*-Eingang verschaltet, denn er berechnete die Richtung der Z-Achse. Der zuletzt erzeugte Kreuzprodukt-Node errechnet die Richtung der Y-Achse. Der mit diesem Node verbundene Allgemein-Node muss also mit dem *V2*-Eingang verbunden werden. Der verbleibende Allgemein-Node leitet die Richtung der X-Achse an den V1-Port weiter.

Hiermit ist die Matrix jedoch noch nicht komplett, denn eine vollständige Matrix enthält auch die Position eines Objekts. Um den noch leeren Offset-Port zu beliefern, können Sie entweder eine Verbindung vom bereits vorhandenen *Würfel*-Node bzw. dessen Globale Position-Ausgang ziehen oder Sie erzeugen einfach einen weiteren *Würfel*-Node, indem Sie den Würfel noch einmal in den XPresso-Editor ziehen. Dort muss dann wieder der Globale Position-Ausgang erzeugt werden. Dies ist in diesem Fall zwar nicht zwingend nötig, macht die Schaltung aber übersichtlicher. Sie können auf diese Weise also mehrere Nodes in einer Schaltung verwenden, die alle auf das gleiche Objekt Bezug nehmen.

Die Matrix liegt nun fertig am Ausgang des Vektoren zu Matrix-Nodes an und kann jetzt auf den Würfel übertragen werden.

Ziehen Sie dazu zum letzten Mal den Würfel in den XPresso-Editor hinein und aktivieren Sie diesmal an dessen Node einen Eingang-Port für die Globale Matrix.

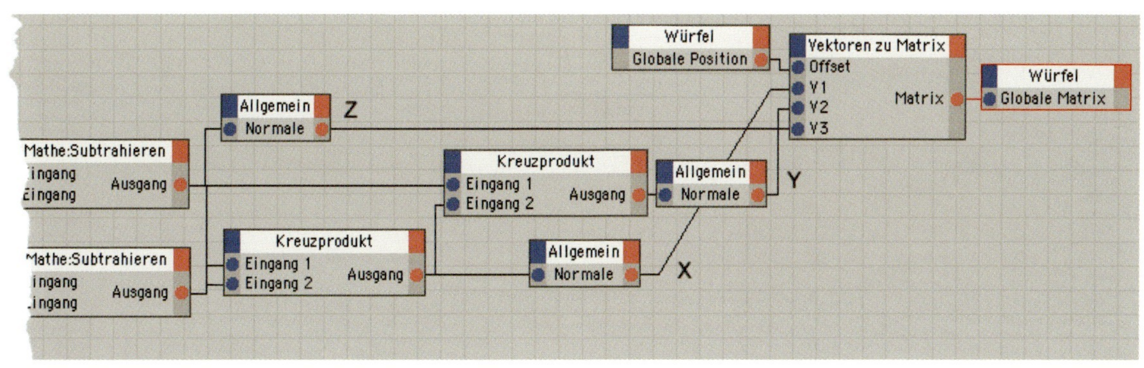

Abbildung 4.38: Die komplette Schaltung

Benutzen Sie dafür das blaue Menü in der Titelzeile des *Würfel*-Nodes. Verbinden Sie diesen Eingang-Port mit dem Ausgang-Port des Vektoren zu Matrix-Nodes. Die Schaltung ist damit komplett und in Abbildung 4.38 noch einmal mit überlagerten Benennungen der Vektoren dargestellt.

Wenn Sie keinen Fehler gemacht haben, sollten Sie den Würfel nun zwar frei bewegen können, er wird sich aber immer zwischen den beiden Objekten *Oben* und *Vorne* ausrichten.

Speichern Sie diese XPresso-Schaltung für den späteren Gebrauch ab. Rufen Sie dazu Alles Selektieren im Bearbeiten-Menü des XPresso-Editors auf. Alle Nodes werden jetzt rot umrandet, also selektiert dargestellt.

Wählen Sie dann nach einem Rechtsklick auf einen beliebigen Node Zu XGroup konvertieren aus dem Kontextmenü aus. Die selektierten Nodes werden nun innerhalb einer XGroup angezeigt. Selektieren Sie diese XGroup durch einen Klick auf deren Kopfzeile und wählen Sie XGroup sichern als... aus dem Datei-Menü des XPresso-Editors. Sie können diese Schaltung dadurch über den XPresso-Editor zu anderen Szenen hinzuladen. Sie müssen dann nur noch die Objekt-Nodes aktualisieren, damit diese die Objekte der aktiven Szene verwenden können.

Dazu klicken Sie die Kopfzeile eines Objekt-Nodes an und ziehen das entsprechende Objekt vom Objekt-Manager in das Referenz-Feld des Objekt-Nodes im Attribute-Manager.

Wir werden diese Schaltung etwas später leicht abgewandelt ebenfalls für unseren Stoßdämpfer einsetzen.

Splines auslesen mit XPresso

Um die Flexibilität von XPresso an einem anderen Beispiel zu demonstrieren, werden wir nun die Auf Spline ausrichten-Expression und deren Animation komplett durch eine XPresso-Schaltung ersetzen.

Dazu öffnen Sie – falls nötig – wieder die zuvor erstellte Stoßdämpfer-Szene und entfernen dort die Auf Spline ausrichten-Expression vom unteren Zapfen-Objekt. Dadurch wird gleichzeitig auch die mit dem Tag verbundene Animation des Position-Parameters gelöscht.

Erzeugen Sie als Ersatz für den Verlust des Tags eine XPresso-Expression für den unteren Zapfen. Falls sich der XPresso-Editor daraufhin nicht automatisch öffnen sollte, klicken Sie doppelt auf das Symbol der XPresso-Expression hinter dem Zapfen-Objekt im Objekt-Manager.

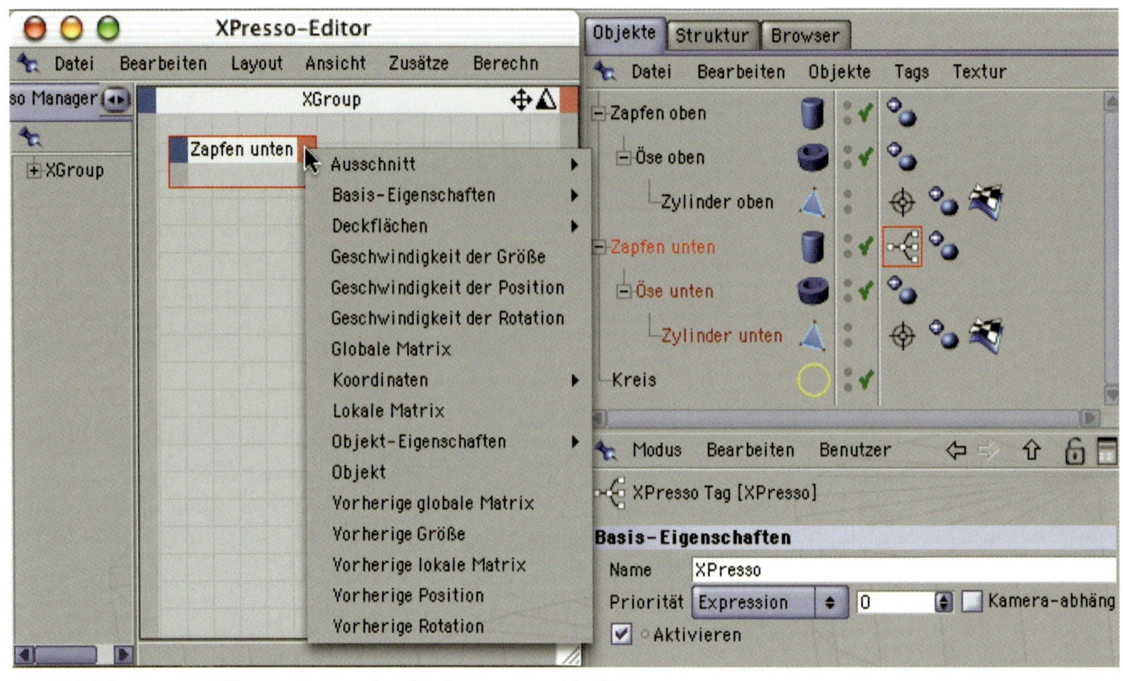

Abbildung 4.39: XPresso-Expression für den unteren Zapfen

Ziehen Sie das untere Zapfen-Objekt aus dem OBJEKT-MANAGER direkt in den XPRESSO-EDITOR hinein. Ein entsprechender OBJEKT-Node erscheint (siehe Abbildung 4.39).

Wie aus dem zuvor besprochenen Beispiel bekannt, verbergen sich die diversen Ports für die Nodes hinter den roten und blauen Flächen eines Nodes. Die Eingänge sind bei der blauen Schaltfläche zu finden, die Ausgänge werden durch einen Klick auf die rote Schaltfläche angezeigt.

In diesem Fall soll der Zapfen auf dem KREIS-Spline platziert werden. Es geht also darum, eine Position auf dem Spline zu ermitteln und diese dem Zapfen zu übertragen. Wir müssen daher an der blauen Eingangseite des Zapfen-OBJEKT-NODES den Eingang für die GLOBALE POSITION aktivieren. Sie finden diesen Port in der KOORDINATEN-Gruppe.

Um beliebige Positionen auf einem Spline berechnen zu können, steht in XPresso ein eigener Node zur Verfügung.

Sie finden diesen nach einem Rechtsklick in den XPRESSO-EDITOR unter dem Eintrag NEUER NODE › XPRESSO › ALLGEMEIN › SPLINE.

Ein Blick auf diesen SPLINE-NODE verrät, welche Daten er zum Funktionieren benötigt. Da wären auf der Eingangseite der OBJEKT-Port und der OFFSET-Port.

Der OBJEKT-Port legt fest, welcher Spline ausgewertet werden soll. Der OFFSET-Port verlangt nach einem Prozentwert zwischen 0% und 100% und ist damit identisch mit dem POSITION-Wert der AUF SPLINE AUSRICHTEN-Expression. Der OFFSET-Wert bestimmt also die Stelle auf dem Spline, deren Position ermittelt werden soll.

Wenn Sie bei aktivem SPLINE-NODE einen Blick in den ATTRIBUTE-MANAGER werfen, finden Sie dort eine Umschaltmöglichkeit für den MATRIX-MODUS zwischen LOKAL und GLOBAL. Diese Einstellung betrifft das am POSITION-Ausgang-Port anliegende Ergebnis des SPLINE-NODES. Die POSITION kann also lokal im System des Splines oder in Welt-Koordinaten berechnet werden.

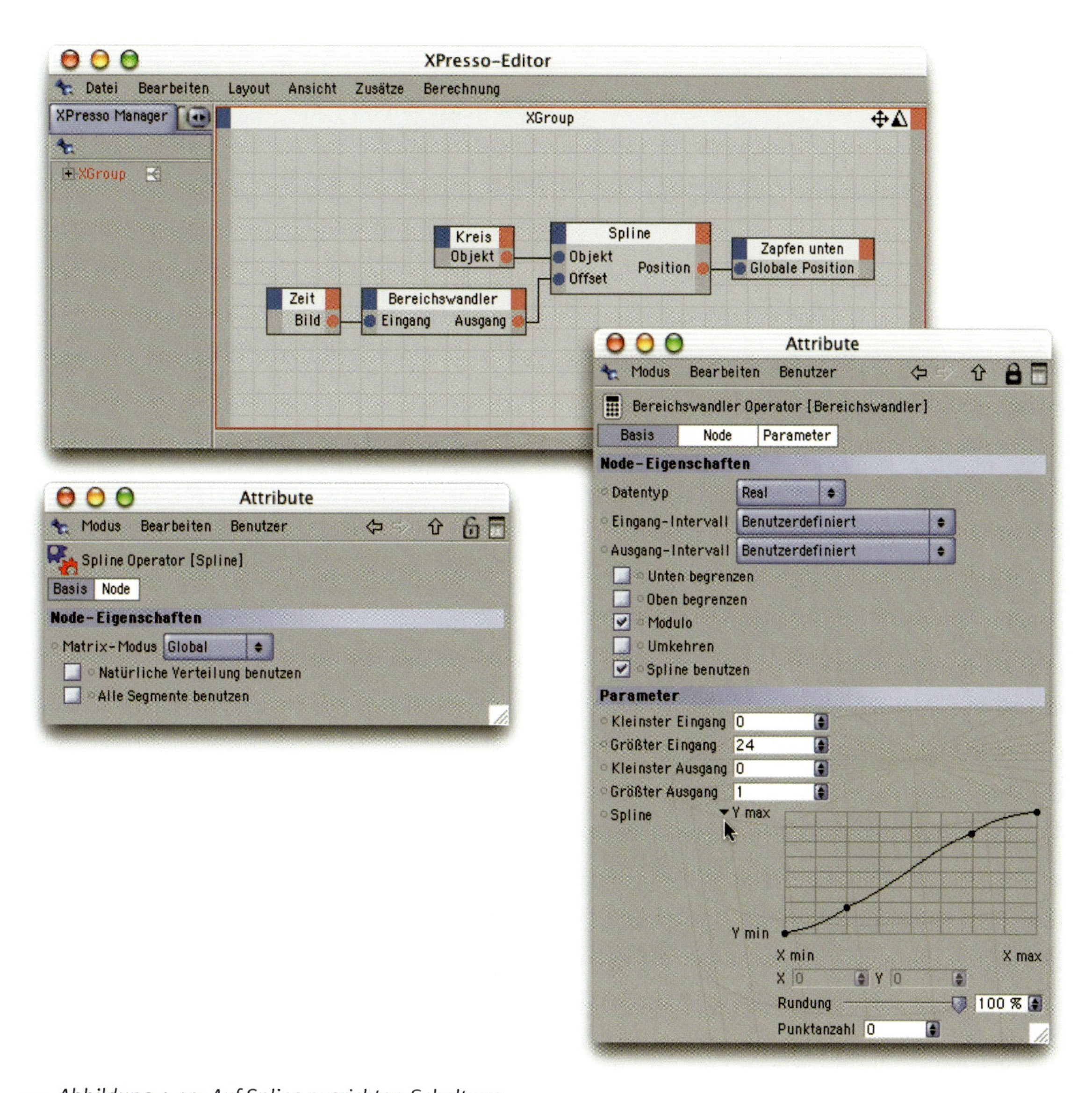

Abbildung 4.40: Auf Spline ausrichten-Schaltung

Der SPLINE-Node muss im globalen Modus arbeiten, damit Sie den ermittelten POSITION-Vektor direkt an den Zapfen leiten können. Verbinden Sie dann den POSITION-Ausgang am SPLINE-Node mit dem GLOBALE POSITION-Eingang am *Zapfen*-Node. Im nächsten Schritt muss dem Spline-Node der Spline zugewiesen werden.

Dazu ziehen Sie den KREIS-Spline aus dem OBJEKT-MANAGER in den XPRESSO-EDITOR und erzeugen an diesem neuen Node einen OBJEKT-Ausgang. Verbinden Sie diesen Port mit dem OBJEKT-Eingang am SPLINE-Node. Der SPLINE-Node kann jetzt bereits arbeiten und überträgt dadurch die Position des KREIS-Spline-Anfangs an den Zapfen.

Im nächsten Schritt kümmern wir uns um den noch offenen OFFSET-Port am SPLINE-Node.

Da sich der Zapfen auf dem Spline bewegen soll, muss sich der Offset-Wert von Bild zu Bild der Animation verändern. Das Prinzip ist also das gleiche wie bei der Parameteranimation des Auf Spline ausrichten-Tags.

Um nun feststellen zu können, an welcher Stelle der Animation wir uns befinden und in welcher Geschwindigkeit die Animation abläuft, gibt es in XPresso einen eigenen Node. Sie finden diesen unter Neuer Node › XPresso › Allgemein › Zeit.

Dieser Zeit-Node besitzt bereits einen Zeit-Ausgang, über den Sie die in Sekunden umgerechnete aktuelle Zeit der Animation ausgeben können. Um Umrechnungen zu vermeiden, verwenden wir jedoch lieber *Bilder* als Maßeinheit für die Animation. Klicken Sie daher doppelt auf den roten Punkt des Zeit-Ausgangs, um diesen aus dem Node zu entfernen, und benutzen Sie das rote Menü des Zeit-Nodes, um dort den Bild-Ausgang auszuwählen.

Eine direkte Verbindung von Bild-Ausgang und Offset-Eingang am Spline-Node ist noch nicht möglich, da die Wertbereiche zu unterschiedlich sind. Der Offset-Eingang akzeptiert Werte zwischen 0% und 100%, was in Fließkommazahlen Werten zwischen 0.0 und 1.0 entspricht. Der Bild-Ausgang liefert jedoch nur ganzzahlige Werte, die zudem von 0 bis zum letzten Bild der Animation reichen.

Hinzu kommt unsere Aufgabenstellung, die eine beliebige Anzahl von Rotationen innerhalb der Animation fordert. Wir kommen daher um eine Umrechnung nicht herum. Für diese Zwecke eignet sich der Bereichswandler-Node, den Sie im Menü Neuer Node › XPresso › Berechne finden.

Damit dieser Node die Werte wie gewünscht umrechnet, müssen wir uns kurz mit dessen Einstellungen im Attribute-Manager beschäftigen. Dort ist zunächst darauf zu achten, dass der Real-Datentyp verwendet wird. Dieser sorgt dafür, dass alle Zahlen mit Fließkomma-Anteil berechnet werden. Dies ist nötig, da Sie für den Offset-Eingang Werte zwischen 0.0 und 1.0 benötigen.

Wenn Sie nun einen Blick auf die Parameter-Sektion des Bereichswandler-Dialogs werfen, finden Sie dort Werte für Kleinster Eingang und Grösster Eingang. Dort definieren Sie den zulässigen Bereich für den Eingang-Port. Tragen Sie dort die Werte 0 und 24 ein, da dies dem Bereich von 25 Bildern entspricht, in denen ein vollständiger Umlauf des Zapfens abgeschlossen werden soll (siehe auch Abbildung 4.40).

Die Werte für Kleinster und Grösster Ausgang arbeiten nach dem gleichen Prinzip, nur dass hier der zulässige Wertebereich für den Ausgang-Port definiert wird. Diese Werte ergeben sich aus dem Wertbereich des Spline-Offset-Ports. Tragen Sie daher 0 für Kleinster und 1 für Grösster Ausgang ein.

Was passiert nun, wenn am Eingang Werte über 24 eingehen? Ohne weitere Vorkehrungen wird der Bereichswandler Werte außerhalb des definierten Eingang-Bereichs auf entsprechende Werte des Ausgang-Bereichs umrechnen. Bei Eingang des Werts 48 würde also der Wert 2 ausgegeben, da dieser Wert das vorgegebene Verhältnis zwischen Ein- und Ausgang-Werten einhält.

In unserem Fall ist dies nicht wünschenswert, da der Offset-Port nur Werte bis 1 bzw. 100% akzeptiert. Wir könnten daher die Option Oben begrenzen für den Bereichswandler aktivieren. Dadurch wird, egal wie hoch der Eingang-Wert ist, höchstens der Grösster Ausgang-Wert ausgegeben. So wird es jedoch schwierig, mehrere Umläufe zu erzeugen. Es gibt daher mit der Modulo-Option eine bessere Lösung dieses Problems. Diese sorgt dafür, dass auch Werte außerhalb des definierten Eingang-Bereichs auf den festgelegten Ausgang-Bereich umgerechnet werden.

Um dies zu testen, verbinden Sie den Eingang-Port des Bereichswandler-Nodes mit dem Bild-Ausgang des Zeit-Nodes. Der Ausgang-Port des Bereichswandler-Nodes muss dann noch an den Offset-Port des Spline-Nodes angeschlossen werden (siehe Abbildung 4.40). Wenn Sie jetzt die Animation im Editor ablaufen lassen, sollten Sie beobachten können, wie der Zapfen pro Sekunde der Animation exakt einen Umlauf vollzieht. Und dies funktioniert komplett ohne Keyframes.

Noch nicht einmal auf die Möglichkeiten der F-Kurven müssen Sie verzichten, denn auch der Bereichswandler stellt eine ähnliche Steuerungsmöglichkeit bereit. Klicken Sie daher den Bereichswandler erneut an, um dessen Parameter im Attribute-Manager einsehen zu können, und aktivieren Sie dort die Spline benutzen-Option. Diese gibt die Benutzung des Spline-Felds im Parameter-Bereich frei. Durch Hineinklicken mit der Maus können Sie dort Punkte erzeugen – Anklicken und Ziehen der Punkte nach oben aus dem Spline-Raster entfernt einen Punkt aus dem Spline – und damit eine Kurve erzeugen.

Der Verlauf dieser Kurve steuert die Umrechnung der Ein- und Ausgang-Bereiche. Die nach einem Klick auf das kleine Dreieck neben dem Spline-Graphen erscheinende Beschriftung macht diesen Zusammenhang deutlicher.

Der horizontale Verlauf des Splines steht von links nach rechts gesehen für den Bereich zwischen dem kleinsten und dem größten Eingang-Wert. Der vertikale Bereich steht von unten nach oben gelesen für den Wertebereich zwischen dem kleinsten und dem größten Ausgang. Eine linear von links unten nach rechts oben verlaufende Linie stellt daher den ursprünglichen Umrechnungsmodus dar, so wie er intern auch ohne die Spline-Option berechnet wird.

Jede Abweichung von dieser linearen Spline-Form nach unten führt in unserm Fall zu einem Abbremsen des Zapfens. Es wird dadurch ein niedrigerer Ausgang-Wert berechnet, als eigentlich durch den Eingang-Wert angezeigt.

Umgekehrt wirkt eine nach oben abweichende Spline-Kurve. Diese führt zu einer Beschleunigung des Zapfens. Wenn Sie also z.B. eine Spline-Kurve wie in Abbildung 4.40 angezeigt verwenden, wird der Zapfen langsamer als gewöhnlich starten, dann seine ursprüngliche Geschwindigkeit aufnehmen und schließlich am Ende noch beschleunigen, um das verbleibende Spline-Stück in der zur Verfügung stehenden Zeit abfahren zu können. So könnten Sie also relativ einfach Unwuchten oder azyklisches Beschleunigungsverhalten simulieren.

Eine realistische Stahlfeder einbauen

Um unseren Stoßdämpfer weiter zu perfektionieren, werden wir nun noch eine Spiralfeder hinzufügen, die beide konvertierte Zylinder umschließt. Damit dies auch funktionell einen Sinn ergibt, werden wir oben und unten am Stoßdämpfer Auflageflächen für die Spiralfeder ergänzen.

Dafür sollten zwei einfache Zylinder ausreichen, die – mit einer leichten Rundung versehen – am oberen konvertierten Zylinder kurz unterhalb und am unteren konvertierten Zylinder knapp oberhalb der jeweiligen Öse angebracht werden.

Der Radius dieser Zylinder-Anschläge sollte um einiges größer sein als der der konvertierten Zylinder. Dafür reicht dann aber schon eine geringe Höhe und Segmentdichte aus.

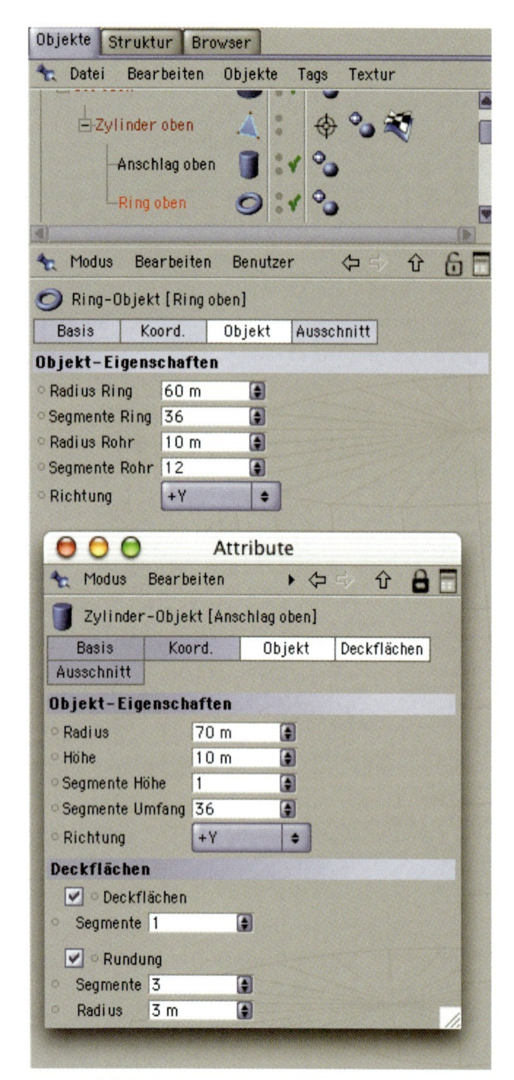

Abbildung 4.41: Einstellungen für Zylinder- und Ring-Objekt

Damit die Feder an beiden Enden einen realistischen Abschluss erhält, benötigen wir zusätzlich zwei Ring-Objekte. Passen Sie deren Radius an den der Auflage-Zylinder an. Mögliche Einstellungen zu beiden Objekten sind in Abbildung 4.41 dokumentiert.

Dort sehen Sie auch eine mögliche Benennung dieser neuen Teile und deren Einordnung in die bestehende Objekthierarchie am Beispiel des oberen Zylinders.

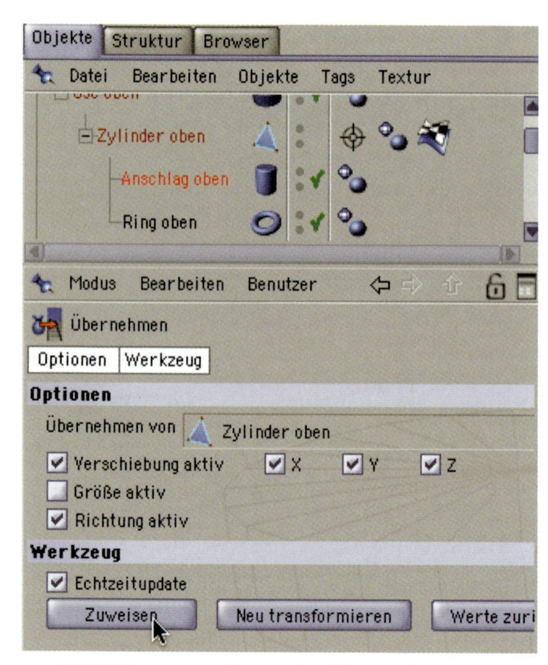

Abbildung 4.42: Parameter übertragen

Damit die Zylinder und Ringe zentriert auf den Hub-Zylindern sitzen, benutzen wir die Übernehmen-Funktion aus dem Funktionen-Menü von Cinema 4D (siehe Abbildung 4.42).

Beginnen Sie damit, den Zylinder des oberen Anschlags zu selektieren, rufen Sie die Übernehmen-Funktion auf und ziehen Sie in deren Dialog das *Zylinder oben*-Objekt hinein.

Aktivieren Sie die Optionen Verschiebung aktiv und Richtung aktiv, damit die Position und die Achsrichtungen des *Zylinder oben*-Objekts auf den Anschlagzylinder übertragen werden. Benutzen Sie dann die Zuweisen-Schaltfläche zum Ausführen der Übernehmen-Funktion.

Gleiches gilt für den neuen Anschlagzylinder am unteren Zylinder. Dort müssen Sie jedoch *Zylinder unten* im Dialog angeben, um dessen Daten auf das Objekt zu übertragen.

Die zwei Objekte sind danach zwar zentriert und auf die Achsen der Zylinder ausgerichtet, aber noch immer nicht in ihrer gewünschten Position und Stellung.

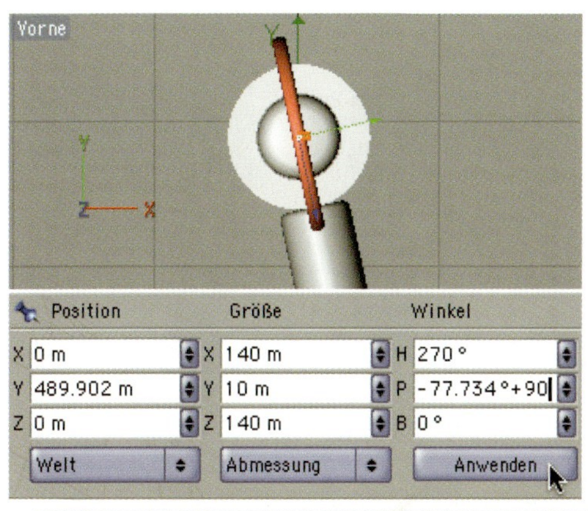

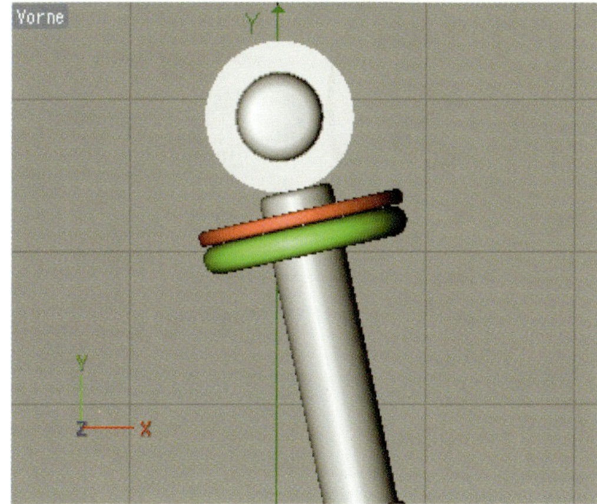

Abbildung 4.43: Objekte drehen und verschieben

Dies müssen Sie mehr oder weniger manuell vornehmen. Selektieren Sie dazu zuerst den oberen Anschlagzylinder und drehen Sie diesen um 90° so, dass er senkrecht zum Hub-Zylinder ausgerichtet ist.

Um exakt zu arbeiten, können Sie direkt den Koordinaten-Manager dafür benutzen und z.B. +90 hinter dem zu drehenden Winkel eingeben, wie es Abbildung 4.43 zeigt. Beachten Sie, dass bei Rotationen das HPB-System verwendet wird, das nicht die Winkel um die XYZ-Achsen angibt. So steht der H-Wert für die „Heading"-Rotation um die Y-Achse. Das P steht für „Pitch" und somit für die Drehung um die X-Achse.

Abbildung 4.44: Helix-Einstellungen

Das B kürzt den Begriff „Banking" ab und steuert die Drehung um die Z-Achse.

Ist diese Hürde genommen, verschieben Sie den Anschlag entlang seiner Y-Achse zu der gewünschten Position. Verfahren Sie nach dem gleichen Prinzip für den unteren Anschlag.

Nun bleiben noch die beiden Ringe. Mit diesen haben Sie es etwas einfacher. Benutzen Sie die ÜBERNEHMEN-Funktion, um den Ringen die Position und Rotation der Anschlagzylinder zu geben.

Anschließend verschieben Sie die Ringe um jeweils 15 Einheiten entlang deren Y-Achsen, bis diese – wie in Abbildung 4.43 grün markiert – innen an den Anschlägen liegen.

Diese Angabe für die Entfernung der Verschiebung gilt jedoch nur, wenn Sie die Größenangaben für die Anschlagzylinder und die Ringe aus Abbildung 4.41 übernommen haben. Ansonsten verschieben Sie die Ringe so weit, bis sie eine der Abbildung entsprechende Position einnehmen.

Diese Ringe stellen praktisch die letzten Windungen der Spiralfeder und somit deren Auflageflächen dar. Es fehlt also noch die Feder dazwischen. Diese Form lässt sich schnell mit einem HELIX-Spline darstellen, der bereits fertig unter den Spline-Grundobjekten abgerufen werden kann.

Wir legen den unteren RING als Startpunkt der HELIX fest und übertragen daher dessen Position und Richtung mit der ÜBERNEHMEN-Funktion auf den neuen HELIX-Spline (siehe Abbildung 4.44).

Die EBENE des HELIX-Splines muss auf XZ eingestellt werden, damit sich die HELIX nach oben entwickelt. Passen Sie die beiden RADIUS ANFANG- und RADIUS ENDE-Werte so an, dass sie mit den bei den RING-Objekten verwendeten RADIUS RING-Werten übereinstimmen.

Den Wert für die HÖHE verändern Sie so, dass das obere Ende der HELIX in das obere RING-Objekt mündet. Um eine sinnvolle Anzahl an Windungen für die Feder zu erhalten, erhöhen Sie den WINKEL ENDE-Wert. Schließlich gruppieren Sie die HELIX mit einem zusätzlichen KREIS-Spline unter einem neuen SWEEP-NURBS-Objekt.

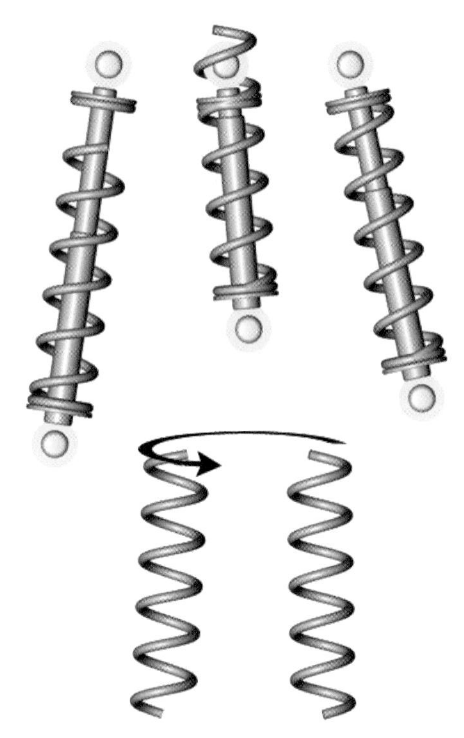

Abbildung 4.45: Verhalten der Feder während der Animation

Der Radius des KREIS-Splines sollte mit dem der RING-Objekte übereinstimmen. Das SWEEP-NURBS-Objekt findet dann seine endgültige Position in der OBJEKT-MANAGER-Hierarchie unter dem *Zylinder unten*-Objekt (siehe Abbildung 4.44).

In dem aktuellen Bild der Szene sieht nun alles recht funktionell aus. Dies ändert sich jedoch schnell, wenn Sie die Animation bildweise abspielen lassen. Dadurch, dass die Feder ihre Länge nicht an die veränderten Abstände der Anschlagzylinder anpasst, verliert sie während der Animation den Kontakt zu diesen Objekten oder durchdringt diese sogar (siehe Abbildung 4.45). Zudem scheint die Feder eine 180°-Drehung zu vollziehen, wenn die Zapfen senkrecht zueinander stehen.

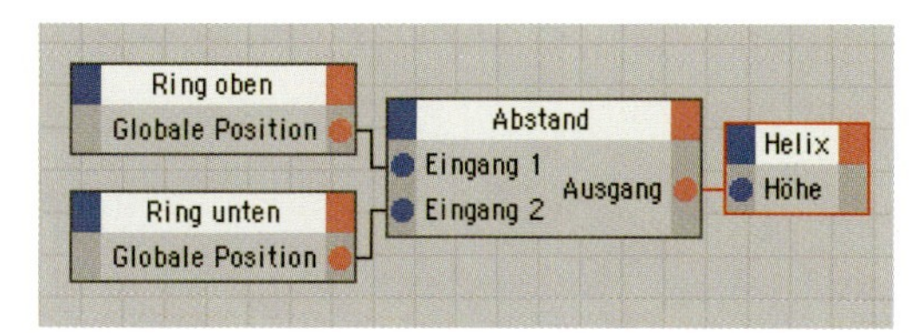

Abbildung 4.46: Automatisierung der Feder-Länge

Dieser Sprung in der Rotation der Feder ist in der unteren Hälfte von Abbildung 4.45 schematisch dargestellt. Dieses Verhalten haben wir der Ausrichten-Funktion zu verdanken, die bei senkrecht zueinander stehenden Objekt/Ziel-Objekt-Konstellationen eine unkontrollierbare Rotation bewirken. In solchen Fällen wäre es hilfreich, die Achsen des ausgerichteten Objekts stärker fixieren und steuern zu können.

Erinnern Sie sich noch an das XPresso-Beispiel, in dem eine Expression entwickelt wurde, die zwei Objekte zur Ausrichtung und Steuerung der Rotation benutzen kann? Dies ist in diesem Fall die Lösung für unser Problem. Lassen Sie uns zuvor jedoch nach einer Lösung für das Skalierungsproblem der Helix suchen.

▶ Automatisches Skalieren der Helix

Optimal wäre es, wenn der aktuelle Abstand zwischen dem oberen und dem unteren Ring-Objekt laufend berechnet würde. Dieser Wert müsste dann nur noch an den Höhe-Wert der Helix geleitet werden, da dieser für die Länge der Helix-Feder verantwortlich ist. Dank XPresso ist dies leicht zu lösen (siehe Abbildung 4.46).

Geben Sie dem Helix-Spline eine neue XPresso-Expression und ziehen Sie die beiden Ring-Objekte und den Helix-Spline in den sich öffnenden XPresso-Editor hinein.

Um den Abstand zwischen den Ring-Objekten ausrechnen zu können, müssen Sie deren Globale Positionen als Ausgang-Ports aktivieren.

Um die Länge der Strecke zwischen diesen beiden Positionen zu berechnen, gibt es einen eigenen Node, den Sie unter Neuer Node › XPresso › Berechne › Abstand finden.

Verbinden Sie die beiden Eingang-Ports des Abstand-Nodes mit den Ausgängen der Ring-Objekt-Nodes.

Am Ausgang des Abstand-Nodes liegt jetzt die benötigte Länge an, die Sie an den Höhe-Eingang-Port des Helix-Nodes übertragen müssen. Sie finden den Höhe-Eingang-Port unter der roten Schaltfläche des Helix-Nodes bei dem Unterpunkt Objekt-Eigenschaften.

Wenn Sie die Animation nun ablaufen lassen, sollte das Länge-Problem der Helix gelöst sein. Widmen wir uns also der störenden Verdrehung.

▶ Fixieren der Helix-Rotation

Da die sich drehende Helix auf die Funktionsweise der Ausrichten-Funktion zurückzuführen ist, müssen auch die beiden konvertierten Zylinder-Objekte davon betroffen sein. Dort fällt dieser Effekt jedoch nicht auf, da die Zylinder keine besonderen Merkmale aufweisen, an denen man eine Rotation um die Längsachse ausmachen könnte.

Wir brauchen uns daher nur um den unteren Zylinder zu kümmern, da diesem die Helix untergeordnet ist. Löschen Sie dazu das Ausrichten-Tag hinter dem unteren Zylinder und ersetzen Sie es durch ein XPresso-Expression-Tag (siehe Abbildung 4.47).

Bevor Sie Ihre bereits vorhandene Ausrichten-Schaltung an diese Situation anpassen, sollten Sie sich ein Bild von den vorhandenen Achsrichtungen und der benötigten Funktionsweise machen. Da die Lage der Helix bereits auf die des unteren Zylinders angepasst wurde, müssen Sie sich dazu die Achsen des unteren Zylinders ansehen (siehe Abbildung 4.48).

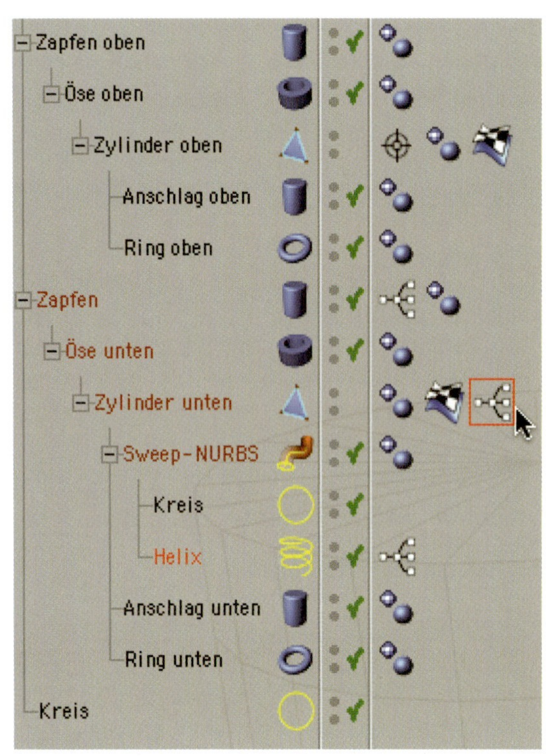

Abbildung 4.47: Neue XPresso-Expression für den unteren Zylinder

Zunächst muss weiterhin gewährleistet sein, dass die Z-Achse des unteren Zylinders immer in Richtung des oberen Zapfens zeigt. Diese Aufgabe hatte zuvor die Ausrichten-Funktion erfüllt.

Diese Z-Richtung lässt sich als Richtungsvektor durch die Subtraktion der unteren Zylinder-Position von der Position des oberen Zapfens errechnen („Ziel-Position minus Start-Position"). In Abbildung 4.48 ist diese Z-Richtung als blauer Pfeil eingezeichnet.

Um die Rotation des unteren Zylinders stabilisieren zu können, müssen Sie nun nach einer zweiten fixen Richtung suchen. In dem XPresso-Beispiel zuvor hatten wir dafür ein weiteres Null-Objekt benutzt. Dies könnte man hier natürlich auch tun, aber lassen Sie uns einen alternativen Weg gehen.

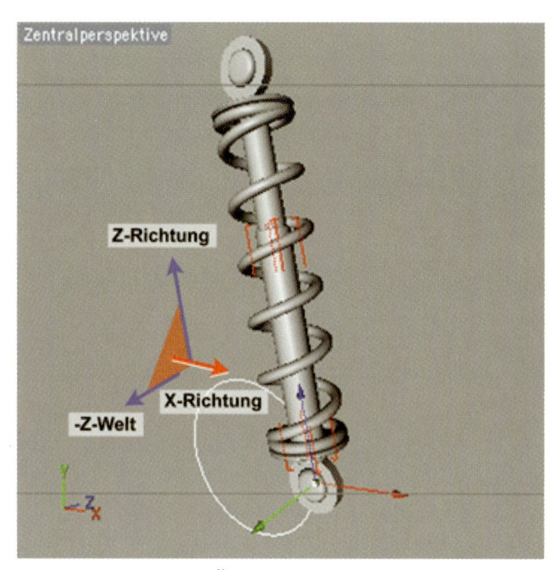

Abbildung 4.48: Überlegungen zur Achs-Ausrichtung

Da das Null-Objekt nur als Mittel zum Zweck diente, um eine Ebene für die Kreuzprodukt-Berechnung erstellen zu können, benötigen wir nur eine Achsrichtung. Dies kann daher auch z.B. die negative Z-Achse des Welt-Systems sein.
Eine derartige Festlegung kann jedoch nur funktionieren, wenn das Stoßdämpfer-Modell bereits an seiner gewünschten Position im Raum liegt. Jede Drehung der unteren Öse führt ansonsten zu einer zusätzlichen Drehung des unteren Zylinders und der damit verbundenen Helix, da die Welt-Z-Achse raumfest bleibt und sich nicht wie ein Null-Objekt mitverschieben lässt.

Da wir den Stoßdämpfer nicht mehr verändern möchten, stellt dies hier jedoch kein Problem dar und hilft uns zusätzlich, die Schaltung weiter zu vereinfachen.

Wie Sie Abbildung 4.48 entnehmen können, lässt sich zwischen der Z-Richtung und der negativen Welt-Z-Achse mittels Kreuzprodukt eine Ebene berechnen und von dieser auf die X-Richtung des Zylinders schließen.

Wie dies in einer XPresso-Schaltung aussieht, zeigt Abbildung 4.49.

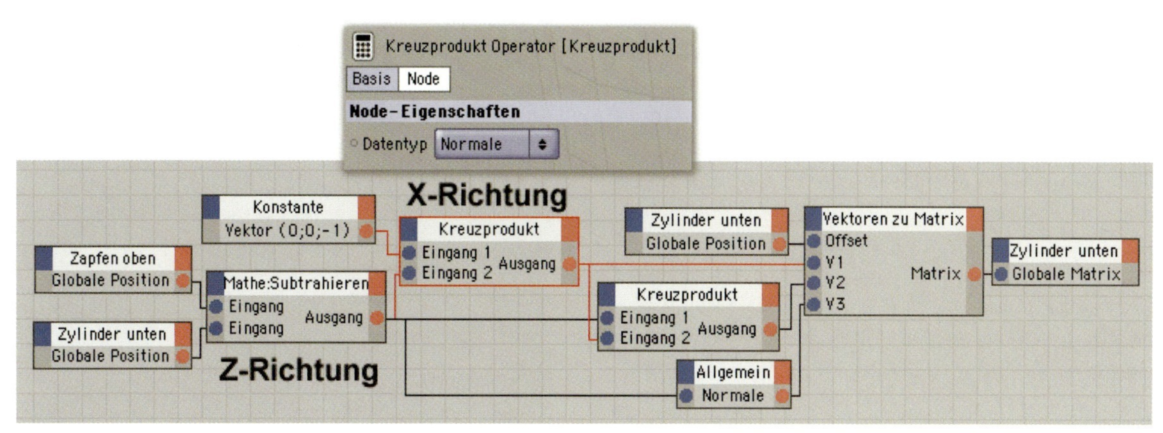

Abbildung 4.49: Angepasste Ausrichten-Schaltung für den unteren Zylinder

Ziehen Sie dazu den unteren Zylinder und die obere Öse in den XPresso-Editor und aktivieren Sie an beiden Nodes die Ausgänge für die Globale Position.

Ein im Vektor-Modus arbeitender Mathe-Node subtrahiert die Zylinder-Position von der Ösen-Position und errechnet dadurch die Z-Richtung.

Unveränderliche Werte können in Form eines Konstante-Nodes in die Schaltung eingebracht werden. Sie finden diesen Node unter Neuer Node › XPresso › Allgemein › Konstante. Schalten Sie dessen Datentyp auf Vektor, damit Sie dort die negative Welt-Z-Achse 0,0,-1 eingeben können.

Die Kreuzprodukt-Berechnung zwischen diesem Vektor und der Z-Richtung ergibt die gesuchte X-Richtung für den Zylinder. Da wir später normierte Achsen für den Zylinder benötigen, also alle Achsen eine Länge von nur einer Einheit haben dürfen, hatten wir im Beispiel zuvor einen Allgemein-Adapter-Node eingesetzt. Der Kreuzprodukt-Node lässt sich aber auch mit dem Datentyp Normale betreiben und rechnet uns dadurch automatisch einen normierten Vektor für den Ausgang-Port aus (siehe Abbildung 4.49).

Jetzt fehlt nur noch die Y-Achse für den Zylinder. Im Prinzip könnten Sie dafür die negative Welt-Z-Achse benutzen, die bereits durch den Konstante-Node in der Schaltung vorhanden ist. Die zuvor verwendete Kreuzproduktberechnung funktioniert aber ebenso gut.

Benutzen Sie daher einen weiteren Kreuzprodukt-Node, um aus der Z-Richtung und der X-Richtung eine Y-Richtung zu ermitteln. Auch dieser Kreuzprodukt-Node sollte wieder mit dem Datentyp Normale arbeiten, um den nachgeschalteten Allgemein-Adapter-Node einsparen zu können.

Schließlich rufen Sie einen Vektoren zu Matrix-Node unter Neuer Node › XPresso › Adapter auf und verbinden dort den V1-Eingang mit der berechneten X-Richtung und den Ausgang des zuletzt erzeugten Kreuzprodukt-Nodes mit dem V2-Eingang, der für die Y-Achse steht.

Die berechnete Z-Richtung kann nicht direkt mit dem V3-Port verbunden werden, da dieser Vektor bislang noch nicht normiert wurde. Hier kommen Sie also um einen zusätzlichen Allgemein-Node mit dem Datentyp Normale nicht herum. Es fehlt dann nur noch die globale Position des unteren Zylinders am Offset-Eingang des Vektoren zu Matrix-Nodes.

Die komplette Matrix kann dann über den Globale Matrix-Port eines neuen *Zylinder unten*-Nodes an das Objekt geschickt werden.

Beim Abspielen der Animation sollte nun der störende Sprung in der Helix-Rotation verschwunden sein. Damit schließen wir diesen Abschnitt über die Verwendung von XPresso- und Standard-Expressions vorerst und wenden uns der Animation von Hierarchien zu. Diese werden z.B. bei der Animation komplexer Maschinen oder von Figuren benötigt. Wir werden uns dazu der Möglichkeiten des MOCCA-Moduls von Cinema 4D bedienen.

4.5 Animieren mit MOCCA

Das MOCCA-Modul von Cinema 4D enthält eine Reihe neuer Werkzeuge und Objekte, die das Animieren von vielgliedrigen Objekten stark erleichtern. Diese Stärke zeigt sich z.B. im Bereich der Charakter-Animation, der Bewegung von Figuren. Wir werden daher in diesem letzten Abschnitt des Kapitels eine einfache Figur mit MOCCA für die Animation vorbereiten und schließlich auch eine Animation damit erstellen. Dazu werden wir uns jedoch zuvor eine passende Figur modellieren.

Die Figur modellieren

Um nicht unnötig viel Zeit mit dem Modellieren eines aufwändigen Characters zu verlieren – die Modellierung und Texturierung einer komplexen Figur kann sich über mehrere Wochen ziehen – wählen wir eine Comic-Figur, die sich Dank der HyperNURBS-Glättung bereits aus wenigen Polygonen erstellen lässt.

Worauf jedoch auch bei einfachen Figuren geachtet werden muss ist die richtige Unterteilung der Figur. Damit ist die Dichte an Flächen gemeint.

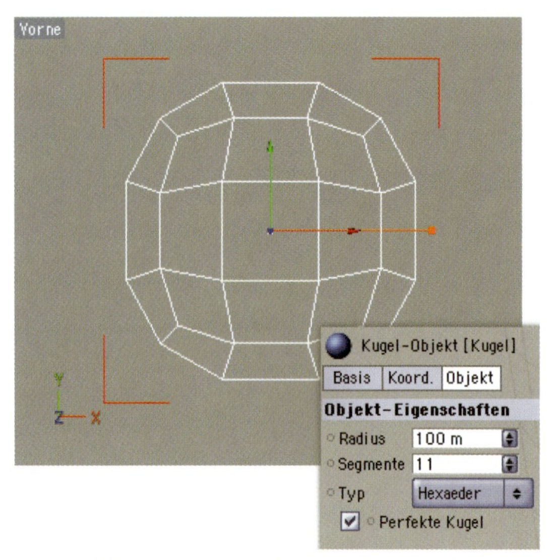

Abbildung 4.50: Eine Hexaeder-Kugel als Bauch der Figur

Wenn Sie sich an die einführenden Erläuterungen über die Arbeit mit Deformatoren aus dem ersten Kapitel erinnern, konnten Sie Ihre Aufgaben immer nur dann erfüllen, wenn genügend Punkte und Kanten in dem deformierten Bereich vorhanden waren.

Sie müssen also bei einer Figur auch darauf achten, dass z.B. im Bereich der Knie oder am Hals genügend Unterteilungen vorhanden sind.

Lassen Sie uns mit dem Bauch der Figur beginnen. Dafür soll eine einfache Kugel ausreichen (siehe Abbildung 4.50). Wie Sie der Abbildung entnehmen können, verwenden wir dafür nicht den Standard-Typ, sondern einen Hexaeder. Diese Flächenaufteilung hat den Vorteil, dass wir keine Pole an der Kugel bekommen und dass alle Flächen Vierecke sind. Dies hat Vorteile bei der später folgenden HyperNURBS-Glättung der Geometrie.

Dreiecke ziehen die HyperNURBS-Oberfläche in der Regel stärker an als Vierecke, wodurch es bei Dreiecken oft zu Unregelmäßigkeiten der Oberfläche kommt.

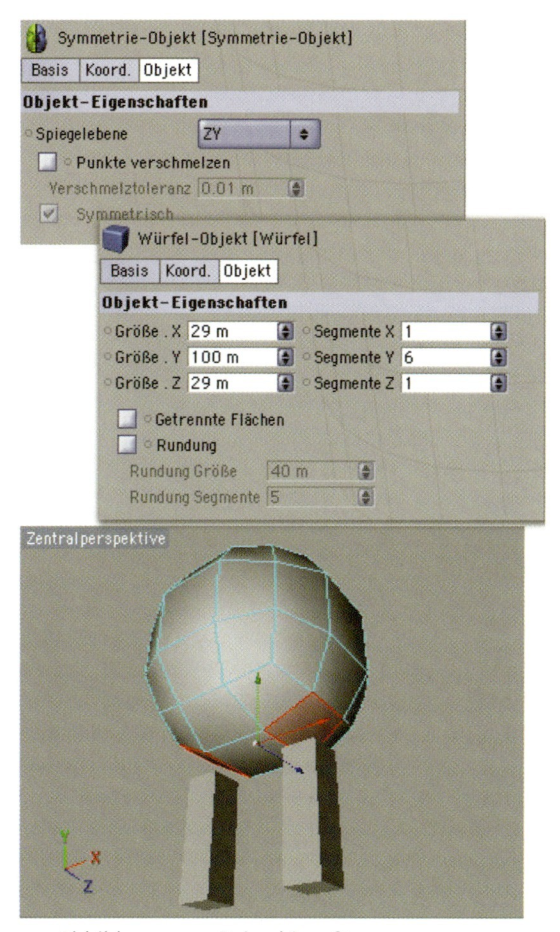

Abbildung 4.51: Beine hinzufügen

▶ Die Beine

Im nächsten Schritt ergänzen wir die Beine. Wir könnten diese auch aus Flächen der konvertierten Kugel formen, müssten uns dann jedoch stärker darum kümmern, dass der Querschnitt die gewünschte Form erhält, was einige zusätzliche Arbeitsschritte erfordern würde.

Stattdessen benutzen wir ein WÜRFEL-Grundobjekt als Bein (siehe Abbildung 4.51). Wie Sie der Abbildung entnehmen können, wird dort bereits eine größere Anzahl an SEGMENTEN für die vertikale Unterteilung des Bein-Würfels vorgesehen.

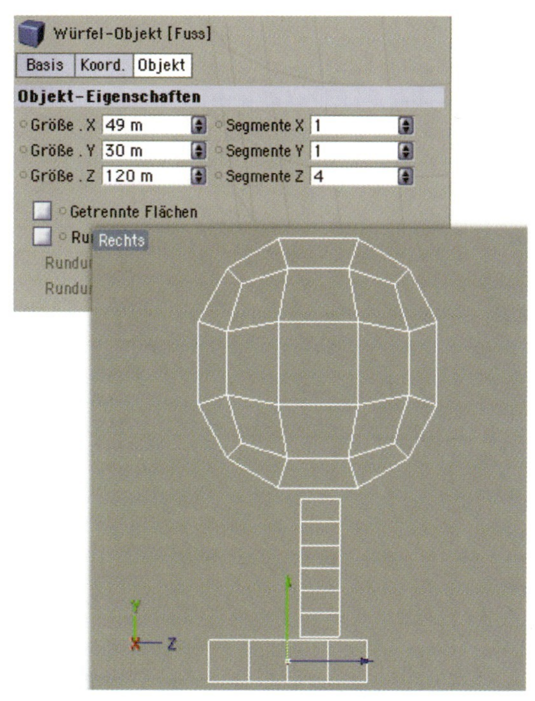

Abbildung 4.52: Ein Würfel als Fuß

Wir werden diese Unterteilungen später auf die Region um das Knie konzentrieren, um dort eine weiche Deformation des Würfels zu ermöglichen.

Da beide Beine der Figur das gleiche Aussehen haben und die gleiche Position zum Körper einnehmen, können Sie sich das erneute Hinzufügen eines zweiten Würfels für das andere Bein sparen.

Rufen Sie ein SYMMETRIE-OBJEKT auf und stellen Sie dessen SPIEGELEBENE auf die ZY ein. Sofern Sie die Position des KUGEL-Bauchs nicht verändert haben, liegen SYMMETRIE-OBJEKT und KUGEL weiterhin im Welt-Ursprung. Sie können daher das Würfel-Bein direkt dem SYMMETRIE-OBJEKT unterordnen und erhalten sofort das noch fehlende Bein.

Der Fuß wird ebenfalls durch einen WÜRFEL gebildet (siehe Abbildung 4.52). Ordnen Sie diesen Fuß-Würfel unter dem Bein-Würfel ein, damit auch davon ein Spiegelbild erzeugt wird.

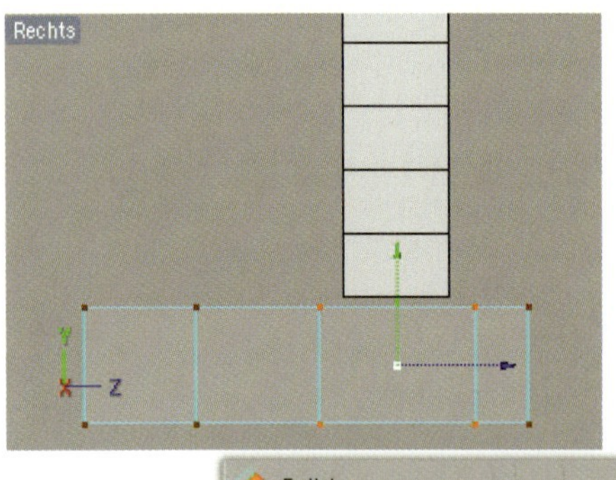

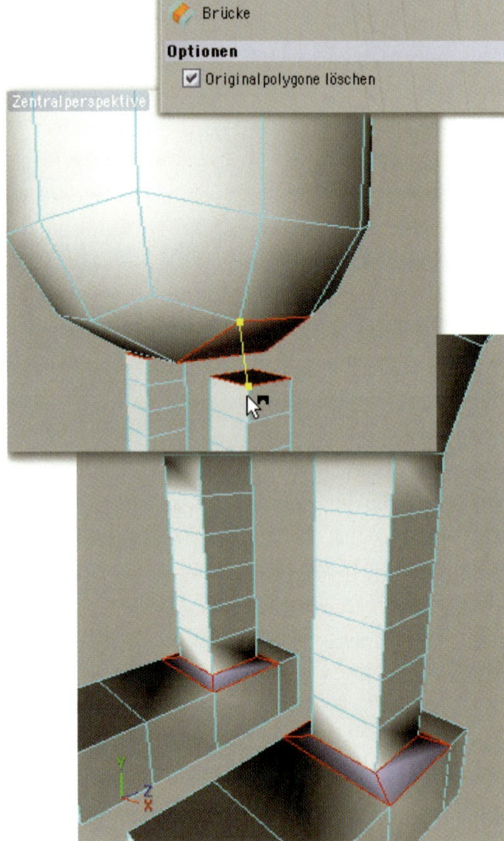

Abbildung 4.53: Objekte verbinden

Benutzen Sie entweder die ÜBERNEHMEN-Funktion oder den KOORDINATEN-MANAGER, um die Welt-X-Position des Fuß-Würfels auf die des Bein-Würfels abzustimmen. Der Fuß-Würfel sollte also mittig unter dem Bein liegen.

Wie in Abbildung 4.52 zu sehen ist, wird die Würfel-Unterteilung in Z-Richtung erhöht.

Dies vereinfacht später die Deformation des Würfels in dieser Richtung und somit das Abrollen des Fußes z.B. beim Gehen der Figur.

Sorgen Sie dafür, dass zwischen den oberen Fuß-Flächen und den unteren Bein-Flächen etwas Platz bleibt. Sie müssen in einem späteren Arbeitsschritt noch Polygon-Selektionen an diesen Flächen ausführen können.

Sind Sie mit der Lage und Größe der Würfel zufrieden, selektieren Sie das SYMMETRIE-OBJEKT und konvertieren es. Halten Sie dann die [⇧]-Taste gedrückt, während Sie die im OBJEKT-MANAGER die Kugel sowie die beiden konvertierten WÜRFEL-Objekte auswählen. Das SYMMETRIE-NULL-OBJEKT, das nach der Konvertierung entstanden ist, lassen Sie also deaktiviert.

Rufen Sie im FUNKTIONEN-Menü VERBINDEN auf. Es erscheint ein neues Objekt im OBJEKT-MANAGER, das nun alle Objekte der Figur in sich vereint. Dies erlaubt Ihnen, die Lücken zwischen dem Körper und den Beinen bzw. zwischen den Beinen und den Füßen zu verschließen. Die ursprünglichen Objekte können Sie löschen.

Selektieren Sie dazu im POLYGONE BEARBEITEN-Modus die Flächen an der Kugel, an der die Beine „andocken" sollen. Selektieren Sie dann zusätzlich die beiden oberen Deckflächen der Bein-Würfel (siehe mittlere Einblendung in Abbildung 4.53). Wählen Sie das BRÜCKE-Werkzeug im STRUKTUR-Menü aus und überprüfen Sie, ob dessen Option ORIGINALPOLYGONE LÖSCHEN im ATTRIBUTE-MANAGER aktiv ist.

Ziehen Sie mit gehaltener Maustaste eine Verbindung zwischen der selektierten Kugel-Fläche und der selektierten Bein-Fläche, zwischen denen eine Verbindung erfolgen soll. Nach dem Lösen der Maustaste werden diese beiden Flächen dann gelöscht und die Distanz dazwischen mit neuen Polygonen verschlossen. Verfahren Sie nach dem gleichen Muster mit dem anderen Bein.

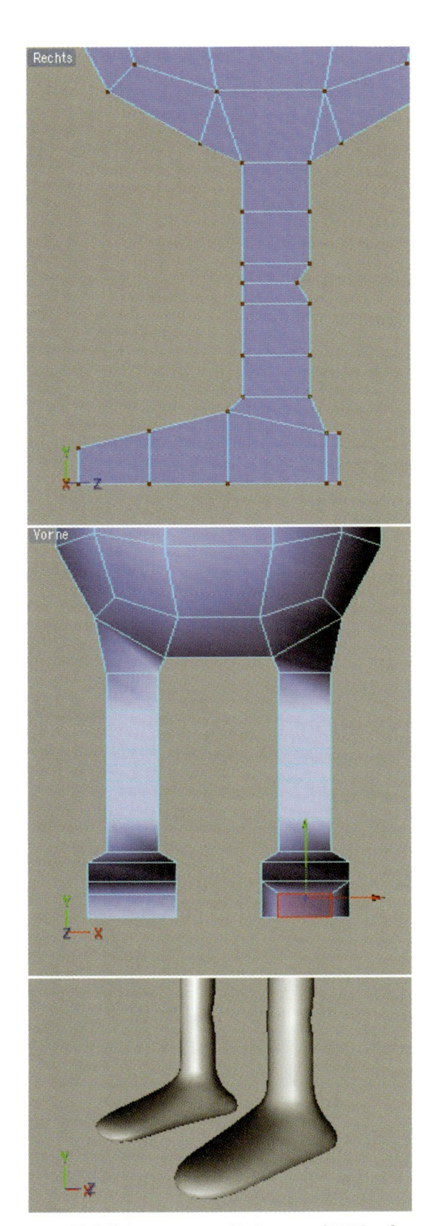

Abbildung 4.54: Beine und Füße formen

Um die Füße mit den Beinen verbinden zu können, muss zuvor ggf. etwas Platz geschaffen werden (siehe Abbildung 4.53 oben).

Wechseln Sie dazu in den PUNKTE BEARBEITEN-Modus und selektieren Sie in einer seitlichen Ansicht die Punktpaare am Fuß, die direkt unter dem Bein liegen. Skalieren oder verschieben Sie diese Punkte so, dass oben auf dem Fuß eine geeignete Fläche entsteht, die mit dem Bein verbunden werden kann.

Selektieren Sie dann diese Flächen an den beiden Füßen und zusätzlich die unteren Deckflächen an den Beinen. Sollten Sie diese Selektion aufgrund eines zu geringen Abstands der Objekte nicht ausführen können, selektieren Sie die Punkte am unteren Ende der Beine und verschieben Sie diese senkrecht nach oben, bis Sie wieder freie Sicht auf alle Flächen haben.

Benutzen Sie wieder die BRÜCKE-Funktion, um Verbindungen zwischen Füßen und Beinen zu schaffen.

Wechseln Sie in den PUNKTE BEARBEITEN-Modus und arbeiten Sie dort in einer seitlichen Ansicht, um die Beine und Füße wie in Abbildung 4.54 zu formen. Gehen Sie dabei so vor, dass Sie die LIVE-SELEKTION ohne eine Beschränkung auf sichtbare Elemente benutzen. Sie können so immer gleichzeitig die Punkte an beiden Beinen selektieren und verschieben.

Wie Sie der Abbildung entnehmen können, wurde dort eine Bein-Unterteilung an die Stelle verschoben, an der das Knie liegen soll. Je eine weitere Unterteilung liegt mit geringem Abstand darüber bzw. direkt darunter.

Der Fuß wird durch das Absenken der Punkte im vorderen Bereich etwas in Form gebracht. Im hinteren Bereich entsteht eine angedeutete Ferse.

Wechseln Sie in eine frontale Ansicht und in den POLYGONE BEARBEITEN-Modus, um die Fläche vor den Zehen auszuwählen. Hierbei können Sie immer nur an einem Fuß gleichzeitig arbeiten. Selektieren Sie daher z.B. zuerst die vordere Fläche am linken Fuß und skalieren Sie diese entlang der X-Achse etwas kleiner, um den Fuß vorne schmaler zu machen.

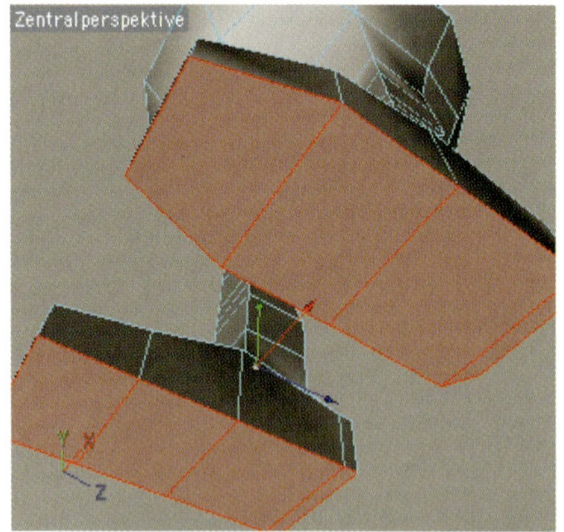

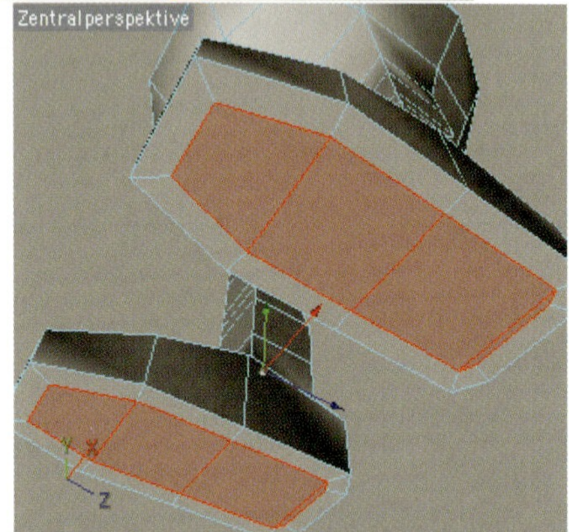

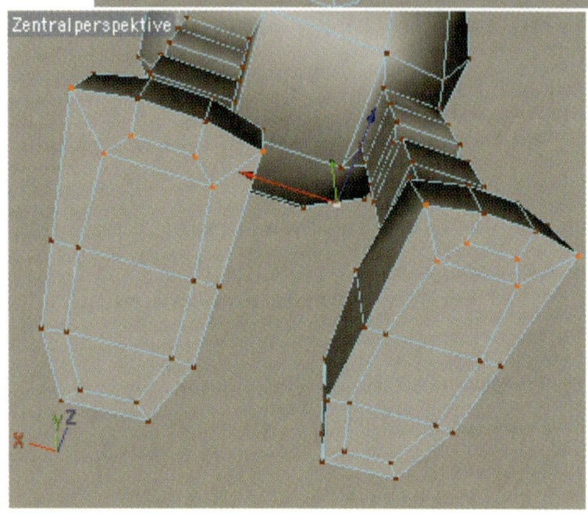

Abbildung 4.55: Die Sohlen formen

Nach dem gleichen Muster verfahren Sie mit der vorderen Fläche des anderen Fußes.

Wenn Sie das Objekt unter einem HyperNURBS-Objekt einordnen, könnte es wie in Abbildung 4.54 unten aussehen.
Die Füße wirken noch recht platt und zeigen wenig Konturen. Dem werden Sie durch Hinzufügen von Unterteilungen an den Sohlen entgegenwirken.

Arbeiten Sie dazu am besten in einer Ansicht von unten auf die Figur. Selektieren Sie dort alle Flächen, die unter den Füßen liegen (siehe obere Einblendung in Abbildung 4.55). Benutzen Sie die Innen Extrudieren-Funktion im Struktur-Menü, um die selektierten Flächen zu duplizieren und zu verkleinern (siehe mittlere Einblendung in Abbildung 4.55).

Spätestens jetzt sollten Sie in der Ansicht von unten arbeiten, denn Sie müssen die neu entstandenen Punkte unter den Sohlen etwas verschieben. Dies betrifft vor allem den Bereich der Ferse.

Wie Sie der untersten Einblendung in Abbildung 4.55 entnehmen können, wurde dort für einen gleich bleibenden Abstand der neuen Punkte vom Rand der Füße gesorgt. Zudem wird die mittlere Fläche hinten an den Füßen entlang der Welt-X-Achse verkleinert. Dies soll dafür sorgen, dass die Ferse nicht zu eckig aussieht und durch die HyperNURBS-Glättung eine weiche Rundung entsteht.

Sie sollten zur besseren Beurteilung der optimalen Punkt-Positionen auch das HyperNURBS-Objekt aktivieren, um die geglättete Oberfläche beobachten zu können. Je nach Ihrer bevorzugten Arbeitsweise können Sie dazu gleichzeitig Isoline bearbeiten in den Ansichts-Voreinstellungen aktivieren, um die Punkte und Polygone der Figur direkt auf die HyperNURBS-Oberfläche zu projizieren.

Der Körper samt Beinen und Füßen ist damit bereits komplett. Man könnte sich noch viel länger mit der detaillierten Ausmodellierung befassen, aber dies soll hier nicht das Hauptthema sein. Was wir jedoch nicht auslassen sollten, ist ein Kopf für die Figur.

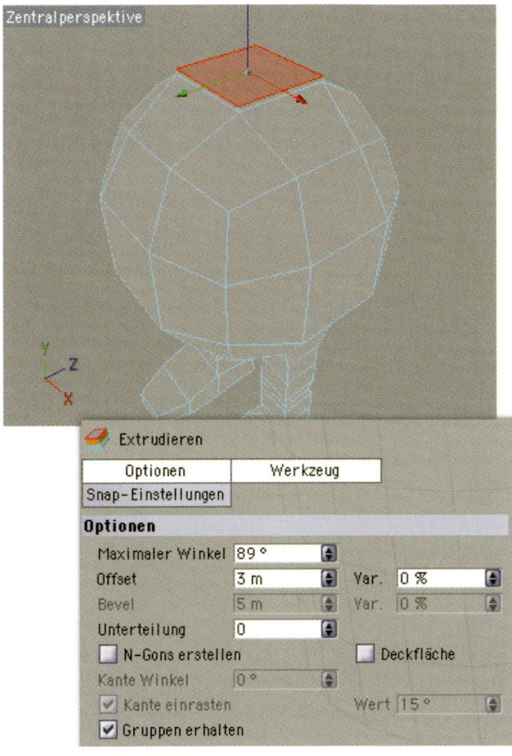

Abbildung 4.56: Den Halsansatz formen

▶ Hals und Kopf

Auch hier werden wir die Figur eher minimalistisch gestalten. Anders als bei den Beinen extrudieren wir den Hals und später den Kopf direkt aus dem Kugel-Körper heraus. Dies sorgt automatisch für organische Übergänge zwischen den Körperteilen und ist zudem in diesem Fall noch schneller als das Ergänzen, Konvertieren und Verbinden separater Objekte.

Selektieren Sie die oberste Fläche des Kugel-Körpers und benutzen Sie das Extrudieren-Werkzeug, um diese Fläche eine kurze Distanz nach oben zu verschieben (siehe Abbildung 4.56). Diese nahe beieinander liegenden Kanten werden im HyperNURBS zu einer sichtbaren Auswölbung. Diese soll dem Körper an dieser Stelle etwas mehr Kontur verleihen. Wenn Sie darauf aus optischen Gründen verzichten wollen, steht Ihnen dies natürlich frei.

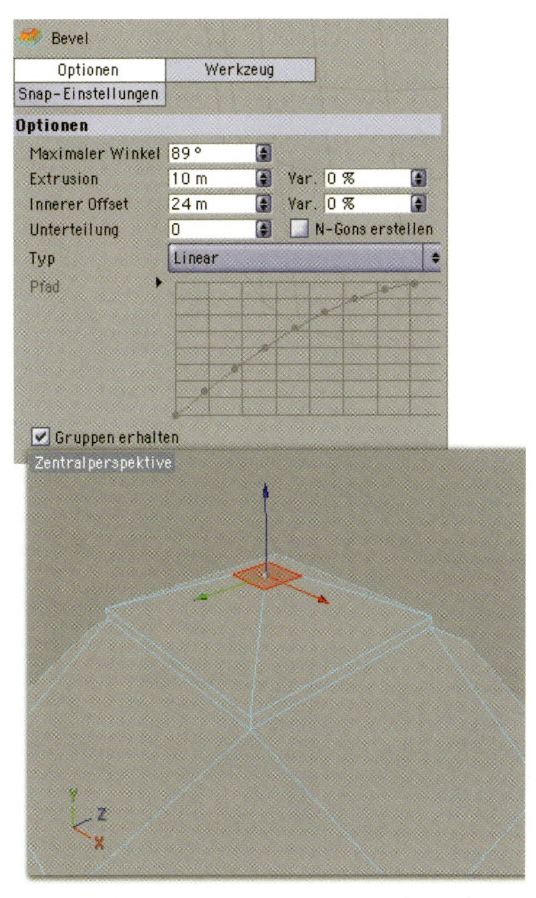

Abbildung 4.57: Reduzierung der Halsumfangs

Fahren Sie dann gleich mit dem nächsten Arbeitsschritt fort (siehe Abbildung 4.57).

Lassen Sie dafür die Fläche weiterhin selektiert und rufen Sie das Bevel-Werkzeug auf. Achten Sie darauf, dass die Echtzeitupdate-Option in den Werkzeug-Einstellungen des Bevel-Werkzeugs aktiv ist und benutzen Sie dort die Zuweisen-Schaltfläche. Von nun an können Sie Extrusion und Innerer Offset im Attribute-Manager verändern und die Veränderungen an der Fläche direkt im Editor verfolgen.

Es geht bei dieser Aktion vorrangig darum, den gewünschten Hals-Querschnitt zu erzeugen.

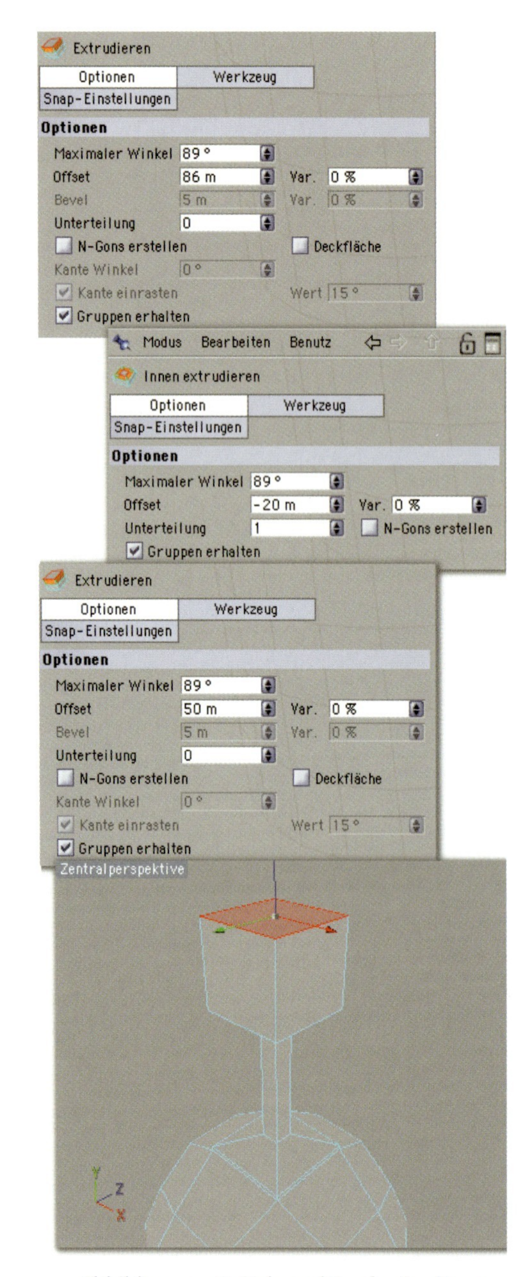

Abbildung 4.58: Hals und Kopf extrudieren

Der Extrusion-Anteil der Bevel-Aktion dient nur dazu, einen fließenderen Übergang zu schaffen.

Da damit der gewünschte Querschnitt des Halses bereits definiert ist, kann eine Extrudierung der Fläche nach oben den kompletten Hals erstellen.

Als Kopf wählen wir eine einfache Würfelform, die durch die HyperNURBS-Glättung zu einer Kugel wird. Dazu verwenden Sie den Innen extrudieren-Befehl mit einem negativen Offset. Die neue Fläche wird dadurch größer als die Ausgangsfläche. Eine abschließende Extrudierung verlängert die Fläche nach oben.

Abbildung 4.58 zeigt durch die Einblendungen der Werkzeug-Einstellungen mögliche Werte für die Offset-Verschiebungen. Der Hals der Figur kann bei Ihnen aber auch durchaus länger, kürzer, dicker oder dünner ausfallen. Dies hat auf die spätere Funktionsweise während der Animation keinen Einfluss.

In der unteren Einblendung der Abbildung 4.58 können Sie ein mögliches Endresultat in der Zentralperspektive erkennen. Wie Sie dort sehen, entspricht die Form von Hals und Kopf zwei aufeinander gestapelten Würfeln.

Damit sich der Hals während der Animation verbiegen und drehen lässt, müssen Sie zusätzliche Unterteilungen hinzufügen. Sie könnten dafür auch das Messer-Werkzeug verwenden, wir entscheiden uns diesmal jedoch für das Kanten schneiden-Werkzeug.

In Vorbereitung dieser Aktion wechseln Sie in den Kanten bearbeiten-Modus und selektieren z.B. mit der Live-Selektion die vier senkrechten Kanten am Hals der Figur. Rufen Sie das Kanten schneiden-Werkzeug auf und tragen Sie dort die gewünschte Anzahl an Unterteilungen ein. Drei Unterteilungen sollten ausreichen, da die Form zusätzlich noch vom HyperNURBS-Objekt unterteilt wird (siehe Abbildung 4.59).

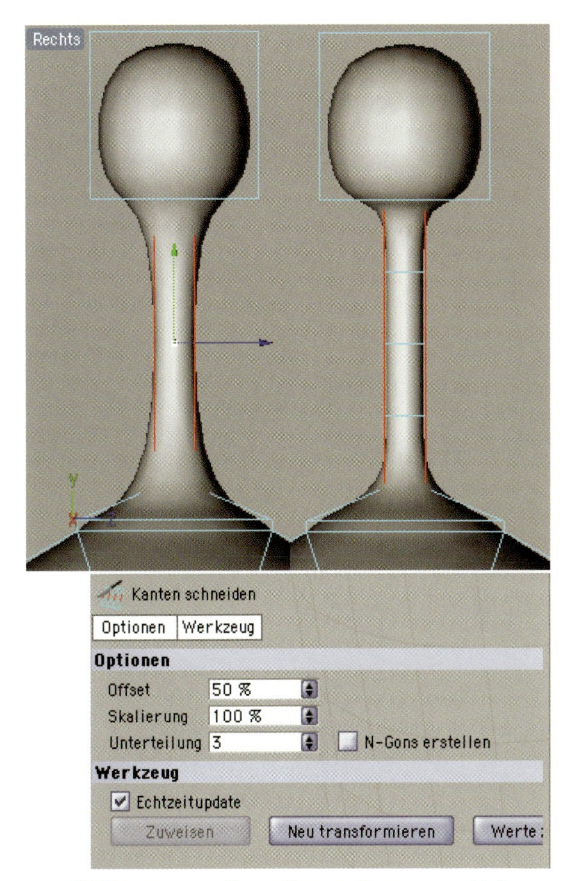

Abbildung 4.59: Neue Unterteilungen am Hals

Die durch das HyperNURBS geglättete Oberfläche gewinnt durch die zusätzlichen Unterteilungen zudem an Kontur und schmiegt sich noch stärker an die Polygone dort an.

Im Prinzip ist die Figur damit bereits komplett, doch wir sollten dem Kopf zumindest noch ein Auge spendieren, damit das arme Wesen auch erkennt, wohin es läuft. Dazu bietet es sich an, die bestehende Kopf-Kugel in der Mitte zu teilen und dadurch vorne eine Öffnung zu schaffen.

Die obere und die untere Hälfte des Kopfes können so als Lider fungieren. Das eigentliche Auge sitzt im Inneren und ist nur vorne zwischen den Lidern sichtbar.

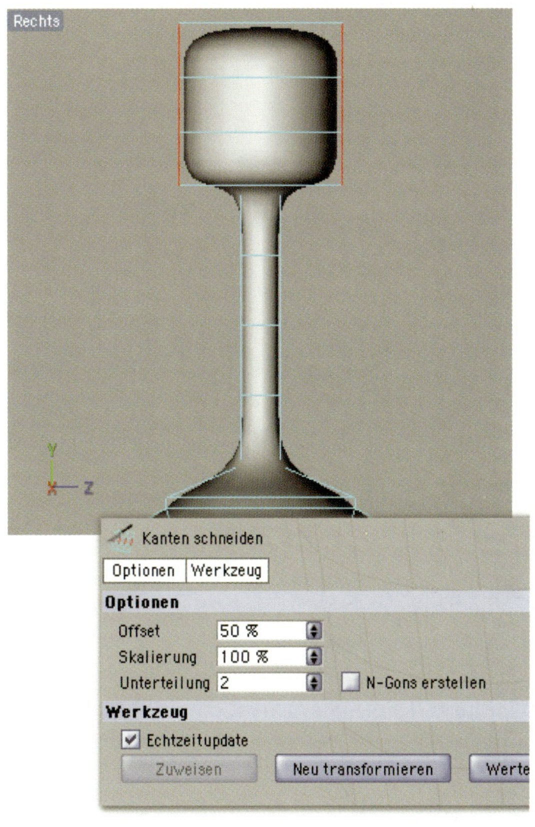

Abbildung 4.60: Neue Unterteilungen am Kopf der Figur

Gehen Sie dabei so vor wie beim Hals. Selektieren Sie also zuerst die vier senkrechten Kanten am Kopf und benutzen Sie dann das KANTEN SCHNEIDEN-Werkzeug zum Hinzufügen neuer Unterteilungen.

Wir sollten am Kopf mit zwei zusätzlichen Unterteilungen auskommen können (siehe Abbildung 4.60). Vorne in der Mitte entsteht dadurch eine neue Fläche, die wir in den nächsten Arbeitsschritten zu dem Spalt zwischen den Lidern und schließlich auch zum Hohlraum für das Auge ausformen werden.

Etwas störend fällt jedoch die Formveränderung des Kopfes auf. Die zusätzlichen Unterteilungen lassen diesen nun eher zylinderförmig erscheinen.

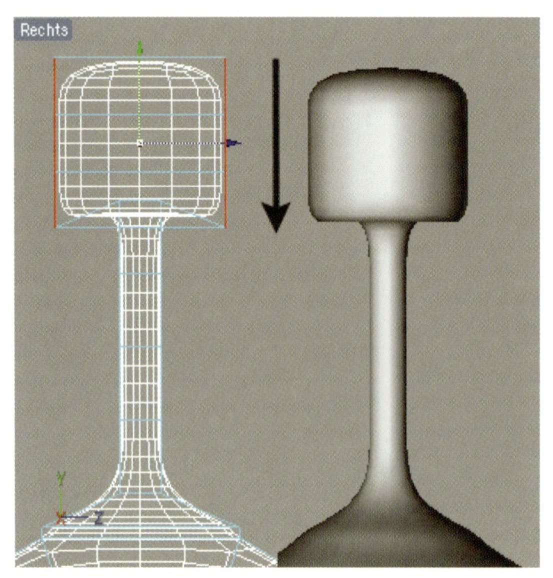

Abbildung 4.61: Den Halsansatz korrigieren

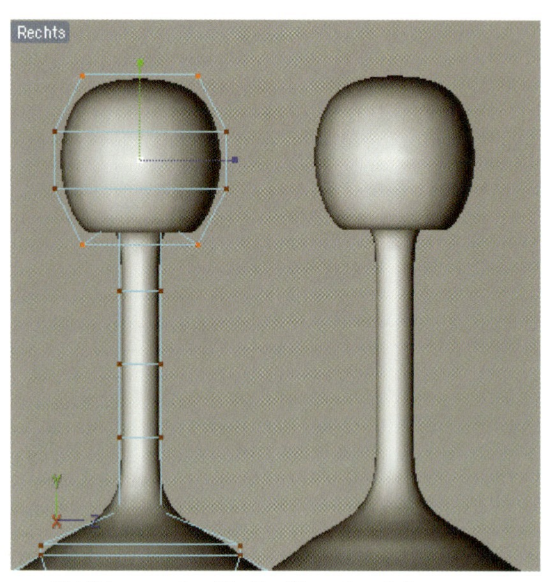

Abbildung 4.62: Die Kopfform korrigieren

▶ Den Kopf und die Lider formen

Wir müssen uns daher zuerst damit beschäftigen, die ursprüngliche Form des Kopfs wieder herzustellen. Um diese beurteilen zu können, müssen Sie das HYPERNURBS-Objekt spätestens jetzt aktivieren.

Da die vier senkrechten Kanten – nach der Unterteilung dieser Kanten haben wir es eigentlich mit 12 Kanten zu tun – weiterhin selektiert sind, nutzen wir diese Gelegenheit, um die Kanten etwas nach unten zu verschieben (siehe Abbildung 4.61).

Dies verändert zwar die Form des Kopfs noch nicht, sorgt jedoch für einen markanteren Übergang vom Hals zum Kopf. Das Ganze wirkt nun weniger tropfenförmig und lässt den Kopf eher als eigenständigen Körperteil erscheinen.

Um die runde Kopfform wieder herzustellen, wechseln Sie in den PUNKTE BEARBETEN-Modus und selektieren dort zuerst die vier Punkte, die die oberste Fläche auf dem Kopf begrenzen. Dies lässt sich z.B. sehr einfach mit einer Rahmen-Selektion in der seitlichen Ansicht erledigen. Achten Sie dabei darauf, die Selektion verdeckter Elemente zuzulassen.

Benutzen Sie anschließend das SKALIEREN-Werkzeug und verringern Sie damit die Abstände in X- und Z-Richtung zwischen den Punkten. Sie sollten beobachten können, wie sich dadurch wieder die abgerundete Kopfform – zumindest an der oberen Kopfhälfte – zeigt.

Nach dem gleichen Muster verfahren Sie mit den vier Punkten am unteren Ende des Kopf-Würfels (siehe Abbildung 4.62). Die Abbildung zeigt, wie gut Sie dadurch die ursprüngliche Form rekonstruieren können.

Wechseln Sie in die frontale Ansicht und zoomen Sie näher an den Kopf der Figur heran. Selektieren Sie dort im POLYGONE BEARBEITEN-Modus das mittlere, horizontal verlaufende Polygon am Kopf und rufen Sie die INNEN EXTRUDIEREN-Funktion auf.

Verkleinern Sie damit diese Fläche so weit, dass deren Breite sich ungefähr um die Hälfte reduziert. Die Veränderung der HyperNURBS-Oberfläche kann dadurch an den Rändern der Ausgangsfläche minimiert werden.

Aktivieren Sie danach das EXTRUDIEREN-Werkzeug und verschieben Sie damit die neue Fläche in den Kopf hinein.

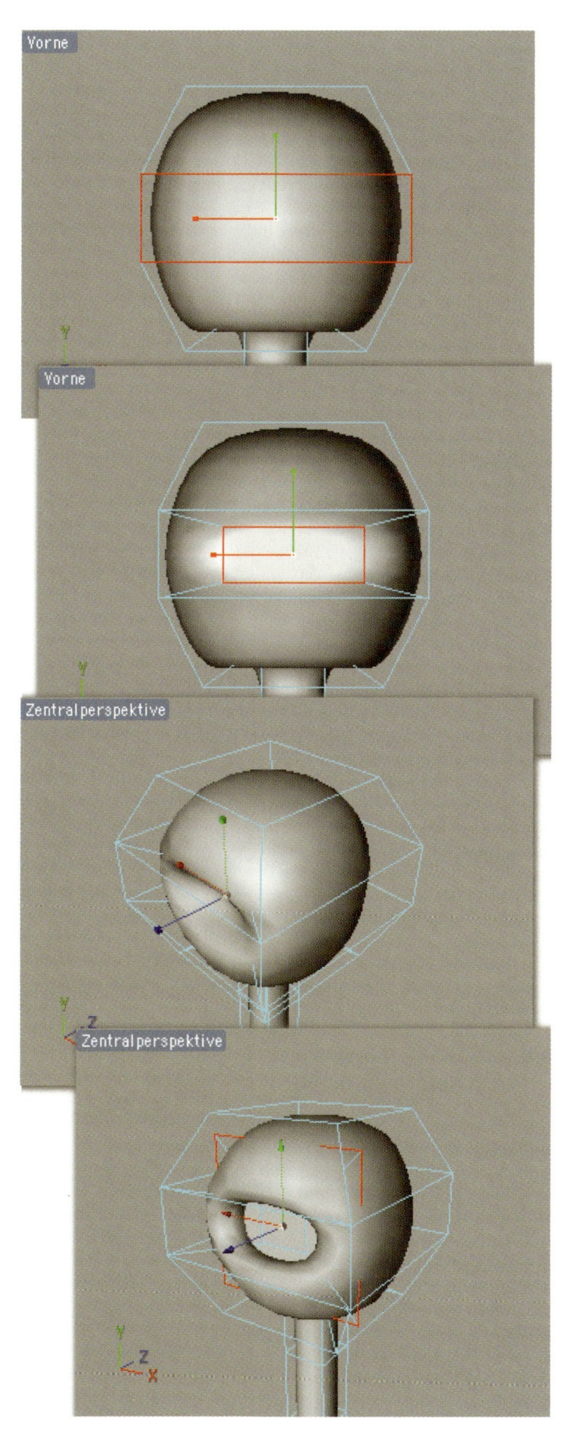

Abbildung 4.63: Lider und Augenöffnung formen

Ziel dieser Aktion ist es, die Dicke der Lider festzulegen. Sie sollten daher möglichst in der Zentralperspektive der Kamera-Ansicht oder in einer seitlichen Ansicht arbeiten, um den Abstand der Verschiebung und die dadurch entstehende Eindellung der HyperNURBS-Fläche beobachten zu können (siehe auch Abbildung 4.63).

Eine nachfolgende Innen extrudieren-Aktion mit einem negativen Offset-Wert vergrößert dieses Polygon und führt dazu, dass die Lider nach innen umgestülpt werden. Lassen Sie sich nicht davon schrecken, dass diese Vergrößerung der Polygonfläche dazu führt, dass diese außerhalb der HyperNURBS-Oberfläche sichtbar wird (siehe unterste Einblendung in Abbildung 4.63). Einzig die Form des HyperNURBS ist für uns maßgebend.

Nun müssen wir nur noch etwas mehr Platz hinter den Lidern schaffen, um dort eine Kugel für das Auge platzieren zu können. Benutzen Sie dazu erneut das Extrudieren-Werkzeug. Es reicht hierbei aus, die zuletzt vergrößerte Fläche ein wenig in Richtung Hinterkopf zu verschieben. Es wird sowieso nur ein kleiner Teil des Auges vorne sichtbar sein.

Abbildung 4.64 zeigt den Endzustand nach dem Extrudieren. Dort können Sie auch einen Blick auf mögliche Einstellungen für das neue Kugel-Grundobjekt werfen, das als Auge verwendet werden soll.

Platzieren und skalieren Sie die Kugel so im Kopf der Figur, dass diese möglichst groß ausfällt, gleichzeitig jedoch an keiner Stelle durch die Lider oder den Kopf hindurch zu sehen ist. Einzig in der Öffnung zwischen den Lidern muss das Auge natürlich gut zu sehen sein.

Damit ist die Modellierung bereits abgeschlossen und wir können uns im nächsten Abschnitt mit der Vorbereitung für die Animation beschäftigen.

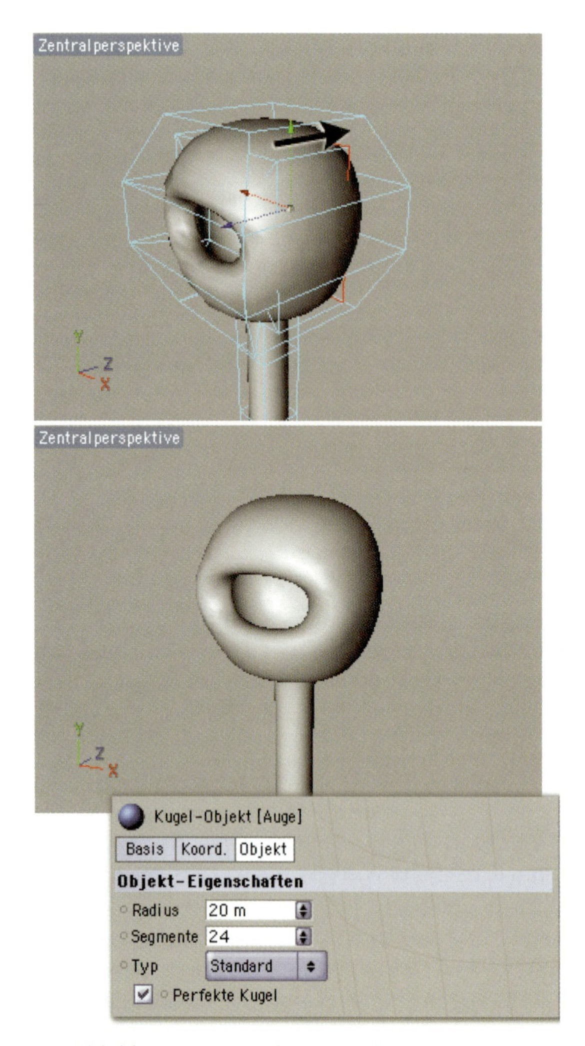

Abbildung 4.64: Die fertigen Lider

Die Figur mit Bones versehen

Anders als bei unseren vorherigen Animationen haben wir es bei dieser Figur nicht mit einer Ansammlung von Einzelobjekten zu tun. Sie können also nicht ohne weitere Maßnahmen z.B. einfach das Bein anwinkeln oder den Kopf der Figur in eine andere Richtung drehen.

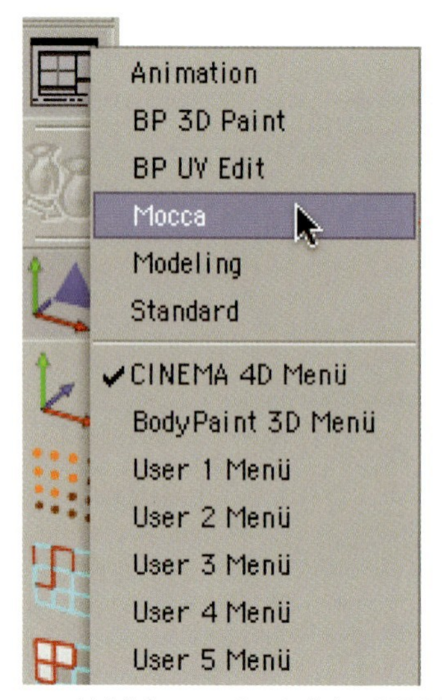

Abbildung 4.65: Auf das MOCCA-Layout umschalten

Speziell zur Lösung dieser Aufgaben gibt es einen eigenen Deformator-Typ, die Bone-Deformatoren. Bereits der Name deutet die Funktionsweise dieser Objekte an, denn Bones sind im Prinzip nur starre Stäbe, die sich um einen Punkt am Ende drehen lassen. Dieser Punkt fungiert also wie ein Gelenk an einem Skelettknochen.

Bones werden in der Regel in größeren Gruppen verwendet, die hierarchisch streng geordnet sind. Es gibt dabei einen Bone, der als Oberobjekt für alle übrigen Bones fungiert. Dieser Bone wird dabei zentral im zu verformenden Objekt platziert. Dies ist oft im Bereich des Beckens oder des unteren Bauchs einer Figur der Fall.

Im Laufe der Animation arbeiten die Bones nicht nur als Deformatoren des umliegenden Objekts, sondern sie können auch Bewegungen weiterleiten. Dies erleichtert die Animation komplexer Objekte erheblich, denn so braucht z.B. nur die Bewegung der Hand animiert zu werden und der Ober- und der Unterarm folgen automatisch der Hand mit. Man spricht dabei von „Inverser Kinematik", also einer Weiterleitung von Bewegung von dem bewegten Objekt weg in Richtung übergeordneter Bones. Daher spielt der hierarchische Aufbau von Bone-Skeletten eine tragende Rolle.

A B C D E F G H I J K L M N O P Q

Abbildung 4.66: Palette mit MOCCA-Werkzeugen

▶ Die wichtigsten MOCCA-Werkzeuge

Um einen möglichst einfachen Zugriff auf alle benötigten Werkzeuge und Objekte zu haben, wechseln wir am besten in das eigene MOCCA-Layout von Cinema 4D (siehe Abbildung 4.65). Nach einem kurzen Umschalten der Manager und Fenster werden dann über den Editor-Ansichten neue Symbole in einer Palette eingeblendet (siehe Abbildung 4.66).

Darüber lassen sich die wichtigsten Funktionen zum Erzeugen und Einstellen der Bone-Objekte direkt abrufen. Um Ihnen einen Überblick über die dort erreichbaren Funktionen zu geben, benutzen wir die in Abbildung 4.66 eingeblendeten Buchstaben für eine Kurzvorstellung der Symbole.

Wohl am wichtigsten für die Erstellung von Bone-Hierarchien sind die Bone-Werkzeuge beim Buchstaben A. Dahinter verbergen sich vier Funktionen zum Erzeugen von Bones, die über Schaltflächen im Attribute-Manager aktiviert werden.

Das Spiegelung-Werkzeug beim Buchstaben B verdoppelt und spiegelt u. a. Bone-Hierarchien. Dies ist sehr hilfreich, da Sie dadurch z.B. nur die Bones für einen Arm oder ein Bein erstellen und konfigurieren müssen. Die fehlende Seite kann durch Spiegeln in einem Arbeitsschritt ergänzt werden.

Beim Buchstaben C befindet sich das Claude Bonet-Werkzeug, mit dem so genannte *Wichtungen* auf das Objekt gemalt werden können.

Diese Wichtungen entsprechen Prozentwerten und teilen den Bones mit, wie groß deren Einfluss auf das Objekt sein soll.

Die IK-Setup-Funktion beim Buchstaben D analysiert eine vorhandene Bone-Hierarchie und ergänzt Hilfsobjekte und spezielle Expressions, die deren Steuerung erleichtert.

Im Zusammenhang mit Inverser Kinematik hatten wir bereits darüber gesprochen, dass sich Bewegungen entlang einer Bone-Hierarchie ausbreiten können. Um das Beispiel mit der animierten Hand einer Figur aufzugreifen, bedeutet dies, dass bei Bewegung der Hand auch der Unterarm und der Oberarm mitbewegt werden. Diese Weiterleitung der Animation ist sicher sehr hilfreich, muss jedoch auch kontrollierbar sein. So darf z.B. die Bewegung der Hand nicht auch eine Vorwärtsbewegung des gesamten Körpers zur Folge haben. Dies dürfte in den wenigsten Fällen erwünscht sein.

Zu diesem Zweck werden daher so genannte *Anker* an den Stellen der Hierarchie eingesetzt, an denen die Inverse Kinematik stoppen soll. In den meisten Fällen kommt man mit einem einzigen Anker aus, der dem obersten Bone der Bone-Hierarchie zugewiesen wird. Dies ist oft der Bauch- oder Becken-Bone, von dem aus hierarchische Bone-Ketten in die Extremitäten der Figur ausgehen.

Das Anker-Symbol beim Buchstaben E ergänzt die Anker-Eigenschaft zum aktiven Bone-Objekt. Sie werden jedoch noch eine andere Möglichkeit kennen lernen, um die Anker-Option zuzuweisen.

Beim Buchstaben F finden sich gleich mehrere Funktionen gesammelt in einem kleinen Menü.

Diese Funktionen ergänzen Hilfsobjekte und Expression zu den Bones. So können z.B. Ziel-Objekte erzeugt werden, die auf die Bones wie kleine Magneten wirken. Andere Expressions steuern die Rotation und Ausrichtung des Bones, um z.B. während der Animation eine Verdrehung zu verhindern. Am Beispiel des Stoßdämpfers haben Sie ja bereits erfahren, wie lästig eine unpassende Verdrehung werden kann.

Um später die korrekte Position und Rotation für die Bone-Ketten berechnen zu können, speichert Cinema 4D für jeden Bone eine so genannte *Ruheposition* ab. Darunter können Sie sich eine neutrale Stellung der Bones vorstellen oder auch eine Art Startposition für die folgende Animation.

In den meisten Fällen ist die Ruheposition der Bones von der Form der Figur abhängig. Die Bones müssen schließlich in der Figur liegen, die verformt werden soll. Die Symbole bei den Buchstaben G und H in Abbildung 4.66 nehmen die aktuelle Position oder Rotation des Bones auf und speichern diese als Ruheposition oder Ruherotation ab. Auch hier werden wir noch andere Möglichkeiten kennen lernen, um die Ruheposition von Bones zu speichern.

Das Symbol beim Buchstaben I aktiviert die Inverse Kinematik-Berechnung. Diese Funktion wird in der Regel immer aktiv sein, da ansonsten die Hilfsobjekte und Expressions der Bones nicht ausgewertet werden können.

Die dann folgenden Symbole aktivieren Funktionen, die nicht unmittelbar mit Bones zu tun haben. Es handelt sich hierbei um Werkzeuge und Objekte, die die Animation vereinfachen können.

Beim Buchstaben J finden Sie die Cappucino genannte Funktion, die ähnlich wie die Automatische Keyframe-Aufnahme arbeitet. Cappucino geht hierbei jedoch einen Schritt weiter und erlaubt die Aufnahme von Keyframes, während die Animation abläuft.

Sie haben also z.B. einen Würfel animiert und wollen diesem noch einige Rotationen hinzufügen. Sie können dann Cappucino aktivieren, dort die Aufnahme von Rotations-Keyframes selektieren und die Animation im Editor ablaufen lassen. Noch während die Animation abläuft, rotieren Sie den Würfel beliebig. Danach finden Sie die Rotation des Würfels in der Zeitleiste als Keyframes wieder.

Da man hierbei zwangläufig nicht so exakt arbeiten kann wie beim manuellen und bildweisen Erzeugen von Keyframes, eignet sich Cappucino eher zum Hinzufügen von so genannter „Secondary Motion“.

Darunter versteht man Bewegungen, die mit der eigentlichen Animation z.B. einer Figur nichts zu tun haben, aber entscheidend zur Glaubwürdigkeit einer Animation beitragen können. Dies kann z.B. das Blinzeln einer Figur sein oder eine subtile Bewegung der Finger.

Der Schraubstock mit dem Schlüssel beim Buchstaben K stellt ein Werkzeug zur Reduzierung von Keyframes dar. Dies ist immer dann sehr hilfreich, wenn Sie z.B. eine Animation aus einem anderen Programm importiert haben und dort für jedes Bild der Animation ein Keyframe erzeugt wurde.

Diese Anzahl von Keyframes macht es normalerweise unmöglich, weitere Korrekturen an der Animation durchzuführen. Jede Veränderung eines Werts würde Korrekturen an den Werten der benachbarten Keyframes mit sich bringen, um weiterhin eine flüssig ablaufende Animation zu erhalten.

Der Keyframe-Reduzierer vergleicht die in den Keyframes gespeicherten Werte und benutzt die F-Kurven, um Keyframes mit ähnlichen Werten zu entfernen. Führt man die Reduzierung behutsam durch, bleibt die eigentliche Animation davon nahezu unberührt.

Beim Buchstaben Ⓛ aus Abbildung 4.66 befindet sich das Symbol für die „Pose to Pose Bibliothek“. In Cinema 4D wird aufgrund der Länge des Namens die Abkürzung P2P benutzt. Mit dieser Bibliothek können Sie z.B. verschiedene Körperstellungen sammeln und dann mit nur einem Keyframe auf die Figur übertragen. Dazu wird eine P2P Bibliothek erzeugt und im Objekt-Manager doppelt auf deren Icon geklickt. Es öffnet sich der Pose to Pose Manager.

In diesen Manager ziehen Sie die vorhandenen Kopien der Figur hinein, die jeweils eine der benötigten Posen zeigen. Sind auf diese Weise alle Posen aufgenommen worden, ordnen Sie die P2P Bibliothek im Objekt-Manager dem zu animierenden Objekt unter. Die Funktionsweise ist also wie bei einem Deformator-Objekt.

Von nun an können Sie im Pose to Pose Manager die gewünschten Posen anklicken und damit auf die Figur übertragen. Ein Klick auf die Aufnahme-Schaltfläche im Pose to Pose Manager erzeugt einen Keyframe, der alle benötigten Daten der ausgewählten Pose enthält.

Interessant ist diese Funktion deshalb, weil sich damit auch ganze Hierarchien von Objekten animieren lassen. Durchläuft ein Objekt oder eine Objekthierarchie also immer die gleichen Bewegungen, kann der Einsatz der P2P Bibliothek lohnend sein.

Ebenfalls der Übertragung von Animationsdaten widmet sich das MoBlend Setup-Objekt beim Buchstaben Ⓜ in Abbildung 4.66. Damit lassen sich bereits erstellte Animationen mischen und überblenden.

Das „Motion Blending“ aktivieren Sie für die unanimierte Version eines Objekts. Mindestens zwei weitere animierte Versionen dieses Objekts werden dann den beiden Motion-Spuren in der Zeitleiste zugewiesen.

Ziehen Sie dazu die animierten Objekte in die Motion-Felder der Motion A- und Motion B-Sequenzen im Attribute-Manager. Über eine Übergang-Sequenz kann die Überblendung zwischen den Animationen justiert werden.

Ist das Symbol beim Buchstaben Ⓝ in Abbildung 4.66 zusätzlich aktiviert, können Sie die Bewegungspfade der beiden zugewiesenen Motion-Objekte im Editor einblenden lassen.

Bone-Objekte können über eine Reihe von Hilfsobjekten verfügen. Muss eine Bone-Kette gedreht oder verschoben werden, könnte es recht lästig sein, alle Hilfsobjekte neu anzupassen. Ist das Icon beim Buchstaben Ⓞ aktiv, werden die Hilfsobjekte zusammen mit den Bones bewegt, als wären sie fest damit verbunden. Dies hat zudem den Vorteil, dass die Stellung aller Bones konstant bleibt.

Um schneller in der Zeit navigieren und z.B. eine bestimmte Stelle in einer Animation finden zu können, stellt MOCCA das TimeWarp-Werkzeug zur Verfügung (siehe Abbildung 4.66, Buchstabe Ⓟ). Ist dieses aktiv, können Sie durch Halten der Maustaste und Bewegen des Mauszeigers nach links oder rechts in einem Editor-Fenster in der Zeit navigieren. Die Schrittweite für den TimeWarp stellen Sie im Attribute-Manager ein.

Das letzte Symbol aktiviert die automatische Berechnung aller Expressions, die mit den Bones in Verbindung stehen. Die Einstellungen dieser Funktion finden Sie in einem eigenen Fenster, das im MOCCA-Layout direkt zwischen dem Attribute-Manager und dem Objekt-Manager eingeordnet ist.

Welchen Vorteil diese Funktion hat, werden Sie im Laufe der Animation der Figur noch feststellen.

Damit haben Sie bereits einen groben Überblick über die wichtigsten Funktionen erhalten und wir können beginnen, unsere Figur für die Animation vorzubereiten.

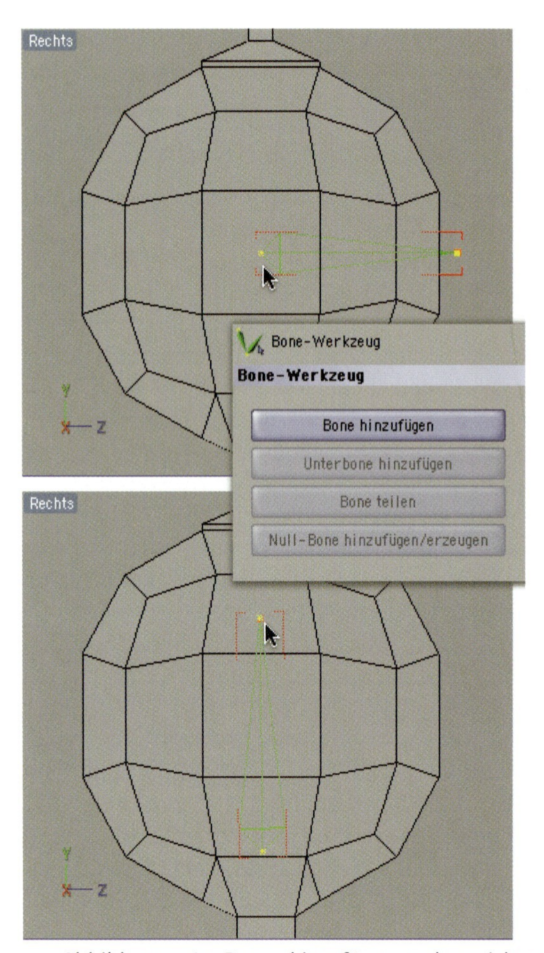

Abbildung 4.67: Bones hinzufügen und ausrichten

▶ Bones mit den Bone-Tools erzeugen

Beim Platzieren der Bones werden wir mit dem Bone beginnen, der später den ANKER erhalten soll. Dies ist also typischerweise ein Bone im Zentrum der Figur.

Richten Sie dazu Ihre Aufmerksamkeit auf die seitliche Editor-Ansicht und aktivieren Sie in der MOCCA-Palette das Symbol für das BONE-WERKZEUG. Im ATTRIBUTE-MANAGER erscheinen die bereits angesprochenen vier Schaltflächen, mit denen z.B. neue Bones erstellt oder vorhandene geteilt werden können (siehe Abbildung 4.67).

Benutzen Sie dort die BONE HINZUFÜGEN-Schaltfläche. Sie sollten beobachten können, wie im OBJEKT-MANAGER ein neues Bone-Objekt erscheint. In der seitlichen Editor-Ansicht stellt sich dies wie in Abbildung 4.67 dar.

Zwei gelbe Punkte markieren die Enden des Bone-Objekts. Durch Anklicken dieser Punkte und Halten der Maustaste können die Punkte verschoben und damit der Bone in seiner Länge und Lage verändert werden.

Wir hatten in den einführenden Abschnitten über Bones bereits angesprochen, dass Bone-Objekte in sich starr sind und nur eine Rotation um den Gelenkpunkt erlauben. Dieses Gelenk eines Bone-Objekts befindet sich im gelben Punkt am breiten Ende des Bones. Im oberen Teil von Abbildung 4.67 zeigt der Mauszeiger auf diesen Punkt.

Da nur dieser Punkt später für Drehungen benutzt werden kann, müssen wir uns rechtzeitig Gedanken über die Bewegungsmöglichkeiten der Figur und die Lage der Gelenke machen.

Benutzen Sie den Gelenkpunkt des Bones und verschieben Sie diesen in der seitlichen Ansicht nach unten bis kurz über den Beinansatz. Den Anfasserpunkt an der Spitze des Bones bringen Sie in eine senkrechte Position über dem Gelenkpunkt und verschieben ihn etwas nach oben. Abbildung 4.67 zeigt im unteren Bereich, wie die Endpositionen der beiden Bone-Anfasserpunkte aussehen könnten.

Da der Bone an sich starr ist, wird sich später in diesem Bereich der Figur nicht viel bewegen lassen. Körperteile, die sich verformen sollen, müssen feiner mit Bones unterteilt werden, als wir es hier beim Torso der Figur realisiert haben.

Wie dies praktisch aussieht, erfahren Sie nun bei der Platzierung der Bones für den Hals und den Kopf der Figur.

Das Bone-Objekt und die BONE-WERKZEUGE sollten weiterhin aktiviert sein. Betätigen Sie dann die Schaltfläche UNTERBONE HINZUFÜGEN.

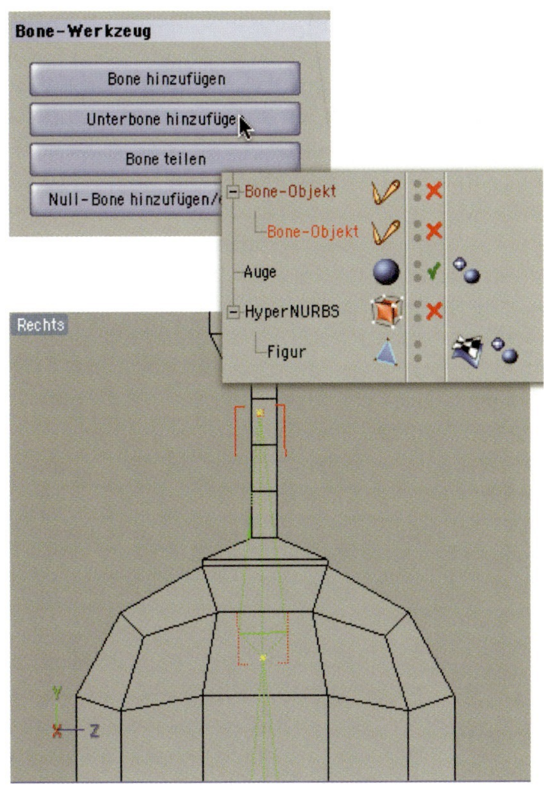

Abbildung 4.68: Unterbones hinzufügen

Diese Funktion hat dem aktiven Bone-Objekt einen neuen Bone untergeordnet. Das neue Bone-Objekt hat die gleiche Länge und zeigt auch in die gleiche Richtung wie das alte Bone-Objekt. Einziger Unterschied ist, dass das Unterbone-Objekt dort sein Gelenk hat, wo der alte Bone seine Spitze hatte. Es ist dadurch eine kleine Bone-Kette entstanden (siehe Abbildung 4.68).

Dieser neue Bone wird sich später dort rotieren lassen, wo die Spitze des ersten Bones liegt. Würden Sie diesen Unterbone durch seinen Anfasser am spitzen Ende bis zum Kopf der Figur verlängern, könnten Sie zwar den Hals bewegen, aber diese Bewegung wäre immer noch recht starr, da nur ein Gelenk zwischen den Bones besteht. Der Hals muss also aus mehreren Bones gebildet werden, um später realistisch animierbar zu sein. Ziehen Sie daher die Spitze des neuen Bones nur bis zum unteren Halsansatz.

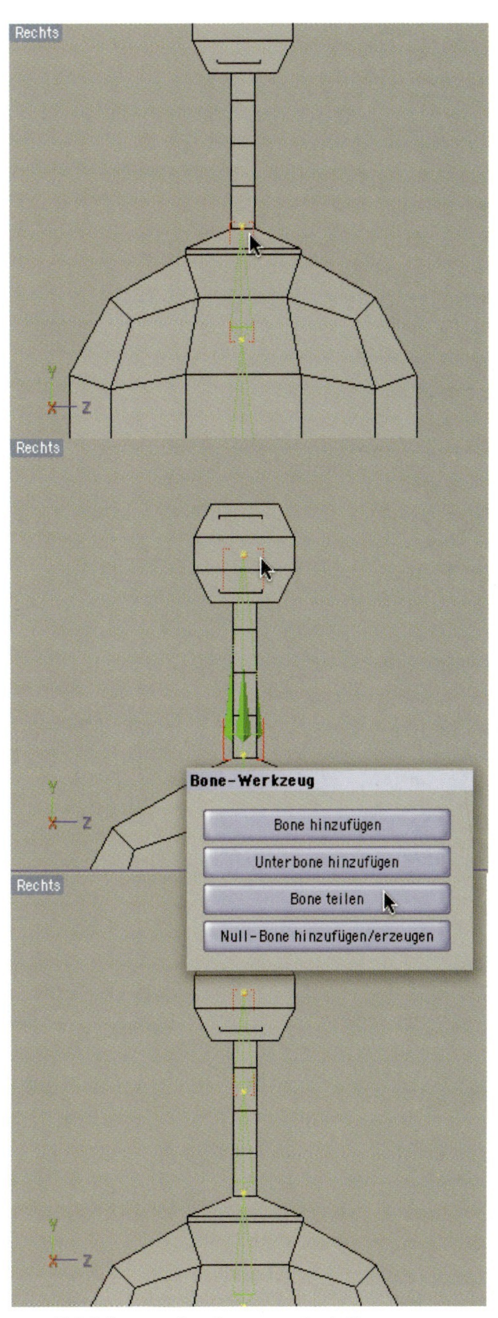

Abbildung 4.69: Bones unterteilen

Benutzen Sie dann erneut die UNTERBONE HINZUFÜGEN-Taste und ziehen Sie das obere Ende dieses Bones bis in die Mitte des Kopfes.

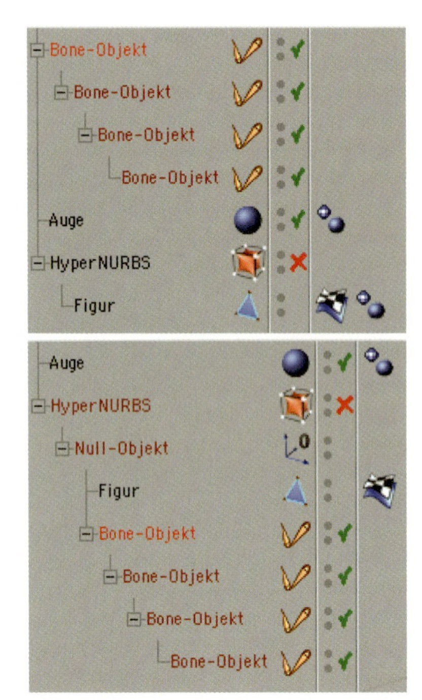

Abbildung 4.70: Hierarchische Einordnung der Bones

Abbildung 4.69 zeigt in den oberen Einblendungen diesen Arbeitsschritt. Der Hals ist damit durch das untere Gelenk zwar beweglicher geworden, aber der Kopf lässt sich in dieser Aufteilung z.B. noch nicht separat drehen.

Um bereits vorhandene Bones zu unterteilen und dadurch praktisch ein zusätzliches Gelenk in der Mitte des Bones zu erhalten, benutzen Sie die BONE TEILEN-Schaltfläche der BONE-WERKZEUGE im ATTRIBUTE-MANAGER (siehe auch Abbildung 4.69).

Damit sind Sie mit diesem Ast des benötigten Bone-Skeletts bereits fertig und können die erstellten Bones etwas genauer betrachten. Beenden Sie dazu zuerst das BONE-WERKZEUG z.B. durch die Anwahl des BEWEGEN-Werkzeugs, das sich ebenfalls im linken Teil der MOCCA-Palette befindet.

Sie werden bemerken, dass die Bones dadurch aktiviert werden, was an den grünen Häkchen hinter den Bone-Objekten im OBJEKT-MANAGER zu erkennen ist.

Damit Bones andere Objekte beeinflussen können, müssen sie dem jeweiligen Objekt untergeordnet werden. Da die Bone-Objekte bislang noch auf der obersten Hierarchie-Ebene im OBJEKT-MANAGER liegen, ist es an der Zeit, die Bones mit dem Figur-Objekt zu verknüpfen.

In der Regel geht man dabei so vor, dass die Bones über den Umweg eines Null-Objekts mit dem zu verformenden Objekt verbunden werden. Dies hat den Vorteil, dass so auch mehrere Objekte von einer Bone-Hierarchie beeinflusst werden können. So könnte man der Figur z.B. noch Kleidung oder Werkzeuge als separate Objekte unter dem Null-Objekt hinzufügen und diese würden automatisch auch von den Bones bewegt.

Erzeugen Sie daher ein NULL-OBJEKT und platzieren Sie es im OBJEKT-MANAGER unter dem HYPERNURBS-Objekt. Ziehen Sie zuerst das Figur-Objekt unter das Null-Objekt und dann das oberste Bone-Objekt (siehe Abbildung 4.70).

Wir sprachen bereits über die Ruhepositionen von Bones und die Notwendigkeit, diese Informationen zu speichern. Um dies für eine Hierarchie von Bones in einem Arbeitsschritt zu erledigen, selektieren Sie den obersten Bone und führen einen Rechtsklick auf seinen Namen im OBJEKT-MANAGER aus. Alternativ hierzu können Sie das OBJEKTE-MENÜ im OBJEKT-MANAGER benutzen.

Sie finden dort den Eintrag BONES FIXIEREN. Nach Auswahl dieses Befehls öffnet sich ein kleines Dialogfenster, in dem Sie gefragt werden, ob Sie auch die Fixierung der Unterobjekte veranlassen möchten. Sie bejahen dies.

Cinema 4D liest nun die aktuellen Positionen und Rotationen der Bones aus und speichert diese ab. Sie können die gespeicherten Werte jederzeit für jeden Bone einsehen, wenn Sie einen Bone anklicken und im ATTRIBUTE-MANAGER die FIXIEREN-Kategorie anwählen.

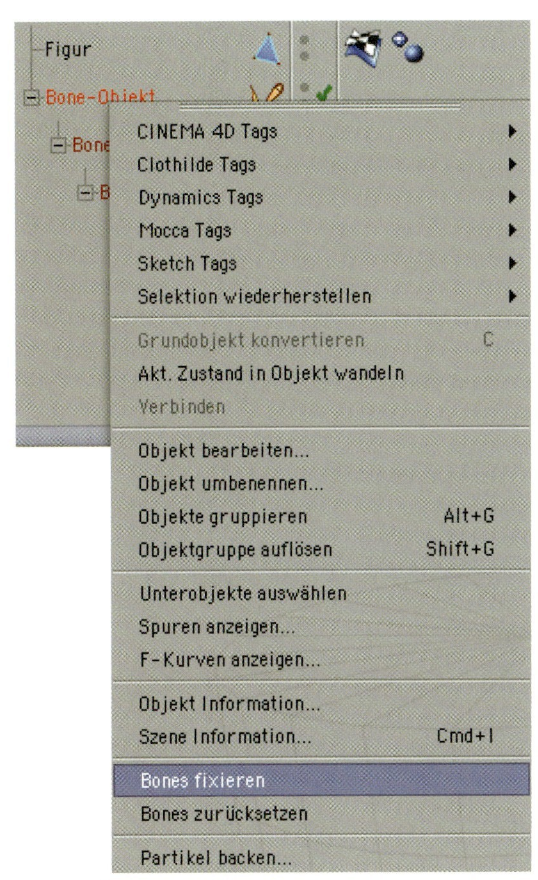

Abbildung 4.71: Bones fixieren und zurücksetzen

▶ Bones zurücksetzen

Wenn Sie die Bones ab diesem Zeitpunkt bewegen oder rotieren, wird die Figur bereits mitverformt, wenn auch sicherlich nicht so, wie man sich die Animation einer Figur vorstellen würde.

Sie müssen daher ab dem Moment der Fixierung der Bones aufpassen, was Sie mit den Bones anstellen. Jede Veränderung hat eine Deformation der Figur zur Folge. Um dennoch auch zu diesem Zeitpunkt noch Veränderungen an den Bones vornehmen zu können, ist eine Aussetzung der Fixierung möglich.

Wählen Sie dazu wieder den obersten Bone der Hierarchie aus und rufen Sie erneut das OBJEKTE-Menü durch einen Rechtsklick oder direkt im OBJEKT-MANAGER auf (siehe Abbildung 4.71).

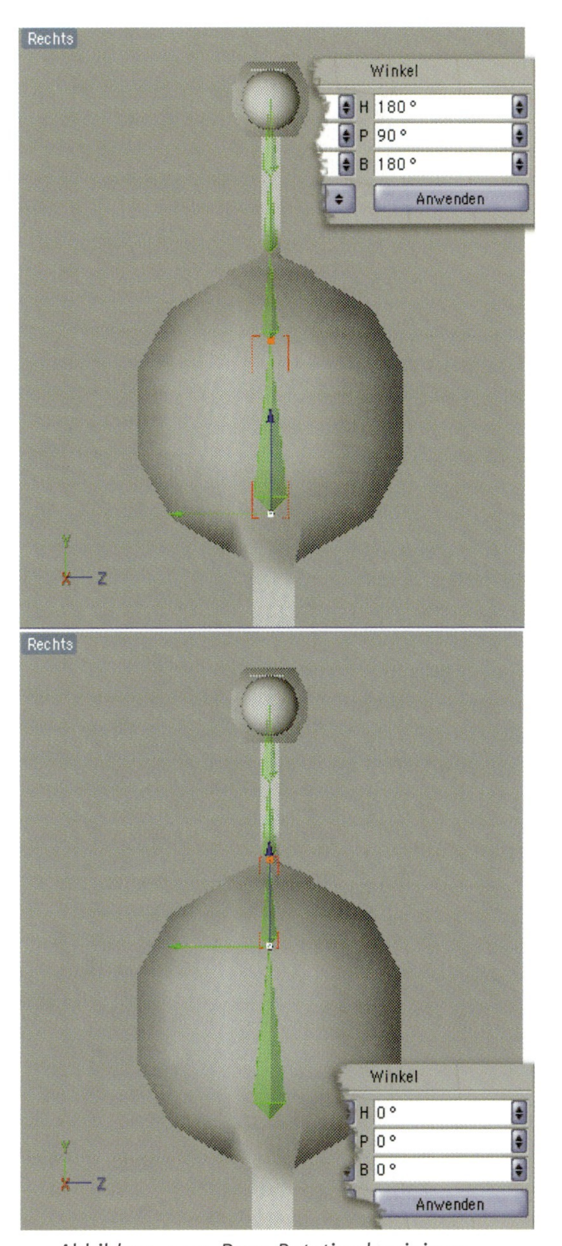

Abbildung 4.72: Bone-Rotation korrigieren

Selektieren Sie den Eintrag BONES ZURÜCKSETZEN, um die Bone-Objekte als Deformatoren zu deaktivieren. Die zuvor bei der Fixierung gespeicherten Daten bleiben jedoch erhalten. Nutzen Sie dies aus, um ggf. die Rotation der Bones zu korrigieren (siehe Abbildung 4.72).

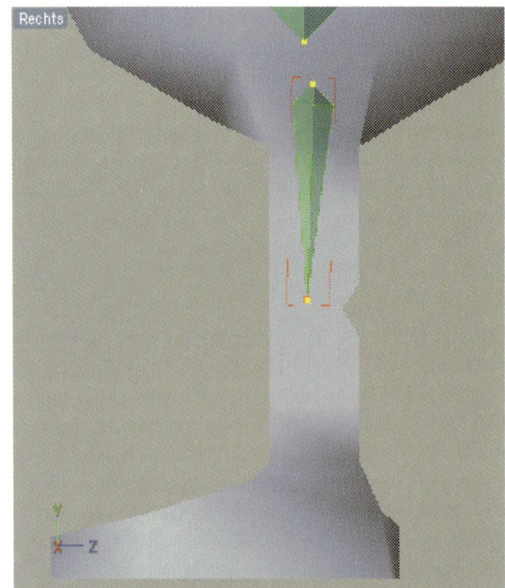

Abbildung 4.73: Die Bein-Bones erzeugen

Da Sie später mit Expressions arbeiten, die die Rotation der Bones steuern, ist es wichtig, auf eine einheitliche Richtung bei den Bone-Achsen zu achten.

Die Z-Achse der Bones entspricht immer der Länge eines Bones. An ihrer Richtung lässt sich daher nur wenig ändern.

Sie können Bones jedoch um ihre Z-Achse drehen, um die Richtungen der X- und Y-Achsen zu korrigieren. Sorgen Sie also durch Rotation des ersten Bones dafür, dass seine Y-Achse gerade nach vorne, also in Richtung des Bauchs zeigt (siehe Abbildung 4.72).

Überprüfen Sie dann die folgenden Bones. Deren Y-Achsen sollten ebenfalls in diese Richtung zeigen. Ist dies zu Ihrer Zufriedenheit erledigt, selektieren Sie wieder den ersten Bone der Hierarchie und speichern die korrigierten Ruhepositionen mit dem bekannten BONES FIXIEREN-Befehl für die gesamte Hierarchie ab.

Die Bein-Bones erzeugen

Nun ist die Bone-Kette für den Körper und den Hals fertig und wir können uns mit den Beinen der Figur beschäftigen. Wir arbeiten dabei wie zuvor in der seitlichen Editor-Ansicht.

Aktivieren Sie das BONE-WERKZEUG und wählen Sie dort BONE HINZUFÜGEN aus. Verschieben Sie den Gelenkpunkt dieses Bones an die Stelle, an der sich der Oberschenkel der Figur drehen soll. Den Anfasser am spitzen Ende des Bones bewegen Sie bis zur Mitte des Knies (siehe obere Einblendung in Abbildung 4.73).

Benutzen Sie die UNTERBONE HINZUFÜGEN-Schaltfläche der BONE-WERKZEUGE, um den Unterschenkel-Bone zu erstellen. Bewegen Sie sein spitzes Ende zu einer Position, an der sich das Fußgelenk befinden könnte.

Erzeugen Sie auf diese Weise noch zwei weitere Unterbones, mit denen Sie den Fuß und schließlich die Zehen definieren.

Wie Sie dem unteren Teil in Abbildung 4.73 entnehmen können, bilden diese Bone-Objekte keinen rechten Winkel zwischen Unterschenkel und Fuß. Rechte Winkel sollten zwischen Bone-Objekten möglichst vermieden werden. Sie werden später beim Zuweisen der Expressions feststellen, welche Vorteile diese Anordnung für die Abrollbewegung des Fußes hat.

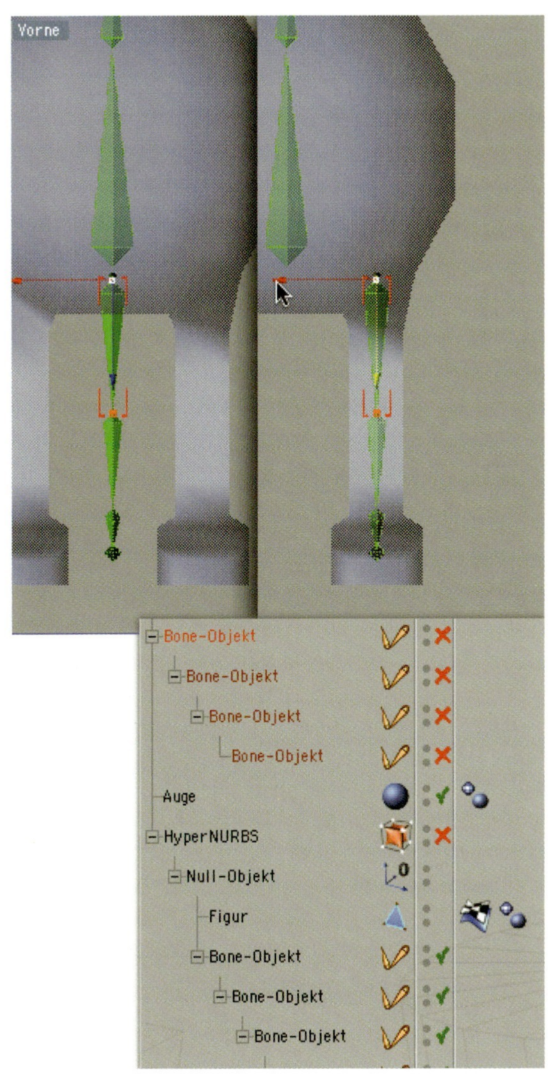

Abbildung 4.74: Bone-Kette seitlich verschieben

In der seitlichen Editor-Ansicht sitzen die Bein-Bones exakt dort, wo wir sie haben möchten. Ein Blick in die frontale Ansicht macht jedoch diese Täuschung deutlich. Der erste Bone wird immer im Ursprung des Welt-Systems erzeugt und liegt daher in der Mitte der Figur.

Um dies zu korrigieren, beenden Sie das BONE-WERKZEUG, z.B. durch die Wahl des BEWEGEN-Werkzeugs, und benutzen BONES FIXIEREN mit dem Oberschenkel-Bone.

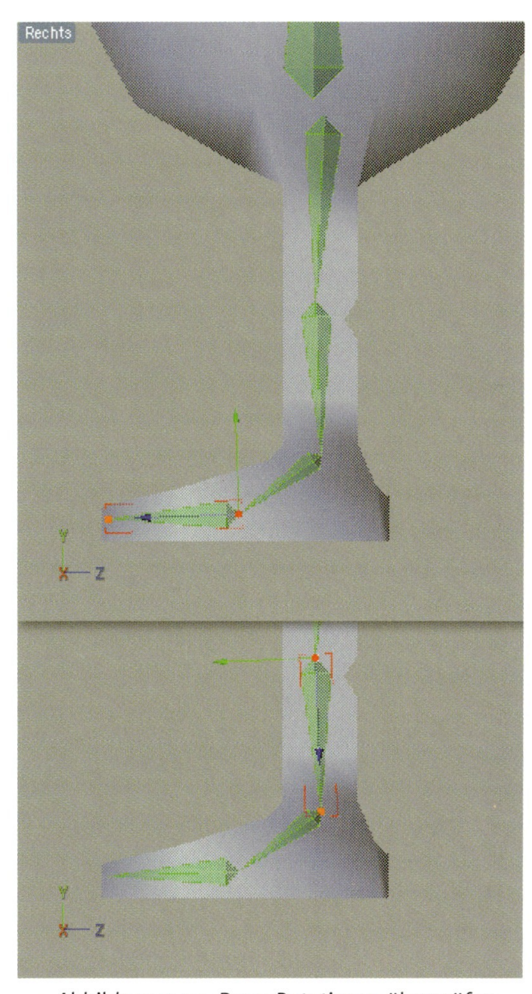

Abbildung 4.75: Bone-Rotationen überprüfen

Wie bei den Körper-Bones werden dadurch die aktuellen Positionen und Rotationen gesichert. Um die Bones nun bewegen zu können, lösen Sie die Fixierung der Bones gleich wieder über BONES ZURÜCKSETZEN auf und verschieben den Oberschenkel-Bone entlang der Welt-X-Achse zu seiner endgültigen Position im Bein der Figur (siehe Abbildung 4.74).

Überprüfen Sie auch bei dieser Bone-Kette die Rotationen aller Bones. Hier sollten alle X-Achsen nach links, also in Richtung der negativen Welt-X-Achse zeigen (siehe Abbildung 4.75).

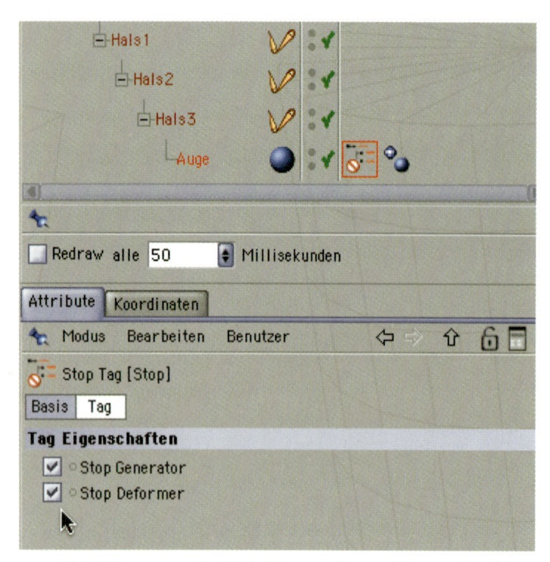

Abbildung 4.76: Objekte zur Bone-Hierarchie hinzufügen

Diese Überprüfung der Rotationen und der einheitlichen Ausrichtung der Achsen erlaubt Ihnen später, z.B. die Y-Achsen dieser Bones auf ein Hilfsobjekt auszurichten und dadurch eine ungewollte Drehung des Beins zu verhindern.

Im Prinzip ähnelt das Verfahren dem Verwenden der Ausrichten-Expression, wo ebenfalls auf eine gewisse Ausrichtung der Achsen vor Verwendung der Expression geachtet werden muss.

Liegen die Bein-Bones an den gewünschten Positionen, ziehen Sie das Oberschenkel-Bone-Objekt auf das Becken-Bone-Objekt der Bone-Hierarchie unter dem Null-Objekt. Dadurch wird diese Bein-Bone-Kette ebenfalls dem Becken-Bone untergeordnet.

Lassen Sie den Oberschenkel-Bone aktiv und wählen Sie Bones fixieren aus dem Kontextmenü oder dem Objekte-Menü des Objekt-Managers aus. Erlauben Sie auch die Fixierung der Unterobjekte. Die Bein-Bones sind damit an ihrer neuen Position im Körper der Figur fixiert. Da die Bones für das andere Bein später durch Spiegelung ergänzt werden, ist die Arbeit an den Bones damit fast vollendet.

Aus Gründen der Übersichtlichkeit sollten Sie sich die Zeit nehmen, alle Bones entsprechend ihrer Aufgabe und Position im Körper der Figur zu benennen. Welche Namen Sie dabei benutzen, ist nicht wichtig. Die Hauptsache ist, dass Sie bereits am Namen im Objekt-Manager erkennen können, um welchen Bone es sich handelt.

Wie Sie dem in Abbildung 4.76 sichtbaren Teil des Objekt-Managers entnehmen können, wurden dort z.B. die Bones im Hals der Figur einfach durchnummeriert. Die gleiche Abbildung zeigt Ihnen zudem, wie mit dem bislang noch nicht berücksichtigen Auge der Figur verfahren werden sollte.

Bislang liegt dies noch außerhalb des Null-Objekts und wird daher nicht von den Bone-Objekten beeinflusst. Das Auge soll aber möglichst ortsfest im Kopf der Figur verbleiben, auch wenn sich z.B. der Kopf dreht oder der Hals gebogen wird.

Die wohl einfachste Lösung ist daher das direkte Unterordnen der Augen-Kugel unter das oberste Hals-Bone-Objekt (siehe Abbildung 4.76). Eine Deformation dieser Kugel ist dabei weniger erwünscht. Das Auge soll sich schließlich nur starr mitbewegen und möglichst in seiner Höhle bleiben.

Für diesen Zweck gibt es das Stop-Tag, das Sie unter Datei › Cinema 4D Tags im Objekt-Manager finden. Dieses Tag stellt zwei Optionen im Attribute-Manager zur Verfügung, mit denen entweder der Einfluss eines Generators – z.B. eines HyperNURBS-Objekts – oder der Einfluss von Deformatoren für das Objekt unterbunden werden kann.

Sie aktivieren beide Optionen, da die Kugel keiner zusätzlichen Unterteilung durch das HyperNURBS-Objekt bedarf. Die Kugel wird sich wie ein normales Unterobjekt mit dem Bone mitbewegen, ohne dessen Deformation aufzunehmen.

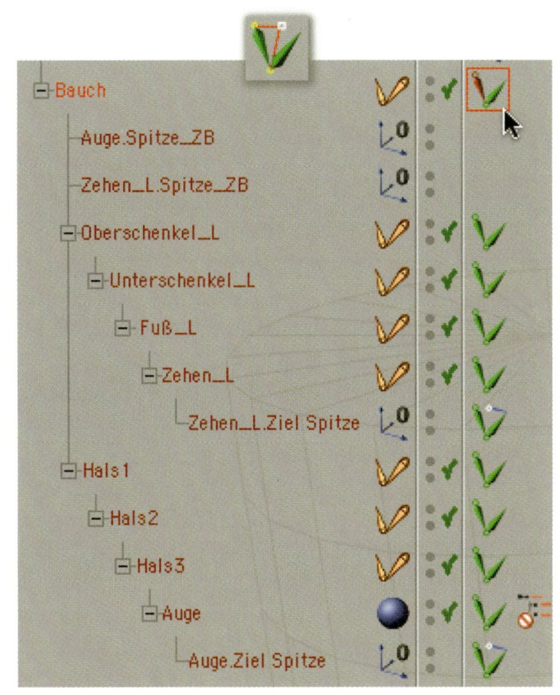

Abbildung 4.77: MOCCA IK-Tags erzeugen

▶ **MOCCA IK-Tags für die Bones erzeugen und konfigurieren**

Das Bone-Setup, also die Hierarchie der Bone-Objekte, ist damit komplett. Als Nächstes muss das Verhalten der Bones definiert werden. Dieses wird durch MOCCA IK-Tags und daran gekoppelte Hilfsobjekte gesteuert.

Zumindest eine Art Grundgerüst kann MOCCA automatisch erstellen. Selektieren Sie dazu den obersten Bone in der Hierarchie im Objekt-Manager und aktivieren Sie das IK-Setup-Symbol in der MOCCA-Palette (siehe Abbildung 4.77).

Alle Bone-Objekte erhalten dadurch MOCCA IK-Tags. Bone-Objekte am Ende einer Bone-Kette werden mit zusätzlichen Hilfsobjekten versehen, die deren Ausrichtung steuern können. Der oberste Bone der Hierarchie erhält ebenfalls eine Sonderbehandlung, wie bereits an dem teilweise rot eingefärbten Tag-Icon im Objekt-Manager zu erkennen ist.

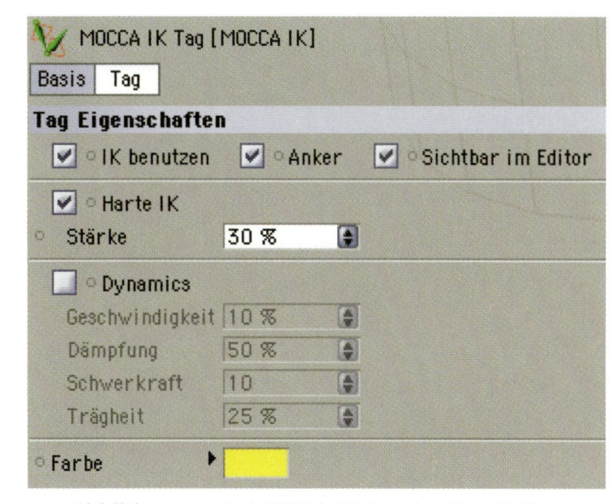

Abbildung 4.78: MOCCA IK-Tag des Bauch-Bones

Selektieren Sie dieses Tag, um dessen Parameter im Attribute-Manager einsehen zu können (siehe Abbildung 4.78).

Die Option IK benutzen hat Auswirkungen auf alle Bones in der Hierarchie. Sie können über diese Option die Interaktion der Bones mit den Hilfsobjekten an- und ausschalten.

Die aktive Anker-Option ist der Grund für die hervorgehobene Darstellung des MOCCA IK-Tags hinter dem Bauch-Bone. Bones mit dieser aktiven Option funktionieren wie ein Stopp-Element bei der Berechnung von Bewegungen in der Bone-Kette. Die Bewegung des Fußes wird durch die Inverse Kinematik-Berechnung auch die Bones im Bein beeinflussen. In der Regel ist dies auch erwünscht, um mit möglichst wenigen Handgriffen auch komplexe Bone-Ketten animieren zu können. Würde sich diese Bewegung jedoch immer weiter ausbreiten, könnte die Verschiebung des Fuß-Bones auch zu einer Bewegung z.B. am Hals der Figur führen.

Um dies zu unterbinden, wird ein Bone in der Figur mit der Anker-Option belegt. Wie auch in diesem Fall ist dies oft der oberste Bone in der Hierarchie, da dieser das Zentrum aller Bone-Ketten bildet.

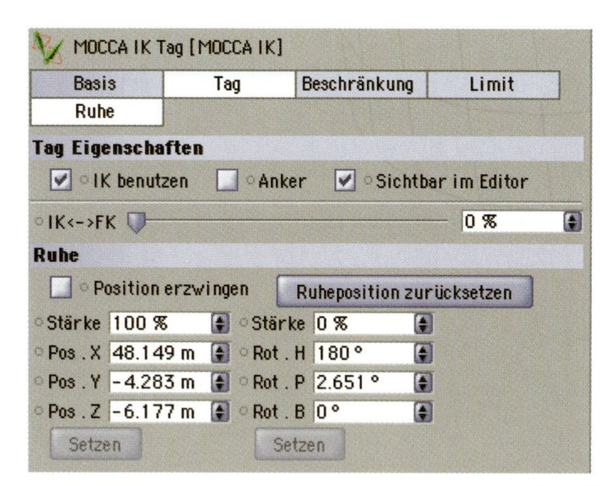

Abbildung 4.79: Optionen eines normalen MOCCA IK-Tags

Die Sichtbar im Editor-Option beeinflusst nicht die Darstellung des Bones selbst, sondern die zusätzliche Einblendung von Hilfslinien. Diese sind Ihnen vielleicht bereits im Editor aufgefallen.

Diese gelben Linien verbinden den Bauch-Bone mit den Fußspitzen, also jeweils die beiden Enden einer kompletten Bone-Kette. Die Farbe dieser Linien kann mit dem Farbe-Farbwähler beliebig verändert werden.

Die Option Harte IK arbeitet mit dem Stärke-Wert zusammen und definiert das Zusammenspiel der Bones. Niedrige Stärke-Werte geben den Bones mehr Spielraum, was z.B. bei Comicfiguren erwünscht sein kann. Dort sind Verlängerungen oder Stauchungen der Figur in der Regel sogar erwünscht. Bei realistischeren Figuren ist dagegen ein exakteres Verhalten der Bones hilfreich. Die Bones sind dann stärker an ihre Ruhepositionen gebunden und können in den Gelenken nicht so leicht den Anschluss zum Bone-Nachbarn verlieren.

Der beim Anker-Bone eingestellte Stärke-Wert wird automatisch auf alle folgenden Bones angewendet. Deshalb findet sich diese Einstellung auch nur bei aktiver Anker-Option im MOCCA IK-Tag. Gleiches gilt für die Dynamics-Einstellungen.

Ist diese Option aktiv, werden die Bones nicht nur durch die Hilfsobjekte beeinflusst, sondern auch noch durch physikalische Kräfte, wie z.B. die Schwerkraft oder eine virtuelle Trägheit.

Diese Einstellungen können jedoch nur dort voll zur Geltung kommen, wo keine Beschränkungen und Hilfsobjekte Einfluss auf die Bones ausüben. Diese haben ansonsten Vorrang vor den dynamischen Effekten.

Wir werden diese Eigenschaften etwas später noch an unserer Figur einsetzen.

Ein Klick auf eines der anderen MOCCA-IK-Tags zeigt im Attribute-Manager den grundsätzlich anderen Aufbau dieser Tags (siehe Abbildung 4.79).

Zusätzlich zu den bereits besprochenen Optionen auf der Tag-Seite des Dialogs finden Sie dort einen IK -> FK-Regler. Diese Abkürzung steht für „Inverse Kinematik“ und „Forward Kinematik“.

Die Inverse Kinematik haben wir bereits besprochen. Sie erlaubt die Einflussnahme von untergeordneten Bones auf deren Überobjekte. Das klassische Beispiel ist hier der animierte Fuß-Bone, der auch die Bein-Bones bewegt.

Die Forward Kinematik arbeitet dagegen in der entgegengesetzten Richtung, also von den Überobjekten zu den Unterobjekten. Dies entspricht dem Objektverhalten, das Sie auch bislang benutzt haben. Die Drehung eines Würfels bewegt bekanntlich z.B. eine untergeordnete Kugel mit.

Dank dieses IK -> FK-Reglers können Sie beide Animationsmethoden mischen. Sie bewegen dazu zuerst die Bones wie normale Objekte mit dem Rotieren-Werkzeug und halten diese Posen mit Keyframes fest. Danach aktivieren Sie die Inverse Kinematik für die Bones und animieren diese durch Bewegen der Hilfsobjekte. Auch diese Positionen werden durch Keyframes gesichert.

Mit dem Regler können Sie dann beide Lösungen mischen. Da sich der IK -> FK-Regler auch über Parameter-Keyframes animieren lässt, können Sie ihn während der Animation je nach Bedarf einstellen.

Im Ruhe-Bereich des MOCCA IK-Tags sind die Werte der Bone-Fixierung gespeichert. Diese entsprechen also den Werten, die Sie bei aktivem Bone-Objekt in dessen Fixieren-Rubrik im Attribute-Manager ablesen können.

Interessanter ist daher die Position erzwingen-Option, die dafür sorgt, dass die Bones ihre relative Position zum direkten Überobjekt beibehalten. Es wird dadurch vermieden, dass z.B. durch extreme Streckung der Bone-Kette in den Gelenken Lücken entstehen und sich dadurch die Proportionen der Figur verändern.

Die Schaltfläche Ruheposition zurücksetzen deaktiviert die IK benutzen-Option aller MOCCA IK-Tags und bewegt alle Bones in ihre Ruheposition. Sie können dann Veränderungen an den Bones vornehmen und diese mit den Setzen-Schaltflächen zur Aktualisierung der Ruheposition oder Ruherotation benutzen.

Was es mit der Beschränkung-Rubrik auf sich hat, können Sie besser an dem MOCCA IK-Tag hinter dem Null-Objekt ablesen, das unter dem Zehen-Bone liegt. Sie erkennen bereits an der blauen Linie und dem weißen Punkt im Icon des Tags, dass Sie es hier nicht mit einem normalen MOCCA IK-Tag zu tun haben.

Dieses veränderte Icon deutet darauf hin, dass dieser Bone ein Hilfsobjekt benutzt, um seine Position oder seine Ausrichtung zu beeinflussen. Die IK-Setup-Funktion hat dafür gesorgt, dass die Spitze des Zehen-Bones mit einem eigenen Hilfsobjekt fixiert wird. Da Bone-Objekte ihren Ursprung am breiten Gelenkende haben, musst dazu ein zusätzliches Null-Objekt an der Spitze des Bones erzeugt und mit einem weiteren Null-Objekt außerhalb der Hierarchie verknüpft werden (siehe Pfeile in Abbildung 4.80).

Sie können daran erkennen, dass die MOCCA IK-Tags nicht nur mit Bone-Objekten, sondern mit beliebigen Objekten zusammenarbeiten können.

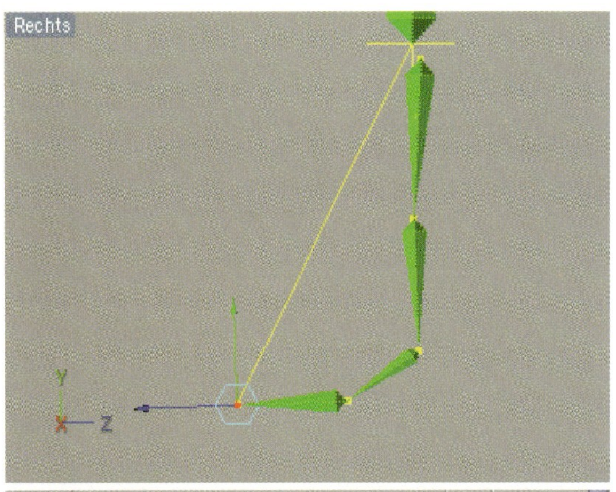

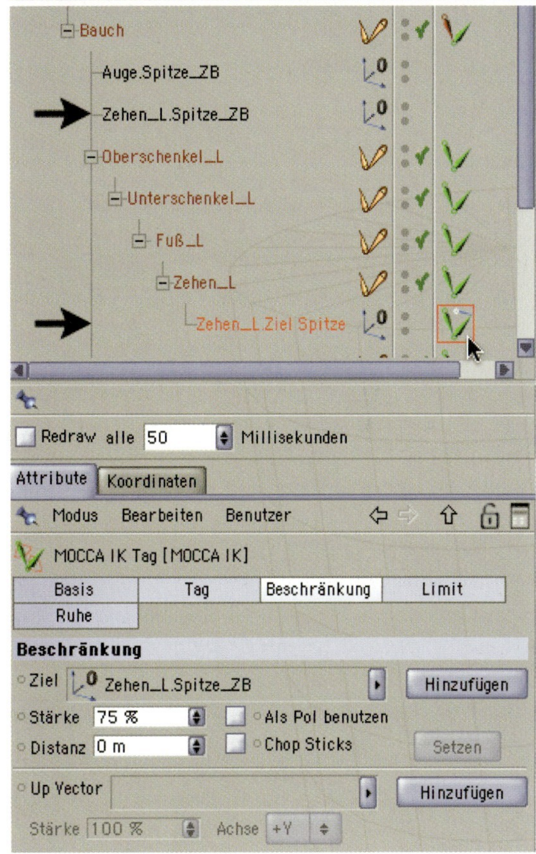

Abbildung 4.80: Fixierung der Zehenspitze mit einer Ziel-Beschränkung

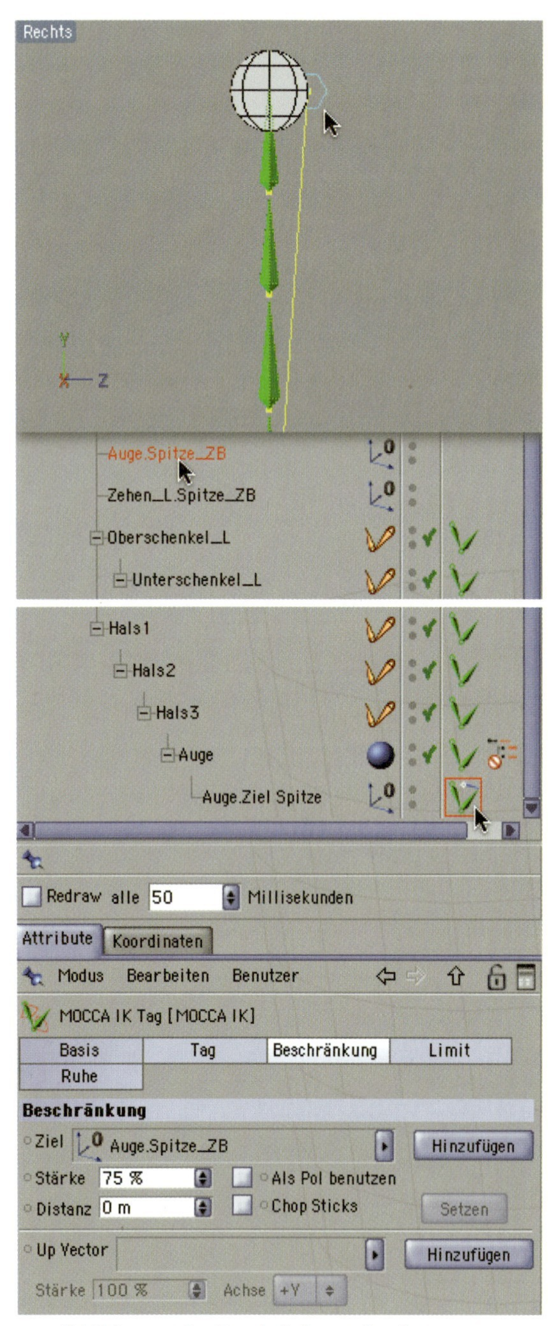

Abbildung 4.81: Beschränkung des Auges

Die magnetische Beziehung zwischen den beiden Null-Objekten wird aktiviert, weil das außerhalb der Bone-Hierarchie liegende Objekt im Ziel-Feld der Beschränkung angegeben ist.

Die Stärke der Anziehungskraft wird über den Stärke-Wert unter dem Ziel-Feld gesteuert. Alternativ zu der manuellen Erzeugung und Zuweisung von Hilfsobjekten kann auch die Hinzufügen-Schaltfläche benutzt werden, um ein Null-Objekt zu erzeugen und automatisch zuzuweisen.

Nach dem gleichen Prinzip funktioniert der darunter liegende Bereich mit dem Up-Vector-Feld (siehe Abbildung 4.80). Dort kann ein Objekt zugewiesen werden, auf das die X- oder Y-Achse des Bones zeigen soll. Die Achse kann im gleichnamigen Menü bestimmt werden. Der Stärke-Wert hat hier die gleiche Funktion wie beim Ziel-Objekt.

Am Ende der zweiten Bone-Kette, die mit der Augen-Kugel schließt, ist die IK-Setup-Funktion nach dem gleichen Muster vorgegangen. Dort wurde der Radius der Kugel als Bone-Länge interpretiert und ein Hilfsobjekt in entsprechender Entfernung entlang der Z-Achse der Kugel verschoben platziert.

Wie Sie Abbildung 4.81 entnehmen können, wurden also auch dort zwei zusätzliche Null-Objekte erzeugt, eines am Ende der Bone-Kette – bzw. noch unter dem Kugel-Objekt, das das letzte Glied der Kette darstellt – und eines außerhalb der Bone-Hierarchie als magnetischer Bezugspunkt, der als Ziel-Objekt in der Beschränkung des MOCCA IK-Tags auftaucht.

Die Funktion des Null-Objekts am Kopf der Figur ist für uns nicht so günstig gewählt. Abgesehen von der versetzten Position dieser Null-Objekte würde eine dynamische Animation des Halses sicherlich interessanter sein als die manuelle Steuerung durch ein Ziel-Objekt. Wir werden daher das Setup am Kopf verändern.

Deaktivieren Sie dazu zuerst die IK-Berechnung für alle Bones. Selektieren Sie also das MOCCA IK-Tag des Null-Objekts, das unter dem Auge in der Bone-Kette liegt, und betätigen Sie dort die Ruheposition zurücksetzen-Schaltfläche auf der Ruhe-Seite im Attribute-Manager.

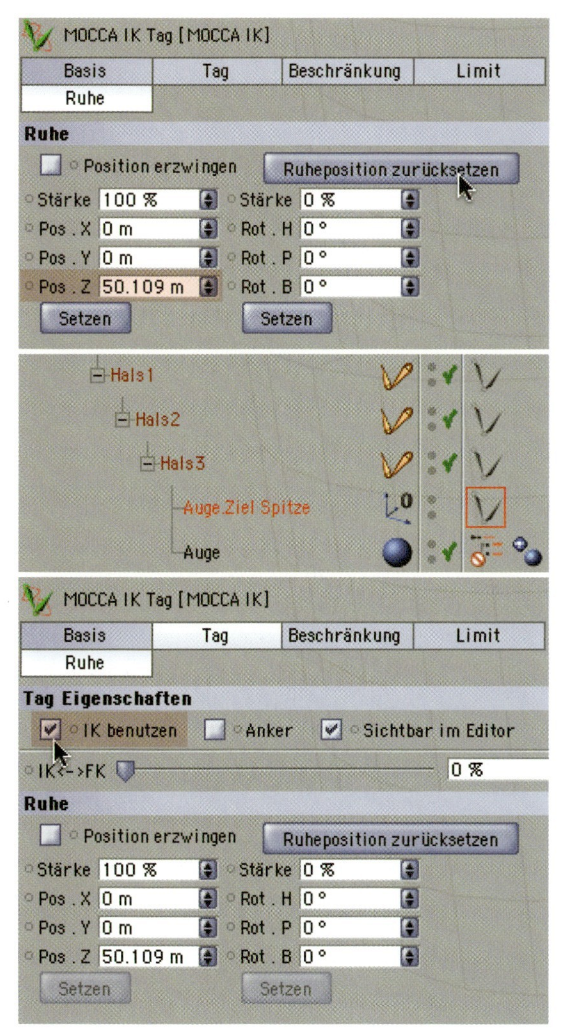

Abbildung 4.82: Die Ruheposition korrigieren

Sie werden beobachten können, wie alle MOCCA IK-Tags nun in grauer Färbung angezeigt werden (siehe Abbildung 4.82).

Klicken Sie den letzten Hals-Bone an und kopieren Sie seine LÄNGE – Sie finden diesen Wert auf der OBJEKT-Seite im ATTRIBUTE-MANAGER – in das Pos.Z-Feld des MOCCA IK-Tags des Null-Objekts (siehe rote Markierung oben in Abbildung 4.82). Dadurch wird die Ruheposition des Auge-Null-Objekts an das Ende des letzten Hals-Bones verschoben.

Dies kann aber nur dann funktionieren, wenn gleichzeitig auch die hierarchische Einordnung des Null-Objekts verändert wird.

Das Auge-Null-Objekt muss dazu direkt unter dem letzten Hals-Bone eingeordnet werden, wie es in der Mitte von Abbildung 4.82 zu sehen ist.

Löschen Sie anschließend das Ziel-Auge-Objekt, das außerhalb der Bone-Kette liegt. Dieses Objekt wird dadurch automatisch auch aus dem ZIEL-Feld des MOCCA IK-Tags entfernt.

Das Null-Objekt unter dem letzten Hals-Bone wird dadurch zu einem eigentlich funktionslosen Anhängsel der Bone-Kette, so als hätten wir dort noch einen weiteren Bone erzeugt, der aber nur die Länge Null hat.

Für Verformungen sind solche „Null-Bones“ zwar nicht zu gebrauchen, aber sie spielen z.B. bei der Verwendung dynamischer Effekte eine große Rolle. Nur so kann auch der letzte „echte“ Bone einer Kette noch voll von den dynamischen Effekten gesteuert werden.

Wechseln Sie schließlich auf die TAG-Seite des Auge-Null-Objekt-MOCCA IK-Tags und aktivieren Sie dort die IK BENUTZEN-Option (siehe Abbildung 4.82 unten). Die Tags aller Bones werden dadurch aktiviert und die Hilfsobjekte wieder ausgewertet.

▶ Hilfsobjekte selbst erzeugen und konfigurieren

Nun ist der Moment gekommen, in dem wir nicht weiter auf die automatisch erzeugten Hilfsobjekte und MOCCA IK-Tags bauen können. Wir benötigen weitere Steuerungselemente.

Beginnen werden wir dabei am Zehen-Bone und uns langsam am Bein hinaufarbeiten. Selektieren Sie das MOCCA IK-Tag des Zehen-Bones und wechseln Sie in dessen Dialog im ATTRIBUTE-MANAGER auf die BESCHRÄNKUNG-Seite.

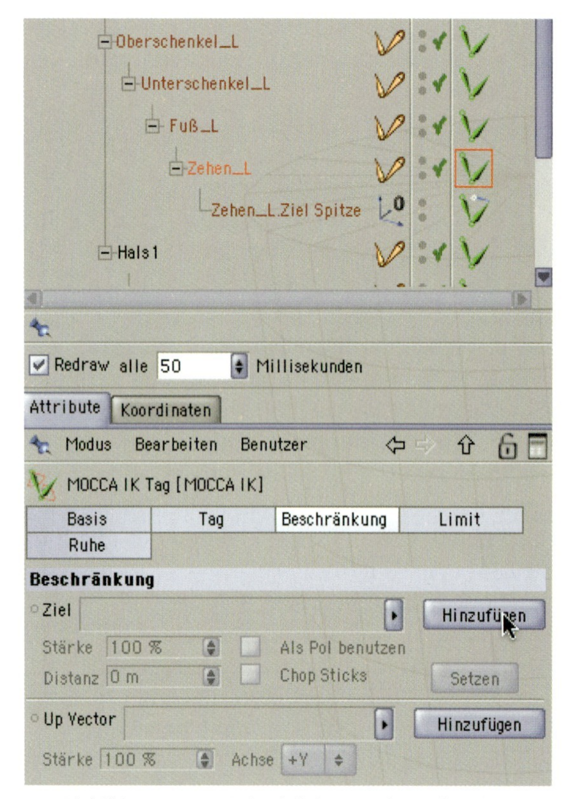

Abbildung 4.83: Gelenkfixierung der Zehen

Wir wissen, dass die Spitze der Zehen bereits durch das nachfolgende Null-Objekt gesteuert wird. Am Ballen des Fußes, wo das Gelenk des Zehen-Bones liegt, fehlt eine solche Fixierung bislang komplett. Eine Bewegung könnte also dazu führen, dass die Zehen z.B. in eine unnatürliche Position nach oben oder unten schwenken.

Um dies zu verhindern, betätigen Sie die HINZUFÜGEN-Schaltfläche hinter dem ZIEL-Feld (siehe Abbildung 4.83). Es entsteht ein neues Null-Objekt unter dem Bauch-Bone, das automatisch in das ZIEL-Feld des Zehen-Bones eingetragen wird. Die Zehen sind nun an beiden Enden fixiert und somit über die beiden Null-Objekte exakt steuerbar.

Abbildung 4.84: Eine Pol-Ausrichtung für die Bein-Bones erzeugen

Wiederholen Sie das Hinzufügen eines ZIEL-Objekts auch bei den MOCCA IK-Tags des Fuß-Bones und des Unterschenkel-Bones.

Der Fuß-Bone ist dadurch ebenfalls an beiden Enden fixiert. Das ZIEL-Objekt des Zehen-Bones wirkt für den Fuß-Bone schließlich indirekt an dessen Spitze mit auf ihn ein.

Bereits bei derartigen Bone-Ketten, die eigentlich noch über eine überschaubare Anzahl von Bones verfügen, gewinnt das Problem der ungewollten Längsrotation an Bedeutung. Die ZIEL-Objekte können zwar die Endpositionen der Bones fixieren, nicht aber deren Rotation um die Längsachse steuern.

So können die Fuß- und Zehen-Bones jeweils problemlos um 360° um deren Z-Achsen rotieren und noch immer zwischen den ZIEL-Objekten liegen. MOCCA bietet daher zwei verschiedene Methoden an, um die Rotation von Bones zu steuern. Wir werden von beiden Gebrauch machen.

Selektieren Sie dafür das MOCCA IK-Tag des Unterschenkel-Bones. Wir haben dort bereits ein ZIEL-Objekt zugewiesen, das bislang die Position des Kniegelenks fixiert. Denkt man aber einige Schritte weiter an die Animation des Beins, so ist eigentlich nicht das Knie selbst das Problem, sondern entlang welcher Ebene sich Oberschenkel und Unterschenkel beugen, um z.B. die Figur in die Hocke gehen zu lassen. Diese Ebene bestimmt ja u. a. auch, wohin sich der Fuß dreht, da sich der Fuß selbst nur sehr eingeschränkt um seine Senkrechte rotieren lässt.

Diese Aufgabe wird durch Abhaken der ALS POL BENUTZEN-Option gelöst (siehe Abbildung 4.84). Das zugewiesene Ziel-Objekt arbeitet jetzt nicht mehr als Magnet, sondern erzeugt zwischen dem Gelenkpunkt des übergeordneten und der Spitze des zugewiesenen Bones eine virtuelle Fläche. In unserem Fall werden dadurch Oberschenkel- und Unterschenkel-Bone gezwungen, in dieser Ebene zu bleiben.

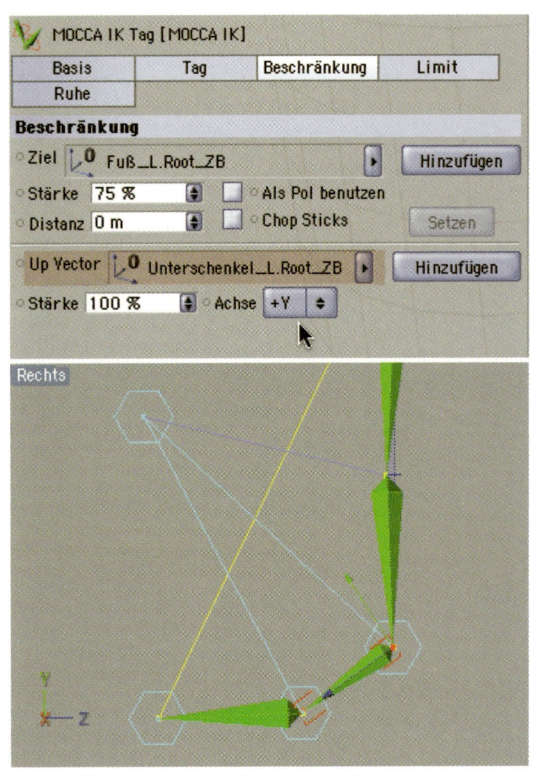

Abbildung 4.85: Fuß-Achsen fixieren

Ziehen Sie das ZIEL-Null-Objekt des Unterschenkel-Bones etwas nach vorne, bis ungefähr über die Spitze des Zehen-Bones (siehe untere Einblendung in Abbildung 4.84).

Sie erkennen dann die dunkelblaue Linie zwischen Pol-Objekt und Knie, die auf den veränderten Modus dieses MOCCA IK-Tags hinweist. Später, wenn die Beine etwas gebeugt werden, werden Sie noch weitere Linien und Schraffierungen bemerken, die die Bewegungsebene der Bein-Bones hervorheben.

Wir werden dieses Pol-Null-Objekt jetzt zur Ausrichtung der Fuß-Bones ein weiteres Mal benutzen. Selektieren Sie dazu die beiden MOCCA IK-Tags der Fuß- und Zehen-Bones mit ⇧-Klick und ziehen Sie das Pol-Null-Objekt des Unterschenkels aus dem OBJEKT-MANAGER in deren UP VECTOR-Felder (siehe Abbildung 4.85).

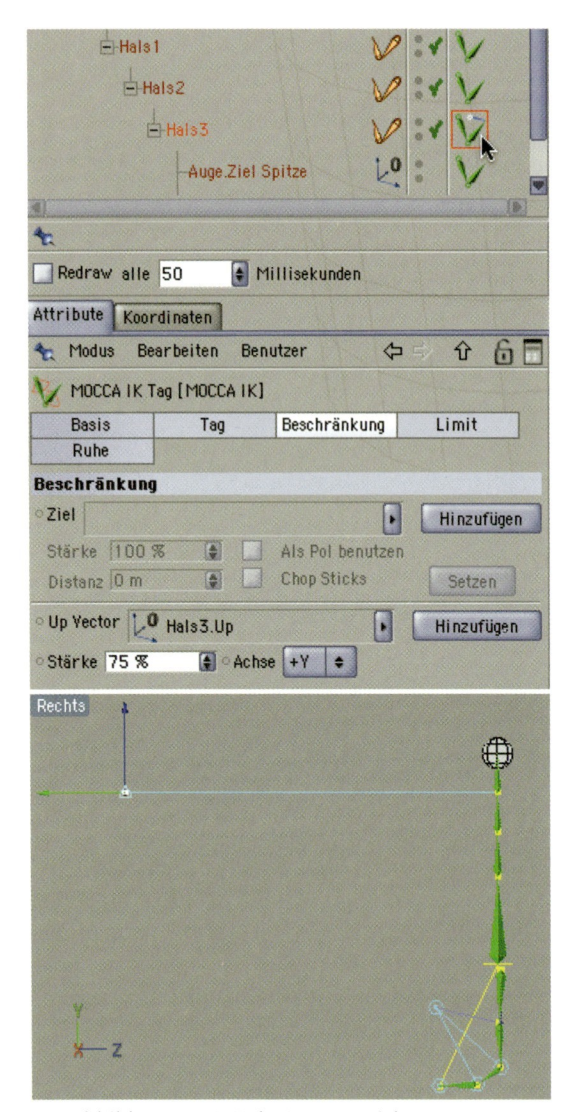

Abbildung 4.86: Hals-Bone ausrichten

Erinnern Sie sich noch daran, wie wir die Bone-Ausrichtungen überprüft hatten? Alle Y-Achsen zeigten dadurch einheitlich nach vorne. Wir können nun die Früchte dieser Mehrarbeit ernten und die positiven Y-Achsen der beiden Fuß-Bones getrost auf das Pol-Null-Objekt ausrichten, um die Längsrotation dieser Bones zu fixieren.

Sollten Sie sich für eine andere Rotation der Bones entschieden haben, müssen Sie ggf. eine andere Achsrichtung oder Achse im Achse-Menü auswählen (siehe Mauszeiger in Abbildung 4.85). Das Resultat bleibt jedoch das gleiche.

An den Richtungen der jetzt im Editor eingeblendeten blauen Linien, die sich zwischen dem Zehen- und dem Fuß-Bone sowie dem Pol-Null-Objekt spannen, sehen Sie, dass hier keineswegs eine 100%ige Ausrichtung angestrebt wird. Dies würde auch schnell im Konflikt zu der Ziel-Ausrichtung der Bone-Enden stehen.

Vielmehr wird hier das gleiche Prinzip wie bei unserer selbst geschriebenen Ausrichten-Expression angewendet. Die Z-Achse wird bedingungslos ausgerichtet und die Achs-Ausrichtung so gut wie möglich umgesetzt. Dies ist völlig ausreichend, um die ungesteuerte Rotation der Bones auszuschließen.

Ein Up Vector-Objekt kann aber nicht nur Rotationen verhindern, sondern auch zum Rotieren eingesetzt werden. Eine gute Gelegenheit, dies zu überprüfen, ergibt sich beim Hals der Figur. Sicherlich sollte sich dieser während der Animation drehen lassen, um z.B. das Auge in eine andere Richtung zu rotieren.

Selektieren Sie dazu am letzten Hals-Bone das MOCCA IK-Tag und fügen Sie dort über die Hinzufügen-Schaltfläche ein neues Up Vector-Null-Objekt hinzu (siehe Abbildung 4.86).

Wie in Abbildung 4.86 ganz unten zu erkennen ist, wird das Hilfsobjekt automatisch relativ zum Bone mit einem recht großen Abstand auf der ausgewählten Achse platziert. Wenn Sie dies irritiert, können Sie den Abstand ruhig durch Verschieben des neuen Null-Objekts reduzieren.

Die Y-Achse des obersten Hals-Bones wird also jetzt auf dieses Null-Objekt ausgerichtet. Eine Verschiebung des Null-Objekts hat damit eine Rotation des obersten Hals-Bones und somit eine Drehung des Kopfes zur Folge. Schade nur, dass davon nicht auch die anderen Bones des Halses beeinflusst werden. Es wäre sicherlich realistischer, wenn zumindest zwei Bones anteilig an der Drehung mitwirken würden.

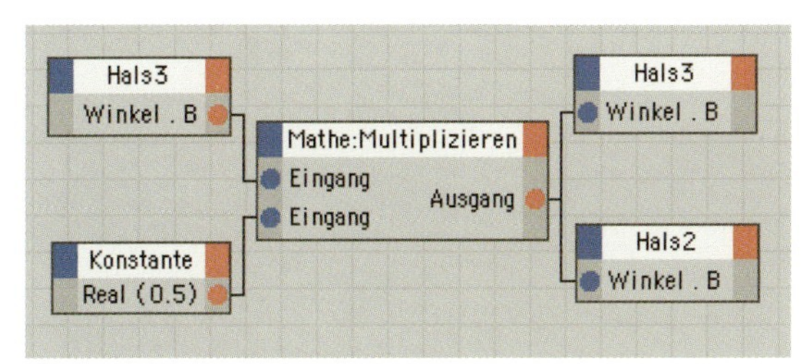

Abbildung 4.87: Drehung zwischen zwei Bone-Objekten aufteilen

▶ Die Bones durch individuelle Expressions steuern

Man müsste dazu die durch das Up Vector-Objekt gesteuerten Rotationswerte durch 2 dividieren und auf zwei benachbarte Bones übertragen. Die Verformung des Halses würde dann über einen längeren Bereich erfolgen und folglich organischer wirken.

Dies ist eine typische Aufgabe für eine kleine XPresso-Expression (siehe Abbildung 4.87). Welchem Objekt diese Expression zugewiesen wird, ist für ihre Funktion egal. Der besseren Übersicht wegen sollten Sie dafür jedoch das letzte oder vorletzte Hals-Bone-Objekt auswählen.

Ist die XPresso-Expression z.B. über Datei › Cinema 4D Tags › XPresso im Objekt-Manager erzeugt, ziehen Sie zuerst den letzten Hals-Bone in den XPresso-Editor hinein. Dieses Objekt wird ja bekanntlich durch den Up Vector gesteuert und liefert uns daher die gesuchte Rotation um die Z-Achse des Bones.

Innerhalb des von Cinema 4D verwendeten HPB-Rotationssystems entspricht die Rotation um die lokale Z-Achse dem B-Winkel. Aktivieren Sie daher den Winkel.B-Ausgang-Port am Node. Sie finden diesen Port im Menü der roten Schaltfläche unter Koordinaten › Winkel. Dieser Wert soll jetzt halbiert werden. Was liegt da näher als die Multiplikation mit dem Wert 0.5?

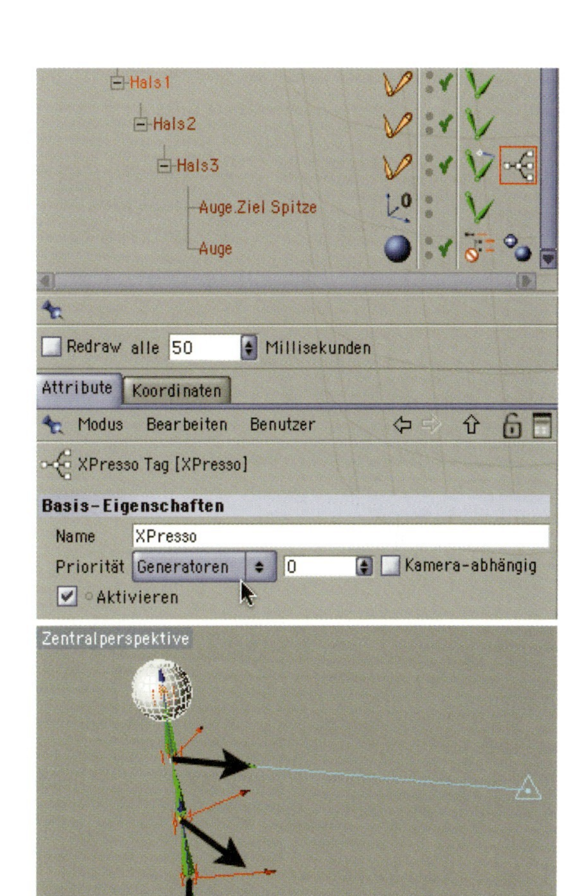

Abbildung 4.88: XPresso-Priorität steuern

Alternativ können Sie natürlich auch die Division durch 2.0 verwenden. In jedem Fall benötigen Sie dafür einen Mathe-Node (Neuer Node › XPresso › Berechne › Mathe), den Sie in den benötigten Modus schalten. Am Ausgang des Mathe-Nodes liegt dann der halbierte B-Winkel an. Dies muss im letzten Schritt auf den vorletzten und den letzten Bone übertragen werden.

Zehen Sie dazu diese beiden Objekte in den XPresso-Editor hinein und aktivieren Sie an beiden Nodes den Winkel.B-Eingang. Diese Ports verbinden Sie mit dem Mathe-Node-Ausgang (siehe Abbildung 4.87).

Es bleibt jetzt noch eine Hürde. Wir müssen dafür sorgen, dass die XPresso-Berechnung erst nach der des UP VECTORS erfolgt. Ansonsten ist der in die Schaltung einfließende B-Winkel des letzten Hals-Bones noch nicht in seiner Endposition.

Die Abfolge von Expression-Berechnungen wird bei selektiertem Tag im ATTRIBUTE-MANAGER eingestellt (siehe Abbildung 4.88). Dort finden Sie ein PRIORITÄT-Menü, über das der Zeitpunkt der Ausführung festgelegt wird. Die Einträge am unteren Ende der PRIORITÄT-Liste führen zu einer späteren Ausführung. Um sicherzugehen, dass unsere XPRESSO-EXPRESSION nach dem MOCCA IK-Tag berechnet wird, wählen wir daher den untersten Eintrag: GENERATOREN.

Wenn Sie jetzt das UP VECTOR-Null-Objekt verschieben, sollten Sie erkennen können, wie dadurch die beiden letzten Bones am Hals rotiert werden. Ein Blick auf deren Achsen macht deutlich, dass wir unser Ziel erreicht haben. Die Rotation teilt sich zwischen den beiden letzten Bones auf und erstreckt sich daher über eine größere Strecke (siehe Pfeile in der unteren Einblendung in Abbildung 4.88).

▶ Hilfsobjekte gruppieren

Bei der Animation werden Hilfsobjekte benutzt, um die Bones zu bewegen. Nun reduziert sich jedoch der Vorteil dieser Technik, wenn wir fast ebenso viele Hilfsobjekte animieren müssen, wie Bones vorhanden sind. Wir sollten daher die Null-Objekte zuvor sinnvoll zusammenfassen.

Dazu muss man sich natürlich über die Funktion aller Null-Objekte im Klaren sein. Die Null-Objekte der Fuß-Bones fixieren die Bones in ihrer momentanen Position und lassen den Fuß bewegen oder drehen. Das Gegeneinanderverschieben diese Null-Objekte wäre daher kontraproduktiv.

Abbildung 4.89: Hilfsobjekte gruppieren

Um dies zu verhindern, erzeugen wir ein neues Null-Objekt, das Sie z.B. „Linker Fuß" nennen, und ordnen diesem alle Null-Objekte des Fuß-Bones unter, die keine MOCCA IK-Tags besitzen.

Jetzt bleiben nur noch zwei Hilfsobjekte übrig: der Pol vor dem Knie und das UP VECTOR-Objekt vor dem Kopf der Figur.

Da das Pol-Objekt die Bewegungsebene für die Beine erzeugt, sollte es immer vor dem Knie der Figur liegen. Wir können dieses Objekt daher ebenfalls unter dem *Linker Fuß*-Null-Objekt einordnen. Es wird dann mit dem Fuß verschoben und behält seine relative Position vor dem Unterschenkel. Einzig das UP VECTOR-Objekt bleibt neben der *Linker Fuß*-Gruppe einzeln bestehen (siehe auch Abbildung 4.89).

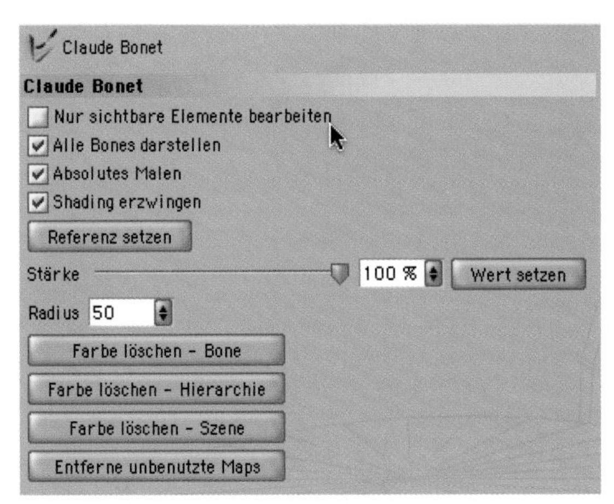

Abbildung 4.90: Einstellungen des Claude Bonet-Werkzeugs

Wie Sie der Abbildung entnehmen können, wurde das *Linker Fuß*-Null-Objekt unter dem linken Fuß der Figur platziert und über den ATTRIBUTE-MANAGER dessen Darstellung etwas auffälliger gestaltet. Sie können dort im DARSTELLUNG-Menü zwischen verschiedenen Formen wählen, die sich mit dem RADIUS-Wert skalieren und über die AUSRICHTUNG drehen lassen.

Falls Sie Ihr *Linker Fuß*-Objekt ebenfalls verschieben wollen, die Hilfsobjekte aber bereits darunter gruppiert wurden, benutzen Sie den Modus OBJEKT-ACHSEN BEARBEITEN zum Verschieben des *Linker Fuß*-Objekt-Systems. Die Positionen der Unterobjekte bleiben dann unverändert.

Wir haben es jetzt nur noch mit zwei Objekten zu tun, über die sowohl die Blickrichtung der Figur als auch die Bewegung des linken Beins gesteuert werden.

Wichtungen erzeugen mit Claude Bonet

Wenn Sie sich noch an das erste Kapitel und dort an die Beschreibungen der Bone-Objekte und der Vertex Maps erinnern, so mussten dort zuerst die Punkte des Objekts mit Prozentwerten versehen werden, die dann einzelnen Bones über BESCHRÄNKUNG-Tags zugewiesen wurden. Jedes Bone-Objekt erkannte dadurch genau, welche Punkte des Objekts wie stark zu deformieren sind.

In MOCCA gibt es ein ähnliches Werkzeug, das jedoch komfortabler für die Arbeit an komplexen Bone-Ketten ist. Das CLAUDE BONET-Werkzeug ist u. a. in der Lage, die Wichtungen aller Bones gleichzeitig darstellen zu können. So lässt sich auf einen Blick erkennen, wo der Einfluss eines Bones aufhört und der eines anderen Bones beginnt.

Ein zweiter Unterschied in der Bedienung besteht darin, dass immer das zu steuernde Bone-Objekt aktiviert werden muss und nicht das Objekt, das bemalt werden soll.

Wir beginnen am Kopf der Figur und werden uns dann nach unten bis zu den Zehen vorarbeiten. Selektieren Sie also den obersten Hals-Bone und wählen Sie das CLAUDE BONET-Werkzeug aus der MOCCA-Palette aus. Bevor wir mit dem Bemalen beginnen, folgt zunächst eine kurze Erklärung der Einstellungen des CLAUDE BONET-Werkzeugs, die Sie wie immer im ATTRIBUTE-MANAGER finden (siehe Abbildung 4.90).

Das CLAUDE BONET-Werkzeug arbeitet wie ein Pinsel, mit dem Sie Farbwerte auf ein Objekt auftragen. Über den STÄRKE-Regler legen Sie die Intensität der Farbe fest. Diese Stärke wird dann später benutzt, um den Einfluss der Bones zu definieren. 0% Stärke ist daher mit keinem Einfluss und 100% Stärke mit dem maximalen Einfluss eines Bones gleichzusetzen.

Der Radius-Wert bestimmt den Durchmesser des zum Bemalen benutzten Pinsels. Um exakt genug auf hoch unterteilten Objekten arbeiten zu können, muss dieser Wert ggf. stark reduziert werden.

Die Option Nur sichtbare Elemente bearbeiten funktioniert wie bei dem Live Selektion-Werkzeug. Sie können damit steuern, ob nur aus der aktuellen Editor-Perspektive sichtbare Abschnitte am Objekt bemalt werden können oder ob auch gleichzeitig die verdeckten Bereiche bemalt werden sollen.

Da in der Regel mehrere Bones vorhanden sind, die bemalt werden müssen, können Sie mit der Option Alle Bones darstellen entscheiden, ob Sie nur die Bemalung des selektierten Bones angezeigt bekommen wollen oder zusätzlich auch die Farben der anderen bereits bemalten Bones. Es macht grundsätzlich Sinn, immer alle Bones zu sehen, um auf einen Blick erkennen zu können, welche Bereiche am Objekt noch nicht bemalt wurden und wo welche Bones bereits Einfluss ausüben.

Ist die Option Absolutes Malen aktiv, wird exakt der eingestellte Stärke-Wert auf das Objekt gemalt. An diesem Wert ändert sich dann auch nach dem mehrfachen Überstreichen der gleichen Stelle am Objekt nichts.

Ist diese Option deaktiviert, wird die eingestellte Stärke schichtweise aufgetragen. Haben Sie z.B. 20% als Stärke gewählt, so wird sich die Wichtung auf der Oberfläche mit jedem Pinselstrich über den gleichen Bereich um 20% erhöhen.

Die Shading erzwingen-Option regelt die Darstellung der aufgemalten Farben im Editor. Sollten Sie dort z.B. eine Wireframe- oder Isobaten-Darstellung aktiviert haben, schaltet Claude Bonet automatisch in eine schattierte Darstellung um, damit Sie die Färbung der Oberfläche erkennen können.

Die Schaltflächen im unteren Bereich des Claude Bonet-Dialogs erlauben das Entfernen von Farben bzw. Wichtungen. Je nach Schaltfläche können Sie damit die Wichtungen eines Bones, einer Bone-Hierarchie oder gar der gesamten Szene entfernen lassen.

Wurden für einen Bone Wichtungen aufgemalt, dieser Bone dann aber später gelöscht, so verschwindet mit ihm nicht automatisch auch die Wichtungsinformation. Diese wird nämlich unsichtbar für den Benutzer beim bemalten Objekt gespeichert.

Um diese nun überflüssigen Informationen zu löschen, können Sie die Entferne unbenutzte Maps-Schaltfläche benutzen.

Es gibt Stellen in einer Bone-Hierarchie, wo sich mehrere Bones die gleiche Wichtung teilen können. Dies ist z.B. bei den Fingern einer Figur der Fall, wo in jedem Finger drei Bone-Objekte stecken, es im Prinzip aber für die korrekte Bewegung ausreicht, wenn jeder dieser Bones den gesamten Finger steuert.

In solchen Fällen können Sie die Referenz setzen-Schaltfläche benutzen, um eine bereits gemalte Wichtung auch auf andere Bones zu übertragen. Die Schaltfläche öffnet eine Auswahlliste, in der Sie die gewünschten Bones auswählen können.

Schließlich bleibt noch die Wert setzen-Schaltfläche. Wird sie betätigt, bekommt der gerade aktive Bone die eingestellte Stärke für das gesamte Objekt zugewiesen. Dies können Sie z.B. auch zum Löschen der Bone-Wichtung benutzen, wenn Sie diese Funktion mit einer Stärke von 0% verwenden.

Da nun alle Funktionen bekannt sind, können wir mit dem Bemalen beginnen. Selektieren Sie also den obersten Hals-Bone und stellen Sie eine Stärke von 100% im Claude Bonet-Dialog ein. Absolutes Malen sollte aktiv, Nur sichtbare Elemente bearbeiten ausgeschaltet sein.

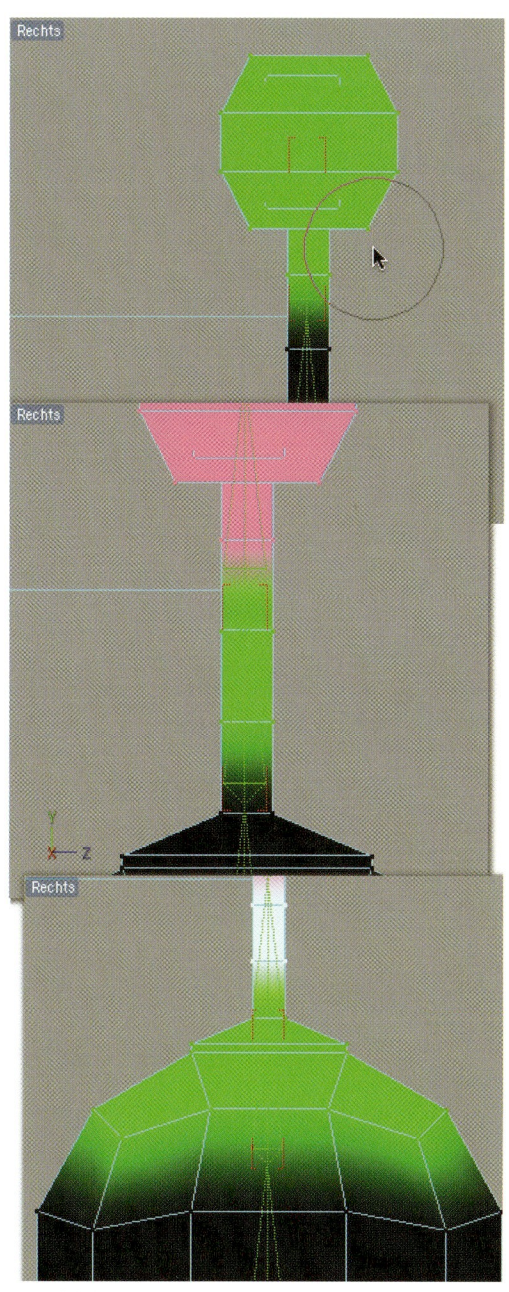

Abbildung 4.91: Die Hals-Wichtungen

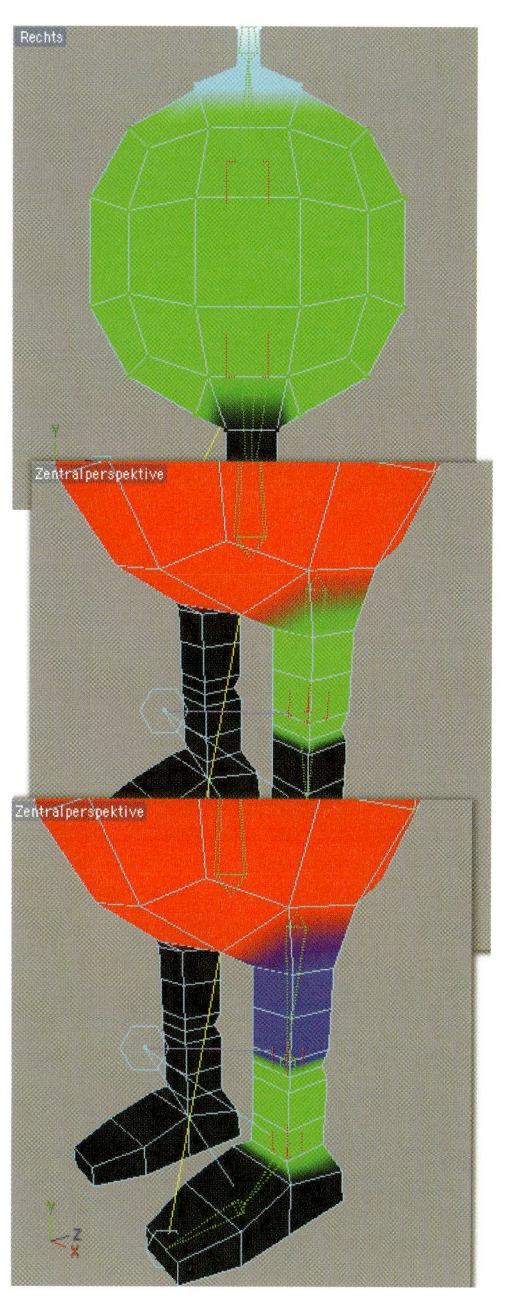

Abbildung 4.92: Die Körper- und Bein-Wichtungen

Überstreichen Sie mit gehaltener Maustaste den gesamten Kopf der Figur (siehe Abbildung 4.91). Wie Sie erkennen können, entspricht 100% Stärke einem kräftigen Grünton.

Sind Sie damit zufrieden, selektieren Sie den vorletzten Hals-Bone und bemalen den Bereich am Hals, der von ihm gesteuert werden soll.

Sie erkennen dabei, dass sich die Bemalung des letzten Hals-Bones verändert. Cinema 4D steuert diese Umfärbung automatisch. Nur die Wichtung des aktuell selektierten Bones wird in Grün angezeigt. Sie können daran also immer erkennen, welcher Bereich durch den selektierten Bone beeinflusst wird.

Wenn Sie einen weicheren Übergang zwischen zwei benachbarten Bones erzielen möchten, können Sie auch Punkte am Objekt doppelt wichten. So ist es möglich, dass mehr als ein Bone auf einen Bereich einwirkt.

Arbeiten Sie sich der Bone-Hierarchie folgend in der Figur nach unten vor und bemalen Sie bei jedem Bone den Bereich der Figur, den er deformieren soll. Hals und Körper der Figur können Sie dabei komfortabel in einer seitlichen Editor-Ansicht bemalen. Die hintere Körperhälfte wird so automatisch mit bemalt.

Beim Bemalen des Beins geht dies leider nicht mehr so einfach, da das rechte Bein später noch von anderen Bones gesteuert werden soll, die jetzt noch nicht existieren. Das rechte Bein muss also ohne Bemalung bleiben.

Sie können dort auf das Bemalen in der Kamera-Perspektive ausweichen oder auch weiterhin in der seitlichen Ansicht malen und die Wichtung am rechten Bein dann z.B. in der frontalen Ansicht mit einer Stärke von 0% wieder übermalen und damit löschen.

Abbildung 4.91 und Abbildung 4.92 zeigen Ihnen beispielhaft, wie die Bemalung des Objekts für die Bone-Objekte aussehen könnte. Da wir durchweg große Abstände zwischen den Punkten haben, können wir ausschließlich mit einer 100%-Stärke arbeiten. Bei Objekten mit feinerer Unterteilung sind oft auch abgestufte Stärken nötig, um die gewünschte Deformation zu erzielen.

Abbildung 4.93: Wichtungen am Fuß

Beim Wichten der Fuß-Bones achten Sie darauf, dass auch unter der Sohle gemalt wird (siehe Abbildung 4.93).

Wechseln Sie dort ggf. in den Modus der Nur sichtbare Elemente bearbeiten-Option, um z.B. in der Editor-Ansicht von unten arbeiten zu können, ohne gleichzeitig Teile des Körpers mit zu bemalen.

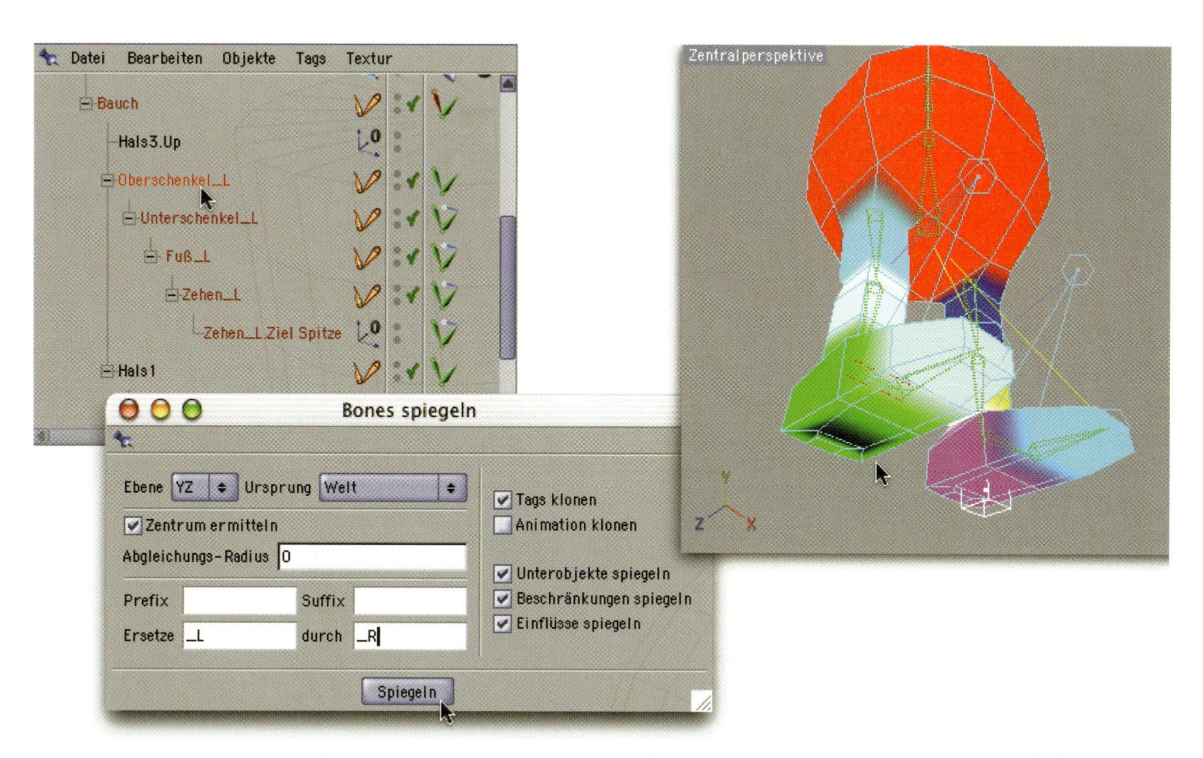

Abbildung 4.94: Bones und Wichtungen spiegeln

Bone-Hierarchien spiegeln

Um die Figur zu komplettieren, fehlt uns nun noch das Bone-Setup des rechten Beins. Dies schließt natürlich auch dort eigene Hilfsobjekte und Wichtungen ein, denn das rechte Bein soll sich schließlich unabhängig vom linken Bein steuern lassen.

Dank der Bones spiegeln-Funktion aus der MOCCA-Palette nimmt uns Cinema 4D hier einen Großteil der Arbeit ab (siehe Abbildung 4.94).

Beginnen Sie damit, den ersten Bone der Hierarchie zu selektieren, die gespiegelt werden soll. Dies ist hier der linke Oberschenkel-Bone. Rufen Sie die Bones spiegeln-Funktion auf. Mit den Optionen auf der rechten Seite regeln Sie, was alles gespiegelt werden soll.

Tags klonen dupliziert automatisch alle Tags und Expressions der Bone-Kette. Dies betrifft also auch die MOCCA IK-Tags.

Sollte eine Bone-Kette bereits mit Keyframes animiert sein, kann die aktive Animation klonen-Funktion auch diese Keyframes an die gespiegelte Kopie übertragen.

Unterobjekte spiegeln spiegelt die komplette Bone-Hierarchie und nicht nur das selektierte Objekt.

Bones können mit Hilfsobjekten in Verbindung stehen, wie Sie bereits gelernt haben. Beschränkungen spiegeln dupliziert daher auch diese Hilfsobjekte und stellt deren Beziehung zu den neuen MOCCA IK-Tags her.

Schließlich sorgt Einflüsse spiegeln dafür, dass die Claude Bonet-Wichtungen ebenfalls – falls das Objekt eine symmetrische Form und Punktverteilung aufweist – gespiegelt werden. Ein erneutes Bemalen kann dadurch also vermieden werden.

Benutzen Sie das Ebene-Menü im Bones spiegeln-Dialog, um damit die Spiegelungsebene festzulegen. Da unsere Figur zur YZ-Ebene symmetrisch ist, wählen Sie diese Ebene aus.

Als Bezugssystem können Sie im Ursprung-Menü Welt wählen, da die Figur noch exakt im Welt-Ursprung liegt. Wäre dies nicht der Fall, müsste z.B. das Überobjekt, also in unserem Fall die Position des Bauch-Bones, als Bezugssystem herhalten. Es gilt dann jedoch die Bezugsebene zu überprüfen, da die Richtung des Achssystems am Überobjekt durchaus gegenüber der Symmetrie-Ebene der Figur verdreht sein kann.

Die Option Zentrum ermitteln aktiviert eine Überprüfung aller Punktpositionen am Objekt, um ein geometrisches Zentrum zu ermitteln, durch das die Symmetrie-Ebene verläuft. Der Wert für den Abgleichungsradius definiert einen Radius, in dem um die erwartete Position eines Punktes herum nach dem Punkt gesucht wird. Die Erhöhung dieses Werts ist sinnvoll, wenn Ihr Objekt nicht 100%ig symmetrisch ist. In der Regel sollten Sie jedoch darauf achten, die Symmetrie des Objekts – wenn der Bedarf besteht – erst nach dem Spiegeln der Bones zu verändern.

Über die vier Textfelder Prefix, Suffix, bzw. Ersetze und durch können Sie die Namensgebung der gespiegelten Bones und der gespiegelten Hilfsobjekte regeln. Wie Sie Abbildung 4.94 entnehmen können, werden dort die Ersetze durch-Felder benutzt, um das an die linken Bein-Bones angehängte Kürzel _L durch _R an den gespiegelten Bones austauschen zu lassen.

Alternativ hierzu können Sie beliebige Benennungen voranstellen (Prefix) oder hinten an die Namen anhängen lassen (Suffix).

Nach dem Betätigen der Spiegeln-Schaltfläche erscheint ein zusätzliches Bone-Setup für das rechte Bein.

Abbildung 4.95: Die gespiegelten Hilfsobjekte gruppieren

Die Aktivierung des Claude Bonet-Werkzeugs zeigt zudem, dass auch neue Wichtungen erzeugt wurden; in unserem Fall leider an der Sohle etwas unvollständig (siehe Mauszeiger in Abbildung 4.94).

Vielleicht sind dort Punkte nicht exakt symmetrisch zur linken Seite der Figur platziert gewesen. Selektieren Sie in solch einem Fall den entsprechenden Bone und ergänzen Sie die fehlende Wichtung durch Übermalen mit Claude Bonet.

Die Hilfsobjekte wurden ebenfalls korrekt dupliziert und gespiegelt, haben aber noch kein eigenes Überobjekt. Rufen Sie daher ein neues Null-Objekt auf, platzieren Sie es unter dem rechten Fuß der Figur und ziehen Sie dort alle Hilfsobjekte für das rechte Bein hinein (siehe Abbildung 4.95).

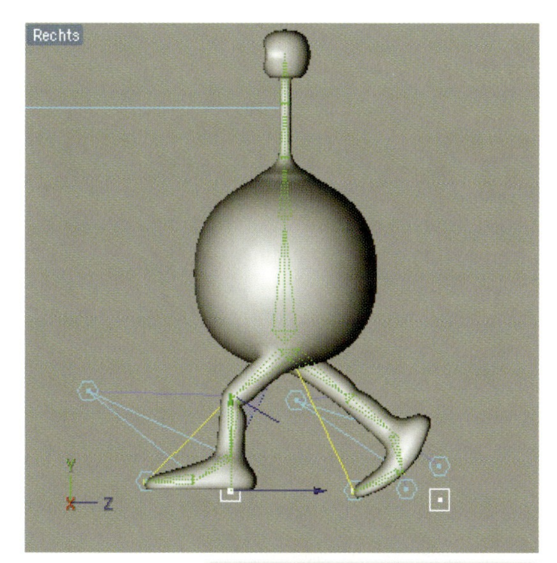

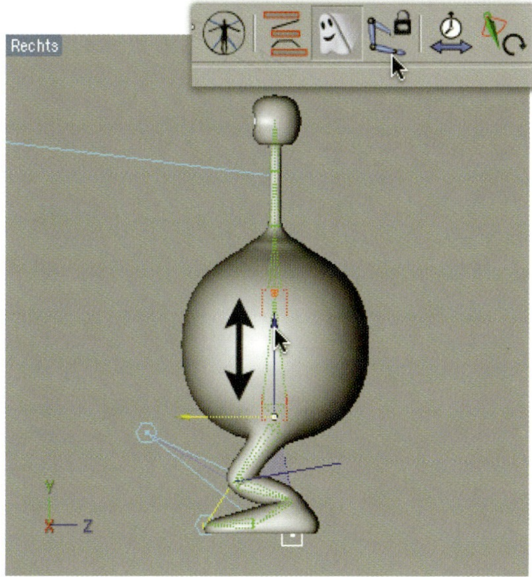

Abbildung 4.96: Wichtungen testen

Funktionen der Bones überprüfen und erweitern

Jetzt ist der Moment gekommen, an dem wir erstmals unser Bone-Setup ausprobieren können. Aktivieren Sie dazu den MODELL BEARBEITEN-Modus und das BEWEGEN-Werkzeug. Selektieren Sie das *Linker Fuß*-Null-Objekt, das die Hilfsobjekte für den linken Fuß und den Pol für das linke Knie enthält.

Verschieben Sie das *Linker Fuß*-Objekt in der seitlichen Ansicht nach vorne (siehe obere Einblendung in Abbildung 4.96). Sie sollten beobachten können, wie die Figur eine Art Schritt macht. Sie können diese Pose durch das Verschieben des *Rechter Fuß*-Null-Objekts mit den entsprechenden Hilfsobjekten des rechten Beins nach hinten noch verstärken.

Um die Figur eine Kniebeuge oder einen Sprung machen zu lassen, können Sie das *Bauch*-Bone-Objekt auf und ab bewegen. Leider scheint dies nicht zu dem gewünschten Erfolg zu führen. Die Figur bewegt sich zwar auf und ab, aber die Stellung der Beine wird dabei nicht verändert.

Dies hat mit der AUTO IK-VERRIEGELUNG zu tun (siehe Icon in Abbildung 4.96). Ist diese Funktion aktiv, bewirkt das Verschieben der Bone-Kette das gleichzeitige Verschieben der damit verbundenen Hilfsobjekte, obwohl diese eigentlich keine hierarchische Verbindung zu den Bones haben.

Dies mag Vorteile bei der Rotation von Bone-Ketten während der Erstellung des Bone-Setups haben, während der Animation der Figur ist dies jedoch eher hinderlich. Schalten Sie diese Funktion daher in der MOCCA-Palette aus.

Wenn Sie den *Bauch*-Bone nun bewegen, bleiben die Füße am virtuellen Boden kleben und die Figur kann beliebig bewegt werden (siehe untere Einblendung in Abbildung 4.96).

▸ Dynamics für die Bones aktivieren

Wenn Sie sich an die Besprechung des MOCCA IK-Tags am *Bauch*-Bone-Objekt erinnern, hatten wir dort bereits einen kurzen Blick auf die dynamischen Optionen geworfen. Diese lassen sich immer nur dann aktivieren, wenn der Bone gleichzeitig eine aktive ANKER-Option besitzt. Dafür werden die dynamischen Eigenschaften dann aber auch auf alle nachfolgenden Bones übertragen

Wir wollen diese Eigenschaft nutzen, um die Hals-Bones zu beeinflussen.

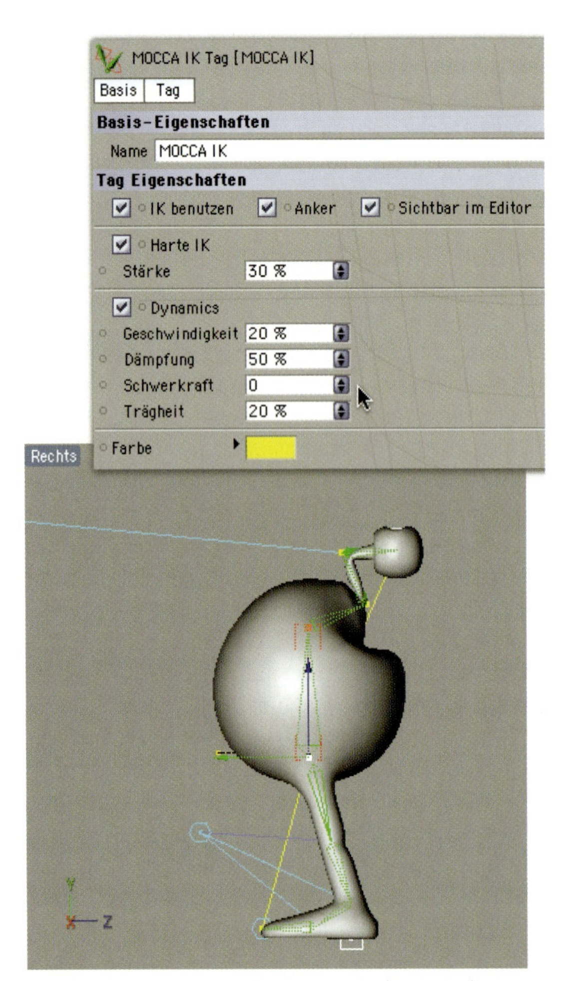

Abbildung 4.97: Hals-Bones mit dynamischen Eigenschaften

Um den Hals der Figur auf die Bewegung des Körpers reagieren zu lassen, können wir auf physikalische Größen wie z.B. DÄMPFUNG, SCHWERKRAFT und TRÄGHEIT zurückgreifen.

Lassen Sie uns kurz auf die Bedeutung dieser Werte eingehen (siehe Abbildung 4.97).

Zuerst muss die DYNAMICS-Option aktiviert werden, damit überhaupt dynamische Effekte berechnet werden. Der GESCHWINDIGKEIT-Wert steuert indirekt die Masse der Bones. Bei massigen, großen Figuren reduzieren Sie die GESCHWINDIGKEIT. Die dynamischen Effekte werden dann zeitlich stärker verzögert.

Kleine, leichte Figuren können schneller auf Veränderungen in der Bewegung reagieren. Dort können Sie mit größeren GESCHWINDIGKEITEN arbeiten.

Die DÄMPFUNG bremst den dynamischen Effekt ab und kann so kleinere Schwingungen ausfiltern und die Bewegungen schneller zur Ruhe kommen lassen. Je größer dieser Wert ist, desto weniger Schwingungen werden Sie sehen können.

Der Wert für die SCHWERKRAFT simuliert die Anziehungskraft der Erde auf die Bones. Damit lassen sich dann z.B. durchhängende Seile simulieren. Damit unsere Figur den Kopf nicht zu stark hängen lässt, deaktivieren Sie diesen Wert komplett durch die Eingabe 0.

Schließlich regelt die TRÄGHEIT, wie lange die Bones versuchen, ihre alte Position zu behalten. Ohne TRÄGHEIT folgen die Bones einer Bewegung sofort nach.

Verstehen Sie die Angaben in Abbildung 4.97 nur als Ausgangspunkt für eigene Experimente. Letztendlich können die Einstellungen nur bei der Animation auf ihre Richtigkeit überprüft werden. Lassen Sie uns daher eine kurze Animation der Figur erstellen.

Selektieren Sie dafür den *Bauch*-Bone und setzen Sie dafür einen POSITION-Keyframe zum Zeitpunkt 0. Bewegen Sie den Zeitschieber z.B. auf Bild 15 und ziehen Sie den *Bauch*-Bone in Blickrichtung der Figur nach vorne, bis die Zehen gerade noch den Bodenkontakt halten können. Halten Sie auch diese *Bauch*-Position als Keyframe fest.

Öffnen Sie die ZEITLEISTE und selektieren Sie dort die drei POSITION-Keyframes am Anfang der Animation. Halten sie die `Strg`- bzw. `Ctrl`-Taste gedrückt, während Sie einen gehaltenen Mausklick auf einen der selektierten Keyframes ausführen.

Verschieben Sie den Mauszeiger mit weiter gehaltener Maustaste nach rechts bis zu Bild 30.

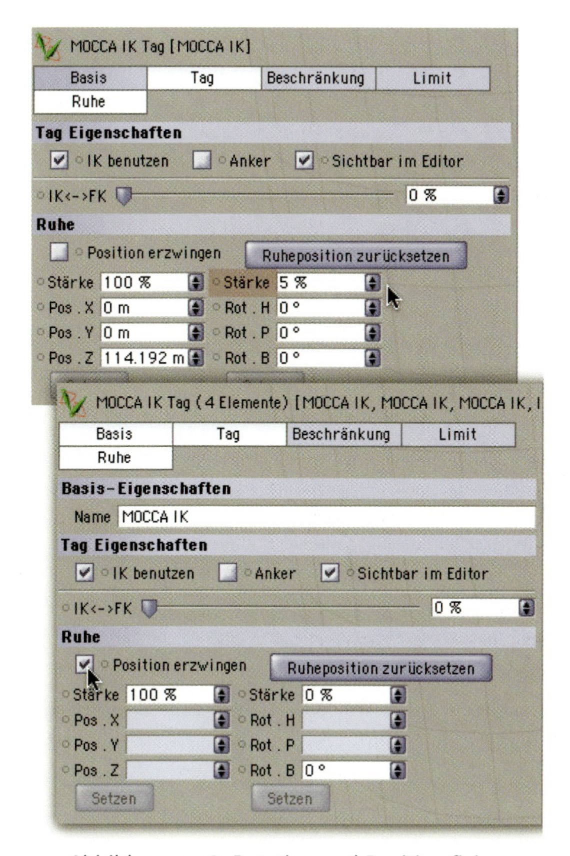

Abbildung 4.98: Rotation und Position fixieren

Sie können dort zuerst die Maustaste und dann die Strg-/Ctrl-Taste wieder lösen. Es sollten hierdurch Kopien der selektierten Keyframes entstanden sein. Die Figur kehrt also im Bild 30 wieder in ihre ursprüngliche Position zurück.

Spätestens wenn Sie die Animation bildweise ablaufen lassen, erkennen Sie, dass hier etwas nicht nach Wunsch funktioniert (siehe Abbildung 4.97).

Die Hals-Bones scheinen sich ungeordnet zu verdrehen und den Hals recht chaotisch zu deformieren. Dies hat damit zu tun, dass standardmäßig keine Kraft existiert, die die Bones an die Ruherotation bindet.

Selektieren Sie zur Überprüfung das MOCCA IK-Tag am obersten *Hals*-Bone. Auf der Ruhe-Seite des Dialogs im Attribute-Manager finden Sie je einen Stärke-Wert für die Ruheposition und Ruherotation. Erhöhen Sie die Stärke bei der Rotation leicht auf 5%. Bereits dieser geringe Wert wird der Dynamics-Berechnung dabei helfen, sich zu stabilisieren.

Wiederholen Sie diese Einstellung auch bei den MOCCA IK-Tags der übrigen Bones im Hals.

Nicht unbedingt benötigt, aber dennoch von Nutzen ist die Position erzwingen-Option in den MOCCA IK-Tags. Diese bewirkt, dass die Bones auch dann keine Lücken in den Gelenken bekommen, wenn die Zielobjekte weiter von den Bones entfernt werden. Der Zusammenhalt der Bone-Ketten wird also sichergestellt.

Sie können diese Option in allen MOCCA IK-Tags aktivieren. Am schnellsten geht dies, wenn Sie zuerst alle MOCCA IK-Tags mit ⇧-Klicks oder durch Rahmen-Selektion im Objekt-Manager selektieren und dann die Option Position erzwingen im Attribute-Manager aktivieren (siehe auch Abbildung 4.98).

Bewegen Sie den Zeitschieber wieder zum Anfang der Animation zurück. Die Figur sollte in der ursprünglichen Pose mit geradem Hals erscheinen. Falls nicht, müssen Sie für zusätzliche MOCCA-Berechnungen sorgen, die die Kräfte wieder ins Gleichgewicht bringen. Bei nur kleinen Abweichungen der Pose genügt es oft, mehrfach hintereinander z.B. die Stop-Schaltfläche im Zeit-Manager anzuklicken. Dadurch wird jedes Mal eine Berechnung aller Tags und Expressions ausgelöst.

Etwas eleganter ist die Automatischer-Redraw-Funktion, die Sie in einem eigenen Fenster zwischen dem Objekt-Manager und dem Attribute-Manager finden können. Dies gilt aber nur, wenn Sie auch das MOCCA-Layout aktiviert haben.

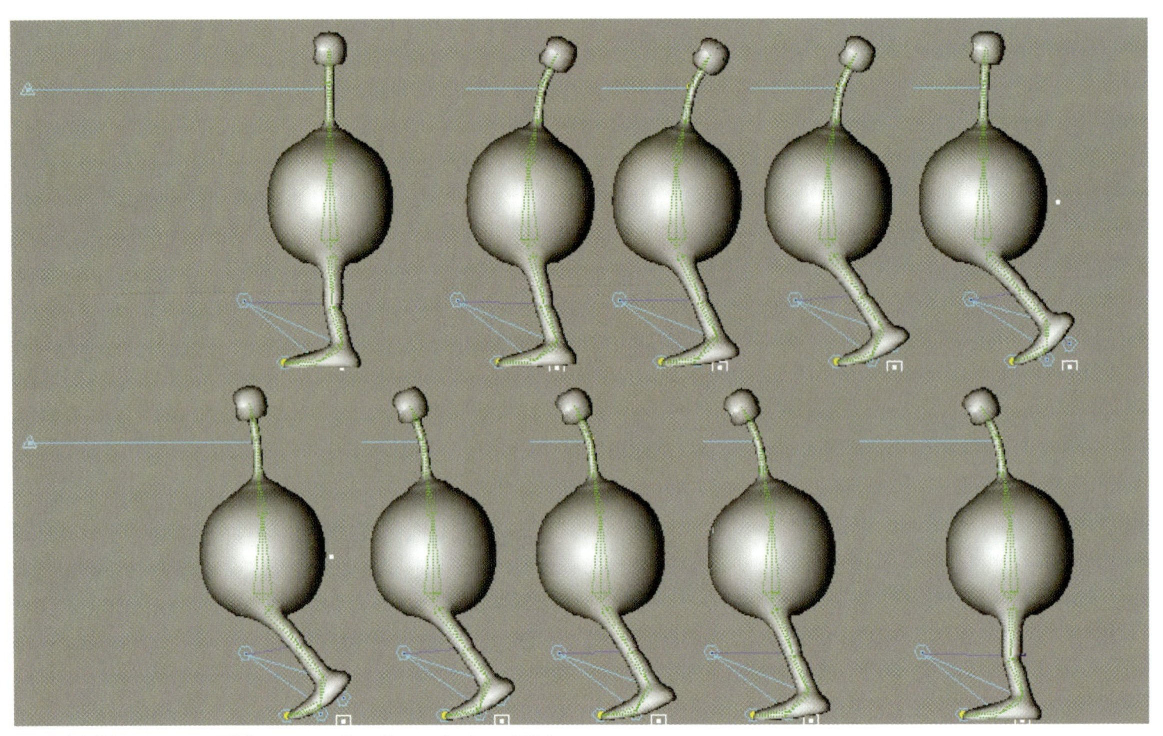

Abbildung 4.99: Bildsequenz des dynamischen Effekts

Ist diese Option aktiv, werden alle MOCCA IK-Tags automatisch in einem gewissen Takt ausgeführt, was in kurzer Zeit zu einer stabilen Pose des Bone-Setups führt.

Während Sie die Animation abspielen, kann die Redraw-Option deaktiviert bleiben. Die Tags werden dann bei jedem Bildwechsel neu berechnet.

In Abbildung 4.99 können Sie an den Einzelbildern erkennen, wie sich die Animation der Figur nun darstellt. Die obere Zeile zeigt die Vorwärts-, die untere die Rückwärtsbewegung.

Sie können an der Krümmung des Halses gut erkennen, wie sich die Trägheit des *Bauch*-Bones dort auswirkt. An den übrigen Körperteilen ist von diesen dynamischen Effekten nichts zu sehen, da dort Hilfsobjekte die Bewegungsfreiheit der Bones einschränken.

Je nachdem, ob Ihnen der Effekt bereits gefällt oder nicht, verstärken oder reduzieren Sie die Dynamics-Einstellungen im MOCCA IK-Tag des Anker-Bones.

Fällt das Verhalten der Kopf-Bones zu Ihrer Zufriedenheit aus, bewegen Sie den Zeitschieber zurück zum Anfang der Animation. Benutzen Sie ggf. die Automatischer Redraw-Option, um die Figur in die ursprüngliche aufrechte Pose zu bringen und löschen Sie dann die drei Position-Sequenzen samt ihren Keyframes in der Zeitleiste. Diese wurden schließlich nur zu Testzwecken erstellt und haben nichts mit der geplanten Animation zu tun.

Bislang haben wir uns für die Animation vollständig auf Bones beschränkt. MOCCA hält aber noch andere Möglichkeiten zur Animation bereit, von denen wir das *Morphing* für eine einfache Animation der Augenlider verwenden werden.

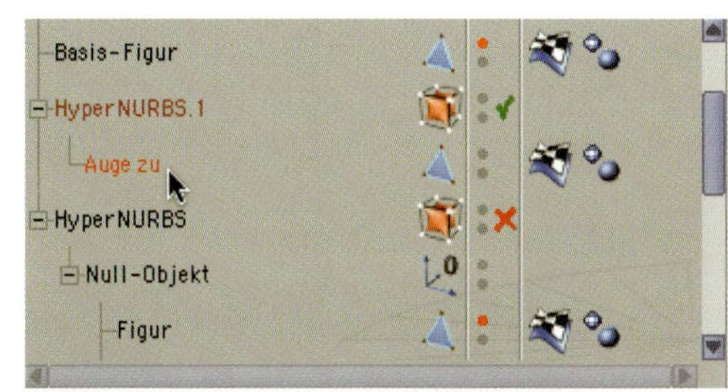

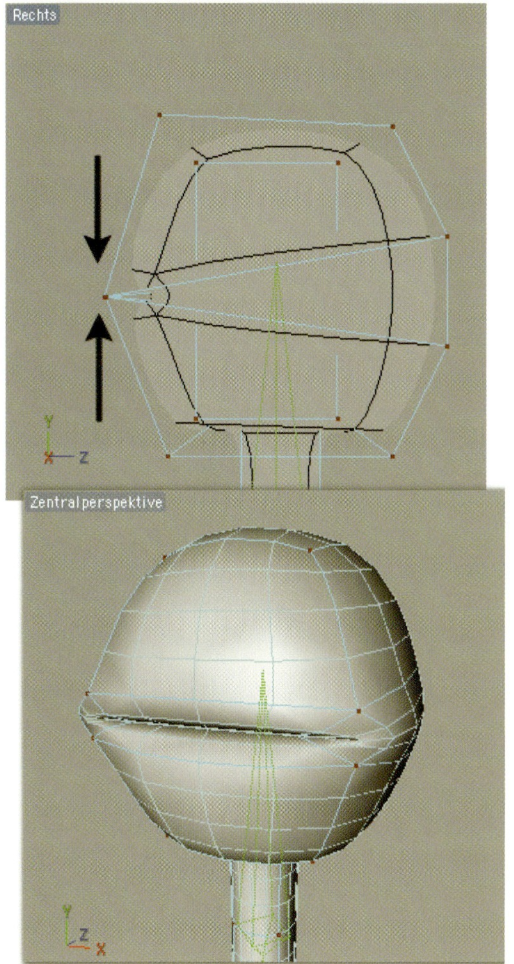

Abbildung 4.100: Ein Morph-Ziel für die Augenlider erzeugen

PoseMixer zum Morphen der Figur benutzen

Unter *Morphing* versteht man die Veränderung der Form durch Verschieben der Punkte des Objekts. Es ist daher ein festgeschriebenes Gesetz, dass alle verwendeten Formen des Objekts die gleiche Punktanzahl haben müssen.

Um dies sicherzustellen, werden Kopien des Objekts erzeugt und dann so lange bearbeitet, bis die Veränderung dem gewünschten Zielzustand entspricht.

Bei unserer kleinen Alien-Figur würde es Sinn machen, eine Lidbewegung zu ermöglichen, damit die Figur auch einmal Zwinkern oder das Auge zukneifen kann.

Für eine solche Morphing-Animation werden immer mindestens drei Versionen des Objekts benötigt. Ein Objekt stellt die Basisversion dar. Dies kann bei einem Gesicht z.B. ein neutraler Gesichtsausdruck sein.

Eine weitere Version stellt den gewünschten Endzustand dar, also z.B. ein lächelndes Gesicht oder zugekniffene Augenlider. Wichtig ist, dass möglichst nicht zu viele verschiedene Veränderungen in eine einzige Version des Objekts eingearbeitet werden. Das Morphing kann auch dazu genutzt werden, diverse Zielzustände prozentual zu mischen.

So könnten Sie 10% *Lächeln* mit 50% *Augen zu* mischen, um einen komplett neuen Gesichtsausdruck zu erzeugen, der so als einzelnes Objekt gar nicht existiert.

Schließlich benötigen Sie eine dritte Version des Objekts, um darauf das Ergebnis des Morphings zu übertragen. Das Basis- und das Zielzustand-Objekt bleiben also beim Morphing unverändert. Nur das Resultat-Objekt verändert sich durch das Morphing.

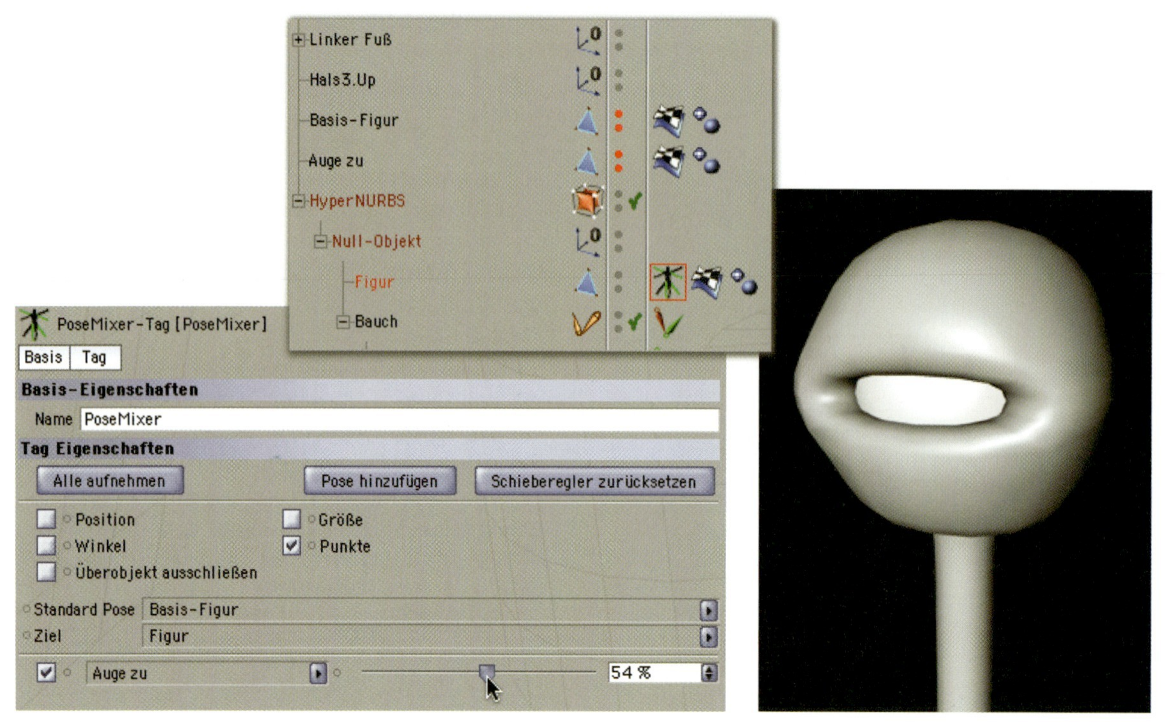

Abbildung 4.101: Morphing-Ziele mit dem PoseMixer-Tag mischen

Damit sich die gemorphte Figur wie bislang gewohnt von den Bones deformieren lässt, benutzen wir kurzerhand die Figur selbst als Resultat-Objekt.

Wir benötigen nun die beiden beschriebenen Kopien der Figur, die wir durch Strg-/Ctrl-Drag&Drop-Aktionen im OBJEKT-MANAGER oder durch KOPIEREN und EINFÜGEN erzeugen.

Benennen Sie eine der Kopien in *Basis-Figur* und eine in *Auge zu* um. Die *Auge zu*-Kopie ordnen Sie einem neuen HyperNURBS-Objekt unter, um die geglättete Oberfläche sehen zu können (siehe Abbildung 4.100).

Für einen freien Blick auf das *Auge zu*-Objekt schalten Sie kurzfristig das Figur-Objekt bei der Bone-Hierarchie und das *Basis-Figur*-Objekt unsichtbar für den Editor. Benutzen Sie beliebige Werkzeuge, um die Lider der Figur vor dem Auge zu schließen.

Dazu reicht es bereits aus, die vier vorderen Punkte, die das obere und das untere Lid außen begrenzen, entlang der Y-Achse kleiner zu skalieren oder aufeinander zu zu verschieben. Die Pfeile und die unterste Einblendung in Abbildung 4.100 deuten diese Verschiebung und ein mögliches Ergebnis an.

Sind Sie mit dem Ergebnis zufrieden, entfernen Sie das *Auge zu*-Objekt wieder aus dem HyperNURBS-Objekt und löschen dieses HyperNURBS. Es wird nicht länger benötigt.

Machen Sie die Figur bei den Bones wieder sichtbar und geben Sie diesem Objekt dann z.B. über den Eintrag DATEI › MOCCA TAGS › POSEMIXER im OBJEKT-MANAGER ein POSEMIXER-Tag (siehe Abbildung 4.101).

Ziehen Sie die *Basis-Figur* dort in das STANDARD POSE-Feld im ATTRIBUTE-MANAGER. Im ZIEL-Feld muss die Figur angegeben werden, auf die das Resultat übertragen werden soll. Dies ist also die Figur, die das POSEMIXER-Tag trägt.

Im unteren Teil des POSEMIXER-Dialogs finden Sie ein weiteres leeres Feld mit einem Regler daneben. Ziehen Sie das *Auge zu*-Objekt in dieses leere Feld hinein.

Wenn Sie mehrere Zielzustände benutzen wollen, verwenden Sie einfach die POSE HINZUFÜGEN-Schaltfläche und dem POSEMIXER-Dialog werden neue Felder mit Reglern hinzugefügt.

Schließlich müssen Sie POSEMIXER nur noch mitteilen, welche Eigenschaften der Objekte gemorpht werden sollen. Sie können durch Abhaken der Optionen die POSITION, den WINKEL, die GRÖSSE oder die PUNKTE morphen. In unserem Fall interessieren ausschließlich die PUNKTE. Alle anderen Optionen lassen Sie daher deaktiviert.

Sorgen Sie nun dafür, dass das *Auge zu-* und das *Basis-Figur*-Objekt für den Editor und das Rendering unsichtbar bleiben. Die Figur mit dem POSEMIXER-Tag hingegen sollte im Editor und beim Rendern dargestellt werden.

Wenn Sie jetzt den Regler im POSEMIXER-Tag benutzen, sollten Sie die Figur zwischen dem offenen und dem geschlossenen Auge stufenlos morphen können (siehe Abbildung 4.101). Später werden wir diesen Regler über Parameter-Keyframes animieren, um das Morphing beliebig steuern zu können.

Diese Keyframes können entweder wie gewohnt über den vorangestellten grauen Kreis und einen `Strg`- bzw `Ctrl`-Klick darauf erzeugt werden oder Sie benutzen die ALLE AUFNEHMEN-Schaltfläche oben im POSEMIXER-Dialog.

Materialien und Beleuchtung hinzufügen

Da wir uns bislang so ausführlich mit den „inneren Werten" der Figur auseinander gesetzt haben, sollten wir auch die Oberfläche und die Beleuchtung nicht vergessen. Wir werden daher zwei Materialien für das Auge und die Haut der Figur erstellen. Nicht zuletzt, um auch einmal den SUBSURFACING SCATTERING-Shader zu benutzen, werden wir der Figur ein gummiartiges Aussehen geben.

Zuerst werfen wir jedoch einen kurzen Blick auf das Material für das Auge. Dort sollte uns ein weißes Basismaterial mit einer schwarzen Iris ausreichen. Am einfachsten setzen wir das mit einem FARBVERLAUF-Shader im FARBE-Kanal um, der einen kreisförmigen 2D-Verlauf berechnet.

Um die Helligkeit des Auges leichter steuern zu können, benutzen wir eine Kopie dieses Shaders auch im LEUCHTEN-Kanal, dort jedoch mit reduzierter Helligkeit, damit noch Schattierungen auf dem Auge angezeigt werden können.

Ein intensives, aber kleines Glanzlicht soll den Eindruck einer glatten und feuchten Oberfläche unterstreichen.

In Abbildung 4.102 finden Sie diese Einstellungen auch noch einmal im Bild wieder. Die Intensität im LEUCHTEN-Kanal muss später eventuell noch überprüft werden, wenn die Beleuchtung hinzugefügt wurde. Ebenso sollten Sie später nach der Zuweisung des Materials die Größe der Iris überprüfen.

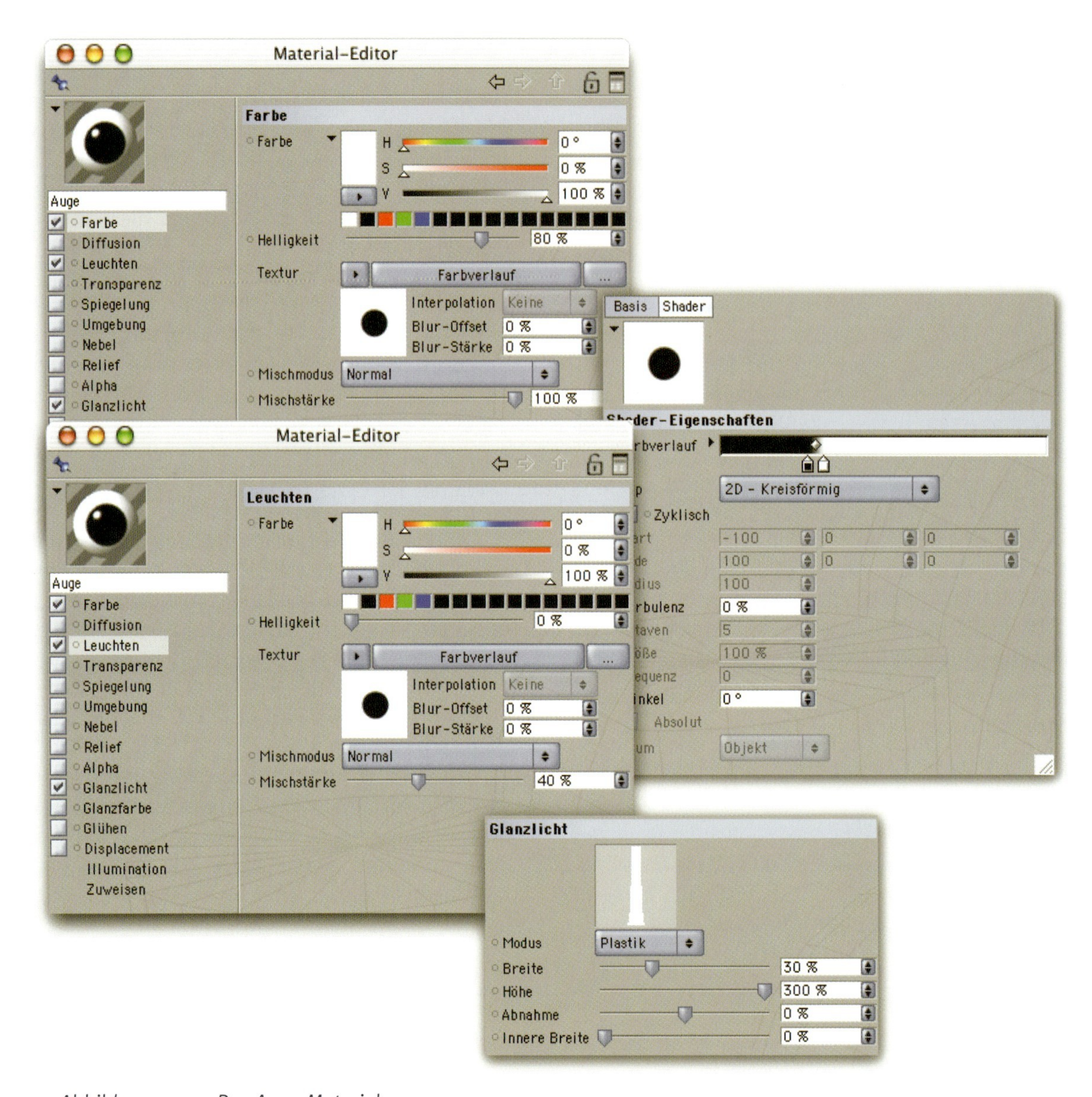

Abbildung 4.102: Das Auge-Material

Die Figur selbst soll wirken, als bestünde sie aus einem leicht lichtdurchlässigen Material. Für diese Art Materialien gibt es einen speziellen Shader, der SUBSURFACING SCATTERING-Shader heißt. Aufgrund der Länge des Namens wird er üblicherweise mit SSS-Shader abgekürzt. Sie finden diesen Shader in der EFFEKTE-Gruppe.

Dieser SSS-Shader ist in der Lage, in ein Objekt eindringendes und dort gestreutes Licht zu simulieren. Er eignet sich damit für alle plastik- oder gummiartigen Materialien.

Aber auch Haut kann damit z.B. realistischer gestaltet werden, denn auch dort kann Licht teilweise eindringen.

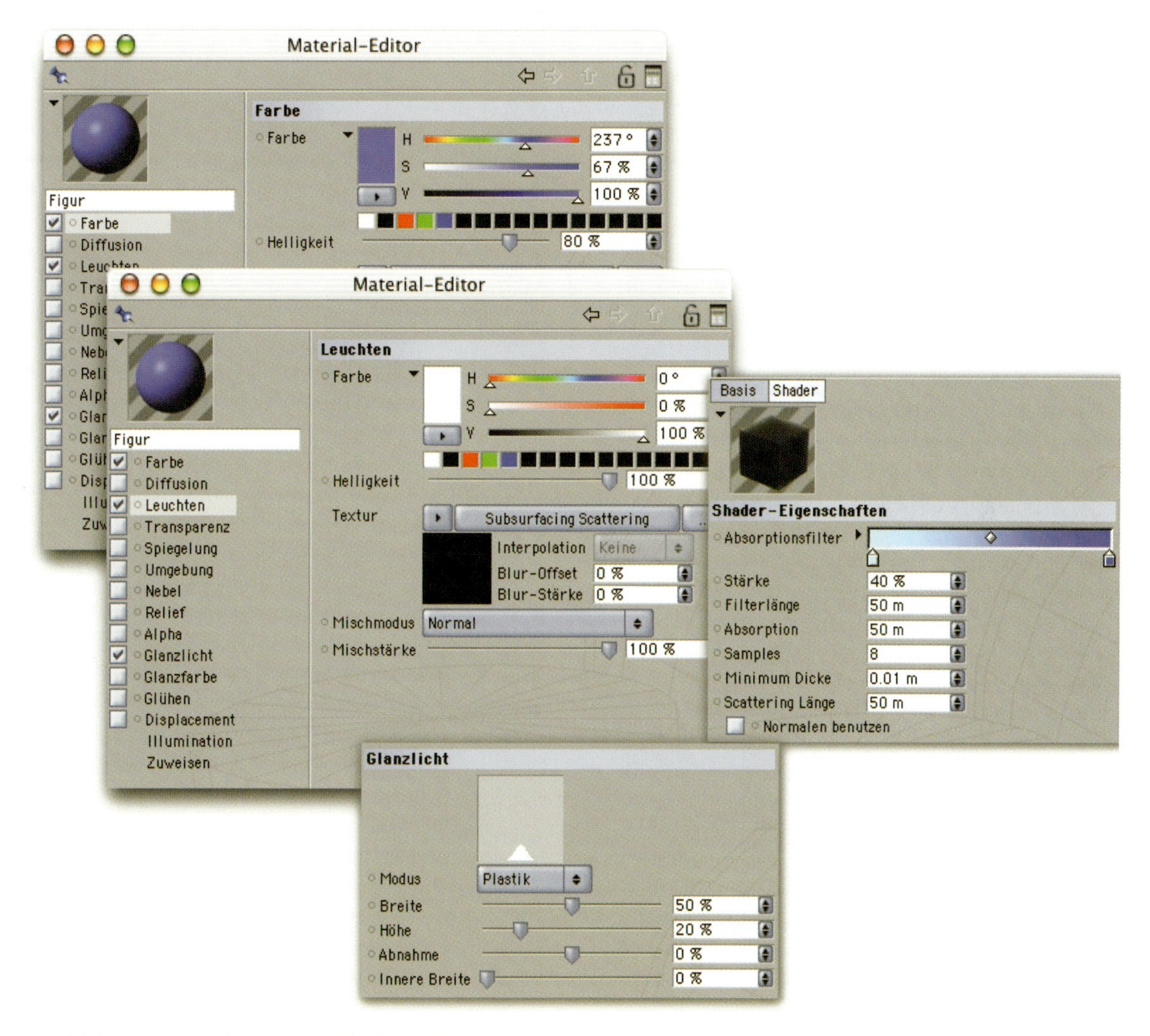

Abbildung 4.103: Material für die Haut der Figur

Sie können dies leicht an den rot leuchtenden Ohren einer von hinten beleuchteten Person oder an den rötlichen Fingern erkennen, die vor eine Glühbirne gehalten werden.

Um diesen Effekt voll zur Geltung zu bringen, ist der SSS-Shader auf eine darauf abgestimmte Beleuchtung angewiesen, die das Objekt auch an der der Kamera abgewandten Seite beleuchtet. Erst dadurch kann der Eindruck entstehen, dass Licht von hinten durch das Objekt dringt.

Damit der SSS-Shader optimal funktionieren kann, sollte er im LEUCHTEN-Kanal eingesetzt werden, da dieser weitgehend unabhängig von der Beleuchtung eines Objekts Helligkeiten auf der Oberfläche erzeugen kann.

Abbildung 4.103 stellt eine mögliche Anwendung des Shaders dar. Lassen Sie uns dort einen kurzen Blick auf die wichtigsten Parameter des SSS-Shaders werfen.

Der ABSORPTIONSFILTER wird wie ein Farbverlauf bedient. Sie können dort also beliebig viele Farbreiter hinzufügen und deren Farben verändern.

Der linke Rand dieses Farbverlaufs steht für die sehr dünnen Stellen am Objekt. Diese Farbe können wir also später z.B. am Hals der Figur erwarten. Der rechte Rand steht für die massiveren Stellen am Objekt, also hier z.B. für den Bauch der Figur.

Der STÄRKE-Wert arbeitet wie ein Multiplikator für die berechnete Helligkeit des Effekts. Starten Sie hier bei den Probeberechnungen mit einem hohen Wert, den Sie dann schrittweise so anpassen, bis er zu der herrschenden Beleuchtungssituation passt.

Der Wert für die FILTERLÄNGE entspricht der Entfernung des Lichts im Material, für die der Farbverlauf verwendet werden soll. Mit dem Erreichen dieses Werts wird also auch der rechte Rand des ABSOPTIONSFILTER-Verlaufs erreicht.

Die ABSORPTION bestimmt ebenfalls eine Entfernung im Objekt, diesmal jedoch die Distanz, die sich das Licht durchschnittlich im Objekt bewegen kann. Höhere Werte lassen daher das Material transparenter wirken. Um das volle Farbspektrum des ABSORPTIONSFILTERS zeigen zu können, sollten ABSORPTION und FILTERLÄNGE zumindest gleich eingestellt sein.

Der Wert für die SAMPLES ist eine Maßeinheit für die Genauigkeit der Berechnung. Mehr SAMPLES liefern ein exakteres Ergebnis, brauchen aber auch länger für die Berechnung. Es ist daher sinnvoll, die SAMPLES-Anzahl erst für die finale Berechnung zu erhöhen und die Probeberechnungen mit niedrigeren Werten auszuführen.

Der Wert für MINIMUM DICKE definiert die Entfernung, die das Licht ungehindert durchdringen kann. Diese Entfernung wird also direkt von der Oberfläche des Objekts aus gemessen. In der Regel brauchen Sie an diesem Wert nichts zu verändern.

Die SCATTERING LÄNGE bestimmt die Entfernung, die im Objekt gestreutes Licht durchdringen kann. Auch hier können Sie sich oft am ABSORPTION-Wert orientieren.

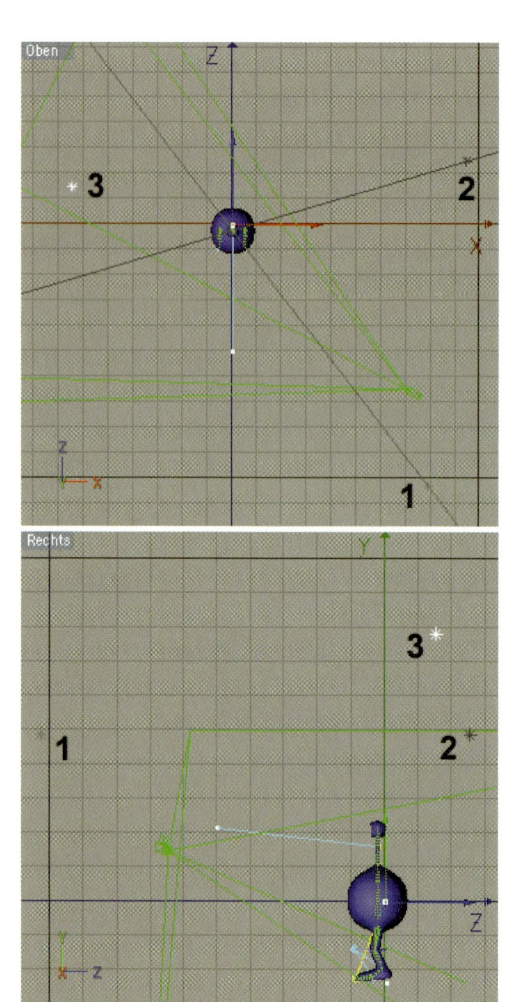

Abbildung 4.104: Beleuchtung der Figur

Der SSS-Shader arbeitet grundsätzlich am besten bei geschlossenen Geometrien, also z.B. einer Kugel. Auch unsere Figur stellt eine solche geschlossene Geometrie dar. Sollte dies im Einzelfall nicht gegeben sein, können Sie die NORMALEN BENUTZEN-Option zur Verbesserung des Ergebnisses aktivieren. Diese hilft dem Shader zu erkennen, welche Seite einer Fläche gerade berechnet wird.

Die übrigen Einstellungen dieses Materials sind weniger spektakulär. Sie finden diese ebenfalls in Abbildung 4.103.

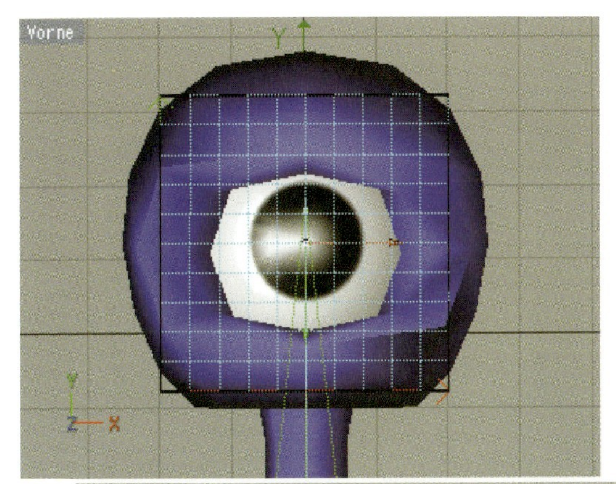

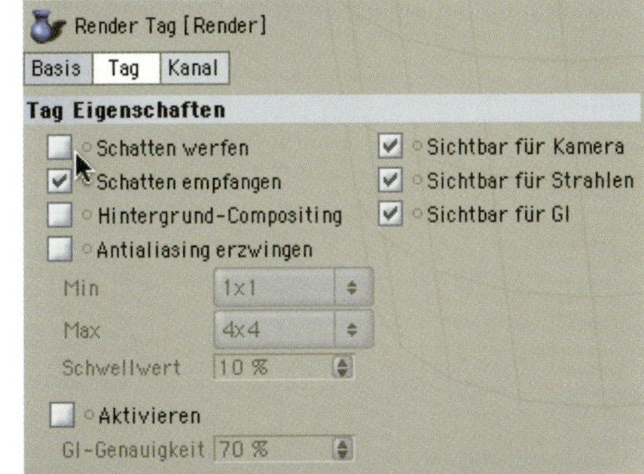

Abbildung 4.105: Materialien zuweisen und Objekteigenschaften definieren

Die Materialien sind damit erstellt und wir können uns mit der Beleuchtung beschäftigen. Wir verwenden hier eine Standard 3-Punkt-Beleuchtung mit zwei Lichtquellen auf seiten der Kamera und einer Gegenlicht-Lichtquelle (siehe Abbildung 4.104).

Da der SSS-Shader auf Licht angewiesen ist, das auch die Rückseite des Objekts beleuchtet, verstärken wir das hintere Licht auf eine Helligkeit von 100%. In Abbildung 4.104 trägt diese Lichtquelle die Ziffer ❸.

Die Lichtquelle bei der Kamera mit der Ziffer ❶ ist ca. 50% hell. Diese beiden Lichtquellen benutzen zudem weiche Schatten. Um bei der Berechnung etwas Speicher zu sparen, benutzen wir dort Schattenkegel. Diese Lichtquellen müssen daher mit der Z-Achse zumindest grob auf die Figur ausgerichtet werden.

Die Lichtquelle bei Ziffer ❷ ist nur 30% hell, hat dafür aber keinen Schattenwurf. Sie dient hauptsächlich der Aufhellung der Figur. Eine Möglichkeit der Positionierung der Lichtquellen können Sie Abbildung 4.104 entnehmen.

Das zuvor erstelle Material für das Auge ziehen Sie nun auf die Augen-Kugel im Objekt-Manager. Um volle Kontrolle über die Größe und Position der Iris zu bekommen, schalten Sie die Projektion dieser Textur auf Fläche um. Benutzen Sie ggf. den Textur-Achsen bearbeiten-Modus, um diese Textur vor dem Auge zu platzieren. Die Position und Größe dieser Textur können Sie der oberen Einblendung in Abbildung 4.105 entnehmen.

Da der SSS-Shader auch den Schattenwurf von Objekten berücksichtig, könnte das Auge einen Schatten auf die Figur werfen. Da dies sicherlich eher störend wirken würde, fügen Sie der Augen-Kugel ein Render-Tag hinzu, indem Sie die Schatten werfen-Option ausschalten (siehe Abbildung 4.105).

Damit sind alle Vorkehrungen getroffen und Sie können das SSS-Material auf die Figur mit dem PoseMixer-Tag ziehen. Eine Veränderung der Projektion ist hierbei nicht notwendig.

Im unteren Teil von Abbildung 4.105 sehen Sie ein mögliches Proberendering der Figur nach der Zuweisung aller Materialien und der Platzierung der Lichtquellen.

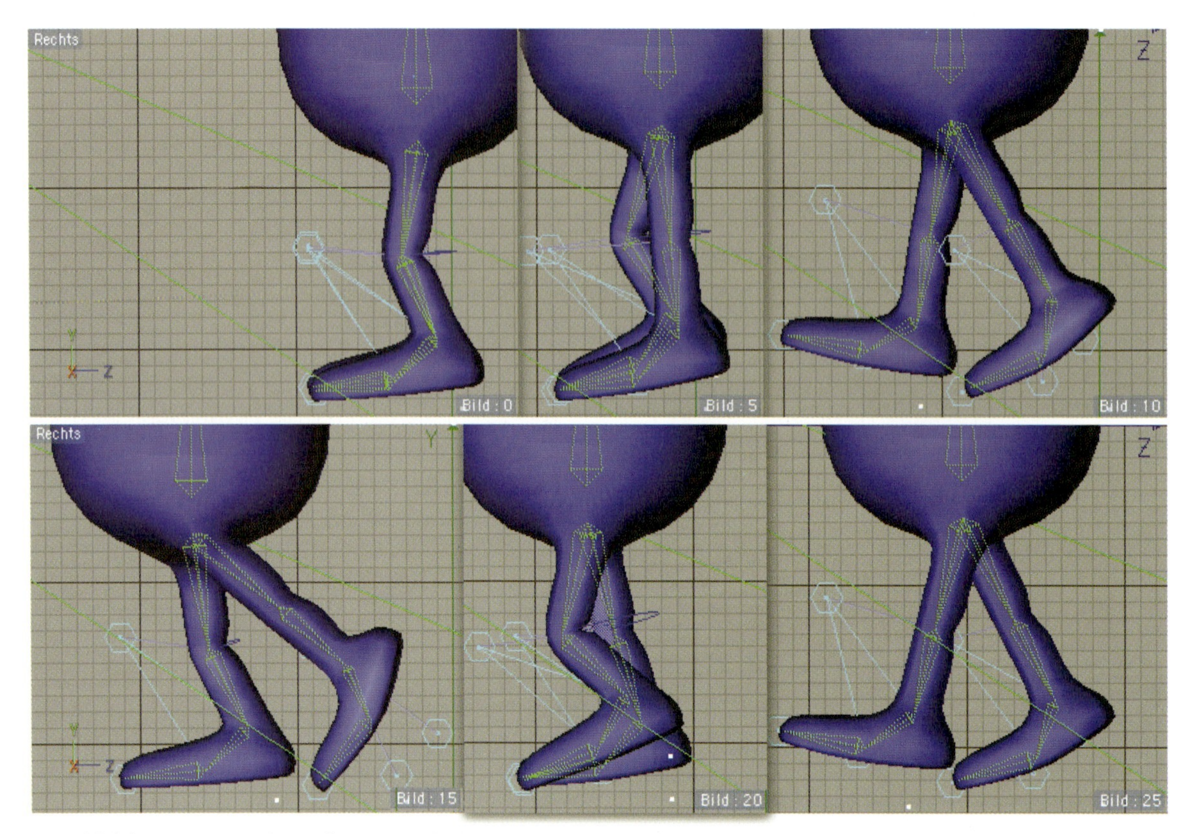

Abbildung 4.106: Füße und Körper animieren

Deutlich zu erkennen ist der Einfluss des SSS-Materials am Hals und an den Füßen, wo Licht von hinten durch die Figur zu dringen scheint.

Keyframes setzen

Wir werden die Figur nun mittels Keyframes animieren und zum Laufen bringen. Gerade bei Geh- und Laufbewegungen ist es wichtig, eine Art Rhythmus oder Takt einzuhalten. Dies hilft dabei, die Geschwindigkeit in jeder Phase der Animation konstant und gleichmäßig zu halten. Wir werden die Schritte in einem 5-Bilder-Takt animieren. Alle Keyframes haben also – sofern nicht anders angegeben – einen Abstand von jeweils fünf Bildern voneinander.

Beginnen Sie damit, zum Zeitpunkt 0 Positions-Keyframes für die Hilfsobjekt-Gruppen *Linker Fuß* und *Rechter Fuß* sowie für das *Null-Objekt* aufzunehmen, in dem die Bones und die Figur enthalten sind. Erzeugen Sie zusätzliche Rotations-Keyframes für die beiden Fußgruppen. Damit ist die Startposition der Figur definiert.

Wir werden die Schrittfolge mit dem rechten Fuß beginnen. Navigieren Sie dazu den Zeitschieber zu Bild 5 der Animation und heben Sie dort das *Rechter Fuß*-Objekt leicht an. Rotieren Sie es zudem so, dass die Ferse höher als die Fußspitze ist. Diese und die folgenden Beschreibungen finden Sie auch bildlich in Abbildung 4.106 wieder. Speichern Sie diese Rotation und die neue Position mit Keyframes ab.

Das *Null-Objekt* mit der Figur – wir werden fortan den Namen *Körper* dafür benutzen – belassen Sie noch an Ort und Stelle.

Bewegen Sie den Zeitschieber zu Bild 10 und bringen Sie dort das *Rechter Fuß*-Objekt so vor den Körper, dass die rechte Ferse noch vor den linken Zehen liegt. Rotieren Sie den *rechten Fuß* so, dass jetzt die Ferse tiefer als die Zehen liegt. Setzen Sie neue Position- und Rotation-Keyframes für den *rechten Fuß*.

In dem gleichen Bild bewegen Sie den *Körper* entlang der Z-Achse nach vorne und etwas nach oben. Die Figur liegt dann von unten gesehen ungefähr zwischen der rechten Ferse und den linken Zehen. Die Veränderung der Höhe streckt die Beine und hebt am linken Fuß die Ferse weiter an. Benutzen Sie die vorangestellten Kreise im Attribute-Manager, um diese Z- und Y-Position-Keyframes zu erzeugen. Klicken Sie dazu das bereits verschobene *Körper*-Objekt an und wechseln Sie im Attribute-Manager auf die Koordinaten-Rubrik. Die Positionen finden Sie hinter den Kürzeln P.X, P.Y und P.Z getrennt für die drei Achsen. Führen Sie [Strg]- bzw. [Ctrl]-Klicks auf die Kreise vor dem P.Y- und dem P.Z-Wert aus. So können Sie nur die Keyframes der Parameter erzeugen, die sich tatsächlich verändert haben.

Weiter zu Bild 15. Der *rechte Fuß* liegt nun flach auf dem virtuellen Boden auf und ist somit zu den ursprünglichen Rotationswerten zurückgekehrt. Um sich Arbeit zu sparen, können Sie also die Rotations-Keyframes aus Bild 0 kopieren und in der Zeitleiste zu Bild 15 verschieben. Ggf. müssen Sie den *rechten Fuß* zusätzlich noch etwas verschieben, damit er auch nach der Rotation noch vollständig vor der linken Fußspitze liegt. Dies muss dann ebenfalls mit Position-Keyframes festgehalten werden.

Der *linke Fuß* wird noch immer nicht bewegt, aber seine Animation steht kurz bevor.

Um die aktuelle Position und Rotation des *linken Fußes* zu fixieren, selektieren Sie die Position und Rotation-Keyframes aus Bild 0 und verschieben diese zu Bild 15. Wir können dies problemlos tun, da sich bislang an der Position des *linken Fußes* noch nichts verändert hat.

Der Körper muss in Bild 15 weiter nach vorne und wieder nach unten verschoben werden, um nicht aus dem Gleichgewicht zu geraten. Um den Körper auf die ursprüngliche Höhe zu bringen, können Sie den Position-Y-Keyframe aus Bild 0 kopieren und zu Bild 15 verschieben. Lassen sich keine einzelnen Keyframes selektieren, überprüfen Sie in der Zeitleiste, ob dort die Vektor-Selektion-Option im Bearbeiten-Menü noch aktiv ist. Schalten Sie diese ggf. aus.

Die Z-Position des Körpers lässt sich so nicht kopieren und muss von Ihnen durch Verschieben des Körpers eingestellt werden. Der *Körper* sollte in dieser Phase der Animation über der Mitte des vorderen Fußes liegen. Benutzen Sie wieder die Keyframe-Aufnahme über den Attribute-Manager, damit nur ein Position.Z-Keyframe erzeugt wird.

In Bild 20 kommt jetzt endlich auch der *linke Fuß* ins Spiel. Bewegen Sie diesen etwas nach oben und rotieren Sie ihn gleichzeitig so, dass die Fußspitze fast wieder die ursprüngliche Position am virtuellen Boden einnimmt. Verschieben Sie den *linken Fuß* dann nach vorne, bis er neben dem *rechten Fuß* steht. Halten Sie diese neue Position und Rotation in Keyframes fest. Der *Körper* bleibt nahezu unbewegt. Verschieben Sie ihn nur ein kleines Stück nach oben, um das rechte Bein etwas zu strecken.

Halten Sie diese Bewegungslosigkeit des Körpers durch einen Position-Z- und einen Position-Y-Keyframe fest. Sie können auch hier den Position-Z-Keyframe aus Bild 15 kopieren und zu Bild 20 verschieben.

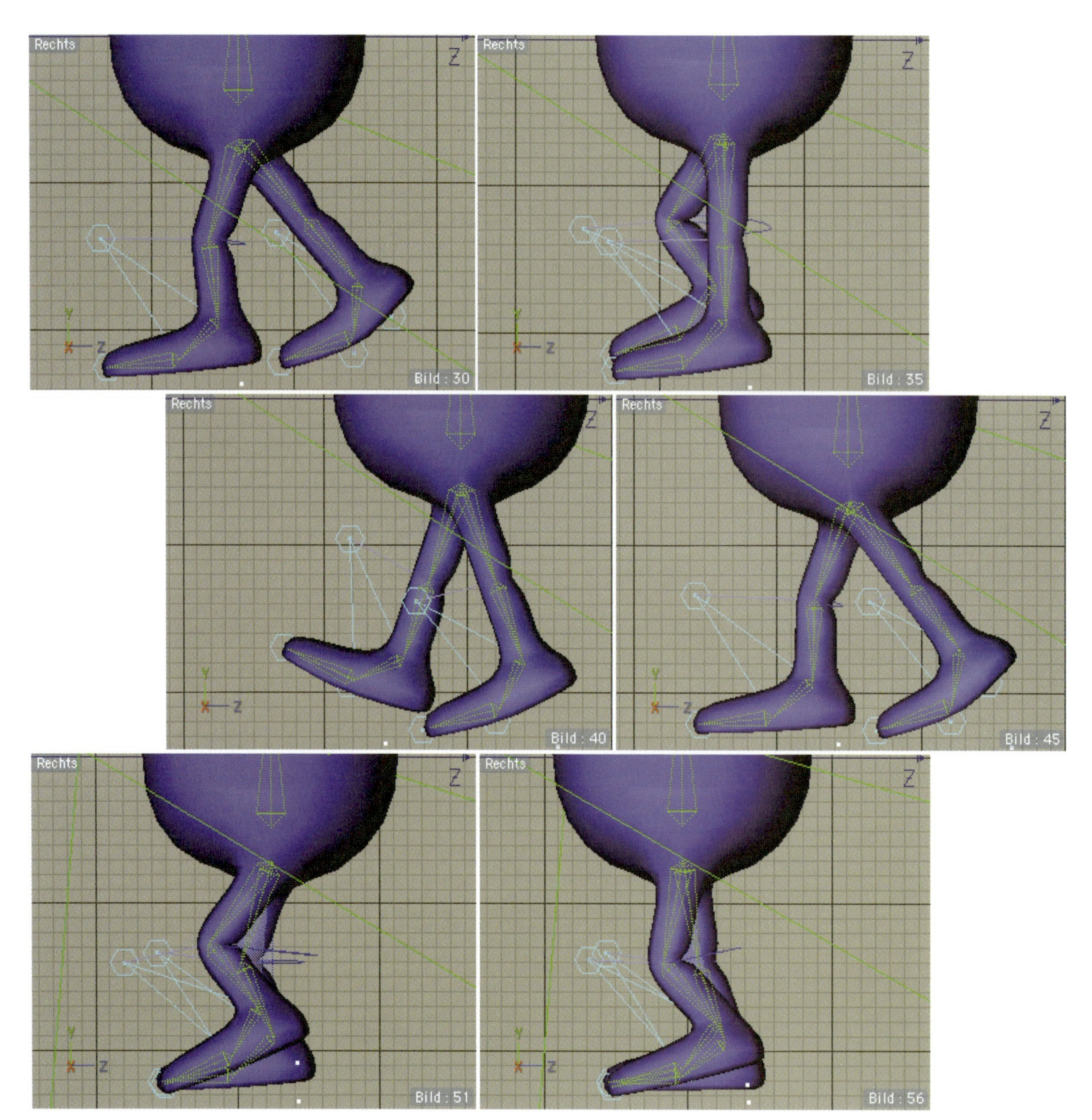

Abbildung 4.107: Animation abschließen

In Bild 25 erreicht der *linke Fuß* fast schon seine Endposition vor dem *rechten Fuß*. Noch stehen die Zehen zu hoch, um den Fuß flach aufsetzen zu lassen. Halten Sie diese Position und Rotation des *linken Fußes* mit Keyframes fest. Der *Körper* wird leicht nach oben und mittig über die Füße gezogen.

Halten Sie dabei die Z-Position des *Körpers* mit Keyframes fest. Um hier die gleiche Höhe wie in Bild 10 zu erzielen, kopieren Sie kurzerhand den Position-Y-Keyframe des *Körpers* aus Bild 10 und verschieben die Kopie in der Zeitleiste bis zu Bild 25.

Damit ist eine Schrittfolge komplett abgeschlossen. Noch eine weitere Sequenz soll folgen.

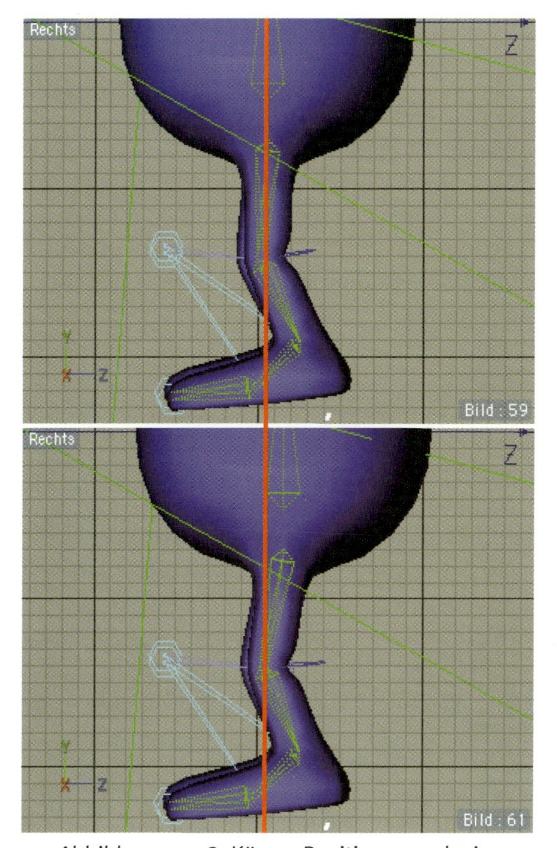

Abbildung 4.108: Körper-Position ausschwingen

Da die Arbeitsschritte dabei die gleichen bleiben, wird hier auf eine ähnlich ausführliche Beschreibung verzichtet. Wo Sie auf jeden Fall Arbeitszeit sparen können, ist bei den Rotationen der Fuß-Objekte. Diese wiederholen sich exakt und können daher durch Kopieren und Verschieben in der ZEITLEISTE erstellt werden. Auch die POSITION-Y-Keyframes des *Körpers* und der *Füße* wiederholen sich und können kopiert werden.

Alle Z-Positionen der Füße und des Körpers müssen aufgrund der Fortbewegung der Figur neu erstellt werden. Sie könnten dafür zwar die benötigten Wert mathematisch ermitteln, da die Schrittweiten gleich bleiben sollen, aber dieser Aufwand steht in keinem Verhältnis zum Nutzen.

Das Verschieben der *Füße* und des *Körpers* ist anhand der Posen in Abbildung 4.107 schnell erledigt. Beachten Sie, dass die Figur in Bild 56 nahezu wieder die ursprüngliche Körper- und Fußstellung aus Bild 0 zeigt.

Um der Figur etwas dynamischer zu gestalten, ziehen Sie den *Körper* noch ein kleines Stück weiter in Richtung der Fußspitzen, als würde dieser durch die vorangegangenen Schritte noch einen Vorwärtsdrall haben.

In Bild 61 der Animation nehmen Sie diese Position dann wieder zurück und zentrieren den *Körper* über den Füßen. Abbildung 4.108 zeigt Ihnen durch die Einblendung einer roten Linie die Größenordnung dieser Verschiebung des *Körpers* nach vorne an.

Der Hauptanteil der Animation ist damit bereits erstellt. Dank der dynamischen Unterstützung bei den Hals-Bones kommen noch weitere Einflüsse in die Keyframe-Animation hinein, die die Figur interessanter machen. Wir können die Animation aber durchaus noch aufwerten.

Man spricht in diesem Zusammenhang von der *Secondary Animation*, also die Animation von in der Regel kleinen Teilen der Figur, wie z.B. den Augen oder Händen. Dies gibt dem Betrachter noch mehr Informationen über die Figur und macht diese dadurch lebendiger.

Für die *Secondary Animation* der Figur bieten sich das Auge und der Körper selbst an. Wir haben hier nicht allzu viel Auswahl, da unserem Alien Kleidung sowie Arme und Hände fehlen.

Der Körper könnte z.B. zusätzlich entlang der X-Achse animiert werden und so bei der Gewichtsverlagerung zwischen den Schritten nach links und rechts pendeln. Um dies umzusetzen, arbeiten Sie am besten in der frontalen Ansicht.

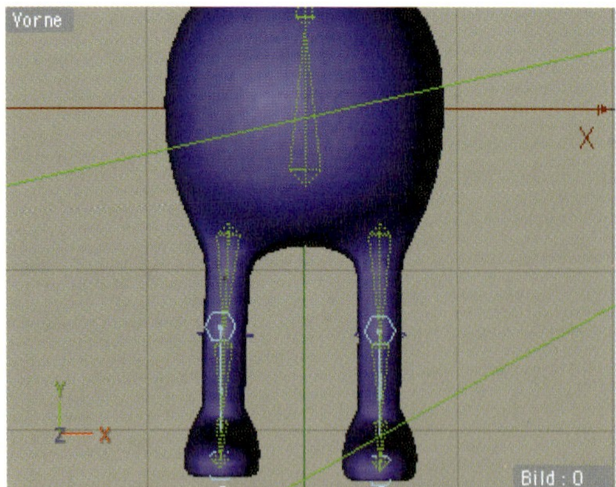

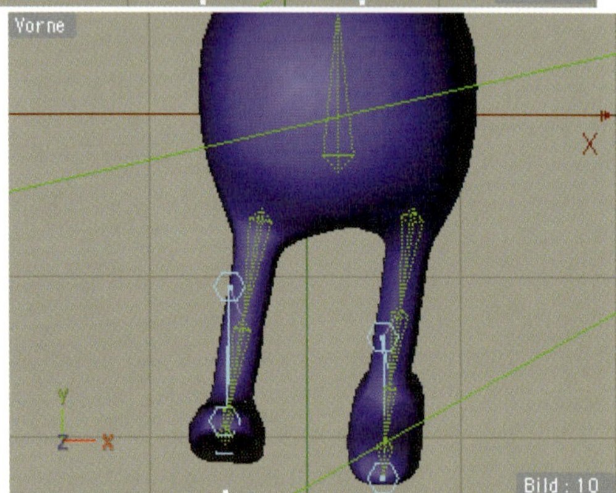

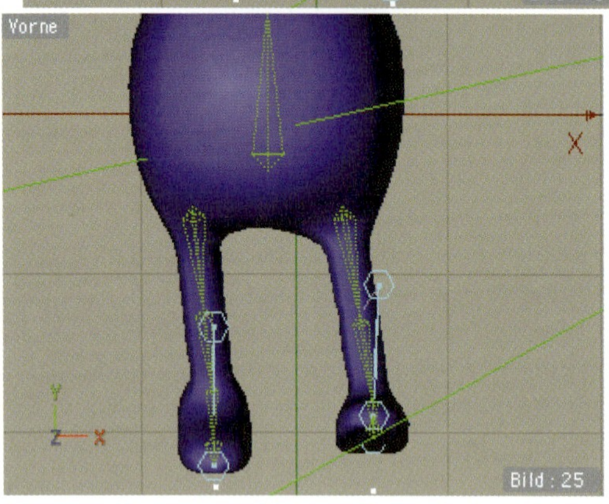

Abbildung 4.109: Gewichtsverlagerung simulieren

Wie Sie in der obigen Abbildung 4.109 sehen können, sollte – sofern ein Fuß in der Luft ist – die Körpermitte und damit der Schwerpunkt der Figur über dem Fuß liegen, auf dem die Figur steht.

Dies führt bei den aufgenommenen Schritten zu einem Hin- und Herpendeln entlang der X-Achse. Achten Sie darauf, tatsächlich nur die X-Position des Körpers mit Keyframes zu animieren, damit die übrige Animation davon unberührt bleibt.

Das zweite Element, über das wir bereits gesprochen haben, ist der Hals samt dem Auge der Figur. Der Hals kann mittels Verschiebung des UP VECTOR-Objekts gedreht und die Lider am Auge über den Regler des POSEMIXER-Tags animiert werden.

Sorgen Sie also über Position-Keyframes dafür, dass das UP VECTOR-Objekt immer vor der Figur liegt oder bewegen Sie es z.B. in Richtung der Kamera, damit das Alien den Betrachter der Animation ansieht.

Benutzen Sie den Regler im POSEMIXER-Tag, um die Figur von Zeit zu Zeit blinzeln zu lassen. Dazu erzeugen Sie drei kurz aufeinander folgende Parameter-Keyframes für den Regler. Sie können dies direkt im POSEMIXER-Dialog durch [Strg]- oder [Ctrl]-Klicks auf den vorangestellten Kreis erledigen.

Der erste und der letzte Keyframe haben dabei die Stärke 0%, zeigen also das geöffnete Auge. Der dazwischen liegende Keyframe benutzt die Regler-Position 100% und erzeugt somit geschlossene Lider. Natürlich können Sie auch Zwischenpositionen als Keyframes sichern, wenn das Auge nicht ganz geschlossen bzw. nicht ganz offen erscheinen soll.

Wenn Sie die Animation z.B. in der seitlichen Ansicht ablaufen lassen, werden Sie vielleicht zu Zeitpunkten Bewegungen an den Füßen oder am Körper feststellen, wo gar keine über Keyframes definiert wurden. Dies kann z.B. während der Fixierung einer Fuß-Position der Fall sein, wenn sich nur der andere Fuß bewegen soll. Diese Bewegungen werden in der Regel durch die überschwingenden F-Kurven, also durch die Interpolation zwischen den Keyframes erzeugt.

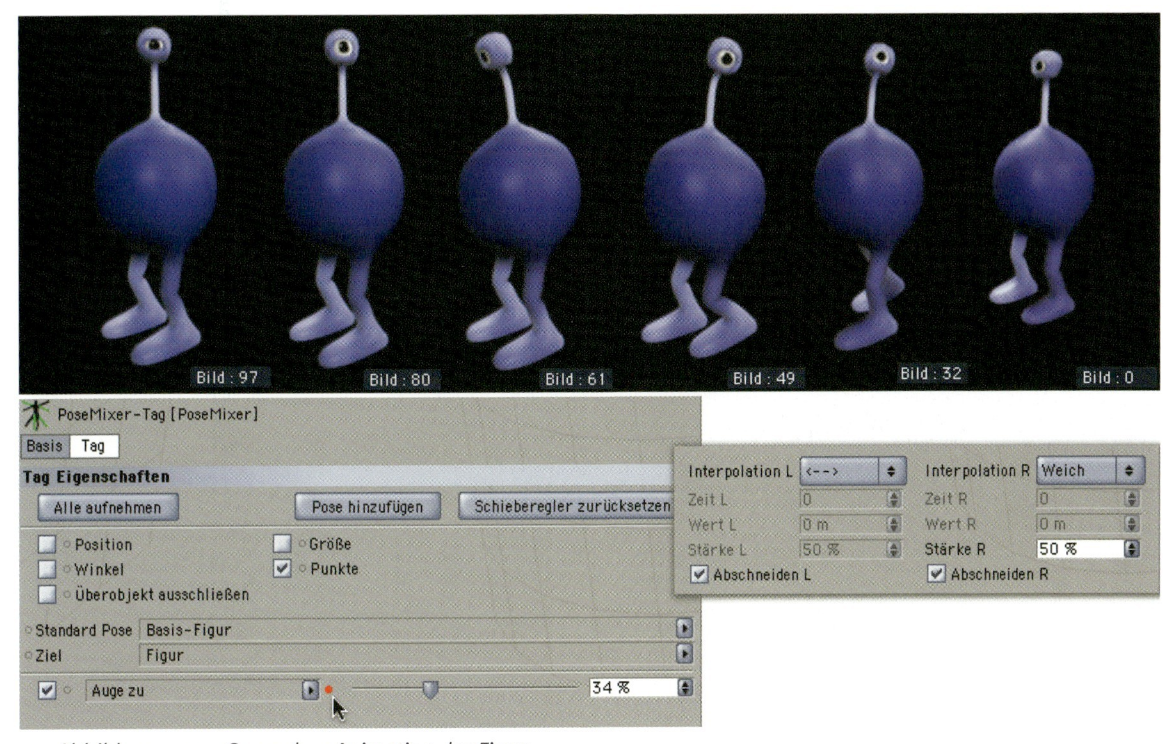

Abbildung 4.110: Secondary Animation der Figur

Um dies zu korrigieren, selektieren Sie in der Zeitleiste alle Keyframes der Füße und des Körpers und aktivieren dann im Attribute-Manager die beiden Optionen Abschneiden L und Abschneiden R. Bei aufeinander folgenden Keyframes mit gleichen Werten wird dann ein Überschwingen der F-Kurve vermieden und in dem Abschnitt eine lineare Interpolation benutzt.

Wie bereits erwähnt, funktioniert dies nur, wenn die Werte in den Keyframes tatsächlich 100%ig gleich sind. Selbst kleinste Abweichungen setzen diese Optionen außer Kraft.

Sie können die F-Kurven natürlich auch anstatt über die beiden Abschneiden-Optionen manuell korrigieren.

Aktivieren Sie in diesem Fall die manuelle Interpolation der Position.Y- und Position.Z-Keyframes an den animierten Fuß-Objekten und benutzen Sie die Tangenten, um die Füße in jeder Phase der Animation über dem gedachten Boden zu halten.

Die Abbildung 4.110 fasst in einer Bildfolge die Bewegung des Auges sowie die Einstellungen des PoseMixer-Reglers und der Keyframe-Interpolation zusammen.

Im folgenden Abschnitt werden wir unsere Figur mit einem einfachen Kleidungsstück versehen und über das Clothilde-Modul von MOCCA animieren.

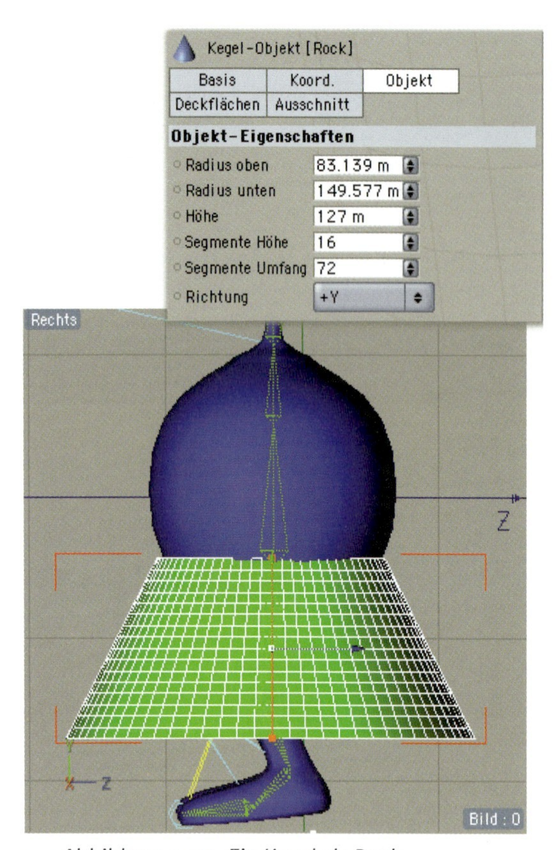

Abbildung 4.111: Ein Kegel als Rock

Kleidungsstücke und Stoff mit Clothilde simulieren

Ebenfalls direkt in MOCCA integriert sind Werkzeuge, um relativ einfach Stoffe und Kleidungsstücke erstellen zu können. Als Basis dazu können beliebige Polygon-Objekte dienen. Die Stoffe können daher beliebig geformt sein. Wir werden das Clothilde getaufte Modul zur Kleidungssimulation nutzen, um einem Rock für unseren Alien zu erstellen.

Wie Sie Abbildung 4.111 entnehmen können, passen wir dafür ein einfaches Kegel-Grundobjekt an den Bauchumfang der Figur an. Da der Rock am unteren Ende Falten werfen soll, bietet sich die Kegelform an. Falten entstehen nur, wenn der Umfang des Rocks unten größer ist als am Bund.

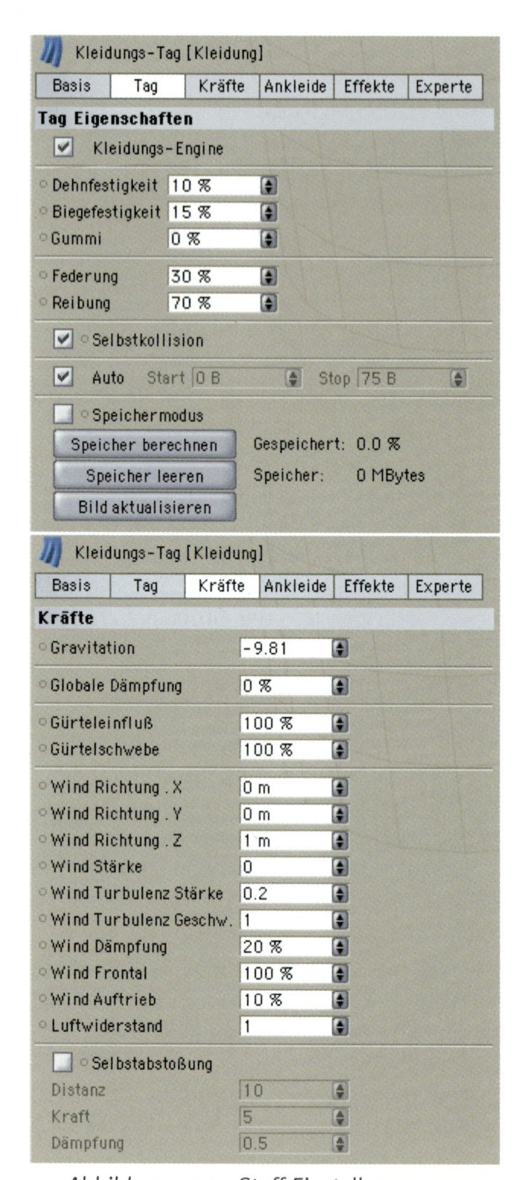

Abbildung 4.112: Stoff-Einstellungen

Sorgen Sie zudem für eine gleichmäßig hohe Unterteilung des Kegels. Benutzen Sie dafür die Segment-Einstellungen im Attribute-Manager. Je feiner ein Objekt unterteilt ist, desto natürlicher bzw. desto stoffähnlicher wird es später aussehen. Clothildes Berechnungen sind schnell genug, um auch derart hoch unterteilte Objekte noch gut handhaben zu können.

Ist der Kegel fertig konfektioniert, KONVERTIEREN Sie ihn und geben ihm im OBJEKT-MANAGER über den Eintrag DATEI › CLOTHILDE-TAGS ein KLEIDUNG-Tag. Einen Teil der Einstellungen dieses Tags sehen Sie in Abbildung 4.112. Der Platz reicht hier nicht aus, um auf jeden Parameter einzugehen. Wir werden uns daher nur mit den am häufigsten benutzten beschäftigen.

▸ Die Tag-Einstellungen des Kleindung-Tags

Um das natürliche Verhalten von Stoff zu simulieren, überwacht CLOTHILDE die Bewegungen der Punkte und Kanten des Kleidung-Objekts. Eigenschaften wie Dehnbarkeit und Flexibilität charakterisieren die Webtechnik und das Material, aus dem der Stoff erstellt wurde. Es hängt daher vorrangig von den Einstellungen auf der TAG-Seite des Dialogs ab, wie sich der Stoff während der Animation verhalten wird.

Die DEHNFESTIGKEIT gibt dabei den Widerstand des Materials gegenüber Verformungen und Kräften wie z.B. Gravitation an. Größere Werte lassen daher das Material steifer und massiver wirken. Feine Stoffe wie Seide profitieren von niedrigen Werten.

Die BIEGEFESTIGKEIT arbeitet ähnlich wie die Dehnfestigkeit, bezieht sich jedoch mehr auf die Krümmung bzw. Biegung des Materials. Wenn Sie z.B. an eine Tischdecke denken, die an den Tischkanten eine scharfe Richtungsänderung vollzieht, so wäre dort eine hohe Biegefestigkeit kontraproduktiv.

Der GUMMI-Parameter bestimmt, wie weit sich der Stoff dehnen und verlängern lässt. Niedrige Einstellungen simulieren normalen Stoff, höhere Werte ein stark elastisches Material wie Gummi.

Der FEDERUNG-Wert beeinflusst die Abstoßung des Stoffs bei einer Kollision.

Je höher der Wert, desto deutlicher prallt der Stoff ab. Niedrige Werte passen mehr zu leichten und luftigen Stoffen. Höhere Werte können z.B. bei Leder verwendet werden.

Die REIBUNG kommt ebenfalls nur bei einer Kollision zum Tragen. Sie beschreibt das Verhalten an den Berührungspunkten zwischen dem Stoff und dem Objekt, mit dem dieser kollidiert. Hohe Werte bremsen den Stoff auf dem Objekt ab, niedrige lassen den Stoff leichter auf dem Objekt gleiten.

Die SELBSTKOLLISION-Option verhindert, dass sich der Stoff während der Animation selbst durchdringt. Diese Berechnung kostet zwar etwas Rechenzeit, sollte jedoch in der Regel aktiv bleiben. Nur so ist ein realistisches Verhalten des Stoff-Objekts gegeben.

In Einzelfällen können Sie stattdessen die SELBSTABSTOSSUNG auf der KRÄFTE-Seite des KLEIDUNG-Tags benutzen, um Selbstkollision zu verhindern. Dazu gleich mehr.

Die AUTO-Option bzw. die daneben zu findenden Zeitangaben bestimmen den Zeitraum in der Animation, in dem die Kleidungssimulation aktiv sein soll. Ist die AUTO-Option angeschaltet, wird automatisch die Animationslänge aus den DOKUMENT-VOREINSTELLUNGEN übernommen.

Im unteren Teil des Dialogs finden Sie drei Schaltflächen. Damit kann die aktuelle Animation des Stoffs berechnet und gespeichert werden. Dies kostet zwar etwas Speicherplatz in Ihrer Szene, erlaubt jedoch ein nahezu flüssiges Abspielen der Kleidungssimulation im Editor.

Benutzen Sie die SPEICHER BERECHNEN-Schaltfläche um die Berechnung zu starten. CLOTHILDE wird dann die Animation Bild für Bild abspielen und gleichzeitig die Kleidungssimulation durchführen. Am Ende der Animation angekommen, wird der belegte Speicher angezeigt und die SPEICHERMODUS-Option aktiviert. Sie können dann die Animation wie gewohnt im Editor abspielen lassen.

Beachten Sie, dass solange die Speichermodus-Option aktiv ist, die Animation der Kleidung aus dem Speicher abgerufen und nicht anhand der eingestellten Parameter berechnet wird. Eine Veränderung der Parameter hat dann also keinen Einfluss auf die Animation.

Um das Verhalten des Stoffs zu verändern, müssen Sie zuerst die Speichermodus-Option deaktivieren oder die Speicher leeren-Schaltfläche benutzen.

Sollten Sie das Verhalten des Stoffes in nur einem Bild der Animation verändern wollen, ist jedoch bereits die Animation im Speicher berechnet worden, können Sie die Bild aktualisieren-Schaltfläche benutzen.

In diesem Fall deaktivieren Sie die Speichermodus-Option. Nur so werden die Parameter im Kleidung-Tag ausgewertet. Nehmen Sie die gewünschten Veränderungen an den Parametern vor und lassen Sie die Animation Bild für Bild ablaufen. Halten Sie an dem Bild an, an dem Sie die Veränderung an der gespeicherten Lösung vornehmen wollen, und betätigen Sie die Bild aktualisieren-Schaltfläche.

Ein etwas rustikalerer Weg kann mit Hilfe des Cappucino-Werkzeugs von MOCCA gewählt werden. Nehmen Sie dazu die gewünschten Einstellungen im Kleidung-Tag vor, selektieren Sie das Stoff-Objekt und aktivieren Sie dann das Cappucino-Werkzeug.

In diesem wählen Sie in der Was-Rubrik ausschließlich die PLA-Option an. Diese steht für *Point Level Animation*, also die Animation von Punktpositionen an einem Objekt. Das Selektion-Menü sollte den Eintrag Objekt Manager zeigen, damit das dort aktive Stoff-Objekt durch Cappucino bearbeitet wird.

Betätigen Sie dann die Start Echtzeit-Schaltfläche im Cappucino-Dialog und klicken Sie in eine der Editor-Ansichten, um die Cappucino-Berechnung zu starten.

Halten Sie dabei die Maustaste gedrückt, bis das Ende der Animation erreicht ist. Nur so werden tatsächlich alle Bilder abgearbeitet. Ein Blick in die Zeitleiste bestätigt Ihnen dann, dass für jedes Bild der Animation ein PLA-Keyframe hinter dem Stoff-Objekt erzeugt wurde. Sie können daher die Kleidungs-Engine-Option im Kleidung-Tag deaktivieren.

Veränderungen an der Stoffanimation können dann direkt am animierten Objekt mit den gewohnten Punkt-Werkzeugen vorgenommen werden. Über die PLA-Keyframe-Aufnahme im Zeit-Manager können einzelne Keyframes überschrieben werden.

▶ Auf den Stoff wirkende Kräfte definieren

Die Kraft, die nicht zuletzt jedes Objekt beeinflusst, ist die Gravitation. Diese Kraft wirkt in Clothilde immer parallel zur Welt-Y-Achse. Die Richtung der Kraft kann über das Vorzeichen gesteuert werden. Die voreingestellte Gravitation von –9.81 entspricht dem Durchschnitt des auf der Erde gemessenen Werts und wirkt aufgrund des negativen Vorzeichens senkrecht nach unten.

Die globale Dämpfung beeinflusst alle Parameter des Stoffs. Werte über 0% führen zu einer Abbremsung der Stoffanimation und generell zu einem trägeren Verhalten. Da alle Parameter auch animiert werden können, kann diese Eigenschaft der globalen Dämpfung benutzt werden, um einen Stoff an einigen Stellen der Animation abzubremsen und schneller zur Ruhe kommen zu lassen.

Die Werte für Gürteleinfluss und Gürtelschwebe beziehen sich nur auf die so genannten Gürtel-Punkte. Dies sind Punkte, die automatisch eine relative Position z.B. zur verformten Oberfläche einer Figur behalten sollen. Mit Hilfe dieser Punkte können Kleidungsstücke an einem Objekt fixiert werden.

Um diese Fixierung nicht zu starr wirken zu lassen, können die genannten Parameter benutzt werden, um den Einfluss der Gürtel-Punkte abzuschwächen bzw. eine gewisse Bewegung dieser Punkte zuzulassen.

Die folgenden Parameter beziehen sich auf die Simulation von Wind und Luftwiderstand. Es können damit also auch Stoff-Objekte animiert werden, die nur still im Raum stehen, wie z.B. ein Vorhang vor einem geöffneten Fenster.

Über die Wind Richtung-Parameter steuern Sie die Richtung und über Wind Stärke die Intensität des Winds. Über die Wind Turbulenz-Werte können zeitlich veränderliche Störungen und Schwankungen in die Intensität des Winds eingerechnet werden.

Wind Dämpfung beeinflusst das Verhalten des Stoffs bei Windeinwirkung. Schwere Stoffe werden z.B. weniger vom Wind bewegt als leichte. Es besteht eine Ähnlichkeit zum globale Dämpfung-Wert, wobei Wind Dämpfung nur die Wirkung des Winds beeinflusst.

Der Wind Frontal-Parameter bestimmt den prozentualen Anteil des Stoffs, der vom Wind beeinflusst wird. Indirekt ist damit also die Luftdurchlässigkeit des Stoffs gemeint. Bei einem Wert von 100% wird die gesamte Oberfläche des Stoff-Objekts vom Wind getroffen.

Wind Auftrieb beeinflusst die Aufwärtsbewegung eines vom Wind getroffenen Stoffs. Leichte oder dünne Stoffe werden sich einfacher heben als schwere. Je höher der Auftrieb-Wert, desto leichter wirkt der Stoff.

Der Wert für den Luftwiderstand wird intern für die Berechnung der Windeffekte benötigt. In der Regel brauchen Sie an diesem Wert nicht zu verändern.

Im unteren Teil der Kräfte-Seite finden Sie die Parameter für die Selbstabstossung.

Damit kann in einigen Fällen die Verwendung der Selbstkollision vermieden werden.

Distanz gibt den Abstand zwischen Punkten des Stoffs an, ab dem eine Abstoßung berechnet werden soll. Die Kraft definiert hierbei die Stärke der Abstoßung.

Dämpfung bezieht sich auf die Kraft und deren Geschwindigkeit. Werte unter 1 bremsen die Abstoßung der Stoffpunkte, Werte über 1 beschleunigen die Abstoßung.

Damit haben Sie bereits das wichtigste über die Clothilde-Parameter erfahren. Die Bedienung gestaltet sich sehr einfach. Sie beginnen damit, die Punkte am Stoff-Objekt zu selektieren, die sich fest mit dem Objekt bzw. der Figur bewegen sollen.

Wie bereits beschrieben kann man dafür Gürtel-Punkte setzen. Es gibt aber auch die Möglichkeit der Fixierung. Dabei bewegen sich die fixierten Stoffpunkte starr mit dem animierten Null-Objekt der Figur mit und lassen sich nicht durch die Bone-Deformation beeinflussen. Da der Rock nahe der Körpermitte beginnt, an der keine Animation der Oberfläche erfolgt, ist dies hier kein Nachteil.

Selektieren Sie dazu den konvertierten Rock-Kegel und wechseln Sie ggf. in den Punkte bearbeiten-Modus. Benutzen Sie die Rahmen-Selektion, wobei die Selektion verdeckter Punkte zugelassen wird, und ziehen Sie z.B. in der seitlichen Editor-Ansicht einen Rahmen über die oberste Punktreihe auf.

Diese Punkte sollen fixiert werden und damit den Rock an dieser Stelle der „Alien-Hüfte" halten. Die Gravitation würde ansonsten den gesamten Rock nach unten fallen lassen.

Selektieren Sie dann wieder das Kleidung-Tag und wechseln Sie dort im Attribute-Manager auf die Ankleide-Seite. Sie finden dort eine Reihe von Schaltflächen, die unter anderem die Fixierung von Punkten oder die Definition von Gürtel-Objekten erlaubt.

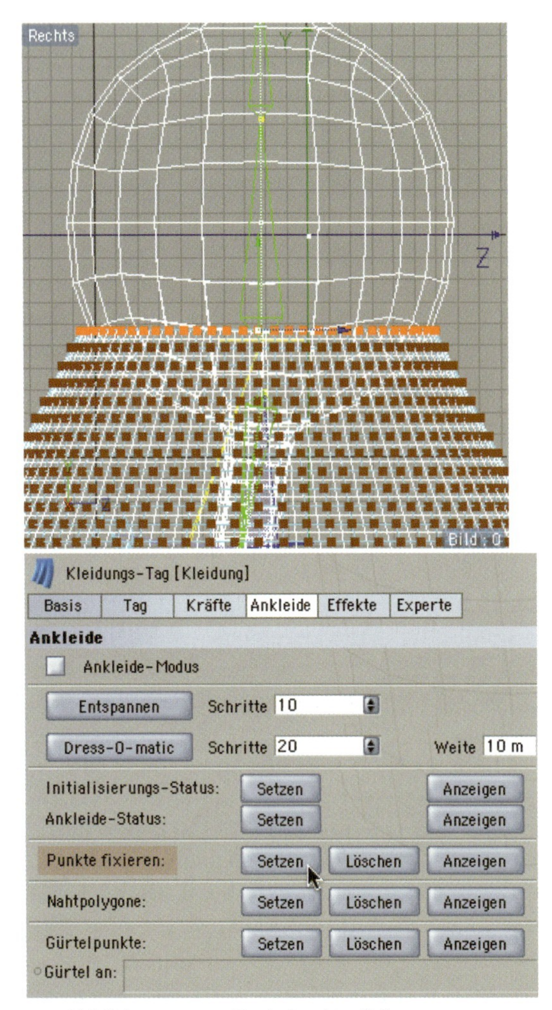

Abbildung 4.113: Rock-Punkte fixieren

Betätigen Sie dort die SETZEN-Schaltfläche in der PUNKTE FIXIEREN-Spalte (siehe Abbildung 4.113). Sie können nun im Editor an der veränderten Färbung der selektierten Punkte erkennen, dass diese fixiert wurden.

Dies ändert jedoch noch nichts an der starren Form des Rocks. Als Startposition für unsere Animation ist dieser Rock-Kegel so noch nicht zu gebrauchen.

Um die eingestellten Stoff-Parameter bereits wirken zu lassen, bevor die Animation abgespielt wird, benutzen Sie die ENTSPANNEN-Schaltfläche auf der gleichen Seite im KLEIDUNG-Tag.

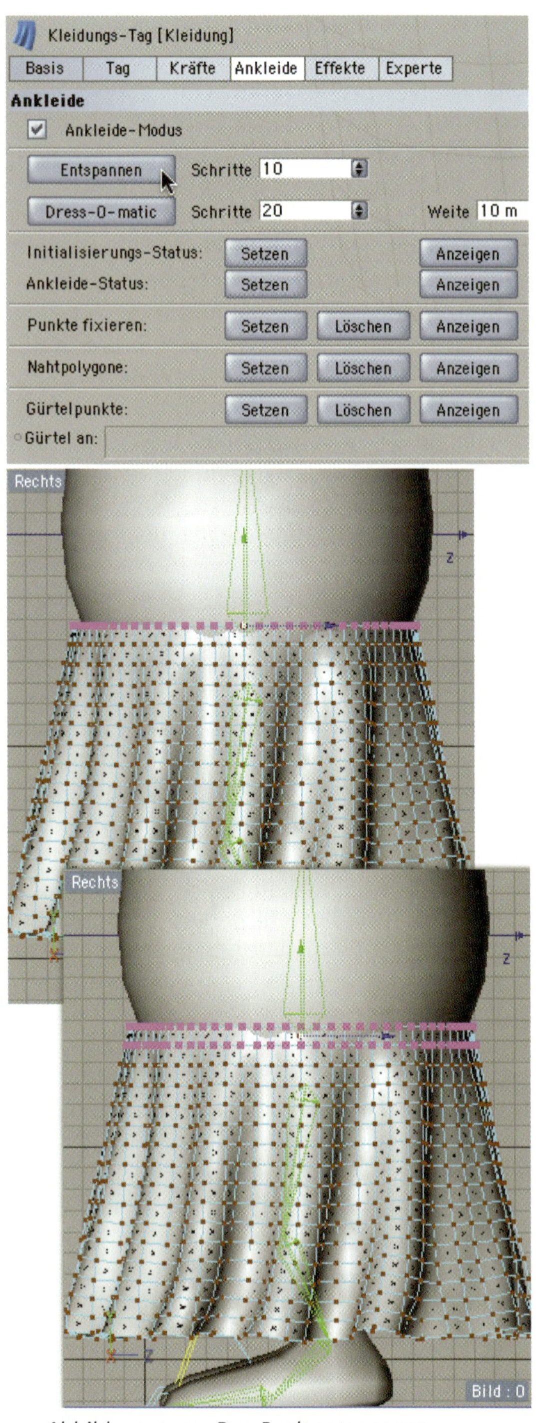

Abbildung 4.114: Den Rock entspannen

Es werden dann die dahinter im Schritte-Feld angegebenen Berechnungsschritte ausgeführt. Der Rock sinkt langsam nach unten und bildet die gewünschten Falten.

Warten Sie jeweils das Ende der Berechnung ab, bis Sie die Entspannen-Schaltfläche noch zwei weitere Mal benutzen (siehe Abbildung 4.114). Der Rock sollte nun schon sehr viel natürlicher herabhängen. Man könnte dies sicher noch öfter durchführen, würde dann jedoch eine Durchdringung von Rock und Füßen riskieren. Sie sollten also die Entspannung stoppen, bevor der Rocksaum den Füßen zu nahe kommt.

Ist es bereits zu einer Durchdringung gekommen, benutzen Sie die Anzeigen-Schaltfläche in der Initialisierungs-Status-Zeile, um den ursprünglichen Zustand des Kegels wieder herzustellen.

Ist die gewünschte Form des Rocks hergestellt, selektieren Sie die beiden obersten Punktreihen am Rock und speichern diese wieder mit der Setzen-Schaltfläche in der Punkte fixieren-Zeile ab. Der fixierte Bund wird dadurch etwas breiter.

Schließlich klicken Sie auf die Setzen-Schaltfläche in der Initialisierungs-Status-Zeile, um den aktuellen Zustand des Rocks als Start-Pose zu benutzen (siehe Abbildung 4.115).

Damit sind vorerst alle notwendigen Einstellungen im Kleidung-Tag vorgenommen. Für die ersten Tests muss an den Parametern im Tag nichts mehr verändert werden. Es wird automatisch ein durchschnittliches Stoffmaterial simuliert.

Lediglich den Wert für die Biegefestigkeit können Sie leicht erhöhen, um den Stoff etwas dicker wirken zu lassen. Die Selbstkollision sollte ebenfalls aktiv sein.

Dies allein wird jedoch nicht ausreichen, da ebenfalls eine Kollision zwischen der Figur und dem Rock erfolgen könnte.

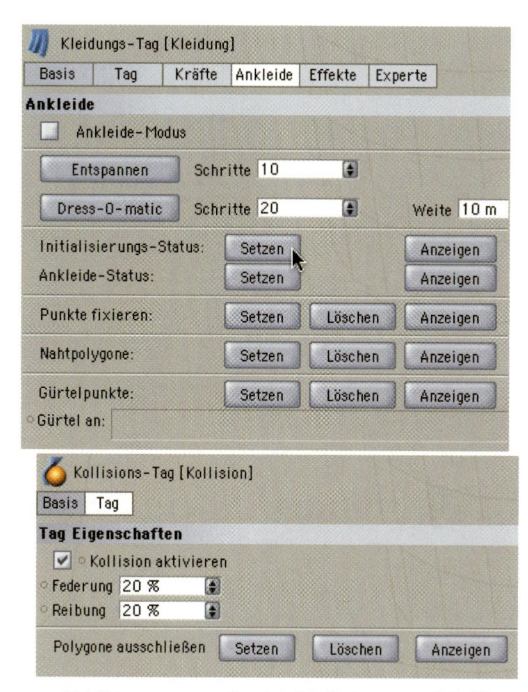

Abbildung 4.115: Rock initialisieren und Kollision aktivieren

Für diesen Zweck gibt es ein eigenes Tag, das Sie ebenfalls unter Datei › Clothilde Tags im Objekt-Manager unter dem Namen Kollision abrufen können. Weisen Sie dieses Tag dem Figur-Objekt unter dem HyperNURBS-Objekt zu.

Um zudem etwas mehr Übersicht in die Hierarchie der Szene zu bringen, ordnen Sie den Rock ebenfalls unter dem *Körper*-Null-Objekt unter, das die Figur und die Bones enthält.

Das Kollision-Tag lässt Sie die Oberfläche der Figur beschreiben. Eine weiche und elastische Oberfläche wird den kollidierenden Stoff z.B. weniger heftig abprallen lassen als eine harte Oberfläche. Ihnen stehen daher die beiden Parameter für die Federung und die Reibung der Oberfläche zur Verfügung. Diese Werte entsprechen in ihrer Wirkung den gleichnamigen Einträgen des Kleidung-Tags.

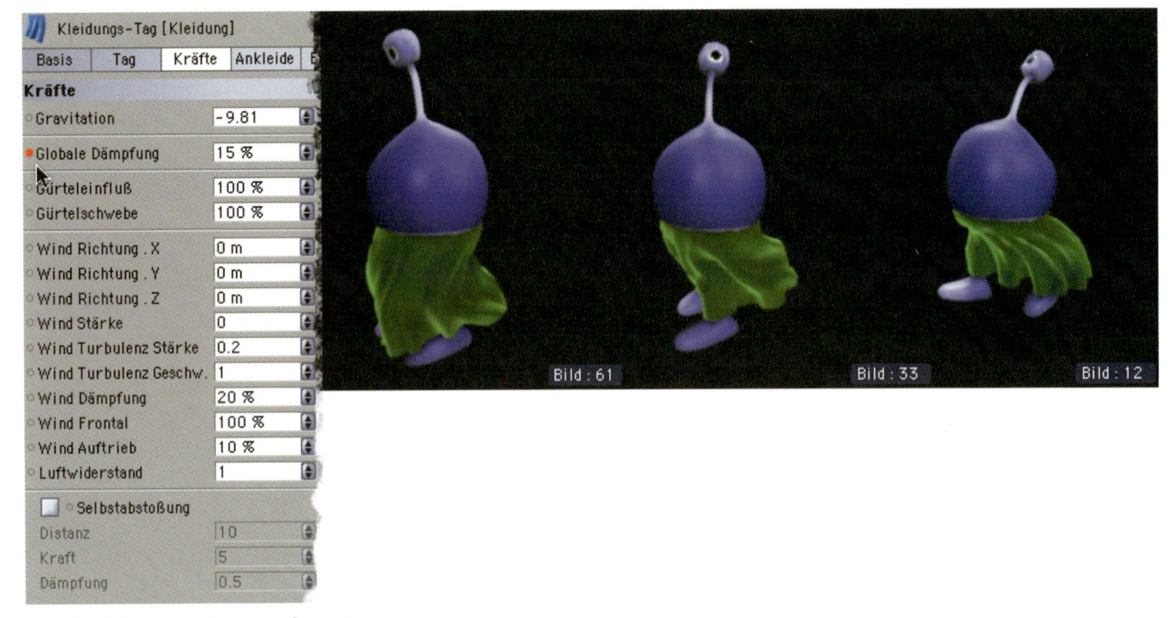

Abbildung 4.116: Dämpfung steuern

▶ Stoff manuell animieren

Ob sich der Stoff wie gewünscht bewegt, lässt sich nur durch das probeweise Abspielen der Animation begutachten. Gerade zu Beginn werden Sie wahrscheinlich feststellen, dass die Bewegung des Rocks aus der Ruhe heraus extreme Verformungen hervorrufen kann.

Um deren Auswirkungen im Laufe der Animation zu reduzieren, animieren Sie zusätzlich den Wert der GLOBALEN DÄMPFUNG auf der KRÄFTE-Seite des KLEIDUNG-Tags (siehe Abbildung 4.116).

Wie bereits beschrieben, lässt sich so dem Stoff Energie entziehen. Der Stoff wird dadurch abgebremst und Schwingungen können sich nicht mehr so leicht aufschaukeln.

Beginnen Sie damit, einen Parameter-Keyframe für diesen Wert zum Zeitpunkt Null zu setzen. Belassen Sie dort die Dämpfung noch auf 0%, damit der Stoff möglichst schnell auf die anfängliche Bewegung der Figur reagieren kann.

Einige Bilder danach erhöhen Sie den Wert auf 15% bis 20%, um die Verformung des Rocks abzuschwächen.

Reduzieren Sie den Wert immer dann, wenn der Körper in einer ruhigen Bewegungsphase ist, damit der Rock dort genügend Energie zum Ausschwingen bekommt. Erhöhen Sie den Wert, wenn Sie eine Überlagerung und Verstärkung von Verformungen reduzieren möchten.

Die Bildfolge in Abbildung 4.116 zeigt Ihnen einige Posen aus der fertigen Animation. Wie Sie dort sehen, wurde bereits ein passendes Material zugewiesen, um den Rock auch farblich etwas von der Figur abzuheben.

Bevor wir uns jedoch mit den optischen Eigenschaften des Objekts beschäftigen, sollten wir die Animation in den Speicher rechnen lassen. Dies erlaubt uns eine schnellere Abspielgeschwindigkeit im Editor und generell ein flüssigeres Arbeiten beim Navigieren in der Zeit.

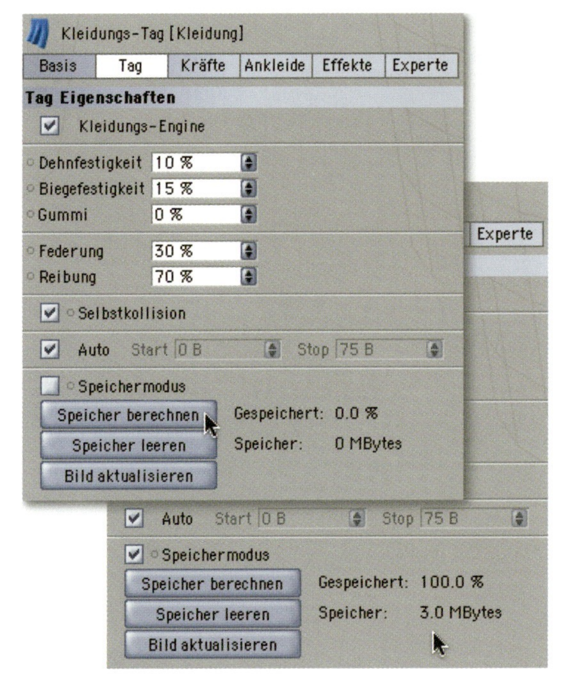

Abbildung 4.117: Stoffanimation speichern

Navigieren Sie dazu zum ersten Bild der Animation und öffnen Sie den Dialog des Kleidung-Tags. Im unteren Bereich der Tag-Seite finden Sie die Speicher berechnen-Schaltfläche. Betätigen Sie diese und warten Sie ab, bis die gesamte Animation abgelaufen ist.

Die Bewegungen des Rocks werden dabei Bild für Bild gesichert. Am Ende können Sie am Speicher-Wert im Kleidung-Tag ablesen, wie viel Speicher die Animation einnimmt (siehe Abbildung 4.117).

Zudem zeigt die nun aktive Speichermodus-Option an, dass beim Abspielen der Animation auf die gespeicherte Animation zurückgegriffen wird. Die Parameter-Einstellungen im Tag spielen von nun an keine Rolle mehr.

▶ Das Material für den Stoff

Dem Stoff können wir besonders durch seine Glanzeigenschaften zu einem realistischen Aussehen verhelfen. Andere Attribute wie z.B. ein Relief oder ein feines Muster sind aus der Entfernung nicht mehr zu sehen. Der gleiche Effekt ist z.B. auch bei den Poren menschlicher Haut zu beobachten. Diese im Material zu berücksichtigen macht nur für Nahaufnahmen Sinn.

Wir verwenden daher den bereits bekannten Lumas-Shader im Farbe-Kanal eines neuen Materials, da dieser die präzisesten Einstellmöglichkeiten für Glanzpunkte und deren anisotropischen Verzerrungen enthält (siehe Abbildung 4.118).

Als Farbe verwenden wir im Lumas-Shader einen hellen Grünton, der über Oren Nayar schattiert wird. Dies kommt der in der Regel leicht rauen Oberfläche von Stoff entgegen.

Glanzlicht 1 und 2 bleiben aus dem gleichen Grund deaktiviert. Zu starke und kleine Glanzlichter sind nur bei glatten Oberflächen zu finden. Dafür wird die Grundeinstellung von Glanzlicht 3 in der Intensität auf 30% reduziert. Die übrigen Werte bleiben dort unverändert. Nur die Glanzlicht-Farbe wird zu einem hellen Grün mit leichten Blauanteilen verändert.

Die Anisotropische Verzerrung der Glanzlichter wird aktiviert und die X Härte dort auf 1000% erhöht. Das Glanzlicht 3 wird dadurch noch etwas breiter als ursprünglich voreingestellt berechnet. Damit sind die Einstellungen im Lumas-Shader bereits abgeschlossen. Spätere Probeberechnungen müssen zeigen, ob daran noch etwas verbessert werden muss.

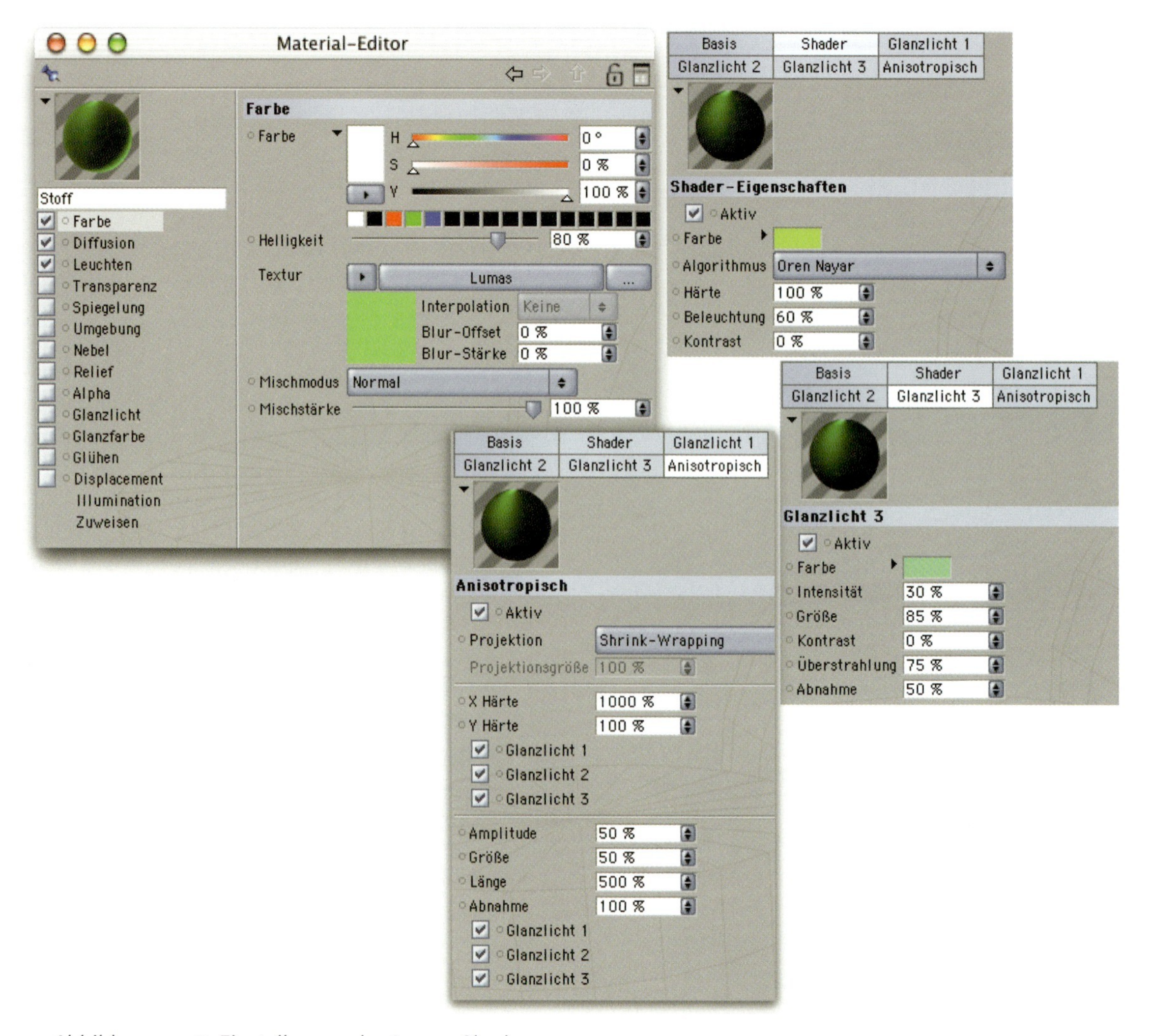

Abbildung 4.118: Einstellungen des Lumas-Shaders

Um den Stoff dort abzudunkeln, wo er eine Falte nach außen bildet, benutzen wir den FRESNEL-Shader im DIFFUSION-Kanal des Materials. Wie in Abbildung 4.119 zu erkennen, werden durch einen Grauverlauf die frontal zur Kamera liegenden Flächen die unveränderte Farbe aus dem FARBE-Kanal erhalten.

Zur Kamera geneigte Flächen werden durch den linken Rand des FRESNEL-Verlaufs abgedunkelt.

An den Optionen im DIFFUSION-Kanal brauchen Sie nichts zu verändern. Die Wirkung auf den FARBE-Kanal ist immer aktiv und bedarf daher keiner gesonderten Option.

Die soeben leicht abgedunkelten Bereiche werden nun im LEUCHTEN-Kanal wieder aufgehellt. Dabei soll jedoch das rückwärtige Licht, das von der der Kamera abgewandten Seite auf den Rock trifft, berücksichtigt werden.

Der SSS-Shader kommt hier nicht in Frage, da wir es nicht mit einem Volumenobjekt zu tun haben.

Abbildung 4.119: Teile des Rocks aufhellen

Wir weichen daher auf den RÜCKLICHT-Shader aus, den Sie in der Rubrik EFFEKTE finden. Dieser sammelt ebenfalls Licht auf der Rückseite eines Objekts ein und kann dabei auch den Schattenwurf anderer Objekte berücksichtigen. Stellen Sie dort eine FARBE ein, die der im LUMAS-Shader entspricht.

Der LEUCHTEN-Wert steuert die maximale Intensität des Shaders, wobei die SCHATTENINTENSITÄT die Intensität auf der Objekt-Rückseite sichtbarer Schatten bestimmt. Eine Schattenintensität von 100% wird einen Schatten auf der Rückseite des Objekts auf der Vorderseite schwarz erscheinen lassen. Niedrigere Werte führen dazu, dass mehr Licht in den Schatten eingestreut wird.

Damit nicht überall Licht durch den Rock dringt, sondern nur an den gekrümmten Stellen des Rock-Objekts, können wir wieder einen Fresnel-Shader verwenden.

Rufen Sie dazu den Ebene-Shader im Leuchten-Kanal auf. Der bereits vorhandene Rücklicht-Shader wird dadurch nicht gelöscht, sondern automatisch in den Ebene-Shader geladen.

Im Ebene-Shader rufen Sie dann noch den Fresnel-Shader über die Shader-Schaltfläche auf und stellen dort einen Verlauf ein, der links mit einem dunklen Grün beginnt und rechts schwarz endet. Die frontal zur Kamera liegenden Flächen werden so ausgeblendet.

Betreiben Sie den Fresnel-Shader im Addieren-Modus, um seinen Verlauf zu dem Rücklicht-Shader zu addieren. Entscheidend dabei ist die Reihenfolge der Shader im Ebene-Shader. Der obere der beiden muss im Addieren-Modus laufen, der untere im Normal-Modus.

In Abbildung 4.119 sehen Sie beispielsweise eine Situation mit umgedrehter Reihenfolge. Dort muss dann der Rücklicht-Shader zum Fresnel-Shader addiert werden.

Damit ist dieses Material komplett und kann dem Rock-Objekt zugewiesen werden. Da dieses aus einem Kegel hervorgegangen ist, brauchen wir uns um die Projektion nicht zu kümmern. UVW-Koordinaten werden bei Grundobjekten automatisch erzeugt.

In Abbildung 4.116 sehen Sie das Stoffmaterial bereits in Aktion. Je nach Platzierung der Lichtquellen kann es dazu kommen, dass es zu dunkel erscheint. Sie können dann eine zusätzliche Lichtquelle z.B. neben der Kamera erzeugen und diese auf den Rock ausrichten.

Wechseln Sie im Dialog der Lichtquelle auf die Szene-Seite im Attribute-Manager und verändern Sie dort den Modus auf Einschliesslich.

Ziehen Sie dann das Rock-Objekt aus dem Objekt-Manager in das große Objekte-Feld unter dem Modus-Menü.

Das Rock-Objekt wird dadurch als einziges der Szene von dieser Lichtquelle beleuchtet. Sie brauchen sich daher keine Gedanken darüber zu machen, ob diese zusätzliche Lichtquelle die anderen Objekte ggf. überbelichtet.

Umgekehrt können Sie durch Verwendung des Ausschliesslich-Modus einzelne Objekte auch von der Beleuchtung durch die Lichtquelle ausschließen. Es hängt nur von der Anzahl der zu beleuchtenden Objekte ab, welcher Modus praktischer zu verwenden ist.

Um den Stoff zusätzlich glätten und unterteilen zu lassen, enthält Clothilde ein eigenes HyperNURBS-Objekt (siehe Abbildung 4.120). Es nennt sich CNurbs und ist im Menü Plug-ins › Clothilde zu finden. Gegenüber dem bekannten HyperNURBS-Objekt verkleinert sich die geglättete Oberfläche beim CNurbs nicht, da diese weiterhin durch die Punkte des untergeordneten Objekts läuft.

Diese Eigenschaft können Sie bei Bedarf auch zur Glättung anderer Objekte benutzen. Das CNurbs funktioniert also nicht nur mit Objekten, die ein Kleidung-Tag haben.

Um Kleidungsstücken eine Dicke zu geben, bietet das CNurbs-Objekt ebenfalls eine Lösung an. Die gewünschte Dicke des Stoffs kann direkt im Dialog des CNurbs-Objekts angegeben werden.

Zusätzlich enthält der CNurbs-Dialog einen Faktor-Wert. Dieser bestimmt, wie stark zwischen den Oberflächen-Normalen interpoliert werden soll, um die unterteilte CNurbs-Oberfläche zu generieren. Bei einem Faktor von 0% werden keine Übergänge zwischen den angrenzenden Flächen berechnet. Ein Würfel z.B. bleibt dadurch auch nach der CNurbs-Glättung eckig und verändert äußerlich seine Form nicht.

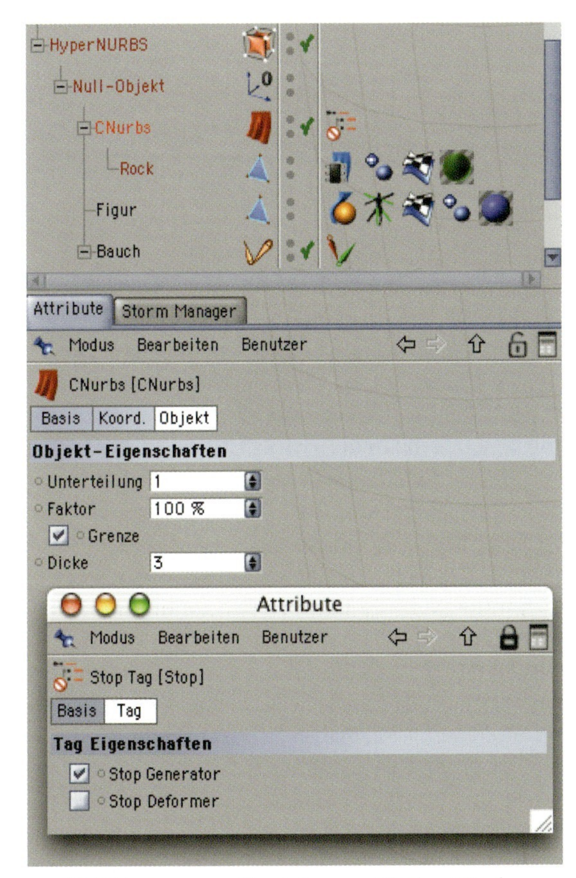

Abbildung 4.120: Einstellungen für das CNurbs-Objekt

Um das Beispiel eines Würfels unter dem CNurbs-Objekt weiter zu bemühen, wird dessen Form mit steigendem Faktor-Wert immer runder und kugelförmiger.

Die Grenze-Option bestimmt schließlich, ob die CNurbs-Oberfläche bei Richtungswechseln der untergeordneten Oberfläche auch auf die Rückseite durchschwingen darf.

Diese Zusammenhänge zwischen den CNurbs-Einstellungen stellt auch Abbildung 4.121 dar. Oben sehen Sie dort eine einfache Geometrie, die bereits von einem CNurbs-Objekt geglättet bzw. unterteilt wird. Da dort ein Faktor von 0% verwendet wird, bleibt die Form der untergeordneten Geometrie jedoch unverändert.

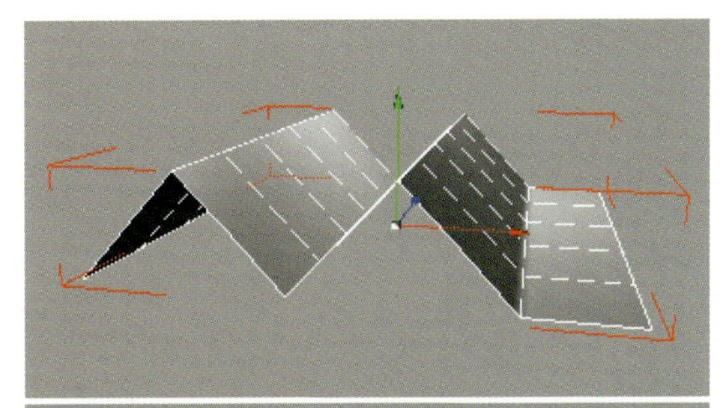

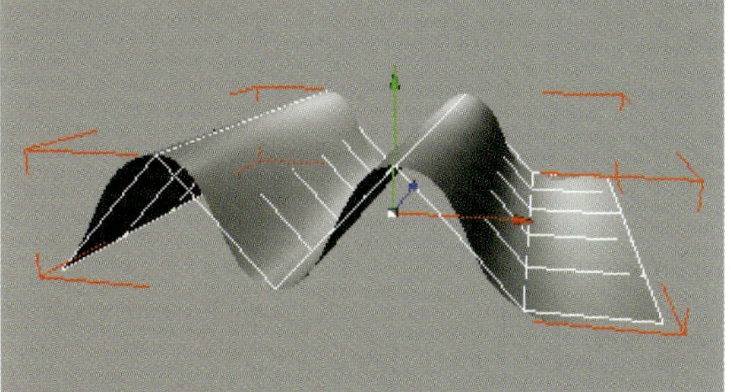

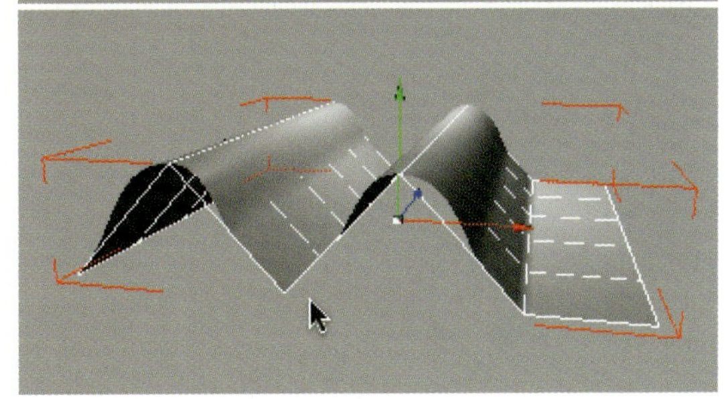

Abbildung 4.121: Einfache, durch ein CNurbs-Objekt geglättete Oberfläche

Ganz anders verhält es sich bei der Erhöhung des Faktors auf 100%, wie es in der mittleren Darstellung zu sehen ist. Die CNurbs-Oberfläche schwingt nun über die Kanten der Geometrie hinweg und generiert so eine organisch gerundete Oberfläche.

In der unteren Einblendung wurde zusätzlich die Grenze-Option aktiviert. Der Mauszeiger deutet dort an, dass dadurch die Rundung in den Bereichen unterdrückt wird, an denen die CNurbs-Oberfläche hinter die Flächen schwingen würde.

Dadurch können im Einzelfall Durchdringungen der durch CNurbs geglätteten Oberfläche vermieden werden.

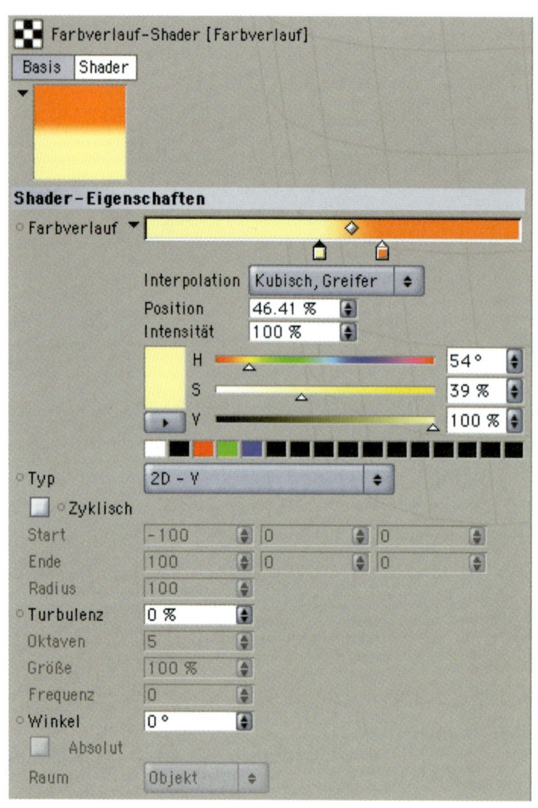

Abbildung 4.122: Farbverlauf für den Himmel

Wie Sie zudem Abbildung 4.120 entnehmen können, ist es bei der Unterordnung eines CNURBS-Objekts unter ein HYPERNURBS-Objekt oftmals sinnvoll, die doppelte Unterteilung durch diese beiden NURBS-Objekte zu unterdrücken. Ansonsten würde das durch das CNURBS-Objekt geglättete Objekt zusätzlich noch einmal vom HYPERNURBS-Objekt unterteilt.

Dies lässt sich leicht durch ein STOP-Tag erledigen, in dem Sie die STOP GENERATOR-Option aktivieren.

Die Umgebung der Szene

Lassen Sie uns zum Abschluss dieses Kapitels noch eine Umgebung für die Animation erstellen. Vielleicht wäre eine dem Planeten Mars ähnliche Atmosphäre passend.

Wir beginnen dabei bei dem Himmel, den wir über ein HIMMEL-OBJEKT aus dem OBJEKTE › SZENE-OBJEKTE-Menü realisieren. Als Material sollte ein einfacher Farbverlauf im FARBE-Kanal ausreichen.

Legen Sie den vertikalen Farbverlauf von einem dunklen Orange bis zu einem warmen Gelbton an (siehe Abbildung 4.122) und weisen Sie dieses Material dem HIMMEL-OBJEKT zu.

Der Boden sollte steinig oder felsig wirken. Markante Hügel und Berge am Horizont würden helfen, der Szene einen Rahmen zu geben und den Horizont interessanter zu gestalten.

Immer wenn es darum geht, Details aus einer Oberfläche herauszuarbeiten, stößt man mit dem RELIEF-Kanal im Material an seine Grenzen. Tatsächliche Verformungen der Oberfläche finden damit bekanntlich nicht statt.

Für diesen Zweck gibt es den DISPLACEMENT-Kanal in Materialien, der nach dem gleichen Prinzip wie der RELIEF-Kanal arbeitet. In der Regel werden Helligkeiten eines geladenen Shaders oder Bilds ausgewertet und die Oberfläche danach entsprechend verformt. Hier findet also eine echte Verschiebung von Punkten statt, die das mit diesem Material belegte Objekt verformt.

Der Nachteil des normalen Displacements besteht jedoch darin, dass nur dort Punkte verschoben werden können, wo auch welche im Objekt vorhanden sind. Eine recht hohe Unterteilung wird also vorausgesetzt. Die Aktivierung der SUB-POLYGON-DISPLACEMENT-Funktionalität – auch mit SPD abgekürzt – gleicht diesen Nachteil des Displacements aus.

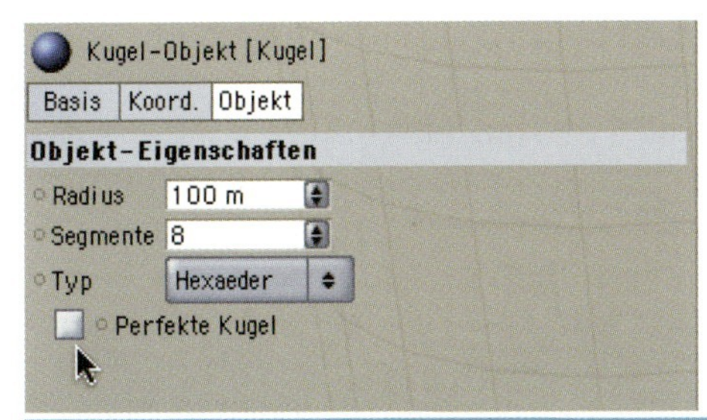

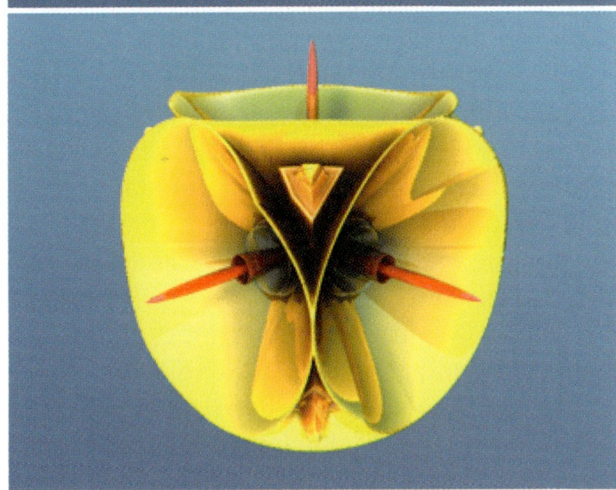

Abbildung 4.123: Unterschiede zwischen normalem und Sub-Polygon-Displacement

▶ **Sub-Polygon-Displacement**

Ein kleines Beispiel soll die grundsätzlichen Unterschiede zwischen dem traditionellen Displacement und dem SPD deutlicher machen (siehe Abbildung 4.123).

Wir benutzen ein normales Kugel-Grundobjekt im Hexaeder-Modus, um nur viereckige Flächen zu erhalten.

Wie Sie Abbildung 4.123 entnehmen können, wurde die Anzahl der Segmente reduziert und die Perfekte Kugel-Option deaktiviert.

Letzteres ist nötig, da das SPD echte Polygone und Punkte benötigt.

Erstellen Sie ein Material mit einem beliebigen Muster im Displacement-Kanal. Sie können dafür z.B. ein Bild laden oder sich aus Shadern die gewünschten Strukturen kreieren.

In der Abbildung sehen Sie eine Kombination aus dem Tiles-Shader mit dem Farbverlauf-Shader in einem Ebene-Shader. Da wir nur die Helligkeiten auswerten werden, benutzen Sie möglichst nur Graustufen in den Shadern bzw. im Bild.

In Abbildung 4.123 wird der im Displacement-Kanal geladene Shader zusätzlich in einer eingefärbten Variante im Farbe-Kanal des gleichen Materials benutzt. Dies hat jedoch mit dem Displacement-Effekt nichts zu tun und dient rein optischen Zwecken.

Die mittlere Einblendung in der Abbildung zeigt Ihnen das Ergebnis ohne die aktivierte Sub-Polygon-Displacement-Option auf der Displacement-Seite im Material. Das Objekt ist insgesamt etwas größer geworden, zeigt aber ansonsten keine neuen Formen. Die geringe Anzahl an Punkten und Unterteilungen reicht einfach nicht aus, um die komplexen Muster umzusetzen.

Ganz anders bei der untersten Einblendung. Dort wurde das Sub-Polygon-Displacement zusätzlich aktiviert. Die Kugel und die wenigen Flächen, die sie eigentlich hat, sind nicht mehr zu erkennen. Die durch die Shader definierte Verformung schlägt voll durch und wird bis in die feinsten Strukturen sichtbar.

Dies hat keineswegs mit Zauberei zu tun. Auch hier kommt man nicht um die Erzeugung zusätzlicher Unterteilungen herum.

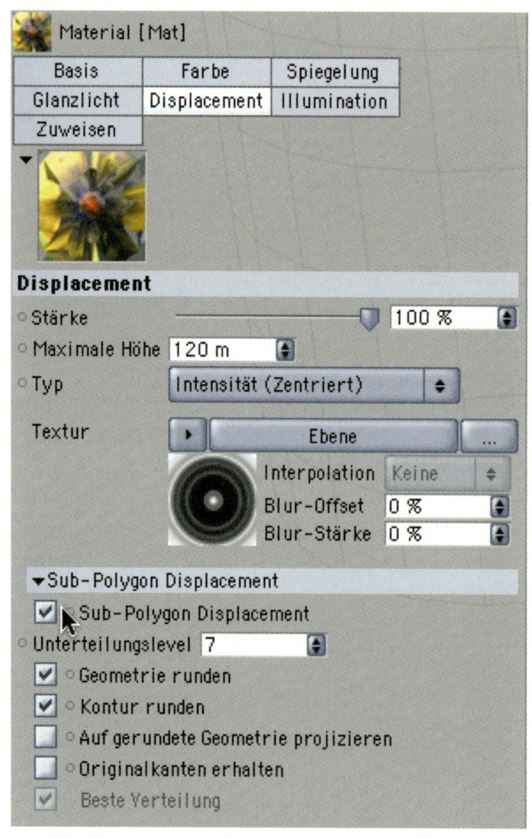

Abbildung 4.124: Displacement-Einstellungen

Dies geschieht jedoch anders als z.B. bei einem HyperNURBS-Objekt direkt durch das Material und erst zum Zeitpunkt der Bildberechnung. Der ganze Vorgang nimmt dabei auch noch weniger Speicherplatz ein und lässt sich schneller berechnen. Im Prinzip gibt es keinen Grund, das Sub-Polygon-Displacement nicht zu benutzen, sofern eine Verformung des Objekts durch das Material gewünscht wird.

Werfen wir einen Blick auf die vorhandenen Parameter im Displacement-Kanal (siehe Abbildung 4.124). Der Stärke-Regler skaliert den Effekt, während der Wert für die Maximale Höhe die maximale Entfernung der durch das Displacement verformten Oberfläche von dem eigentlichen Objekt angibt.

Die Auswahl des Typs legt fest, wie die Farb- bzw. Helligkeitsinformationen des geladenen Bilds oder Shaders benutzt werden sollen.
Beim Typ Intensität werden nur die Helligkeiten ausgewertet. Ein schwarzer Pixel führt dann zu keiner Veränderung der Oberfläche, ein weißer zur maximalen Auslenkung entlang der Oberflächen-Normalen.

Intensität (Zentriert) funktioniert ähnlich, setzt jedoch Pixel mit 50% Helligkeit auf die Originaloberfläche. Helligkeiten unter 50% führen dann zu Absenkungen der ursprünglichen Oberfläche, Werte über 50% zu Erhöhungen.

Rot / Grün funktioniert wie Intensität (Zentriert), ersetzt jedoch die Farben Grün durch Weiß und Rot durch Schwarz. Grün führt daher zu einer Erhöhung, Rot zu einer Absenkung. Bei einem Mischungsverhältnis von 100% Rot und 100% Grün bleibt die Oberfläche somit unverändert.

RBG (XYZ Welt) wertet die roten, grünen und blauen Farbanteile jedes Pixels aus und benutzt diese, um die Oberfläche in X-, Y- und Z-Richtung zu verformen. Die Berechnung ist auch hier wieder zentriert. So führt z.B. ein Pixel mit einem grünen Farbanteil von 50% dazu, dass die Y-Position der Oberfläche an diesem Punkt konstant bleibt. Bei 100% Grünanteil verschiebt sich die Oberfläche entlang der Welt-Y-Achse um die Hälfte des Maximaler Höhe-Werts.

Im RGB (XYZ lokal)-Modus findet die gleiche Auswertung statt. Hier wird jedoch die Normale einer Fläche als Z-Richtung definiert. Die X- und Y-Richtungen liegen daher immer in der Ebene der Objekt-Fläche, auf der das Displacement-Material liegt.

Im unteren Teil des Displacement-Kanals finden Sie neben der Sub-Polygon-Displacement-Option, die die SPD-Unterteilung aktiviert, weitere Parameter.

Der Unterteilungslevel ist mit dem Unterteilungen-Wert aus einem HyperNURBS-Objekt identisch.

Je höher der Wert, desto mehr zusätzliche Flächen werden dem Objekt während der Bildberechnung hinzugefügt. Mit jeder Erhöhung um eine Einheit vervielfacht sich die Anzahl der Flächen am Objekt. Benutzen Sie diesen Wert daher behutsam und starten Sie mit kleinen Werten.

Die Geometrie runden-Option führt dazu, dass ein Objekt wie von einem HyperNURBS-Objekt organisch gerundet wird. Es werden dann also nicht nur Unterteilungen hinzugefügt, sondern die Oberfläche wird gerundet.

Ob bei dieser Rundung auch eventuell vorhandene offene Kanten abgerundet werden, bestimmt der Zustand der Kontur runden-Option. Nur wenn diese Option aktiv ist, wird das Objekt in allen Bereichen wie von einem HyperNURBS gerundet dargestellt.

Die Option Auf gerundete Geometrie projizieren legt fest, ob das Displacement die bereits gerundete Oberfläche oder die noch ungerundete Oberfläche als Ausgangspunkt nimmt. Soll die über das Displacement aufgeprägte Struktur auch über die Ecken z.B. eines Würfels geführt werden, bringt die Aktivierung dieser Option bessere Ergebnisse. Falls es trotzdem gewünscht wird, Kanten, deren Winkel größer als der Phong-Winkel sind, oder Kanten mit unterbrochenem Phong-Shading weiterhin als harte Kanten am Objekt zu sehen, aktivieren Sie die Originalkanten erhalten-Option.

Die Beste Verteilung-Option ist nur dann aktivierbar, wenn Geometrie runden ausgeschaltet ist. Dadurch werden an den Kanten eines Objekts weiche Übergänge zwischen den unterschiedlichen Normalen berechnet. Diese werden dann als Verschiebungsrichtungen benutzt. Auf diese Weise können Lücken in der Displacement-Struktur an harten Kanten vermieden werden.

Ist die Option deaktiviert, werden die Flachennormalen absolut verwendet.

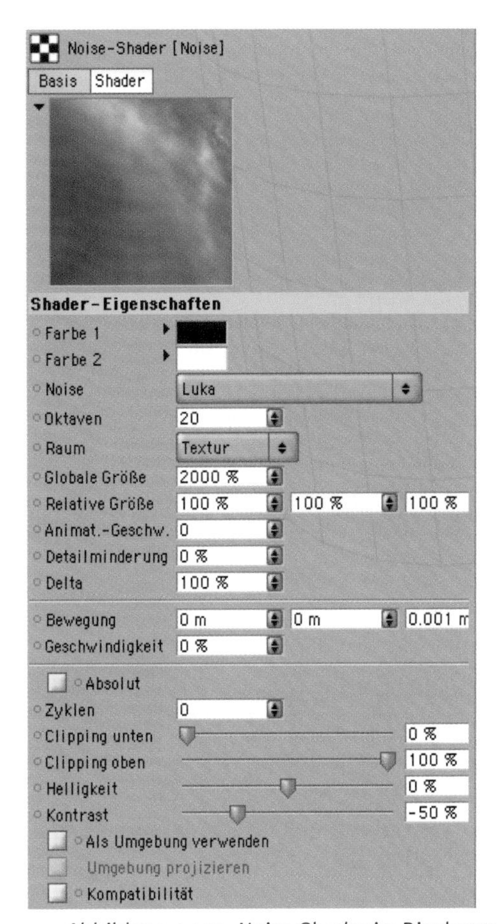

Abbildung 4.125: Noise-Shader im Displacement-Kanal

In unserer Szene bietet sich die Verwendung von zwei Ebene-Objekten für den Boden an. So können wir zwei verschiedene Materialien, einmal für den Vordergrund und dann für den Hintergrund, zuweisen.

Reduzieren Sie an beiden Objekten die Segmente. Die notwendige Glättung wird vom Material übernommen.

In Abbildung 4.125 erkennen Sie die Einstellungen, die an einem Noise-Shader durchgeführt wurden, der im Displacement-Kanal für den Boden zum Einsatz kommt. Wie Sie dort sehen, können Vergrößerungen von Noise-Typen oftmals gut für Felsen oder Berge benutzt werden. Dies spart oft die Suche nach geeignetem Bildmaterial.

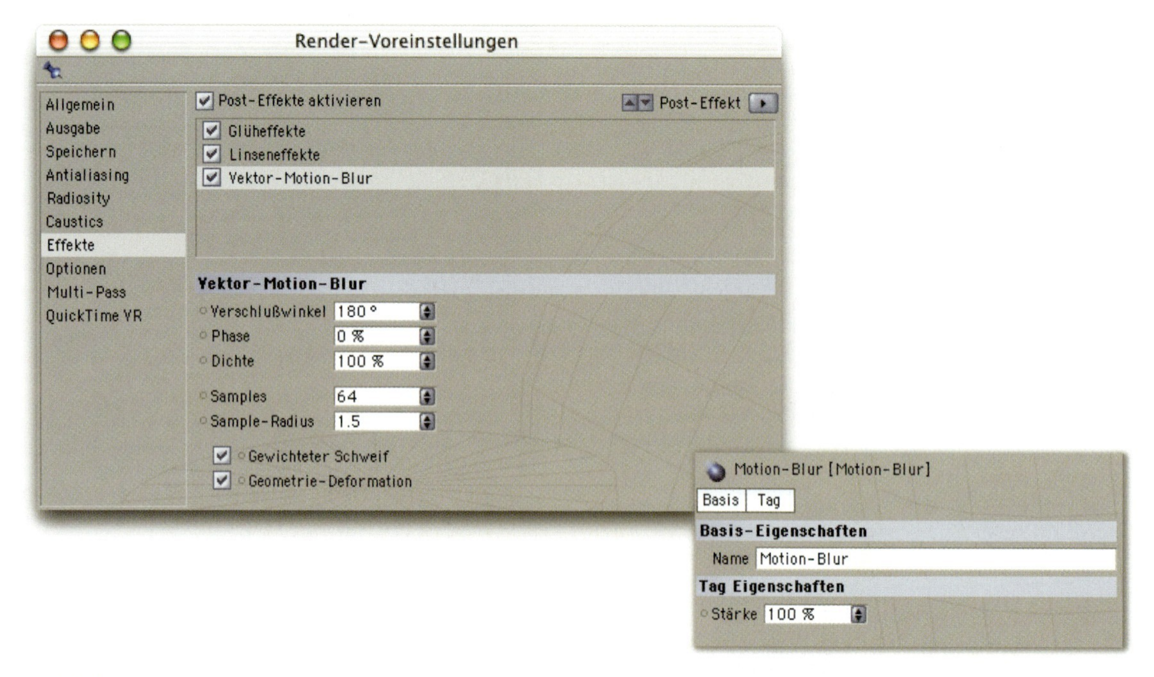

Abbildung 4.126: Bewegungsunschärfe benutzen

Es kommt in beiden benötigten Materialien für die Ebenen der gleichen Noise-Shader zum Einsatz. Einziger Unterschied ist die Maximale Höhe im Displacement-Kanal.

Im Vordergrund müssen wir mit der Intensität des Displacements etwas vorsichtiger sein, damit dort die Füße der Figur nicht plötzlich im Boden verschwinden.

In beiden Fällen wird der Displacement-Typ Intensität benutzt. Es führen dann nur helle Stellen im Shader zu einer Verformung der Ebenen.

Bewegungsunschärfe hinzufügen

Cinema 4D bietet über das Advanced Renderer-Modul die Möglichkeit an, Vektor-Motion-Blur zu benutzen. Dadurch wirken Bewegungen in Animationen natürlicher.

Sie aktivieren diese Funktion in den Render-Voreinstellungen auf der Effekte-Seite (siehe Abbildung 4.126). Wählen Sie dort die Vektor-Motion-Blur aus dem Post-Effekt-Menü in der rechten oberen Ecke aus.

Der Effekt simuliert eine rotierende Blende in der Kamera, wie sie z.B. bei Filmkameras verwendet wird. Der Verschlusswinkel dieser Blende bestimmt, wie lange die Blende pro aufgenommenem Bild geöffnet bleibt und somit, wie viel Information in einem Bild gespeichert wird.

Wenn Sie selbst fotografieren, wissen Sie, dass lange Verschlusszeiten zu verwackelten Bildern führen können. Es findet dann eine Überlagerung verschiedener bewegter Bildelemente statt.

In unserem Fall ist dies durchaus erwünscht, um nicht jedes Bild der Animation wie ein Standbild aussehen zu lassen, sondern einen Teil der Objektbewegung mit einfließen zu lassen.

Abbildung 4.127: Standbild aus der fertigen Animation

Je größer Sie den Verschlusswinkel wählen, desto mehr Informationen der Bewegungsrichtung und -schnelligkeit fließen in das Bild mit ein.

Der Wert für die Phase bestimmt, wo die Unschärfe am Objekt platziert wird. Bei einer Phase von 0% liegt die Unschärfe dort, von wo das Objekt kommt. Dies ist die Standardeinstellung. Mit wachsendem Wert für die Phase verschiebt sich die Unschärfe in Bewegungsrichtung, bis sie schließlich bei einer Phase von 100% sogar vor dem Objekt liegt.

Die Dichte regelt die Deckkraft der Unschärfe.

Die Samples steuern die Genauigkeit der Berechnung. Eine zu geringe Samples-Zahl führt zu einem verpixelten Effekt. Schließlich regelt der Sample-Radius die Unschärfe innerhalb der Bewegungsunschärfe. Größere Werte lassen dann kaum noch Konturen in der Unschärfe ausmachen.

Ist die Option Gewichteter Schweif aktiv, verliert die Bewegungsunschärfe am Ende an Deckkraft. Dies wirkt in der Regel natürlicher, da der Effekt dadurch weich ausläuft.

Die Geometrie-Deformation-Option sorgt dafür, dass auch mit Bones deformierte Objekte Bewegungsunschärfe zeigen können. Diese Option ist besonders für die Charakter-Animation wichtig und sollte daher immer aktiv sein.

Damit nicht immer alle Objekte mit Bewegungsunschärfe versehen werden, können Sie den Effekt über Motion-Blur-Tags gezielt steuern. Sie weisen diese Tags wie gewohnt im Objekt-Manager zu, wo sie im Menü Datei > Cinema 4D Tags zu finden sind.

In unserem Fall sollten Sie z.B. der Figur und dem Rock solch ein Tag zuweisen. Die Bewegungsunschärfe wird sich dann nur bei diesen beiden Objekten zeigen. Der Stärke-Wert im Motion-Blur-Tag bezieht sich auf den Verschlusswinkel in den Render-Voreinstellungen. Sie können so also auch noch jedem Objekt eine individuelle Bewegungsunschärfe zuweisen.

Sie können die Animation nun berechnen lassen. Legen Sie nach dem bekannten Muster die Qualität, die Bildgröße und den Speicherort in den Render-Voreinstellungen fest.

Vergessen Sie nicht, die Dauer der Animation auf der Ausgabe-Seite richtig anzugeben, damit die Animation vollständig berechnet wird. Wählen Sie ein geeignetes Speicherformat wie z.B. *Quicktime Movie* oder *AVI*. Sie können aber auch ein für die Weiterverarbeitung besser geeignetes Standbildformat wie z.B. TIFF benutzen und somit eine Bildsequenz berechnen lassen.

Abbildung 4.127 zeigt Ihnen ein Standbild aus der fertigen Animation.

Auch in den Bonuskapiteln auf der CD-ROM werden wir der Animation treu bleiben, uns jedoch verstärkt um die mechanische Animation kümmern. Dank XPresso-Expressions lässt sich dort oftmals noch mehr automatisieren, als dies bei unserem Alien-Character der Fall war.

Das zweite Bonuskapitel beschäftigt sich dann ausschließlich mit den Thinking Particles, dem umfangreichen Partikelsystem von Cinema 4D. Da dafür ein Grundwissen über XPresso nötig ist, sollten Sie dieses Kapitel zuletzt durcharbeiten.

Index

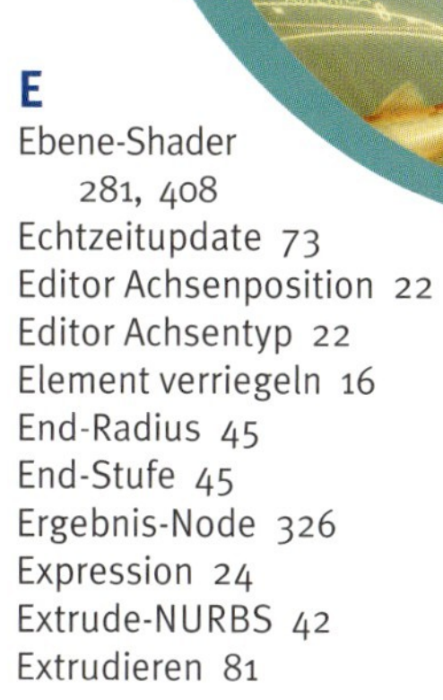

Numerisch

2.5D-Snapping 135
2D-Snapping 135
3D-Snapping 135

A

Abmessung+-Modus 25
Abmessung-Modus 25
Absoluter Bias 223
Abstand-Node 341
Abtrennen 186
Action-save 119
Advanced Renderer 211
After Effects 210
Aktives Objekt als Kamera 19, 224
Aktives Objekt rendern 216
Aktuelle Ansicht rendern 217
Aktuellen Zustand in Objekt wandeln 113
Alles deselektieren 90
Alles selektieren 90
Alles sichtbar machen 91
Allgemein-Node 329
Alpha-Kanal 210, 230
Als Startlayout speichern 16
Anfangspunkt neu setzen 69
Anisotropische Verzerrung 405
Ansicht-Menü 19
Ansichts-Voreinstellungen 18, 117
Antialiasing 158, 208
Anzeige-Filter 90
Array-Objekt 93
Attribute-Manager 15
Auf Objekt anpassen 206
Auf Spline ausrichten-Expression 320, 333
Auflösung 209
Ausrichten-Expression 224
Ausschnitt rendern 216
Auto-Aufnahme-Modus 298
Automatik-Modus 301
Automatischer Redraw 383
Auto-Selektierungs-Modus 71

B

Banji-Shader 277
Banking 339
Basis-Eigenschaften 34
Befehlsmanager 121
Befehlsschnellauswahl 121
Bereichswandler-Node 336
Beschränkung-Tag 110
Betriebsmodus 28
Bevel 71
Bias 222
Biege-Deformator 105
Biegefestigkeit 399
Bild laden 158
Bilder-Rate 209
Blinn 228
Blur-Offset 158
Blur-Stärke 158
Boden-Objekt 257
Bone hinzufügen 358
Bone teilen 360
Bone-Objekt 107
Bones fixieren 108, 360
Bones spiegeln 379
Bones zurücksetzen 361
Bone-Werkzeuge 355
Boole-Objekt 93
Box-Modeling 193
Brechungsindex 278
Browser 15
Brücke 77

C

C.O.F.F.E.E.-Expression 295
Cappucino 356, 400
Caustics 212
Claude Bonet 355, 375
Clipping 221
Clothilde 397
CNurbs 408
Combustion 210

D

Darstellung-Menü 21
Deckflächen und Rundung 44
Dehnfestigkeit 399
Detailstufe 215
Diffusion-Kanal 406
Displacement-Kanal 410
Dokument-Voreinstellungen 210, 297
Drahtgitter 21
Drehen (um Normalen) 88
Drei-Punkt-Beleuchtung 259
Duplizieren 99
Dynamics 382

E

Ebene-Shader 281, 408
Echtzeitupdate 73
Editor Achsenposition 22
Editor Achsentyp 22
Element verriegeln 16
End-Radius 45
End-Stufe 45
Ergebnis-Node 326
Expression 24
Extrude-NURBS 42
Extrudieren 81

F

Farbe aktivieren 34
Farbe-Kanal 201
Farbverlauf-Shader 236
Federung 403
Film vergrößern 117
Film verschieben 116
Film Zoom 117
Filmformat 209
Final Cut Pro 210
F-Kurven-Manager 305
Flächen-Schatten 219
Forward Kinematik 366
Freihand-Spline 36
Fresnel 238
Fresnel-Shader 281

G

Glanzlicht-Kanal 201, 204
Glätten 125
Glätten-Tag 49
Gleiten 126
globale Dämpfung 400
Gouraud-Shading 22
Größe-Modus 26
Grundobjekte konvertieren 52
Gruppen erhalten 74
Gürteleinfluß 400

H

Harte IK 366
Harte Interpolation 39

Harte Schatten 219
HDRI 266
Heading 339
Helix-Spline 340
Hierarchisch 45
Himmel-Objekt 269
Hintergrundbild einblenden 119
Hintergrund-Compositing 241
Hintergrund-Objekt 257
HUD 118
Hülle nach innen 45
HyperNURBS-Objekt 168
HyperNURBS-Wichtung 170
HyperNURBS-Wichtung-Tag 174

I

IK benutzen 369
IK-Setup 355
Illumination 163
Im Bild-Manager rendern 217
Innen Extrudieren 144
Innen extudieren 85
Instanz 97
Interaktives Max. 173
Interaktives Min. 173
Interpolation 36
Interpolationstyp 36
Inverse Kinematik 354
Isobaten 21
Iso-Unterteilung 44

K

Kameras-Menü 18
Kante 27
Kante einrasten 82
Kanten schneiden 91, 125, 177
Kanten-bearbeiten-Modus 29
Kanten-Selektion zu Spline 184
Kleidung-Tag 399
Kollision-Tag 403
Konstante-Node 343
Kontur beibehalten 47
Koordinaten-Manager 16
Kreuzprodukt-Node 331

L

Landschaft-Grundobjekt 112
Lathe-NURBS 42, 53
Layout speichern als 16
Leuchten-Kanal 236
Lichtautomatik 269
Lichtquelle 218
Live-Selektion 30
Loch nach innen 45
Loft-NURBS 42, 64
Loop-Selektion 91, 124
Luftwiderstand 401
Lumas-Shader 244

M

Magnet 88
Material-Editor 17, 201
Material-Manager 17, 201
Mathe-Node 329
Matrix zu Vektoren-Node 326
Maus-Raster 75
Menü-Manager 122
Mesh-Unterteilung U 64
Mesh-Unterteilung V 64
Messen & Konstruieren 128
Messer 86
Metaball-Objekt 100
Metaball-Tag 102
MIP 158
Mischmodus 159
Mischstärke 159
MoBlend Setup 357
MOCCA 344
MOCCA IK-Tag 365
Modell-bearbeiten-Modus 28
Modellierachse 83
Modus konfigurieren 16
Morphing 385
Motion Blending 357
Motion-Blur-Tag 415
Multi-Pass 211
Multi-Pass Rendering aktivieren 263

N

Neu transformieren 74
Neues Material 156
N-Gons erstellen 73
Node 325
Noise-Shader 202
Normale 29
Normalen umdrehen 29
Null-Bone 369
Null-Objekt 92
Nur sichtbare Elemente selektieren 30
NURBS-Objekte 42

O

O_Sachform Technology 272
Oberobjekt 24
Objekt Information 26
Objekt Render-Tag auswerten 211
Objekt-Achse-bearbeiten-Modus 28
Objektberechnung steuern 23
Objekte gruppieren 151
Objekt-Manager 14
Objekt-Node 333
Objektsichtbarkeit steuern 23
Objekt-System 32
Öltank-Grundobjekt 153
Optimieren 89
Oren-Nayar 228
Organische Form 65

P

P2P Bibliothek 357
Parametrische Grundobjekte 32
Parametrische Spline-Objekte 36
Phong 228
Phong-Shading unterbrechen 50
Phong-Shading wiederherstellen 50
Phong-Winkel 45, 49
Pinsel 110
Pitch 339
PLA 400
Pol benutzen 371
Polygon 27
Polygon erzeugen 78
Polygone deselektieren 147
Polygone-bearbeiten-Modus 29
Polygonloch schließen 81, 123
Polygon-Objekt 27
Polygonreduktion 112
Polygon-Selektion-Tag 109
Pose to Pose Manager 357
PoseMixer-Tag 386
Position erzwingen 367
Post-Effekte 212
Prepass-Größe 274
Priorität 374
Programm-Voreinstellungen 74
Projektion 205
Punkt 27
Punkt hinzufügen 40, 79
Punkte fixieren 402
Punkte-bearbeiten-Modus 28
Punktgröße 29

Q

Quader 21
Quick-Shading 21

R

Radiosity 211
Rail-Richtung benutzen 61
Rail-Skalierung benutzen 61
Raytracer 214
Rechteck-Spline 133
Redo 74
Reflektions-Tiefe 214

Regelmäßige Unterteilung 45
Reibung 403
Reihenfolge rückwärts 69
Reihenfolge umkehren 41, 69
Reihenfolge vorwärts 69
Relativer Bias 223
Relief-Kanal 243
Render HUD 214
Render-Modi 216
Render-safe 119
Render-Tag 211, 241
Render-Voreinstellungen 18, 207
Ring-Selektion 91, 124
Rotieren 13
Rotieren-Werkzeug 31
Rücklicht-Shader 407
Ruheposition zurücksetzen 367
Rundungstyp 45

S

Safe-Frames anzeigen 119
Sample-Radius 222
SAT 158
Schatten-Kegel 223
Schatten-Map 222
Schatten-Tiefe 215
Schattierter Drahtgitter Modus 34
Schmelzen 127
Schrumpfen 124
Schwellwert 215
Secondary Animation 395
Selbstabstoßung 401
Selbstkollision 399
Selektierte verbergen 91
Selektion einfrieren 91
Selektion invertieren 90
Selektion umwandeln 91
Selektion vergrößern 91
Selektion verkleinern 91
Selektion wiederherstellen 147
Selektions-Filter 90
Selektion-Tag 91
Selektion-Werkzeuge 30
Separater Pass 221
Shader 156
Shadow Maps zwischenspeichern 214
Shockwave 3D 29
Sichtbares Licht 220
Sichtbarkeit invertieren 91
Skalieren (entlang Normalen) 88
Skalieren-Werkzeug 31
Skelett 21
Snap-Einstellungen 75
Speicher berechnen 405
Spiegelung-Kanal 201, 203
Spline schließen 37, 40
Spline-Node 334
Spline-Objekte 36
Standard-Ansicht 18
Standard-Layout 11
Standardlicht 207
Start-Radius 45
Start-Stufe 45
Stochastischer Modus 270
Stop-Tag 364
Strahl-Tiefe 214
Streuung 204
Struktur-Manager 14
Sub-Polygon Displacement 116
Sub-Polygon-Displacement 410
Subsurfacing Scattering-Shader 387
Sweep-NURBS 42, 57
Symmetrie-Objekt 102, 345
Szene Information 26
Szene-Kameras 19
Szene-Objekte 217

T

Tag 23
Tangenten 38
Tangentenausrichtung angleichen 39
Tangentenlänge angleichen 39
Text-Spline 43
Textur, Vorschaugröße 164
Textur-Achse bearbeiten-Modus 205
Texturierung 201
Textur-Pfade 158
Textur-Tag 162
Thinking Particles 324
Tiefenunschärfe 291
TimeWarp 357
Title-save 119
Transparenz-Kanal 230
Tweak-Modus 115

U

Übernehmen 187, 338
Umquader 23
Undo 74
Unterbone hinzufügen 358
Unterbrochene Kanten auswerten 50
Unterobjekt 24
Unterteilung pro Segment 65
Un-triangulieren 48
Up-Vector 368
UV anpassen 65
UVW-Tag 66

V

Vektoren zu Matrix-Node 332
Vektor-Motion-Blur 414
Vektor-Selektion 301
Verbinden 52
Vernähen 126
Verschieben 13
Verschieben (entlang Normalen) 88
Verschieben-Werkzeug 31
Verschlusswinkel 415
Verschmelzen 125
Vertex Map 110
Vollautomatische Keyframe-Aufnahme 306
Vordergrund-Objekt 266
Vorschau erzeugen 217

W

Wasser-Shader 284
Weiche Interpolation 39
Weicher Schatten 219
Welt-Raster 22
Welt-System 32
Werte zurücksetzen 74
Wiederholungen 302
Wind Auftrieb 401
Wind Dämpfung 401
Wind Frontal 401
Wind Richtung 401

X

XGroup sichern als 333
XGroups 324
XPresso-Editor 324
XPresso-Expression 295, 324
XPresso-Manager 324
XPresso-Pool 324
XPresso-Tag 324
X-Ray 34

Z

Zahnrad-Spline 51
Zeit-Kurve 308
Zeit-Kurven 303
Zeitleiste 297
Zeit-Manager 295
Zeit-Node 336
Zentralperspektive 13
Ziel-Lichtquelle 218
Zoom 13
Zu HUD hinzufügen 120
Zusammenhang selektieren 90
Zwischenpunkte 58